인권보장을 위한

비교헌법론

이 부 하 著

법 영 사

Comparative Constitutional Law

Prof. Dr. Boo-Ha Lee

2014
KOREA

"이 저서는 2010년도 정부재원(교육과학기술부 학술연구조성사업비)으로 한국연구재단의 지원을 받아 연구되었음(NRF-2010-812-B00063)."

머 리 말

비교헌법론은 일반 법과대학에서 전통적으로 강의되어 온 과목입니다. 그러나 우리나라에 비교헌법 강의를 위한 교과서가 현재 전무하다는 것은 애석한 일입니다. 과거 권영성 교수님의 비교 헌법학(1981년) 책이 있었으나 품절되었습니다. 이웃 국가인 일본만 해도 비교헌법이라는 책을 서점에서 여러 권 볼 수 있습니다. 미국도 비교헌법 책이 여러 권 있습니다. 그런데 우리나라에 이렇게 비교헌법에 관한 책이 없는 이유는 이러한 책을 저술하는 작업이 어려운 반면, 빛이 나지 않기 때문인 것 같습니다. 내용을 제대로 엮어 내지 못할 수 있는 위험성이 크지만, 앞으로 비교헌법학의 발전과 헌법학의 구체성을 높이기 위해 절실히 필요한 작업이라고 생각합니다. 우리나라 헌법은 실제로 여러 다른 국가들의 헌법으로부터 계수한 법조문들로 구성되어 있어서 이해함이 상당히 어렵습니다.

헌법의 내용을 어떻게 하면 보다 본질적으로 해석하고 적용하는 것이 타당할 것인가는 우리 헌법만 가지고는 올바로 할 수 없습니다. 본서를 작업하면서 개인적 학문역량의 부족과 집중과 선택의 어려움으로 인하여 제대로 전달하지 못한 부분도 많이 있습니다. 미완성된 부분이나 보충할 부분은 앞으로 보완하고 증보할 계획입니다.

절차탁마(切磋琢磨)의 정신으로 비교헌법론을 계속적으로 연구하고 가르치면서 헌법학의 발전과 국민의 기본권보장에 조그마한 디딤돌이 되었으면 하는 바람입니다. 마지막으로 이 책의 출판을 위해 도와주신 법영사 여러분께 감사의 말씀을 드리고 싶습니다.

2014. 8.
경산 연구실에서
저자

차 례

제 I 장 비교헌법학 서설

제 4 장 독일의 기본법과 국가조직

제 5 장 독일의 연방대통령 및 연방정부

제 6 장 미국의 사법제도와 사법심사제

제 I 장 비교헌법학 서설

제 1 절 비교헌법학의 대상과 비교헌법학의 범위

Ⅰ. 비교헌법학의 대상

비교헌법학이란 2개국 내지 복수국가의 헌법을 대상으로 하여 비교하는 학문이다. 2개국 내지 복수국가간의 헌법을 비교 연구함에 있어서 그 대상이 되는 국가의 헌법을 어떠한 방법으로 유형화해서 비교 연구할 것인가는 그리 용이한 작업이 아니다. 여기서 주로 연구대상으로 다루고자 하는 헌법은 근대혁명을 거친 영국, 프랑스, 미국 등의 특정 국가 자체의 역사에서 개별적으로 생성된 고유한 헌법이면서도 이들 헌법간에 기본적인 공통점(예를 들면, 입헌제)을 지니고 있는 헌법이다. 이처럼 각국 헌법의 비교연구를 통해 각국 헌법이 지니는 고유한 특성과 독자성을 발견하고자 함과 동시에 각국 헌법간의 공통적인 보편성을 찾아내고자 하는데 비교헌법학의 목표가 있다.

각국 헌법산의 비교연구에 있어서 헌법전(憲法典)에 중점을 둔 비교연구는 그 본질을 충분히 이해하는 데 한계가 있다. 또한 각국 헌법 조문간의 비교만으로는 비교헌법학의 목표를 달성하기 어렵다. 개별 국가의 문화적·사회적 배경과 헌법 조문의 기능 등을 상호간 비교해야 할 필요성이 있다. 결국 각국의 헌법전(憲法典)간의 비교만이 아니라, '헌법현상'을 비교해야 한다. 이하에서는 비교헌법의 대상으로서 각국의 헌법현상을 위주로 비교연구하고자 한다.

Ⅱ. 비교헌법학의 범위

헌법전(憲法典)과 헌법현상을 연구하는 헌법학은 다음과 같은 여러 분야로 세분화할 수 있다.

1. 헌법기초이론 또는 헌법학원론

헌법기초이론 또는 헌법학원론이란 헌법학이란 무엇인가? 그리고 헌법은 무엇을 과제로 어떠한 방법에 의해서 해명되어야 하는가? 등을 헌법현상과 관련하여 헌법의 기초개념 및 헌법의 유형화를 검토하는 분야이다.

2. 헌법해석학

헌법해석학이란 헌법규범의 해설 및 그 체계적 분석을 행하는 분야이다. 판례와 같이 구체적이고 현실적으로 나타난 사안을 연구하고, 주석서와 같이 추상적이고 개념적으로 정리된 사안을 체계화 및 이론화하는 과정은 헌법해석학 분야에 속한다. 헌법해석학의 목표는 현상의 이론적 인식이 아니라, 본질적 가치판단을 전제로 한 실천적 판단이다. 따라서 헌법해석이란 성문헌법·불문헌법·형식적 의미의 헌법·실질적 의미의 헌법을 막론하고, 추상성(Abstracktheit), 개방성(Offenheit), 미완성성(Unvollständigkeit)을 지닌 헌법규범의 내용을 일정한 가치 또는 헌법원리 등을 고려하여 헌법규범을 구체화해 주는 법인식작용을 말한다.

헌법규범의 해석에 있어서는 해석학적 인식에 기초하여 방법론적 기준을 가지고 법해석의 과정을 구조화하고 안내하는 것이 중요하다. 이 점에서 헌법해석 방법론은 중요한 의미를 가진다.[1] 라렌츠(K. Larenz)의 견해에 의하면, 해석학은 법학 방법론의 토대로서만 기능하는 것이 아니라, 법학 방법론의 기준으로서도 기능한다.[2] 이러한 의미에서 "해석"이란 체계화되는 실제를 고려하여 법규범을 "구체화하는 것"을 의미한다.[3]

1) Vgl. K. Larenz, Methodenlehre der Rechtswissenschaft, 6. Aufl. 1991, S. 92 ff., 131 ff.; J. Esser, Vorverständnis und Methodenwahl in der Rechtsfindung, 1970, S. 133 ff.; F. Müller, Strukturierende Rechtslehre, 1984, S. 13 ff., 47 ff.; M. Kriele, Theorie der Rechtsgewinnung, 2. Aufl., 1976, S. 197; K. Hesse, Grundzüge des Verfassungsrechts der Bundesrepublik Deutschland, 20. Aufl. 1995, Rn. 60 ff.

2) K. Larenz, Methodenlehre der Rechtswissenschaft, 6. Aufl. 1991, S. 133 f.

3) K. Hesse, Grundzüge des Verfassungsrechts der Bundesrepublik Deutschland, Rn. 60; K. Larenz, Methodenlehre der Rechtswissenschaft, S. 101, 133; W. Hassemer, Juristische Hermeneutik, ARSP 1986, S. 195 (208 f.).

3. 헌법사회학과 법경제학

헌법사회학은 법이 사회의 산물이며 동시에 사회는 법에 의해 영향을 받고 있다는 인식에서 출발한다. 즉, 헌법사회학은 헌법현실을 연구대상으로 한다. 법을 사회적 질서체계의 한 구성부분으로 보기 때문에, 헌법사회학은 법학의 특수분야이기도 하고 사회학의 특수분야이기도 하다.

헌법사회학은 헌법현상의 정치학적·사회학적·심리학적 연구를 하는 학문이다. (1) 헌법의식, (2) 헌법규범, (3) 헌법제도, (4) 헌법관계에 존재하는 헌법현상의 구조를 연구대상으로 하는 학문이다.

(1) 헌법의식은 복잡한 형태로 존재하고 있다. 이에는 헌법제정자의 헌법의식, 입법권·행정권·사법권을 담당하는 주체의 의식 및 법을 적용하는 법률가, 헌법학자의 견해나 학설, 국민의 의식도 그 대상이 된다. (2) 헌법규범은 헌법의식의 영향을 받기도 하지만, 그 전형적인 대상은 헌법전(憲法典)이고, 보충적으로 헌법관습 등이 될 수 있다. (3) 헌법제도는 헌법규범을 현실화하기 위해서 헌법에 의해 설립되고 운영되는 모든 필수적 국가기관을 가리킨다. 구체적으로는 국회, 정부, 법원, 헌법재판소 등 모든 국가기관을 말하며, 이러한 여러 국가기관을 검토하고 비판하는 것이 그 주요 연구대상이다. (4) 헌법관계는 헌법현상 중에서 가장 구체적이고 동태적인 현상을 연구하는 분야이다.

다양한 헌법의식을 매개로 하여 헌법규범이 제정되고, 그러한 헌법규범이 헌법적용자를 기속하면서도 헌법적용자는 헌법해석을 통해 일정한 사회관계에서 헌법규범을 적용해 가는데, 이러한 헌법의 모든 관계가 그 검토대상이 된다. 또한 국회와 정부와의 관계라든가, 국가기관과 국민과의 관계 등 헌법상 고유한 관계도 그 검토대상이 된다.

법경제학은 "법을 경제학의 방법론을 통해 설명하려는 학문"이다. 법경제학은 경제학으로 유명한 미국 시카고 대학교의 시카고 학파(Chicago School)에 의해 창안되었으며, 법을 경제학적인 개념 및 효율과 계량적 분석 등을 이용해 접근하는 학문이다.[4] 법경제학은 현실의 판결과 갈등 해결 절차에서 주요한 학문적 도구로서 역할을 한다. 경제학에서는 기본적으로 효율을 추구하는데 정의와 다소 충돌하는 면이 있으나, 법경제학에서는 효율과 정의간에 상당한 공통점을 발견하고

4) 리차드 A. 포스너(Richard A. Posner), 정기화 역, 「법경제학(상)」, 자유기업원, 2003, 12면.

있다. 또한 평등을 달성하기 위해 어느 정도의 비용이 발생하는지에 대해 연구하며, 효율적으로 정의를 달성하는 방법이 무엇인지에 대해 연구한다. 즉, 법경제학에서는 법에 대한 실제상의 경제적 효과를 분석한다.

4. 헌정사 및 헌법사상사

(1) 헌정사

헌정사는 개별 국가 헌법의 역사적 발전 내지 변천을 그 분석대상으로 한다. 헌정사(憲政史)란 헌정의 역사를 의미한다. 즉, 정치적이고 역사적인 사건들과 이에 관련한 사회정치적, 권력적, 이념적 가치관의 변화 등과 관련된 한 국가의 헌법의 변화와 개정의 역사를 말한다.

(2) 헌법사상사

한 국가의 법은 어느 정도의 독자성(autonomy)을 보유하고는 있지만, 사회의 제 영역과 밀접한 관련을 맺고 있음도 사실이다. 결국 헌법에 대한 보다 깊은 이해를 위해서는 헌법과 직·간접적으로 관련을 맺고 있는 다양한 사상들을 검토해 보는 작업이 필요하다. 헌법사상사는 역사적인 관점에서 각각의 사상들의 형성과 발전과정을 검토함으로써 헌법사상 및 헌법학설의 해명과 그 사적 연구를 대상으로 하는 분야이다.

5. 비교헌법학의 연구방향

위의 헌법 영역에 대한 분류는 '헌법현상학 중심의 헌법학'이다. 여기서 과제가 되는 비교헌법학 및 비교헌법사도 헌법학의 일부를 구성하게 된다. 그런데 지금까지의 비교헌법 연구는 헌법전(憲法典)의 비교를 중심으로 한 전통적인 방법론에 입각한 법해석학이었다. 즉, 이는 각국 '헌법전'(憲法典)간의 비교에 초점이 놓여 있었고, 각국 헌법전의 비교를 통해 그 공통점을 명확히 하고 유형화하려고 했던 것이 일반적이었다. 이러한 헌법전의 비교연구는 비교헌법학의 역할 및 목적 그리고 연구방법에 한정함으로써 그 문제점을 보다 명확히 할 수 있다. 또한 복수 국가간 헌법현상의 비교적 고찰이라 하더라도 그 연구방법의 선택에 따라 상당히 다른 결과가 나타날 수 있다. 여기서는 이러한 문제의식을 바탕으로 지금까지의 비교헌법 연구가 어떠한 모습이었고, 비교헌법 연구가 앞으로 어떠한 역할을 해야 하는가를 고민하면서 발전적인 비교헌법학 연구는 어떠한 방법을 채택하여야 하는가를 제시하기로 한다.

제 2 절 비교헌법학의 정의

지금까지 비교헌법학의 역할 및 목적과 활용취지에 관해서 살펴보았다. 그런데 비교헌법학에 도대체 어떠한 내용을 담아야 하는가가 문제된다. 즉, 사회과학으로서의 헌법학 속에서 비교헌법학이란 어떠한 내용의 학문인가가 문제된다. 지금까지의 문헌에서 보면 '비교헌법학'의 내용은 매우 복잡해서 한마디로 정의할 수 없고, 명칭도 통일되어 있지 않다. 영국과 미국에서는 비교헌법을 "Comparative Constitutional Law"라고 하고, 프랑스에서는 "Droit Constitutionnel Compare"라고 부르며, 비교헌법의 명칭은 일반적으로 비슷하게 불리지만, 독일에서는 비교헌법(Vergleichende Verfassung)이라는 명칭을 사용하지 않는다. 독일에서는 학자에 따라서 다양하게 그 명칭이 불려진다. 예를 들면, 옐리네크는 "비교헌법학"이라는 명칭을 독립된 학문으로 생각하지 않고 '국가법학'에 포함시켰다. 국가법학은 일반국가법학(Allgemeine Staatsrechtslehre)과 특수 국가법학(Besondere Staatsrechtslehre)으로 나뉜다. 특수 국가법학은 여러 국가의 특정한 제도를 대상으로 하는 특별 국가법학(Spezielle Staatsrechtslehre)과 특정 국가의 여러 제도를 대상으로 하는 개별 국가법학(Individuelle Staatsrechtslehre)을 포함하는 학문이다. 이와 같은 옐리네크의 분류 중에서 비교헌법학은 국가법학(Staatsrechtslehre) 중 특수 국가법학(Besondere Staatsrechtslehre)에 포함된다. 독일에서 헌법학과 국가법학 강좌가 분리가 어떻게 가능했는가는 본질적 문제가 아니고, 보다 중요한 문제는 국가법학이 헌법학으로부터 분리되어 국가법학 = 비교헌법학이라는 등식이 성립되는 강좌가 어떻게 마련되었는가 하는 것이다. 이는 비교헌법학의 이론적 관점에서 볼 때, 독일헌법의 강좌가 '국가법학' 강의로서 행해진 반면, 프랑스헌법이나 영국헌법에서 비교헌법학은 법학 분야에서 제외되었던 것을 의미한다.

비교헌법학의 개념을 살펴본다. 우선 옐리네크(G. Jellinek)에 의하면 「비교헌법학이란 일정한 시대의 모든 국가 또는 특정한 국가군, 특히 특정한 시대의 특정한 국가군의 각 제도를 비교해서 각 제도의 형태적인 개념을 얻고 이를 설명하는 것을 임무로 하는 학문이다. 즉, 비교헌법학은 국가의 특수한 제도 일반에 관한 학문」이라고 하였다.[5] 마이어(G. von Mayer)는 「여러 국가의 실정법상 구체적 현상에서 형태적인 것을 추상화하여 얻게 되는 실리적 학문, 즉 국가통치의 형태 및 국가생활을 영위함에 있어서 가장 중요한 공권력의 기초적인 법조직을 규정하는 법원리에 관한 학문」이라고 하였다.[6] 헬프릿츠(H. Helfritz)는 「비교헌법학이란 여러 문화국가에서 상이하게 발전한 국가법상의 법개념 및 법제도를 서로 비교하고, 이를 과학적으로 인식하여 공통된 것을 통일화·이론화하는 것을 임무로 하는 학문」이라고 하였다.[7] 또한 게제비치(Guetzevitch)에 의하면, 「비교헌법학이란 동일한 정치적·사회적·민족적·경제적 조건의 영향하에 있는 동시대의 여러 국가에서 제정된 동일한 헌법형태에서 나타나는 여러 제도를 비교·연구하는 학문」이라고 하였다.[8] 이러한 비교헌법학의 정의와 구별되게 본서에서는 「비교헌법학이란 우리나라와 다른 나라의 헌법현상을 역사적 전개상황에 따라 기능적으로 검토하는 복수국가간 헌법의 비교연구」라고 정의하고자 한다.

제 3 절 비교헌법학의 역할과 목적

Ⅰ. 비교헌법학의 역할

비교헌법학 연구가 복수국가의 헌법현상을 비교법적으로 고찰하는 것, 즉 서로 다른 법제도를 가진 여러 국가의 헌법 내지 헌법현상을 고찰하는 것이라면, 비교헌법학은 어떠한 역할을 하는 것인가?

1. 옐리네크와 헬프릿츠의 견해

이에 대해 옐리네크(G. Jellinek)는 "각국의 특수한 일체의 제도는 근본적으로 이

5) G. Jellinek, Allgemeine Staatslehre, 3. Aufl., 1914, S. 10.

6) G. von Mayer, Begriff und Gliederung der Staatswissenschaft, 1921, S. 69.

7) Hans Helfritz, Allgemeine Staatslehre, 1949, S. 19.

8) M. Guetzevitch, Les Constitutions Europeeennes, p. 14 et suiv.

를 포괄하는 일반적 관련성에서 파악될 수 있기 때문에 개별 국가의 제도에 관한 완전한 이해는 일반국가학 및 국가의 특별제도에 관한 학문인 비교헌법학을 전제로 한다. 그러므로 개별 국가의 헌법학은 기초학문인 일반국가학과 비교헌법학의 성과 위에서 출발하여야 효과적으로 연구될 수 있다."고 하였다.[9] 옐리네크(G. Jellinek)의 견해에 의하면, "각국의 특수한 제도는 원칙적으로 이러한 것을 포괄하는 일반적 관련성이 있는 것으로 이해되는데, 이는 비교헌법학의 성과에 따른 것"이라고 한다.

이를 보다 구체적으로 연구한 학자는 헬프릿츠(H. Helfritz)이다. 헬프릿츠는 "비교헌법학은 개별국가의 제도, 법의 인식 및 해석과 함께 개혁에 가치있는 기여를 할 수 있는 법학"이라고 하였다.[10]

옐리네크(G. Jellinek)나 헬프릿츠(H. Helfritz)의 견해에 의하면, 개별 국가의 제도 연구는 각국의 헌법연구에 2가지 측면에서 기여한다고 주장한다. 그 하나는 다른 국가의 새로운 제도 또는 새로운 법을 발견하여 자국에 도입하여 제도의 개혁, 법령 개폐의 분위기를 조성하는 것이고, 다른 하나는 국가의 법령 해석에 있어서 참신한 견해를 주입하는 것으로서 비교헌법학 연구는 의미가 있다고 한다.

일반적으로 각국의 헌법이 고유한 역사 및 전통을 배경으로 하여, 고유한 민족적 특성을 가지는 것은 매우 자연스럽다는 점에서 비교헌법학의 역할에 관한 옐리네크나 헬프릿츠의 견해는 일응 수긍할 만하다. 또한 이는 선진국가로부터 많은 영향을 받고 때로는 동화되어 버린 예도 결코 적지 않다. 그러나 다른 외국헌법과의 독자성과 공통성이라는 점에서 보면, 공통점의 비중이 증대하고 있다는 것은 명백하다. 즉, 다른 일반법률 영역이 개별 국가에 있어서 사회생활규범의 하나로서, 어느 정도 독립적으로 고유한 발달을 할 수 있었던 반면, 헌법은 최초의 근대국가생성에 있어서 민주주의 과정의 산물이었으므로 역사적으로 공통된 기반과 성격을 가지고 등장하였고, 특정 국가에서 성립한 헌법, 특히 국민의 투쟁으로 얻어진 민주적인 모든 권리나 정치적 제도는 시기상 늦던 빠르던 다른 국가들에게 파급되지 않을 수 없었던 것이다. 1215년 마그나 카르타(Magna Carta) 이래 영국 시민이 점진적으로 획득했던 권리나 자유 또는 의회민주주의 원리는 그대로 미국의 독립선언에 이식되었고, 프랑스 인권선언에 용해되었다. 더 나아가 구미각국은 차례로 근대적 입헌주의 헌법을 제정하게 되었다. 이는 구(舊)제정 독일을

9) G. Jellinek, Allgemeine Staatslehre, 3. Aufl., 1914, S. 10.

10) Hans Helfritz, Allgemeine Staatslehre, 1949, S. 19.

시초로 이탈리아, 일본, 러시아 등에서도 외견적 입헌주의 헌법의 출현을 불가피하게 했다. 중남미 여러 국가 헌법과 동유럽 제국헌법간의 상이성이나 한국, 몽골, 중국, 베트남 등에 있어서 각국 헌법의 공통성 등은 다른 법분야 보다도 훨씬 긴밀한 관계에 있다는 것을 알 수 있다. 우리나라 헌법을 예로 들면, 1945년 일제의 식민지배로부터 해방되고, 근대국가로 전환함에 있어서 미국 및 일본의 영향을 받았다는 것은 부정할 수 없는 사실이다.

2. 게제비치의 견해

게제비치(M. Guetzevitch)는 이렇게 기술하고 있다.

「일반적으로 한 국가의 정치현상이 다른 국가에 계수되는 것은 틀림없다. 특히 18세기 이래 세계적으로 발생한 여러 사건이 다른 국가에 큰 영향을 미쳤고, 오늘날에는 이러한 상호 의존관계가 더욱 커지고 있다. 우선 프랑스 대혁명은 그대로 유럽 각 지역에 파급되었다. 이는 세계적이라고는 할 수 없어도 그 직접적인 영향 하에서 유럽에서 입헌주의 운동이 헌법 영역에서 어느 정도의 동일성을 형성하였다. 파리에서 만들어진 헌법의 전형은 유럽에서 재생산되고, 다수 국가들에게 이러한 형태가 강제로 이식되었다. 그 후 1814년부터 제1차 세계대전까지 입헌주의 운동에 있어서도 각각의 특수성이 나타나고, 모방이나 계수가 이루어지더라도 동일한 제헌 작업 현상은 볼 수 없었다. 1919년부터 1922년에 걸쳐 이러한 특수한 현상은 특징적으로 나타난다. 그리고 1945년 히틀러(A. Hitler)의 몰락 이후 유럽에서는 세계적인 입헌주의 운동이 각지에서 전개되었다」고 서술하고 있다.[11)]

3. 소 결

헌법의 세계사적 동향을 살펴보면, 특히 각국 헌법의 상호 의존성 또는 모방, 계수의 경향에서 각국 헌법간의 공통성은 보다 크게 부각되고 있다. 이는 다음 2가지 측면에서 더욱 두드러진다. 하나는 국제연합헌장 및 세계인권선언 등 국제적 합의가 각국 헌법에 수용된 것이고, 다른 하나는 세계 여러 국가가 크게 미국, 유럽연합(EU), 중국의 3대 진영과 개발도상국가군으로 나뉘고, 각각 결속을 강화하면서 운명공동체적인 동맹조직을 형성해 가는 것이다.

11) M. Guetzevitch, Les Constitutions Europeeennes, p. 14 et suiv.

비교헌법학은 단지 각국의 헌법전간의 비교로는 그 역할과 해결책을 찾기 어렵고, 각국 헌법에 규정된 법과 제도의 문화적·사회적 배경을 이해해야 그 역할이 선명해진다. 각국 헌법에 규정된 법조문의 배후 사상에 잠재한 공통점과 차이점을 어떠한 기준으로 인식할 것인가는 중요한 문제이다.

Ⅱ. 비교헌법학의 목적 및 활용취지

1. 학문적·교육적 인식대상

먼저 비교헌법학의 실용적인 목적으로 자유로운 학문적·교육적 인식대상성을 들 수 있다.[12] 비교헌법학의 궁극적인 목표와 과제는 헌법정책에 기여하는데 있다. 이를 위해서 특정 헌법에 대한 발전과정을 연구하고 외국 헌법과의 비교·대조를 통해 올바른 가치판단과 평가를 하지 않으면 안된다.[13] 비교헌법학은 법적 사유구조의 상대성을 이해하고 상이한 사유구조에 의해 법적 사고가 실현됨을 관찰함으로써, 상이한 헌법규범간의 공통점과 차이점을 인식하는데 그 초점이 있다.[14] 특히 각국의 헌법제도와 헌법 방법론을 깊이 이해하고 자국 헌법과 외국 헌법을 비교함으로써 자국의 헌법제도와 헌법 방법론의 특징 및 장단점을 정확히 이해하여, 자국 헌법의 문제점과 보완점을 발견할 수 있게 한다. 비교헌법학은 자국 헌법에서 얻을 수 없는 다양한 법리와 법적인 논의 및 법적 통찰력을 향상시킴으로써 풍부한 법적 소양과 법적 지식을 갖춘 법학도와 법률가를 양성하는 수단이 된다는 점에서,[15] 비교헌법학은 법학도와 법률가에게 자국의 헌법과 그 성격을 달리하는 외국의 헌법제도와 헌법체계를 학문적·교육적으로 이해하는데 유용한 자료로서 활용된다.

2. 헌법개정을 위한 자료

외국 헌법의 인식을 통해 자국의 헌법을 더 잘 이해할 수 있기 때문에 학문적

12) Fritz Münch, Einführung in die Verfassungsvergleichung, ZaöRV 33, 1973, S. 126 (129); Konrad Zweigert/Hein Kötz, Einführung in die Rechtsvergleichung, 3. Aufl. 1996, S. 14.

13) 장태주, "비교공법학논고", 「법학논총」 제17집, 한양대 법학연구소, 42면.

14) Chr. Starck, Der demokratische Verfassungsstaat, 1995, S. 4, 406 f.

15) Chr. Starck, Rechtsvergleichung im öffentlichen Recht, JZ 1997, S. 1021 ff.

인식대상으로서 비교헌법학은 중요한 기능을 한다.[16] 법은 생활관계를 규율하기 때문에, 법적 규율 내지 법적 제도의 의미를 정확히 이해할 때에만, 이러한 각국 헌법간의 비교를 할 수 있다. 자국 헌법의 개정을 위해 외국 헌법과의 비교·고찰은 법사회학에서도 활용된다.[17] 일반 공법학과 법철학에서도 학문적 인식을 위해 비교법은 중요한 의미가 있다.[18]

3. 국가의 입법을 위한 지원수단

유럽의 19세기에는 각 민족국가가 자국의 입법을 촉진하기 위해 비교법학을 적극적으로 활용하던 시기였다. 오늘날에도 다른 국가의 헌법이나 법률이 자신의 법체계에 수용될 경우 다른 국가에서 검증된 해결책으로서 외국의 법규범을 참조하는 경우가 적지 않다.[19] 국가간 교류가 활발해지며 국가간의 영향력이 강해져서 일정한 영역에서는 국가간의 장벽이 허물어지고 자국의 문제가 더 이상 국내문제에 머무르지 않고 큰 영향을 타국에 미치는 시대가 되었다. 이러한 상황에서 외국법과의 비교를 통한 외국법의 수용 및 계수의 필요성은 더욱 절실해졌다.

비교법에 대한 고찰은 새로운 입법을 위해 필요할 뿐만 아니라, 법개정을 함에 있어서 필요한 입법자료로 제공됨으로써 국내법의 개선에 크게 기여한다. 이렇듯 입법자는 계수하기에 적합한 상태에 있는 외국의 법제도와 법규정을 비교·검토·분석하여 외국법의 법제도와 법규정을 자국법에 수용할지를 판단하게 된다.

4. 법의 해석자료이자 해석도구

비교법은 법률 해석에 있어서 중요한 기능을 한다. 비교법은 사법부의 판결에 있어서 판단과 결론을 제시해야 하는 경우, 사실적 근거에 의거한 가능성들과 경험들을 제시할 수 있다. 비교법의 원용이 법관의 법기속으로부터의 해방을 의미하지는 않는다.[20] 법관이 불명확한 법적 상황이 발생했을 때 외국법에 의거한 해

16) Clive M. Schmitthoff, Die künftigen Aufgaben der Rechtsvergleichung, JZ 1978, S. 495 (497).

17) Clive M. Schmitthoff, JZ 1978, S. 497 f.

18) Vgl. R. Bernhardt, Eigenheiten und Ziele der Rechtsvergleichung im öffentlichen Recht, ZaöRV 24, 1964, S. 431 (435 f.).

19) Vgl. Drobnig/Dopffel, Die Nutzung der Rechtsvergleichung durch den deutschen Gesetzgeber, in: RabelsZ 46 (1982), S. 253 ff.

20) R. Bernhardt, Eigenheiten und Ziele der Rechtsvergleichung im öffentlichen Recht, ZaöRV 24, 1964, S.

결을 사법적으로 시도하려면 적어도 목적론적 해석에 근거해야 한다. 특히 유추해석, 목적론적 해석 및 법관의 법형성을 위해 비교법이 활용될 수 있다. 기본권이나 일반적 헌법원칙의 해석 및 적용에 있어서 헌법재판소는 결정이유에서 외국의 헌법이나 외국의 헌법재판소 판례에 근거하는 경우가 적지 않다.

5. 법의 국제적 통일에의 기여

오늘날 생활영역의 범위가 확장되어 국가를 초월한 법규범의 적용이 이루어지고 있고, 이러한 법질서의 통일이 필요하게 되었다. 비교법은 급격하게 진행되는 국제화시대에 있어서 국가간의 법적 통일성에 기여한다.

6. 국가간의 분쟁 해결에 기여

오늘날 국제교류 및 국제거래가 증가함에 따라 국가적 활동범위가 확장되고 국가를 초월하여 법이 적용되게 되었다. 따라서 국가간에 발생하는 분쟁사건에 비교법은 유용한 판단자료로서 활용된다. 국제적인 영역에서 비교법은 사전적인 지식을 제공하는 자료가 될 뿐만 아니라, 보충하는 자료가 되기도 한다. 국가간의 계약을 함에 있어서도 비교법은 추후에 발생할 수 있는 분쟁과 사건의 해석상 어려움을 해결하는 데 중요한 판단자료가 된다.

---

431 (443); Jörg Manfred Mössner, Rechtsvergleichung und Verfassungsrechtsprechung, AöR 99 (1974), S. 208, 222.

제 4 절 비교헌법학의 방법

비교헌법학의 올바른 연구방법을 기초로 하여 비교헌법학을 접근해야 한다. 비교헌법학은 헌법학 분야의 한 영역으로서 헌법현상의 유형화를 전제로 연구되어야 한다. 따라서 비교의 방법이 중점에 서게 된다. 비교의 방법은 크게 기능적 방법과 역사적 방법으로 나눌 수 있다.

Ⅰ. 기능적 방법

기능적 방법이란 사회과학으로서의 헌법학의 일부로서 비교헌법을 동태적으로 파악하는 것을 말한다. 이 경우 헌법의 의미내용을 확정하는 것에 그치는 것이 아니라 개별 국가의 헌법문제를 충분히 검토하는 것이 필요하고, 그 후에 헌법현상의 비교연구가 이루어져야 한다. 이와 같은 전제를 소홀히 하게 되면, 첫째, 제정과정이 서로 유사한 헌법이 다른 기능을 보이는 상황, 둘째, 다른 제정과정으로 성립한 헌법이 유사한 기능을 보이는 상황 등을 명확히 해명하는 것이 불가능해진다. 따라서 이러한 검토와 해명을 위해서 한편으로는 제정시의 헌법과 다른 한편으로는 현실적으로 기능하고 있는 헌법을 구별해서 상호간 비교하는 것이 필요하다. 또한 헌법현상의 고찰에서는 헌법제정자의 헌법의식, 그 해석을 전제로 한 헌법현실이나 헌법제도를 만드는 국회의원이나 법관 등의 헌법의식, 이에 영향을 주는 법학자의 의식, 국민 각층의 헌법의식 등의 연구도 필요하다. 그 밖에 헌법규범이 헌법적용자를 기속하면서 헌법적용자가 헌법해석을 통해 일정한 사회관계에 영향을 주는 헌법의 관계도 연구해야 한다.

Ⅱ. 역사적 방법

기능적 방법으로 검토된 헌법현상은 각각에 대응하는 여러 국가의 헌정사와의 관련성에서 파악되어야만 한다. 즉 헌법의 비교는 역사적 방법에 기초하지 않으면 안된다. 물론 중세 입헌주의와 근대 입헌주의 또는 자본주의 헌법과 사회주의 헌법 등의 비교연구도 가능하지만, 역사적 방법에 기초하여 정리하면 다음과 같다.

첫째, 연대적으로 차이가 있지만, 비교에 적합한 국가 및 사회를 추출해서 그들의 헌법현상을 비교하는 경우이다. 예를 들면, 근대 입헌주의를 생각해 보면 각국의 시민혁명을 검토하는 것이 효과적인 방법이다. 각국 시민혁명의 역사는 연대를 달리하고 있으므로 우선 이를 고려하면서 비교·검토해야 한다. 영국의 17세기 중엽 청교도혁명, 명예혁명, 프랑스의 18세기 말 프랑스 혁명, 독일의 19세기 중엽 3월 혁명까지 순차적으로 각각의 혁명이 생성하는 과정을 기초로 하여 검토할 수 있다. 특히 근대 입헌주의의 헌법은 각국 혁명의 성과를 그 전제로서 수용하였다는 점을 고려하면, 각국 헌법간의 비교에서 역사적 방법이 가지는 의의는 크다.

둘째, 역사적 발전에 따라 서로 다른 국가간을 비교하는 경우이다. 예를 들면 자본주의 헌법과 사회주의 헌법간의 비교이다. 이 경우 사회제도를 달리하는 자본주의 헌법과 사회주의 헌법의 비교는 가능한 것인가? 만약 가능하다면 어떠한 방법으로 이를 비교할 것인가가 문제된다.

사회주의 헌법에 대해 역사적 방법을 취해 접근하면, 사회주의 헌법은 자본주의 헌법과 모든 점에서 크게 대립하고 있는 것은 명백하고, 이에 의해서 양자의 본질을 비교할 수 있고 비교의 의의가 명확하게 나타나게 된다.

제 5 절 비교헌법의 유형

Ⅰ. 서 설

비교헌법학을 연구함에 있어서는 세계 각국의 여러 헌법을 일정한 기준에 의거하여 몇 가지 범주로 분류해서 그 범주의 일반적 성격이나 특징을 학문적으로 정리하는 것부터 시작할 수 있다. 세계 각국의 헌법은 현행 헌법만으로 한정해도 약 240개를 넘고 근대국가가 형성되면서 역사적으로 등장한 헌법까지 포함하면 그 보다 훨씬 많은 수에 이른다. 더욱이 이러한 현행 헌법들은 형성이나 내용에 있어서 차이가 없는 것도 있고, 각각의 헌법이 서로에게 영향을 주면서 성립한 것이 대다수이다. 그러므로 각국 헌법간의 비교연구에는 그 유형화의 작업이 무엇보다도 중요하다.

기존의 헌법 교과서를 보면 거의 대부분 총론 부분에서 '헌법의 분류'에 관해 언급하고 있다. 그 유형의 대부분은 예외 없이 각국의 헌법은 그 형식적 차이에 따라 성문헌법과 불문헌법으로 나뉘고, 그 개정절차의 난이도에 따라 연성헌법과 경성헌법으로 나뉜다. 또한 그 제정자가 누구인가에 따라서 흠정헌법, 민정헌법, 협정헌법 그리고 국약헌법으로 나누어진다. 이에 따르면, 우리 헌법은 성문, 경성, 민정헌법이라고 할 수 있다.[21]

이와 같은 분류방법은 근대 입헌주의 국가의 탄생 단계에서는 중요한 의미를 가지는 것이었지만, 오늘날과 같이 240여개 이상의 국가가 있는 상황에서 이렇게 수많은 국가의 헌법을 유형화하는 것은 각 국가 헌법의 기본적 성격을 이해하는 데 큰 도움이 안된다. 그렇다면 현대 여러 국가 헌법의 기본적 성격을 파악하기 위해서 어떠한 분류가 유용한가를 논의해야 한다. 여기에서 지금까지의 전통적인 분류를 검토·비판하고, 그 다음으로 현대적 입장에서의 헌법의 분류를 구체적으로 고찰해 보기로 한다.

Ⅱ. 전통적 입장에서의 분류와 그 비판

전통적 입장에 입각하여 행해지는 헌법의 분류는 다음과 같은 기준으로 유형화되어 있다.

1. 헌법의 형성을 기준으로 한 분류 - 성문헌법과 불문헌법 -

성문헌법은 성문법 형식을 가지고 제정되는 법규범이고, 불문헌법은 성문의 법규범 형태를 갖지 않고 단지 관행에 의해 승인된 법규범을 말한다. 또한 성문헌법 국가라 하더라도 헌법전 이외에 불문헌법이 존재하는 것을 부정하는 것은 아니다. 또한 불문헌법 국가라 하더라도 헌법 규범이 관습이라든가 헌법적 관습률(영국 헌법에서 Constitutional Convention)만은 아니고, 성문법으로 존재하는 것을 부정하는 것은 아니다. 그래서 영국헌법은 불문헌법이고, 그 이외의 국가의 헌법은 성문헌법이라고 한다. 그런데 이러한 구분이 특별한 구별실익을 가지는 것인가가 의문시된다. 이러한 구분에 의하여 여러 국가의 헌법적 특징을 도출할 수 있다고

21) 권영성, 「헌법학원론」, 2010, 17면 이하; 허 영, 「한국헌법론」, 2013, 34면 이하; 성낙인, 「헌법학」, 2013, 20면 이하.

보기 보다는 오히려 성문헌법이나 불문헌법을 채용한 경우, 각각의 장·단점을 평가하는 작업이 실질적 이익이 있다. 구체적으로 장·단점을 설명하면 다음과 같다. 성문헌법은 어느 정도 권력자의 자의를 방지하고, 국민의 일시적인 흥분에 의한 국가질서의 변혁을 억제하는 힘이 있다고 한다. 따라서 제도의 기초를 안정화할 수 있는 장점은 있지만, 그 대신에 반드시 시대의 요청에 적응할 수 없다는 단점이 있다. 반면, 불문헌법은 국민의 신념에 의해서 유지되는 것이므로, 그 사회생활의 기초가 안정되고 국민성이 보수적이어서 급격한 변혁을 바라지 않는 국가가 아니면 건전한 발전을 유지할 수 없다.

이와 같은 성문헌법과 불문헌법간의 구별에 대한 평가는 특정한 국민성에 바탕을 두면서 감정적인 평가에 지나지 않아 과학적인 근거가 부족한 것이라 할 수 있다. 요컨대 헌법 자체는 성문이든 불문이든 국가에 있어서 권력자의 권력 남용을 억제하고 국민의 권리를 보장하기 위한 것이다. 따라서 국가가 권력을 남용하면 그에 대해 국민이 저항하여 변혁시키는 것도 허용된다. 그렇다면 이와 같은 분류는 그 실익이 낮다고 볼 수 있다. 예컨대 뢰벤스타인(K. Loewenstein)은 "성문과 불문과의 구분은 문제되지 않는다. 실제 모든 헌법은 성문헌법이다"라고 하여 이러한 분류를 비판하고 있다.

2. 헌법의 제정절차를 기준으로 한 분류 – 흠정, 민정, 협약, 국약헌법 –

헌법의 제정절차를 기준으로 한 분류는 헌법의 실체적 성격을 명확하게 하는 가장 유효한 방법으로 널리 행해지고 있다. 이와 같은 분류는 역사적 사실을 가지고 있는 경우와 단순히 법적·형식적·절차적 측면을 가지고 있는 경우 2가지로 구별할 수 있다. 여기서는 다음의 4가지로 분류해 본다.

(1) 흠정헌법

흠정헌법은 군주의 일방적 의사에 의해서 제정된 헌법이다. 절대군주제의 영향하에서 헌법을 제정할 때 입법권은 군주에게 전속되어 있었으므로, 이러한 형식을 취한 것이다. 예컨대 1814년의 왕정복고기에 있어서 프랑스헌법, 1908년의 제정 러시아헌법, 1850년의 프로이센헌법 및 이를 모델로 한 1889년 일본의 명치헌법 등이 여기에 속한다.

(2) 민정헌법(민약헌법)

민정헌법은 국민이 직접 국민투표에 의해서 또는 그 대표자(헌법의회)를 통해서 간접적으로 제정한 헌법이다. 하나는 근대시민혁명을 달성한 국가에서 국민주권의 사상을 그 기반으로 하여 시민계급의 정치적 주도권 하에서 또는 시민계급의 이니셔티브에 의해서 제정된 것이고, 다른 하나는 프롤레타리아 혁명을 달성한 국가에서 노동자계급의 정치적 주도권 하에서 노동자계급이 제정한 것이다. 일반적으로 공화제 국가의 헌법이 이에 속한다. 예컨대 미국의 여러 주(州)의 헌법, 1791년의 프랑스헌법, 1946년의 일본국헌법은 전자(前者)에 속하고, 1918년, 1936년, 1977년의 소비에트헌법, 1946년의 유고슬라비아헌법, 1947년의 불가리아헌법, 1948년의 체코슬로바키아헌법, 1949년의 헝가리헌법이나 1954년, 1975년, 1979년, 1982년의 중화인민공화국헌법은 후자(後者)에 속한다.

(3) 협약헌법

협약헌법은 군주와 국민 또는 그 대표자와의 합의에 의해서 제정된 헌법을 말하고, 사상적 측면에서 보면 군주주권과 국민주권과의 타협의 소산이다. 1830년 7월 왕정하의 프랑스헌법은 그 대표적인 예이고, 가장 오랜 역사를 가지고 최근까지 계속되는 1809년 스웨덴헌법도 여기에 포함된다.

(4) 조약헌법(국약헌법, 연방헌법)

조약헌법은 복수의 제정 당사자의 합의이지만, 오히려 다수국가의 합의에 의해서 단일 연방국가를 창설할 때의 헌법을 의미한다. 1871년의 독일제국헌법, 1787년의 미국헌법, 1936년의 소비에트헌법이 여기에 속한다.

이와 같은 헌법의 제정절차를 기준으로 한 분류방식이 헌법의 실체적 내용을 명확하게 이해하는데 유효한 방법인가에 대해 의문이 제기된다. 현재 세계 여러 헌법들을 이 분류방식에 의해 정리해 보면, 거의 민정헌법과 조약헌법으로 집약된다. 바꾸어 말하면, 흠정헌법이나 협약헌법은 역사적으로는 다수 존재했지만, 오늘날에는 거의 찾아볼 수 없게 되었다. 이러한 의미에서 오늘날 여러 국가 헌법의 실체적 내용을 밝히는데 제 역할을 하지 못하고 있다. 그럼에도 불구하고 이와 같은 유형화는 개별적 헌법이 가지는 역사적·실체적 성격을 획일화하는 결함을 지닐 뿐만 아니라 개별적 헌법이 민주세력의 대두와 그 민주적인 요구에 뒷받침되면서 구 지배세력의 양보 내지 후퇴의 과정에서 성립되었다는 헌법의 역사적·본질적 성격을 희석화한다는 문제점을 지니고 있다.

3. 헌법 개정절차의 난이도를 기준으로 한 분류 – 경성헌법과 연성헌법 –

(1) 경성헌법과 연성헌법의 개념

경성헌법이란 헌법 개정절차가 일반 법률 개정절차에 비하여 신중하고 곤란한 절차를 거쳐야 하는 헌법을 말한다. 이에 비하여 연성헌법은 일반 법률 개정절차와 동일한 정도의 절차로 개정되는 헌법이다. 연성헌법에는 1848년 이탈리아헌법, 1876년 스페인헌법, 1847년 뉴질랜드헌법, 성문헌법을 지니지 않은 영국헌법이 이에 포함되고, 이외의 다른 국가의 헌법은 경성헌법이라 할 수 있다.

(2) 평 가

헌법을 국가통치의 근본법이고 국민의 권리와 자유를 보호하는 윤곽법이라고 이해한다면, 헌법은 자주 개정되어야 할 법규범은 아니다. 이러한 이유에서 헌법 개정조항을 다른 일반법령보다도 보다 신중하고 엄격한 절차로 규정하는 것이다. 그러한 의미에서 연성헌법이라는 것이 오히려 변칙적이고 예외적인 것이다. 따라서 예컨대 1848년 이탈리아헌법이 개정절차에 관한 규정을 결여하고 있는 것을 이유로 연성헌법에 속한다고 분류하고, 연싱헌법에 비중을 두어 경성헌법과 연성헌법으로 분류하는 것은 큰 의미를 갖지 못한다. 양자를 비교하면서, 일반적인 견해는 경성헌법이 안정성이 풍부하고 연성헌법은 불안정하다고 설명하고, 대부분의 국가가 경성헌법을 가진다고 해서 경성헌법 국가가 안정성이 높다고 평가하고 있다. 그런데, 이러한 설명이 타당한가는 고민해 보아야 할 문제이다. 왜냐하면 동일한 경성헌법이라도 개정절차를 보면 그 종류가 몇 가지로 나누어지고, 그 절차과정을 중심으로 한 유형화야밀로 안성성의 정도를 측정할 수 있는 기준이 될 수 있기 때문이다. 예를 들어 영국헌법은 연성헌법에 속한다고 분류하고 있다. 그러나 영국헌법이 연성헌법에 속한다고 해서 영국헌법이 불안정하거나 영국의 안정성이 낮다고 평가하기 어렵다.

(3) 경성헌법의 개정방법

경성헌법에 있어서 개정방법은 3가지로 정리할 수 있다.

첫째, 입법기관에 의한 통상의 입법절차보다 신중한 절차에 의한 개정으로 특히 출석 및 의결 정족수를 '일반 의결정족수'보다 '강화된 의결정족수'로 하고 있는 경우이다. 일본 명치헌법의 개정절차는 양원의 3분의 2 이상의 출석과 양원의 3분의 2 이상의 찬성에 의하도록 하였고, 벨기에 헌법의 개정조항은 입법기관에 의한 헌법개정의 선언 후, 의회 해산이 이루어져 바로 총선거를 통해 새로운 의회에 의한 헌법 개정이 진행된다.

둘째, 특별한 헌법회의에 의하는 방법이다. 이 방식은 미국의 몇몇 주(州) 및 연방과 프랑스헌법에서 볼 수 있다. 미국에서는 1787년 헌법제정 이후 이 방식이 취해져 오고 있고, 프랑스에서는 1791년, 1848년, 1875년 헌법제정시에 이 방법을 채택하였다.

셋째, 헌법회의 또는 입법기관의 의결 후 국민투표에 의한 승인을 필요로 하는 경우이다. 이 방식이 현재 가장 많이 사용되고 있다. 예를 들면, 일본, 미국 여러 주, 스위스가 그 예이고, 프랑스나 이탈리아도 원칙적 또는 부분적으로 이 방식을 취하고 있다.

경성헌법과 연성헌법의 분류기준에 의하면, 현행 우리나라 헌법은 원칙적으로 '성문, 민정, 경성' 헌법의 범주에 속한다고 할 수 있다. 그러나 경성헌법의 범주에 속하는 여러 외국의 헌법과 비교·검토해 보아도 개별 국가의 헌법적 성격 및 특징을 비교하거나 공통점을 발견하기는 쉬운 일이 아니다.

Ⅲ. 현대적 입장에서 헌법 분류와 그 평가

위에서 설명한 헌법의 전통적 분류방식이 형식주의적·관념적 독일 국법학에 의한 분류로서 타당성이 약하다는 반성에서 헌법의 사회적·기능적 측면(헌법현상)에서 파악하려는 견해가 제기되었다.

1. 뢰벤스타인의 헌법 분류

우선 주목할 만한 분류는 뢰벤스타인(K. Loewenstein)의 견해이다. 뢰벤스타인에 의하면 새롭고 한층 현실적인 방향으로 헌법을 분류하여, 전통적인 분류방식의 형식주의적·비현실적인 결함을 극복하려는 의도 하에 (1) '창조적 헌법과 전래적 헌법' (2) '이데올로기적·프로그램적 헌법과 실용적 헌법'이라는 2가지 분류방식을 제창하고, 이를 발전시켜 '헌법의 존재론적 분류'를 주장한다.[22] 이에는 '규범적 헌법', '명목적 헌법', '장식적 헌법'으로 나뉜다.[23]

(1) 규범적 헌법이란 정치적 선진국인 서구 사회에서 단순히 헌법적 질서가 형식적으로 국민에 의해서 받아들여지고 이러한 헌법이 합법적이라는 의미에서 유효하다고 판단하는 것이 아니라, 헌법이 충분히 제 기능을 수행하고 있다는 의미에서 현실적합적 헌법을 말한다. 즉, 현실에서 규범적 기능을 다하고 있는 헌법을 말한다. 규범적 헌법에는 미국, 독일, 이탈리아 등 서구 제국의 헌법이 이에 해당된다.

(2) 명목적 헌법이란 헌법이 법적으로는 효력을 가지고 있지만, 법규범으로서의 현실성을 가지고 있지 않은 헌법을 말한다. 이 유형에 속하는 헌법은 아시아나 아프리카 등 서구적인 입헌주의가 식민지 또는 농업적·봉건적 사회구조에 유입된 국가들에서 찾아볼 수 있다. 명목적 헌법은 단지 헌법적 의도의 선언에 불과하고 장래 현실성을 가지게 될 것을 기대하는 청사진을 갖는 헌법을 의미한다.

(3) 장식적 헌법이란 현재 정치권력을 독점하고 있는 권력자가 현실권력을 유지하기 위한 수단으로만 사용하는 헌법을 말한다. 장식적 헌법의 예로는 구 소련위성국 헌법을 들 수 있다.

이러한 뢰벤스타인의 분류는 헌법이 현실로 담당하는 역할을 도외시하고 헌법의 표현형식이나 제도 및 개정절차 등에 있어서 형식적 차이만을 겨냥해서 헌법의 여러 유형을 분류하는데 지나지 않았던 전통적 분류방식과 비교하면, 명확히 현실적·실질적인 분류라고 할 수 있다. 그렇지만 뢰벤스타인의 분류는 개별 국가의 헌법 기반에 있는 여러 현상을 지탱하는 경제적 기반이나 정치적 지배구조를 도외시하고 있기 때문에 상대적으로 형식적인 분류일 수 있다는 점, 서구에 편중된 분류이어서 사회주의 헌법의 유형을 인정하지 않는다는 점, 명목적 헌법은 결코 아시아나 아프리카제국에 한정되는 것이 아니라, 독일이나 프랑스 등에서도 예외가 아니라는 점에서 비판받을 수 있다.

---

22) 뢰벤스타인에 의하면 '존재론적 분석은 헌법의 실질이나 내용의 분석을 임무로 하는 것은 아니다. 권력과정의 현실과 헌법의 규범과의 대응관계야말로 이 분석의 기준인 것이다'라는 인식에서 출발하고 있다.

23) K. Loewenstein, Verfassungslehre, 3. Aufl., 1975, S. 151-157.

2. 위어의 헌법 분류

위어(K. C. Wheare)의 헌법 분류를 살펴보면 다음과 같다.[24] 위어는 "현대 헌법"(Mordern Constitutoins)이라는 저서에서 헌법은 그 통치조직과 관련한 선언이라는 입장에서, 인민이 새로운 출발을 바랬기 때문에 제정되고 채택된 것이라는 점에 기초한다. 그러나 인민이 새로운 출발을 하려고 하는 의도나 필요성은 각국에 따라 상이하기 때문에 다음과 같은 관점에서 분류·정리할 수 있다고 보았다. 즉, 인접하는 몇몇 사회가 하나의 새로운 정부로 결합을 원함으로써 생긴 헌법(예컨대 미국헌법), 혁명이 발생하여 과거와의 인연을 끊고 새로운 원리에 근거해서 새로운 통치형태를 바람으로써 제정된 헌법(1789 프랑스헌법, 1917 소비에트 연방헌법), 패전으로 통치의 계속성이 단절되고 전후에 새로운 출발이 필요하여 제정된 헌법(1919 바이마르헌법, 1875 프랑스헌법, 1946년 프랑스헌법) 등을 제시하고 있다.

이러한 분류는 헌법의 제정사적 측면에서 본 유형화로서는 의미를 갖지만, 헌법제정의 동기를 파악할 수 있는데 불과하고 이것으로부터 헌법의 내용이나 역사적 성격을 도출할 수 없다는 점에서 불충분하다고 할 수 있다.

Ⅳ. 사회구성체에 입각한 분류

현대 헌법의 유형화와 관련하여 좀 더 입체적·구조적 분류방식이 강구되어야만 한다. 헌법은 각각의 헌법을 발생시킨 사회의 구성에 따라서 규정될 수 있기 때문에 이러한 관점을 반영한 유형화가 필요하다는 관점에서 다음과 같은 견해가 제시되고 있다.

1. 자본주의형 헌법

자본주의형 헌법은 반봉건적·외견적 입헌주의 헌법, 자유주의적·부르주아 헌법, 외견적 사회주의 헌법 등으로 분류할 수 있다.

반봉건적·외견적 입헌주의 헌법으로는 프로이센 헌법, 이탈리아, 일본, 러시아, 중국 및 이디오피아 헌법 등을 들 수 있다. 또한 자유주의적·부르주아 헌법에는

---

24) K. C. Wheare, Modern Constitutions, 2nd ed., 1966, pp. 19-31.

18, 19세기 말 프랑스 여러 헌법이 이에 속한다. 그리고 외견적 사회주의(수정자본주의적 사회개량주의) 헌법에는 제1차 대전 이후 서구 제국 헌법이 해당된다.

2. 사회주의형 헌법

사회주의형 헌법은 과도기 헌법과 순수 사회주의 헌법으로 나눌 수 있다. 과도기 헌법에는 레닌 헌법과 동구 및 아시아 인민민주주의 헌법이 속한다. 순수 사회주의 헌법에는 스탈린 헌법, 체코·유고·몽골 등의 헌법 등이 해당된다.

3. 후진형·종속형 헌법

후진형·종속형 헌법은 라틴 아메리카 여러 국가 헌법, 아시아·아랍 여러 국가 헌법, 아프리카 제국헌법 등으로 나눌 수 있다. 라틴 아메리카 여러 국가 헌법에는 중남미 제국헌법이 속하고, 아시아·아랍 여러 국가 헌법에는 중국, 북한, 몽골을 제외한 아시아 및 중동국 헌법이 해당된다. 또한 아프리카 제국헌법에는 아프리카 및 신흥국 헌법이 속한다.

이러한 분류방식은 지금까지의 헌법분류가 헌법의 규범적 외형을 둘러싸고 전개되었기 때문에 그 근본적 원인을 탐구하지 못하였고, 이러한 헌법의 분류방식을 취하는 것은 학문적으로나 실천적으로 아무런 도움이 되지 않는다는 반성에 기초하여 등장한 것이다. 그러나 사회의 구성체에 따른 분류도 현대에는 평준화되고 계수되어 동일화된 시점에서 역사적 의의만을 가질 뿐이다. 또한 헌법의 본질을 파악하는데 근본적인 한계를 지닌다.

제 2 장 각국 헌법의 역사적 전개와 우리나라 헌정사

제 1 절 근대 헌법의 역사적 전개와 그 특징

여기에서는 특히 서구의 근대 헌법에 주안점을 두면서 그 헌법의 생성과 전개 및 그 특징을 중심으로 검토한다. 서구의 근대 헌법을 검토하는 경우에도 근대헌법의 생성 초기와 19세기 후반의 헌법과는 체제기반은 동일하지만 상당히 다른 구조적 변화가 나타났고, 더 나아가 시민혁명을 경험한 몇몇 국가의 헌법과 그렇지 않은 국가의 헌법과는 외형적으로 유사한 경향을 보여도 그 본질 내지 보장의 내용은 상당히 다르다. 여기시는 서구 근대 헌법의 역사적 고찰을 함에 있어서 (1) 초기 시민혁명기에 있어서 헌법, (2) 산업혁명기의 헌법, (3) 1920년 이후의 헌법 등 3단계로 구분해서 주요 국가의 헌법상 특징을 검토해 보기로 한다.

Ⅰ. 초기 시민혁명기에 있어서 헌법

초기 자본주의 단계를 고찰하는 경우에는 17세기 영국 및 18세기 프랑스의 자본주의의 성립과 발전단계에서 생성한 헌법들을 유념해서 살펴보아야 한다.

1. 영국의 근대국가 성립

(1) 영국혁명 이전

1) 제임스 1세의 등장

영국 엘리자베스 여왕 시대를 정점으로 영국의 절대주의는 쇠퇴하기 시작하였다. 1603년 엘리자베스 여왕이 사망하자, 스코틀랜드의 스튜어트 가(家)로부터 스코틀랜드 왕 제임스 6세가 스코틀랜드 왕위를 유지한 채 영국 왕으로 추대됨으로써 제임스 I세(1603-1625)가 되었다. 이로부터 스튜어트 왕조가 수립되었다. 제임스 I세는 잉글랜드 신민의 요구를 이해하려고 하지 않았고, 잉글랜드의 역사와 정치를 알지 못하였다. 제임스 I세는 왕권신수설(王權神授說)을 믿었으며, 국교회를 지지하였다. 제임스 I세의 무절제한 재정지출로 국가 재정이 악화되었고, 제임스 I세는 의회와 심각한 갈등을 초래하였다. 제임스 I세는 1604년 처음으로 의회를 소집한 후, 1611년까지 매년 의회를 소집하였다. 이 시기에는 제임스 I세와 의회의 관계는 그리 나쁘지 않았으나, 1614년 이후 7년간이나 선거를 실시하지 않을 정도로 관계가 악화되었다.[25)]

2) 제임스 I세의 대외관계

제임스 I세는 의회의 반대에도 불구하고 친(親)에스파냐 정책을 추구하였다. 제임스 I세는 에스파냐와의 장구한 전쟁을 중단하고 이후 외국과의 어떠한 군사적 분쟁에도 개입하지 않는 평화정책을 추구하였다. 이러한 제임스 I세의 유화정책(宥和政策)은 네덜란드와 독일에서 곤경에 처한 청교도(퓨리턴)를 저버리는 결과를 낳아, 청교도(퓨리턴)들은 제임스 I세의 정책을 반대하였다. 반면, 제임스 I세는 왕이 임명한 주교들이야말로 강력한 군주제를 지탱하는 세력으로 생각했기 때문에, 영국식 감독제를 유지하려고 노력하였다.

3) 찰스 I세와 의회와의 갈등

찰스 I세의 즉위 이후에도 의회와의 갈등도 계속되었다. 찰스 I세가 1625년과 1626년에 이어 1628년에 세 번째 의회를 소집하였을 때, 의회 지도자들은 왕이 의회의 요구를 들어줄 때까지 어떠한 보조금도 지불하지 않기로 결정하였다.[26)]

의회는 왕의 자의적인 권력행사를 제한하는 내용의 1628년 '권리청원'(the Petition of Right)을 제시하였다. 찰스 I세는 다급한 재정문제로 인하여 권리청원에 서명했다.[27)] 권리청원의 내용은 의회의 동의 없이는 어떠한 과세나 공채도 강제되지 않는다는 것, 법에 의하지 않고는 누구도 체포·구금되지 않는다는 것, 육군 및 해군은 인민의 의사에 반하여 민가에 숙박할 수 없다는 것, 민간인의 군법에 의한 재판은 금지한다는 것, 각종의 자유권을 보장한다는 것 등이었다. 찰스 I세는 다급한 재정문제로 인하여 권리청원에 서명하였으나, 찰스 I세의 자의적인 행

25) 박지향, 클래식 영국사, 김영사, 2012, 429면.
26) 박지향, 클래식 영국사, 김영사, 2012, 430면.
27) 박지향, 클래식 영국사, 김영사, 2012, 430면.

동은 줄어들지 않았다.

1629년부터 1640년까지 11년 동안 의회는 소집되지 않고, 왕의 전제가 이루어졌다.[28] 특히 1634년 찰스 I세는 해안 도시들에 '선박세'(Ship Money)를 부과하였다. 선박세는 영국의 해안도시들이 왕실 해군에 선박 또는 그만한 가치의 돈을 마련해 준다는 중세적 의무에 근거해 부과된 것이었다. 1635년 찰스 I세는 선박세의 부과 대상을 해안도시에서 전국으로 확대하였다.[29]

찰스 I세의 종교 문제는 정치 문제, 사회 문제로 비화되어 영국혁명의 계기가 되었다. 대주교 윌리엄 로드(William Laud)에 대한 찰스 I세의 지지는 종교적 갈등을 불러일으켜 찰스 I세는 국민들과 괴리되었다. 로드(Laud)는 주교들의 정치적 권력과 위신을 회복시키고, 교회의 재정을 도시에서 십일조(tithe) 부과와 속인 소유의 교회재산의 환수에 의해 확충하려 하였다. 로드(Laud)는 잉글랜드 국교회를 변화시키는데 국한하지 않고, 스코틀랜드 교회를 변화시키려 노력하였고, 그 결과 영국혁명을 유발시켰다.[30]

(2) 영국혁명의 전개

1) 영국혁명의 원인

영국혁명의 원인은 정치문제(의회권과 왕권과의 갈등) 및 종교문제(청교도와 국교파와의 갈등)가 주요하였다.

1640년 찰스 I세의 정책에 대항하여 스코틀랜드에서 반란이 일어나자, 찰스 I세는 전쟁비용을 조달하기 위해 의회를 소집하였으나, 의회는 오히려 왕의 요구를 거부하고 대외정책에 대해 규탄하자 찰스 I세는 의회를 3주만에 해산시켰다. 이를 '단기의회'(Short Parliament)라 부른다.

1640년 가을, 스코틀랜드 군대가 잉글랜드 북부지역을 침략하여 뉴캐슬(Newcastle)을 점령하였다. 패배한 잉글랜드는 스코틀랜드 군대의 주둔 비용을 부담하기로 합의하였다. 왕은 의회의 동의를 받아 과세할 수밖에 없는 상황이 되었고, 이에 왕은 의회를 소집하였다. 이렇게 소집된 의회는 1660년까지 공식적으로 해산되지 않았기 때문에, '장기의회'(Long Parliament)라고 불린다.[31]

---

28) E. Wolgast, Geschichte der Menschen-und Bürgerrechte, 2009, S. 24.

29) 이종은, 영국혁명의 의의 및 크롬웰의 역할, 정치사상연구 제2집, 2000 봄, 158면.

30) 박지향, 클래식 영국사, 김영사, 2012, 431면.

31) 박지향, 클래식 영국사, 김영사, 2012, 432면.

1640년 '장기의회'가 새로 소집되었으나, 이로 인해 의회는 한층 왕에 대한 반발이 심하여져 개혁 요구를 강하게 표출하였다. 의회는 로드와 스트래퍼드 백작을 탄핵하는 한편, 왕권의 자의적 행사를 통제할 법안들을 통과시켰다. 즉, 의회는 적어도 3년마다 소집되며 왕이 선거를 실시하지 않더라도 전 회기에 참석한 의원들이 자동적으로 소집되도록 하였다. 또한 의회의 동의 없이 왕은 의회를 해산할 수 없었다.32)

찰스 I세와 의회의 반목은 더욱 격화되어 1642년부터 8년(1642-1649) 동안 왕당파와 의회군 간의 무력 대결을 하였다. 크롬웰(1599-1658)이 독립자영농민으로 구성된 청교도군을 지휘하게 되자, 의회군이 우세하게 되고, 결국 1645년 네이스비(Naseby) 전투에서 의회군이 승리하고, 찰스 I세는 체포되었다.

체포된 찰스 I세의 처리문제를 놓고 온건주의인 '장로파'와 잉글랜드 국교회를 포함한 모든 국교회(established church)를 반대하는 급진주의인 '독립파'로 나뉘어졌다.

의회의 재정능력 파탄으로 사병들의 임금 지급이 불가능하자, 장로파는 군대 일부를 해체시키고 나머지 병력을 아일랜드로 보내려고 계획하자 이에 반대하는 사병들의 폭동이 일어났다. 장교들은 독립파와 연합하여, 군대의 해체를 명한 장로파에 대항하였다.

2) 건의요강

크롬웰 등의 독립파는 1647년 7월 4일 찰스 I세를 접견하고 입헌군주제와 국교회를 받아들이려 했다. 수평파 군인들은 의회와 국왕과의 접촉도 거부하였다. 독립파는 1647년 7월 17일 사병들과 수평파와 협상할 수 있는 "건의요강"(Heads of Proposals)을 제시한다. 이 건의요강은 전문 21개조로 구성된 요강으로 의회를 해산할 것과 2년 마다 선거 실시, 신앙의 자유, 내국 물품세 폐지, 독점권 폐지, 대사면 실시, 체불된 급료 지불 등을 주요 골자로 하고 있다. 그러나 왕권의 회복과 상원의 결의권을 인정하는 등 민주주의적 내용과는 거리가 멀었다.

3) 인민협정

수평파는 불만스러운 여러 조항들 가운데 십분의 일세의 폐지를 크롬웰의 사위인 헨리 아이어튼(Henry Ireton)에게 요구하였다. 아이어튼이 이를 거부함으로써 문제가 야기되었다. 수평파의 반대에도 불구하고 크롬웰과 아이어튼은 '건의요강'대

32) 박지향, 클래식 영국사, 김영사, 2012, 432면.

로 왕권복귀에 최선을 다했다.

군대 일반 사병들로부터 선발된 대표들과 장교들은 1647년 10월 말 퍼트니 교회에서 벌였던 '퍼트니 논쟁'(Putney Debates)[33]에서 수평파의 "인민협정"과 독립파 장교들에 의한 "건의요강"을 두고 토론을 벌였다.

여기서 체결된 것이 "인민협정"(Agreement of the People)인데, 인민협정에는 수평파의 개혁의지가 담겨있다. ① 의회의 권한을 확정하여 의회의 전제를 방지함으로써 인신을 보호하고, ② 법체제를 개혁하며, ③ 지방분권화 정책을 추구하는 것이었다.[34] 인민협정에는 인민주권, 인간의 천부적 권리와 신앙의 자유, 법 앞에 만민의 평등, 장기의회의 1년 내 해산과 2년 임기의 의회 구성, 인구비례에 따른 선거법 개정, 강제 징병제의 폐지, 전쟁 중 행위에 관한 면책 등을 규정하였다.[35]

4) 청교도혁명

이러한 혼란 속에서 의회는 왕에게 1647년 12월 24일 4개안을 내놓음으로써 문제의 실마리를 찾으려고 했다. 그러나 찰스 I세는 영국의 감독제도를 파기하고 장로교제를 다시 수용하기로 스코틀랜드와 야합하였다. 이에 의회는 드디어 1648년 1월 15일 왕에 대한 모든 충성을 거부하고 왕과 더 이상 관계를 갖지 않을 것을 결의하였다. 장로파에서는 국왕을 끝까지 편들면서 타협을 고집하는 반면, 입헌군주제에 기울려던 독립파는 찰스 I세의 회색적인 태도에 분개하여 군주제의 폐지를 들고 나왔으며, 수평파에서는 군주제의 폐지 이외에 국왕의 처형까지 주장하였다.

스코틀랜드 군은 하밀튼 공작의 지휘아래 영국을 침공하였다. 이것이 프레스톤 전투(battle of Preston: 1648. 8)이다. 이 전투에서 스코틀랜드군은 크롬웰에게 패배하였다. 찰스 I세와 의회간에 '뉴포트 조약'(Treaty of Newport)이 체결되었지만, 찰스 I세는 군대의 수중에 넘어갔다. 군대는 의회를 숙청하였다. 이것이 '프라이드의 숙청'(Pride's Purge: 1648. 12)이다. 이 때 장로파에 속한 의회 의원 약 96명이 추출되고 나머지 60여명만이 님게 되는데, 남은 의원들로 구성된 의회를 '잔부의회'(the Rump parliament)[36]라 한다. 결국 크롬웰이 이끄는 독립파가 승리함으로써 1649년 1월 찰

33) 이에 관해서는 유종선, 계시, 관습, 이성 : 퍼트니 논쟁(The Putney Debates, 1647)의 정치언어와 정치사상사적 의미에 관한 고찰, 정치사상연구 제15집 제1호, 2009. 봄, 187-213면 참조.

34) Christopher Hill, Intellectual Origins of the English Revolution, Oxford 1980, p. 246.

35) T. C. Peace, The Leveller Movement, Gloucester 1965, p. 199(김태현, 영국혁명에 있어서 신형군의 급진주의 발전과정에 관한 연구(1643~1647), 사총 제47권, 1998, 227면).

스 I세는 처형되고 절대주의는 종말을 고하였다. 이를 '청교도혁명'이라 한다.

2. 영국혁명 이후

(1) 공화국시대

1649년부터 1660년까지 스튜어트 왕조의 복귀까지 영국은 공화국 형태를 띠었다. 1653년까지를 '공화국 시대'라 부르고, 그 이후를 '호국경 시대'라 부른다.[37] 공화국 시대에 영국 국교회는 철폐되었고, 군주제와 귀족원도 폐지되었다. 권력은 군대와 그 지도자인 크롬웰에게 있었다.

(2) 호국경시대

잔부의회의 의원들과 군사령관의 견해가 맞지 않았던 상황에서, 군은 1653년 의회를 강압적으로 해산시켰다. 크롬웰은 자유로운 선거로 의회를 구성하면 우파가 다수를 차지하리라는 우려 때문에 '성자들의 회의'(assembly of saints)를 소집하였다. 이 140명으로 이루어진 제헌의회에서 압도적인 찬성으로 크롬웰은 호국경(Lord Protector)으로 추대되었고, 이때부터 호국경 시대가 되었다. 크롬웰은 1655년 펜루독(Penruddock)의 왕당파의 반란을 진압한 후, 전국을 11개의 군사지역으로 나누어서 장군들을 파견하여 통치하였다.

크롬웰의 호국경 정치는 군주제를 대신하는 것이었다. 크롬웰은 외교적으로 국력을 크게 신장시켰으며, 경제적 번영을 성취하였고, 종교적으로도 분리파의 극단주의와 장로파의 독선주의로부터 종교의 다양성과 자유사상을 보호하였다. 크롬웰은 약 10년간 독재정치를 행하였다.

(3) 왕정복고

크롬웰의 죽음과 함께 공화정도 무너졌다. 크롬웰이 죽고 18달이 지난 후, 몽크

---

36) 프라이드 대령이 무력으로 장로파 의원들을 추방하고 나머지 60명 미만의 독립파 의원만으로 구성되었기 때문에 경멸의 뜻으로 '찌꺼기(rump)'라고 불렀다. 그 후 의원 수에는 변동이 있었으나 125명을 초과하는 일은 없었고, 평균 출석자수는 50명 정도였다. 국왕 찰스 I세가 처형된 뒤 귀족원 폐지, 공화제를 선언하였으나 국왕파에 매수되는 자도 있었고, 대외 위기에 처하여 군대와 협조하지 않았을 뿐더러 임기 연장을 기도했기 때문에 의회군의 분노를 사 1653년 4월 크롬웰에 의하여 해산되었다. 1659년 다시 소집되었으나 왕정복고를 위한 신의회 소집을 승인하고 해산하였다(잔부의회: Rump Parliament).

37) 박지향, 클래식 영국사, 김영사, 2012, 439면.

(Monck) 장군이 거느리고 있던 부대가 호국경 시대의 막을 내렸다. 자유로운 선거가 실시되었고 1660년 전왕(前王)의 아들 찰스 2세를 네덜란드에서 불러들여 왕정(1660-1685)을 부활시켰다.

찰스 2세가 돌아오고 몇 년이 지나서야 의회는 왕정복고에 관한 입법을 완성하고 영국혁명 이전에 스튜어트 왕조를 반대했던 사람들을 사면하였다. 1640년대에 폐지된 봉건제는 다시 복구되지 않았다. 성실청[38] 같은 왕의 특별법원도 사라졌다. 왕정복고와 더불어 국교회가 다시 수립되었다. 그러나 왕정복고 시대의 종교정책이 영국혁명 이전과 다른 점은 비국교회의 존재를 인정한 것이다. 이로 인해 영국에서는 제한 군주정이 성립되었다.

새로운 의회는 소수의 장로파와 다수의 왕당파로 이루어졌다. 찰스 2세는 가톨릭으로 개종하고 프랑스의 루이 14세와 비밀협약을 맺고 프랑스의 재정 지원을 받아 가톨릭을 부활시키고자 하였다. 1672년 찰스 2세는 칙령을 발포하여 누구든지 가톨릭을 포함한 국교도가 아닌 신앙을 가질 수 있다고 하였으나, 의회의 다수파인 왕당파는 국교도만이 국왕이 될 수 있다는 1673년 '심사율'(Test Act)을 제정하여 영국의 공직자가 되려고 하는 자는 국교도이이야 한다고 명시하였다. 이는 의회가 영국 공직자에서 가톨릭 신자를 배제하기 위한 것이었다.

이로 인해 왕과 의회간의 갈등과 반목이 격심해 지고, 의회 내부에서는 찰스 2세의 후계 문제로 갈등이 격화되었다. 의회는 찰스 2세의 동생이면서 가톨릭 신자인 요크 공(후에 제임스 2세)을 지지하는 '토리당'(Tory Party)과 요크 공을 반대하는 신교도 중심의 '휘그당'(Whig Party)으로 분열되고 대립하였다. 1679년 선거에서 휘그당이 대승을 거두자, 의회는 휘그당을 중심으로 왕을 더욱 견제하기 시작하였다. 휘그당을 중심으로 한 의회는 1679년 '인신보호령'(Habeas Corpus Act)을 제정하였다. 인신보호령에는 법에 의하지 아니하고는 인신을 구금할 수 없도록 하였으며, 모든 시민은 자유롭게 청원할 수 있는 권리를 지니며, 선거의 자유를 가진다고 규정하였다.[39]

---

38) 성실청(성실법원; star chamber)은 영국법상 보통법(common law) 법원의 정규재판을 보완하기 위하여 법관 및 중세 왕실회의에서 생겨난 추밀원의 고문관들(privy councillors)로 구성된 법원을 말한다. 다른 법원들이 부패와 외압 등으로 인해 집행불가능한 법률도 집행할 수 있었고 다른 조처가 부적절할 때 구제수단을 제공할 수 있었기 때문에 헨리 8세 치하에서 큰 호응을 얻었다. 그러나 찰스 I세가 정치 및 교회에 대해 대중의 지지를 얻지 못한 정책들을 강행하는데 이 법원을 이용하게 되자, 성실법원은 찰스 왕과 윌리엄 로드 대주교에 반대하는 의원들 및 청교도들에 대한 억압의 상징이 되었다. 그리하여 1641년에 장기의회(Long Parliament)에 의해 폐지되었다.

39) E. Wolgast, Geschichte der Menschen-und Bürgerrechte, 2009, S. 26 f.

제임스 2세(1685-1688)는 노골적으로 친 가톨릭정책을 선포하였고, 또한 의회 없는 전제정치를 표방하였다. 1687년 신앙의 자유를 발표하였으며, 다른 한편으로는 심사조례와 인신보호율을 파기하고 런던에 군대를 주둔시켰다. 제임스 2세는 1688년 혁명으로 왕위를 반납하지 않으면 안되었다.

(4) 명예혁명과 권리장전

의회 지도자들은 은밀하게 네덜란드 총독 오렌지 공 윌리암(Wilhelm von Oranien: 1650-1702)에게 그 부인 메리(제임스 2세의 딸)와 함께 영국 왕이 되어줄 것을 요청하였다. 이에 윌리암이 승낙하고 영국의 왕이 되었다. 제임스 2세는 지지세력이 없다는 것을 알고 프랑스로 도피하였으며, 1688년 11월 윌리암의 군대는 다시 네덜란드로 돌아갔다. 의회는 1688년 1월 윌리암 3세와 메리 2세를 영국의 왕으로 선언하였다. 이를 '명예혁명'(Glorious Revolution: 1688년)이라고 한다.

명예혁명으로 소집된 의회는 가톨릭교도의 왕위계승을 배제하고 새로운 통치자와 맺은 계약을 법전화하였는데, 이를 '권리장전'(Bill of rights)이라 한다. 권리장전에는 의회의 승인없이 법을 제정·과세할 수 없으며, 상비군을 가질 수 없다는 내용이 들어있다.[40] 그리고 영국인은 누구나 불만을 제거하기 위한 청원권을 가질 수 있다는 것, 법은 공정하게 운영되어야 한다는 것이 포함되어 있다. 이밖에 군대의 통수권을 의회에게 주는 폭동진압법(mutiny act: 1689년), 종교의 자유를 허용하는 관용법(toleration act: 1689년), 3년마다 의회를 소집하는 3년 회기법(triennial act: 1694년) 등을 선포하였다. 결과적으로 영국은 명예혁명을 통하여 서양에서 제일 먼저 절대군주제가 종식되었으며, 의회입헌주의를 바탕으로 하는 근대적 자본주의 국가의 길로 들어설 수 있었다.

Ⅱ. 영국의 근대헌법 성립의 사상적 기반

1. 존 로크(John Locke)의 시민정부이론

(1) 서 설

근대헌법의 성립시기에 자본주의적 생산양식은 '공장제 수공업'(manufacture)을

40) S. Roßner, § 6 Verfassungsgeschichte, in: Krüger (Hrsg.), Grundlagen des Rechts, 2011, S. 114 Rn. 23.

특징으로 한다. 영국도 16세기 중엽부터 18세기 말엽까지 중소기업이 소규모의 상품을 생산하고 이를 교환하는 '공장제 수공업기'에 있었다. 이 시기에 소규모 상품생산의 담당자는 농업에서는 농노의 지위에서 벗어난 자유농이었고, 공업에서는 도시 길드에서 해방된 장인이었다. 특히 장인은 산업자본가와 소규모 공장제 수공업의 경영자계층을 이루면서 자유농과 함께 당시의 봉건적 규제에 가장 비판적인 계층으로 활약하였다. 사상사적으로는 '인본주의'를 바탕으로 하는 '자연법사상'이 지배한 시기였기 때문에, 근대헌법은 공장제 수공업이라는 자본주의적 생산양식과 자연법사상의 영향을 받으면서 성립했다.

자연법사상과 근대헌법과의 관계를 가장 전형적으로 보여주는 것이 존 로크(John Locke)의 '시민정부이론'(Two Treatises of Government, 1690)이다. 로크에 의하면, 개개의 인간은 국가나 사회가 성립하기 이전의 자연상태에서 생명(life)·자유(liberty)·재산(property)에 대한 소유와 권리를 가진다고 보았다. 이러한 생명·자유·재산에 대한 소유와 권리는 인간이 인간으로 존재하기 위한 전제조건이기 때문에, 사회형성의 구성단위인 개인에게 귀속되어야만 한다고 보았다. 그 가운데 재산은 노동의 결과로서 획득되는 것이고, 화폐 유통으로 그 재산 축적을 정당화함으로써 자본주의적 생산양식의 발전을 위한 기틀을 마련하였다.

로크는 이러한 인간의 자연상태에서 여러 권리를 보다 잘 보호하기 위해서 형성된 것이 '시민사회'(civil society)이고 이를 위하여 '정부'(government)가 조직되었다고 설명하고 있다. 이와 같은 자연상태에서 서로 평등한 권리와 권력을 가지고 있던 인간은 시민사회에서는 권력을 포기하고, 권리의 보호를 정부에 위임하면서 사회의 구성원으로서 시민이 된다. 따라서 시민에 있어서 가장 중요한 관심사는 정부가 정당하게 시민의 권리를 보호할 수 있도록 구성되고 기능하고 있는지 여부에 있다고 보았기 때문에, 로크는 '시민정부이론'에서 군주와 의회를 대치시키는 '권력분립론'을 주장하고 압제에 대한 '저항권'을 주장하는 것도 결국 시민의 권리를 보호하기 위한 수단으로 본 것이다. 나반 여기에서 말하는 '시민계급'이란 일체의 국가적·사회적 규제를 받지 않고 노동을 통해서 자신의 생활을 유지하고 발전시켜 나가는 인간을 의미하지만, 결국 산업자본가 및 소규모 공장제 수공업의 경영자, 자영농을 의미하는 것이었다.

로크(Locke)에 있어서 안전은 '국가에 의한 안전'이 아니라, '국가로부터의 안전'이었다. 이 때문에 국가권력을 나누고(권력분립), 국민의 대표자를 선출하여 국가를 구성하며(대의제), 독재자에 대해서는 자연권으로서 '저항권'을 인정하였으며,

생명과 신체의 유지를 위해 자유와 재산이 안전하게 보호되는 것이 필요했다. 로크는 개인의 신체와 생명의 안전을 보호하는 국가를 설명하기 위해 홉스의 이론에 근거하면서도, 홉스의 이론과는 달리 국가를 법에 기속되고 권력이 제한되는 객체로서 보았으며, 국가가 평화를 보장할 때 개인의 신체와 생명의 안전이 보장될 수 있다고 주장했다. 즉, 국가가 개인의 자유를 보장할 때 개인의 안전이 보장되는 것이므로, 이 경우 자유와 안전은 상호 모순되는 것이 아니라 동전의 양면과 같이 함께 보장되는 것이라고 주장했다.41)

(2) 권력분립론

로크(Locke)는 시민의 재산과 권리를 보호하기 위해 자연법사상을 기초로 하여 국가권력을 기능적으로 분립할 것을 주장하였다. 로크는 입법에 책임이 있는 자는 동시에 그 법률의 집행권을 지녀서는 안된다고 주장하였다.42) 로크는 시민의 안전과 시민의 재산을 보호하기 위한 과제를 국가에게 부여하였고, 항상 권력을 장악하려는 인간 본성의 야욕을 경고하였다. 이러한 권력 장악을 방지하기 위해 로크는 '권력분립'을 주장하였다. 즉, 법률을 제정하는 입법권(Legislative power), 법률을 집행하는 집행권(Executive power), 대외관계를 처리하는 연합권(Federative power)의 3권이 그것이다. 이러한 3권 중 입법권은 '정부가 존속하는 한 항상 어떤 경우에도 최고의 권력'이고, 집행권과 연합권은 보조적이고 종속적인 권력에 지나지 않는다고 보았다.

자연상태에 있어서 자연적 권리(자연권)의 사적 보장수단(정당방위·자력구제)으로서의 자연적 권력(자연적 권리의 일부를 구성하는 것은 아니지만 자연적 권리에서 파생되는 수단이다)은 사회계약에 의해서 정부에 '신탁'되고, 그 결과 개개인의 자연적 권리는 공적으로 정부에 의해서 보장된다. 이러한 기능을 담당하기 위한 정부의 형성은 입법기관이 구성됨으로써 가능하게 된다. 이 때 입법부의 설치와 입법권의 부여 주체 등 사회의 통치형태의 결정권은 시민의 지정에 의해서 행사될 수 있다고 보았다. 따라서 로크의 사회계약에 있어서 첫 번째 과제는 입법권의 설정에 있었다. 그리고 홉스가 국가의 정신을 '주권'에서 찾은데 비하여, 로크는 국가기관으로서의 '입법부'가 국가의 정신이라고 보았다. 그 결과 로크에 있어서 입법부의 붕괴는 국가의 붕괴와 동일시되었다. 이와 같이 로크는 입법부의 성립이 실

41) Josef Isensee, Das Grundrecht auf Sicherheit, Berlin 1983, S. 5 ff.

42) John Locke, Two Treatises of Government (1690), in: P. Laslett (Hrsg.), 2. Aufl., 1967, p. 267, 291.

제 사회에서 유일한 최고의 권력은 아니지만, 일단 성립하면 신성하고 불변의 권력을 가진 구성체로 파악하였다.

(3) 입법권

로크(Locke)는 입법부의 기능은 ① 사회의 '의지선언'인 '법률'을 제정하는데 있다고 한다. 그러나 법률은 그 내용에 있어서 자연법에 적합해야만 하므로, 법률의 제정은 자연법의 실체화, 명문화 내지 공적 확정인 것이다. 즉, 입법부를 설치함으로써 자연법에 기초한 자연권은 실정법에 의해서 보호받는 권리로 확립되고, 입법부에 의해 실정법상 권리로 전환된다. 따라서 입법부란 자연권을 실정법상 권리로 전환하는 기관이라고 보았다. ② 입법부는 개인의 동질성을 전제로 해야 한다고 보았다. 왜냐하면 입법부에 의해서 제정된 '법률'은 개인의 자유를 제도화한 것으로 간주될 수 있기 때문이다. 또한 ③ 입법부에 의해서 제정된 법률은 개개인에게 평등하게 적용되어야 한다고 하였다. 즉 '사회에서 누구도 그 법률의 지배를 벗어나는 것은 불가능하다.', '입법부는 공포된 엄격한 법에 의해서 통치되어야 할 것이고 개개의 사건에 따라서 적용을 달리 해서는 안되며, 빈자나 부자, 관리, 농부에게도 동일하게 법규정을 적용해야 한다.' 자유롭고 평등한 개인에 의해서 구성된 통일적·등질적 국가는 법률의 지배의 일원성을 관철해야만 한다. 로크(Locke)에 의하면, 입법권은 사회와 그 구성원의 보호를 위해서 어떻게 국가의 강제력이 행사되어야 하는가를 지시하는 권한을 가지고 있다고 한다.

(4) 집행권

로크(Locke)는 정부의 집행권을 다음과 같이 설명하고 있다.

"법률이 일시 또는 단기간에 제정될 수 있다고 해도 그것은 지속적이고 항구적인 강제력을 갖추어야만 하고 또한 부단한 실현을 위한 집행을 필요로 한다. 그러므로 제정할 수 있는 법의 집행을 위한 권력이 존재할 필요가 있다."

이와 같은 정치권력으로서 로크는 집행권과 연합권을 생각했다. 이러한 두 권력은 입법권에 대해서는 '보조적·종속적' 권력이지만, 그 자체에는 입법권과 다른 통치기능을 가지고 있다. 그리고 이 두 가지 정치권력 중 집행권은 직접 입법권에 종속하지만, 연합권은 대외관계를 처리한다는 성질상 실정법에 의해서 규제되는 정도가 집행권의 경우보다 적다.

로크에 의하면, 집행권은 법의 집행적 권력인데 이는 '국내법'(municipal law)으로서 사회의 모든 영역에 대해 집행할 권력을 의미하고, 사적 자유는 바로 재산의 보호를 위한 형사집행권, 즉, 경찰권·재판권을 의미한다고 하였다. 로크는 '시민정부이론' 제9장에서 시민정부의 목적은 첫째, 입법에 의한 제정법의 확립, 둘째, 재판권의 확립, 셋째, 판결의 집행, 넷째, 외국으로부터의 방위를 들고 있다. 위 4가지 중, 첫째는 입법권, 넷째는 연합권을 뜻하고, 둘째와 셋째는 이른바 집행권을 의미한다. 집행권이란 사법적 집행권이고, 몽테스키외의 사법권에 해당하는 것이다. 이는 '재산 보호를 위한 전통적 사법으로 옛날부터 군주의 고등법정으로서의 의회가 궁극적 관할권을 가지고 있었다'는 전통으로부터 유래한다. 그런데 이와 같은 집행권은 입법부에서 제정된 법률에 의해서 규제되고 여과되며, 그것에 의해서 입법권과 동질화된 권력이어야만 하는 것이다. 역으로 설명하면, 집행권은 법에 의해서 그 집행의 형식을 규제받는 것이다.

(5) 연합권

연합권(federative power)은 '전쟁과 강화, 연맹과 연합, 국외의 모든 사람들 및 외국과 기타 모든 교섭을 행할 권력'이다. 이것은 몽테스키외의 '만민법의 집행법'에 대응한다. 그러나 로크는 국제관계를 몽테스키외처럼 만민법(국제법)에 의해서 규율되는 것이라고 보지 않는다. 당시의 절대주의 대(對) 중상주의 투쟁의 반영으로서 로크는 국제관계를 '자연상태'라고 규정하고, 연합권을 국가 자체의 '자연적 권리'로 간주하였다. 연합권은 절대주의 시대에 '국가비밀'과 같이, 의회로부터 제약을 받지 않는 군주권의 일부를 이루고 있었다. 즉 군주가 '의회에 있어서 군주'(King in Parliament)로서 집행권을 행사함에 대해 군주권은 '추밀원에 있어서 군주'(King in Council)가 행사하고, 의회의 간섭을 받지 않는 군주의 전권사항으로 간주되었다. 군주권은 절대주의 군주제하의 군주의 '대권'(Prerogative)이라고 불렸던 것의 핵심을 이루는 것이었다. 예를 들면, 이전에 코크(Edward Coke)는 제도(Institute) 제3권에서 "군주만이 전쟁을 할 권리를 가진다. 신민이 이에 거역한 경우에 대역이 된다."고 기술하고 있다. 또한 1628년 선박세 판결에서 대권파의 버클리도 권력의 2분법을 인정하고 있다. 그램빌(Gramville)도 그의 저서에서 "최초로 군주는 법률과 함께 병력을 가지고 있다. 즉 법률은 국내에서 정의를 실현하기 위한 것이지만, 병력은 외적에 대항하기 위함이다."라고 하였다.

이와 같이 연합권을 군주에서 의회로 이전하려는 안건이 호이그 당을 시발로 이론가에 의해서 검토되었다. 호이그 당의 에비루는 1681년 추밀원을 폐지하고 이에 대신해서 외교, 군사, 인사, 내무의 4개 의회위원회를 제안했었다. 그럼에도 불구하고 로크가 이러한 제안과 반대의 견해를 가지고 있었던 것은 그 당시 중상주의의 시대이고, 로크도 중상주의 경제이론을 신봉하고 있었고, 의회로부터 독립된 군주에 의해서 추밀원에 설치된 통상 식민지국 위원이었다는 점에 있다.

(6) 저항권

로크의 권력분립론에 의하면, 국가권력은 시민의 신탁을 받은 대표자에 의해서 행사되지만, 그 대표자로 구성되는 정부가 시민으로부터 신탁된 권력을 무시할 때 신탁관계는 당연히 해소된다. 시민의 자유와 재산을 침해하는 통치자의 행위가 있는 경우, 시민은 항상 그 위험으로부터 스스로를 구해야 할 최고권력을 가지고 있다는 것이다. 이는 저항권의 근거이기도 하다.

이와 같이 저항할 권리는 항상 권력자에 의한 불법적 행위를 전제로 한다. 그러나 무엇이 불법이고, 합법인가의 판단이 제기되면 그 판단은 심히 어려운 일이다. 결국 어떤 경우에 불법적인 것으로서 저항권을 행사할 수 있는가 하는 점이 문제된다. 로크는 저항권이 허용된다고 해도 「한번 행해진 불법한 권력행사에 대해서 일일이 저항이 허용되어야 하는 것은 아니다」,「법률 규정에 따라서 구제방법이 존재하는 경우에는 폭력적인 저항이 허용되지 않는다. 법률적 방법에 의하는 것이 불가능한 경우에만 저항권이 행사되어야 한다」고 기술하고 있다.

이것이 영국혁명 후에 나온 로크의 「시민정부이론」에서 주장되는 정부론이다. 그러나 이 이론이 「권리장전」또는 「왕위계승법」에 반영되었다고 단정할 수 없고, 오히려 의회에 있어서 실무정치가의 의도가 반영되었음을 보여준다. 즉, 의회가 국왕을 위해 우호적으로 조직된 정치기구, 신민의 권리를 인정케 했던 것은 정치이론이나 법이론이 아니라 어디까지나 영국인의 정치적 실천이고 경험에 의한 것이었다. 그렇다면 영국인은 정치적 실천에 의해서 어떠한 정치기구와 어떠한 영국인의 권리를 확립할 수 있었는가가 중요한 관심사가 된다. 이는 권리장전 등의 성립과 내용을 살펴봄으로써 그 윤곽을 알 수 있다.

2. 권리장전의 성립과 내용

수십 년에 걸친 절대왕정과 의회와의 정쟁은 명예혁명에 의해서 종료되고, 의회의 우월적 지위가 인정되면서, 전통적 왕조를 인정하는 제한군주제를 성립시켰다. 그 정치적 선언으로서 의회는 권리장전(1689)을 발표하고 다음의 내용을 확인하였다. 권리장전은 「신민의 권리 및 자유를 선언하고, 왕위계승을 정한 법」이라는 의회제정법으로 공포되었다.

권리장전은 2부로 구성되었는데, 제1부에서는 「전왕 제임스 2세는 그에 의해서 임명된 고문관, 법관, 장관의 지원을 받아서 신교도 및 왕국의 법률과 자유를 파괴하고 근절시킬 것을 기도했다」고 하여 그 사실을 13개항에 걸쳐 열거하고 있고, 「이 모든 행위는 왕국(realm)의 이미 시행되는 법과 법률 및 자유에 완전히 위반하는 것이다」라고 기술하고 있다. 또한 새로운 오렌지공 윌리암 3세하에서 인민의 종교, 법률 및 자유가 재차 위험에 빠지지 않도록 하기 위한 제도를 수립하기 위해 선거에 의한 영국민의 완전하고 자유로운 대표가 소집되고, 그 대표에 의해서 영국인의 전통적인 여러 권리와 여러 자유를 옹호하고 주장하기 위해 다음의 13개 항목을 규정하고 있다.

① 의회의 동의 없이, 국왕이 자신의 권위에 의해서 법률을 정지하고 또는 법률의 집행을 정지할 수 있는 권한이 있는 것처럼 행사하는 것은 위법이다.

② 왕의 권위에 의해서, 법률을 무시하거나 법집행을 하지 않을 권한이 있는 것처럼 행동하는 것은 최근 이와 같은 권한을 가지고 행사했던 적이 있지만 그와 같은 것은 위법이다.

③ 교회관계의 사건에 관해서 최근 존재했던 종교재판소(Court of Commissioners)를 설치하는 수권장, 그 밖의 동일한 성질의 수권장 및 재판소는 위법하고 유해하다.

④ 대권의 이름을 빌어 장기간에 걸쳐 의회의 승낙 없이 또는 의회가 인정 또는 인정해야 하는 것과 다른 방법으로 국왕이 사용하기 위해서 금전을 징수하는 것은 위법이다.

⑤ 국왕에게 청원하는 것은 신민(Subject)의 권리이고, 따라서 관련된 청원을 했다는 것을 이유로 한 모든 구류(Commitments) 및 소추(Prosecutions)는 위법하다.

⑥ 평화시에 의회의 승인 없이 왕국내에서 상비군을 징집하여 유지하는 것은 위법하다.

⑦ 신교도인 신민은 그 상황에 따라서 법이 허용하는 범위 내에서 스스로의 방위를 위해 무기를 가질 수 있다.

⑧ 의회 의원의 선거는 자유로워야 한다.

⑨ 의회 내에서 토의와 절차는 의회 이외의 어떤 재판소 또는 그 밖의 장소에

서 탄핵당하거나 문제되어서는 안된다.

⑩ 과다한 보석금은 요구될 수 없고, 과다한 벌금도 부과되지 않으며 또 어떤 잔혹하고 이상한 형벌도 과해서는 안된다.

⑪ 배심원(Juror)은 정당한 방법으로 배심명부에 등재되어 선출되어야만 한다. 그리고 대역죄로 소추된 경우 심리함에 있어 배심원은 자유토지보유자(Freeholder)여야만 한다.

⑫ 유죄의 확정이 이루어지기 이전에, 특정한 자에게 벌금 및 몰수에 관한 권한의 부여 및 약속을 하는 것은 위법하고 무효이다.

⑬ 일체의 불평등을 구제하기 위해 그리고 법률을 수정하고 강화하며 보전하기 위해서 의회는 자주 열려야만 한다.

권리장전은 그 하나 하나가 전부 영국인에게 옛날부터 전해져 온 것임에 의심할 여지가 없는 권리 및 자유이고, 그와 같이 평가되고 승인되며, 판단되고 이해되어야만 한다.

이와 같은 권리장전의 확립은 첫째, 왕권을 억제하는 역할을 한 반면, 의회에 많은 권리가 부여됨으로써 의회의 지위가 확립되는 계기가 되었다. 즉 의회는 단지 입법, 행정, 교회, 군사, 과세 등의 권한을 명확히 확보했던 것뿐만 아니라, 의회에 대한 국왕의 지위를 명확하게 확립하였던 것이다. 이것이 영국의 헌법학자 다이시(Albert Venn Dicey)에 의해서 명명된 「의회주권」 내지 「의회 내에 국왕」(King in Parliament)의 확립이다. 그러나 이 정치체제는 여전히 국왕에게 큰 권능과 영향력을 부여했고, 귀족원도 서민원과 대등한 권한을 가지고 있었으며, 서민원의 대표세력도 구태의연한 지주들로 구성되었다는 점에 한계가 있있다.

둘째, 청원권 및 인신의 자유에 관한 보장을 규정했지만, 이러한 것은 자연법적 내지 자연권적인 권리로서가 아니라, "영국인의 권리 및 옛날부터 시민의 여러 권리와 여러 자유"의 보장을 확인한 것이다.

셋째, 비국교도를 공직에 취임시키지 않는다는 제한을 정하고 있으면서도 1689년의 관용법(Toleration Act)에 의해서 가톨릭과 유태인을 제외한 비국교도에 대한 제한을 완화했다.

넷째, 명예혁명의 성립에 의해서 엘리자베스 왕조 말기부터 생겨난 특권계급의 독점이 붕괴되어 영업의 자유가 확립되는 등 자주적으로 성장한 산업자본을 가진 사람들의 권리가 크게 보장되게 되었다.

이와 같이 당시 로크(Locke)가 권력분립을 구상한 사상은 영국헌법의 제도가 되지는 않았지만 근대 입헌주의사상의 기반이 되고, 서서히 그 효력을 발휘하였다.

Ⅲ. 프랑스의 근대헌법의 성립

1. 보댕(J. Bodin)의 사상

중세 유럽을 지배했던 기독교 지배하에서 신교의 등장은 종교적 다양성을 이루어냈다. 중세 정치사상가들에게 주권 개념은 각자에게 다양한 형태로 존재하고 있었다. 그러나 근대 초 프랑스의 정치적 혼란상황에서 정리되지 않던 주권 개념을 군주주권론으로 체계화하고, 근대적 주권이론을 국가학 및 헌법학의 핵심 주제로 만들어낸 최초의 사상가는 보댕(Bodin)이다.[43] 보댕은 1576년 출판된 자신의 저서 「국가론 6서」(Les six livres de la République)에서 주권을 "국가의 절대적이고 영속적인 권력"이라 기술하면서 이를 국가의 본질적 징표라 정의하였다.[44]

보댕은 주권을 한 국가의 절대적이고 항구적인 권력이자 최고의 명령권으로 전제했으나, '주권적 군주'를 신의 대리자로 해석했다. 이러한 논리적 구성에 의하면 권력과 권위 모두 군주 개인에게 귀속되어 집중되지만 주권자인 군주 자신은 그 법률[45]에 구속되지 않았다. 이는 만들어진 법률에 구속되지 않음을 의미하는 것이지 주권자의 입법권에 아무런 제한이 없다는 의미는 아니다. 반면 주권은 국가목적과 신법 그리고 자연법에 의해 제한되고 왕국의 전래 관습법인 왕위계승법 등의 근본법에 의한 제한과 제약에 의한 제한을 받고 제 계급에 유보된 조세 동의권에 의해 제한되므로 주권은 법적으로 최고의 절대적이고 항구적인 권력이며, 주권은 어떠한 것으로도 제한받을 수 없는 권력이다. 보댕에게 있어 신은 제거되었고 주권은 신을 대체하는 존재였다. 따라서 보댕에게 있어 관심의 대상은 주권이 어디로부터 오는 것인지에 대한 의문이 아니라, 누가 주권을 소지하는지와 주

---

43) 장영수, "헌법의 기본원리로서의 민주주의", 「안암법학」제1권, 1993, 75면.

44) J. Bodin, Les six livres de la République. liv. Ⅰ, chap. Ⅷ. S. 122; 김명재, "헌법상 국민주권의 개념: 정당화원리설에 대한 비판을 중심으로", 「공법학연구」제7권 제1호, 2006, 87면.

45) 보댕은 주권은 입법권과 선전·강화권, 관리임면권, 최고재판권, 사면권, 화폐주조권, 조세징수권, 충성서약요구권 등과 같은 실체적 권력을 내용으로 하고 그 중에서도 누구의 동의 없이 법을 제정할 수 있는 배타적인 입법권을 가장 중요한 주권의 내용으로 보았다. 이와 같은 입법권을 최고권력으로 이해하는 것은 사회 계약논자인 홉스와 로크, 루소에게도 나타나는 것이다. 하지만 미국에서 1787년 성문 헌법이 제정될 때까지 유럽대륙에서는 헌법제정권과 일반법률제정권을 구별하지 못했고 보댕에게 입법권이란 헙법제정권력, 헌법개정권력, 법률제정권 전부를 포함하는 것으로 보는 것이 타당하다. 박경철, "보댕, 홉스, 루소의 주권이론과 주권론", 「강원법학」제23권, 2006, 75면.

권이 어떤 권한을 갖는 것인지의 문제였다.[46] 16세기의 보댕은 주권의 기본적 발현에 주목했다. 보댕은 주권을 일차적인(최고의) 법의 증여자의 역할을 하는 것으로 간주하여 권위의 원천을 세속적인 법률에 두었다.[47] 국가가 직접 법률문제를 다루기 시작하게 된다면, 법의 기원과 의미는 결국 국가 활동의 범위가 되고 국가의 의도와 의지를 실현시키기 위해서는 결국 국가는 법적 명령 체제에 의존하게 된다. 법률을 제정하고 아울러 그것을 구체적으로 실현하는 작업은 국가의 최고 권력의 행사가 되어 주권의 실현과정[48]으로 여겨졌다.

보댕의 주권론은 절대적 '입법권'에 관한 논의이다. 공동체의 국가적 구성의 토대인 주권은 영속성과 독립성의 속성을 갖고 이러한 속성을 갖는 권력은 특히 입법 영역에서 가장 절실하게 요구되기 때문이다.[49] 따라서 보댕의 대내적 주권은 그 시대의 프랑스가 분권화된 국가로서 지방과 특권 신분의 자율권이 광범위하게 허용되고 있는 상황에서 통치자와 피치자의 관계에서 통치자의 권력이 직접적으로 피치자에게 미치는 것을 의미한다. 보댕의 주권은 의견 충돌에서 모두가 복종할 의무를 갖는 최종 결정을 내릴 배타적 권한을 의미하고 이 권한은 입법 영역에서 가장 절실하게 요청[50]되는 것이다.

보댕에게 있어서 자연법과 신법을 제한하면서 최고선의 목적 달성을 위한 입법을 위해 필연적으로 보유해야 하는 것이 '주권'이었다. 즉, 보댕에게 있어서 주권의 개념은 입법권이고 입법을 통한 최고선이다. 공공선의 달성 권한을 '군주'에게 부여하였으며, 군주는 자연법과 신법의 제한 하에서 입법을 할 수 있게 된다. 여기서 신법과 자연법은 군주라는 '주권자'를 제한하지만 주권을 제한하지는 못한다. 즉, 보댕은 주권을 자연법과 신법에 의해 제한하려고 한 것이 아니라 주권자를 제한하려 한 것이다. 이러한 최고선(공공선)의 추구를 정당화시키는 것이 주권이다. 주권은 무제한적이며 어떤 한계도 없었다.

결국 보댕은 권력의 신성성에 근거한 정치적 차원을 세속적 권력에 근거한 새로운 질서, 즉 '국가'로 대체하려 하였다. 주권 개념의 근대적 특징은 바로 주권 개념이 세속적인 차원, 인간적 차원[51]으로 전환된 것이다.

---

46) 김성진, "주권(sovereignty)에 대한 소고", 「사회과학연구」, 제12권, 2006, 29~30면.

47) James J. Sheehan, "The Problem of Sovereignty in European History", *American Historical Review*, Vol. 111, No. 1, 2006, p.2.

48) 황영주, "주권의 형성과 발전", 「한국시민윤리학회보」, 제22집 2호, 2009, 194~195면.

49) 오향미, "장 보댕(John Bodin)의 주권론", 「국제정치논총」 제53집 3호, 2013, 20면.

50) 오향미, "장 보댕(John Bodin)의 주권론", 「국제정치논총」 제53집 3호, 2013, 21면.

2. 몽테스키외의 사상

(1) 서 설

존 로크(John Locke)의 사상이 영국에서 도버 해협을 건너 프랑스의 18세기 계몽사상에 큰 영향을 주었다. 이는 법학자들, 철학자들, 경제학자들의 저서에서 볼 수 있다. 그 중에서도 몽테스키외(Montesquieu)의 권력분립론은 루소(Rousseau)의 사회계약론에 강한 영향을 주고 있다. 또한 존 로크 사상의 수용의 모습은 몽테스키외(Montesquieu)의 영국 헌법관에서 보여지는 것처럼 매우 실제적이고 논리적인 형태로 재구성되고 있다. 결국 영국에서의 자연권사상은 법률상 권리에 불과했지만, 프랑스에서는 헌법상의 기본적 인권으로서 창설되게 되었고, 또한 그러한 인권보장을 위해서 권력분립(특히, 삼권분립)과 군주제와의 조화를 이루려고 했던 것이다. 우선 1789년의 인권선언과 1791년 프랑스 헌법에 영향을 준 몽테스키외의 사상을 중심으로 검토하고, 이어서 프랑스 혁명기의 근대헌법의 내용을 살펴보기로 한다.

마치 영국에서 로크(Locke)가 필머(Filmer)의 왕권예찬론을 비판하며 근대국가의 길로 들어섰던 것과 같이, 프랑스에서 몽테스키외(Montesquieu)는 보댕(Jean Bodin)의 왕권신수설을 비판하며, 혁명으로 나아감에 있어서 큰 역할을 수행했다. 그러나 왕권신수설을 비판했다고 하더라도, 그 사상은 루소(Rousseau)처럼 민주주의적 사상을 가진 것은 아니고, 그의 신분이 귀족이었기 때문에 귀족주의적 사상이 그 이론의 기초를 이루었다는 점은 간과할 수 없다.

몽테스키외(Montesquieu; 1689-1755)의 사상은 유명한 '법의 정신'(1748)에 표출되어 있는데, 이는 특히 혁명활동가들에게 큰 영향을 주었다. 즉, '법의 정신'에서 몽테스키외는 개인의 자유에 대한 국가권력의 제한이라는 측면보다도, 정치적 자유를 확보하기 위해서 국가에 있어서 다양한 활동영역의 균형을 어떻게 유지하는가에 관심을 기울였다. 몽테스키외는 이 문제를 '영국의 헌법에 관하여'라는 장에서 다루면서, 정치적 자유가 보장되는 국가의 헌법은 영국에서 실현되고 있는 것과 같이 권력분립이 이루어져야만 한다고 주장했다.

몽테스키외(Montesquieu)의 법의 정신(De l'esprit des lois) 제11편 제4장에는 다음과 같이 기술되어 있다.[52)]

---

51) 임승휘 "장보댕의 「국가론」과 절대주의", 「프랑스사연구」 제13권, 2005, 149면.

"정치적 자유는 제한정체에서만 가능하나, 정치적 자유가 항상 제한정체에 있다는 것을 의미하지는 않는다. 정치적 자유는 권력이 남용되지 않을 때에만 존재한다. 그러나 지금까지의 경험에 의하면 권력을 지닌 자는 모두 그 권력을 남용한다. 권력의 남용은 그 권력의 한계에 이르기까지 계속된다."

몽테스키외는 이러한 권력의 남용을 방지하기 위해 권력이 권력을 차단하는 장치가 필요하다고 역설하고 있다.[53] 이 때 권력은 '입법권', '만민법에 관한 사항의 집행권', '시민법에 관한 사항의 집행권'으로 구성된다고 보았다. 그리고 군주나 의회가 입법권과 집행권을 모두 가지는 경우에는 독재적인 법률을 제정하고 이를 독재적으로 집행하려 할 것이기 때문에 자유가 존재할 수 없고, 사법권도 입법권이나 집행권으로부터 분리되어야만 한다고 보았다. 사법권이 입법권과 합쳐질 경우, 시민의 생명과 자유에 관해 권력은 자의적으로 행사될 것이고 사법권이 행정권과 합쳐질 경우, 법관은 압제권을 가지게 되므로 자유란 존재하지 않는다고 보았다. 이러한 이유를 바탕으로 3권의 엄격한 분립을 역설하였다.[54] 그러나 몽테스키외에 있어서의 권력분립은 절대적 권력분립을 전제로 한 것은 아니었다.

(2) 입법권

몽테스키외는 입법권을 일반적·추상적인 법규범을 정립하는 작용으로 말한다. 즉, 입법권은 법률을 제정하고, 제정된 법률을 개정·폐지하는 작용인 것이다. 또한 이와 같은 입법작용을 수행하는 조직의 구성원리로서 '대의제'와 '양원제'를 주장하였다. 입법조직은 국민에게 귀속시키는 직접민주제적 구조가 당연하지만, 영역이 넓은 대(大)국가에서는 불가능하기 때문에 대표제를 취할 수밖에 없다고 보았다. 또한 입법기관은 귀족원과 서민원의 양원으로 구성하고, 각 원별로 집회하고 토의할 것을 예정하였으며, 양원의 권한은 원칙적으로 동등해야만 한다고 보았다. 양원 모두는 '입법할 권능'을 가진다. '입법할 권능'이란 '스스로 또는 타인의 명령받은 바를 수정하는 권리'를 말한다. 그러나 귀족원은 금전징수에 관한 법률에 관해서 오직 '저지할 권능', 결국 다른 기관이나 사람이 행한 의결을 무효로 할 수 있는 권능인 절대적 거부권에 한정되어야만 한다고 보았다. 왜냐하면

---

52) Charles-Louis de Montesquieu, De l'esprit des lois, livre XI, chapitre 4, S. 395.

53) Charles-Louis de Montesquieu, De l'esprit des lois, livre XI, chapitre 4, S. 396.

54) M. Hereth, Montesquieu, 1995, S. 89 ff. "국민의 자유를 보장하기 위해 2개 또는 3개의 권력으로 분립시켜 하나의 권력이 되는 것을 방지해야 한다."(Charles-Louis de Montesquieu, De l'esprit des lois, livre XI, chapitre 6).

귀족원의 세습적 권력은 자신들의 특수한 이익을 추구함으로써 자칫 시민의 이익을 망각할 수 있기 때문이다. 입법권의 내부의 범위를 이와 같이 나눔으로써 권력의 균형이 이루어질 수 있다고 보았다. 여기에서 알 수 있듯이, 몽테스키외는 군주와 서민 이외에 귀족도 포함해서 3자의 세력균형을 유지하려고 했던 것이다.

(3) 만민법에 관한 사항의 집행권

만민법에 관한 사항의 집행권은 강화 또는 전쟁을 수행하고, 대사를 파견 또는 접수하며, 치안을 유지하여 침입에 대비하는 권력을 의미하기 때문에, 로크의 '연합권'과 유사한 것이라고 할 수 있다. 그러나 치안유지를 포함하기 때문에 반드시 대외관계에 한정되는 것은 아니고 자연권 내지 자유재량의 행위도 여기에 포함된다고 보았다. 몽테스키외는 로크와는 달리 군주의 대권을 특별한 것으로 보지 않고, 조세의 부과·징수, 도로건설, 화폐주조 기타 내무행정은 몽테스키외의 3권(三權)에서 빠져있는 것처럼 보이지만, 대내관계 중에서 치안유지를 '공적 의결을 집행할 권력'이라고 널리 이해하면 여기에 포함된다고 볼 수 있다. 또한 몽테스키외에 의하면, 집행권 행사는 즉각적인 행동을 필요로 하는 것이기 때문에 다수보다는 1인이 관리하는 것이 적당하고, 이는 '군주'에게 귀속되는 것이 타당하다고 보았다.

(4) 시민법에 관한 사항의 집행권

이는 범죄를 처벌하고, 개인간의 법률관계에서 발생하는 분쟁을 재판하는 권력으로서 민사 및 형사에 관한 사법권 또는 재판권이라고 한다. 로크의 '집행권'에 대응되는 것이다. 더욱이 그 사법작용을 행하는 법원은 법률이 정하는 방법에 따라서 조직되고, 일시적으로 국민들 중에서 선임되고 필요한 기간 동안만 법원을 구성하는 사람들에 의해서 행사되어야 한다고 보았다. 특히 형사재판은 개인의 자유에 중대한 영향을 끼칠 수 있는 것이므로 상설적·직업적인 법원이 아니라, 영국의 배심제를 따름으로써 국민의 자유를 보장하려고 했던 것이다.

이와 같이 몽테스키외는 입법권의 우위를 인정하지 않고, 3권을 엄격하게 분리하였다. 그리고 이러한 3권은 각각 다른 기관에 맡겨져야 할 뿐만 아니라, 동일한 사람이 다른 권력기관을 겸하는 것도 금지했다. 몽테스키외는 각각의 영역 내에서 권력남용을 방지하기 위한 방법으로서 상호 억제와 균형을 이룰 것을 주장했다.

3. 루소(Jean-Jacques Rousseau)의 사상

루소(Rousseau)는 「사회계약론」(1762)에서 자신의 법사상을 전개하고 있다. 루소의 사회계약론에 의하면, 국가는 인민이 진실로 자유롭고 평등한 입장에서 정치체(국가)와 자발적인 계약을 하는데서 성립된다고 한다. 인민의 주권은 절대로 양보할 수도, 분할할 수도 없다는 것이다.

루소(Rousseau)는 사회질서는 다른 모든 권리의 기초가 되는 것이다. 이러한 사회질서와 법은 자연에서 온 것이 아니라, 계약에 의한 것이다(사회계약; contrat social).[55] 인간은 태어나면서부터 자유이다. 이러한 자연법칙에 반하는 지배관계, 즉 정치적 불평등은 인간의 행위에 의하던지 아니면 적어도 합의에 의해 적법하게 된다.

사회계약은 개인의 자연적인 자유와 평등을 단지 소극적으로 보호할 뿐만 아니라, 적극적으로도 보호한다. 사회계약은 국가라는 일반의지(volonté générale)의 최고 지도하에 각인의 신체 및 모든 힘을 복종하게끔 하는 것을 공동으로 승인하는 것이다.

루소는 법은 어떤 특권을 설정할 수는 있지만, 그 특권을 특정인에게 지명하여 부여할 수는 없다고 한다. 법은 시민의 신분을 여러 계급으로 만들 수 있고 그 계급에 속할 수 있는 정당한 자격까지도 규정할 수 있지만, 특정인을 지명하여 그 계급에 속하도록 할 수는 없다. 법은 왕정(王政) 내지 왕의 세습제를 수립할 수는 있어도 왕을 선발하거나 왕족을 지명할 수는 없다. 즉, 개인적 대상에 대한 어떠한 기능도 입법권에 속하지 않는다. 자유로운 사람이 법에 복종할 수 있는 이유는 법은 바로 우리 자신의 의사를 반영한 것이기 때문이다.

루소에게 있어 법이란 의지의 보편성과 대상의 보편성을 결합하고 있으므로, 어느 누구라도 자신의 개인적 동기로 명령을 내리는 것은 결코 법이 될 수 없다. 따라서 주권자의 명령일지라도 그것이 개인을 대상으로 하는 이상, 이 역시 법이 아니라 행정명령인 것이다. 이는 주권자의 행위가 아니라 행정기관의 행위인 것이다. 따라서 정부형태가 어떠하든 간에 법에 의해 통치되는 국가는 모두 공화국(共和國)이라 부르는 것이 타당하다. 왜냐하면 이러한 경우에만 공공이익이 우위에 서게 되고, '공화국'(république)이 의미있는 존재가 되기 때문이다. 합법적인 모든

55) contrat social, 1. Buch, 1. Kapitel.

정부는 공화제이다.

법은 사회적 결합의 계약조건일 뿐이다. 그러므로 법에 복종하는 국민이 법의 제정자가 되어야 한다. 연합하여 단체를 구성하고 있는 자들만이 그 구성체의 조건을 결정할 권리를 가질 수 있다. … 일반의지는 항상 옳은 것이지만, 일반의지를 지도하는 판단은 항상 현명한 것은 아니다. 그러므로 일반의지는 사물을 있는 그대로, 때로는 당위적인 형태로 보여 주어야 하고, 자기가 찾고 있는 바른 길을 가리켜 주어야 하며, 개인 의지의 유혹으로부터 일반의지를 안전하게 지켜주어야 하고, 시간과 공간을 가까이 바라보게 하여 목전의 민감한 이익의 유혹과 보이지는 않지만 먼 훗날 닥쳐올 재난의 위험을 비교할 수 있게 해 주어야 한다. 법은 국민 전체의 의지에 의존한다. 국민은 주권자로서 입법권을 행사하지 않으면 안 된다. 국민이 입법집회에서 법을 제정해야 한다. 국민 스스로가 확인하지 않는 법은 모두 무효이다.[56]

주권은 일반의지(volonté générale)의 실행일 뿐이며, 결코 양도될 수 없으며, 단지 하나의 집합적 존재일 뿐인 주권자는 오직 스스로에 의해서만 대표될 수 있다.[57] 주권은 양도될 수 없으며, 분할될 수 없다.[58]

4. 인간 및 시민의 권리선언

프랑스 시민혁명의 결과 구 체제(ancien régime)가 타도되고, 시민 계급이 주도적 세력으로 등장하게 되었다. 이 시민혁명으로 인해 자본주의 경제체제가 도입되고 진정한 의미의 근대 입헌주의가 도래하였다. 미국 독립전쟁은 자본주의와 근대 입헌주의를 창설했지만, 봉건체제를 타도하여 이루어진 것은 아니었다.

1789년 5월 5일 삼부회의가 소집되었고, 6월 17일 국민의회가 삼부회의로부터 독립하여 소집되었다. 국민의회는 1789년 7월 9일 헌법제정 국민의회라 개칭하고 헌법 제정에 들어갔다.

1789년 7월 9일 헌법제정 국민의회는 8월 17일부터 26일에 걸쳐 토의한 끝에 '인간 및 시민의 권리선언'을 채택했다. 1789년의 인권선언의 목적은 '인권'이 인간의 양도할 수 없는 신성한 자연권임을 선언하고, 시민의 요구나 정부행위는 이 선언에 입각해서 행해져야 함을 명확하게 한 것이었다. 인권선언은 전문과 17개

56) contrat social, 2. Buch, 6. Kapitel.

57) contrat social, 2. Buch, 1. Kapitel.

58) contrat social, 2. Buch, 2. Kapitel.

의 본문으로 구성되었다.

(1) 자 유

제1조에서는 “인간은 권리에 있어서 자유롭고 평등하게 태어나 생존한다. 사회적 차별은 공동이익을 위해서만 가능하다.”고 규정하여 봉건적인 신분사회구조에 대해서 모든 인간이 원리적으로 자유롭고 평등한 근대 시민사회에서 생활할 것을 선언하고 있다.

제2조는 자유·재산·안전 및 압제에 대한 저항권을 자연권으로서 선언하고, 이것은 천부불가양으로서 모든 정치적 결합에 선행하는 권리라고 보았다. 이러한 것은 루소(Rousseau)의 사상에는 없는 것으로서 소유권의 신성불가침성을 제창한 것이다.

제3조는 “모든 주권의 연원은 본질적으로 국민에게 있다. 어떤 단체나 어떤 개인도 국민으로부터 명시적으로 유래하지 않는 권위를 행사할 수 없다.”고 하여 주권이 국민으로부터 연원한다는 주권의 귀속을 규정하였다.

제4조와 제5조는 자유에 관해서 기술하고 있다. “자유란 타인에게 해롭지 않은 모든 것을 행할 수 있는 것을 의미한다. 따라서 각자의 자연권의 행사는 사회의 다른 구성원에게 같은 권리의 향유를 보장하는 이외의 제약을 갖지 않는다. 그 제약은 법에 의해서만 규정될 수 있다.” 이는 법률에 의해서 제한될 수 있지만, 제한하는 경우에도 자유의 영위가 사회에 유해한 행위가 아니면 법률로써도 금지할 수 없음을 정하였다.

제7조에서는 “누구도 법에 의하여 규정된 경우 그리고 법이 정하는 형식에 의하지 아니하고는 소추, 체포 또는 구금될 수 없다. 자의적 명령을 간청하거나 발령하거나 집행하거나 또는 집행시키는 자는 처벌된다. 그러나 법에 의해 소환되거나 체포된 시민은 모두 즉각 순응해야 한다. 이에 저항한 자는 범죄자가 된다.”고 하여 형사절차가 법률에 의해서 정해져야 함을 선언하였다.

제8조에서는 “법은 엄격히 그리고 명백히 필요한 형벌만을 규정해야 하고 누구나 범죄 이전에 제정·공포되고 또 합법적으로 적용된 법률에 의하지 아니하고는 처벌될 수 없다.”고 하여 죄형법정주의를 규정하였다.

제9조에서는 “개개인은 그 유죄의 선고를 받기 전까지는 무죄로 추정된다.”는 것을 명시하여 피의자의 인신보호를 규정하였다.

제10조에서는 “누구도 그 의사에 있어서 종교상의 것일지라도 그 표명이 법에

의해 설정된 공공질서를 교란하지 않는 한 방해될 수 없다."고 하여 종교상 자유의 보장을 규정하였다.

제11조에서는 "사상과 의사의 자유로운 교환은 인간의 가장 귀중한 권리의 하나이다. 따라서 모든 시민은 자유롭게 발언하고 기술하며 인쇄할 수 있다. 다만 법에 의해 규정된 경우에 그 자유의 남용에 대해서는 책임을 져야 한다."고 하여 의사표현의 자유에 관해서 규정하였다.

(2) 평 등

평등에 관해서는 자유에 관한 규정과 같이 자세하게 규정하고 있지는 않지만, 제1조에서는 인간의 원칙적인 평등을 규정하였다. 또한 제6조에서는 만인의 법 앞에 평등을 규정하였다. 즉, "법은 일반 의사의 표명이다. 모든 시민은 자기 스스로 또는 그 대표자를 통해 그 형성에 협력할 권리를 가지고 있다. 법이 보호하는 경우나 처벌하는 경우에 모든 사람에게 동일하지 않으면 안된다. 모든 시민은 법 앞에 평등하기 때문에 그 능력에 따라 그리고 덕성과 재능에 의한 차별 이외에는 평등하게 공적 지위, 명예, 직무 등에 취임할 수 있다."

제14조에서는 과세의 평등을 규정하고 있다. 즉, "모든 시민은 스스로 또는 그 대표자를 통해 공공의 조세 필요성을 확인하여 그것을 자유롭게 승인하며 그 사용처를 추적하고 또한 그 액수, 기준, 징수와 기간을 결정할 권리를 갖는다."

제12조에서는 인간과 시민의 여러 권리 보장을 위한 공적 무력의 보유와 이것은 모든 사람의 이익을 위해서 설치되는 것이므로 그 공정한 행사를 보장하고, 그 권력의 행사자(시민의 위탁에 의한 권력담당자)에 의한 권력의 남용 금지를 선언하였다. 또한 제15조는 "사회는 모든 공직자에게 그 행정에 관한 보고를 요구할 수 있는 권리를 가진다."고 하여 행정권의 집행자에 대해서 정보의 보고를 요구할 권리를 가짐을 선언하였다.

프랑스 인권선언 제16조에서는 권력분립원칙을 명시하여, "권리의 보장이 확보되지 않거나 권력분립을 규정하지 않은 사회는 헌법을 가지고 있지 아니하다."고 선언하였다.[59] 더 나아가 제17조에서는 소유권의 신성불가침성을 선언하고 있다. 이 규정은 국민의회의 토의과정에서 의사종료 전에 삽입된 것이었다.

이 규정의 삽입목적은 부르주아가 부르주아 혁명을 달성하고, 이것을 유지하기

---

59) A society in which the observance of the law is not assured, nor the separation of powers defined, has no constitution at all.

위해서는 절대왕정에 반대하는 여러 계급(소상품생산자, 소규모 공장제수공업의 경영자를 비롯해서 자본주의적 생산양식에 바탕을 두고 있었던 지주, 상인층)의 광범한 지지를 받아야만 했기 때문이다. 이것은 인권선언 중 개개의 구체적인 권리의 내용을 검토하는 단계에서 제계층의 이해관계를 반영하지 않을 수 없다는 상황에 따른 것이었다. 예를 들면, 인권선언 제2조에서 소유(권)를 자연권으로 인정했음에도 불구하고, 의사종료 직전에 한 의원으로부터 제17조를 마련하자는 제안으로 추가된 것이었다. 즉, '소유는 하나의 신성불가침한 권리'이므로 "누구도 합법성이 확인된 공공필요성이 명백히 요구되는 경우에 정당하고 사전보상의 조건하에서가 아니면 이를 박탈하지 못한다."고 명시하게 된 것이었다. 이 규정은 파리의 '민중혁명'에서 지방을 겨냥한 '농민혁명'으로 확대시키는 과정에서 봉건적 여러 권리에 대한 프롤레타리아 계급의 급진적인 행동을 두려워함에 대한 표현이었던 것이었다. 결국 인권선언 제2조의 소유는 본래 봉건적인 규제로부터 자유를 획득하기 위한 것이었지만, 제17조는 무상으로 봉건적 권리를 폐지하려고 하는 비소유계급으로부터 부르주아 계급의 방위적 의미를 가진 것이었다.

이상과 같은 내용을 가진 1789년의 인권선언은 프랑스 계몽사상, 미국독립혁명을 배경으로 하여 나온 선언으로 자연법을 구체화시켜서 '자유, 재산, 안전, 압제에의 저항'을 보장하고, 법 앞의 평등, 신성불가침의 소유권, 주권재민 등의 규정을 두어 기본권적 성격을 명확하게 했다. 그러한 의미에서 프랑스 인권선언은 절대주의, 봉건제, 압제에 대한 승리라는 현실적 의의를 가지는 것이다.

5. 1791년 헌법

(1) 국민주권

인권선언이 발표된 지 2년 후 새로운 헌법이 채택되었다. 이 헌법은 '국민주권주의'와 '삼권분립'의 기본원리에 입각한 것이었다.

첫째, 국민주권의 원리는 헌법에 의해서 창설된 모든 권력, 즉 입법·사법·행정의 권력은 그 뿌리를 국민에게 두고 있음을 명확히 했다. 그러나 권력의 근원이 국민에게 있다고 해도 그것은 민주적 정당성을 부여한다는 의미에 그치고, 국민 스스로 주권을 행사하는 것은 원칙적으로 부정되며 그 주권의 행사는 대표자에 의해서 이루어짐을 의미했다. 시에예스에 의하면, 프랑스인의 대부분은 교육도 받지 못하고 충분한 여유도 없으며 또한 대국가이므로 기술적으로 국민이 직접 통치하기 곤란하기 때문에 프랑스를 통치하는 법률제정에 국민이 직접 관여하는 것은 바람직하지 않다고 설명하고 있다.

둘째, 통치조직과 관련하여, 명목상 군주를 존치시켜 집행권은 군주로부터 대신에게 위임되었고, 사법권은 재판관에게 위임되었다. 군주는 국민 중에서 공선되는 것은 아니고, 왕족 중에서 세습적으로 즉위하도록 하였다. 그러나 헌법상 일정한 폐위 사유를 둠으로써 절대군주정을 배제하였다.

(2) 입법권

입법권은 입법부에 귀속되고, 입법부는 단원제로 구성되었다. 헌법제정을 담당한 헌법위원회는 양원제를 초안으로 하여 제안했지만, 오랜 토의 결과 단원제가 채택되었다. 결국 귀족원제의 부활을 경계한 것이었다. 단일원의 의회는 '국민의회'라고 불렸다. "국민이 하나이면 의회도 하나이다. 제2원이 제1원과 일치하면 이는 무용지물이고, 제1원과 대립하면 그것은 유해한 것이다."라고 한 설명은 유명하다. 의원 수는 745명, 임기는 2년으로 공선되지만, 그 선거제도에 특색이 있다. 즉, 국민을 '능동적 시민'과 '수동적 시민'으로 나눈다. 전자(前者)는 25세 이상의 프랑스인으로 1년 이상 한 도시 또는 하나의 칸톤[60]에 거주하고, 3일의 노임에 해당하는 직접세를 납부하는 자만이 선거권을 가진다. 이에 반해 후자(後者)는 선거권을 부여받지 못하고 단지 개인권을 향유하는데 불과하였다. 선거권 행사방법에 관해서는 직접선거가 아니고 우선 각 칸톤(Canton)의 능동적 시민이 모여서 제1차 집회를 구성하고, 이 기관이 선거인을 선거하는 제도였다. 그리고 선거인의 투표는 권리가 아닌 기능으로서 전체국민의 이름으로 행사되었는데, 이는 강제위임의 금지(자유위임)를 의미하는 것으로 당선자는 그의 선거인만을 대표하는 것이 아니라 전체국민을 대표한다는 것을 의미했다.

의회의 권한으로 ① 법률안을 제출하고 의결하는 권한(이에 따라 군주는 입법부에 대하여 특정사항에 관해 고려하도록 권고할 권한 밖에 없었다), ② 세출을 결정하는 권한, ③ 조세부과, 그 성질, 기간, 징수방법을 정하는 권한, ④ 직접세를 각 지방에 배분하고, 세입의 사용을 감시하고 보고받는 권한, ⑤ 행정청의 설치 또는 폐지를 정하는 권한, ⑥ 화폐제도를 결정하는 권한, ⑦ 외국 육·해군의 프랑스 영내 주둔을 허가 또는 거부하는 권한, ⑧ 육·해군에 관한 제도를 결정하는 권한, ⑨ 국유재산의 관리 및 양도를 결정하는 권한, ⑩ 정치고등법원에 대해 국가의

---

60) 하나의 도시는 하나의 코뮌을 이루고 있고, 여러 코뮌들을 묶어 칸톤(Canton)을 이룬다.

안녕 내지 헌법을 위반한 사람을 소추하는 권한, ⑪ 영전수여에 관한 법률을 제정하는 권한, ⑫ 위대한 사람에 대해서 영전을 수여하는 권한 등이 있었다.

(3) 입법부와 행정부의 관계

입법부와 행정부의 관계를 살펴보면, 군주는 법률의 발안권이나 결정권을 갖지 못하지만 정지적 거부권만을 가지고 있었다. 그러나 군주가 법안을 거부해도 국민의회가 계속해서 동일 법안을 2회의 입법기에 걸쳐 가결하면, 군주는 거부권을 행사할 수 없도록 한 결과, 입법부 우위의 형태를 취하게 되었다.

(4) 사법권

사법권에 관해서는 엄격한 독립을 규정하였다. 즉 "어떠한 경우에도 사법권은 입법부 또는 군주에 의해서 행사되어서는 안된다."고 하여 3권 분립의 견지에서 사법권의 독립을 확립했다. 이 취지를 실현하기 위해 민사법원과 형사법원이 설치되었다.

형사에 관해서 단순한 경찰법 위반죄는 시·읍·면이 관할하고, 경한 죄는 치안판사로 구성되는 경죄재판소가 관할했다. 형사재판소는 각 지방에 설치되었다. 형사사건은 8인의 배심원으로 구성된 기소배심에서 결정되었다. 민사에 관해서는 임기 2년의 선거로 선출되는 칸톤 및 도시의 치안판사가 담당하고, 그 위에 6년 임기의 선거로 선출되는 재판관으로 구성된 지방재판소가 설치되었다. 행정사건에 관해서는 그 관할 밖에 두고, 재판소는 입법권의 행사에 관여하고 법률시행을 정지하며 행정사무를 침해하고 공무원의 직무를 이유로 하여 이를 소환할 수 없도록 하였다. 이는 구 체제(ancien régime)하에서는 사법기관인 고등법원이 강력한 권력을 가지고 종종 입법부나 행정부의 권한을 침해했던 것에 대한 불신의 결과에 따른 것이다. 따라서 프랑스가 사법재판소와는 별도로 행정사건을 담당하는 행정재판소가 설치된 원인은 여기에 있었다. 파기재판소는 재판소가 행한 종심판결에 대한 파기신청을 통해서 재판소를 규제할 수 있도록 하였다. 또한 사법대신은 국왕위원을 통해서 또한 이해관계 당사자의 권리를 해치지 않고 파기재판소에 재판소가 그 권한을 넘어서 행한 행위를 통고할 수 있었다. 그리고 파기재판소는 그러한 행위를 무효로 할 수도 있었다.

이상의 1791년 헌법의 개요를 살펴보았다. 보수파 구 귀족층이 주장한 몽테스키외적 양원제도 및 국왕의 절대적 거부권은 인정되지 않았고, 단원제 및 국왕의 일시적 거부권이 채택되었다. 그러나 가장 중요한 선거제는 재산에 따른 제한선거였으며, 무재산자는 수동적 시민(citoyens passifs)이라고 하여 선거권이 인정되지 않았다.

6. 1793년 헌법(일명 "몽테뉴 헌법")

1791년 헌법은 발효 후 1년도 채 되지 않아서 1792년 8월 10일에 왕정이 붕괴됨으로써 종말을 고하였고, 국민공회는 즉시 이에 대한 조치를 취했다. 국민공회는 지금까지의 집행권을 정지시키고, 국민공회가 선임하는 대신으로 구성된 집행평의회를 설치하였다. 이에 의해서 국민의회는 기능을 일시 정지당하였고, 집행평의회가 법률을 공포하고 공무원을 임명하게 되었다. 국민공회는 동시에 선거법을 개정하였다. 선거권자 자격은 21세 이상 1년 이상 동일주소에 거주하고 자기의 노동에 의한 수입 또는 생산물을 가지고 생계를 영위하는 자이고, 피선거권자 자격은 25세 이상의 시민이어야만 했다. 투표율은 매우 저조했지만 선출된 국민공회의 의원은 750명으로 그 대부분은 부르주아 소상인 법률가이고, 특히 법률가는 전체의 3분의 1을 차지했다. 국민공회는 1792년 9월 21일에 소집되고 다음날 "인민이 승인하는 헌법 이외의 헌법은 존재할 수 없음"을 선언하고, 9월 21-22일의 회기에서 "국민공회는 프랑스에서 왕권을 폐지하는 것을 전원일치로 의결한다." 고 선언했다. 9월 22일에는 '프랑스공화국은 단일불가분'이라고 선언했다. 국민공회는 9월 29일에 헌법제정 기초에 착수할 헌법기초위원회 위원을 임명했다. 이들은 9명으로 이루어졌고 당톤(Danton)을 제외하고 모두 지롱드당에서 선발되었다. 이 위원회는 동 위원인 콩도루세(Condorcet)의 기초를 거의 수정하지 않고 채택했다. 이러한 이유에서 이 초안을 '지롱드 헌법'이라 부른다.

그러나 이 초안은 당시 어수선한 정치상황 특히 의회 내부의 몽테뉴당과 지롱드당과의 정권쟁탈을 둘러싼 혼란 때문에 국민공회에서는 의결되지 못한 채 폐기되었다. 국민공회를 만든 것은 몽테뉴당과 결부된 파리의 소시민층 및 노동자계급을 중심으로 한 민중이었는데, 국민공회 성립 후 선거에서는 지방의 부농 및 일반 부르주아 계급의 지지를 얻은 지롱드당이 의회의 다수를 점했기 때문에 몽테뉴당은 소시민층 및 노동자계급 등의 사회층을 이용해서 국민공회를 위협하여 그 의사진행을 좌지우지했다. 그 뿐만 아니라 1793년 6월 2일 몽테뉴당은 쿠데타에 성공함으로써 지롱드당을 몰락시켰기 때문에 헌법초안이 폐지될 수밖에 없었다.

정권을 장악한 몽테뉴당은 즉시 헌법제정을 결의하고, 세자르를 중심으로 하는 위원회를 조직했다. 그리고 이 위원회는 1793년 6월 10일에 초안을 제출하고, 6월 24일에 의결시켰다. 이것이 124조로 구성된 '몽테뉴 헌법'이다.

몽테뉴 헌법에 의하면, "주권은 인민에 속한다"(제25조), "주권자인 인민은 프랑스 시민의 총체이다."(제7조)라고 하여 주권의 담당자는 추상적 존재인 국가 또는 국민이 아니라, 개개의 시민에게 주권이 부여된다고 했다(인민주권). 또한 헌법에 국가의 목적을 '공공의 행복'에 두고, 사회적 평등을 기본적 권리라고 전제하고 인민의 저항권을 규정하였다. 더 나아가 노동, 구제, 교육의 권리도 규정하였다. 특히 소유권을 인정하고 있지만, 1789년의 선언에서 나타난 것처럼 소유의 '신성불가침'이라는 용어는 보이지 않았다.

몽테뉴 헌법에는 남성의 보통선거제를 채택하였고(21세 이상의 남자), 그 선거에서 입법부 의원에 관해서는 직접선거로, 행정관 및 판사에 관해서는 간접선거로 선출토록 규정되었다. 입법부는 단원제로서 1년 마다 개선하도록 하였다. 입법절차는 특이성을 보이는데, 입법부는 입법사항(헌법에 명기된 사항)에 관해서 우선 법률안을 작성해서 전국의 커뮤니티에 보낸다. 법률안 제출 후 40일 이내에 과반수 이상의 승인을 얻거나 또는 각 지방의 제1차 집회의 구성원의 10분의 1 이상이 이의를 제기하지 않으면 그 법률안은 승인되어 법률로 된다. 집행권은 개인에게 위임되지 않고 기관에 맡겨졌다. 그 기관을 '집행평의회'라고 부른다. 이 평의회의 위원은 의회에 의해서 선출되고 24인으로 구성된다. 그 위원은 임기 2년으로 선거에 의해서 선출되고, 그 반수를 매 회기 마지막 달에 개선한다. 또한 집행평의회 아래에 대신을 두었다. 이 대신은 행정각부의 장관이 되는데, 내각이 구성되지 않고 상하관계에 있지도 않았다. 사법제도에 관해서는 종래와 대동소이하였다. 이러한 내용을 가진 헌법이 의회를 통과했고, 국민투표에 붙여졌다. 다수의 기권자가 나왔지만, 국민투표의 결과에는 영향을 주지 못하고 헌법이 제정되었다.

1791년 헌법을 1793년 몽테뉴 헌법과 비교해 보면, 양 헌법의 차이는 사상적으로는 '몽테스키외적' 대 '루소적', '자유주의적 권력분립' 대 '민주주의적 권력분립'이라고 한다. 주권론에서 보면, '국민주권' 대 '인민주권', 대표론에서는 '대표에 의한 통치' 대 '직접민주제'(레퍼렌덤), '대표위임론(자유위임론)' 대 '명령적 위임론', 선거권의 성격에서는 '선거공무' 대 '선거권'과의 대립이라고 이해된다. 이러한 차이점은 헌법제정 당시의 제정권자의 의사가 그대로 반영된 결과라고 할 수 있다.

그런데 로베스피에르는 평화가 도래할 때까지 헌법 시행을 연기하고, 동시에 혁명정권을 조직했다. 그리고 혁명정부는 공화 2년(1793년 10월 10일) 법을 제정하여 프랑스 임시정부를 설립하였다. 프랑스 임시정부는 평화 회복에 이르기까지 혁명정부임을 선언하고 헌법시행을 연기하였다. 혁명정부를 지휘한 로베스피에르는 혁명정부의 원리를 "대외전쟁은 치명적인 질병이다. 또한 정치체제는 생명과 의지의 분류로 고뇌하고 있다. 부르주아가 승리했기 때문에 대중은 결집하지 않으면 안된다." "입헌정부의 목표는 공화제 유지, 혁명정부의 목표는 공화제 건설에 있다. 혁명은 자유의 적에 대한 전쟁이다. 혁명정부는 전시이기 때문에 활발한 활동력을 필요로 한다. 또한 그것은 긴박한 위기에 대처하기 위하여 경직화된 법을 따르지 않을 것이다. 새로운 응급조치의 전개가 강력지배, 공포정치이다."라고 하였다. 로베스피에르는 혁명정부를 유지하기 위해서 혁명재판소, 감시위원회, 공안위원회를 조직하고 그 기능을 강화했다. 그 중에서도 공안위원회는 전쟁정책으로서 국민개병제, 국립군수공장의 설립, 물자징발 등의 강력한 조치를 실시하였고, 로루노 위원에 의해서 작전지도가 행하여졌으며, 결국 반혁명반란과 대동맹전쟁에서 승리했다.

그러나 로베스피에르는 한편으로는 과격한 정책을 주장하는 좌파 에베르(Hebert), 다른 한편으로는 공포정치에 반대하는 우파 당톤(Danton)과 대립하였는데, 1794년 초 로베스피에르는 양자와 양 당파를 타도하고 당내 독재권을 장악했다. 그러나 양 당파의 숙청은 몽테뉴, 쟈코벵파의 힘을 약화시켜, 결국 로베스피에르를 고립시키는 결과가 되었고, 그 후 쟈코벵당의 지지기반이었던 농민 중에는 스스로 토지를 얻을 목적으로 보수화했던 사람들도 있었다. 또한 지지기반층이 혁명의 진행에 관심을 잃어버린 것도 혁명의 에너지를 급속하게 감퇴시켰다. 얼마되지 않아 1794년 봄 이후 전황이 호전되어 대외위기에서 벗어나고, 비상수단의 필요성도 희박해지면서 로베스피에르에 대립한 사람들과 국민공회의 우파가 제휴하여 1794년 7월 27일에 반혁명을 행하여 로베스피에르파를 실각시켰다.

이 반혁명에 의해서 정치권력을 장악하게 된 세력을 '테르미도르'(les Thermidoriens)파라고 하는데, 이는 몽테뉴의 일부와 국민공회의 우파로 구성되고, 전자를 테르미도르 좌파, 후자를 테르미도르 우파라고 한다. 그러나 테르미도르의 반동 이후에도 로베스피에르계 몽테뉴는 쿠데타에 대한 반격을 도모하였다. 그 세력은 무시하기 어려운 상황이었다. 테르미도르파는 국민공회에서 로베스피에르에 대항할 필요를 느끼고 공포정치하에서 추방된 우파 의원의 제명을 취소하여 그들을 국민공회로 되돌아오게 하여 그들의 힘을 빌렸다. 그 결과 테르미도르 내부에서는 우파가 서서히 우세하게 되고, 테르미도르파 전체가 우경화되었다. 테르미도르파의 이와 같은 우경화는 혁명의 주도권이 소시민층 및 노동자계급의 손에서 다시 부르주아 계급의 손으로 돌아가게 했다.

7. 1795년 헌법

이와 같은 혁명 중에서 정치세력을 장악한 집단인 자코뱅당의 사회적 성격을 법으로 표현한 것이 1795년 헌법이다. 일반적으로 이 헌법을 '집정관 헌법'이라고 한다. 이 헌법은 '인간 및 시민의 권리의무선언'과 '헌법'의 두 부분으로 나뉜다. 1791년 헌법과 1793년 헌법보다는 보수적인 성격을 띤 헌법이다.

우선 1795년 헌법은 인민주권 규정을 제외시키고, '프랑스 시민의 총체가 주권자'임을 규정하고, 제8조에서는 프랑스 시민이 되는 요건의 하나로서 '지세 또는 개인적 직접세를 납부'할 것을 규정하고 있다. 이것은 프랑스 공화국이 실질상 부르주아 공화국임을 보여주는 것이었다.

입법부에 관해서는 프랑스에서 최초로 양원제를 채택하여 '원로원'과 '500인원'으로 구성하였다. 양원제로 구성한 이유는 단원제하에서는 세력을 획득하면 독재로 나갈 위험이 있다고 생각했기 때문이다. 이 양원 의원의 선거권에는 재산조건이 붙여지고, 제한선거제가 다시 채택되었다. 입법부의 권한과 관련하여, 법률의 발안권은 500인원에만 전속하고 이에 대한 의결권은 원로원에 전속하는 것으로 하였다. 이러한 2원적 구조를 취한 것은 의회 독재를 방지하기 위함이었다. 원로원의 법안 의결에는 발안권과 수정권이 인정되지 않았고, 단지 500인원이 발의한 법률안을 일괄해서 무조건 가부만을 결정하도록 하였다. 원로원이 부결한 법률안은 만 1년 후가 아니면 500인원에 다시 제출할 수 없도록 한 것은 이 헌법의 특징이다. 그러나 이것도 500인원이 긴급법안을 발의한 경우에는 재의결할 수 있도록 하였다.

양원 모두 3분의 2 규정에 의해 매년 3분의 1의 의원을 개선하도록 되어 있었다. 의원의 선거권은 극히 일부의 납세자 또는 지주에 한정되어, 선거에 있어서도 선거권자가 선택한 명부에서 의원이 선출되지 않아 민의를 제대로 반영하지 못하는 제도였다. 또한 선거에 있어서도 500인원 의원은 30세 이상이며 10년 이상 공화국에 거주한 자만이 선거권이 있고, 원로원 의원은 40세 이상이며 15년 이상 공화국에 거주한 자만이 선거권이 주어지는 제한된 선거였다.

행정권은 집정부에 위임되고 5인의 집정관으로 구성되었다. 집정관의 임기는 5년이고 매년 추첨으로 1인씩 개선되도록 하였고, 재선은 금지되어 있었다. 집정관 선출은 500인원에 의해 만들어진 후보자 목록에서 원로원이 집정관을 선출하는 방식으로 되었다. 5인의 집정관은 3개월마다 교대로 집정부 장관으로 임명된다. 집정부 장관은 입법권이 없었다. 집정관은 예산 심의권을 지니지 못했고, 예산권은 의원으로 구성된 국고위원회의 권한이었다. 집정관은 군대를 지휘감독하고, 사령관, 대신 등을 임명하였다. 대신은 내각과 같은 합의체를 이루는 것은 아니다. 입법부와 집정부의 구성원의 겸직은 금지되어 있었다. 집정부에는 양원 소집권, 해산권, 법률발안권, 대신의 의원출석요구권이 없었고, 입법부에는 집정부의 불신임결의권도 없었다. 입법부가 집정관의 임명권을 가지는 것 이외에는 양 기관은 엄격하게 분리되어 있었다. 이것은 혁명 이후 보여진 행정기관의 횡포를 경계하고, 입법기관에 우월한 지위를 부여하려는 의도에서 이루어진 것이다. 또한 사법제도에 관해서는 종래와 다르지 않았다.

시민의 권리에 관해서는 권리선언과 함께 의무선언을 정하고 있는 것이 이 헌법의 특징이다. 이 권리·의무선언은 헌법 모두(冒頭)에 제시하고 31개조의 규정을 두고 있다. 권리의 규정들은 대체로 1789년 인권선언을 따르고 있지만, 의무에 관해서는 '토지의 경작, 모든 생산, 모든 노동수단 및 모든 사회질서의 기초는 재산제도에 기초를 두는 것이다'라고 선언하고, "모든 시민은 국가 및 자유의 유지, 평등 및 재산의 유지를 위해서 법률이 명한 경우에는 이러한 수호에 노력해야만 한다."고 규정하고, 사유재산제가 매우 강하게 명기되었다.

1795년 헌법은 극단적인 분권구조로 되어 있었다. 삼권분립은 철저했지만, 매우 비효율적인 제도였다. 특히 행정부와 입법부의 대립구조를 유발하였고, 행정부인 집정부는 쿠데타의 가능성을 갖고 있었다. 나폴레옹 보나파르트의 '브뤼메르 18일의 쿠데타'에 의해 집정부 정부는 붕괴되었다.

8. 1799년 헌법

1799년 헌법은 공화력 8년 헌법이라고도 불리며, 나폴레옹을 제1통령으로 통령정부[61](집정정부, Consulat) 형태로 규정했다. 입법부는 '호민원'(입법심의회, Tribunate,

---

61) 통령정부(統領政府, Consulat) 또는 집정정부(執政政府)는 총재정부 이후 나폴레옹의 쿠데타에 의해 1799년 11월 9일~1804년 간 존속되었던 프랑스의 정부이다. 나폴레옹이 황제에 오르면서 폐지됐다. 통령정부에서는 제1통령, 제2통령, 제3통령이 나라를 운영하였으며, 1802년 8월에는 나폴레

100명), '입법원'(의회, Core Legislatif, 300명), '원로원'(Senate, 31명)의 삼원제로 구성되었지만, 입법부의 권한은 1795년부터 감소하여, 3명의 통령, 특히 제1통령으로 나폴레옹에 의해 운영되는 행정부의 권력 집중이 진행되었다. 기존의 헌법과 다른 권리 선언(인권선언)이 명시되지 않았다.

이후 나폴레옹이 국민투표를 통해 압도적인 지지를 받아 프랑스의 황제, 나폴레옹 1세로 즉위하였다. 결국 프랑스 제1제국이 수립되어 1804년부터 1815년까지 프랑스의 절대군주정은 존속하였다.

9. 소 결

위에서 언급한 헌법들이 프랑스 혁명기에 제정된 근대헌법의 내용이다. 결국 프랑스 혁명은 자본주의의 부흥기에 있어서 부르주아(소상품생산자, 소공장제 수공업자, 지주, 상인)의 승리로 끝나고, 절대왕정을 부정하며, 봉건적 구체제를 일소한 변혁이라고 할 수 있다. 따라서 혁명과정에서 지도적 권력을 장악한 세력의 생각을 반영한 것이 근대헌법으로 나타나게 된 것이다. 그것은 법률 앞에서 국민의 자유, 평등의 권리를 규정하고 사유재산을 옹호하여 그것을 위한 통치기구의 확립이었다. 그러나 혁명을 주도한 부르주아는 영국과 같이 순조롭게 성장했던 것이 아니었기 때문에 혁명에 있어서는 스스로의 이해를 관철시킬 수 없고, 혁명의 에너지가 된 다수의 빈곤한 도시의 민중이나 빈농층과 타협하고, 그들에게도 혁명의 성과를 분배해야만 했다. 그 때문에 혁명시 몰수지나 국유지가 농민 대중에게 분배되고 다수의 소토지 소유농민(자작농민, 분할시 소유농민)을 만들었는데, 그것은 프랑스에서 농업의 자본주의화를 지연시킨 하나의 원인이 되었다. 그러나 비록 프랑스에서 부르주아의 성장과 프랑스 사회의 근대화가 영국에 비해 불충분했다고는 할 수 있을지는 몰라도, 프랑스 혁명은 단지 프랑스만이 아니라 전체 유럽에 확대되어 후진국에 남아있던 전근대적 정치체제, 사회체제에 큰 영향을 주었다고 평가할 수 있다.

옹이 종신통령의 자리에 올랐다. 권한은 모두 세 명의 통령에게 똑같이 분할되었으나 쿠데타로 집권한 제1통령 나폴레옹의 권한이 가장 막강하였고, 상대적으로 제2통령과 제3통령의 권한은 더욱 위축되었다. 제1통령은 내정, 외교와 군사, 제2통령은 사법, 제3통령은 재정을 담당하였다.

Ⅳ. 산업혁명기에 있어서 헌법

자본주의의 부흥기에 발생한 근대 헌법은 산업혁명의 단계에서 완전히 개화했다. 이 시기의 헌법은 근대 자본주의적 자연법사상을 벗어버리고, 민주적인 국가조직 및 인권문제 그 자체를 직접 그 대상으로 다루는 점에 그 특징이 있다.

1. 영국 헌법의 전개

영국에서는 외견상 명백한 헌법전(憲法典)을 가지고 있지 않기 때문에, 그 시대에 어울리는 헌법사상, 헌법률, 헌법관행 등을 함께 이해함으로써 영국 헌법을 살펴볼 수밖에 없다. 당시의 영국헌법의 특징은 다음과 같다.

(1) 정당내각제와 책임내각제의 확립

배젓(Walter Bagehot)은 1867년에 출판한 '영국헌법론'에서 내각제의 변화과정을 살피는 과정에서 당시에 이미 국왕과 귀족원은 국정의 '존엄한 영역'에 해당하고, '실질적 영역'을 이루는 것은 하원(민의원)과 내각이라고 보았다. 또한 그는 내각을 '집행기관이자 입법부의 한 위원회'이자, '국가의 입법적 부분과 집행적 부분을 결합시키는 연락위원회'라고 보았다. 그리고 이것이 의원내각제의 운용상 실체라고 설명하고 있다. 이와 같이 내각이 국왕의 부속기관에서 입법부의 한 위원회가 되기까지 어떠한 형태로 변천되어왔는가를 명예혁명 이후의 영국 헌법사를 통해 살펴볼 필요가 있다.

명예혁명(1688)에 의해서 영국의 왕위를 이은 윌리암 3세는 원래 네덜란드 통령으로서 프랑스의 루이 14세의 영국침략에 대한 저항군의 총사령관이었다. 윌리암 3세가 영국의 왕위를 계승한 것도 이 전쟁에서 영국을 동맹국으로 편입시키려는 의도에서 이루어졌던 것이었다고 할 수 있다. 따라서 영국에 있어서 이 전쟁은 세계를 무대로 하는 식민지쟁탈·무역에서 프랑스와의 대규모적인 쟁탈전을 의미하는 것이었다. 그러나 영국 내부에서 상업계의 지지를 얻은 휘그(Whig)당은 적극적으로 전쟁수행을 주장했지만, 전쟁을 수행하기 위해서는 중과세를 부과해야 했다. 반면, 지방지주, 지주화한 부르주아를 배경으로 하는 토리(Tory)당은 평화정책을 추구했다. 윌리암 3세와 앤 여왕의 통치기에는 이 시기에 시작된 전쟁 및 그 기간 동안에 평화를 둘러싼 조정으로 많은 시간과 비용을 낭비했는데, 이 조정은 의회의 우위와 서로 맞물려 정당정치의 발달을 재촉했으며, 후일 정당내각의 성립을 필연적인 것으로 만들었다.

명예혁명으로 신권(神權)에 기초한 왕권은 소멸하고 정당내각제가 확립되었지만, 국왕의 중요한 집행권에 대한 제한은 가해지지 않았다. 국왕은 휘그(Whig)당의 지지에 의해서 왕위를 보유하게 되었지만, 휘그(Whig)당은 전통적으로 왕권의 감축을 추구하는 당이었으므로 휘그당을 전면적으로 신뢰할 수는 없었고, 반대로 왕권에 충실했던 토리(Tory)당도 윌리암 3세 보다도 메리가 도망한 제임즈 2세 편에 애착심을 보였다. 따라서 윌리암 3세로서는 의회의 지지를 얻기에 충분한 인물을 양당에서 선출하여 임명할 수밖에 없었다. 그런데 양당에서 선출된 혼합내각에서는 내각의 일치를 보기가 어렵고, 또한 어느 쪽의 대표도 자기 당의 완전한 지지를 얻지 못했다는 점에서 그 내각은 여러 가지 결함을 안고 있었다.

그래서 윌리암 3세는 샌더랜드(Sanderland) 백작의 제안을 받아들여 당시 하원에서 우위를 차지했던 휘그(Whig)당에서 대신을 선임했다. 이 휘그당 내각은 일당내각을 이룬 최초의 사례가 되었다. 그러나 일당 내각이 성립했다고는 해도 대신들은 개별적으로 국왕에 대해서 책임을 지는데 불과했다.

이렇게 해서 일당에 의한 정당내각이 의회에서 다수파의 지지를 배경으로 정책을 수행하는 체제가 확립되기에 이르렀다. 그런데 이와 동시에 국왕은 정치에 대해 책임을 지지 않는다는 관념이 생성되었다. 앤(Ann) 여왕은 정치에 흥미나 야심도 없었고, 윌리암 3세처럼 국제관계에 관한 전문적인 지식이나 능력도 없었기 때문에, 여왕을 대신하여 대신과 그 내각이 의회에 대해 책임을 져야 했고 책임을 지는 것으로 간주되게 되었다.

이와 같은 내각제를 더욱 현저하게 발전시켰던 계기는 1714년의 조지 1세의 즉위에 있었다. 조지 1세는 독일인으로 그가 영국왕위를 계승했을 때는 이미 54세였기 때문에 영국의 정치적 관습을 이해하고 적응할 능력도 없었고 관심도 없었다. 또한 국왕은 영어를 제대로 이해하지 못했기 때문에 내각이 국왕 대신에 국정수행의 책임을 부담하게 됨으로써 "국왕은 군림하나, 통치하지 않는다."는 관행이 생기게 되었다. 이것이 결과적으로 근대적 내각제를 발달시켰던 요인이 되었다.

그러나 이러한 상황에 있었던 조지 1세도 결코 대신임명권을 포기하지 않았다. 국왕은 맨 처음 휘그당의 타운젠드(Townshend), 이어서 스탠호프(Stanhope)나 샌더랜드(Sanderland)를 수상으로 중용했는데, 타운젠드는 사망하고 샌더랜드는 남해거품

회사사건(South Sea Bubble)으로 실각하고, 이 사건에서 이름을 드높인 월폴(Walpole)이 수상이 되었다. 월폴은 21년간 정권을 담당했다. 이에 의해서 국왕의 영향력은 약화되었다. 또한 조지 1세는 즉위 후 4년간 내각회의에 10회 정도 출석했지만, 1718년 이후는 전혀 출석하지 않았다. 1727년 즉위한 조지 2세도 1, 2회의 예외를 제외하고 전혀 내각회의에 출석하지 않음으로써 국왕의 내각회의에의 불출석이 관행이 되었다. 국왕이 내각회의에 출석하지 않게 되면서 국왕 대신 내각회의를 주재할 인물이 필요하게 되었다. 월폴(Walpole)이 그 지위를 차지하게 된 결과, 상업정책·무역정책·재정정책을 원만하게 처리했을 뿐만 아니라 평화정책을 취해 지주계급의 부담을 경감시키는 조치를 취하였다. 이렇게 해서 월폴(Walpole)은 당시 영국지배계층을 형성했던 지주와 상공업 부르주아 양 계급의 지지를 얻음으로써 20여 년간 장기집권을 함으로써 태평시대를 가져왔다. 이것이 근대적 내각제도의 성장과 확립의 계기가 되었다.

이렇게 성립된 근대적 내각제는 1832년 이후 의회개혁의 영향을 받아 구조적 변화를 거치면서 더욱 확고부동한 제도가 되었다. 1832년 이후가 되면 서민원의 내각에 대한 통제력이 현저하게 강화되고, 1837년부터 내각은 서민원의 반대 표결의 결과, 종전에 국왕의 권한이었던 내각 파면권이 사실상 사멸되게 되었다. 이는 확실히 내각이 서민원에 대해서 그리고 서민원을 통해서 선거민에 대해 책임을 진다는 내각책임제(일원주의형 의원내각제)의 확립을 의미하는 것이라 할 수 있다. 이는 1832년의 선거법개정과 연관된 것이었다. 즉, 1832년의 선거법개정에 따라 선거민의 수는 약 50%밖에 증가하지 않았는데, 종래와 같이 국왕이나 정부가 쉽게 조작할 수 없는 선거구가 증가하였다는 점, 양대 정당이 발달하고 그 정당 중 어느 쪽이 서민원의 다수를 차지하는가는 결국 선거민의 의지에 따라 결정되게 되었다는 점에서 국왕도 선거에 따라서 다수를 차지한 정당의 당수를 수상으로 임명하지 않을 수 없게 되었고, 그러한 점에서 수상은 서민원에 대해 책임을 지는 형태가 되었다. 이렇게 하여 내각과 수상의 국왕으로부터의 독립, 서민원의 귀족원에 대한 우위라는 근대적 내각책임제가 확립되었다.

(2) 의회(하원)의 민주화

의원내각제의 발달에 보조를 맞추어, 의회도 민주화의 길을 걷게 되었다. 특히 18세기는 의회 과두제의 시대라고 불리듯이 지주귀족이 이른바 '부패선거구'를 통해서 서민원을 지배하고 있었다. 즉, 1734년부터 1832년에 의석을 차지한 의회의원 5,034명에 관한 사회적 분포상황에서 알 수 있는 것처럼, 당시 영국의 사회구성과 경제상태를 반영하고 있었다. 5,034명 중 3분의 1 이상인 1,715명이 귀족의 자제 및 이에 준하는 특권적 지위를 지닌 사람들이 차지하고 있었고, 의원을 그만 둔 후 귀족이나 남작이 된 자를 더하면 과반수 이상이 이러한 고위직을 차지하고 있었다. 선조나 친족 중 의원을 배출한 가계에 속하는 사람은 매우 많고, 10명 이상 최고 21명의 의원을 배출한 가계는 31개에 달하였다. 이렇게 해서 서민원은 상류계급의 집단이 되고, 서민원 의원이 되는 것은 정치에 전념하기 위함이 아니라 사회적 지위를 과시하는 수단에 지나지 않았던 것이다. 의원 5,034명 중 6분의 1 이상인 897명이 상업에 종사하든가 또는 상업과 이해관계를 맺고 있었다. 이 광의의 상공업 관련의원 중에는 은행가, 동인도관계자 및 인도에서 금을 캐서 돌아온 사람들, 서인도관계자 등이고, 후에는 산업혁명이 진행하면서 제조업자도 포함되게 되었다. 그러나 제조업자는 이 단계에서 29명에 불과했기 때문에, 정계에 직접 영향을 주지 못했다. 그 밖에 어느 쪽에도 속하지 않는 영국 내, 유립대륙 및 미국대륙과의 상업에 종사하는 사람이 897명 중 257명이었다.

이렇게 보면 1832년 이전에 서민원에서는 토지귀족이 3 대 1의 비율로 상공업자를 압도하고 있었다. 게다가 그들을 선출하는 모체는 부패선거구를 바탕으로 만들어졌던 것이다. 부패선거구 중에는 유명한 올드 새럼(Old Sarum)처럼 이전에는 비옥한 농지를 바탕으로 의원선출의 특권이 주어져 있었지만, 후에 양이 풀을 먹는 장소로 되어버린 선거구도 있었다. 그럼에도 불구하고 전과 다름없이 의원선출의 특권을 가지고 있었다. 또한 가장 심한 것은 북해연안의 농촌인 던위치(Dunwich)는 지형변화에 따라 해저로 사라졌지만, 2인의 의원을 선출할 특권이 주어졌다. 이에 대해 맨체스터, 버밍햄, 리즈, 쉐필드 등과 같이 산업혁명과 함께 급속도로 인구가 증가하였던 상공업도시는 1인의 의원도 배출하지 못했다. 소형선거구(Pocket borough)라든가 지명선거구(Nomination borough)라고 불리는 선거구가 다수 존재하여, 귀족 또는 부호가 이를 사유화하여 자기 추종자들을 지명하여 각각의 선거구에서 서민원 의원을 선출시켰다. 이와 같은 상황에서 18세기에는 이른바 의회 과두제정치가, 18세기 후반부터 19세기 초에 걸쳐서는 토리(Tory)당 과두제정치가 행해졌다.

이러한 부패선거구 및 그 선출방법 등에 반발하여, 18세기 말부터 '의회개혁'운동이 전개되었는데, 그 운동은 19세기가 되면서 산업자본주의의 발전과 프랑스 7월 혁명에 자극을 받아 가속화되었다. 이 운동의 추진세력은 첫째, 번영과 부귀를 누리고 있었던 산업 부르주아였고, 둘째, 노동사계급이었다. 특히 산업혁명의 과정에서 나타난 비참한 생활조건에 시달렸던 근대적 노동자계급 즉, 프롤레타리아 계급이 의회개혁을 요구하면서 이 운동에 참가하였다. 그래서 그레이(Charles Grey) 내각은 1831년 3월에 이러한 의회개혁의 요구를 수용, 의회에 개혁법안(Reform Bill)을 제출했다. 이 개혁법안은 현존 정치질서에 대해서 큰 변혁을 가한 것이고, 장래 노동자 계급의 의지에 따른 정치체제를 수립하기 위한 단서를 제공하였다. 그래서 이 안은 귀족원에서 부결되었지만, 1832년 6월에 이르러 가결되었다.

그 개정내용은 첫째, 지금까지 선거구의 의석배분을 근본적으로 개혁하여 올드 새럼(Old Sarum) 등 부패선거구나 지명선거구를 없애고, 맨체스터, 버밍햄, 쉐필드 등 신흥공업도시나 인구가 격증한 주에 새롭게 의석을 배분하였다. 그러나 그러한 곳에서도 인구에 비례한 민주적인 선거구제와는 상당한 거리가 있었다. 둘째, 선거권의 확대이다. 선거자격을 보면 종래 주 선거구에서는 연 가치 40실링 이상의 자유토지 보유자에게만 선거권이 부여되었지만, ① 연 가치 10파운드 이상의 등본에 의한 토지보유자, ② 60년 이상 기한으로 연 가치 10파운드 이상 또는 20년 이상 기한으로 연 가치 50파운드 이상의 정기토지 보유자, ③ 연 50파운드 이상의 지대를 지불하는 차지인에게까지 확대했다. 또한 도시선거구의 선거자격은 각 선거구에 따라서 각양각색이었지만, 1832년의 개정에 의해 통일되어 연 가치 10파운드 이상의 가옥, 창고, 사무소, 점포 등의 소유자 또는 임차인은 선거자격을 갖게 되었다.

이 선거자격의 확대에 따라 유권자의 수는 약 40% 증가하였고, 1831년에는 36만 6천명이었던 것이 1833년에는 65만 2천명이 되었다. 그러나 그 중 선거권을 부여받은 계층은 중류계급 중층부에 한정되고 하류시민층이나 노동자층은 여전히 선거권을 갖지 못했다. 이것은 노동자계급을 매우 실망시키고 격분시켜 결국 보통선거권의 획득을 위한 차티스트(Chartist) 운동을 일으키는 계기가 되었다.

(3) 영업의 자유 – 자유방임주의의 확립

근대 입헌주의의 확립은 사적 자치 영역에 국가의 불간섭을 전제로 하는 자유방임주의의 확립을 의미한다. 국가형태와 관련하여, '자유국가' 형태를 추구하였다.

영국에서는 19세기에 산업혁명이 진행되는 와중에서 '일반적 단결금지법'(1800), '도제법 폐지법'(1814)에 의해서 실질적인 영업의 자유가 확립되고, 노동시장이 자율화되었다. 이는 '국가로부터의 자유'에 의한 경제적 자유가 확립되어 감을 의미했다.

또한 이 시기에 포말회사금지법의 폐지, 주식회사법의 제정, 선매·매점에 대한 형벌의 폐지, 고리금지를 폐지하는 법률이 마련되었다. 이에 의해 '국가로부터의 자유'로서의 계약의 자유를 기초로 하는 자유방임주의 시대로 들어서게 된 것이다. 이와 서로 호응하여 대외적으로는 기계수출의 전면적 해금, 곡물법의 폐지가 행해져 자유무역체제가 형성될 수 있었다.

(4) 노동자계급의 인권문제

노동자계급은 자신의 생활조건이 개선되는 것을 기대하면서 부르주아 계급에 의해서 형성된 정치적 자유를 획득하기 위한 운동에 적극적이었으나, 그러한 기대는 이루어지지 못했다. 예를 들면, 영국에서 1820년대 이후 의회개혁 운동에 대해서 노동자계급은 협력하여 1832년의 선거법 개정을 실현하기 위해 중요한 공헌을 했다. 그러나 이 개정에 의해서 선거권을 새롭게 획득한 것은 부르주아 계급에 한정되었고, 개혁 후 의회에서는 노동자계급의 생활조건의 개선에 관해서 큰 관심이 확산되지는 못했다. 이와 관련하여 노동자계급이 의회개혁과 관련하여 환멸과 분노를 가져 1838년부터 1848년까지 노동지층을 주체로 하여 전개된 영국의 민중운동인 차티스트 운동으로 이어지게 되었다.

1837년 노동자계급의 선두에 선 차티스트들은 다음과 같은 6개 조항의 인민헌장을 획득하기 위해 투쟁하였다. ① 성년남자의 보통선거, ② 비밀선거, ③ 의원의 재산자격 철폐, ④ 의원의 세비 지급, ⑤ 평등선거구제, ⑥ 1년 임기의 의회이다. 차티스트들은 이러한 '인민헌장'을 통해 노동자계급의 뜻을 의회에 반영시키고, 노동지계급의 해방을 실현하려고 했던 것이었다. 의회의 민주화는 이 차티스트의 요구에 의해서 제2차, 제3차 개정을 거치면서 이루어졌다고 할 수 있다. 그러나 실제로 차티스트 운동은 1848년의 500만명 이상의 서명을 얻었던 대청원을 마지막으로 종말을 고하게 되었다. 그리고 그 후 영국의 노동자계급은 1850년대 이후 종전에 볼 수 없었던 번영기를 맞아 노동조합을 설치하고 노동조합을 중심으로 경제 투쟁에 힘을 기울이게 되었다. 이 시기의 노사대립은 계급적 규모로까지 확대한 노동운동이라고 할 수 있다.

2. 프랑스 헌법의 전개

(1) 프랑스 제2공화제 성립 전기

나폴레옹 전쟁 후 빈(Wien) 체제는 반혁명에 따른 새로운 국제협력체제였다. 이

빈(Wien) 체제의 반혁명세력은 루이 16세의 후계자 루이 18세에 의한 왕정복귀를 노리는 세력이었다. 이 부르봉(Bourbon) 왕정복고는 나폴레옹 황제의 정당성을 부정하고 혁명 전의 구체제로의 전환을 의미했다. 이 체제하에서 1814년 헌법이 제정되었는데, 1814년 헌법은 헌법(Constitution)이라는 용어를 취하지 않고 헌장(Charter)이라는 명칭을 사용하였다. 그러나 헌장(Charter)이라는 명칭을 사용하였지만, 프랑스인의 권리를 부정하거나 통치기구를 부정하지는 않았다.

1814년 6월 4일 헌법은 헌법위원회가 마련한 헌법안을 국왕 루이 18세가 국민에게 양여하는 형식으로 성립된 헌법이다. 이 헌장은 그 형식에 있어서 구체제로의 전면적 회귀를 담고 있으며, 이 헌법은 왕에 의해 하사되었기에 '부여된 헌장'이라고 불리기도 한다. 장문의 전문과 67개 조항으로 구성되어 있고, 일정한 기본권을 '프랑스인의 공권'이라는 제목 하에 12개조로 나누어 규정하고 있다. 일반적·추상적 권리선언이 아니라, 국왕의 유화정책의 표현으로서 몇몇 권리를 국민에 인정한 데 불과했다. 법률 앞에 평등, 조세의 평등, 시민적 군사적 고용의 평등, 인신의 자유, 종교고백의 자유, 예배보호의 평등, 사상·표현의 자유, 소유권의 불가침 등이 규정되었다. 통치기구로 국왕을 보좌하는 대신제로 정하고, 국회를 양원제로 하고, 상원의원은 국왕의 임명에 의해 선임되고, 하원의원은 제한선거에 의해 선출되도록 하였다.

그 후 샤를루 10세가 즉위했는데, 샤를루 10세는 초왕당파적 생각을 가지고 의회와 격렬하게 대립했고, 이는 1830년의 7월 혁명을 유발하였다. 1830년의 7월 혁명에 의해서 의회는 자유주의자라고 불린 오를레앙공, 루이 필립을 왕위에 즉위시켜 이른바 7월 왕정이 성립하였다.

1830년에 이르러 다시 헌장(Charter)이 제정되었다. 1830년 8월 14일 헌법은 1814년 헌법의 기본체제를 수정하지 않고 자유주의적 부르주아의 특권적 정당성을 제시하였다. 전문이 삭제되고 하사된 헌장의 성격이 소멸되고 '신민'이 아닌 '시민'으로 변경되었다. 납세자에 의한 제한선거로 인해 권력행사에 참여할 수 있는 자는 소수 유산계급에 한정되어 유산계급의 정부로 되었다. 국왕은 '프랑스 왕'에서 '프랑스인의 국왕'으로 변화되었다. 내각은 국왕과 의회 모두의 신임을 필요로 하는 이원주의형 의원내각제를 채택했고, 의회는 귀족원을 폐지하고 단원제를 채택하였다.

(2) 1848년 헌법의 성립

프랑스에서는 7월 혁명하에서 점점 산업혁명이 진척되어 갔다. 프랑스 자본주의는 혁명 당시에는 금융 자본주의로서의 성격이 강했지만 그래도 산업혁명이 진전되어 가면서 산업자본가의 세력이 급속도로 부각되었다. 그와 동시에 공장노동자의 수도 현저히 증가하였다. 노동자계급은 소수의 금융귀족 내지 자본가에 대해 조직적으로 저항해서 해방운동을 시작했던 점에서 계급대립은 새로운 시대의 사회불안을 야기시켰다. 그 사이 루이 블랑(Louis Blanc) 등이 지도자로서 활약했다.

루이 필립 정부는 소수의 금융귀족 내지 자본가와 결합해서 루이 블랑파의 사회주의자와 대립했다. 한편 부르봉 왕조를 지지하는 파벌과 나폴레옹의 사위 루이 나폴레옹을 지지하는 파벌의 보나파르트가 각각의 입장에서 정부의 타도를 주장했으므로 국내에서 국왕의 지위는 매우 불안정한 상태가 되었다. 그래서 국왕은 점차 강경한 보수주의로 전향하였고, 1847년에는 자유주의자인 티에르(Thiers) 수상을 면식시키고 보수당의 기조(Guizot)에게 내각을 조직시켰다. 이렇게 함으로써 민중의 신뢰마저 잃어버리게 되었다.

그 후 기조(Guizot) 내각의 반동정치는 노골화되어, 언론·출판을 억압하였으며 사회주의운동을 탄압한 결과, 전국 각지에서 개혁 집회가 열렸다. 그런데 1848년 2월 파리에서 개혁집회가 정부에 의해서 금지되면서 2월 22일 파리시민은 결국 봉기하였다. 파리시민은 2일간의 시가전을 치른 후 승리를 거두고 국왕은 퇴위를 선언하고 영국으로 망명했다. 혁명의 주도권을 장악했던 부르주아 공화파는 즉시 임시정부를 조직하여 왕정을 폐지하고 '프랑스의 제2공화제'를 선언했다.

임시정부는 보통선거를 실시함과 동시에 사회주의자 루이 블랑을 등용하여 그의 요구를 수용해서 국영작업장을 설치하고, 실직자 구제를 위한 토목사업을 시작했다. 그런데 부르주아나 프랑스 혁명에 의해서 소토지 소유자가 된 농민은 노동자계급이나 사회주의자의 급진적인 정책을 두려워했다. 그 결과 1848년 4월의 총선거에서 사회주의자는 참패하여 정권은 부르주아가 완전히 장악하게 되었다. 얼마 지나지 않아 국영작업장이 폐쇄되고 실망한 노동자가 1848년 6월 파리에서 다시 봉기했지만, 공화정부가 급파한 군대에 의해서 해산되었다. 이와 같이 2월 혁명은 짧은 기간 동안 공화제와 보통선거제를 가져왔지만, 6월 사건 이후 프랑스의 사회주의운동과 노동운동은 일시적으로 쇠퇴하였다.

그런데 노동자계급 및 사회주의자의 진압을 지휘했던 카베냐크(Louis-Eugène

Cavaignac)는 그 후 행정권을 장악하는 내각회의의 의장이 되었다. 그러나 대지주, 대상업가, 금융자본가 등의 반공화주의인 왕당파가 '재산, 가족, 종교질서'를 슬로건으로 하여 세력을 회복했기 때문에 정부(내각)는 왕당파의 힘을 제약하지 않을 수 없었다. 그런 와중에 정부는 1848년 11월 4일 미리부터 헌법제정의회에서 준비했던 '1848년 헌법'을 확정했다. 이 헌법은 산업혁명기에 적합한 것이었다. 1848년 헌법의 근본적 이념은 '자유, 평등, 박애'였고, 그 기초적 가치는 '가족, 노동, 재산, 공공질서'라고 선언하고 있다. 그러나 이 헌법은 '헌법초안'의 단계와 비교하면 상당히 인권보장의 측면이 후퇴되었다. 예컨대 '헌법초안'에 의하면 공화국은 "모든 시민에게 노동권을 인정한다."고 되어 있었지만, 헌법에는 "공화국은 우애적 원조에 따른 빈곤한 시민의 생존을 확보해야 한다."고 하는 애매한 표현으로 바뀌었다. 또한 시민의 단체결성과 교육의 자유에 관한 보장을 명기하면서 단서조항을 두어 제한을 가하였다. 시민의 단체결성에 관해서 헌법은 "시민은 단체를 결성해서 평온하게 무기를 갖지 않고 집회하고 청원하며 출판 기타 방법으로 그 사상을 표현할 권리를 가진다."는 규정을 두면서도 "이러한 권리의 행사는 타인의 권리와 자유 및 공공의 안전을 해치지 않는 범위에 인정된다."고 규정하고 있다. '공공의 안전' 규정의 도입은 부르주아적 당파의 슬로건을 반영한 자본주의적 질서를 의미하는 것이었다. 교육의 자유와 관련하여 '교육의 자유는 법률이 정하는 능력 및 덕성의 조건을 갖추고 국가의 감독하에서 행사될 수 있다'고 규정하였다. 1848년 헌법에는 혁명 이후의 전통이 나타나 있지만, 1791년 헌법에 비해서 국가의 감독이 강하게 행사되고 있었고, 이로 인해 개인주의 원리는 후퇴되었다.

국가조직에 관해서는 삼권분립을 명확하게 하고 있다. "권력분립은 자유로운 정부의 첫째 조건이다."라고 규정하고 있다. 의회는 단원제의 '국민의회'로 구성되었다. 21세 이상의 자 중에서 3년간 동일한 시·읍·면에 거주한 자에게 선거권, 25세 이상의 자에게는 피선거권을 모두 평등하게 보장하고 있었다. 선거는 군(郡)마다 연기제로 행해졌다. 국민의회는 상설적 기구로서 회의는 공개되었다. 모든 법률안은 3독회를 거친 후에 의결되었다.

행정권은 공화국 대통령에게 위임되었고, 그 대통령은 프랑스 여러 현 및 유권자에 의한 직접·비밀선거로 선임되었다. 대통령의 임기는 4년이고, 재선은 금지되어 있었다. 또한 대통령에게는 광범한 행정권이 부여되어 있었다. 즉, 법률안 제출권, 교서제출권, 군통수권, 조약비준권, 국가방위감독권, 사면권, 법률재가권, 대신 및 기타 고위직 공무원 임명권 등이 부여되어 있었다. 이러한 대통령의 행정권 관련 권한은 국민의회에 의한 각종 통제하에 놓여 있었으나, 입법부와 행정부가 대립하는 경우에 어떠한 조정방법도 없었다.

민·형사법원은 대체로 종래와 유사했는데, 특별재판소로서는 군법회의, 해사재판소, 상사재판소, 노동조정위원회 등이 설치되었다. 행정부와 재판소의 권한쟁의에 관해서는 헌법평의회(파기원)와 최고행정재판소(국참사원)에서 동수로 선발된 임기 3년의 재판관으로 된 특별재판소가 설치되어 법무대신이 재판장이 되어 그 해결을 담당하였다. 그 밖에 대통령은 국민의회에 의해 소추된 대신을 재판하고, 고등법원이 설치되어 국내·외의 안전을 이유로 소추된 모든 자를 재판하였다.

그런데 이 헌법이 시행된 1848년 12월에 공화국 대통령의 선거가 행해졌는데, 그 결과 나폴레옹 1세의 조카 샤를 루이 나폴레옹 보나파르트(Charles-Louis-Napoléon Bonaparte)가 전체 유효투표의 4분의 3을 얻어 대통령에 당선되었다. 다음해인 1849년 5월에 국민의회의 선거가 치루어져 헌법의회의 중심세력이었던 부르주아 공화파가 패배하고 가톨릭 질서당이 450석 이상을 차지하여 소시민과 노동자를 배경으로 하는 정당이 180석을 차지하여 의회를 구성함으로써 좌우대립이 격화되었다.

(3) 프랑스 제2제정 헌법

이와 같은 좌우의 대립을 이용해서 루이 나폴레옹(나폴레옹 3세)은 1848년 헌법의 개정을 선언하고, 이어서 이 개정 방침의 옳고 그름을 인민투표에 붙여 압도적 다수의 지지를 얻어냈다. 이는 루이 나폴레옹에 대한 각 계급의 기대에 편승한 결과였다. 당시 부르주아 계급, 소시민층, 농민계급 간에는 루이 나폴레옹이 강력한 권한을 가지고 '사회주의'의 득세와 왕정복고의 실현을 저지할 것을 기대하였고, 노동자계급 중에서는 의회다수파를 형성하고 있었던 보수파들의 반동성을 저지할 수 있을 것이라고 기대하고 있었기 때문이다. 이러한 계급마다의 나폴레옹 3세에 대한 지지는 결국 루이 나폴레옹의 독재로의 길을 열어주게 되었다. 따라서 루이 나폴레옹 하에서 제정된 1852년 헌법은 루이 나폴레옹의 독재를 승인하는 것에 지나지 않았다. 1852년 헌법은 루이 나폴레옹을 10년간 대통령으로 하도록 규정하여 대통령은 대신을 임면하고, 대신은 대통령에 대해서만 책임을 지는 것으로 규정하였다. 게다가 대신의 의회에 대한 연대책임제는 인정되지 않았다. 또한 헌법에는 대통령을 보필하는 기관을 다양하게 마련하였는데, 그나마 민주적 기관이라 할 수 있는 것은 보통선거로 선출되는 입법원이었다. 그러나 이 입법원조차도 대통령에 의해서 소집되고 해산되도록 하고, 대통령이 제출한 법률안에 대해서는 전체로서 가부를 결정할 수 있을 뿐이었다. 이와 같이 통치기구는 매우 강대한 권한을 가진 대통령을 중심으로 한 정치조직으로서 구성되어 있었던 것이다.

인권규정과 관련하여서는, 제1조에서 “헌법은 프랑스 신민권의 기초를 이루는 1789년에 선언된 대원칙을 승인하고 보장한다.”고 규정하였다. 그러나 실제로는 많은 제한이 가해져 있었다. 특히 정치적 자유에 관해서는 엄격하게 제한되어 있었다. 즉, 신문이나 잡지의 검열은 강화되고, 모든 국민군은 해산되며, 집회나 결사는 금지 또는 제한되었다. 교육은 간섭을 받고 강연은 물론 사담도 감시되고, 정치상의 자유는 전적으로 상실되었다. 특히 1858년 1월 이탈리아인 오르시니(Felice Orsini)의 황제암살미수사건 이후 ‘치안유지법’의 제정으로 더욱 더 인권은 침해되어 정치적 활동은 속박당하였다. 또한 루이 나폴레옹은 이와 같은 정치적 자유를 제한하여 독재적 지배를 진행시키면서 다른 한편 널리 제반 사회층의 지지를 얻기 위해서 사회입법을 제정했다. 그래서 1852년 1월에는 인민투표(플레비시트; plebiscite)에 의해서 프랑스 황제로서의 지위를 획득하였다. 이로 인해 1852년 황제가 된 루이 나폴레옹에 의해 제2공화정은 붕괴되고 ‘제2제정’이 시작되었다.

19세기 중엽의 산업혁명기 단계에서 영국에서는 의회주의가 개화하여 양대 정당의 정권교체가 이루어지고 있었으나, 프랑스에서는 1848년 헌법이 일순간에 소멸하여 헌법적으로는 불안정한 보나파르티즘이 실현된다. 이렇게 보면 영국과 프랑스에서는 똑같이 산업혁명의 단계에 들어가 기계에 의한 공업 발전이 나타났지만, 전혀 다른 헌법상황이 전개되었다. 이것은 양국의 사회구성의 차이에 따른 계급간 투쟁에 기인한 것이다. 영국에서는 산업혁명에 의해서 산업자본가가 노동자계층의 힘(차티스트 운동 등)을 빌어서 국왕의 권한을 제약하면서 정치의 실권을 장악하고 있었음에 반해, 프랑스에서는 부르주아가 노동자계급이나 사회주의자들과 손을 잡고 왕정을 타파하는데 성공했지만, 부르주아가 주도권을 장악함으로써 이번에는 왕당파(금융자본가, 대지주)와 손을 잡고 프롤레타리아 계급을 탄압해가는 과정에서 루이 나폴레옹 정권이 수립되었다.

이러한 점에서 영국의 의회주의와 프랑스의 보나파르티즘(Bonapartism)간에는 차이가 있다고 할 수 있고, 헌법상황의 저변에는 동일한 부르주아의 프롤레타리아에 대한 지배라는 정치적 사실이 존재했음을 알 수 있다. 이 점에서 1791년 프랑스 혁명기의 헌법과 상당한 차이가 난 것도 사실이다.

(4) 프랑스 제3공화국 헌법

1870년 프랑스 제3공화국이 수립(임시정부의 형태)되어, 프로이센에 맞서 항전했으나 패배하였다(보불전쟁). 그 결과 1871년 프랑크푸르트 조약(5. 10)에 의해 알사스-로렌 지방을 독일에 양도하고 배상금을 지불하였다. 그 후 1875년 헌법을 제정하여 정식으로 공화제를 선포하였다.

1875년 의회우위의 대통령제 공화정이 수립됨으로써 프랑스는 100년에 걸친 불연속적인 혁명 끝에 공화제로 정착하게 되었다. 그러나 제정파 사이의 타협의 산물로 제정된 제3공화국 헌법은 단일 법체계가 되지 못하였다. 그 결과 프랑스 제3공화국은 각 권력기관별로 그 권한을 규정하는 별도의 법률을 제정하였고, 권력기관간 관계를 규정하는 법률을 따로 제정하여 운영되었다. 이러한 법체계의 통일성 결여와 여러 정당의 난립으로 불안정한 정국이 지속되었다.

3. 독일 제2제국 및 프로이센 헌법, 프랑크푸르트 헌법, 비스마르크 헌법

(1) 독일 제2제국

나폴레옹의 패권주의는 독일에게 민족주의적 단결을 일깨웠고, 독일은 자유주의적 헌정질서 확산에 앞서, 국가 정체성을 확립해야 하는 일에 직면하게 되었다. 나폴레옹이 몰락하고, 전 유럽이 다시 구체제로 돌아가는 '복고시대'에 독일에서는 오히려 민족정신이 강하게 만연하였다. 독일 각 지방의 군주들에게 자유의 확산은 오히려 못마땅한 일이었으며, 독일인들의 정치적 열정은 오직 민족국가의 형성에 관한 것뿐이었다. 이와 더불어 영국과 러시아 등은 프랑스의 재확장을 경계하였고, 이는 독일로 하여금 프랑스를 견제하게 하려는 의도로 나타나기도 하였다.

1806년 프란츠 요제프 2세(1768-1835)는 신성로마제국의 황제관을 내려놓았다.[62] '빈 회의'에서 나폴레옹을 몰아 낸 유럽 강대국들의, 즉 영국, 러시아, 오스트리아, 프로이센의 군주들이 모인 회의에서 '독일 연맹' 결성이 결정되었고, 1815년 '독일 연맹'(Der Deutsche Bund)이 결성되었다. 신성로마제국은 부활되지 않았지만,

62) Frotscher/Pieroth, Verfassungsgeschichte, Rn. 164 ff.

그 대신 독일권의 느슨한 국가연합이 구성된 것이었다. 이 독일 연맹은 오스트리아와 프로이센을 필두로 39개의 독일 영방(領邦) 국가들이 모인 것이었다. 독일 연맹은 근대 독일 민족국가의 최초 형태라고 할 수 있으며, 장차 진정한 의미에서 통일된 민족국가로 발전하는 토대가 되었다.

그러나 독일 민족국가의 길은 순탄치 않았다. 무엇보다 독일권의 두 맹주인 프로이센과 오스트리아 상황이 큰 차이를 보였기 때문이다. 특히 오스트리아는 단순히 독일 민족들만으로 구성된 것이 아니라, 그 자체가 범세계적인 성격을 지니고 있었다. 오스트리아가 독일 민족국가로 편입되려면, 헝가리, 슬로바키아, 발칸 지역들을 모두 포기해야만 했다. 그리하여 프로이센 중심으로 오스트리아를 배제한 채 독일 민족국가를 출범시키자는 이른바 '소(小)독일주의'와 오스트리아를 중심으로 범 독일권을 모두 포괄하자는 '대(大)독일주의'가 대립하게 되었다.

그런데 대(大)독일주의는 독일이 유럽 중심에서 초강대국으로 대두하는 것을 의미하므로 유럽의 다른 열강들이 용인하기 어려운 것이었다. 프로이센도 낙후된 오스트리아에게 독일민족국가의 패권을 넘겨줄 수 없다고 생각하였다. 마침내 관세동맹을 주도하여 독일 전체의 산업혁명을 촉진시킨 프로이센은 오스트리아와 '동족 상잔'의 전쟁까지 치르면서 독일 민족국가의 형성을 가속화한다. 이어서 프랑스와의 전쟁에서도 승리함으로써 결국 독일 2제국(신성로마제국에 이어 제2제국)을 탄생시켰다. 이로써 독일 연맹은 붕괴되고 프로이센과 오스트리아-헝가리의 양두 체제로 변경되었다.

독일 제2제국을 이른바 독일의 통일이라고 한다. 독일이 천년 동안 수많은 영방(領邦)으로 분열되어 있다가 프로이센에 의하여 모든 주요 독일권 지역이 통일되었다는 점에서 '통일'이라 할 수 있다. 그러나 독일 제국은 독일권의 분열을 의미하기도 하였다. 즉, 오스트리아와 함께 구성하였던 독일 연맹을 해체시키고, 독일 민족을 독일과 오스트리아로 양분시킨 것이었다. 독일은 여전히 스스로의 정체성을 온전히 찾지 못하였고, 자유를 위한 역사적 과제는 불필요한 경쟁과 주도권 다툼 속에 방기되고 말았다. 결국 다른 민족국가와의 관계에서 긴장과 적대감을 고조시키게 되었다.

독일 제2제국의 성립과정은 유럽 중 독일에서 자유의 확산이 좌절되는 과정이었다. 프랑스 1830년 7월 혁명과 1848년 2월 혁명은 독일에게도 큰 영향을 끼쳐 유럽 복고시대를 주도하던 오스트리아의 메테르니히도 결국 영국으로 망명하였다. 1848년 독일 연맹에서는 새로운 자유의 헌정질서를 위한 '파울 교회'(Paul Church)

의 제헌의회가 성립되었다. 이는 독일인들의 선거에 의하여 구성된 최초의 독일 의회라고 할 수 있다. 이렇게 독일인들과 그 지식인들은 유럽의 보편정신에 진정으로 부합하는 독일 민족국가의 헌법을 만들었고, 오스트리아와 프로이센의 군주에게 그 헌법을 집행해 줄 것을 호소하였다. 그러나 그러한 청원은 양 군주들에게 모두 거부되고 말았으며, 무기력을 절감한 제헌의회는 스스로 해산을 선언할 수밖에 없었다.

이후 프로이센의 비스마르크의 '철혈(鐵血)정책'에 의하여 '소(小)독일주의'의 해법으로 독일 제2제국으로 통일을 이루었지만, 그 통일로 인해 남은 것은 '병영국가' 독일과 오스트리아의 '자존심의 상처' 뿐이었다.

(2) 프로이센 헌법

1) 프로이센 헌법의 제정과정

1848년 2월 혁명은 널리 유럽제국 특히 독일에 영향을 주었다. 이것이 산업시민계급 및 자유주의자에 의해서 수행된 3월 혁명으로 나타나게 되었다. 3월 혁명의 봉화는 3월 13일 빈(Wien)에서 3월 18일에는 베를린(Berlin)까지 확대되었다.

빈(Wien)에서의 메테르니히가 몰락했다는 소문이 전해지고, 국내가 불안에 휩싸이면서 프로이센 국왕은 이를 타개하기 위해 언론·출판의 자유를 약속하고, 프로이센의 지도하에서 독일연방 헌법과 프로이센 헌법을 제정하기 위한 연합회의의 소집을 약속하는 두 개의 칙령을 공포하였다. 이로써 유혈참사 없이 지배계층에 의해서 사태가 수습된 것처럼 보였는데, 왕궁 앞에서 평온한 시위도중에 발포가 이루어짐으로써 시가전이 벌어졌다. 여기서 많은 시민이 희생되면서 근위병들이 패퇴하였다. 베를린 노동자와 민중들은 그 이상으로 조직적 투쟁을 전개했지만, 정권을 개편할 정도로까지 발전하지는 못했다. 부르주아는 처음부터 구체제를 철저하게 극복하려는 생각을 가지고 있었던 것도 아니었기 때문에 미온적인 입헌주의를 요구하는데 만족했다. 따라서 부르주아는 입헌주의자들을 중심으로 하는 내각을 조직했지만 그 내부적으로는 구체제 세력과 부르주아간의 연합이라는 형태를 띠고 있었다.

이 정부는 프롤레타리아로부터 부르주아를 옹호하는데 급급했기 때문에 혁명을 계속적으로 추진하려는 생각도 없었고, 게다가 3월 혁명의 역사적 사실에 따른 신의회를 소집하지도 않은 채 오히려 전복시켰던 봉건적 질서를 대표하는 연합회의를 소집했다. 그 결과 1848년 4월 6일 법률에서는 신헌법의 요강이 마련되었다.

그 내용으로 무조건적인 언론·출판의 자유, 정치범에게도 적용해야 하는 배심재판, 법관의 독립과 법관에게 과해졌던 징계법의 폐지, 자유로운 단결권과 집회권, 종교적 신념을 묻지 않는 시민권의 향유 및 일체의 법률공포·예산확정·조세증액에 대한 의회의 승인권 등을 규정하고, 1848년 4월 8일 법률에서 국왕과의 협정형식에 따른 헌법을 제정하도록 규정했다.

그런데 1848년 5월 22일에 열린 신의회(헌법제정회의)는 결단성을 보이지 못하고 양 계급에 타협적인 태도를 보였다. 신의회는 프로이센 절대주의를 붕괴시키고, 농민해방을 완성시키는 것이야말로 프로이센 부르주아의 역사적 임무라고 이해하였다. 그리하여 구체제하의 세력인 지주나 귀족에 대한 부르주아의 정치적 지배의 확립이 가능했음에도 불구하고, 어느 하나 이와 관련한 적극적 행동으로 나아가지 않고 헌법상의 지엽적인 부분에 관해서만 시간을 소비했다. 따라서 구세력이 서서히 잃었던 세력을 회복할 수 있는 계기가 되었다.

그리고 일정한 세력을 회복한 구세력은 군대를 이용해서 신의회 탄압을 시작했고 이를 거부한 후루 내각을 해체하고 브란덴부르크 백작을 중심으로 내각을 구성했다. 의회는 브란덴부르크의 내각구성에 대해 불신임의결을 했다. 그리고 신내각은 불신임한 의회를 브란덴부르크로 이전할 것을 명했다. 이러한 상황에 직면하여 베를린의 국민방위군은 무력저항을 결의하고 의회는 납세거부를 결의하여 여기에 저항했다. 국민방위군은 국왕에 의해서 무장해제되었고, 납세거부에 찬성했던 의원은 체포되었다. 1848년 12월 5일에 국왕은 프로이센국민의회의 해산을 명하고 12월 6일에 종래 선거법을 개정하여 '독립해서 생활을 영위한다'는 조건을 추가시켜 새로운 선거법을 공포했다. 이에 의해서 70만명이 선거권을 상실했다.

2) 프로이센 헌법의 내용

국왕은 다음해인 1849년 베를린에서 신의회를 소집하고, 헌법 심의를 명령했다. 그런데 선거법을 개정한 후에 행해진 선거였기 때문에 새로 선출된 하원의원 중에는 반정부측의 의원이 압도적이었기 때문에, 국왕은 의회를 해산시켰다. 3월 혁명의 자취는 완전히 사라져버렸다. 반혁명측(국왕파)은 서서히 기반을 구축했다는 인식하에서 5월 30일 쿠데타를 통해 당시의 선거법을 폐지하고 1849년 3월 30일 법규명령으로 3급 선거제[63]를 실시하고, 이를 바탕으로 1850년 1월 31일 프로이

63) 3급 선거제란 선거자격에 관해서 재산에 따른 제한이 없는 보통선거제이지만, 직접 국세를 납부하는 정도에 따라 3단계로 나누고 각 단계의 의원선거인은 동수로 하였다. 따라서 이 제도는 납세액이 많은 사람에게 유리하도록 하는 것이었다.

센 헌법이 제정되었다.[64] 따라서 프로이센 헌법의 성격은 영국, 프랑스와는 전혀 다른 성격을 가진 헌법이 될 수밖에 없었다. 프로이센 헌법은 한마디로 '외견적 입헌주의 헌법'이라고 할 수 있다. 외견적 입헌주의 헌법이란 헌법전에 국민의 권리가 규정되어 있는데도 불구하고 국가권력에 대해 제대로 주장할 수 없는 국민의 권리가 규정된 헌법을 말한다.

프로이센 헌법은 다음과 같은 특징을 가지고 있었다.

첫째, 국왕이 강력한 대권을 가지고 있었다. 즉, 프로이센 국왕의 주권은 국민에 의해서 위탁받은 것이 아니라 신(神)으로부터 받은 것이라고 보았다. 국왕은 행정권, 대신임면권을 가지고, 대신은 의회에 대해서가 아니라 국왕에 대해서 책임을 졌다. 또한 국왕은 군대를 통수하며, 헌법에의 선서는 하지 않아도 되었다. 그 밖에 국왕에게는 무관·문관의 임면권, 선전포고와 강화 및 조약체결권, 의회해산권, 정회권 등의 대권을 가지고 있었다. 프로이센 헌법은 군주주권을 전제하고 있었으며, 행정권이 국왕에게 속해 있었다.

둘째, 의회제도와 관련하여, 의회의 권한이 제한되어 있었다. 입법권은 국왕과 양원이 공동으로 행사하도록 되어 있었다. 프로이센 의회는 양원제를 채택했다. 상원은 국왕의 임명에 의해서 구성되었기 때문에 선임된 의원은 열성적으로 국왕에게 충성을 바쳤고 매우 보수적이었기 때문에 의원 자신들의 권리를 지키기에 급급했다. 상원의원들은 국왕을 도와 일체의 민주주의적 법안을 부결하는 역할을 담당했다. 이에 대해 하원은 재산에 따른 3급 선거제, 간접선거제하에서 기명투표제를 취하고 있었기 때문에, 대지주 부르주아에 의해 지배되었다.

이와 같이 구성된 의회에 입법권 및 대신탄핵권이 부여되어 있었지만 그 권한은 애매모호하였다. 예를 들면, 입법권 중 예산심의권, 회계감사권은 한편으로는 의회의 권한으로 명확하게 규정하고 있었으면서 다른 한편으로는 그 권한과 대립되는 규정도 존재했다. 즉, 프로이센 헌법 제99조에서 "국가는 총수입 및 총지출을 매년 예정하고, 예산에 계상한다. 예산은 매년 법률로서 확정한다."고 하여 예산법정주의가 채택되어 있었다. 그리고 제100조에서는 "국가에 납부하는 조세 및 헌납은 예산에 계상된 것 또는 특별한 법률로 규정한 것을 제외하고는 이를 부과할 수 없다."고 했다. 그런데 제109조에서는 "현행 조세가 법률에 의해서 변경되기 까지는 구제도에 의해서 징수되고 이 헌법에 모순되지 않는 법률 및 명령의 규정은 그 효력을 지속한다."고 규정하고 있었다.

64) Frotscher/Pieroth, Verfassungsgeschichte, Rn. 329 ff.

프로이센 헌법 제99조 및 제100조는 제109조와 서로 상반된 규정으로 구성되었다. 즉, 세입예산은 매년 법률로서 확정하도록 하면서, 종래의 조세 및 헌납은 법률에 의해서 개정되기 까지 그대로 징수할 수 있다고 하는 모순된 규정을 두었다. 이는 조세 및 헌납이 법률보다 우월하다는 것을 인정하는 것이었다.

이와 같은 헌법 규정의 애매모호함은 법률제정권에서도 볼 수 있다. 법률의 발의는 상·하 양원 모두에게 인정되었으며, 더 나아가 국왕에게도 인정됨으로써 입법권은 국왕과 양원 모두 행사할 수 있었고, 법률은 이들 모두의 의견이 일치될 때에만 제정될 수 있도록 규정되어 있었다. 그런데 3자의 의견이 불일치하는 경우 어느 기관이 최종결정권을 지니는지에 관해서 명확하게 규정되어 있지 않았기 때문에, 후에 정부와 하원간에 격렬한 헌법투쟁을 야기시키는 원인이 되었다.

또한 대신탄핵권도 유명무실하였다. 즉, 헌법 제61조에서 "각 의원은 그 원의 결의로서 헌법위반, 수뢰 및 반역죄를 범한 대신을 탄핵할 수 있다."고 규정하고 있었지만, 이 고발에 대한 심판절차나 시행을 정한 법률이 별도로 제정되지 않았기 때문에 단순히 형식적 규정에 지나지 않았다. 또한 사법권은 '국왕의 이름으로' 법률 이외에는 어떠한 권력에도 복종하지 않는 독립적 법원에 의해 행사되도록 하였다.

셋째, 시민의 권리에 관해서는 조건부였지만, 일정한 보장이 이루어졌다. 그러나 현실에서는 시민의 권리 대부분이 제한되었다. 법 앞에 평등, 인신의 자유, 주거의 불가침, 소유권의 불가침, 종교·신앙의 자유, 학문·교수의 자유, 언론·집회·결사의 자유 등이 규정되어 있었지만, 권리의 대부분이 법률유보의 형태로서 별도로 '법률이 정하는 범위안에서'라는 규정을 두어 다음과 같은 제한이 헌법 시행 후 추가되었다.

(ㄱ) 신문조례에 의한 규제가 있었다. 이 조례에 의해서 출판인쇄업을 하려고 하는 자는 지방행정당국의 인가를 얻어야만 하고, 개업이 허가되었다고 해도 그 영업을 종교상·도덕상의 원리, 사회의 기초를 위태롭게 하기 위해서 남용했다는 명목으로 영업정지를 통고할 수 있었다.

(ㄴ) 집회·결사에 관한 법률에 의한 규제가 가능하였다. 공적(정치적) 문제를 주제로 하는 옥내집회는 24시간 전에 신청해야만 했고, 집회의 개회 및 폐회의 지연이 발생하면 새롭게 허가를 받도록 했다. 단체, 결사의 규제, 구성원 명부는 설립 후 3일 이내에 제출해야만 했고, 특히 정치적 결사에는 부인, 학생, 도제는 가입할 수 없었으며 다른 단체와 공동위원회의 설치도 금지되었다. 또한 옥외집회

는 48시간 전에 신청해야만 했다.

(ㄷ) 단체금지령을 규정하고 있었다. 이에 의해서 농업인들의 모든 단체결성의 시도가 금지되었다.

(ㄹ) 영업의 자유에 대한 제한이 규정되어 있었다. 영업의 자유에 대한 규제와 관련하여, 프로이센 연방에서 영업의 자유는 영업조례에서 찾아볼 수 있지만, 많은 예외규정과 정부에 의한 기업통제가 행해졌다. 또한 보험업에 관해서도 마찬가지로 정부의 인가를 받도록 하는 등 프로이센 영토내에서 27개의 규제조치들이 마련되어 있었다.

이상이 프로이센 헌법의 특징이다. 이 헌법과 시기를 같이 해서 독일 통일운동이 일어났고, 이는 동시에 전독일 및 연방헌법의 제정운동으로 나타났다.

3) 프로이센 헌법의 평가

시민혁명을 거치지 않고 정부가 주도한 근대화를 이룬 프로이센이 제정한 헌법을 외견적 입헌주의 헌법이라 한다. 외견적이란 '보여 주기 위한 것'이라는 의미이다. 즉, 헌법전이 형식적으로 존재하지만, 그 본질에 해당하는 내용이 결여되어 있는 헌법을 외견주의적 헌법이라 한다. 외견적 권리보장은 헌법상 국민의 권리가 보장되어 있음에도 불구하고 통치권에 충분히 대항할 수 없는 형태의 권리보장이 되어 있는 상태를 말한다. 프로이센 헌법에 보장된 권리는 대부분 '법률유보'의 형식으로 법률에 의해 제한받고 있었다. 또한 법률에 유보되어 있는 권리는 법률에 의하지 않고서는 제한할 수 없음에도 불구하고 명령으로 제한할 수 있었다는 점에서 문제점이 있었다. 그리고 프로이센 헌법은 군주주권을 전제로 세정된 것이었다. 행정권이 국왕에게 속해 있었고, 입법권은 국왕과 양원이 공동으로 행사하도록 되어 있었으며, 사법권은 '국왕의 이름으로' 법률 이외에는 어떠한 권력에도 복종하지 않는 독립적 법원에 의하여 행사되도록 하고 있었다.

(3) 프랑크푸르트 헌법(파울스키르헤 헌법)

1848년 이전에 영국은 이미 극적인 변화를 겪고 있었다. 1640년대 영국은 내란으로 무너져 1649년 찰스 I세(Charles I; 1600-1649)의 전복과 올리버 크롬웰(Oliver Cromwell; 1599-1658)의 호민관 집권을 초래했다. 크롬웰이 죽고 2년 뒤인 1660년 찰스 2세(Charles II; 1630-1685)의 통치하에서 입헌군주제가 정착되었다.

반면, 프랑스에서는 군주제를 전복한 1789년 혁명이 처음에는 혼란을 겪었고,

그 후 1799년 나폴레옹 시대를, 그리고 1815년 군주제를 불러왔다. 그러나 1848년 프랑스는 다시 한번 혁명을 겪었다. 1848년 프랑스 2월 혁명의 계기는 만연하는 대중의 빈곤이었고, 그 중심적 원인은 인구 증가에 있었다. 대중의 빈곤은 점점 사회적인 문제를 야기하였다. 1848년 2월 프랑스 혁명은 의견의 교환, 생존의 절실함, 증가하는 미래에 대한 불안으로 촉발된 것이었다. 이로 인해 프랑스에는 민주적·사회적 정부가 들어섰다.[65] 결국 프랑스에서 군주제는 붕괴되었고, 12월 루이 나폴레옹(1808-1873)은 신임 국민투표(plebiscite)를 통해 스스로 프랑스 제2공화국의 대통령이 되었다.

나폴레옹의 전쟁과 프랑스의 팽창주의로 가득했던 혼란의 세월들이 끝난 후, 유럽의 다른 열강들은(오스트리아, 영국, 프러시아와 러시아) 힘을 합쳐 군주들간의 형제 관계, 즉 신성 동맹(Holy Alliances)을 결성하였다. 동맹 결성의 아이디어는 오스트리아 외상 클레멘스 벤젤 폰 메테르니히(Wenzel von Metternich; 1773-1859)의 주도로 1815년에 열린 빈 회의에서 탄생하였다. 메테르니히의 빛나는 정치적 수완은 마침내 오스트리아를 유럽의 중심 무대 위에 올려놓았고, 그 후 30년간을 '메테르니히' 시대라고 불리우게 되었다.

프로이센과 오스트리아간의 세력 다툼에서 빈(Wien)에서 온건한 자유주의적 세력이 급진적 민주주의 운동의 흐름 속에서 밀리는 상황이 되었다. 1848년 5월 13일 메테르니히도 어쩔 수 없이 영국으로 도망가게 되었다.[66] 황제 페르디난트 2세(Ferdinand II; 1810-1859)는 임시로 신민들에게 여러 권리들을 부여했지만, 혁명은 계속해서 프러시아와 독일 뿐만 아니라 자신의 제국 구석구석으로 퍼졌고, 결국 페르디난트는 강제로 아들 프란츠 요제프 1세를 승인하며 퇴위당하였다.

1848년 5월 18일 헌법제정국민회의가 프랑크푸르트의 성바울 교회(Paulskirche)에서 열리고, '프랑크푸르트 헌법' 또는 '파울스키르헤 헌법'(Reichsverfassung der Paulskirche)이라고 불리는 연방헌법이 제정되었다. 이 헌법의 특색은 첫째, 외견적 군주제 또는 반공화제라고 불렸던 과거의 헌법에 비해 독일에서는 지금까지 볼 수 없었던 민주화된 헌법이라는 점, 둘째, 매우 강한 통일국가적 요소를 가지고 연방을 구성하고 있었다는 점, 셋째, 조건부였지만 기본권 규정은 55개로 매우 광범위하게 보장하고 있었다는 점이다. 특히 독일국민의 기본권에 관해서는 1848년 12월 27일에 '독일국민의 기본권에 관한 법률'이 헌법과는 별도로 시행되고,[67] 그 후 이 법률은

---

65) K. Stern, Staatsrecht, Bd. V, S. 224 f.

66) V. Valentin, Geschichte der deutschen Revolution von 1848-1849, Bd. 1, 1998, S. 399 ff.

약간의 수정을 거쳐 1849년 3월 28일의 프랑크푸르트 헌법에 편입되었다. 그 내용을 보면, 법률 앞에 평등(137), 인신의 자유(138), 사형의 폐지(139), 주거의 불가침(140), 신서의 비밀(142), 출판의 자유(143), 집회·결사의 자유(161-162), 기타 학문의 자유(152), 종교의 자유(144-147) 등을 규정하고 있었다. 특히 학문의 자유, 종교의 자유의 철저한 보장은 이 헌법의 특징으로서 주목받고 있다. 이러한 권리는 자연권적 인권의 성격을 가지는 것은 아니고, 국가를 전제로 해서 부여받은 권리로 인식되고 있었다. 1848년 12월 27일에 제정된 '독일국민의 기본권에 관한 법률'은 1851년에 폐지되었다.[68)]

프랑크푸르트 헌법은 의회 총회가 무산됨으로써 현실적으로 발효되지 못했다.[69)] 이는 프로이센국왕 프리드리히 빌헬름 4세는 인민의 대표로부터 '부정하게 흙투성이가 된' 제관을 받으려고 하지 않았을 뿐만 아니라, 대(對) 오스트리아 관계를 고려해서 제관 수여를 거부했기 때문이다. 프랑크푸르트 헌법은 그 때까지의 독일동맹에 만족하지 않고, 연방제를 채택하고 제국에 강력한 권한을 인정하였다. 게다가 선출된 의원은 전체 국민을 대표한다고 하여 자유로운 신념에 근거해서 행동하는 것으로 규정했다. 그러나 실제적으로 가장 문제가 된 것은 오스트리아를 제국의 한 부분으로 인정해야 하는가라는 문제에서 결국 오스트리아를 제외시켜 버렸다. 프랑크푸르트 헌법의 실패요인은 기본적으로 성바울 교회에 모였던 사람들의 새로운 정치이념이 강하고 격렬하였으며, 여러 지역에서 구 정치세력이 대두하였기 때문이다. 독일 반혁명운동의 격화와 함께 국민의회는 프랑크푸르트에서 슈투트가르드(Stuttgart)로 옮긴 이른바 '잔부의회'로서 1848년 6월 18일에 해산되어 이 헌법도 하나의 역사적 문서가 될 수밖에 없었다.

1848년 이후 1850년대 독일 연방 및 프로이센에서는 인텔리겐차(Intelligentsia)가 소시민계급이나 프롤레타리아를 이용해서 혁명을 이행함과 동시에 그에 따른 강한 구체제에 대한 철저한 극복을 이루려고 했던 것은 아니었기 때문에, 지주 내지 귀족을 중심으로 하는 세력을 한때 억압할 수 있었다. 하지만 인텔리겐차는 이러한 반동층이 서서히 세력을 회복함으로써 완전히 정권으로부터 배제되었던

67) K. Kröger, Grundrechtsentwicklung in Deutschland – von ihren Anfängen bis zur Gegenwart, 1998, S. 22 ff.

68) K. Stern, Idee der Menschenrechte und Positivität der Grundrechte, in: J. Isensee/P. Kirchhof (Hrsg.), HStR, Bd. V, 3. Aufl. 2003, § 108 Rn. 24; R. Wahl, Rechtliche Wirkungen und Funktionen der Grundrechte im deutschen Konstitutionalismus des 19. Jahrhunderts, Der Staat 18 (1979), S. 321 (322).

69) Frotscher/Pieroth, Verfassungsgeschichte, Rn. 318 ff.

것이다. 반동층이 세력을 회복했다고는 해도 프랑스와는 사정이 달랐다. 이는 프랑스에서는 부르주아가 프롤레타리아와 손을 잡고 반동층=왕당파(금융자본가, 대지주)를 타도해서 승리를 얻어내었고, 연립이라고 해도 일시적으로는 정권을 잡았을 정도로 노동자의 세력이 강했지만, 독일의 경우에는 이러한 프롤레타리아 계급은 전혀 표면에 나타나지 않았다는 점이다.

(4) 비스마르크 헌법

1871년 4월 16일의 비스마르크(Bismarck)헌법은 기본권 규정들을 두고 있지 않았다. 비스마르크 헌법에서 광범위한 권리 규정의 흠결의 이유는 기본권은 이미 공익화되었고, 특별법에 포함되어 있다는 데에서 기인한 것이다. 실제로 수많은 자유권이 일반 법률에 규정되어 있었다.[70] 예를 들면, 서신비밀의 자유, 출판의 자유, 자의적 체포로부터의 보호, 주거의 보호, 재판받을 권리 등이다.

(5) 독일 국법학의 성립

독일 국법학은 3월 혁명, 프로이센 헌법, 프랑크푸르트 헌법, 독일제국 헌법과 발맞춰서 발전하였다. 그 중에서도 비스마르크 헌법의 성립 후 독일 국법학은 정치와의 준별을 원칙으로 하는 법실증주의, 국법이론이 주류의 지위를 차지하게 되었다. 그 대표적인 예로는 게르버(Gerber), 라반트(Laband)의 국법학이다. 라반트(Laband)의 독일 법실증주의는 그 후 옐리네크(Jellinek)에 의해서 집대성되었다. 그 대표적인 업적으로서 옐리네크(Jellinek)의 일반국법학이 있다.

Ⅴ. 1920년 이후의 헌법 상황

1. 영국 헌법

(1) 의회와 대표의 선출

1) 의 회

의회의 역사적 발전사를 살펴보면, 영국은 명예혁명 이후 '의회 내 국왕'의 주

70) K. Kröger, Grundrechtsentwicklung in Deutschland–von ihren Anfängen bis zur Gegenwart, 1998, S. 39 f.; Chr. Starck, in: H. v. Mangoldt/F. Klein/Chr. Starck (Hrsg.), GG, Bd. 1, 5. Aufl. 2005, Art. 1 Rn. 145.

권으로부터 출발하여 실질적인 '국회 주권'으로 연결되고 있다. 역사적으로 국회 내부에서 하원의원 선거권의 확대와 상원의 실질적 권한의 상실과정이 전개되었다. '법적 주권'은 국회에 있지만, '정치적 주권'은 선거민에게 주어지게 되었다.

현재 영국 하원의원 선거는 18세 이상의 성년자에게 선거권이 부여되는 보통선거제를 취하고 있다. 하원의원 선거제도와 관련하여, 귀족은 선거권이 없지만 작위를 포기하는 경우 선거가 가능하다. 1957년 흄(Hume) 백작은 작위를 포기함으로서 수상은 하원의원이 되어야 한다는 헌법관습을 따랐다. 하원의원의 임기는 5년이며, 해산의 경우는 단축될 수 있으며, 현재 하원의원 의석은 650석이다. 하원의원 선거방식은 이른바 영국형 소선거구제하에서 상대다수대표제이다. 하원의장은 전통적으로 높은 권위를 지니며, 하원의장은 반대당의 의견을 청취하여 선출된다. 하원의장의 선거구에는 반대당 후보자를 대립후보로 출마시킬 수 없다는 관행도 있었지만, 그 관행은 현재 존재하지 않는다. 또한 하원의 법적 우월성 원칙은 실질적 행정권의 우위라는 현상과 인민투표의 도입, 경성헌법 필요성 주장에 의해서 동요되고 있다.

상원의 권한과 관련하여, 현재 상원의원은 1000명 정도이지만 100인 정도가 출석하는 것이 일반적이다. 상원의원의 구성으로서는 세습귀족이 그 대부분을 차지하지만, 스코틀랜드 귀족의 대표로서 선출된 귀족, 아일랜드 귀족을 대표하는 종신귀족의 생존자, 성직귀족, 1대에 한해서 귀족이 되는 11명 이하의 상고재판관 이외에 1958년 1대 귀족법에 의해서 종신의원이 되는 1대 귀족이 있다. 1958년 1대 귀족법 제정 이후 여성이 귀족원 의원으로 되는 경우도 나타났다. 상원의장은 '대법관'(Lord Chancellor)이다.

영국의 독특한 제도로서 상원은 상고재판소로서의 역할을 수행하고 있다. 원래 상원은 마그나 카르타(Magna Carta)에서 확인된 '동료에 의한 재판'의 원칙에 따라 귀족의 반역죄 및 중죄에 관한 일심이자 종심재판소였는데, 그 권한은 1948년에 폐지되었다. 또한 상원은 하원에 의한 탄핵소추에 기초해서 탄핵재판권을 가지고 있었지만, 내각이 직접 하원에 정치적 책임을 진다고 하는 의원내각제의 메카니즘이 발달하면서 탄핵재판권도 없어졌다. 그러나 상원은 현재에도 민·형사의 상고관할권을 가지고 상고재판소로서 역할하고 있다. 단지 상고에는 공소심재판소 또는 상원 스스로의 허가가 필요하다. 현재 상원에서 행하는 재판에는 상고재판소로서 1대 귀족을 받은 상원의원, 대법관, 현행 또는 이전 사법고관이었던 귀족만이 관여한다.

2) 선거제도

영국의 선거법은 1832년의 제1차 개정 이후 단계적으로 민주화되었다.

첫째, 선거권이 확대되었다. 19세기 3차에 걸친 선거법 개정으로 사실상 남자의 보통선거제가 가능하게 되었다. 20세기에 들어서 1918년에는 21세 이상의 성년자에 대해 남자의 보통선거제가 공식적으로 인정되었다. 또한 일정한 조건하에서 30세 이상의 여성에게도 선거권이 부여된 후 1928년에 부인참정권이 인정되었다. 그리고 제2차 대전 후 1948년에는 복수선거권제가 폐지되고, 거주하는 선거구 이외에 사실상 토지가옥을 점유하고 있는 자의 이른바 사업소투표권과 특정 대학졸업자가 각각의 대학선거구에서 투표할 수 있는 권리가 철폐되었다.

둘째, 유권자수에 근거해서 의석배분의 적정화를 위한 조치가 1832년 선거법 개정 이후 취해졌다. 특히 1885년의 의석 재배분법 이후 금세기에 들어서까지 적정한 의석배분을 위한 조치가 취해졌다. 그 중에서도 1944년 하원의석 배분법에 의해서 잉글랜드, 스코틀랜드, 웨일즈 및 북아일랜드의 4개 지역마다 선거구획정위원회가 설치되었다. 선거구획정위원회는 3년 내지 7년의 기간마다 유권자수와 의석배분의 균형(상하 25% 범위의 편차까지 허용됨)에 관해 점검하고, 의회에 보정을 권고하고 있다.

셋째, 1883년 부패방지법 이후 선거운동의 공정성을 확보하기 위한 조치가 취해져 왔다. 이렇게 해서 선거매수 등에 관해서는 엄격한 규제가 마련되는 한편, 선거운동은 호별방문을 기준으로 하여 행해지게 되었다.

(2) 행정부

1) 국 왕

국왕은 오늘날 입법권 및 사법권을 사실상 상실하고, 행정권의 대부분을 내각에 이양하였다. 명예혁명 이후 '의회 내 국왕'이 입법권을 가진다는 것은 유지되면서도 현실적으로는 의회 중 하원의 의사에만 근거해서 법률이 제정되게 되었다. 재판도 명목상으로 국왕의 이름으로 행해지고 형사사건에서는 소추도 국왕의 이름으로 행해진다. 그러나 1701년 왕위계승법에 의해 재판관은 "전과가 없는 한" 그 직을 가질 수 있고, 왕위계승법에 의해서 승인되어 있는 양원의 진상에 기초한 국왕의 재판관 파면권도 1830년에 한번 발동되었을 뿐이다. 행정권과 관련하여, 일원주의형 의원내각제하에서 내각에게 실질적 권한이 부여되고 있다. 다만 행정권의 영역에서는 약간의 국왕의 재량권 행사의 여지가 있다. 선거 결과, 다수당이 된 정당의 당수를 국왕이 수상에 임명해야 한다는 점은 확립된 헌법관습이 되었다. 절대다수를 획득한 정당이 없는 경우 또는 사정상 다수당 수상이 명확히 정해져 있지 않는 경우에는 새로운 수상 임명에 관해서 국왕에게 임명 재량이 남아 있다. 이 경우에도 엘리자베스 2세는 보수당 장로의 조언에 근거해서 선택했고, 여왕은 친정부적 결단만을 했던 것은 아니다.

이와 같이 국왕은 실질적 통치의 실권에서 벗어나, "그동안 세계에는 5인의 왕, 즉 트럼프카드와 영국 국왕만이 존재했었다."고 할 정도로 안정적 지위를 지닐 수 있었다. 영국 헌법을 관찰해 보면, 군주제의 구(舊)체제와 '민주선거제'와의 절묘한 조화를 이루고 있다. 예컨대 영국의 법적 사고에서는 국왕에게 법인격이 있는 것으로 간주되고, 법적 주체로서의 국가라는 관념이 등장하는 대신에 국왕이 등장한다. 법적으로는 국가의 재산 내지 수입은 국왕의 재산 내지 수입으로 인정된다. 국가의 법률은 의회의 조언과 승인을 얻어 법률로 제정된다. 또한 국가의 구성원인 국민은 국왕의 신민이 되며 각각의 시위를 부여받았던 것이다. 부동산을 소유하는 국민의 지위가 법적으로는 국왕이 소유하는 토지를 부여받은 자로 인정되었던 것이다.

2) 정 부

국왕을 보좌하는 대신 그리고 '동료 중의 수석'으로서 '수상'에게 인솔되는 대신십난 = 내각이 형성되고, 행정권이 국왕에서 내각으로 옮겨지게 되었다. 동시에 영국에서는 내각의 의회에 대한 그리고 의회만에 대한 연대적 정치 책임의 원칙이 확립되어 왔다. 형식상으로 수상이 법률상 관직으로 최초로 승인된 것은 1937년 '국왕의 대신에 관한 법률'에서부터 인데, 실질상으로 내각 내부에 있어서 수상의 권위는 이 보다 훨씬 앞서 확립되었다. 하원 다수당의 당수가 국왕에 의해서 수상으로 임명되고, 수상의 요청에 의해서 국왕이 대신을 임명하고, 수상은 대신을 파면할 수 있었다. 당내 규율이 엄격한 양대 정당제하에서 국민에 의한 하원선거의 결과, 자동적으로 정권의 장래가 결정되므로 사실상 국왕에 의해 임명된 수상은 자신의 대신들을 효과적으로 복종시킴으로서만 충분한 권위를 가질 수 있고, 대신 파면권은 이를 위해 사용될 수 있었다.

대신의 수는 일정하지 않은데, 그 전부가 내각을 구성하는 것은 아니다. 내각 내부의 대신과 내각 외부의 대신의 범위는 수상의 재량으로 결정된다. 내각 외부의 대신 이외의 장관이나 차관에 임하는 자를 포함하면, 정부 구성원은 약 100인 정도가 되는데 내각은 20인 내외에서 구성된다. 내각은 국회에 제출하는 법률안 등의 최종결정, 의회의 통제하에서 행하는 행정 전반의 감독, 각 성의 연락조정 등을 임무로 하는데, 해산권 등 중요 권한이 내각의 권한에서 수상의 전결권한으로 옮겨지고 있다. 내각 내부 및 내각 외부를 불문하고 대신은 양원의 어느 쪽이든 의석을 가지는 것이 원칙이고, 또한 수상이 하원에 의석을 지니는 것이 필수적이다.

2. 프랑스 헌법

(1) 프랑스 제4공화국 헌법

제2차 세계대전 발발 후 독일은 프랑스를 점령하였다. 이로 인해 헌정이 중단되고 비시 괴뢰정부(Gouvernement de Vichy; 1940-1944)가 들어섰다. 2차 세계대전 이후 1946년 10월 새로 제정된 헌법은 임시 정부의 수반이었던 드골(De Gaulle)의 반대에도 불구하고 여전히 의원내각제 헌법이었다(제4공화국). 의회는 국민의회와 공화국 평의회 양원제도로서, 5년 임기의 직선의원으로 구성된 국민의회가 공화국 평의회를 압도하였다. 제3공화국과 유사하게 "강한 의회, 약한 정부"의 형식으로 헌정이 유지됨으로써 정부의 불안정이 이어졌다.

(2) 프랑스 제5공화국 헌법

프랑스는 현재 제5공화국 헌법이 효력을 발휘하고 있다. 1958년 프랑스 제5공화국 헌법은 제3·4공화국의 공통적 현상인 평균 수명 6개월의 약체내각(弱體內閣) 체제를 강화시켰다. 4공화국의 의원내각제를 못마땅하게 생각하던 드골이 집권을 하자 대통령의 권한을 강화하는 '드골 헌법'을 제정하였다. 이 헌법의 특징은 지금까지 간선제였던 대통령을 국민 직선제로 선출하고, 국회의원의 장관직 겸직을 금지시켜 대통령제의 일부를 도입한 점이다. 이를 '2원 집정부제'라고 하기도 한다. 대통령 중심의 행정부에 강대한 권한을 부여한 반면, 국민의회의 권한을 축소한 것이 가장 큰 특징이다. 전문(前文)에서 1789년 대혁명 이래의 국민주권을 준수하는 취지가 선언되어 있으나, 대통령은 막강한 권한을 지니고 있다. 대통령은 국가의 원수인 동시에 행정부의 수반으로서 총리 및 각료를 임면하고, 의회 성립 1년 후에는 의회의 해산권도 보유한다. 또한 모든 법률안에 대하여 국회에 재심의를 요구할 수 있는 권한을 가지며 중요한 안건을 국민투표에 회부할 수 있다.

그 밖에 조약을 체결·비준하고 군의 최고 사령관을 겸하며 비상사태시에는 '필요한 여러 조치를 취하는' 특별권한이 부여되는 등 미국 대통령과 비교하여 보아도 그 권한이 매우 상당하다.

1) 대통령

대통령은 보통·직접선거를 통해 5년 임기로 선출된다. 원래 간접선거에 의해 선출되었으나 대통령의 민주적 정당성 강화를 위해 1962년 개헌으로 직접선거로 변경하였고, 2003년 개헌으로 7년 임기를 5년으로 감축했다. 그리고 우리나라와 달리 결선투표제를 도입하여 대통령이 절대 다수(50%이상)의 유효투표를 얻지 못한 경우에는 2차 투표에서 1차 투표의 상위 두 후보자만의 선거를 실시한다.

대통령에게는 국민투표 부의권이 있다(제11조). 이는 제3·4공화국에 없던 것으로 대통령이 의회를 통하지 않고 국민투표를 통하여 직접 국가의 중요 정책이나 법률에 대하여 국민에게 가부를 물을 수 있도록 한 것이다. 드골은 국민투표를 적극적으로 이용하여 자신의 정치적 입지를 다지며 동시에 대통령 권한을 강화시켰다. 드골은 여러 차례에 걸쳐 국민투표를 실시하였는데, 1961년 1월 알제리 자치에 관한 국민투표, 1962년 4월 에비앙 협정 동의에 관한 국민투표, 1962년 10월 대통령 직선제에 관한 국민투표, 1969년 4월 지방자치제 창설과 상원개혁에 관한 국민투표이다. 드골은 1969년 국민투표에서 부결되자 대통령직을 사임하였다.

또한 대통령은 의회(하원) 해산권을 가지고 있는데, 수상과 양원 의장의 의견만 구하면 어떠한 조건 없이도 의회 해산권을 행사할 수 있다(제12조). 대통령은 이 하원해산권을 바탕으로 자신과 다른 정파가 의회의 다수를 점하고 있을 경우, 의회를 해산시켜 자신과 같은 정파가 의회의 다수파가 되도록 조건을 마련할 수 있다.

제5공화국 헌법은 대통령에게 비상조치권(비상대권)을 부여하여, "공화국 제도, 국가의 독립, 영토의 보전 또는 국제협약의 집행이 중대하고 직접적으로 위협받는 경우와 헌법상 공권력의 정상적인 기능이 중단되는 경우에 대통령은 수상, 양원 각 의장 및 헌법위원회에 공식적인 자문을 거친 후 상황에 따라 필요한 조치를 취한다."고 규정하고 있다. 이 비상조치권은 드골에 의하여 강력히 요구되어 마침내 헌법에 수용된 것이다. 그러나 비상조치권의 헌법 편입시에 비상조치권이 헌법을 합법적으로 파괴할 우려가 크다는 반대의견도 많았다. 다행히 프랑스 헌법 현실에서는 드골에 의하여 1961년 알제리 사태와 관련하여 비상조치권이 행사된 후, 행사되지 않음으로서 제도적 문제에도 불구하고 현실적 문제는 크게 불러일으키지 않았다. 그 외에도 대통령은 수상을 임명하고, 군을 통수하며 외국과의 조약을 체결하고 비준하는 등의 외교에 대한 권한을 갖고 있다.

2) 수 상

행정부는 국가의 정책을 결정하고 집행하는 국가기관으로서, 수상이 이를 지휘한다. 즉 행정부의 수반은 대통령이 아니라 수상이다. 그러므로 헌법에서 특별히 대통령의 권한으로 정하지 아니한 행정부의 권한은 모두 수상이 행사한다. 각료(장관)는 수상의 제청에 의하여 대통령이 임명하는데, 국회의원직을 겸할 수 없다. 이 점이 의원만이 정부의 각료가 될 수 있는 의원내각제와 결정적인 차이점이다. 수상과 각료에 대하여 의회는 불신임권을 행사할 수 있다. 그런 까닭에 대통령이 수상을 임명하기는 하지만 의회는 언제든지 불신임권을 행사할 수 있으므로 실제적으로는 의회의 다수파에 의해 지지받는 수상을 대통령이 지명하지 않을 수 없다. 이와 같이 대통령이 국민투표 부의권, 비상조치권, 의회해산권 외에도 일상적인 국방·외교의 권한을 가짐에도 행정부 수반은 수상이 되고 수상은 의회에 대하여 책임을 지기 때문에 이를 반대통령제(半大統領制) 또는 이원정부제(二元政府制)라고 한다. 이런 형태 하에서는 대통령과 수상이 같은 정당 또는 정파에서 나온다면 문제가 되지 않을 것이나 만약 다른 정당 또는 다른 정파에서 나왔을 경우에는 심각한 문제가 발생한다. 이와 같이 대통령과 수상이 다른 정당 또는 다른 정파일 경우의 정부를 동거정부(同居政府)라 한다.

3) 의 회

의회는 상·하원 양원제도를 가지고 있다. 하원의원은 직접선거로, 상원의원은 간접선거로 선출한다고 헌법에 규정되어 있을 뿐, 나머지 임기나 정수 등은 조직법으로 따로 정하도록 하고 있다. 현재 법률에 따르면, 국민의회(하원)의 임기는 5년이고 2회에 걸친 다수대표제로 선출한다. 즉, 1차 투표에서 유효투표 과반수를 획득한 자가 당선되나, 1차 투표에서 당선자가 없을 경우 일정한 득표 이상을 한 후보들을 상대로 2차 투표를 하여 상대적으로 다수를 획득한 후보가 당선되도록 하고 있다. 상원의 임기는 9년으로 3년마다 3분의 1씩 개선하도록 하고 있다. 상원의원은 각 주의 상원의원 선거인단에 의하여 선출된다.

2008년에 제5공화국 헌법을 현대화하는 대대적인 개정이 이루어졌다. 주요 개정내용으로는 대통령의 임기를 중임제(임기 5년, 연임 1회)로 제한하는 것이었다. 또한 대통령과 수상과의 권한관계를 보다 분명히 하였으며, 의회의 권한을 강화하고 국민의 권리보장 강화라는 방향으로 개정됨으로써 새로운 제도적 균형을 모색하였다.

3. 독일 바이마르 헌법

(1) 바이마르 공화국의 탄생

독일 제국은 제1차 세계대전으로 몰락하였다. 1918년 11월 9일 사회민주당의 샤이데만(Scheidemann; 1865-1939)은 공화국을 공포하였다. 군부와 손잡은 사민당은 권력을 장악하려 하였고, 1919년 1월 19일에 새로운 헌법을 제정하기 위한 제헌의회 선거를 치루어 선거에 승리하였다. 사민당(SPD)과 중앙당(Zentrum), 좌파 독일민주당(DDP)의 연정세력이 전체 투표의 76%를 차지하였다. 이 제헌의회는 1919년 7월 31일에 바이마르 헌법을 제정하였다. 이 헌법에 입각한 독일 국가를 '바이마르 공화국'이라 부른다.

전쟁에 승리한 연합국은 패전국 독일에게 강화조약을 요구하였다. 이 조약이 일명 베르사이유 조약이다(1919년 6월 28일 서명, 1920년 1월 10일 발효). 바이마르 공화국의 새로운 정치 주도세력으로 등장한 민주적 정치가들은 전쟁의 책임을 군부와 옛 지도층에게 돌렸다. 그러나 새로운 정치 주도세력들은 베르사이유 조약에 직접 서명해야 하는 책임을 떠맡아야 했으며, 이것이 군부와 옛 지도층을 독일 내부에서 증오의 대상으로 만들었다. 이렇듯 바이마르 공화국은 내부의 분열이 극심하였다.

바이마르 공화국(Weimar Republik)의 건설은 전쟁과 혁명의 와중에 무너진 제국을 계승하려는 시도였으며, 독일 역사상 처음으로 합법적인 절차에 의해 공화정과 민주주의를 실시했다는 점에서 획기적인 사건이다. 바이마르 헌법의 입안자들과 바이마르 공화국의 지도자들은 현실정치라는 틀 안에 이상적인 헌법을 제정하고자 하였다. 바이마르 공화국의 건설은 군주정에서 공화정으로, 관료제 국가에서 의회민주주의 국가로, 독일어권 영방국가의 연합에서 하나의 단일국가로 이행되는 의미를 가진다.

(2) 바이마르 헌법의 제정 과정

제1차 세계대전이 초기 예상과 달리 장기전으로 접어들고, 경제난이 해결되지 않음으로 인해 국내의 소요가 확산되자, 독일 황세와 정부는 보다 큰 군사적 승리를 거둬 국내를 안정시킬 필요를 느꼈다. 노선갈등으로 인해 내분에 시달리고 있던 좌파는 견제세력이 되지 못했고, 독일 조국당(Vaterlands Partei)의 지지를 받고 있던 군부는 서유럽 열강들과의 휴전을 거부한 채 볼셰비키 혁명에 직면한 러시아의 차르와 브레스트-리토프스크 조약을 통해 단독 강화를 맺었다. 이에 서유럽 국가들은 이에 반발하며 독일과 소련에 적대적인 자세를 취했고, 1918년 여름쯤 전쟁의 패배가 점차 가시화되어가고 있을 때, 독일 군부는 민간 행정부에 권력을 넘길 것을 고려하기 시작했다. 군부는 독일 내의 유대인과 공산주의자들로 인해 전쟁에서 패배했다는 '등 뒤의 비수' 신화를 유포시키고, 더불어 국내의 불안을 잠재우기 위해 막스 폰 바덴(Max von Baden) 내각 하에서 개혁을 시도한다. 그러나 때늦은 개혁 시도는 오히려 혁명세력을 자극하는 결과를 초래했고, 결국 종전을 바로 앞두고 독일 전체에서 일어난 병사와 노동자들의 혁명에 의해 제국은 막을 내리게 되었다.

막스 폰 바덴 수상은 황제의 폐위를 단호하게 요구했고, 사민당(SPD) 지도자 프리드리히 에버트(Friedrich Ebert)를 수상으로 지명하고 황제의 퇴위를 선언했다. 이는 본래 황제가 지명하던 수상을 황제의 부재로 인해 수상이 직접 후임자를 지명하게 된 '비헌법적' 사태였다. 그 날 밤 빌헬름 2세는 네덜란드로 피신했다. 1918년 11월 9일 오후 우파 사민당의 필립 샤이데만은 공화국을 선포했다.

공화국 선포를 주도하였던 사회민주당의 샤이데만과 신임 수상 에버트는 정국 안정을 위해서라도 군부의 지지를 획득하는 것이 중요하였다. 에버트는 사회민주당(SPD)의 다른 급진적인 정파들을 포괄하는 민족대표자회의(Rat der Volksbeauftragten)를 구성함으로써 새로운 정부를 구성하기 위한 작업을 시작했다. 이미 만연한 파업과 시위를 조정하고 전후 재건을 주도할 정부가 필요했기에 국가건설을 위임받은 사회민주당(SPD)과 중도파들은 각 정파의 이익을 절충할 필요가 있다는 점에 동의했지만, 러시아의 볼셰비키 혁명에 고무된 급진파가 군대 개혁, 생산수단의 사회화 등 '혁명적' 조치를 주장함에 따라 사회민주당(SPD)은 군부를 비롯한 구 엘리트층과 연합하며 급진파를 배제했다. 군부의 새로운 지도자로 등장한 그뢰너도 혁명이 더 이상 확대되는 것을 막기 위해 에버트의 제안을 받아들였다(에버트·그뢰너 협약). 에버트가 주장한 의회 민주주의적 혁명의 완성을 위한 제헌 의회의 구성이 시급한 문제였으나, 사회민주당(SPD)은 보다 광범위한 개혁을 요구하였다. 그 과정에서 급진적인 스파르타쿠스단(Spartakusbund)이 사회민주당(SPD) 주도의 개혁에 반대하는 봉기를 일으켰다. 결국 1918년 12월 정부군은 스파르타쿠스단(Spartakusbund)이

주동한 시위를 무력으로 진압하게 되었고, 이것은 스파르타쿠스단으로 하여금 더욱 급진적인 행동을 하도록 만들었다. 스파르타쿠스단은 1919년 1월 1일에 사회민주당에서 분리하여 독일 공산당을 창당하고 베를린에서 폭동을 일으켰다. 스파르타쿠스단의 반란은 사회 민주당의 노스케가 이끄는 의용단에 의해 철저하게 진압되었다. 이 과정에서 공산당 지도자인 칼 리프크네히트(Karl Liebknecht)와 로자 룩셈부르크(Rosa Luxemburg)가 체포되고 암살되는 상황이 발생하였다. 이로써 의회 민주주의를 기초로 한 공화국을 수립한다는 에버트(Ebert)의 구상이 실현될 수 있게 되었다.

병사와 노동자들에 의해 촉발된 1918년 11월의 혁명은 사회주의적 이념에 따라 사회주의적 프로그램을 실시할 것을 선언하였다는 점에서 볼 때, 바이마르 공화국은 혁명의 이념을 완전히 충족시키지는 못했다. 바이마르 헌법 초안을 작성한 사람들은 제정에 대한 향수와 경제난, 전쟁의 패배, 실업 속에서 구심점을 잃은 신생 공화국의 상황을 고려하여 '제국'이라는 이름을 유지했고, 의회민주주의 제도를 도입하면서도 대통령을 직접선거로 선출하는 이원집정제적 성격을 가미하며, 대통령에게 황제를 내신하는 역할(crsatz Kaiser)을 맡게 하였다.

바이마르 헌법의 정부초안은 자유주의 좌파 성향의 국법학자 프로이스(Hugo Preuß)가 주도적으로 준비하였다.[71] 프로이스는 개별 기본권조항에 특별한 의미를 부여하지 않던 당시의 주류 헌법학자(옐리네크 또는 안슈츠) 이론에 근거하여 자세한 기본권조항은 바람직하지 않다고 보았다. 그러나 프로이스가 주도한 헌법초안에 대해 정치권은 문제를 제기하였는데, 특히 에버트(Friedrich Ebert)는 기본권조항을 명시적으로 규정하여 민주주의를 강조해야 한다고 지적하였다. 정부초안은 이후 독일 국가의 대표회의를 거치면서 최종적인 정부초안으로 다듬어져서 헌법제정회의에 제출되었다. 모두 118개 조항으로 이루어진 정부초안에는 13개의 기본권조항이 포함되어 있었다. 이러한 기본권들의 대부분은 평등권, 양심의 자유, 학문과 예술의 자유, 표현의 자유 등 19세기 입헌주의적 자유권들을 규정하고 있었다.[72]

헌법제정의회는 28인의 의원이 참여하는 헌법위원회를 구성하여 정부초안의 심의를 맡도록 하였다. 헌법위원회는 1919년 3월부터 6월까지 활동하면서 특히 기본권 부분에 전면적인 수정을 가하였다. 13개의 기본권조항을 둔 정부초안이 최종적으로 57개의 조항으로 증가되었다. 헌법위원회는 정부의 헌법초안을 재구성할 '소위원회'를 구성하기로 하였다. 14인으로 구성된 소위원회를 주도했던 것은

71) Günther Gillessen, Hugo Preuß Studien zur Ideen-und Verfassungsgeschichte der Weimarer Republik, Berlin 2000, S. 103 ff.

72) 송석윤, 바이마르헌법과 경제민주화, 헌법학연구 제19권 제2호, 2013. 6, 42면.

뮌헨대학의 교수이자 바이에른 국민당 소속이던 바이얼(Konrad Beyerle) 의원이었다. 소위원회에서의 논의 이후, 기본권(안)은 헌법위원회에서 다시 논의되었고 본회의에서의 수정을 거쳐 확정되었다.[73] 헌법제정회의가 1919년 7월 31일 바이마르헌법을 가결하고 대통령이 1919년 8월 11일에 서명하였으며, 8월 14일 바이마르헌법은 효력을 발생하게 되었다.[74] 사민당의 필립 샤이데만(Philipp Scheidemann)이 수상이 되고, 프리드리히 에버트(Friedrich Ebert)는 국민의회에서 대통령으로 선출되었다.

(3) 바이마르 헌법의 내용

바이마르헌법 제2장 "독일인의 기본권과 기본의무"는 포괄적인 기본권보장 규정과 기본의무를 5개의 절로 구성하고 있다. "제1절 개인"(제109조 이하)에서는 평등권, 거주 및 이전의 자유, 소수언어의 보호, 인격의 자유, 주거의 불가침, 형벌불소급, 통신의 비밀, 의사표현의 자유 등을 보장하고 있다. "제2절 공동체생활"(제119조 이하)은 혼인과 가족생활에 관한 사항, 집회 및 결사의 자유, 청원권, 선거권, 공무담임권, 병역의무 등을 규정하고 있다. "제3절 종교와 종교단체"(제135조 이하)와 "제4절 교육과 학교"(제142조 이하)는 각각 신앙의 자유와 종교제도에 대한 조항 및 예술, 학문 및 교수의 자유와 교육제도에 대한 조항을 두고 있다. 이어서 "제5절 경제생활"(제151조 이하)에서는 경제질서, 노동 및 사회질서에 대해 규정한 후 제165조에 이른바 평의회조항을 두고 있다.

바이마르헌법은 4개의 제국 기관을 규정하고 있었다. 즉, 제국의회, 제국참의회, 제국정부, 제국대통령이다.[75]

제국의회는 전통적인 의회의 전권(입법권과 예산권)을 지니고 있었다. 의회의 의원은 4년 임기로 국민에 의해 일반선거, 평등선거, 직접선거, 비밀선거로 선출되었다. 국민은 의회가 제정한 법률을 국민의결에 의해 무효화할 수 있었다. 또한 국민발안제도가 있어 유권자의 10분의 1의 요청에 의해 직접 법률안을 발의할 수 있었다.

제국참의회는 주들의 대표자로 구성되어 제국참의회의 정치적 권한은 제한되어 있었다. 제국참의회는 제국의회의 의결한 법률을 거부할 수 있었으나, 제국의회가

73) 송석윤, 바이마르헌법과 경제민주화, 헌법학연구 제19권 제2호, 44-46면.

74) R. Zippelius, Kleine deutsche Verfassungsgeschichte, 2. Aufl. 1995, S. 125.

75) Frotscher/Pieroth, Verfassungsgeschichte, 1999, Rn. 487.

3분의 2 이상의 결의로서 자신들의 입법을 고수할 수 있었다. 정부 선출은 제국정부의 손에 달려 있었다. 제국정부는 제국의회에 책임을 지고 있었다. 국가의 수장으로서 제국대통령이 있었다.

(4) 바이마르 헌법 및 공화국에 대한 평가

칼 슈미트(Carl Schmitt)가 '적과 동지의 구분'을 이론화시킨 것과 같이, 사회민주당(SPD)을 비롯한 독일 정당들은 의회민주주의의 확립과 헌법의 제정 과정에서 적과 동지의 구분하에서 일련의 과정을 시도하였다. 1919년의 사회민주당(SPD)은 사회주의 혁명을 피하기 위해 공화제를 선택했다. 공화제는 민주적 절차에 의해 선출된 '의회'가 정치적 결정을 내릴 수 있도록 하는 절차를 마련하고자 하는 목적이 있었다. 독일이 민주적 방법에 의해 민주공화국의 성립을 관철하였다는 점에서 바이마르 헌법은 높이 평가될 수 있다. 그러나 독일인들은 민주주의가 패전과 더불어 승전국들로부터 부과된 제도라고 생각했고, 그 제도를 부과한 승전국들에 의해 독일의 법제도는 원하지 않았던 전후 질서에 종속되었다고 생각했다. 이러한 느낌은 전후의 혼란과 경제적 불안, 외교적 열세와 동반되어 독일에 조성되었기 때문에, 의회민주주의가 제도적으로 작동했음에도 불구하고 대부분의 사람들이 불신하였다는 점에서 공화국의 건설은 미완성이었다는 평가도 있다.

바이마르 헌법으로 인해 의회민주주의가 자유주의의 제도화를 위한 것이었다면, 연방을 중앙집권화하고 대통령에게 강력한 권한을 부여하는 것은 통일국가 독일의 정치적 단일성을 획득하는 계기가 되었다. 헌법 입안자들은 개별국가의 연합이 아니라, 중앙집권적 연방국가 체제를 선택하여 이를 역사적 상황과 통일국가의 이상이 만나는 접점으로 삼고자 했다. 바이마르 헌법은 기존 헌법의 연방제적 성격을 계승하여, 연방과 각 주의 관계를 설정함에 있어 외교, 이민, 국방, 화폐, 관세, 우편 등 전신 등은 연방이 관할하고 그 외의 영역은 각 주가 관할하도록 하였다. 연방은 대통령과 의회의 이중적인 권력구조를 갖고 있었다. 대통령은 7년 임기로 재선이 가능했고 내각 임면권이 있었으며, 바이마르 헌법 제48조로 보장된 '비상조치권'을 행사할 수 있었다. 의회는 양원제로 구성되었는데, 바이마르 공화국에서도 하원의 이름은 '제국의회'(Reichstag)로 유지되었다. 제국의회의 의원은 전 연방을 대표하는 자리로 20세 이상의 남녀의 의한 보통, 평등, 직접, 비밀의 비례대표선거제에 따라 선출되었다. 그러나 헌법에 비례대표제 선거에 따른 정당의 의회 진입장벽을 규정한 바 없었기 때문에, 결과적으로 수많은 정당이 의회에 난립하게 되었다. 하나의 정당의 의석 점유율이 압도적이지 않았기 때문에 타 정당과의 연정이 필수적이었으나, 이해관계가 상이한 정당들의 난립으로 정권 교체가 잦아졌고 정치적 불안정이 야기되었다.

바이마르 헌법은 사회적 기본권을 광범위하게 보장하고 있는데, 이는 이 헌법의 가장 큰 특징이며, 당시 유럽 다른 국가들의 헌법에 비해 앞서 있는 규정들이 있다. 본래 기본권은 국가가 국민의 자유나 재산을 침해하는 것을 방지하기 위해 도입된 것인데, 바이마르 헌법에 이르러서는 국민들의 더 나은 삶을 위해 국가가 적극적으로 개입한다는 원칙이 확립되어, 비로소 국민의 사회적 기본권 보장이 국가의 기능으로 자리잡게 되었다. 바이마르 헌법은 전통적인 기본권을 인정함과 동시에 공동생활, 교육과 학교, 경제생활 등에서 새로운 기본권 유형으로서 '사회적 기본권'을 광범위하게 규정하고 있었다.

그러나 헌법 개정의 한계를 규정하지 않고 있었던 바이마르 헌법 제76조에 의해 이른바 '헌법 침훼'(Verfassungs durchbrechung)가 가능했다.[76] 이로써 헌법 개정절차에 의하지 않고 공화국과 민주주의를 폐지하는 것을 목적으로 하는 나치당의 정치활동이 가능하게 되었다.

(5) 나치즘(국가사회주의)

나치의 돌격대(Sturm Abteilung; 이른바 '갈색 셔츠단')는 나치의 행동대원들로 구성된 준 군사조직이자, 특히 독일 청년층에서 나치의 세력을 넓히는 핵심 조직이었다. 돌격대 및 그 사령관인 룀(Ernst Röhm)은 공산주의자들과 마찬가지로 독일은 영미식의 '저급한' 자본주의, 개인주의에서 벗어나 새로운 사회로 거듭나야 한다는 이상을 지니고 있었다. 다만, 공산주의자들이 러시아식의 혁명을 생각했다면, 나치의 돌격대원들은 독일 민족주의에 기초한 사회주의를 생각하고 있었다.

나치의 정식 명칭은 독일국가사회주의노동자당(NSDAP: National Sozialistische Deutsche Arbeiter Partei)이다. 나치가 후에 독일 대자본의 후원을 받고 서로 결탁하게 되지만, 나치가 발흥하게 된 근본적 배경에는 자유방임적 자본주의, 탐욕스러운 이윤경쟁, 그리고 그 배후에 있는 국제금융 체계에 대한 민족적 반감이 있었다. 동일한 사회주의적 이상을 지녔지만, 공산당이 프롤레타리아라는 계급성에 기초한 것이라면, 나치는 민족 공동체에 기초하였다는 점에서 나치의 대중성은 높았다. 공산당의 혁

---

76) H. J. Arnold, Begriff und Verfahren der Verfassungsänderung nach der Weimarer Reichsverfassung, 1932, S. 46 ff.

명은 소유권 체계 자체를 변경하여 자본의 국유화를 추구하였다면, 나치는 소유권 체계 자체는 유지하면서 민족 이익에 초점을 두었기 때문에 자본가들의 부담이 덜하였다.

나치의 돌격대는 히틀러가 권력을 장악할 때까지 계속 세력을 확장하였고, 마침내 독일에서 정규 군부를 넘보는 수준에까지 이르게 되었다. 돌격대의 수장인 룀(Röhm)은 독일의 관료화되고 타락한 군부를 돌격대 휘하로 재편하여 민족적 사회주의 혁명을 더욱 가속화해야 한다고 주장하였다. 그러나 히틀러는 돌격대가 아닌, 정규 군부를 선택하였다. 히틀러는 하루 밤 사이에 나치에 그토록 헌신해 왔던 룀(Röhm)을 비롯한 돌격대의 수뇌부를 잔인하게 숙청해 버렸다. 히틀러의 궁극적 목적은 '사회혁명', '민족의 갱신'이 아니라, '권력에의 야망'이었다.

히틀러는 '타락한' 자본주의의 상징인 유대인을 제거하는 것으로 혁명을 대신하게 된다. 진정한 사회혁명 대신 '민족의 영광'이라는 구호 아래, 소수의 희생양(유대인)과 집단적 새디즘 속에서 자기증식을 하였다. 이렇게 하여 히틀러는 군부와 대자본 세력의 충성을 확보하였다.

(6) 히틀러에 의한 독재

전권위임법(수권법, Ermächtigungsgesetz)[77]은 비상 사태에 입법부가 행정부에 입법권을 위임하는 법률을 말한다. 이는 1933년 독일에서 나치 정권에 입법권을 위임한 법률을 가리킨다.

대공황 후 독일에는 심각한 불황이 닥쳤고, 따라서 실업률이 급증하였다. 그러나 의회는 이에 대해 제대로 대응하지 못하였고, 국민들은 이런 의회에 대해 불신이 높아지고 있었다. 이러한 상황에서 파울 폰 힌덴부르크(Paul von Hindenburg) 대통령은 의회의 입법권을 무시하고, 바이마르 헌법 제48조에서 규정하고 있던 비상조치권을 활용하면서 국가를 운영하고 있었다. 힌덴부르크 대통령 치하에서 수립된 이러한 권위주의 체제는 의회 민주주의에 실망하고 있던 대중의 지지를 받지 못했다. 이러한 일련의 상황하에서 이미 전권위임법이 제정되기 전부터 반(反) 의회주의적 여론이 형성되고 있었다. 힌덴부르크 대통령 재임하에 1933년 1월 30일에 성립된 히틀러 내각은 2월 27일 베를린에 소재한 독일 국회의사당 방화 사건을 겪게 된다. 그 후, 정부는 대통령 긴급명령을 포고하면서 정치적 적들

77) 정식 명칭은 "민족과 국가의 위기를 극복하기 위한 법률"(Gesetz zur Behebung der Not von Volk und Reich)이다.

을 몰아냈다. 3월 5일 제국의회 선거에서 독일 노동자당(NSDAP)이 44%의 의석을 차지하였다. 독일 노동자당(NSDAP)은 독일국가인민당(DNVP)과 함께 제국의회 전체 의석 중 52%의 절대 다수를 차지하게 되었다.78)

독일 노동자당(NSDAP)은 1933년 3월 23일 '민족과 국가의 위기를 극복하기 위한 법률안'(이른바 '전권위임법')의 의회 심의를 요구하였고, 3월 24일 제국 정부에 의해 전권위임법은 발효되었다. 법률안은 독일 노동자당(NSDAP)과 독일국가인민당(DNVP)의 공동 제출이라는 형식을 취했지만, 이 법률안은 사실상 히틀러의 복안이었다. 수권법을 발의할 당시 나치의 돌격대(SA)는 독일 의회를 둘러싸고 있었고, 공산당 의원들과 일부 사회민주당 의원들은 이미 감금되거나 체포 격리된 상태였다. 수권법은 출석한 사회민주당 의원들의 격렬한 반대에도 불구하고 444대 94로 가결되었다.

전권위임법의 총 5개 조문은 다음과 같다.

제1조 독일의 법률은 헌법에서 규정되어 있는 절차 이외에 독일 정부에 의해서도 제정될 수 있다. 본조는 바이마르 헌법 제85조 제2항 및 제87조에 대하여도 적용된다.

제2조 독일 정부에 의해 제정된 법률은 연방 의회 및 연방 참의원의 제도에 영향을 미치는 것이 아닌 한 헌법에 위반될 수 있다. 단, 대통령의 권한은 변경될 수 없다.

제3조 독일 정부에 의해 제정된 법률은 총리에 의해 작성되어 관보(官報)를 통해 공포된다. 특별한 규정이 없는 한, 이 법률은 공포된 다음 날부터 그 효력을 발생한다. 헌법 제68조에서 제77조는 정부에 의해 제정된 법률의 적용을 받지 않는다.

제4조 독일과 외국간에 체결한 조약도 본법의 유효기간 동안 입법에 영향을 미치는 기관들과의 합의를 필요로 하지 않는다. 정부는 이러한 조약의 이행에 필요한 법률을 공포한다.

제5조 이 법은 공포한 날부터 효력이 발생한다. 이 법은 1937년 4월 1일까지 효력을 발휘하며 현 정부가 다른 정부로 교체될 경우에는 효력을 상실한다.

그 내용은 입법권을 의회에서 정부로 이양하고, 나치 정부에서 제정한 법률은 연방 의회나 연방 참의원 및 대통령의 권한과 관련된 것을 제외하면 헌법에 위반되어도 그 효력이 유지된다는 것이 주요 골자이다. 즉, 정부의 권력남용 가능성에

78) R. Zippelius, Kleine deutsche Verfassungsgeschichte, 2. Aufl. 1995, S. 135.

도 불구하고 헌법을 국가비상사태라는 이유로 제한하고, 나치에게 반항하는 자에게는 '공익을 해치는 자'라는 명분 아래 기본적인 인권 탄압을 정당화할 수 있었다. 이 법률에 의하면, 선거를 치루지 않고서도 나치는 입법권을 부여받을 수 있었다. 이후 바이마르 공화국의 주역이었던 사민당 해산을 필두로 모든 정당이 해체되고 나치가 유일정당으로 남게 된다. 이른바 '일당국가' 체제로 들어서게 되었다.

나치 시대에는 희대의 악법들이 양산되었다. 그 중 대표적인 것으로 '뉴른베르크 인종법'이 있었다. 이 법은 유대인을 비롯하여 집시 등 소수민족 그리고 공산주의자, 동성애자 등을 박해하는 법이다. 유대인 등의 국적을 박탈하는 '제국시민법', 유대인 등을 모든 공직에서 추방하는 '직업관료재건법', 그리고 독일인과 유대인간의 혼인을 금지하는 '독일인의 명예와 혈통보호법' 등이 있다. 또한 '유전병장애자단종법'은 선천적 저능아, 정신병환자, 유전성 기형아, 치유불능의 알콜중독자 등을 생존할 가치가 없는 열등인간으로 규정하여 단종수술을 강제로 실시하였는데, 1945년까지 약 35만명이 그 수술대상이 되었다.

한편 1934년 형법과 형사소송법을 개정하는 법률을 통해 설립된 민족재판소(또는 인민재판소; Volksgericht)는 나치의 사법사에 있어서 가장 잔악한 것이었다. 이 민족재판소는 최고법원과 동급의 특별법원으로서 단심으로 운영되어 상소는 허용되지 않았다. 처음에는 내란죄와 외환죄만을 담당하였는데, 이후 국방시설에 대한 훼손행위, 국사범에 대한 불고지죄, 재산반출죄, 생산·노동력의 허위보고, 병역기피, 불온선전물 배포, 반정부 저항단체 결성, 심지어 전쟁의 승리를 의심하는 비판적인 표현, 히틀러를 흉내내거나 폄하하는 언동들까지 처벌하는 광범위한 정치재판소로 기능하게 되었다. 1937년에서 1944년까지 5,191명의 소위 '반정부 불순분자'들에게 사형판결을 내렸다.

나치의 유대인 박해는 나치의 집권과 더불어 시작되었다. 나치는 1933년 3월부터 유대인 의사, 판사, 검사와 교사에게 휴직을 강제하였으며, 1933년 4월부터 '직업관료재건법'을 필두로 하여 1935년 9월까지 유대인(공산주의자, 비(非)아리아인 포함)을 공직에서 추방하기 위한 법령을 50개나 공포하였다. 1938년까지 법과대학의 경우만 보더라도, 유대인 교수 210명을 포함하여 법과대학 정교수의 36%, 기타 교수 및 강사의 37%, 연구조교의 45%가 해직되었다.[79] 또한 1933년 4월부터 유대인 상점에 대한 배척운동도 벌어졌는데, 1938년 '영업법 개정법'에 의하여 유대인의 상사 회사의 법인격을 박탈하였다. 유대인은 자신의 명의로 영업을 할 수

---

79) 조규창, 독일법사(하), 고려대학교출판부, 2010, 333면.

없게 되었다.

또한 1935년에 제정된 "독일인의 명예와 혈통 보호법"은 특히 유대인에 대한 인종적 차별을 목적으로 한 것이었다. 제1조에서는 유대인과 독일인의 혼인은 무효이며, 범죄행위로 규정하였다. 제2조에서는 혼인 이외의 성적 관계도 금지하고 처벌하였다. 제3조에서는 유대인 가정은 45세 이하의 독일인 여성을 가사 노동자로 고용할 수 없게 규정하였다. 제4조에서는 유대인은 독일 국기를 흔들 수 없다고 규정하였다.

박해가 가중되는 가운데 1938년 11월 7일 한 유대인 청년이 파리 주재 독일외교관을 살해하는 사건이 발생하였다. 나치는 이 사건을 계기로 유대인 박해의 호기로 이용하였다. 나치 정부는 이 사건을 유대인들의 세계적인 공모로 선전하면서 독일인들에게 유대인 타도를 선동하였다. 그리하여 11월 9일부터 10일 밤 사이에 독일 전역에서 나치의 돌격대(SA)가 앞장을 서 유대인들에 대한 파괴와 약탈, 방화의 광란이 벌어졌다. 수많은 유대인 상점들의 유리가 깨어져 나간 것을 빗대어 이 날을 '수정의 밤'(Kristallnacht)이라고 부른다. 이 하루 밤 사이에 91명의 유대인이 피살당했고, 3만명의 유대인들이 수용소로 강제이송되었다. 그 가운데 1,000명 이상이 가혹행위로 사망하였다. 1,668개의 유대인 교당이 습격당하고, 267개의 교당이 불탔고, 오스트리아의 빈에서도 95개의 교당이 파괴되었다.

1939년 마침내 공식적으로 제2차 세계대전이 발발하면서 유대인 처리 방침은 극적으로 변화되었다. 독일이 점령한 폴란드에는 유대인들이 2백만 명 가까이 거주하고 있었다. 전쟁 상황에서 이들에 대한 가장 간편한 처리방법은 집단수용소 수용, 강제노역, 집단 살해였다. 나치는 폴란드 유대인들을 모두 게토(ghetto), 즉 유대인 특정 주거구역으로 몰아넣고 강제노동을 시켰다. "노역을 통한 사멸"을 추구하였던 것이다. 동시에 독일 및 서유럽 점령지의 유대인들도 대거 폴란드 지역의 유대인 강제수용소로 이송시켰다.

전황이 급박하게 전개되고, 나치 내에서 권력투쟁과 당파적 선명성 경쟁이 심해지면서 유대인에 대한 강경책이 세를 얻게 되었다. 드디어 1942년 유대인 멸절, 이른바 '최종해법'(Final Solution)이 결정되었다. 나치는 폴란드 점령 지역의 2백만 명, 헝가리 지역의 85만 명, 기타 점령지의 1백만 명, 러시아 점령지역의 3백만 명의 유대인들을 모두 폴란드의 강제수용소로 옮겨 제거하는 계획을 세웠다. 총 6백만 명의 유대인, 즉 당시 유럽에 거주하던 유대인의 3분의 2가 사망한 것으로 추정된다.

제 2 절 우리나라 헌정사

특정 국가의 헌정사를 세밀히 고찰하는 이유는 과거의 헌정사를 살펴보고 반성하여 장래의 바람직한 헌정사를 새롭게 창조하기 위함이다. 대한민국의 헌정사를 보면, 때로는 단 한 명의 독재자가 정권을 유지하기 위한 수단으로써 헌법을 개정하기도 하고, 때로는 국민적 열망과 요청에 대한 부응으로써 헌법이 개정되기도 했다. 이러한 헌법 개정은 헌법상의 진보로 평가되기도 했으며 때로는 퇴보로 평가되기도 했다. 그러나 큰 틀에서 본다면, 우리나라 헌정사는 일정한 방향을 향해 나아가고 있으며 나아가야만 할 당위성을 표상하고 있다고 볼 수 있다.

Ⅰ. 1948년 제헌헌법

일본의 항복으로 제2차 세계대전이 종식되고 1945년 8월 15일 36년간 일본의 식민지 지배에 있었던 대한민국은 광복을 찾았다. 1945년 8월 15일 해방 후, 소련과 미국에 의해 38도선의 점령경계선을 기준으로 남쪽의 미군정(Truman 행정부)은 남한 정부를 남한에서 유일한 합법정부라고 인성하였다. 그러나 연합국에 의해 타율적으로 해방된 대한민국 내에는 일본의 무단정치에 의해 탈취당했던 독립을 다시 찾기 위해 많은 정치단체·사회단체가 탄생하였다.

그 중에서 과도적인 치안을 위해 여운형의 건국준비위원회가 조직되었고, 해방 전부터 상해(후에 중경) 임시정부와 미주에서 서구 민주주의 진영과 연락해오며 민족해방 투쟁을 해 온 민족진영, 연안의 독립동맹, 소연방의 세력과 참전했던 해외파, 국내파, 인물본위의 정파, 지역 본위의 정파 등으로 분열되어 징딩은 우후 죽순처럼 난립하였다. 민족주의 내지 민주주의 세력과 사회주의 내지 공산주의 세력의 대결이 더욱 심각해졌다. 건국준비위원회는 1945년 9월 6일 '조선인민공화국 임시조직법안'을 통과시킨 다음 '조선인민공화국' 수립을 발표하였다.

1945년 12월 모스크바 3상 회의의 합의에 따라 한국 문제 해결을 위해 미·소 양국 대표자간에 결성된 미·소공동위원회는 1946년 1월 한국의 신탁통치와 임시정부 수립을 위한 제반 문제 해결을 위한 회담을 가졌다. 1947년 11월 유엔총회는 한국의 정부수립을 위해 소련의 반대에도 불구하고 유엔 회원국 9개국으로 구성된 유엔한국위원단을 구성하여 파견하였다.

1948년 2월 27일 유엔(UN) 소총회는 남한만의 단독선거를 실시하여 정부를 수립할 것을 결정하였다. 이에 미군정은 1948년 3월 1일 「조선인민대표의 선거에 관한 포고」를 발표하였다.[80] 미군정은 스스로 공포한 「국회의원선거법」에 따라 1948년 5월 10일 총선거를 실시하였다. 「단독선거·단독정부반대」의 입장에서 남북협상에 참가한 김구·김규식 등은 선거를 거부하였다. 5·10선거에서는 북한지역을 위해 배정된 100석을 제외한 200석 정원의 국회의원 총선거를 위해 국민 대다수가 선거에 참여하여 제헌국회가 구성되었다.[81]

선거를 실시하지 못한 북제주군 2개 선거구를 제외한 198개 선거구에서 국민 대다수가 참가한 투표에 의해 198명의 국회의원들이 선출되었다. 당시 선거권자는 만 21세에 달한 자였고, 피선거권자는 만 25세에 달한 자였다. 남녀에게 평등하게 선거권과 피선거권이 부여되었다. 이 당시 친일행위를 한 자들에게는 선거권과 피선거권이 부여되지 않았고, 선거인의 자진등록제도와 단기무기명투표의 방식을 채택하였다. 1선거구 1인 대표의 방식을 취하였고, 국회의원의 임기는 2년이었다. 선거에서는 총유권자 가운데 96.4%가 선거인명부에 자진하여 등록하였고, 95.5%가 투표에 참여하였다. 제헌국회의 국회의원 총 198석 중 총선거의 결과 한국민주당은 29석, 대한독립촉성국민회는 55석, 민주국민당이 29석, 무소속이 85석을 각각 차지하였다.[82]

1948년 5·10선거의 결과 선출된 국회의원은 1948년 5월 31일 국회를 구성하고, 헌법과 정부조직법 등을 제정할 준비를 하였다. 제헌국회에서 헌법제정에 참여한 세력은 다음의 세 부류가 있었다. 첫째, 이승만·신익희가 주도한 대한독립촉성국민회 및 이승만을 지지한 민족청년단(이승만계 총 55석), 둘째, 김성수·서상일(헌법기초위원장)이 이끈 친일지주계급을 주축으로 한 한국민주당(한민당계 총 80석), 셋째, 임시정부와 관련된 무소속 인사 및 구 대동청년단 인사(임정계 총 57석)이다. 실제로 헌법 기초를 담당했던 세 부류는 다음과 같이 분류할 수 있다. 첫째, 장경근·최하영·이상기·윤길중 등 일제 고급관료들을 중심으로 신익희가 조직한 행정연구회, 둘째, 김병로·이인·권승렬 등 법률가들이 중심이 되고 미군정 고문 퍼글

80) 이영록, 「우리 헌법의 탄생」, 서해문집, 2006, 38면.
81) 김철수, 「학설·판례 헌법학 (상)」, 박영사, 2009, 215면.
82) 정종섭, 「헌법학원론」, 박영사, 2012, 193면.

러(Charles Pergler)가 참여한 남조선과도정부 법전편찬위원회, 셋째, 기존 정치세력에 가담하지 않고 행정연구회 및 법전편찬위원회와도 거리를 두면서, 독자적으로 헌법초안을 작성하였던 공법학자 유진오가 있었다. 결국 '행정연구회안'과 '법전편찬위원회안(권승렬안)' 및 '유진오안'으로 구체화되어 나타났다.[83)]

1948년 6월 3일에는 헌법기초위원 30명과 전문위원 10명으로 헌법기초위원회를 구성하여 6월 3일부터 22일까지 20일에 걸쳐 초안을 토의하고 결정하였다. 이 때 기초위원회는 유진오 안을 원안으로 하고 권승렬 안을 참고안으로 하여 초안을 작성하였다. 유진오의 원안[84)]은 국회를 양원제로 하고 정부형태를 의원내각제로 하며 법률의 위헌심사권을 대법원에 부여한 것이었다. 그러나 이후 기초위원회의 토의과정에서 이승만의 의견이 받아들여져 단원제 국회, 대통령 중심제로 변경되었고, 위헌법률심사권은 헌법위원회에 부여하는 것으로 변경되었다. 1948년 6월 23일에는 헌법초안이 국회 본회의에 상정되어 수많은 수정안이 나왔다. 그 때문에 헌법이 조속히 제정되기 어려워 보였으나 국내·외의 필요에 의해 헌법안 심의가 빠르게 진행되었다. 그리하여 6월 30일에는 제1독회를, 7월 11일에는 제2독회를, 7월 12일에는 제3독회를 마쳐 국회를 통과하게 되었다.

결국 자유권의 보장, 권력분립, 단원제 국회, 대통령 중심제(이원적 집정부제), 통제 경제질서 등을 내용으로 하는 제헌헌법[85)]이 1948년 7월 17일 국회의장의 서명 및 공포로 당일 시행되었다. 1949년 반민족행위특별조사위원회(반민특위)는 일제치하 36년간 자행된 친일파의 반민족행위를 처벌하기 위하여 제헌국회에 설치되었던 특별기구로서, 민족반역자·부일협력자·전범·간상배에 대한 특별법을 제정하였다.

제헌헌법에 규정된 법조항을 살펴보면, 상대적 실정권으로서의 재산권(§15), 교육을 받을 권리와 의무교육(§16), 근로의 권리와 의무·근로조건의 기준·여자, 소년의 근로보호 등(§17), 근로자의 단결권·단체교섭권·단체행동권·이익균점권(§18), 생활무능력자의 보호(§18) 등 기본권조항에 있어서 사회적 성격을 상소하였다. '사회정의'를 '경제적 자유'보다 우위에 두는 경제질서(§85-88)를 유지하여 경제질서

83) 신우철, "헌정사연구(抄)－건국헌법에서 현행헌법까지", 「영남법학」 제9권 제1호, 2002. 12, 29-30면.

84) 유진오의 초안은 정부형태상 내각책임제와 양원제. 경제질서와 기본권에 있어서는 경제의 국공유화 및 사회적 기본권의 광범위한 수용을 추구했고, 사법제도는 법관임기제와 헌법위원회제를 추구했다.

85) 제정헌법의 내용은 의원내각제 요소를 가미한 대통령제(국회 간선의 4년 임기의 정·부통령제)였다. 국회단원제(4년 임기)를 택하였고, 3권 분립제, 국무원제도(의결기관), 헌법위원회제도, 탄핵제판소제도, 국무총리제. 통세적 경제질서(경제의 국공유화), 법관임기제 등을 내용으로 하고 있었다.

에 있어서 계획경제·통제경제의 성격이 매우 강하였다. 사법제도와 관련하여 법관의 10년 임기제와 헌법위원회제를 채택하였다.

Ⅱ. 1952년 제1차 개헌(발췌개헌)

이승만 대통령이 국회를 경시하고 독주하였으므로 한민당에서는 1950년 1월 28일 내각책임제로의 개헌안을 제출하였다. 그 내용은 ① 대통령제를 의원내각제로 할 것, ② 위헌 여부가 문제되던 특별법원의 헌법적 근거를 둘 것, ③ 천재지변 기타 불가항력의 사태가 발생할 경우에는 행정부에 선거를 연기할 수 있는 권한을 줄 것 등이었다. 이 안은 재적의원 179명 중 3분의 2 이상의 찬성을 얻지 못해 부결되었다. 이후 1950년 5월 30일 제2대 국회의원선거가 실시되었다. 5·30총선에서는 1948년 5월 10일(5·10 선거)에 총선을 거부했던 중도파들도 대거 참여하여 많은 사람이 당선되었고, 그 결과 이승만 대통령의 지지세력은 극소수만 남게 되었다.

이후 이승만 대통령은 간접선거로는 대통령 당선이 용이하지 않을 것임을 인식하고, 정부는 대통령 직선제와 국회 상·하 양원제를 골자로 하는 개헌안을 1951년 11월 30일 국회에 제출하였다. 내각제 개헌을 주장하는 야당인 한국민주당의 반대로 정부가 제출한 개헌안은 국회 표결에서 부결되자, 이승만 대통령은 자유당을 창당하고 당의 총재가 되었다.

야당은 1952년 4월 17일 국회의원 123명의 찬성으로 내각책임제 개헌안을 제출하고, 이승만 대통령은 이에 반대해 다시 대통령 직선제와 국회 상·하 양원제의 헌법개정안을 제출하였다. 부산에서는 대통령 직선제를 골자로 하는 관제민의(官製民意) 운동을 벌였다. 6·25 전쟁 중인 1952년 5월 26일 이승만 대통령은 부산 일대에 비상계엄령을 선포하고 국회를 해산시켰다. 이것이 이른바 '5·26 부산 정치파동'이다.[86] 이러한 공포분위기가 조성된 가운데 1952년 7월 4일 장택상 국무총리가 정부 측의 대통령 직선제 개헌안과 야당 측의 내각책임제 개헌안을 절충한 발췌개헌안[87]을 심야국회에서 기립표결로 통과(가 163, 부 0, 기권 3)시켰다.

1952년 7월 제1차 개헌, 이른바 발췌개헌은 대통령·부통령 직선제, 양원제(민의

86) 김일영, "부산정치파동의 정치사적 의미", 한국과 국제정치 제9권 제1호, 1993 참조.

87) 정·부통령의 국민직선제, 국회양원제, 국회의 국무원불신임제, 국무총리의 국무위원 임명제청권 등을 내용으로 한다.

원·참의원), 국회의 국무원 불신임제 채택 등이 그 주요한 내용이었다. 1952년 헌법은 의회주의제로의 개헌이냐 대통령제의 유지냐의 정쟁에서 대통령제를 유지하려는 세력이 승리하여 대통령제를 계속 유지하는 것으로 결정된 것이었다. 다만 대통령과 부통령의 직선제, 양원제(민의원, 참의원)의 국회, 국회의 국무원불신임제, 국무위원 임명시 국무총리의 제청권 등을 새로 규정하였다.[88] 이러한 정부제도는 오스트리아식 이원정부제와 유사한 것이다.[89]

1952년 헌법은 내용면에서 체계정합성을 무시하고 정부안의 대통령제적 요소와 야당안의 의회주의제적 요소를 발췌하여 무리하게 혼합한 것이었다. 개헌의 절차가 야당안의 헌법이 정하는 공고절차도 거치지 않았고, 국회 의사당이 폭력세력에 의해 포위되고 비상계엄이 선포된 가운데 국회의원에게 토론의 기회도 주어지지 않고 개헌이 강행되었다. 따라서 국회의원의 개헌안에 대한 표결권이 침해되었을 뿐만 아니라, 국회의 의사결정도 독회 절차와 자유토론이 생략된 채 폭력적 수단에 의해 강압적으로 이루어졌으므로 위헌적인 것이었다.[90] 또한 이승만 대통령은 이 발췌개헌의 절차에 의해 직선으로 대통령에 당선된 뒤 국무총리를 임명하지 않고 국회의 비준없이 국무총리 서리를 독자적으로 임명하여 사실상 국무원 제도를 유명무실하게 하였고, 국회도 자유당이 다수를 차지했기 때문에 국무원 불신임권을 행사하지 못하였다.[91]

Ⅲ. 1954년 제2차 개헌(4사 5입 개헌)

1954년 1월 23일 정부는 경제조항이 지나치게 통제경제적이기 때문에 외국인이 투자하지 않는다는 이유로 경제조항을 자유화하는 헌법 개정안을 제출하였으나, 2달 후 돌연 이를 철회하였다. 그 이유는 3선을 위한 헌법개정안과 결부시키기 위한 것이었다.[92]

1954년 5·20선거(제3대 민의원 선거)에서 자유당은 114석을 차지하여 과반수를 넘었으나 개헌 의결정족수인 3분의 2(136명)에는 미달하게 되었다. 이에 자유당은 무소속 국회의원들을 회유와 협박으로 포섭하여 자유당에 입당하게 하여 개헌 의

88) 정종섭, 「헌법학원론」, 박영사, 2013, 200면.

89) 김철수, 「학설·판례 헌법학 (상)」, 박영사, 2009, 217면.

90) 정종섭, 「헌법학원론」, 박영사, 2013, 201면.

91) 김철수, 「학설·판례 헌법학 (상)」, 박영사, 2009, 217면.

92) 김철수, 「학설·판례 헌법학 (상)」, 박영사, 2009, 217면

결정족수인 136석을 확보한 다음, 1954년 7월 9일 자유당은 헌법개정초안위원회를 발족시켰다. 자유당의 개헌안은 136명의 서명으로 국무회의의 의결을 거쳐 공고되었다. 1954년 11월 27일 민의원에서 실시된 개헌안에 대한 표결 결과, 재적 203명 중 가 135표, 부 60표, 기권 7표(실제 총 투표수는 202표)로 헌법 개정에 필요한 의결정족수인 2/3 이상의 찬성이라는 기준(136표)에 1표가 부족하여,[93] 국회는 헌법개정이 부결되었음을 선포하였다. 그러나 이틀 후 4捨 5入이라는 수학 공식을 동원해 자유당 의원만으로 본회의를 진행시켜 부결된 헌법개정안을 번복하여 만장일치로 수정·가결하는 이른바 사사오입 개헌을 하였다.

1954년 헌법은 초대 대통령에 한해 3선 제한을 철폐하고 무제한 입후보를 허용했고, 주권의 제약 또는 영토변경을 위한 개헌은 국민투표에 붙이도록 하는 국민투표제도를 채택하였다. 그 이외에 대통령 궐위시 부통령의 지위승계제도의 채택, 헌법개정시 국민발안제 및 한계조항 신설, 군법회의의 헌법상 근거 명시, 자유시장경제체계로의 경제체제의 전환 등을 새로운 내용으로 채택하였다.[94] 또한 발췌개헌시에 가미되었던 의원내각제적 요소를 완전히 배제하여 국무총리와 국무원제를 없앤 것은 순수한 미국식 대통령제와 유사하다고 할 수 있다.[95]

1954년 헌법개정은 개헌에 필요한 의결정족수에 미달한 위헌적이고 불법적인 개헌이었다. 4사5입의 계산방법은 법규범의 해석에서는 적용될 수 없는 억지논리로서, 법규범의 영역에서는 수를 계산할 때 단수는 언제나 하나의 정수로 평가되는 것이라는 로마법 이래의 확고한 원칙을 무시한 것이었다.[96] 또한 실질적인 면에서 초대대통령에 한하여 중임제한을 철폐함으로써 평등원칙에 위반되는 위헌적 개헌이라 할 수 있다.[97]

Ⅳ. 1960년 개헌

1. 제3차 개헌(1960년 6월)

1948년 7월 17일 제정·공포된 제1공화국 헌법은 두 차례의 불행한 위헌적 개

93) 재적 203명의 3분의 2는 135.333… 이므로 136표가 나와야 가결된다.
94) 정종섭, 「헌법학원론」, 박영사, 2013, 201면.
95) 김철수, 「학설·판례 헌법학 (상)」, 박영사, 2009, 218면.
96) 정종섭, 「헌법학원론」, 박영사, 2013, 201면.
97) 김철수, 「학설·판례 헌법학 (상)」, 박영사, 2009, 218면.

정을 거치는 동안 이미 그 절차적 효력이 크게 약화된 데다가 정치적 특징만이 지나치게 부각되어 더 이상 권력제한적 또는 생활규범적 기능을 다하지 못하게 되었다. 그 결과 헌법규범과 헌법현실은 점점 거리가 멀어지게 되고, 마침내 이에 대한 국민의 저항이 1960년 4·19 학생 의거를 계기로 폭발하기에 이르렀다. 이와 같은 저항권의 행사는 위헌적 정권행사를 겨냥한 정권도전적 성격의 것으로서 자유당 정권을 붕괴시키고 헌법의 규범적 효력을 재생시키기 위한 것이었다.98)

1956년 제3대 대통령선거에서 민주당의 대통령 후보인 신익희가 선거 직전에 급사한 상황 속에서 이승만이 대통령에 당선되었다. 그런데 부통령에는 민주당 후보인 장면이 자유당 후보인 이기붕을 누르고 당선되었다. 대통령과 부통령이 각각 다른 정당에 소속된 긴장된 정치상황 속에서도 이승만 대통령과 자유당의 독재는 더욱 심해졌다.

1960년 3월 15일 제4대 대통령 선거에서도 민주당의 대통령 후보인 조병옥이 선거 한 달 전에 급사하고 이승만이 단독으로 입후보하여 네 번째로 대통령에 당선되었다. 부통령에는 자유당의 후보인 이기붕이 당선된 것으로 공표되었다. 그러자 1960년 4월 19일 학생들을 중심으로 3·15부정선거를 규탄하는 시위가 발생했는데, 시위 군중에 대한 경찰의 발포로 사태는 악화되었다. 정부는 사태를 수습하기 위해 비상계엄을 선포하였으나, 불법적인 자유당 독재에 대한 국민의 저항이 전국적으로 확산되었고, 마침내 이승만 대통령은 1960년 4월 26일 사임의 뜻을 밝히고 다음날 대통령 사임서를 국회에 제출함으로써 대통령직에서 물러났다.

국회는 시국수습 방안으로 개헌과 총선거의 실시를 결의했으며 허정을 수반으로 하는 과도정부가 구성되었다. 국회가 결의한 시국수습 방안에 따라 국회는 헌법개정기초위원회를 구성했고, 동 위원회는 한 달 남짓한 작업 끝에 의회주의제를 골격으로 하는 헌법개정안을 마련하여 국회에 제출하였다. 1960년 6월 15일 국회 본회의에서 이 헌법개정안은 압도적인 찬성을 얻어 통과되었고, 같은 날 공포되었다. 최초의 여야합의에 의한 개헌이었다.99)

1960년 6월 헌법은 의회주의제의 채택, 헌법재판소의 설치, 대법원장과 대법관의 선거방식의 채택, 언론·출판·집회·결사의 자유에 대한 사전허가 내지 검열의 금지, 기본권의 본질적 내용의 침해금지, 복수정당제의 보장과 정당의 헌법상 지위 고양, 선거의 자유와 공정성을 보장하기 위한 중앙선거관리위원회의 헌법적

98) 허 영, 「헌법이론과 헌법」, 박영사, 2013, 57면.

99) 정종섭, 「헌법학원론」, 박영사, 2013, 202면.

지위 강화, 경찰을 포함한 공무원의 정치적 중립의 제도화, 지방자치단체장의 선거제 등을 주요 내용으로 하였다. 특히 헌법재판소의 설치는 우리 헌법사상 최초로 채택한 것이었으며, 헌법재판소의 관할로서 추상적 규범통제와 구체적 규범통제, 헌법에 대한 최종적인 헌법해석, 권한쟁의심판, 정당해산심판, 탄핵심판, 선거재판을 담당하게 했다.[100]

1960년 제3차 개헌은 기본권의 보장과 헌법재판소의 설치 등에서 당시 서독 기본법의 영향을 많이 받은 것이었는데 국가권력의 제한과 자유의 보장 및 공정한 선거의 보장 등은 이승만 정부를 거치면서 독재를 경험한 국민이 이를 극복하고자 한 여망을 실현시킨 것이기도 하다. 이러한 점에서 제3차 개헌은 우리 국민의 정치적인 실존적 결단으로 이루어진 것이라고 평가할 수 있다.

이는 형식적으로는 개정의 방법에 의한 것이나 실질적으로는 헌법의 제정과 같은 성격의 것이었다. 즉 이승만 대통령의 권위주의적인 신대통령제를 전복하고 민주혁명으로 진정한 의미에서의 새로운 민주공화국을 건설하였으며 국민의 기본권보장을 강하게 규정하였다.[101]

2. 제4차 개헌(1960년 11월)

1960년 6월 헌법에 따라 선거법을 정비한 후 민의원의 선거와 참의원의 선거가 실시됐고, 선거의 결과 민주당이 국민의 절대적인 지지를 받아 원내 2/3 이상의 의석을 차지하게 되었다. 그러나 민주당은 구파와 신파로 분열되어 서로 파벌싸움을 벌이는 등 국정을 효과적으로 운영하지 못했고 국민의 정치적 요구와 의사표현도 과열되어 사회는 매우 혼란스러운 상황에 빠져들었다. 이러한 가운데 1960년 10월 11일 3·15 부정선거에 관련된 반민주행위자들을 처벌할 것을 주장하고 나선 학생들이 의사당을 점거하기에 이르렀고, 이에 민의원은 헌법 부칙에 반민주행위자들을 처벌하기 위한 특별법 제정의 근거를 두고 개헌안을 제출하였다. 이는 특별법 제정이라는 소급입법이 가지는 위헌 문제를 해결하기 위한 개헌이었다. 국회는 1960년 11월 29일 이 개정안을 통과시켰다.[102]

1960년 11월 헌법은 부칙에 신설규정을 두어 3·15 부정선거 관련자의 처벌과

---

100) 정종섭, 「헌법학원론」, 박영사, 2013, 202면.

101) 김철수, 「학설·판례 헌법학 (상)」, 박영사, 2009, 219면; 허 영, 「헌법이론과 헌법」, 박영사, 2011, 64면; 권영성, 「헌법학원론」, 법문사, 2010, 93면; 성낙인, 「헌법학」, 법문사, 2013, 79면.

102) 정종섭, 「헌법학원론」, 박영사, 2013, 203면.

자유당 치하에서 반민주행위를 한 사람에 대한 공민권 제한, 그리고 부정축재한 사람의 행정상·형사상 처리를 위한 소급입법의 근거를 부여하였다. 나아가 이들 사건을 맡을 특별재판소의 특별검찰부의 설치에 관한 헌법상 근거규정을 신설하였다. 이 개헌으로 부정선거관련자처벌법, 반민주행위자공민권제한법, 부정축재특별처리법, 특별재판소및특별검찰부조직법 등 일련의 소급특별법이 제정되었다. 특별법은 진정소급입법으로 위헌성이 높기 때문에, 헌법 부칙에 그 근거를 마련하였다.[103] 이 개정헌법은 소급입법에 의해 처벌 또는 참정권과 재산권 등의 제한을 가능하게 했다는 점에서 위헌성이 높다.[104]

또한 제4차 개헌은 제3차 개헌이 탄생하고 이에 따라 정상적인 정부가 수립된 상황에서 입헌적 법질서의 일반원리를 위반하는 헌법 개정이었다. 분출하는 국민적 욕구를 충족시키기에도 역부족이었던 민주당 정부는 정권담당세력 내부에서 신파·구파의 정파적 갈등까지 겹쳐 효율적인 정부를 이끌어 나가지 못하고, 위기관리능력의 한계를 보여준 정부라 할 수 있다.[105]

Ⅴ. 1962년 제5차 개헌(제3공화국 헌법)

1960년 6월 헌법 이후 민주당 정부는 국무총리의 지명문제로 신·구파가 분열되었고, 장면 내각은 분열과 분당을 극복하지 못한 채 정치지도력과 사회통합력을 상실하였다. 정국과 사회가 혼란한 가운데 1961년 5월 16일 박정희를 중심으로 한 군의 일부조직이 쿠데타를 일으켜 군사혁명위원회를 조직하고 국가권력을 장악한 후 대한민국 전역에 비상계엄을 선포하였다. 다음날 군사혁명위원회는 국가재건최고회의로 명칭을 변경하고 혁명내각을 조직하였다. 군사정부는 6개항의 혁명공약을 발표하고 포고령과 계엄령으로 통치하다가 6월 6일 국가재건비상조치법을 제정·공포하였다. 이 비상조치법에 따라 정부는 총사퇴하였고, 국회는 해산되었으며 헌법재판소는 구성도 되지 못한 채 기능이 정지되었다. 종래의 헌법은 국가재건비상조치법에 위배되지 않는 범위 내에서만 효력을 갖게 되었다.

군사정부는 쿠데타 이후 1년이 지나자 혁명공약에 따라 민정으로의 이양을 위한 준비작업으로 1962년 헌법개정안을 마련할 헌법심의위원회를 설치하고 헌법안

103) 정종섭, 「헌법학원론」, 박영사, 2013, 204면.

104) 김철수, 「학설·판례 헌법학 (상)」, 박영사, 2009, 220면.

105) 성낙인, 「헌법학」, 법문사, 2013, 80면.

을 작성하여 공고절차와 최고회의의 의결을 거쳐 1962년 12월 17일 국민투표로서 확정하였고 1962년 12월 26일 공포하였다. 이 헌법은 그 부칙에 따라 동 헌법에 의한 국회가 처음으로 집회한 날로부터 시행하도록 되어 있었기 때문에 비상조치법은 다음해 1962년 헌법이 효력을 발생할 때까지 효력이 지속될 수 있었다. 민정이양의 준비는 민정불참을 선언한 군사정부의 이른바 2·27선서로 가속화되는 듯했으나, 곧이어 3·16 군정 4년 연장선언 및 그에 따른 비상조치들이 행해졌고 그것이 철회될 때까지 정국은 극도로 긴장되고 경색되는 국면을 맞이하였다. 결국 쿠데타를 주도한 세력의 민정불참선언은 사실상 무위로 돌아간 채 1963년 실시된 제5대 대통령 선거에서 박정희가 대통령으로 당선되었고 제6대 국회의원 선거에서 민주공화당이 국회의석의 절대 다수를 차지하게 되었다. 1962년 헌법은 1963년 12월 17일 효력이 발생되었다.106)

1962년 헌법은 국회의 구성을 단원제로 환원하였고, 정부형태로 대통령제를 채택하였다. 기본권 영역에서 인간의 존엄성 조항을 신설한 반면, 국가안전보장을 이유로 한 기본권의 제한의 목적이 추가되었다. 극단적인 정당국가를 지향하여 국회의원이 임기 중 당적을 이탈하거나 변경하는 경우에는 의원직을 상실하도록 하는 내용을 헌법에 정하였다. 입법부는 '경제적 부담'을 이유로 임기 4년의 단원제 국회를 채택하였고, 대통령은 4년 임기로 직선되고 1차 중임이 허용되는 미국형 대통령제를 채택하였다. 헌법재판소를 폐지하고, 법원에 위헌법률심사권을 부여하였다. 대법원장과 대법관의 선거제도도 폐지하고, 법관추천회의의 제청에 의하여 대통령이 대법원장과 대법관을 임명하였다. 또한 헌법개정은 국회의 의결을 거쳐 국민투표로써 확정하도록 하였다.107)

1962년 헌법은 비록 군사쿠데타에 의하여 성립한 것이었으나, 1962년 헌법 전문에서 명시적으로 밝히고 있는 바와 같이("1948년 7월 12일에 제정된 헌법을 이제 국민투표에 의하여 개정한다.") 기존의 헌정질서를 파괴하고 새로운 헌법질서로 대체하고자 하는 혁명의 산물이 아니라, 제헌헌법의 지도적 정치이념인 자유민주주의의 기반위에서 제헌헌법의 정체성과 동질성을 유지하고자 하는 것이었다.108) 또한 실제에 있어서도 우리나라 제3공화국 헌법은 그 개헌절차적 유형으로 살펴보면 성공한 혁명의 이론으로 설명될 수 있다. 즉, 혁명정권을 담당한 국가재건최

106) 정종섭, 「헌법학원론」, 박영사, 2013, 204면.
107) 정종섭, 「헌법학원론」, 박영사, 2013, 205면.
108) 한수웅, 「헌법학」, 법문사, 2013, 80면.

고회의가 중심이 된 헌법심사위원회가 헌법안을 기초하고 이를 혁명주체인 국가재건최고회의에서 심의·의결한 후 마침내 국민투표에 부쳐 통과되었기 때문에 헌법안이 국민투표에서 절대다수의 지지를 받음으로 인해서 혁명세력에 의한 새 헌법질서는 결국 국민으로부터 그 정당성을 인정받았다.[109)]

그러나 제5차 개헌은 헌법의 정당성이 국민에게서 확보되어야 하고 헌법개정권력의 주체가 국민이어야 한다는 국민주권원리에 부합되지 않는 점, 제5차 개헌이 헌법상의 개정절차를 따르지 아니하고 국가비상조치법이 규정한 국민투표에 의하여 개정되었다는 점에서는 헌법 개정의 법리상 문제가 있다.[110)]

Ⅵ. 1969년 제6차 개헌

박정희 대통령과 민주공화당 정부는 권력분립과 민주주의를 외면한 채 독재체제를 구축해 나갔다. 국회와 사법부는 제 구실을 하지 못했고, 행정부의 시녀로 전락하였다. 제6대 대통령 선거와 제7대 국회의원 총선거에서도 박정희가 대통령으로 재선되었고 민주공화당은 국회 의석의 2/3를 넘게 차지했다.

제7대 국회에서 개헌선을 확보한 여당은 박정희 대통령의 집권연장을 위해 현 대통령의 3선을 허용하는 헌법 개정안을 국회에 제출하였다. 1969년 9월 14일 야당의원을 배제한 채 국회의사당이 아닌 곳에서 여당의원들만이 표결에 참석한 가운데 기습적으로 헌법 개정안을 통과시키고, 10월 17일 국민투표로 헌법 개정을 확정하였다.[111)]

1969년 헌법은 대통령 3선 금지 규정을 4선 금지로 완화하고 대통령의 계속 재임을 3기에 한하도록 규정하였다. 그 밖에 국회의원의 정수를 늘리고 대통령제임에도 국회의원이 국무위원을 겸할 수 있도록 했고, 대통령에 대한 탄핵소추발의 요건과 의결정족수 요건을 가중시켰다.[112)]

1969년의 개헌은 형식상 헌법개정절차로서 국회의결 및 국민투표를 거친 것이지만, 헌법 개정에 필요한 국민적 합의의 형성과정과 국회의사당이 아닌 곳에서 여당의원들만으로 기습적으로 이루어진 반민주적 개헌이었다.[113)]

109) 허 영, 「헌법이론과 헌법」, 박영사, 2013, 61면.
110) 정종섭, 「헌법학원론」, 박영사, 2013, 205면.
111) 정종섭, 「헌법학원론」, 박영사, 2013, 206면.
112) 정종섭, 「헌법학원론」, 박영사, 2013, 206면.
113) 허 영, 「한국헌법론」, 박영사, 2013, 111면; 정종섭, 「헌법학원론」, 박영사, 2013, 206면.

Ⅶ. 1972년 제7차 개헌(제4공화국 헌법)

1971년 실시된 제7대 대통령선거에서 박정희 후보는 야당의 김대중 후보를 근소한 표차로 누르고 대통령에 당선되었다. 그리고 1971년 제8대 국회의원 총선거의 결과 민주공화당의 의석수는 크게 준 반면, 야당인 신민당의 의석수는 크게 늘었다. 이후 국회 운영은 여·야간의 극한적인 대립을 보였고, 야당의 견제를 불편하게 여긴 박정희 대통령은 1971년 11월 북한의 남침위험을 내세워 국가비상사태를 선포하였다. 그런데 국가비상사태선포의 법적 근거가 없어 1971년 12월 27일 초헌법적인 국가긴급권을 허용하는 '국가보위에관한특별조치법'을 만들었다.[114] 이 법률은 국가의 위기를 극복하기 위한 것이라는 명목으로 제정된 것으로 초헌법적인 국가긴급권의 행사를 가능하게 한 것으로 위헌적인 것이었다.[115] 한편 남북간의 비밀접촉을 통해 1972년 7·4 남북공동성명을 발표하여 남북한 쌍방은 ① 자주적으로 조국통일을 하고, ② 평화적 방법으로 통일을 실현하며, ③ 사상과 이념, 제도의 차이를 초월하고 민족적 대단결을 도모하기로 합의하고, ④ 남북 간의 통일문제를 해결하기 위한 남북조절위원회를 구성·운영하기로 합의하였다. 이러한 평화통일에 관한 합의는 북한의 남침야욕을 막기 위한 것으로서 이제까지의 통일정책에 대한 일대 수정을 의미하는 것이었으므로, 남북공동성명의 발표나 직접교섭의 헌법적 성격과 그 정당성이 국회에서도 논의되기에 이르렀다. 그러나 이 남북접촉은 전쟁의 비극에서 동포를 구하고 준전시적인 분단에서 오는 국민의 고통을 덜어주기 위하여 필요한 것이었으나 결국 남북 양측의 체제 강화를 위한 목적으로 이용되었다.[116]

박정희 대통령은 1972년 10월 17일 "정상적인 방법이 아닌 비상조치로써 남북대화의 적극적인 전개와 주변정세의 급변하는 사태에 대처하기 위한 체제개혁을 단행하기" 위해 전국에 비상계엄을 선포한 채 두 달간 헌정을 중단하고 새로운 헌법을 만들겠다는 10·17 비상조치, 즉 이른바 유신조치를 단행하였다. 이 조치는 ① 국회를 해산하고 정당 및 정치활동을 중지시켰으며, ② 국회의 권한을 비상국무회의가 수행하도록 하였고, ③ 조국의 평화적 통일을 지향하는 헌법개정안

---

114) 정종섭, 「헌법학원론」, 박영사, 2013, 206면.

115) 김철수, 「학설·판례 헌법학 (상)」, 박영사, 2009, 222면.

116) 김철수, 「학설·판례 헌법학 (상)」, 박영사, 2009, 222면.

을 공고하여 이를 국민투표에 회부하기로 하고, ④ 1972년 말 이전에 개정헌법에 의해 헌정질서를 회복할 것을 내용으로 하였다.

10·17 비상조치에 의하여 입법권을 행사하고 헌법개정안 작성의 책임을 맡은 비상국무회의는 헌법개정안을 마련하여 국민투표에 붙였다. 국민투표에서 헌법개정이 확정되었고, 12월 27일 공포·시행되었다.117)

1972년 유신헌법에서는 기본권조항의 후퇴가 특히 두드러진다. 기본권 제한사유로서 국가안전보장을 추가하였고, 기본권의 본질적 내용의 침해금지조항을 삭제하였으며, 근로 3권의 주체에 대하여 대폭적 제한을 부가하였다. 전문에서 평화적 통일을 특별히 강조하면서, 대통령과 국회의원 1/3을 선출하는 '주권적 수임기관'인 통일주체국민회의를 신설하였고, 대통령에 대하여 긴급조치권·국회해산권 등 대권적 권한을 부여했다. 반면, 입법부의 권한은 대폭 축소시켜, 국회의 회기를 단축하고 국정감사권을 부인하였으며, 잦은 선거를 피하기 위하여 국회의원 임기를 6년으로 연장하였다. 사법부에 대하여는 대법원장을 포함한 모든 법관을 대통령이 직접 임명·보직·파면하는 제도를 채택하였고, 헌법위원회에 위헌법률심사권 등 헌법재판권을 부여하였다. 헌법개정을 국민투표로 확정하는 방법과 국회의결 및 통일주체국민회의의 의결로 확정하는 방안을 마련함으로써 헌법개정절차를 이원화하였으며, 지방의회의 구성은 통일 이후로 미루었다.118)

이 유신헌법은 "당면한 우리의 헌법생활에 맞춘 헌법이다. 즉 이 헌법의 기본적 성격은 조국의 평화적 통일지향, 토착적 민주주의의 확립, 균등하고 실질적이며 경제적 평등을 이룩하기 위한 자유경제질서 확립, 그리고 자유와 평화수호의 재확인이라는 데 있다."고 하였다. 그러나 실질적으로는 박정희 대통령의 계속 집권을 위한 쿠데타적 성격을 지녔다.119)

Ⅷ. 1980년 제8차 개헌(제5공화국 헌법)

10·26사태 이후 새로운 민주적인 헌법을 갈망하는 국민의 공감대를 바탕으로 국회는 1979년 11월 26일 여야 동수인 28명으로 구성된 '헌법개정심의특별위원회'를, 그리고 정부도 그 동안의 '헌법연구반' 활동을 토대로 1980년 3월 14일 각

117) 정종섭, 「헌법학원론」, 박영사, 2013, 207면.

118) 정종섭, 「헌법학원론」, 박영사, 2013, 207면.

119) 김철수, 「학설·판례 헌법학 (상)」, 박영사, 2009, 223면.

계인사 69명과 전문위원으로 '헌법개정심의위원회'를 구성하여 개헌작업을 따로 진행하였다. 1980년 '5·17조치'로 인해서 국회활동이 정지된 가운데 개헌작업은 정부의 '헌법개정심의위원회'가 맡게 되었고 실질적으로는 그 '요강작성소위원회'가 주도했다. 이 소위원회가 작성한 헌법개정요강안을 토대로 '헌법개정시안작성소위원회'가 헌법개정시안을 만들어 헌법개정심의위원회에 보고하여 헌법개정안으로 확정되었다(9월 9일). 그 후 이 헌법개정안은 국무회의의 심의를 거쳐 공고되고(9월 29일)[120] 10월 22일 국민투표가 실시되었다. 이 국민투표에서 유권자 20,373,869인 중 95.5%가 투표하였고 투표자 중 91.6%가 찬성하여 확정되었다. 이 개헌안은 새 헌법으로 확정되고 1980년 10월 27일 공포·발효되었다.

새 헌법의 발효와 동시에 구 헌법에 의한 국회와 통일주체국민회의는 해산되고 새 헌법에 의한 국회가 구성될 때까지 국회의 권한을 대행할 '국가보위입법회의'가 1980년 10월 29일 대통령이 임명한 81명의 의원으로 구성되어 제5공화국 헌법의 각종 부속법률(대통령선거법·정당법·국회의원선거법·국회법 등)에 대한 입법활동을 폈다.[121]

1980년 3월에 정부에 설치되었던 헌법개정심의위원회 소위원회에서는 각계 각층의 안들을 참조하여 요강을 작성한 뒤, 이를 1980년 8월 헌법개정심의위원회 전체회의에 회부하였다. 헌법개정심의위원회는 이를 토대로 개헌안을 작성한 뒤 9월 12일 대통령에게 보고하였고, 이 안은 국무회의의 의결을 거쳐 1980년 9월 29일 공고되었다.[122] 10월 22일 국민투표가 실시되었고, 이 국민투표에서는 유권자 20,373,869인 중 95.5%가 투표하였고 투표자 중 91.6%가 찬성하여 확정되었다. 정부는 이 개헌안을 1980년 10월 27일 공포하였고 그날부터 실시되었다.

1980년 10월 27일 제5공화국 헌법이 시행됨에 따라 국회의원의 임기는 종료되었고(부칙 제5조), 정당 또한 해산되었으며(부칙 제7조), 통일주체국민회의가 폐지되고 그 대의원의 임기도 종료되었다(부칙 제4조). 이에 따라서 국회의 권한을 각계의 대표자로 구성된 국가보위입법회의가 맡게 되어 입법활동을 개시하였다(부칙 제6조).

제5공화국 헌법 부칙은 국가보위입법회의가 잠정적으로 국회의 권한을 대행케 하면서(부칙 제6조 1항), 이 입법회의가 제정한 법률 등은 그 효력을 지속하며, 이 헌법 기타의 이유로 제소하거나 이의할 수 없다고 규정하고 있었다(부칙 제6조 3

120) 개헌안이 작성되어 대통령에게 보고된 시점은 이미 전두환이 대통령에 취임한 후였다.

121) 허 영, 「한국헌법론」, 117면.

122) 개헌안이 작성되어 대통령에게 보고된 시점은 이미 전두환이 대통령에 취임한 후였다.

항). 이 입법회의는 소위 개혁입법이라는 미명 아래 수많은 비민주적인 법률을 심의·확정하였다. 그 대표적인 것으로 '정치풍토쇄신을위한특별조치법', '사회보호법', '언론기본법' 등을 들 수 있다.

제8차 헌법개정은 개헌안이 구체제의 모순을 청산하려는 명분에서 준비되었던 만큼 유신헌법 전반에 걸쳐 변화가 가해졌다. 이 개헌은 과거의 독재주의 통치체제에서 권위주의 통치체제로 전환을 의미하는 헌법개정이었다.[123)]

Ⅸ. 1987년 제9차 개헌(제6공화국 헌법)

1986년 7월 여·야 합의로 '헌법개정특별위원회'가 발족되었으나, 여당인 민주정의당은 의원내각제요소를 강조하고, 야당인 신한민주당은 대통령 직선제를 내세워 대통령 선출방식을 두고 대립하였다.[124)] 1987년 대통령이 4·13 호헌조치를 통해 개헌은 올림픽 이후로 연기한다고 발표했지만, 이 조치를 장기집권의 음모라고 비난하면서 철회를 요구하는 학생과 시민의 가두시위가 벌어져 1987년 6월 10일 절정에 달하였다. 이 때 박종철 군 고문살인사건 규탄대회가 신호탄이 되었다. 그리하여 마침내 1987년 6월 29일 당시 민정당 대표위원 겸 대통령 후보였던 노태우는 대통령 직선제를 수용하였다. 결국 대통령 직선제를 골자로 하는 헌법개정안이 발의되어 1987년 9월 21일 공고, 10월 12일 의결, 10월 27일 국민투표(투표율 78.2%, 찬성율 94.5%)를 거쳐 10월 29일에 공포되었다. 그 시행은 1988년 2월 25일부터였다.[125)] 비교직 개헌 절차를 준수하고 평화적인 상태에서의 헌법개정이었고, 국회에서 여·야 합의로 개정안이 마련되었다.

여·야간에 주장된 내용과 실제 가결된 내용의 비교를 통해 충분히 깊은 연구가 없이 당초 개헌안이 수정되어 개정된 것임을 발견할 수 있다. 여당인 민주정의당의 헌법개정안(1987. 8. 28)의 골자는 다음과 같다. ① 헌법 전문에 대한민국

---

123) 김철수, 「헌법학원론」, 105~106면.

124) "~현재 개헌정국의 초입에서 여야가 모두 합의개헌을 역설하면서도 동시에 대통령선출방식의 하나인 직선제를 두고 각각 반대와 고수의 입장을 내세워 평행선을 긋고 있기 때문이다. 이번 9차 개헌은 여야합의에 의해 이뤄져야한다는 것이 헌정사의 명제로 확인된 이상 이에 배치되는 여야의 이율배반적 자세는 극복되어야 하고 그러자면 타협이 필연적이다. 그러나 지난80년 개헌 논의때 이원집정부제가 남겼던 나쁜 인상을 척도로 절충형을 정략적인 제도라고 몰아붙이는 분위기 때문에 여야 어느 쪽도 선뜻 이 제도를 꺼내지 못하고 있는 것도 사실이다."(경향신문, 1986년 7월 24일, 합의개헌을 향해).

125) 이준일, 「헌법학강의」, 홍문사, 2013, 79면.

임시정부의 법통 및 4·19 민주이념의 계승을 명문화할 것, ② 국민의 신체와 생명에 대한 보호를 강화하고, 언론·출판에 대한 허가·검열 및 집회·결사에 대한 허가를 금지하고, 근로자의 근로 3권과 사회보장 등 생존권을 실질적으로 확충할 것, ③ 대통령제를 채택하되 책임정치의 구현을 위하여 국무총리·국무위원에 대한 불신임권을 인정하고 아울러 대통령의 국회해산권을 인정할 것과 대통령은 상대다수대표제로 직선하되 그 임기는 6년 단임으로 할 것, ④ 국회의 국정감사권을 부활하고 국무총리 등 해임의결권을 인정할 것, ⑤ 헌법재판소를 신설할 것을 요구하였다.

반면, 야당인「통일민주당 헌법개정시안(1987. 7)」의 골자는 다음과 같다. ① 헌법전문에 대한민국 임시정부의 법통계승, 4·19의거와 5·18광주의거(국민의 저항권)를 명문화할 것과 총강에 평화적 통일조항과 국군의 정치적 중립조항을 삽입할 것, ② 국민의 신체와 생명에 대한 보호를 강화하고, 언론·출판·영화·연예에 대한 허가·검열 및 집회·결사에 대한 허가를 금지하고, 근로자의 근로 3권과 사회보장 등 생존권을 실질적으로 확충할 것(기업경영참여권·이익분배균점권 규정), ③ 대통령은 상대다수대표제로 직선하되 그 임기는 4년 1차 중임으로 할 것과 부통령제를 러닝메이트제로 도입할 것 및 대통령의 국회해산권을 삭제하고 특별검사제를 도입할 것, ④ 국회의 국정감사권을 부활하고 국무총리·국무위원에 대한 해임건의권을 인정할 것, ⑤ 대법원에 (최종적) 위헌법률심사권을 부여하고 탄핵심판위원회를 신설할 것을 요구하였다.

여·야간 타협의 내용은 다음과 같다. ① 저항권과 5·18의 규정 여부에 관한 대립은 '4·19'만을 삽입하는 쪽으로 타결되었다(여당). 그 대신, 총강에 평화통일조항과 국군의 정치적 중립성조항이 삽입되었다(야당). ② 보안처분의 존속(여당)과 폐지(야당)를 둘러싼 대립은 '적법절차'의 한계 내에서 이를 존속시키는 쪽으로 절충안이 타결되었다. ③ 대통령 임기에 관하여는 6년 단임(여당) 4년 중임(야당)의 대립은 '5년 단임'으로 절충안이 타결되었다. ④ 선거연령의 18세 인하(야당)·20세 유지(여당)에 관한 대립은 이를 '법률에 위임'하는 것으로 절충되었다. ⑤ 국무총리 등 해임의결권의 규정(여당)에 관한 대립은 국회해산권은 삭제하되(야당), '해임건의권'을 규정하는 절충안이 타결되었다. ⑥ 헌법위원회에 의한 위헌법률심사제(여당측 원래 주장)와 대법원에 의한 위헌법률심사제(야당)를 절충하여 헌법재판소를 신설하는 방향으로 합의하였다.[126)]

---

126) 신우철, 헌정사연구(抄)－건국헌법에서 현행헌법까지, 영남법학 제9권 제1호, 2002. 12, 64면.

이전 헌법과 마찬가지로 개헌 논의의 시발점이 정치세력간의 집권을 위한 권력 투쟁에서 비롯된 것이며, 이미 예정된 정치 일정에 맞추어 헌법개정이 추진되었으므로 체계적이고 입법기술적인 검토가 충분히 이루어지지 못하였다는 부정적인 평가가 있다.[127] 또한 처음부터 국민의 정치적인 공감대에 바탕을 두고 제정된 헌법이라고 하기 보다는 국민투표라는 형식적인 절차를 거쳐 특정인 내지 특정 집단의 집권구상에 맞게 만들어진 헌법이어서 국민의 생활 속에 파고들어 국민에 의해 수호되고 실현되는 생활규범으로서의 힘을 갖지 못하고 그 규범력이 취약하다는 평가[128]도 있다.

127) 계희열, 헌정40년 회고와 전망, 고시연구, 1988.

128) 허 영, 산 헌법 죽은 헌법, 월간중앙, 1987.

제 3 장 미국 연방헌법 제정사 및 미국의 대통령과 연방의회

제 1 절 미국 연방헌법사 및 기본제도

Ⅰ. 미국의 독립선언

미국의 헌법사를 연구함에 있어서 우선 '독립선언'을 먼저 살펴보아야만 한다. 독립선언은 1763년 이후 본국 영국과의 사이에 행해진 독립전쟁의 과정 속에서 생겨난 것으로 1776년 7월 4일 북미지역의 영국의 여러 식민지의 대표로 구성된 '대륙회의'(continental Congress)에서 발표된 것이다.

독립혁명은 식민지 미국의 본국 영국에 대한 투쟁이었다는 점은 명확하지만, 미국 내부에서는 본국의 식민지정책과 관련해서 특권적 이익을 얻고 있었던 계층인 '왕당파'(Royalist)와 자영농민을 주체로 하는 '애국파'(Patriot)와의 투쟁이었다. 그리고 독립전쟁에서 '애국파'가 승리함으로써 이러한 급진적 민주주의 사상이 독립선언에 포함되게 되었던 것이다. 따라서 시민혁명기 헌법의 성격은 '아래로부터의 근대화'의 유형에 속하는 자유주의적 입헌주의에 입각하여 제정된 헌법이다.

독립선언의 기초위원은 5인이었지만, 그 중 직접 집필한 사람은 토마스 제퍼슨(Thomas Jefferson)이었다. 독립선언은 그 기본적 정치이념을 강조함과 동시에 영국 국왕에 의한 압정으로부터 독립을 결의하는 내용으로 기술되어 있다. 독립선언의 정치사상을 한 마디로 요약하면, ① 자연권사상, ② 계약사상, ③ 저항=혁명권사상이다. 즉 ①의 자연권사상은 "우리들은 명백한 진리로서 모든 인간은 평등하게 창조되고, 신에 의해 일정한 박탈할 수 없는 천부의 권리를 부여받았으며 그 중에 생명, 자유 및 행복의 추구가 포함됨을 확신한다."고 규정하고 있다. ②의 계약사상은 "이러한 권리를 확보하기 위해서 인간 사회에 정부가 조직되었다는 점

그리고 그 정당한 권력은 피치자의 동의에서 유래하는 것임을 확신한다."고 규정하고 있다. ③의 저항사상은 "어떠한 정치형태라 할지라도 이러한 목적을 훼손하기에 이른 경우에는 인민은 이것을 개폐하고 자신들의 안전과 행복을 가져올 수 있는 주의를 기초로 하여 권력기관을 지닌 새로운 정부를 조직할 권리를 가짐을 확신한다."고 하였다. 이러한 3가지 사상은 ①→②→③의 순서로 각각 밀접한 이론적 관련을 가짐과 동시에 ③→②→①의 순서로 각각이 실제상 담보되는 관계에 서 있다고 할 수 있다.

이러한 자연권→계약에 의한 정부→저항권이라는 사상은 널리 민주주의적 정치를 정당화함과 동시에 이를 관리·통제하는 이론으로서 세계 각국에 큰 영향을 미치게 되는데, 미국의 경우 이러한 이론은 논리임과 동시에 역사 그 자체를 의미하는 것이었다. 메이플라워호에 승선한 모든 사람이 영국에 대해 '천부의 자유'를 요구했던 것을 시발로 하여, 주(州: State)나 연방(United States) 모두 대등한 시민들에 의한 계약에 기초해서 설립된다고 하고, 저항권 행사의 결과는 독립을 의미하는 것이었다. 그러한 현실의 과정 그 자체에 내재된 이 사상은 강력한 전파력을 가질 수밖에 없었다.

독립선언의 저변에 흐르는 이러한 기본사상은 확실히 로크(J. Locke)의 이론을 바탕으로 하는 것이었다. 로크(J. Locke)의 사상은 1689년 권리장전으로 집약된 영국명예혁명의 성과를 근대적 이론으로 재구성했던 것이다. 영국에서 로크(J. Locke)에 의해서 재구성된 이론이 19세기 다이시(Dicey)가 주장한 의회주권의 형태로 실정화되었다. 그에 반해, 신대륙에서는 독립선언 이후 만들어진 연방헌법과 그 운용은 오히려 로크적인 재구성을 거치지 않고, 권리장전의 내용에 따라 통치구조를 공화제로 채택하게 된다. 연방제 문제는 별론으로 하고, 영국의 웨스트민스터 의회의 만능성에 대신해서 권력 다원주의의 경향이 일련의 제도에 의해서 조직되게 된다. 영국의 법의 지배를 계승한 경성헌법의 우위, 행정부와 입법부 사이의 권력분립의 강조, 위헌심사제 등이 그것이다.

독립선언이 나오기 전후에 독립한 주(State)들은 헌법을 제정했다. 그 중 비교적 초기에 만들어진 헌법은 독립선언과 마찬가지로 급진 민주주의파의 사상을 강하게 반영하고 있었다. 그 대표적인 것이 펜실베니아(Pennsylvania) 헌법이었다. 이 헌법의 특징은 선거인의 자격에서 재산자격을 요구하지 않았고, 입법부에 압도적인 우월성을 부여했다. 단원제인 의회는 입법권·과세결정권을 전유하고, 행정부의 수장(이른바 지사)과 법관의 선임권을 가지고 있었고, 그에 따라 행정부는 의회소집권이나 의회해산권 등 의회에 대한 관계에서 권한을 갖지 못했다.

그에 반해 비교적 후기에 제정된 헌법은 보다 3권 균형적인 특성을 가지고 있었다. 그 대표적인 것으로서 거론되는 헌법은 1789년 매사추세츠(Massachusetts) 헌법이다. 이 헌법에서는 행정부의 수장은 의회선거의 경우와 마찬가지로 선거권자에 의해서 선출되고, 의회와 대등한 지위를 보장받으며, 법률에 대한 정치적 거부권이나 의회 해산권을 부여받고 있었다. 입법부는 양원제를 취하였고, 선거인이 되기 위한 재산자격도 매우 엄격했다. 원래 이 헌법은 특별한 '헌법제정회의'(Constitutional Convention)에 의해 제정된 점에서 경성헌법의 사상에 입각하였고, 그러한 의미에서 만능적 입법부의 우위성에 대한 억제원리를 포함하고 있었다.

이와 같은 제도적 특성의 차이는 미국혁명의 경과 그 자체를 반영하는 것이고, 아래로부터의 근대화의 윤곽이 어떻게 잡혔는가 하는 점, 급진파와 온건파의 대립 속에서 전자의 우위에서 서서히 후자의 우위로 옮겨지고 있다는 점을 시사하고 있다.

Ⅱ. 미국 연방헌법의 형성과정

버지니아 회사(Virginia Company)는 북아메리카에 식민지를 건설하기 위해, 1606년 4월 10일 영국 왕 제임스(James) Ⅰ세가 칙령을 내려 허가한 영국의 합자회사이자 칙허회사이다. 버지니아 회사는 아메리카 식민지 건설을 하고자 하는 지역에 대해 허가를 해 주었는데, 그 지역에 거주하는 주민들은 버지니아 회사에게 각 지방의 자치를 요구했다. 그렇지만, 영국은 버지니아 위원회를 통해 아메리카 식민지에 대한 궁극적인 권한을 영국 국왕이 가지고 있다고 했다.

17세기 영국의 청교도들은 메이플라워(Mayflower)호를 타고 아메리카 신대륙으로 이주하였다. 아메리카 식민지에는 주민의 직접선거로 선출된 '버지니아 식민지의회'가 구성되었다. 또한 매사추세츠 식민지에도 주민의 직접선거로 선출된 '매사추세츠 식민지의회'가 구성되었다. 식민지에 대한 통치를 위한 법률제정권을 식민지의회에 부여하였다. 그러나 버지니아 회사의 특허장은 1624년 파기되어 식민지정부의 권한은 다시 영국 국왕에게 이양되었다. 그런데 1629년 이후 제임스(James) Ⅰ세는 아메리카 식민지 정책에 식민지인들을 참여시키는 정책을 시행하였다.[129)]

---

129) 이에 관해서는 아베 타케마츠(이병규 역), 미국헌법과 민주제도, 세종출판사, 2005, 4면.

제임스(James) Ⅱ세가 즉위 한 후, 영국은 아메리카 식민지를 직접 관리하기 위하여 왕령식민지를 만들려고 하였다. 1775년에는 코네티컷, 로드 아일랜드만이 자치식민지였고, 펜실베니아, 델라웨어, 메릴랜드는 영주식민지로 남아있었다. 결국 아메리카 식민지는 왕령식민지, 자치식민지, 영주식민지로 나뉘어졌는데, 13개 식민지는 총독, 참의원(Council), 법원을 갖추고 있었다.

13개 식민지 대표들로 구성된 대륙회의는 1776년 6월 규약기초위원회를 발족시켰고, 이 위원회는 1777년에 연합규약(안)을 확정하고 13개 식민지의 비준을 요청했다. 결국 미국 독립전쟁 중인 1781년 3월 1일 개최된 대륙회의에서 비준을 받았다. 이 연합규약은 각 주의 주권(主權)을 그대로 인정하고 중앙정부의 권한을 크게 제한하였다. 즉, 각 주가 주권·자유·독립을 유지하고 각 주 대표로 구성되는 연합의회를 결성하도록 정해졌는데, 중앙정부인 연합의회의 권한은 선전포고권과 조약체결권에 한정되었고, 과세권·통상규제권·상비군 보유 등은 금지되고 있었다. 또한 사법부나 행정부는 존재하지 않았다.

1786년 8월 전 육군대위 다니엘 셰이즈의 지휘 아래, 매사추세츠 주의 농민 폭도들은 다음 주 선거 때까지 군법원이 채무관계의 재판을 더 이상 하지 못하도록 힘으로 방해하기 시작했다. 셰이즈 무리의 대부분은 가난한 농민이었으며, 생활을 파탄나게 했던 빚과 세금에 분노해 있었다. 그러한 부채 상환에 실패하면서 채무자가 감옥에 수감되거나 군에 의해 자산이 몰수된 경우가 많았다. 그들은 지폐 발행 및 저율의 세금을 통해 부채 경감을 요구하였고, 매사추세츠 서부 법원을 강제 폐쇄하여 법원이 부채를 진 농부들의 자산을 몰수하는 것을 방해하려고 했다. 셰이즈의 반란(Shays' Rebellion)은 1786년에서 1787년에 매사추세츠 주 중부와 서부(주로 스프링 필드)에서 일어난 무장 봉기이다. 이 반란은 연합의회의 재정적·정치적 무능에 분노했으며, 제도적 결함을 질타하였으며, 연합규약을 재평가하자는 목소리에 활기를 불어 넣었다. 결국 1787년 5월 17일에 시작된 필라델피아 헌법제정회의에 강한 추진력을 제공하게 되었다.

1787년 5월 14일 필라델피아에 12개 식민지 대표가 모였다. 연합규약을 개정하기 위해 모였으나, 이에는 전체 13주의 비준이 필요했기 때문에 연합규약의 개정은 거의 불가능하였다. 따라서 연합규약의 개정 대신 제헌의회로 그 성격이 변화되었다. 1787년 5월 25일 조지 워싱턴을 의장으로 선출하고 제헌의회 과정으로 들어갔다.

필라델피아 헌법제정회의에서 입법부 구상과 관련하여, 인구비례로 입법부를 구성하자는 버지니아(Virginia)안과 각 주가 동등한 의석수를 갖는 입법부를 구성하자는 뉴 저지(New Jersey)안이 대립하였다. 결국 셔먼(R. Sherman)의 코네티컷(Connecticut)안이 타협안으로 채택되었다. ① 버지니아(Virginia)안은 버지니아(Virginia)주 주지사가 제안한 것으로서 연방의회는 양원제로 하고, 하원은 인구수에 비례하여 각 주의 주민에 의한 선거로 선출하고 상원은 인구수에 비례하여 각 주 하원이 선출하도록 하는 안이다. 이 안은 인구가 많은 주가 연방의회에서 영향력을 행사할 수 있기 때문에 이러한 주들의 입장을 대변하는 견해이다. 반면, ② 뉴 저지(New Jersey)안은 뉴 저지(New Jersey)주의 피터슨(William Peterson)에 의해 제안되었는데, 연방의회는 단원제로 하고, 모든 주는 인구와 무관하게 연방의회에서 동등하게 1표를 행사하자는 안이다. 인구가 적은 주의 입장을 대변하는 안이었다. ③ 해밀턴 안은 주의 주권을 박탈하고 하나의 강력한 국가를 세울 것을 주장했다. 의회는 양원제로 하고, 하원은 국민이 직접 선출하고 상원은 종신제로서 국민들이 선출한 대의원에 의한 선출하자는 안이었다. ④ 버지니아안과 뉴 저지안의 타협안으로서의 코네티컷(Connecticut)인은 로저 셔먼(Roger Sherman)이 제안한 것으로서 연방의회는 양원제로 하고, 하원은 각 주의 인구비례로서 56명을 선출하되 각 주의 주민에 의해 직접 선출하고, 상원은 인구수와 무관하게 동등하게 각 주마다 2명씩 동수의 위원을 주의회에서 선출하자는 안이다.130)

남은 미해결의 문제는 인구수에 노예를 포함시킬 것인지 여부였다. 노예가 많은 남부 주는 연방하원의원 선거에 있어서 인구수에 노예를 포함시켜야 한다는 주장하였다. 반면, 노예가 적은 북부주는 하원의원 선거에 있어서 인구수 산정에 노예를 제외해야 한다고 주장하였다. 이에 대한 타협책으로서 각 주는 인구수를 기초로 하원의원의 정수를 결정하기로 하고, 노예는 자유인의 3/5으로 계산하여 인구수를 정하기로 하였다. 이러한 계산법을 연방헌법 제1조 제2항 3호에 규정하였다.

필라델피아 헌법제정회의에서 대표 39명의 서명을 얻어 연방헌법안이 마련되었다. 그 후 13개 주 중 헌법 발효에 필요한 3분의 2인 9개주가 1788년 6월 비준하였다. 미국 연방헌법은 1789년 3월 4일 발효되었다. 미국 연방헌법은 후에 개인의 자유보장을 위해 1791년 10개의 조문이 추가되었다. 이를 미국헌법에 있어서 '권리장전'이라 부른다. 그 후 수정헌법 제27조까지 증보되었다.

---

130) 임재주, 미국의회론, 한울 아카데미, 2013, 47-52면.

Ⅲ. 연방국가에서 연방주의와 권력분립제

미국의 헌법전은 통치기구를 축으로 하고, 후에 인권규정이 추가되어 오늘에 이르고 있다. 미국 연방헌법은 통치기구의 분리·독립형을 취하는 통치조직의 특징을 지니고 있다. 그렇다고 해서 양자가 절대적으로 분리·독립되어 있다는 것을 의미하지 않는다. 미국의 유형을 일명 '대통령제'(presidential system) 또는 '엄격한 권력분립제형'(separation of powers)이라고 부른다.

1. 연방주의

미국 헌법기초자들은 3권 분립을 채용하여 안정되게 수장에 의한 국민에 대한 책임과 국민에 의한 민주적 감시를 결합시키고 있다. 그 제도의 확립은 1776년과 1787년의 연방헌법 제정까지의 변화 속에서 보여진다. 즉, 1760년대에 독립혁명을 거치면서, 그 지도권은 점차 온건파에서 급진파의 손으로 옮겨지고 그 사상이 독립선언에 그대로 표출되었다. 이는 무엇보다도 과거 영국 본국 정부의 권위를 타파하는 것이고, 전제정치와 동의어로 간주된 중앙집권 정부의 배척이었다. 따라서 그 당시 미국인에게 이상적이라고 생각되었던 것은 약한 정부(weak government)와 지방분권주의였다. 이 생각을 지지한 계층은 주로 종속적인 지배층에 대항하는 서부의 소농민층 및 동부의 기능인이었다.

그런데 영국으로부터 독립함으로써 영국 본국의 중상주의의 속박에서 벗어나 번영의 길을 찾았던 상공업자층이 대두하였고, 그러한 상공업자층은 중앙정부의 약체화로 인해 자신들의 발전이 저해된다고 생각하였다. 그래서 상공업자층은 종래의 지배층과 결합해서 상공업자의 번영을 보장받기 위해 강력한 중앙정부의 수립을 요구하기에 이르렀던 것이다. 이러한 과정에서 각주는 독립국가로서의 성격을 갖지 않는 연방 내의 주(州)로 존재하고, 이러한 주헌법 또는 주법률을 기속하는 연방헌법이 제정되었다.

미국은 50개의 주정부와 1개의 연방정부가 연합된 연방국가이다. 연방정부의 권한은 강하지만, 연방국가로 되기 이전부터 각 주는 존재하고 있었고 연방국가로 된 이후에도 각 주의 독립성은 존중될 수밖에 없었다. 연방헌법상 연방정부에게 부여된 권한은 주정부에 우선하는 권한이지만, 그 밖의 모든 권한은 주정부에게 유보되어 있다.

(1) 연방정부의 권한

미국 연방제의 수립은 연방헌법의 제정시부터 최대의 쟁점이었는데, 지금도 그 대립은 모습을 바꾸어서 전개되고 있다. 미국 헌법사에서 볼 수 있듯이, 연방정부는 "열거된 권한"만을 가지는 것이 원칙임에도 불구하고 연방의 권한은 점차 확대되고 있다. 연방대법원이 연방의회의 권한을 확대해석하고, 또한 연방헌법이 정한 인권조항을 확대해석하여 주(州)에 적용함으로써 주의 행위에 대한 제한을 가하고 있다. 또한 연방헌법 제6조 제2항에 의하면, 미국 연방헌법은 국가의 최고법규범이며, "각 주의 법관은 각 주의 헌법 또는 법률 중에서 그것에 반하는 규정이 있는 경우라고 해도 그것에 기속된다."고 규정하고 있는 점에서 연방헌법의 최고성을 부여하는 "최고법조항"(Supremacy Clause)이 존재하고 있다.

(2) 연방정부와 주정부의 권한의 충돌

미국 연방법률과 연방정부의 권한으로 체결된 조약이 주법률과 충돌하는 경우, "최고법조항"(연방헌법 제6조 제2항)에 의해 연방법률이 우선하게 된다. 미국 연방헌법에는 연방정부의 권한이 모호하게 규정되고 있고, 그 밖의 권한은 주정부에게 부여하고 있기 때문에, 연방정부의 권한행사가 주정부의 권한을 침해하는지 여부가 헌법적으로 문제되고 있다.

연방법이 연방헌법에 위반되지 않는 한, 연방법이 특정 사안에 배타적으로 적용된다고 규정하면, 이러한 사안에 관해 주법의 적용은 원칙적으로 배제된다(적용배제 원칙). 결국 주법이 연방법에 저촉되는지 여부가 문제된다. 연방대법원이 이 문제를 사법심사한다.

2. 권력분립원리

권력분립제의 기원은 권력자에 대한 불신과 공포에 근거하고 있다. 즉, 식민지 시대에 미국은 영국 국왕에 의해서 임명된 총독(Governor)의 지배를 받고 있었는데, 이 총독은 매우 광범위한 입법권, 행정권 및 사법권을 모두 가지고 있었고, 그 때문에 주(州)에서 선발된 대표자에 의해 구성된 식민지 의회와 충돌하고 있었다. 따라서 헌법기초자들은 이러한 권한을 한 사람 또는 하나의 기관에 집중할 경우에 국민의 권리나 자유는 보장되지 않고, 민주주의 정치는 불가능하다고 믿었다.

그런데 1776년 독립혁명이 끝나고, 정치가 연합회의를 중심으로 진행되어 가면서 이미 전제적인 군주가 존재하지 않는 미국에서 전제적인 권력을 지닌 주체는 시민 대중과 가장 밀접하게 결합될 수 있는 입법부, 특히 하원이라고 생각하게 되었고, 이러한 입법부의 전제를 어떻게 억제할 것인가가 고민거리였다. 그 결과 창안된 제도가 대통령제라고 한다.

매디슨(Madison)은 다음과 같이 말하였다.

"전제 군주로부터 자유를 옹호하는데 전력을 다했는데, 입법부에 의한 권력 찬탈에 관해서 생각되었던 것은 없었다. 그러나 이러한 입법권의 권력 찬탈은 전(全)권한을 그 수중에 장악시킴으로써 집행부의 권력집중과 같이 필연적으로 전제화로 나아가는 것이다."

이러한 주장이 입법부의 권한을 다시 고려하는 계기가 되었고, 입법부의 권한을 통제하기 위한 것으로 입법부로부터 집행부를 독립시키고 집행부의 대표를 국민이 직접 통제하는 제도로 고안하려 했던 것이다. 즉, 집행부의 기능은 대통령에게, 입법권은 연방의회에, 사법권은 법원에 부여하고, 각각의 기관에 다른 어느 기관에 의해서도 침해되지 않는 자율적이고 독점적인 활동을 인정했던 것이다. 대통령은 의회에 대해 어떤 책임도 부담하지 않는다는 것이고, 더 나아가 대통령을 연방의회의 다수파가 어떠한 평가를 하여도 연방의회는 대통령을 파면할 수 없었다. 즉, 대통령은 4년의 임기가 경과한 후 그가 재선을 위해 입후보한 경우 그 대통령을 시민이 낙선시키는 방법으로만 불인정할 수 있다. 연방의회가 대통령의 각료에 대하여 사임을 법적으로 강제하는 것도 불가능한 것이다.

이와 같이 대통령이 연방의회에 대해 파면도 책임도 지지 않는 것에 대응해서 연방의회도 또한 헌법에 정해진 기간 동안 재직하는 것이 보장되었다. 예를 들면, 대통령과 연방의회의 다수파 간의 대립이 격렬해도 대통령은 연방의회를 해산할 수 없었다. 이와 같은 상호 정치적 독립과 자치권은 헌법에 의해 보장되고 있다. 즉, 상원의원 또는 하원의원은 어떤 사람도 그 재직 중 합중국의 어떤 관직에도 임명되지 않는다. 또한 미국 합중국의 공무원은 어떠한 사람이라고 해도 그 재직 중에는 의원이 될 수 없다. 결국 정부의 관직과 의회의 의원간에 겸직이 헌법상 금지되고 있는 것이다.

연방헌법은 연방의 권한을 연방의회, 연방행정부, 연방사법부로 분립하고, 입법권을 연방의회에, 행정권을 대통령에게, 사법권을 연방대법원과 연방의회가 설치하는 하급법원에 부여하였다. 이는 견제와 균형을 통해 전제나 독재의 출현을 방지하기 위한 것이었다. 이러한 권력분립원리는 연방헌법에 명시적으로 규정된 것이 아니라, 3부의 헌법상 권한으로부터 추론되는 헌법원리이다.131)

미국의 입법권, 행정권, 사법권 3권 상호간에는 견제와 균형이 유지되고 있다. 연방의회에서 의결된 법률안에 대해 대통령은 거부권을 가진다. 연방의회는 연방대법원의 상고관할권을 제한할 수 있는 반면, 연방대법원은 연방의회의 법률에 대해 사법심사한다. 연방의회는 행정공무원과 법관에 대한 탄핵권을 지니며, 예산권을 통해 연방정부를 통제한다. 대통령에 의해 체결된 조약은 연방상원의 출석의원 2/3의 찬성을 얻어야 하며, 고위공무원의 임명에 있어서도 연방상원의 동의를 얻어야 한다.

Ⅳ. 미국 연방의회와 정당(政黨)

1. 연방의회

연방의회는 상원(Senate)과 하원(House of Represention)으로 구성된다. 양원제의 연원은 헌법 제정시로 거슬러 올라간다. 당시 주 대표를 몇 명씩 연방의회에 보낼 것인가가 큰 주와 작은 주 사이에 대립되었는데, 그 논쟁 중에서 코넥티컷 주에서 이 대립을 끝내는 타협안이 제시되어 양원제로 정착되었다. 즉, 각 주를 평등하게 대표하는 상원(100명)과 인구비례에 따라 각 주가 대표를 파견하는 하원(435명)이 의회를 구성하도록 설계된 것이다. 하원의 의석에 관해서는 비례대표로 각 주의 인구에 비례해서 각 주에 의석배분을 하는 것을 헌법에 규정하고, 인구의 산정은 10년마다 행해야 한다는 점, 의원 수가 인구 3만 명마다 1명의 비율을 넘어서는 안된다는 점 및 각 주에는 적어도 1석이 보장된다는 점 등을 규정하고 있었다.

임기는 상원이 6년으로 2년마다 3분의 1씩 개선된다. 하원은 "각주의 인민이 2년마다 선출"한다. 선거연령은 양원 모두 18세(수정헌법 제26조)이다. 피선거연령에 관해서는 상원이 30세 이상, 하원이 25세 이상으로 되어 있다. 연방의회는 "적어도 매년 1회 개회해야만 한다."(제1조 제4항). 개회일은 수정헌법 제20조 제2항에 의해서 "법률에 다른 날을 정하지 않는 한 1월 3일 정오"로 규정되어 있다.

연방의회의 권한 중 그 중심은 입법권이다. 미국 연방헌법 제1조 제8항 1호에서 17호에 걸쳐 그 구체적 권한이 열거되어 있다. 이는 한정적 열거규정으로 이

131) 강승식, 미국 연방대법원의 권한과 그 한계, 헌법학연구 제10권 제4호, 2004. 12, 544면.

해되고 있다. 따라서 연방의회의 권한으로 명시되어 있지 않는 것은 주와 주시민에게 유보되어 있다고 해석된다. 연방의회의 권한은 국제적 사항·주 상호간의 사항을 중심으로 하여 헌법에서 열거되어 있는데, 그 내용은 상당히 한정적이다. 예컨대 친족·상속법이나 계약법, 불법행위법의 영역은 연방의회의 소관사항으로 되어 있지 않고, 20세기에 들어서면서 중요한 역할을 수행하는 경제입법도 연방의회의 권한사항으로 되어 있지 않다. 그러나 1920년대 이후 연방의회는 다양한 방법을 이용해서 주에 대한 관계에서 연방의 권한을 확대하고 있다. 그 중에서도 가장 중요한 수단은 주 상호간의 통상에 관한 사항의 규율을 연방의회의 권한으로 하고 있는 조항을 들 수 있다. 이 규정은 원래는 개개 각 상호간의 통상조정을 위한 소극적 역할을 담당한 것이었는데, 점차 연방의회의 권한을 확대하기 위해 적극적인 역할을 담당하게 되었다. 예컨대 연방의회는 노동시간이나 아동노동의 규제법을 제정할 권한을 원래 부여받지 못했는데, 아동노동에 의해서 만들어진 상품의 주 상호간의 매매를 금하는 법률을 제정하는 것을 매개로 하여 실제상 경제규제입법을 제정하게 되었다. 또한 주 상호간의 통상조항을 이용해서 본래의 '통상'만이 아니라, 생산자체의 규율을 연방입법권이 행사할 수 있게 되었다. 뉴딜 시기의 사회적 모든 입법은 그러한 방법으로 연방의회가 제정하였고, 그러한 점에서 격렬한 헌법논쟁을 불러일으켰지만, 1937년 연방대법원 판결(NLRB v. Jones & Laughlin Steel Co.) 이래 주 상호간 통상의 일환으로서 관련되는 생산을 연방입법으로 규제할 수 있게 되었다.

연방의회가 "외국과의 통상, 주간 및 인디안 부족과의 통상을 규제할 권한"을 가진다는 통상규제조항(commerce clause)의 내용은 법률 및 판례에 의해서 확대되어 왔다. 연방대법원이 1964년의 공민권법을 합헌으로 판시함으로써, 통상 규제조항은 경제적 규제 분야 이외에도 확대되어 예컨대 범죄의 통제나 주 및 지방자치단체의 활동통제 등에도 활용되고 있다.

2. 미국 양대 정당제

미국에는 '민주당'과 '공화당'이라는 두 개의 거대 정당이 있다. 그러나 연방헌법에는 정당에 대한 규정이 없다. 이는 건국의 아버지들이 정당을 부정적으로 여겼기 때문이다. 민주당의 원류는 연방 성립당시 정권을 장악했던 해밀턴 중심의 연방주의자(Federalist)에 대항하여 제퍼슨을 중심으로 한 반연방주의자(Anti-Federalist)

에 의해 형성된 당파이다. 민주당은 스스로 '공화주의자'(Republicans)라고 명칭을 내걸었었는데, 그 상대편으로부터 선동적이라는 의미에서 '민주당'으로 불리면서 그 명칭이 정착된 것이다. 그러므로 민주당은 그 발단에서 연방권력에 대해 주의 권리와 개인권을 중시했다. 1850년대에 오늘날의 '공화당'이 결성되고 이들 양대 정당의 병존이 현재까지 계속하고 있다. '자유주의적'인 민주당에 비해, 공화당은 보다 보수적으로 경제에 있어서 자유방임주의를 신봉하는 것으로 보여진다. 민주당과 공화당은 이데올로기와 정책목표에서 차이를 가진다. 민주당은 정부가 개입하여 약자를 보호할 것을 강조하면서 적극적인 정부 개입을 주장하지만, 공화당은 시장이 자율적으로 운영되도록 작은 정부를 지향한다. 또한 민주당은 사회보장을 확대하기 위해 재정지출을 늘리려고 하는 반면, 공화당은 저소득층에 대한 정부의 직접 지원은 장기적으로 바람직하지 않다고 보고 개인의 선택과 책임을 강조한다.

이러한 양대 정당은 어느 쪽도 연방규모의 조직성이 약해 최대의 관직인 대통령 선거시 이외에는 전국적인 응집력을 갖지 못하고, 주의 수만큼 양대 정당이 존재한다는 의미에서 '백당제'라고 불리기도 한다. 민주당은 자유주의에 기반을 두고 개혁적인 성향을 띠는 반면, 공화당은 보수적인 성향을 띠고 있다.

그런데 미국의 정당은 조직화된 대중정당은 아니지만 '관직임명권 획득'을 위한 주요한 활동인 선거시에는 특색있는 역할을 수행한다. 미국에서 선거에 입후보하기 위해서는 정당의 '지명'(nomination)을 받아야만 한다. 이전에는 '정당간부회의'(Caucus)라고 불리는 과두적 조직에 의해서 선발되었지만, 점차 대의원에 의한 지명회의(convention)가 행해지게 되고, 더 나아가 '예비선거'(primary)의 방식이 이용되고 있다. 여기에는 전통적으로 2 종류의 방법이 있고, 선거민이 지지정당을 신고하여 그 정당의 후보자를 선정하기 위한 투표를 하는 '폐쇄식 예비선거'(closed primary)와 그러한 신고를 하지 않고 용지를 받아 어느 정당이든 하나의 정당에 투표를 하는 '개방식 예비선거'(open primary)로 나뉜다. 폐쇄식 예비선거가 일반적으로 취해지는 방법인데, 그러한 절차를 통해서 정당은 일반 선거민과의 접촉을 유지하는데, 선거의 수행에 있어서는 전통적인 '정당체제'가 당연히 큰 힘을 가지고 있다.

정당 모습의 특수성과 함께 그 이상으로 특징적인 것은 '압력단체'와 '로비스트'이다. 정당의 구조가 조직화되어 있지 않다는 점에서 미국에서는 압력단체가 여론을 설득하는 힘이나 입법 등에 미치는 영향력이 크고, 그 결과 크고 작은 많은 압력단체가 활동하고 있다.

제 2 절 미국 대통령 선거와 대통령의 권한

Ⅰ. 미국헌법상 대통령 선거

1. 미국 대통령 선거절차

미국 대통령의 자격과 관련하여, 출생에 의한 합중국 시민이 아닌 자 또는 연방헌법의 제정 시 합중국 시민이 아닌 자는 대통령으로 선임될 자격이 없다. 연령이 35세 미만인 자 또는 14년간 합중국 내의 주민이 아닌 자도 대통령으로 선임될 자격이 없다.

미국 연방헌법은 대통령 선거방식을 복잡하게 규정하고 있다. 대통령의 선거방식을 의회에 전적으로 위임하게 되면 대통령이 의회에 종속될 우려가 있고, 반면 의회로부터 대통령의 완전한 독립은 대통령의 권한 강화로 인해 대통령이 독재할 가능성이 있기 때문이다.

미국 대통령선거에 관해서는 미국 연방헌법 제2조에서 중요한 절차를 규정하고 있다. 미국 연방헌법은 각 주에서 선거인단에 의하여 간선의 방식으로 연방대통령을 선출하도록 정하고 있다. 미국에서 대통령은 국민에 의하여 직접 선출되는 것이 아니라, 각 주에서 선출된 선거인단에 의해 간접적으로 선출된다. 이는 국민전체에 의한 선출이 기술적으로 불가능하던 제헌 당시에 대통령이 의회로부터 독립된 기관이 되도록 하기 위해 의회가 대통령을 선출하지 못하도록 하기 위해 고안된 제도이다. 미국의 헌법기초자들은 대통령이 의회에서 선출되게 되면 대통령이 과도하게 의회에 의존하게 되고 출마를 하려는 대통령 후보자가 의회의 지지를 얻기 위하여 바람직하지 않은 공약 등을 남발할 것을 우려한 것이다.132)

(1) 대통령 선거과정

미국 연방헌법과 주의 법률이나 당규정 등에 정해진 대통령선거절차는 ① 당원

132) Max Farrand, The Framing of the Constitution of the United States 69(1913); 김선화, 미국 대통령 선거제도의 변화와 쟁점, 공법학연구 제13권 제4호, 2012. 11, 6면.

대회(코커스) 또는 예비선거(프라이머리)에서 전국전당대회에 참여할 주 대의원 선출 및 각 정당의 전국전당대회에서 대의원에 의한 대통령 후보자 확정, ② 주 대의원 선거에 의한 주별 대통령 선거인단 선출, ③ 대통령 선거인단의 대통령 선출선거, ④ 대통령 선출선거에서 과반수 득표자가 없을 시 연방의회에서 대통령 선거의 4단계로 나누어 볼 수 있다.

(2) 대통령 후보자 지명절차

미국 연방헌법은 대통령 후보자 지명절차에 관해서는 규정하고 있지 않다. 대통령 후보자 지명절차는 프라이머리와 코커스를 통해 그 다음 정당이 후보자 지명을 위한 전국전당대회를 개최하는 절차이다. 이 절차들은 연방법, 각 주의 정당 규정과 각주의 선거법 등이 적용되는 매우 복잡한 구조로 이루어져 있다. 또한 전국 전당대회는 후보를 결정하는 공식적 절차이지만, 실제로는 이미 프라이머리와 코커스 단계에서 대통령선거의 후보자가 이미 정해지게 된다. 지금의 전당대회는 단지 대통령 후보자로 결정된 자를 추인하는 정도의 의미를 가지게 되었다. 대통령선거 후보자 지명절차는 대통령 후보자에게는 대의원 수를 넓혀나가는 과정으로서 의미가 있다.[133)]

각 주들이 전국 전당대회에 참석할 대의원을 선출하는 방식은 코커스(Caucus)와 프라이머리(Primary) 2가지 방식이 있다. 어떤 주들은 이 두 방식을 혼합하기도 한다. 코커스(Caucus)는 당원에게만 문호가 개방되어 다층적 토론을 통해 전당대회 대의원이 결정되는 방식이다. 반면, 프라이머리(Primary)는 당 간부와 당원뿐만 아니라 일반 주민들까지 전당대회 대의원 선출과정에 참여하는 방식이다. 각 주는 코커스를 예비선거 방식으로 할지, 아니면 프라이머리를 예비선거 방식으로 할지를 결정한다. 이를 변경하기 위해서는 주법을 개정해야 한다.

프라이머리는 당원 외에 일반 유권자의 참여를 허용하고 있는데, 참여자격을 지지자 또는 당원으로 제한하는지 여부에 따라 개방형 프라이머리(open primary)과 폐쇄형 프라이머리(closed primary)로 나눈다. 일괄형 프라이머리(blanket primary)도 있지만, 이는 대통령선거에서는 활용되지 않았다. 일괄형 프라이머리는 선거권자가 투표할 정당에 대한 지지를 명시하지 않고 모든 등록정당의 후보자 선거과정에 참여할 수 있는 것이지만, 이는 2000년에 연방대법원에서 위헌결정[134)]을 받아 폐

133) 김선화, 미국 대통령 선거제도의 변화와 쟁점, 공법학연구 제13권 제4호, 7-8면.

134) California Democratic Party v. Jones, 530 U.S. 567 (2000).

지되었다. 2012년 미국 대선에서 각 주별로 경선방식을 보면, 코커스 방식을 택한 경우가 민주당은 14개주, 공화당은 15개주, 폐쇄형 프라이머리를 택한 경우가 민주당 16개주, 공화당 15개주, 개방형 프라이머리는 민주당 20개주, 공화당 20개주가 있었다.[135)]

(3) 대통령 선거인단 선출 및 대통령 선출선거

다음 단계로 각 주가 주 의회가 정하는 방법에 따라 그 주의 상·하 양원의 정수와 동수의 대통령 선거인[136)](elector)을 선출한다. 즉, 상원의원 100명과 하원의원 435명 그리고 워싱턴 D.C. 3명을 합쳐 모두 538명의 "대통령 선거인단"(electoral college)이 선출된다. 이들 대통령 선거인단은 제2단계로서 비밀투표에 의해서 2명을 선거한다. 선거인단에 의한 투표의 과반수를 차지한 최다득표자가 대통령으로 선임된다. 즉, 538명의 대통령 선거인단 중 과반수인 270명 이상을 확보해야 한다. 만약 이 요건을 충족시키는 사람이 없을 때는 제3단계의 투표가 행해지고, 과반수를 얻은 자가 2명 이상이고 그 득표가 동수인 경우에는 이 2명 중에서, 또한 과반수를 얻은 후보자가 없을 때에는 득표수의 상위 5명 중에서 하원에서 비밀투표로 대통령을 선출하게 된다. 이 경우 각 주는 각각 1표를 가지는 것으로 하고, 주 단위로 투표가 행해진다. 결국 제2단계의 투표에서는 선거인 수를 많이 가지는 큰 주가 유리한 반면에, 제3단계의 투표에서는 작은 주의 의사를 보다 잘 반영하는 구조로 되어 있어, 규모가 큰 주와 규모가 작은 주의 이해의 타협이 도모되고 있다. 미국의 대통령 선거방식은 복잡한 간접선거제의 테두리 하에서 실질적으로는 국민에 의한 직접선거제와 거의 유사한 결과가 나오도록 설계되었다.

---

135) 이정진, "오픈프라이머리 도입논의와 시사점", 국회입법조사처 이슈와 논점 제475호, 2012. 6. 20., 표1 참조; 김선화, 미국 대통령 선거제도의 변화와 쟁점, 공법학연구 제13권 제4호, 9면.

136) 대통령 선거인은 538명으로 구성되는데 이것을 대통령 선거인단(electoral college)이라 부른다. 양대정당이 확립된 이후 대통령 선거인은 정당별로 선거되고, 각인이 사전에 지지하는 자를 유권자에게 공약한 후보자에게 투표해야만 한다. 대통령후보 및 부통령후보는 7월부터 8월에 열리는 전국대회에서 지명된다. 대통령의 임기는 4년인데 선거일은 제1월요일 다음 화요일로 법정되어 있다. 또 대통령의 3선은 금지되고 있다. 헌법 제2조는 그 앞부분에서 "집행권은 미합중국대통령에게 속한다"고 정하고 있다. 집행권의 범위에 관해서는 제2조 제2항 및 제3항에 규정하고 있다. 대통령은 이러한 규정에 열거된 것 이외에 관해서 권한을 가지는지 여부에 관해 다툼이 있다. 이른바 "고유권한"(inherent power)의 존재를 둘러싼 다툼이다.

2. 미국 대통령 선거절차의 기능과 효과

첫째, 대통령의 임기는 4년으로 하고, 동일한 임기의 부통령과 함께 선출되며, 각 주에서는 각 주의회가 정하는 방법에 따라 선거인단을 임명한다. 각 주의 선거인단 수는 당해 주의 연방상원과 연방하원의 총수와 동일하게 인정된다. 그러나 연방의회의 의원은 선거인단의 구성원이 될 수 없다. 미국 연방헌법은 선거인단의 선정방식을 정하지 않고 있으므로, 각 주에서 선거인단에 대해서도 각각 당해 주 의회가 선거인단의 선정방식을 정할 수 있다. 이에 따라 다양한 방식으로 선거인단이 정해질 수 있다. 선거인단을 선정하는 절차는 헌법상 "주 의회가 정하는 방법에" 위임되어 있었다. 그러나 실제 대부분의 주가 주의 주민에 의한 선거로 선거인단을 선정하도록 하였다. 1860년에 남캐롤라이나 주가 주의 주민에 의한 선거로 선거인단을 선정하도록 한 것을 마지막으로 모든 주가 주의 주민에 의한 선거로 선거인단을 선정하였다.

둘째, 대통령 선거인단의 선거 무렵 정당은 중요한 역할을 수행하게 된다. 각 주의 선거인단 선거가 같은 정당에 속하는 선거인단 후보자 명부에 대한 선거로 행해짐으로써, 선출된 선거인은 사실상 주 주민의 명령위임에 기속되는 구조가 되었다. 단지 제1단계 투표시 선거인 수가 적은 주에서 압도적으로 투표수를 얻어도 선거인 수가 많은 주에서 근소한 차이로 패하면 획득 선거인 수에서는 열세가 되는 등의 상황이 발생할 수 있으므로 제1단계 선거에서 다수표를 얻어도 제2단계 선거에서 소수표에 그치는 역전현상이 일어날 가능성이 있다. 그러나 제1단계 선거가 행해지는 각 주에서 선거인단이 선출되면 그 선거인단이 대통령·부통령을 선출하는 절차가 마치기 전에 제1단계 선서의 결과가 확정되게 되고, 제2단계 선거절차는 단순한 통과의례가 된다.

셋째, 대통령 선거에서 중요한 역할을 수행하는 것은 양대 정당에 한정되는 것처럼 되었기 때문에 대통령 후보자 수도 처음부터 좁혀지고, 제3단계의 결선투표까지 가는 경우는 없게 되었다. 실제로 1825년 이후에 3단계 결선투표는 한 번도 없었다. 결국 헌법이 규정하고 있는 3단계에 걸친 선거 후에 사실상 제1단계의 유권자에 의한 투표결과에 따라서 직접적으로 대통령이 선출되는 것과 같은 효과가 생기고 있다.

또한 대통령 선거에 관해서는 헌법이 정한 제1단계의 결정적인 선거에 선행해서 헌법에는 규정되어 있지 않는 중요한 과정이 있다. 각 정당에 의한 대통령 선거후보자의 지명절차가 있다. 1830년대 이후부터 작은 위원회에서 결정하는 방식이 변경되어 각 주에서의 대의원이 참가하는 지명대회에 의한 결정방식이 취해지게 되었다. 이 절차 전에 대의원을 선거하기 위해 각주의 당원대회, 더 나아가서는 예비선거가 행해지게 된다. 예비선거를 채택하고 있는 주의 수는 그때 그때 증감이 있고, 한때 12개 주까지 감소했던 적이 있었는데 1968년에는 17주, 1972년에는 23주, 1976년에는 31주, 1988년에는 38주로 증가하였다. 대통령 예비선거는 인기투표적인 요소가 적지 않지만, 대통령후보의 지명에 있어서 직업정치가의 뒷거래를 방지할 수 있는 중요한 역할을 수행하고 있다. 예비선거를 행한 주에서 파견된 대의원은 예비선거시에 자신이 지지한 후보자를 위해 전국지명대회의 제1회 선거를 해야만 한다.

대통령 선거인수의 과반수를 얻지 못하면 대통령의 선출은 연방 하원에서 결정하게 된다. 이에 관한 규정은 수정헌법 제12조에 규정되어 있다. 연방 하원은 상위득표 3인의 대통령후보자 중에서 비밀투표로 대통령 선출선거를 한다. 연방 하원에서의 대통령 선거시 주(州) 단위로 선거하고, 각 주(州)는 동일하게 1표의 투표권을 지닌다. 선거에 필요한 정족수는 전체 주의 3분의 2의 주로부터 1명 또는 그 이상의 의원의 출석으로 성립하며, 전체 주의 과반수의 찬성을 얻어야 대통령으로 선출된다.

Ⅱ. 미국 헌법상 대통령의 지위와 권한

1. 대통령 권한에 관한 미국 연방헌법

헌법기초자들이 대통령제를 창안할 때 고려했던 중요한 사항은 첫째, 왕이나 국가의 자의적 권한행사에 대한 제한과 개인의 자유 보장을 위한 제한정부(Limited Government), 둘째, 헌법이나 법률의 근거에 의해서만 정부가 권한을 행사할 수 있게 하기 위한 '법의 지배'(Rule of Law), 셋째, 정부의 세 부가 각각 한정된 권한영역을 가지도록 하기 위한 '권력분립'(Separation of powers), 넷째, 각 부가 정부의 다른 부의 권한을 제한하거나 통제할 수 있게 하기 위한 '견제와 균형'(checks and balances) 등 이었다.[137)]

---

137) Michael A. Genovese, The Power of the American Presidency 1789-2000, p. 9.

미국 연방헌법은 대통령의 권한[138]에 대해 명확히 규정하고 있지 않다. 미국 연방헌법 제2조는 "행정권은 미국 연방의 대통령에게 부여되어 있다."고 간략하게 서술하고 있다. 연방헌법 제1조에서의 의회에 관한 규정이 매우 상세한 데에 비하여, 연방헌법 제2조의 행정부에 관한 규정은 매우 간략하여, 그 의미를 쉽게 파악하기 어렵다. 연방헌법 제2조에서는 행정부에 관해 규정하고 있는데, 이 중 몇몇 특별한 대통령 권한을 규정하고 있다. 연방헌법 제2조 제1항은 행정권의 대통령귀속과 대통령의 임기, 선거방법을 규정하고,[139] 세부적으로 대통령선거인단, 선거방법(수정헌법 제12조로 대체), 투표일, 대통령 피선거자격, 대통령 궐위시의 권한대행, 보수, 선서 등을 규정하고 있다. 연방헌법 제2조 제2항에는 대통령의 군통수권 및 행정각부 지휘권, 사면권, 조약체결권, (외교사절, 영사, 연방대법원판사를 포함한) 공무원임명권, 상원 결원시 충원권 등을 규정하고 있다.[140] 제2조 제3항에는 연방의 상황에 관한 대통령의 의회보고의무, 비상시의 의회소집 요구권, 양원정회요구권, 외교사절 접수권, 법 성실집행의무 등을 규정하고 있다.[141]

미국 대통령은 군대의 총사령관이 된다고 연방헌법에 규정되어 있지만, 연방헌법 규정은 이 권한의 세부적 사항을 설명하고 있지 않다. 또한 미국 대통령은 조약을 체결할 권한을 가지고, 고위 공무원을 지명할 권한을 가진다. 그러나 이러한 권한도 의회와 공유하고 있다. 더욱이 연방헌법 제2조의 그 밖의 규정, 예를 들면 대사와 외교사절 접수 및 법이 성실히 집행되도록 유의해야 하는 규정은 권한이

138) 이에 관한 중요한 선행연구로는 이헌환, "미국대통령의 권한과 그 한계", 세계헌법연구 제9호, 2004, 131면 이하 참조.

139) 「행정권은 미국연방 대통령에게 속한다. 대통령의 임기는 4년으로 하고 동일임기의 부통령과 함께 다음의 방법에 의하여 선거된다.」

140) 「① 대통령은 미국연방의 육군, 해군 및 현재 연방의 군역에 복부하는 각 주 민병대의 총지휘관이 된다. 대통령은 행정각부의 중요공무원으로부터 소관직무사항에 관하여 문서로 의견을 요구할 수 있다. 대통령은 탄핵의 경우를 제외하고는, 연방에 대한 범죄에 대한 형의 집행정지 또는 특별사면을 행할 수 있다. ② 대통령은 상원의 조언과 동의를 얻어 조약을 체결할 권한을 가진다. 단 조언과 동의는 출석의원 2/3의 찬성이 있어야 한다. 대통령은 대사 기타 외교사절, 영사, 연방대법원의 판사 및, 임명방법이 이 헌법에 달리 규정되어 있지 않은 모든 연방공무원을 상원의 조언과 동의를 얻어 임명한다. 단 연방의회는 법률로써, 적당하다고 인정하는 하급관리의 임명을 대통령에게 또는 법원 또는 각 부의 장에게 위임할 수 있다. ③ 대통령은 상원의 폐회 중에 발생하는 모든 결원을 임명위원회를 통하여 충원할 권리를 가진다. 단 이러한 임명위원회의 임기는 의회의 차기회기의 종료와 함께 만료된다.」

141) 「대통령은 연방의 상황에 관하여 수시로 연방의회에 보고하고, 또 필요하다고 인정되는 시책의 심의를 연방의회에 권고하여야 한다. 비상사태에 있어서는 대통령은 양원 또는 양원 중의 1원을 소집할 수 있다. 개회의 시기에 관하여 양원간의 의견이 일치하지 아니하는 경우에는 대통령은 적당하다고 인정하는 시기까지 양원에 정회를 명할 수 있다. 대통령은 대사, 기타의 외교사절을 접수한다. 대통령은 법률이 성실히 집행되는지의 여부에 유의하고 연방의 모든 관리를 통솔한다.」

라기 보다는 책무에 가깝다. 또한 대외관계에서 대통령의 권한 및 군사에 관한 권한과 같이 대통령 권한의 한계와 범위가 명확히 정의되지 않았다.

Dames & Moore v. Regan 사건[142)]은 1979년 이란이 미국 대사관직원 53인을 인질로 감금하자, 카터(Carter) 대통령은 미국내 모든 이란 자산을 동결하였다. 14개월 후 카터(Carter) 대통령은 미국인 인질 석방을 위해 이란(Iran) 자산과 교환하여 인질을 석방시켰다. 미국 대통령은 행정협정에 의해 이란과 관련된 분쟁을 헤이그에 설립된 중재기구에서 해결하도록 하였다. 그 당시 미국 법원에 이란을 상대로 약 10억 달러를 청구 중이던 Dames & Moore는 이러한 행정협정이 위헌이라고 주장하였다. 연방대법원은 대통령은 이러한 권한을 지닌다고 결론지으면서, 미국은 계속적으로 자국민의 타국에 대한 청구의 해결을 위해 주권을 행사해 왔다. 이는 상원의 권고와 동의가 필요없는 행정협정에 의해 그러한 청구를 해결하는 확립된 관행을 지녀왔기 때문이다.[143)]

2. 국가의 원수로서의 지위와 권한

미국 대통령은 정부의 수반 이상의 지위로서 국가의 원수로서의 지위를 지니고 있다. 의원내각제 국가에서는 국가의 원수와 정부의 수반은 구별되어 있다. 그러나 미국 대통령은 국가의 원수이자 정부의 수반의 지위를 지니고 있다.

국가원수로서의 미국 대통령은 대외관계에 있어서 미국을 대표하여 외국의 사절들을 영접하고, 영전을 수여하며, 각종의 국가의식에서 주빈으로서 행동한다. 국가원수로서의 대통령은 국민의 리더(leader)로서 중요한 국가문제에 관해 국민에게 호소하고 국민을 지도하는 지위에 있다.

3. 행정부 수반으로서의 지위와 권한

(1) 행정부 수반 일반론

미국 연방헌법상 행정권은 대통령에게 속한다. 그렇지만 대통령이 모든 행정권을 무제한적으로 행사할 수 있는 것은 아니다. 대통령의 권한은 권력분립의 원칙에 의해 내재적 한계를 지니고 있다. 대통령의 권한의 내재적 한계가 어디까지

142) 453 U.S. 654 (1981).

143) 453 U.S. at 679 (1981).

인가에 대한 명확한 기준은 없다.

미국 대통령은 연방헌법 제2조 제3항에 의거하여 "법이 충실하게 집행되도록 유념하는" 임무를 지니고 있다. 행정부 수반으로서 대통령은 모든 행정조직의 통일성과 안전성을 보장하는데 필요한 조치를 하며, 법이 충실히 집행되도록 유념할 책무를 지닌다. 행정조직의 통일성과 안정성은 대통령의 공무원 임명권, 해임권 및 행정지휘력에 의해 유지된다.144)

행정부 수반으로서의 대통령의 권한으로는 구체적으로 연방공무원 임명권 및 해임권, 법해석권, 예산권 등이 있다.

(2) 공무원 임명권

미국 대통령은 행정부 수반으로서 연방공무원 임명권을 지닌다. 연방헌법 제2조 제2항 제2호에는 "대통령은 대사, 그 밖의 공사 및 영사, 연방대법원 대법관 그리고 그 임명에 관하여 이 헌법에 특별한 규정이 없으나 법률로써 정해지는 그 밖의 모든 연방공무원을 지명하여 상원의 조언과 동의를 얻어 임명한다. 다만, 연방의회는 적당하다고 인정되는 하급공무원의 임명권을 법률에 의하여 대통령에게 또는 법원에게 또는 행정 각 성의 장관에게 위임할 수 있다."고 규정하고 있다.

미국 연방헌법에서는 임명되어야 할 연방공무원을 2가지 종류로 규정하고 있다. 하나는 상원의 조언과 동의를 얻어 대통령에 의해 임명되는 중요공무원(principal officers 또는 primary officers)이며, 다른 하나는 대통령 1인, 행정 각 성의 장관 또는 각 법원에 의해 법률로써 임명되는 하급공무원(inferior officers)이다. 중요공무원은 헌법상 명시된 "대사 기타 외교사절, 영사, 연방대법원의 판사"와 헌법상 명시되지 않더라도 법률에 의하여 설치된 모든 다른 연방공무원을 포함한다. "법률에 의하여 설치된 모든 연방공무원들"은 연방의회가 연방공무원직을 창설하면서 상원의 조언과 동의를 필요로 하는지의 여부를 법률에서 정할 수 있다.

하급공무원과 관련하여, 연방헌법 제2조 제2항 제2호에서는 "… 연방의회는 적당하다고 인정되는 하급공무원의 임명권을 법률에 의하여 대통령에게 또는 법원에게 또는 행정 각 성의 장관에게 위임할 수 있다."고 규정하고 있으므로, 하급공무원의 임명권은 대통령, 법원 및 행정 각 성의 장관에게 위임될 수 있다. 이 중에서 대통령과 행정각부의 장에게 위임되는 경우는 크게 문제되지 않았지만, 법원에 의한 임명이 빈번히 문제되었다. 일반적으로 대통령이 연방검사를 임명하지

---

144) 이강혁, 미합중국대통령의 지위와 권한, 미국헌법연구 8, 1997. 6, 67면.

만, 결원이 생긴 경우에는 대통령이 그 결원을 충원하기까지는 연방법원이 연방법에 따라 연방검사를 임명할 수 있다.[145] 그리고 법정 외부에서의 법정모독 사건에서는 법원이 검사를 임명할 수 있다.[146]

법원에 의한 연방공무원의 임명이 대통령의 권한을 제한하는 것인지의 여부가 문제된 사건이 특별검사(independent counsel)의 임명과 관련한 Morrison v. Olson 사건이다.[147] 이 사건에서 연방대법원은 중요공무원과 하급공무원 사이의 구별기준은 명확하지 않으며, 헌법기초자들도 그 구체적 지침을 정하지 않았다고 설시하였다.[148] 연방대법원은 4가지 요소에 의하여 특별검사를 하급공무원으로 인정하였다. 특별검사가 상급자인 법무장관에 의하여 해임될 수 있다는 점, 특별검사가 특정의 제한된 직무만을 행사하고, 아무런 일반적 행정권한이나 정책을 결정할 권한을 갖지 못한다는 점, 제한된 관할만을 가진다는 점, 임기가 직무수행완료 시까지 제한된다는 점이다.[149]

이러한 연방대법원의 논지는 Edmund v. U.S. 사건에서[150] 변경되었다.[151] 이 판결에서 연방대법원은 전원일치의 의견으로, 스칼리아(Scalia) 대법관은 "일반적으로 '하급공무원'이라는 용어는 대통령 아래에 있는 어떤 상급의 공무원과의 관계를 지적하는 것이다. 어떤 사람이 하급공무원인가 아닌가는 그의 상급자가 있는지 여부에 의하여 결정된다. 공식적으로 상급의 지위를 유지하거나 상당히 중대한 책임을 갖는 다른 공무원이 인정될 수 있다는 것으로는 불충분하다."고 하였다.[152] 이어서 연방대법원은 '하급공무원'이란 그 업무가 상원의 조언과 동의에 따라 대통령의 지명에 의하여 임명되는 자에 의하여 어느 수준에서 지시되고 감독되는 공무원이라고 판시하였다.[153]

---

145) U.S. v. Solomon, 216 F. Supp. 835(S.D.N.Y. 1963).

146) 통상 법원은 연방검사에게 기소를 요구하지만, 연방검사가 거부할 경우에는 법원이 사적 검사(private prosecutor)를 임명할 수 있다. Young v. U.S. ex rel. Vuitton et Fils S.A., 481 U.S. 787 참조.

147) 487 U.S. 654(1988).

148) 487 U.S. at 671.

149) 이헌환, "미국대통령의 권한과 그 한계", 세계헌법연구 제9호, 2004, 145-146면.

150) 520 U.S. 651(1997).

151) Akhil Amar, Intratextualism, 112 Harv. L. Rev. 747(1999); Nick Bravin, Note, Is Morrison v. Olson Still Good Law? The Court's New Appointments Clause Jurisprudence, 98 Colum. L. Rev. 1103(1998) 등 참조.

152) Edmund v. U.S. 520 U.S. at 661.

153) 이헌환, "미국대통령의 권한과 그 한계", 세계헌법연구 제9호, 2004, 146면.

(3) 공무원 해임권

헌법상 연방의회에 의한 탄핵의 경우를 제외하고 공무원의 해임에 관한 규정이 존재하지 않는다. 그러나 명시적인 규정이 없음에도 불구하고, 대통령의 공무원 해임권은 헌법 제2조 제1항의 임명조항과, 제3항의 '법률이 성실히 집행되는 데에 유의할' 의무로부터 유래한다고 이해되어 왔다.[154)]

대통령의 해임권에 관한 리딩 케이스(leading case)로서 1926년 Myers v. U.S. 사건이 있다.[155)] 이 사건에서 연방대법원은 대통령의 공무원 해임권이 연방헌법상 명문규정을 갖지 않지만, 연방헌법 제2조의 '집행권'과 '법률을 성실히 집행할 의무'에서 불가결한 권한 또는 그에 포함된 권한이며, 공무원 해임권은 '단순 행정공무원'(즉, 집행작용만을 담당하는 공무원) 전체에 미치는 대통령의 전권으로 다른 통치기관의 개입을 받지 않는다고 하여 대통령의 공무원 해임권이 배타적이고 독점적인 권리임을 인정하였다.[156)]

(4) 법 해석권

미국 연방헌법은 연방법률을 해석할 권한이 누구에게 부여되고 있는지에 대한 규정이 없다. 연방대법원은 Marbury v. Madison 사건에서 "법이 무엇이냐를 선언하는 것이 사법부의 특권이자 의무라는 것은 명백하다."[157)]고 판시하였다. 사법심사와 관련하여, 법원이 헌법에 반하는 정부의 행위를 무효화시킬 수 있는 권한을 가진다고 천명하였다.

대통령도 특정 사건에 법을 적용하는 헌법적인 권한을 갖는다. 대통령은 행정권을 부여받고 있으며, 법률이 성실히 집행되는지를 유의할 의무를 지고 있다(헌법 제2조 제1항 및 제3항). 이 경우 법률의 집행권에 법률 해석권이 포함된다고 볼 수 있는지가 문제된다. 헌법과 법률이 상충된다고 판단되는 경우 대통령은 거부권을 행사할 수 있다. 그러나 위헌적인 법률이 제정된 경우, 대통령은 법률보다 헌법을 우선하여야 한다는 견해가 있다.[158)] 그러나 사법부의 유권해석이 없는 상

154) Ronald D. Rotunda/John E. Nowak, Treatise on Constitutional Law, 2nd ed., V. 1, St. Paul, West Publishing Co. 1992, p. 691.

155) 272 U.S. 52(1926).

156) 이헌환, "미국대통령의 권한과 그 한계", 세계헌법연구 제9호, 2004, 147면.

157) Marbury v. Madison, 5 U.S. (1 Cranch) 137, 177 (1803).

158) Frank Easterbrook, Presidential Review, 40 Case W. Res. L. 903, 919-22(1989-1990).

황에서 행정부가 법 해석권을 지닌다는 것이 사법부의 헌법해석을 무시하는 것으로 해석되지는 않는다.159)

(6) 예산에 관한 권한

연방헌법 제1조 제7항에서는 "세입징수에 관한 모든 법률안은 먼저 하원에서 제안되어야 한다." 연방헌법 제1조 제9항 제7호에는 "모든 국고금은 법률에 의한 세출 의결에 의하지 않고서는 이를 지출할 수 없다. 또한 모든 공금의 수납 및 지출에 관한 정규적인 명세서와 결산서는 수시로 공표되어야 한다."고 규정하고 있다. 연방헌법은 연방의회에게 예산에 관한 권한을 부여하고 있다.

그러나 대통령은 실질적으로 예산에 관한 권한을 지니고 있다. 대통령은 10월 1일에 시작되는 회계연도를 위해 매년 광범위한 연방예산안을 준비하여 연방의회에 제출한다. 대통령은 국가의 우선적인 일을 예산에 반영하고 연방 예산에 대한 정치적 주도권을 지닌다. 미국은 예산법정주의를 택하고 있기 때문에 대통령의 예산은 법에 의해 수립된다. 물론 대통령은 예산안을 제출하는 권한을 지니지 있지 않으나, 연방을 위해 필요한 예산을 예산총액으로 연방의회에 권고할 수 있다. 이 권고안에 대하여 연방의회는 그 총액 범위 내에서 우선순위를 정하여 13개의 별도의 지출승인법안을 정하며, 대통령은 이 법안에 대하여 거부권을 행사할 수 있다.160) 대통령의 예산에 대한 권고는 회계연도 동안 언제든지 수정할 수 있다.

4. 대통령의 대외관계에 관한 권한

(1) 일반론

미국 연방헌법에 대외관계에 관한 규정은 거의 없다. 대외관계 행위는 헌법의 내재된 권한과 초헌법적 권한에서 근원하고 있다.161) 전통적으로 대통령은 미국 연방의 대외문제에 관한 권한을 행사하고 책임지고 있다. 대외문제에서 대통령과 입법부가 권한을 공유한다고 하더라도, 연방대법원은 대통령과 연방의회 간에 권력분립원칙에 따른 견제와 균형을 이루도록 크게 관여하지 않았다.162)

159) Tribe, American Constitutional Law, p. 729; 이헌환, "미국대통령의 권한과 그 한계", 세계헌법연구 제9호, 2004, 151면.

160) Federal Budget, in West's Encyclopedia of American Law, V. 4, New York, West Publishing Co., 1998, pp. 387-391.

161) Rotunda/Nowak, Treatise on Constitutional Law, p. 485.

연방대법원은 U.S. v. Curtiss-Wright Export Corp. 판결(1936년)에서 대외문제에 있어서 대통령의 행위에 대한 입법부의 존중을 정당화해 주었다.[163] 이 사건은 볼리비아와 파라과이 간의 차코 전쟁(Chaco War) 동안 관련 국가들에게 무기 제공과 관련하여 루즈벨트(F. D. Roosevelt) 대통령이 선언한 무기수출금지 조치의 합법성 여부였다. 대통령의 무기수출금지 선언에도 불구하고 Curtiss-Wright 사는 볼리비아에 기관총을 선적하여 수출하려고 하였다. Curtiss-Wright 사는 소송을 당하자, 대통령의 무기수출금지가 합법적인지 여부를 다투었다. 대외문제에 관한 연방의회의 권한을 대통령에게 위임하는 것의 합법성 여부가 연방대법원에 제기되었다.

서덜랜드(George Sutherland) 대법관은 연방정부의 대외관계에 있어서 국가의 배타적 기관으로서의 대통령이 중요한 역할을 한다고 하면서, "국외 영역에서 중요하고도 복잡하며 미묘하고 다양한 문제에 관하여 대통령만이 국가의 대표자로서 표명하고 청취할 권한을 갖는다."고 설시하였다.[164] 서덜랜드 대법관은 법정의견에서 헌법적으로 열거된 연방의회의 권한이 대외관계를 행하는 폭넓고도 본질적인 권한의 한 부분이라면, 연방의회는 그 권한을 행정부에 위임할 수 있다고 판시하였다.[165]

(2) 조 약

미국 연방헌법 제2조 제2항 제2호는 조약체결권을 대통령과 상원에게 부여하고 있다.[166] 대통령은 상원의원 출석의 3분의 2 이상의 동의를 얻어 조약을 체결할 수 있다. 헌법 제1조 제10항 제3호에서는 주가 자신의 권리로 조약이나 협약을 체결하는 것을 명시적으로 금지하고 있다. 조약은 국가의 최고법이며 주들을 구속하는 것으로 헌법에 규정되어 있다.[167] 또한 연방사법권은 연방정부의 권한 아래 체결된 조약과 관련한 사건들에도 미친다.[168] 연방의회가 조약을 보충하거나

---

162) Tribe, American Constitutional Law, p. 634; 이헌환, "미국대통령의 권한과 그 한계", 세계헌법연구 제9호, 2004, 153면.

163) 299 U.S. 304 (1936).

164) 299 U.S. 319 (1936).

165) 이헌환, "미국대통령의 권한과 그 한계", 세계헌법연구 제9호, 2004, 153면.

166) 헌법 제2조 제2절 제2항 참조.

167) 헌법 제6조 제2항 "이 헌법 및 헌법에 의하여 제정된 연방법률, 연방의 권위 아래 체결된 또는 장차 체결될 모든 조약은 국가의 최고법이며, 모든 주의 법관들은 그에 구속된다. 어느 주의 헌법이나 법률과 배치되는 규정이 있는 경우에도 동일하다."

168) 헌법 제3조 제2항 제1호 "사법권은 … 체결되거나 체결될 조약에 기하여 발생하는 … 모든 사건…에 미친다."

집행함에 필요한 법률을 제정할 때에는 "필요하고 적절한 조항"(the Necessary and Proper Clause)에 따라야 한다.[169] 조약체결 과정과 관련하여, 일반적으로 행정부는 합의안을 협상하기 위해 대표단을 임명하고 감독하며, 만족할 만한 합의안이 도출되면 상원에 조약안을 제출한다. 조약안이 상원의 2/3의 동의에 따라 인준되면, 대통령은 이를 비준하고 조약은 국제적인 의무로서 기속력있는 협정이 된다. 그 국내법적 효력은 그 조약이 '자기집행적 조약'인지 아니면 '비자기집행적 조약'인지에 따라 결정된다. 예를 들면 재정의 예산책정을 요하는 조약은 자기집행적 조약이 될 수 없고, 후속의 의회예산편성이 요구된다.[170] 비자기집행적 조약을 이행하는 데에 필요한 입법행위를 연방의회가 하지 않는 경우 미국이 국제적 의무를 이행하지 못하더라도, 그것이 연방의회에게 필요한 법률을 제정하도록 명하는 사법부의 권한이 생기지 않는다.[171] 왜냐하면 권력분립의 원칙상 법원이 의회에게 법률을 제정하도록 명할 수 없기 때문이다.[172]

(3) 조약의 대체물로서 행정협정

대통령이 조약체결을 하려고 할 경우에도 상원의원의 3분의 2 이상의 동의 요건을 충족하는 것은 어려운 일이었다. 그러한 이유로 상원의원의 3분의 2 이상의 동의를 필요로 하지 않는 조약 이외의 "국제적 합의"(international agreement)가 활용되었다.

조약 이외의 국제적 합의를 '행정협정'(executive agreements)이라 한다. 조약과는 달리, 인준받지 않은 행정협정이 의회의 이전의 행위를 번복할 수는 없을지라도,[173] 행정협정은 상원의 인준이 없더라도 충돌하는 주법률들에 대한 효력에 있어서는 공식적인 조약과 동일한 효력을 갖는다. 연방대법원은 U.S. v. Belmont 판결에서[174] 모든 국제적인 협약(compacts)과 협정(agreements)의 경우 국제적 관계에 관한 완전한 권한이 연방정부에 있고, 여러 주들은 어떠한 제한이나 간섭을 할 수 없다고 판시하였다.[175]

---

169) 헌법 제1조 제8항 제18호.

170) Turner v. American Baptist Missionary Union, 24 F. Cas. 344 (C.C. Mich. 1852).

171) Tribe, American Constitutional Law, p. 644.

172) 이헌환, "미국대통령의 권한과 그 한계", 세계헌법연구 제9호, 2004, 155면.

173) U.S. v. Guy W. Capps, Inc,, 204 F.2d 655 (4th Cir. 1953), aff'd on other grounds, 348 U.S. 296(1955).

174) 301 U.S. 324 (1937).

상원의 동의없이 행정협정을 체결할 대통령 권한의 범위는 명확하지 않다. 연방헌법은 조약에는 절차적 요건을 규정하고 있다. 반면, 이러한 요건을 둔 조약 대신에 행정협정이라는 대체물을 두었다. 그러나 행정협정에도 일정한 한계가 있다.[176] 대통령이 상원의원의 3분의 2 이상의 동의를 필요로 하지 않고 행정협정을 체결할 수 있다고 하여, 대통령이 조약에 상당하는 행정협정을 상원의 인준없이 체결할 수 있다는 의미는 아니다.[177]

5. 군 통수권자로서의 권한

군 통수권과 관련하여, 연방헌법 제2조 제2항에서는 "대통령은 미국 연방의 육해군의 총사령관이며, 각 주의 민병대가 미국 연방의 사실상 군역에 복무하는 때에는 그 총사령관이 된다."고 규정하고 있다.

연방헌법 제1조 제8항에서는 전쟁을 선포할 권한을 연방의회에 위임한다고 규정하고 있다. 그렇지만 미국 연방의 군 역사는 사전적 의회 승인이 없는 경우 외국에 대해 행정적으로 군사력 사용을 명령한 경우가 상당히 많다.[178] 그에 반해 군사력 사용 명령을 한 행정부의 행위의 정당성에 관한 사법부의 결정은 거의 존재하지 않는다. 이러한 행정부 주도의 많은 군사작전에 대한 의회의 묵인[179]과 전쟁수행권에 관한 부서간의 정치적 논쟁에 대한 해결에 법원들이 스스로 관련되기를 꺼려하는 것은 관련 사건들에서[180] 충분한 설명을 하지 못하고 있다.

행정부에 의해 수행된 방어적 전쟁의 정당성은 Prize 사건에서[181] 연방대법원의 최소 다수로 인정되었다. 1861년 4월의 Fort Sumter에 대한 공격에 뒤이어 링컨(Lincoln) 대통령의 Sourthern항의 봉쇄를 지지하면서, 연방대법원은 입법부의 승인을 얻지 아니하고 침략이나 반란을 진압하기 위하여 군 통수권조항을 통해 파생

175) Id. at 331.

176) Id. at 225-26.

177) Tribe, American Constitutional Law, p. 650; 이헌환, "미국대통령의 권한과 그 한계", 세계헌법연구 제9호, 2004, 157면.

178) Office of the Legal Advisor, U.S. Dept. of State, The Legality of the U.S. Participation in Defence of Viet Nam, reprinted in 75 Yale L. J. 1085, 1101 (1966).

179) Louis Henkin, Foreign Affairs and the United States Constitution, pp. 99-101.

180) 예를 들면, Dellums v. Bush, 752 F.Supp. 1141(D.D.C. 1990); Lowry v. Reagan, 676 F.Supp. 333(D.D.C. 1987); Crockett v. Reagan, 558 F. Supp. 893(D.D.C. 1982); Schlesinger v. Holtzman, 414 U.S. 1321 (1973) 등.

181) 67 U.S. (2Black) 635 (1863).

된 내재적 행정권을 인정하였다. 국내의 반란이나 침략을 진압하기 위해 이러한 군 통수권의 특별한 사용은 사법심사를 받지 않는 정치문제(political question)로 이해되었다.182)

연방헌법은 중요한 동맹국에 대한 기습공격의 경우에도 의회의 승인없이 행정부 주도의 군사행위를 허용하는 것으로 이해된다.183) 특별한 경우에 연방헌법이 대통령에게 재량에 따라 일방적으로 전쟁을 수행할 권한을 허용한다는 것은 헌법이 그러한 재량 행사에 대해 연방의회가 규제하는 것을 금지한다는 것을 의미하지는 않는다.

대통령의 권한과 관련된 판례로 Youngstown Sheet & Tube Co. v. Sawyer 사건184)이 있다. 한국전쟁 중 미국 전국철강노동자조합이 파업을 단행하자 이러한 파업이 국가방위와 전쟁수행에 위협을 줄 것이라고 생각한 트루만(Truman) 대통령은 상무부 장관에게 파업을 막기 위해 철강회사들을 국유화하는 행정명령을 발하도록 하였다. 연방대법원의 다수의견은 철강회사에 대한 국유화조치는 입법작용으로서 연방의회의 권한에 속하지, 대통령의 헌법적 권한에 속하는 것은 아니다. 대통령이 행정명령을 발할 수 있는 권한은 헌법이나 연방의회 법률에 근거가 있는 경우에 한정된다. 연방헌법 제2조에서 대통령에게 국유화조치 권한을 부여하지 않고 있고, 국유화조치는 입법자의 권한이다. 따라서 군 통수권자로서의 대통령의 군사적 권한에 의하여 이러한 국유화조치는 정당화될 수 없다. 다만, 대통령은 법률안 거부권을 가질 뿐이라고 판시하였다.

6. 대통령의 입법에 관한 권한

미국헌법 제1조 제7항 제2호에는 대통령의 법률안거부권에 관해 규정하고 있다.185) 여기에는 환부거부와 보류거부가 규정되어 있다.

---

182) 67 U.S. (2Black) 670 (1863); 이헌환, “미국대통령의 권한과 그 한계”, 세계헌법연구 제9호, 2004, 160-161면.

183) Tribe, American Constitutional Law, p. 659.

184) 343 U.S. 579 (1952).

185) 연방헌법 제1조 제7항 ② 하원과 상원을 통과할 모든 법률안은 법률로써 성립되기 이전에 연방대통령에게 제출되어야 하며, 대통령이 이를 승인하는 경우에는 이에 서명하고, 만일 이를 승인하지 않는 경우에는 이의서를 첨부하여 이를 발의한 원에 환부하여야 한다. 재의의 결과 그 원의 2/3 이상으로 가결되었을 때에는 이는 법률로 성립한다. 이 모든 경우에 있어서 양원의 표결은 찬반투표에 의하여 결정하며, 그 법률안에 대한 찬성자와 반대자의 이름을 각 원의 의사록에 기재하여야 한다. 만일 법률안이 대통령에게 제출된 후 10일 이내(일요일 제외)에 대통령이 이를 환부하

(1) 환부거부(direct veto)

환부거부란 대통령이 연방의회에서 의결한 법률안에 대해 이의가 있을 때 연방의회에 송부하여 재의를 요구하는 거부이다. 연방하원과 연방상원을 통과한 모든 법률안이 법률로 확정되려면, 대통령의 승인과 서명이 필요하다. 대통령이 법률안을 승인하지 않을 경우, 대통령은 서명없이 이의서를 첨부하여 발의된 원에 환부하여 거부권을 행사한다. 대통령이 10일 이내에 환부하지 않으면 법률로써 확정된다.

환부된 법률안은 최우선으로 처리되며, 법률안의 개정은 허용되지 아니하며 호명투표로 결정한다. 이 경우 토론은 허용되지 않는다. 그 발의된 원의 출석의원 2/3 이상의 찬성이 있으면 대통령의 서명 없이도 그 법률안은 법률로 성립한다.[186] 원이 거부된 법률안을 재의결하는 데 실패하면 법률안은 폐기된다.

(2) 보류거부(pocket veto)

보류거부란 연방의회에서 의결되어 대통령에 이송된 법률안에 대해 대통령이 서명이나 환부를 하지 않고 일정 기간 동안 보류함으로써 법률안을 폐기시키는 것을 말한다. 대통령이 자신에게 제출된 법률안을 10일 이내에 서명하지 않으면, 법률안은 법률로 된다. 그러나 서명해야할 10일 이내에 연방의회가 휴회하는 경우에는 법률안은 환부할 수 없게 된다. 이 경우 법률안은 법률로 성립되지 못한다. 이를 '보류거부'라 한다. 미국에서는 회기불계속의 원칙을 채택하기 때문에 의원의 임기 중 연방의회의 휴회뿐만 아니라, 임기 만료로 인한 폐회의 경우에도 법률안을 환부할 수 없으므로 보류거부가 인정된다.

연방의회가 법률안을 의결한 후 바로 고의적으로 휴회함으로써 대통령의 법률안거부권을 유명무실하게 만드는 것을 방지하기 위해 보류거부를 인정하고 있다. 의회의 의결을 거친 법률안이 대통령의 반대에도 불구하고 대통령에게 제출된 후 10일 이후에 대통령의 서명 없이 법률로 되는 것을 방지하기 위한 것이다.[187]

지 아니한 때에는, 그 법률안은 대통령이 이에 서명한 경우와 마찬가지로 법률로 성립된다. 다만, 연방의회의 휴회로 인하여 환부할 수 없는 경우에는 법률로 성립하지 아니한다.

186) Missouri Pacific Railroad Co. v. Kansas, 248 U.S. 276 (1919).

187) Robert J. Spitzer, The Protective Return Pocket Veto, Presidential Studies Quarterly, Vol. 31, 2001, p. 722

(3) 항목별 거부(line item veto)

항목별 거부란 연방세출승인법안에서 전체 법안을 거부하지 아니하고 특정 항목을 거부하는 것을 말한다.[188] 1996년 연방의회는 항목별 거부법(The Line Item Veto Act)을 제정하여 1997년 1월 1일에 발효시켰다. 항목별 거부법은 새로운 직접적 지출항목과 제한된 조세혜택을 포함하여 연방의회에 의해 제정된 새로운 법에 포함된 여러 규정 중의 어떤 것을 취소할 수 있는 권한을 대통령에게 부여하고 있었다.[189]

연방대법원은 항목별 거부법과 관련한 사건인 Raines v. Byrd 판결에서 당사자 적격의 흠결을 이유로 각하하였다.[190] 항목별 거부권은 예산, 지출, 조세에 관한 법률에 대해서 대통령이 거부권을 발동할 수 있도록 1996년 정책항목별 거부권법을 제정하여 그 법적 근거가 마련되었고, 1997년 Clinton대통령은 연방예산의 82 항목에 11회의 거부권을 행사하였다. 그렇지만 이 법률은 1998년 Clinton v. City of New York사건[191]에서 위헌무효가 되었다. 연방대법원은 6대 3으로 항목별 거부권은 일단 성립한 법률에 관해서 그 수정권한을 대통령에게 인정하는 것으로 입법절차를 규정한 미국헌법 제1조 제7항의 제출조항에 위반되는 것이라 보았다. 즉 대통령에게 헌법상 인정되지 않는 권한을 부여한 것으로 권력분립의 원리에 반한다는 것을 근거로 했다.[192]

7. 미국 대통령과 우리나라 대통령 권한의 공통점과 차이점

미국 대통령의 권한과 우리나라 대통령의 권한간에는 공통점과 차이점이 존재한다. 우선 우리나라 대통령의 지위에 관해 비록 선언적인 규정이긴 하지만, 대통령은 행정권의 수반일 뿐 아니라, “국가의 원수”라고 명기되어 있다(제66조 제1항). 나아가 “대통령은 국가의 독립·영토의 보전·국가의 계속성과 헌법을 수호할 책무를 진다.”(제66조 제2항) 또한 “대통령은 조국의 평화적 통일을 위한 성실한 의무를 진다”(제66조 제3항)는 규정을 두고 있다.

---

188) 최소한 43개 주에서 항목별 거부가 인정된다. 20 Weekly Comp. Pres. Doc. 87, 90(Jan. 30, 1984) 참조.
189) 이헌환, “미국대통령의 권한과 그 한계”, 세계헌법연구 제9호, 2004, 163면.
190) 521 U.S. 811, 117 S.Ct. 2312 (1997).
191) 524 U.S. 417 (1998).
192) 윤명선, 미국대통령의 입법에 관한 권한, 미국헌법연구 제19권 제1호, 2008. 2, 12면.

미국 대통령에게는 인정되지 않는 여러 강력한 권한들을 우리나라 대통령은 부여받고 있다. 예컨대 긴급명령권 및 긴급재정경제명령권과 계엄선포권 등 국가긴급권에 속하는 권한들(제76조, 제77조), 그리고 국가안위에 관한 중요정책에 대한 국민투표 부의권(제72조) 등이 그러하다. 긴급명령권 및 긴급재정경제명령권은 법률의 효력을 가지며, 비상계엄 하에서의 특별조치는 헌법적 차원의 효력을 지니는 점에서 예외적으로 강력한 권한들인데, 이들 권한은 단순한 행정권 수반의 지위에서 도출될 수 없는 것이다. 중요정책에 대한 국민투표 부의권도 국민을 직접 상대하는 수단인 점에서 행정권 수반의 지위를 넘는 권한으로 볼 수 있다.

미국 대통령의 권한을 분류하면, 1) 국가원수로서의 권한, 2) 행정부수반으로서의 권한, 3) 대통령의 대외관계에 관한 권한, 4) 군 통수권자로서의 권한, 5) 대통령의 특권 등으로 나누어 볼 수 있다. 미국 대통령은 국가원수이자 행정부의 책임자로서 ① 의회에 입법조치를 요구하며 권고하는 권한, ② 법안·결의안에 대한 거부권, ③ 비상시의 임시의회 소집권, ④ 각주 장관·연방최고재판소 판사·대사 등의 임명권(상원의 조언과 승인 필요), ⑤ 조약의 체결권, ⑥ 육·해·공·해병대의 군 통수권을 갖고 있다.

현행 헌법상 우리나라 대통령제는 대통령제의 전형이라고 할 수 있는 미국형 대통령제와는 다른 일종의 변형된 대통령제라 할 수 있다. 미국의 대통령제에서와는 달리, 우리나라 대통령은 입법부 및 사법부에 대하여 상대적 우위성을 보장하고 있을 뿐만 아니라, 긴급명령권·헌법개정제안권·국민투표 부의권 등 일련의 비상권한도 지니고 있다. 따라서 우리나라 헌법상 대통령은 강력한 국가원수로서의 지위와 행정부 수반으로서의 지위를 겸하고 있다.

【우리나라 헌법상 대통령의 지위와 권한】

지 위	역 할	헌법적 권한
국가원수	• 최고 외교관 • 외국에 대해 국민을 대표 • 외교정책의 형성 및 집행	- 외교권(제73조)
	• 국정 지도자	- 헌법기관 조직권(제98조, 104조, 111조) - 헌법 개정안의 제안권 (제128조) - 국회출석발언권(제81조) - 국회 임시회의 소집요구권(제47조) - 사면권(제79조)

국가 수호자	• 헌법 및 국가 보위	- 긴급명령·긴급재정경제처분권(제76조), 계엄선포권(제77조)
행정수반	• 행정 최고책임자 • 행정부서의 통합 및 법 집행	- 국군통수권(제74조), 공무원 임명권(제78조) - 국무회의 의장(제88조)
	• 정부 최고 입법자 • 의회에 정부 법률안 제출 • 의회 통과 법안의 비준·거부	- 행정입법(제75조), 법률안 제안권(제52조) - 법률안 공포권과 거부권(제53조)

Ⅲ. 미국 대통령과 연방의회와의 관계

미국 연방정부와 연방의회는 독립적 관계에 있지만, 양자간에는 절대적으로 분리되어 있는 것은 아니다. 뢰벤스타인(K. Loewenstein)이 언급한 것처럼, "여러 기능의 융통성 없는 분리는 필연적으로 권력보유자 상호간의 계속적인 폐쇄상태를 형성하는 것과 다르지 않고 또한 그 결과 정치과정이 완전히 마비되어 버리는" 결과가 된다. 이러한 상황이 발생하지 않도록 하기 위해서 각 기관이 자신에게 정해진 국가활동을 하도록 함으로써 상호조정이 요구되는 것이다.

1. 대통령이 연방의회에 미치는 영향

(1) 거부권(Veto)

연방헌법 제1조 제7항 제2목에 의하면 "법안은 대통령이 서명하면 법률이 된다. 또한 대통령이 법안의 송부를 받고 10일 이내에 서명도 거부도 하지 않을 때에는 서명 없이 법률이 된다."고 규정하고 있다. 즉, 대통령이 법안을 승인할 것인지 여부는 재량이며, 이의가 있을 때에는 10일 이내에 이의를 붙여서 연방의회에 환부할 권한이 있다. 일반적으로 이를 '환부거부권'이라 부른다. 거부권은 일반적으로 군주가 가지는 재량권과는 그 성질이 다르다. 군주가 재가하지 않으면 법률이 성립되지 못하므로 이를 '절대적 거부권'(Absolute Veto Power)이라 한다. 이에 대해 대통령의 거부권은 연방의회에 대한 재의결 요구권에 지나지 않으므로 '정지적 거부권'이라 불린다. 재의결과 양원에서 3분의 2이상의 찬성으로 재의결된 때에는 그 법안은 대통령의 서명을 요하지 않고 법률이 된다. 거부(Veto)에는 통상거부(Regular Veto), 교서에 의한 거부(Messaged Veto), 보류거부(Pocket Veto)의 세

가지가 있다. '통상거부'란 의회로부터 송부된 법안을 그대로 의회에 환부하는 것을 말하고, '교서에 의한 거부'란 의회에서 송부된 법안을 교서로 환부하는 경우를 말한다. 반면, '보류거부'란 폐회전 10일 이내에 송부된 법안을 거부하지 않고 대통령이 보유하고 있는 것을 말한다. '보류거부'는 재의할 수 없어 자연소멸되는 것이므로 절대적 거부에 가깝고 대통령은 이의를 제기할 필요도 없게 된다. 대통령의 거부권은 군주의 불재가권과 달리 견제와 균형의 원리가 구현된 정치적 실효성 있는 제도라 할 수 있다.

(2) 교서(Message)

미국 대통령의 교서와 관련하여, 연방헌법 제2조 제3항에서는 "대통령은 수시로 합중국의 상황을 연방의회에 보고하고, 필요하고 적당하다고 판단되는 법안의 심의를 연방의회에 권고해야 한다."고 규정하고 있다. 교서의 형태로는 '연두교서'(Annual Message)와 '특별교서'(Special Message)가 있다. 연두교서는 매년 1월에 연방의회가 열릴 때 행해지고, 국정 전반에 걸친 문제를 대상으로 하는 것이 일반적인데 반해, 특별교서는 특정한 사항에 관한 의견을 표명하기 위해서 행하는 것이다. 대통령의 교서는 워싱턴 대통령, 아담스 대통령 시대까지 연방의회 의장에게 송부만 하였는데, 제퍼슨 대통령 이후 의장에게 송부뿐만 아니라 낭독해야 하는 것으로 변화되었다. 이 점은 의원내각제 국가에서 수상의 시정방침연설이 수상이 의회에 출석하여 의회에서 연설해야 하는 것과는 다르다. 또한 의원내각제 국가에서는 내각은 법률 및 예산 등의 발안권이 있으므로 수상의 시정방침연설은 그 세출하는 의안과 내용상 관련이 있고, 의원의 질문도 당연히 시정방침의 내용과 관련되어 있다. 이에 반해 미국의 대통령은 법률 및 예산에 관한 발안권이 없으므로 권고나 보고에 그치며, 질문은 원칙으로 불허된다.

그러나 이는 법 규정상에 국한되고, 실제로 미국 대통령은 상당한 영향력을 가지고 있다. 법률을 거부해서 의회에 환부하는 경우에 교서가 그 예이다. 대부분 중요한 법안은 사실상 교서의 형태로 대통령이 제출하고, 예산에 관해서도 예산(Budget)이라는 형태로 예산교서를 제출하고 있다.[193] 더 나아가 외교나 전쟁에 관

193) 1921년 "예산 및 회계에 관한 법률"(Budget and Accounting Act of 1921)에 의해서 대통령에게 예산 작성권을 부여하고 있다. 그러나 이것은 법안의 제출권은 아니고, 단지 준비권이어서 그 준비된 것을 교서의 형태로 의회에 이송하는 것에 지나지 않는다. 따라서 의회에서는 대통령으로부터 제출된 예산(Budget)을 참고해서 의원에서 세출·세입예산법안을 제출하는 방식을 취하고 있는 것인데 실제는 거의 그대로 가결되는 것이 현실이다.

한 교서에 관해서도 의회에 제출하여 영향을 주고 의회가 이 교서를 기초로 해서 의결하고 있는 것이 현실이다. 이는 대통령의 교서가 의회에 미치는 영향이 지대함을 입증하는 것이다.

(3) 임시회의 소집 및 결정

미국 대통령의 임시회 소집 및 결정에 관해서는 연방헌법 제2조 제3항에서 "대통령은 비상시에는 양원 또는 그 일원을 소집할 수 있고, 또한 폐회시에 양원간에 의견이 일치하지 않는 경우에는 스스로 적당하다고 인정된 시기까지 휴회시킬 수 있다."고 규정하고 있다. 1933년의 헌법 개정 전까지 임시회는 장기회기(Long Session)와 단기회기(Short Session)로 나뉘고, 장기회기는 각 홀수년 12월 첫째 월요일에 열려 다음 해 여름까지 열리고, 단기회기는 각 짝수년 12월 첫째 월요일에 열려 다음 해 3월 4일에 교대로 열리는 것으로 정해져 있었다. 그러나 새로운 대통령이 선출되면 우선 관리임명에 대한 동의 등을 상원에 요구할 필요가 생긴다. 이 때 의회는 폐회 중이므로 개회를 요구해야만 한다. 이를 위한 대비책으로서 대통령에게 임시회의 소집권을 부여한 것이다. 그런데 이 규정은 1933년에 개정되고, 후에 수정헌법 제20조를 통해 의회 개회는 매년 1월 3일 정오에 대통령의 취임은 1월 20일 정오에 하는 것으로 개정함으로써 임시회 소집의 필요성은 적어졌다.

2. 연방의회가 대통령에게 미치는 영향

연방의회가 대통령에게 영향을 미치는 것으로서 국정조사권(양원), 탄핵재판권(상원), 조약동의권(상원), 공무원 임명동의권(상원) 등이 있다. 특히 여기서는 조약동의권과 공무원 임명동의권에 관해서 설명한다.

(1) 조약체결시 상원의 조언과 동의권

헌법 제2조 제2항 제2호에서는 "대통령은 상원의 조언에 따라 그 승인은 얻어 조약을 체결할 권한을 가진다. 다만, 출석한 상원의원의 3분의 2 이상의 동의를 필요로 한다."고 규정하고 있다. 미국 헌법을 최초로 제정시 조약체결에 있어서 하원을 제외시킨 것은 조약체결을 "비밀과 신속"(Secrecy and Despatch)하게 할 필요성이 있기 때문이었다. 또한 조약의 동의에 상원의 3분의 2를 요하도록 규정한 것은 연합규약 시대의 영향을 받은 것이다. 상원의 3분의 2 이상의 동의를 얻는 것은 매우 어렵다고 판단한 것이다.

(2) 공무원 임명동의권

헌법 제2조 제2항 제2호과 제3호에서는 "대통령은 전권대사, 기타 외교사절, 영사, 연방대법원 판사 및 이 헌법에서 임명에 관하여 특별히 규정하고 있는 것을 제외하고 법률로 설치되는 기타 모든 합중국 공무원을 지명하고, 상원의 조언과 동의에 따라 임명한다. 다만, 연방의회는 적당하다고 인정되는 하급공무원의 임명을 법률로써 대통령에게만 또는 법원이나 각 장관에게 위임할 수 있다."고 규정하고 있다. 또한 "대통령은 상원 휴회 중에 발생하는 모든 결원을 보충할 수 있다. 다만, 그 임명은 다음 회기의 종료로 효력을 상실한다."고 규정하고 있다.

공무원의 임명절차에는 지명과 임명이 존재한다. 실제의 임명방식은 우선 대통령이 적임자를 지명하고 교서의 형태로 상원에 통고하고 상원의 동의를 얻으면 대통령이 임명장을 교부하여 임명한다. 결국 상원의 동의는 대통령의 임명 전에 행해진다. 상원은 한번 대통령이 지명한 공무원에 대해 동의를 하면 그 동의를 철회할 수 없지만, 대통령은 상원의 동의를 얻은 후에도 임명을 거부할 수 있다. 각 부의 장관, 외교사절, 육해군 무관, 연방대법원 판사 등의 임명에 관해서 상원이 드물게는 거부한 예가 있지만, 원칙적으로 대통령의 의도대로 행해지고 있다.

3. 소 결

미국 연방헌법상 규정된 상호 견제와 균형에 의해 영향력을 행사할 수 있는 권한 이외에도 집행부와 입법부간에 상호 영향을 미칠 수 있는 방법이 더 존재한다. 예컨대, 대통령은 당의 지도자로서의 자격에서 연방의회에서의 여당의 행동에 영향력을 행사하고, 연방의회는 예산의 동의권의 범위내에서 대통령의 활동영역에 개입할 수 있다.

미국 대통령은 양원에서 다수파인 여당의 기반하에 자기의 정책을 실현해 갈 수 있다. 그러나 이러한 상황도 변화되고 있다. 뢰벤스타인(K. Loewenstein)의 주장처럼, 이러한 변화는 다음의 두 가지 이유에 기인하고 있다. "첫째, 대통령이 속한 여당이 대통령의 임기 중반에 행해지는 중간선거에서 종종 양원 중 일원 또는 양원에서 다수를 잃어버리는 경우가 있고, 이렇게 해서 대통령은 반대당이 다수를 차지하고 있는 양원에 직면해 정책 수행이 어려워지는 일이 드물지 않다. 둘째, 미국 정당구조에서는 당이 당원에 대한 기속력을 가지고 있지 않다."

제 3 절 미국 연방의회의 조직, 작용, 권한

Ⅰ. 연방의회의 조직과 운영

미국 하원의원은 각주의 주민이 2년마다 선출하는 의원으로, 그 임기는 2년이다. 하원의원은 임기 개시일 기준으로 25세 이상이어야 하고 최소 7년간 미국 시민권자로서 연방정부의 다른 공직을 겸직하지 않아야 한다. 연방의회의 하원의석은 435석이다. 연방하원은 탄핵소추의 독점권을 지니고 있다. 하원의장은 다수당 원내총무이자 다수당을 대변하는 본회의의 대변인으로서 역할을 담당하고 있다.

연방 상원은 각주에서 2명씩 선출하는 의원으로 구성되어 총 100명으로 구성된다. 상원의원은 임기 개시일 기준으로 30세 이상이어야 하고 최소 9년간 미국 시민권자로서 연방정부의 다른 공직을 겸직하지 않아야 한다. 제헌헌법에서는 상원의원을 각주 의회에서 선출하도록 규정했었지만, 1913년 수정헌법 제17조가 제정되어 상원의원도 주민들이 직접 선출하도록 변경되었다. 상원의원의 임기는 6년이며, 상원의원의 1/3이 2년마다 개선된다. 해당 주에 거주하는 18세 이상의 미국 시민은 그 주의 연방 상원의원 선거권을 가진다.

연방의회의 고유한 입법권에는 '입법조사권'과 '입법위임권'이 있다. 연방의회는 적어도 매년 1회 개회하여야 한다. 각 원의 통상의 법안을 심의하는 경우에 정족수는 소속의원 과반수로 한다. 그러나 ① 헌법수정안, ② 상원에서의 탄핵재판, ③ 대통령이 법률안 거부권을 행사한 법안을 다시 재의결하는 경우, ④ 연방의회의원을 추방하는 절차는 3분의 2 이상의 의원의 찬성을 요한다.

Ⅱ. 연방의회의 입법권

미국의 연방정부는 제한정부(limited government)이다. 연방정부는 명시적이든 묵시적이든 간에 헌법전을 통해 국민에 의해 인정된 권한만을 갖는다. 헌법에 의해 연방이 위임받지 못한 권한은 주와 주민에게 유보된다(수정헌법 제10조). 연방입법권에 대한 헌법적 근거와 관련하여, 연방대법원에 의해 연방의회에 부여한 '내재적 권한'이라는 관대한 해석을 통해 광의의 연방입법권이 유지되고 있다.

연방법의 합헌성을 분석하는 데 있어, 항상 두 가지 문제가 제기된다. (1) 연방입법권에 대한 헌법적 근거가 있는가? (2) 연방입법권의 행사에 대한 헌법적 제한이 있는가? 연방정부의 권한 행사에 대한 제한은 '헌법적 권리와 자유'와 '헌법상 권력분립'이라는 양자를 포함하고 있다.

1. 명시적 권한

연방헌법 제1조 제8항은 「외국간, 각 주(州) 상호간의 통상에 관한 권한과 채무지불, 공동방위와 공공복리에 대비하여 조세를 부과·징수할 권한」을 포함하여 연방의회에 대해 다양한 권한을 명시적으로 부여하고 있다.

2. 내재적 권한

(1) "필요하고 적절한 조항"

연방헌법 제1조 제8항 18호에서 연방의회는 "위에 기술한 권한들과 이 헌법이 합중국 정부 또는 그 부처 또는 그 공무원에게 부여한 모든 기타 권한을 행사하는데 필요하고 적절한 일체의 법률을 제정한다"는 규정하고 있다.

(2) "필요하고 적절한"에 대한 해석

"필요하고 적절한"이라는 의미는 연방의회의 입법이 연방헌법의 의미 내에서 정당한가, 즉 "모든 경우에 타당하고 공평하게 제한없이 적용되나, 연방헌법의 문구와 이념에 합헌적인가"이다.194) 연방의회는 자신들의 위임권을 행사하기 위해 "합리적인 수단"을 사용해야 한다.

3. 고유권(Inherent Powers)

제한정부, 즉 정부는 열거된 권한만을 지닌다는 원칙에 합치되게 연방의회는 고유한 국내입법권을 가지지 않는다.195) 이는 반드시 고유한 외교권을 배제한다

194) McCulloch v. Maryland(1819).

195) Kansas v. Colorado (1907).

는 것은 아니다. 연방정부는 헌법과 독립하여 외교주권의 고유권한을 가진다고 연방대법원은 판시하였다.196)

4. 위임권(Delegation of Powers)

연방의회는 기본 입법정책을 결정하고 후속행위를 유도하는 기준을 정형화함으로써 입법권의 본질을 행사하는 것을 주 입법부에 자유롭게 위임할 수 있다. 연방대법원은 오늘날 "공평하고 합리적인", "공정하고 평등한"과 같은 적절한 기준들을 충족하는가에 대해 매우 관대하다.

Ⅲ. 연방의회의 통상권(Commerce Power)

1. 정 의

Gibbons v. Ogden(1824) 사건에서 마샬(Marshall) 대법관은 '주간통상'이란 "주(州)들에 일반적으로 영향을 주는 활동을 포함하는 주(州) 사이의 통상", "하나 이상의 주(州)와 관련된 통상"이라고 폭넓게 정의내렸다.

(1) 지역적 이동

계속적으로 연방대법원은 주(州) 경계를 넘나드는 물품의 이동, 즉 "주간통상"(州間通商; interstate commerce)의 입증을 요구했다. 제조업, 광업 등은 주간통상에 선행한다고 판시하였다.

(2) 확장된 통상권

통상조항에 있는 지역적 제한은 오늘날 넓은 범위로 확장된 활동을 하는 것으로 해석되어 온 연방의회의 통상권 범위를 의미하는 것은 아니다.

2. 통상권을 통한 공공복리의 달성: 연방복지권(police power)

연방의회는 복지상의 목적, 즉 국민의 도덕, 보건, 복지에 대한 국가원리를 입

---

196) United States v. Curtiss-Wright Export Corp. (1936).

법할 명시된 권한을 가지지 않는다. 그러나 주간통상을 “규제”할 연방의회의 권한은 절대적이고, 완전하며, 헌법적 제한에만 기속된다. 연방의회는 주간통상을 보호하고 악용하는 것을 금지하는 입법을 할 수 있다. 연방대법원은 연방의회의 주간통상 규제의 동기나 목적을 엄밀히 심사하지 않을 것이므로 연방의회는 광범위한 통상권 사용으로 복지 목표를 달성할 수 있다.

(1) 구실원칙(Pretext Principle)

McCulloch 사건에서, 마샬 대법관은 연방의회가 주(州)의 영역에서 적절하게 활동을 규제하기 위한 구실로써 연방의회의 위임권을 사용한다면, 연방대법원은 그 법이 위헌적인가를 심사할 수 있다고 판시했다. Hammer v. Dagenhart(1918) 사건에서 연방대법원은 어린이 노동자에 의해 생산된 물품의 주간운송에 관한 연방법은 주 복지권에 대한 침해이고 수정헌법 제10조에 위반되므로 위헌이라고 판시했다.

(2) 보호원칙(Protective Principle)

연방의회가 통상권을 행사하여 사회복지를 달성할 목적으로 법률을 제정할 수 있다는 것은 오늘날 받아들여지고 있다. 이는 주간통상 활동의 경로를 좁힐 수 있고 주간통상의 남용과 악용으로부터 보호하기 위해 주간통상은 지역적으로 규제될 수 있다. 그러나 만약 연방의회가 위임권을 명시적이든 내재적이든 행사한다면, 수정헌법 제10조는 사적인 활동을 규율할 연방의회의 권한에 제한을 가할 수 없다.

3. 통상의 경향

지역적 활동이 주간통상의 경향이나 흐름의 일부분이 된다면, 지역적 활동에 대해서도 연방의회는 규제할 수 있다. 주간통상을 정의함에 있어, 연방대법원은 몇몇 주간통상적 활동이 아닌 성격을 띠는 것에 대해 기술적으로 심사하지 않았고, 전체의 변화에서 지역적 활동에 초점을 두었다.

4. 주간통상 규제원칙(Affectation Doctrine)

연방의회는 주간통상을 촉진하고 보호하기에 필요하고도 적절한 한도까지 지역적 사업을 규제할 권한이 있다. 연방법이 주(州)복지권에 대신하는 목적이나 효과를 가진다는 사실은 연방법의 유효성에 영향을 미치지 않는다.

(1) 직·간접심사(Direct-Indirect Test)

뉴딜정책 이전에는 연방의회가 주간통상에 '직접적 효과'를 미치는 지역적 활동을 규제하는 데에 한계가 있었다. 이것은 직접적 효과를 유발하는 방법의 심사를 제한하는 주간통상에서 지역적 활동 효과의 중요성을 고려하지 못했다.

(2) 현대의 주간통상 규제원칙

연방의회가 주간통상에 상당한 역효과를 가져온다고 합리적 판단을 했다면, 그 효과가 '직접적'이든 '간접적'이든 지역적인 어떤 활동도 규제할 수 있다. 연방대법원은 연방의회의 판단을 존중한다. 그 법이 주복지권법을 대신하는 효과를 가진다고 하더라도 연방법의 유효성에 영향을 미치지 않는다. 그러나 통상조항의 법체계에 중요한 변화를 예고할 판결에서 연방대법원은 연방의회의 통상권에 한계가 있다고 판시했다. 법률과 통상조항 사이의 사법관할상의 관련성이 명백한지 아닌지와 관련하여 이를 해결하기 위해 축적된 판결은 어디에도 없었으나, 연방대법원은 통상의 관련성을 요구할 수 있다고 판시하였다.[197]

(3) 누적효 원칙(Cumulative Effects Doctrine)

주간통상 규제의 타당성을 결정하는데 있어서 비록 개개 활동의 기여가 사소할지라도 연방의회는 규제된 모든 활동의 '누적된 효과'를 고려할 수 있다.

Ⅳ. 연방의회의 과세권(The Taxing Power)

연방헌법 제1조 제8항은 "합중국 의회는 합중국의 채무를 지불하고 공동방위와 공공복리에 대비하는 목적으로 조세·관세·간접세 및 소비세를 부과·징수할 수 있다."고 규정하고 있다. 세입을 결정할 권한을 명문상의 권한으로 연방의회에게 부여했지만 그것은 재정상의 권한이지 독립된 조정권한은 아니다. 물론 연방의회는 자신에게 부여된 권한으로 필요하고 적절하게 세금을 부과할 수 있다. 그리고 조세가 한시적인 동기나 효과에 의할 경우에는 조세를 폐지할 수도 있다. 벌금의 성격을 지닌 세금부과는 세금으로서의 성격을 잃고 국가조세권 하에서 공인되지

197) United States v. Lopez (1995).

않는 처벌적 벌금이 된다.

1. 객관적 합헌성(Objective Constitutionality)

이른바 사법자제원칙은 다른 명백한 규제적 특징을 무시한 반면, 조세 목적이 규정된 입법의 일부분에만 초점을 맞추어 연방대법원이 그러한 과세조치를 인정하는 것을 가능하게 하였다.

2. 형벌이론(The Penalty Doctrine)

규제와 처벌의 성격을 갖는 과세는 세금이 아닌 형벌로 보아야 한다. 통상조항 아래서 그 법률이 하나 또는 둘 이상의 규제권을 달성하는 수단으로써 여전히 합헌적인지가 문제된다. 또한 헌법적 문제로서 활동을 규제할 권한을 지니지 않은 연방의회가 무엇에 근거하여 과세할 수 있는지가 문제된다.

오늘날 연방대법원은 연방의회의 의도를 심사하는 것은 꺼리는 반면, 조세의 필요성과 관계없는 특징을 요구한다. 즉, (1) 세금의 양, (2) 지출하지 못한 것의 중요성, (3) 의도적 조건, (4) 집행당국의 동일성, (5) 계획이나 행정의 상세함을 고려한다.

3. 현대적 경향

현대의 사법적 경향은 과세권이 세입수단이라고 인정되기만 하면, 어떠한 조세도 유효한 조세수단으로서 인정되고 있다.

4. 자기부죄금지 원칙(Self-Incrimination)

공개조건이 과세를 벌금으로 변화시키지는 않지만, 공개규정이 자기부죄금지의 원칙을 침해할 수 있다. 요구되는 정보가 상상적이거나 비실체적이 아닌, "실체적이고 평가할 수 있는" 자기부죄의 위험을 입증하는 일련의 증거와 중요하게 관련되어지는 경우에는 수정헌법 제5조를 위반하는 것이고, 이 경우 납세자는 정보를 제공할 의무가 없다.[198]

---

198) Marchetti v. United States (1968).

Ⅴ. 연방의회의 세출권

연방의회는 명백히 공공복리를 위한 세출권을 가지고 있다. 그러나 이것이 연방의회에게 공공복리를 위한 규제 권한을 부여한 것은 아니고, 이는 공공복리의 목적을 위해 연방의회가 지출하는 것을 인정한 것이다. 세출권은 통제적 권한이 아니라 재정적 권한이다. 그럼에도 불구하고 연방의회는 재정지출에 합리적 조건을 요구할 수 있다.

1. 공공복리

필요하고 적정한 조항하에서 연방의회는 자신에게 위임된 통제권을 행사할 목적으로 지출할 수 있다. 재정지출조항은 연방의회가 공공복리의 목적을 위해 사용토록 권한 지워진 독립적인 재정권이다. 공공복리는 연방헌법 제1조 제8항의 통제권에서 구체화된 특정목적에 의하여 제한된 것이 아니라, 오히려 관련된 국가의 모든 문제를 포함한다. 오늘날 연방대법원은 실질적으로 공공복리의 범위를 결정하는 권한을 연방의회에 양보하고 있다.

2. 합리적 조건

세출권을 행사함에 있어서 연방의회는 합리적인 조건을 연방세출계획의 필수적 관여자인 주(州)에게 부과할 수 있다. 그 계획에 있어 연방과 전혀 관계없는 조건은 정당화될 수 없는 반면, 연방의회의 세출조치에 사법부자제가 있다면, 그 제한은 거의 실질적인 중요성이 없게 된다.

3. 헌법적 제한

헌법규정은 헌법상 보조금의 교부에 독립적 장애물이 될 수 있다.[199] 수정헌법 제10조는 역사적으로 연방의회의 세출권의 완전한 행사에 있어 장애물이었다.[200]

---

199) South Dakota v. Dole (1987).

200) United States v. Butler (1936) [농산물 가격을 올리기 위해 농산물 가공업자에 대해 징세한 것을 농민들에게 보조금으로 지급하게 하는 연방법률이 주 주권(州 主權)에 위헌적인 침해가 된다고 주장했다].

오늘날 수정헌법 제10조에 의하면, 수령자가 연방의 교부와 그것에 부과된 조건을 거부할 자유가 있다는 것은 자명한 이치이다. 이는 참여를 유인하는 것이지, 강제하는 것이라 할 수 없기 때문이다.

그러나 연방대법원이 판시한 바에 의하면, 연방의회에 의해 행해진 재정적 유인은 특별한 조건하에서 너무나 강압적이어서 단순한 압력이 강압으로 변화되는 것으로 볼 수 있다.[201]

4. 계약으로서의 세출: 명백한 조건

연방보조금에 부과된 조건은 계약조항과 유사하고, 지급할 때 투명하고 명확해야만 한다. 그 조건들은 주들이 명확한 선택을 해서 그 조건에 부합하는 보조금을 받을 수 있을지를 알 수 있도록 명백하게 규정되어야만 한다. 불명확한 문구는 정책선언으로서만 간주될 수 있고 주(州)에 대해 구속력 있는 계약으로서 간주될 수 없다.

Ⅵ. 정부간 면제

정부간 면제는 2가지 문제를 다루고 있다. ① 연방의 활동을 규제하거나 세금을 부과하는 주(州)정부 또는 지방정부의 권한, ② 주(州)정부를 규제하거나 세금을 부과하는 연방정부의 권한이다.

이러한 문제를 다룰 때 연방헌법 제6조(우월성 조항, 최고조항)가 일관성을 유지해야 한다. 이 우월성 조항은 연방법의 최고성을 추구하면서 연방헌법과 연방법률을 유지한다. 이는 연방정부가 주정부의 과세와 규제로부터 더 큰 면제를 받아야 하며, 주(州)정부의 기능을 규제하고 세금을 징수하는 더 큰 권한을 가져야 함을 요구한다.

1. 주의 과세와 규제

주정부는 직접적으로 연방정부나 연방기관을 규제하거나 세금을 징수할 수 없다. 예를 들어, 과세의 법적 근거가 연방정부에게 있다면 주정부의 과세는 위헌이

---

201) South Dakota v. Dole (1987).

다. 또한 세금을 징수하는 권한은 세금을 삭감하는 권한도 포함한다.[202)]

주정부는 차별적 대우를 정당화하는 계급간에 중요한 차이가 있다는 입증 없이는 연방정부나 연방정부에 근무하는 사람들을 차별할 수 없다.

2. 연방의 과세와 규제

(1) 주에 대한 연방과세

만일 주에 대해 부과되는 연방조세가 차별적이지 않다면 연방조세는 그대로 유지될 것이다. 여기서 차별적이지 않다는 것은 "연방세금의 부과가 특정 주에만 적절한 것이 아니며 연방교부금에 대한 공정한 반환에 기초하고 있고, 그 비용 또한 주에 제공된 교부금의 면에서 지나치게 큰 것도 아니다."는 것을 의미한다.[203)]

(2) 주에 대한 연방규제

수정헌법 제10조에 반영되어 있는 주 주권의 원리는 주를 규제하기 위한 의회의 권한에 다소간의 제한을 가하고 있다. 그렇지만 연방의 규제적 권한에 대한 주 주권 원리를 이용한 의회 권한의 제한은 수정헌법 제10조의 측면에서 명확하지 않다.

1) National league of Cities v. Usery (1976) 사건

National league of Cities v. Usery (1976) 사건에서 연방대법원은 5 대(對) 4로 통상권하에서 주를 규제하는 연방의회의 권한은 주 주권의 원리에 의해 제한된다고 판결했다. 뒤이은 사건들에서 수정헌법 제10조하에서 연방법률은 3가지 조건을 각각 충족해야 한다고 판결했다.

"첫째, 위헌으로 제소된 법률이 '국가로서의 주'(States as States)를 규율하고 있다는 것을 입증해야만 한다. 둘째, 연방규제가 논란의 여지없이 주의 주권에 속해 있는 문제를 언급하고 있어야만 한다. 셋째, 연방법률에 대한 주의 복종이 전통적 기능의 영역에서 완전한 작용을 하려는 주권을 직접적으로 침해할 것이라는 것이 명백하여야 한다."[204)]

---

202) McCulloch v. Maryland (1819) [미국은행에 의해 발행된 지폐에 대한 주의 과세는 위헌이라고 판시했다.]

203) Massachusetts v. United States (1978) [주경찰 비행기에 부과되었던 연방조세를 연방시설물을 사용하는 모든 민간 비행기에 부과하는 연방조세는 합헌이다.]

204) Hodel v. Virgina Surface Mining & Reclamation Ass'n (1981).

2) Garcia v. San Antonio Metropolitan Transit Authority (1985) 사건

Garcia v. San Antonio Metropolitan Transit Authority (1985) 사건에서, 연방대법원은 5 대(對) 4로 National League of Cities 사건의 결정을 번복했다. 주정부의 기능이 전통적인 것인가 또는 필수적인 것인가에 대한 사법적 결정은 연방주의 원리에 모순되는 것이고 실행불가능한 것으로 판시하였다. 연방주의의 가치를 보호하는 것은 어떠한 주(州) 활동이 연방규제로부터 면제되어야 한다는 사법적 결정이 아니라, 정치적 과정인 것이다. 사법적 역할은 국가정치과정에 있어서 가능한 실패를 보충하는 것에 제한되어야 한다.

National League 사건에 이은 여러 사건들에서 법원들은 연방체제안에서 주(州)의 핵심적인 기능을 확실히 하기 위한 객관적인 기준을 형성할 수 없었다.

Garcia 사건은 주가 사적인 영역에 적용되도록 강제하는 의회입법을 포함하는 것으로 유명한데, 이 사건에서 연방 구조가 상거래 규제권한에 가하는 제한의 본질과 내용을 정하는 것은 선거로 선출되지 않은 연방사법부의 기능이 아니라는 것을 강조하였다. 그것은 연방정부의 체제 속에 있는 것인데, 예를 들어 그러한 제한을 정하는 행정부와 입법부의 선택에 있어서 주(州)의 역할 같은 것이다. “주 주권의 이익은 연방 권한에 대한 사법적으로 만들어진 제한보다 연방체제의 구조 안에 본래부터 내재되어 있는 과정상의 보호책에 의해 더 적절하게 보호된다.” Garcia 사건에서 연방대법원은 주 주권이 주에 대한 의회입법의 규제에 대한 몇 가지 과정상의 확고한 제한을 부여한다고 지적했다. 그러나 이러한 제한은 만일 정치적 과정이 실패할 경우 보호책을 제공하는데 국한된다.[205] Garcia 사건에서 반대의견은 수정헌법 제10조를 강제하는 것이 Marbury 사건에서 사법적 역할과 주(州)의 전통적 기능에 대한 연방의 권리침해이고, 연방 권력에 걸맞는 사법부의 역할을 훼손시키는 것이며, 정치적 과정이라고 하는 것이 연방주의를 위한 보호책으로 부적절하다고 판시하였다. 반대의견은 법원이 주정부와 연방정부간에 존중해야 하는 이익을 조절시켜야 한다고 주장하였다.

New York v. United States (1992) 사건에서 연방대법원은 연방의회가 합헌적으로 주를 규제할 것을 강제할 수 없다고 판결했다. 연방의회가 주를 규제하도록 강제하는 것을 허용한다는 것은 ‘정치적 책임’을 손상시키는 것이다.

주 주권과 관련한 수정헌법 제10조는 법률의 해석에도 영향을 미친다. 연방대

205) Coyle v. Oklahoma (1911).

법원은 미주리 주의 헌법조항(예를 들면, 주 판사의 정년을 70세로 정한 것)이 고용법상 연령에 의한 차별로서 위헌이라고 판시했다.[206)]

연방정부가 명시적으로나 묵시적으로 헌법상 위임된 권한들만을 행사할 수 있는 반면, 주는 주 시민의 보건, 도덕, 복지 등을 위해 이를 관리할 고유의 복지권을 가진다. 그러므로 주 법률의 합헌성을 다루는 경우, 주 권한에 대한 헌법적인 제한에 초점을 맞춰야 한다. 이와 같은 제한들은 헌법적 권리와 자유의 형태를 통한 것이거나 헌법상 권력분립으로부터 나오는 제한들이다.

Ⅶ. 연방의회의 입법절차

1. 의회의 회기

미국 연방의회의 선거는 2년 마다 실시된다. 이렇게 2년 주기 선거로 구성되는 하원의원의 2년 임기 기간을 '의회'(Congress)라 한다. 연방헌법 제1조 제4항에는 "연방의회는 매년 적어도 1회 집회하여야 한다. 그 집회의 시기는 법률에 의하여 다른 날짜를 지정하지 아니하는 한 12월 첫째 월요일로 한다." 이 조항은 1933년 비준된 수정헌법 제20조 제2항에 의해 개정되었다. 즉, "연방의회는 매년 적어도 1회 집회하여야 한다. 그 집회는 의회가 법률로 다른 날을 정하지 아니하는 한 1월 3일 정오부터 시작된다."라고 하였다. 이렇게 의회가 활동을 위해 집회한 날로부터 그 폐회일까지를 '회기'(Session)라 한다. 연방의회는 1년을 회기로 하여 본회의와 위원회가 개최된다.

2. 의안의 종류

미국 연방의회에서 법안을 발의할 수 있는 주체는 연방의회 의원이다. 그러나 사실상 연방정부도 상당히 많은 법안 발의를 하고 있다. 연방정부가 발의한 법안도 형식적으로는 연방의원의 이름으로 발의된다. 연방의회 의원은 개원 중 법안을 언제든지 발의할 수 있다.

---

206) Gregory v. Ashcroft (1991).

(1) 의안의 종류

의안에는 법안(bill), 합동결의안(joint resolution), 동의결의안(concurrent resolution), 단순결의안(simple resolution)으로 4가지가 있다. '법안'(bill)은 양원 중 한 원 또는 양원에서 발의된 가장 일반적인 의안이다. 법안(bill)은 공법안(public bill)과 사법안(private bill)으로 구분되는데, 일반인 모두에게 적용되는 법안을 '공법안'이라 하고, 특정 개인이나 특정 단체에 적용되는 법안을 '사법안'이라 한다. 공법안과 사법안은 의회의 의결을 거쳐 대통령이 서명하는 절차를 거치면 '공법'(public law)과 '사법'(private law)이 된다.

(2) 합동결의안

'합동결의안'(joint resolution)은 양원 중 하나의 원이 발의하여 양원의 의결을 거쳐 대통령의 서명을 받아야 하는 의안을 말한다. 법안보다는 제한된 목적, 예를 들면 선전포고, 특정 목적을 위한 세출승인, 헌법개정의 제안 등의 내용을 담은 의안을 말한다. 합동결의안은 양원의 의결을 거쳐 대통령의 서명을 받으면, 법적 효력을 갖는다. 다만, 헌법개정을 위한 합동결의안은 대통령의 서명을 필요로 하지 않는다.

(3) 동의결의안

'동의결의안'(concurrent resolution)은 양원 중 한 원이 합동결의안을 발의할 수 있고 양원의 의결을 거쳐야 한다는 점에서 합동결의안과 유사하나, 대통령의 서명이 필요하지 않고 법적 효력이 없다. 동의결의안은 의회내에서만 효력을 미치고, 해당 의회의 임기 중에만 적용된다. 대통령에 대한 의회의 의견표명, 양원의 운영문제, 합동위원회 구성문제 등에 활용된다.

(4) 단순결의안

'단순결의안'(simple resolution)은 각 원의 자체 규칙, 의사절차, 운영 등 전권사항과 관련된 의안을 말한다. 단순결의안은 당해 원에서 의결되면 다른 원의 의결이나 대통령의 서명이 불필요하다.

법안은 발의된 원을 통과한 후 다른 원에 제안되면 그 때부터 'Act'라 부른다. 또한 하원 또는 상원에서 제출된 법안이 다른 원에서 제출된 법안과 유사하거나 동일할 경우, 이를 '동반법안'(companion bill)이라 한다.

3. 입법과정

미국 의회의 입법과정은 (1) 법률안의 제출, (2) 위원회의 심의, (3) 위원회의 보고, (4) 본회의의 심의, (5) 법률안의 이송과 공시, (6) 대통령의 법률안 거부권의 순서로 이루어진다.

(1) 법률안의 제출

법률안의 제출은 의원의 고유 권한이다. 하원의 경우 하원 회의장의 연단 옆에 마련되어 있는 법률안 접수함(hopper)에 당해 법률안을 투입함으로써 가능하다. 법률안을 제출할 때에는 소속당의 지시나 소속위원회 위원장의 허락을 받지 않으며 스스로 판단하여 필요하다고 인정되는 때에는 회기 중 언제나 법률안을 제출할 수 있다. 상원의 경우 법률안의 발의는 보통 의장석 옆의 사무처 직원에게 제출함으로써 이루어지는데, 별도의 연설 없이 행해진다.

연방의회의 의원은 법률안을 발의할 수 있다. 1명의 의원이 법률안을 발의할 수도 있다. 세입법안을 제외한 모든 법안은 상원 또는 하원의 어느 원에서도 발의할 수 있다. 다만, 세입징수에 관한 모든 법안은 먼저 '하원'에서 제안되어야 한다. 하원에서 법안이 발의되면, 하원의장은 의사관의 자문을 받아 해당 법안을 소관 상임위원회로 회부한다.

(2) 위원회의 심의

법률안이 제출되면 직접 본회의에 상정되거나 복수의 위원회에 회부되는 일부 예외적인 경우를 제외하고는 자동적으로 그 법률안의 주제와 관련되는 위원회에 회부된다. 법률안을 회부 받은 위원회가 제일 먼저 하는 조치는 GAO(General Accounting Office)를 비롯한 정부의 관계기관에 의견조회를 하는 것이다. GAO에 대해서는 입법화의 필요성이나 타당성에 대한 보고서를 제출해 주도록 요구한다. 법률안이 본회의에 부의되기 위해서는 위원회의 두 가지 단계(청문회: Hearing, 위원회 수정: Mark-up session)를 통과하여야 한다.

1) 위원회의 종류

연방의회의 입법절차에서 가장 중요한 역할을 하는 곳은 '위원회'이다. '위원회'는 상임위원회, 소위원회, 특별위원회, 공동위원회, 양원합동위원회가 있다. 위원회에서는 법안을 심사하고 공청회를 개최하며 축조심사를 한다.

2) 상임위원회에 회부

연방의회 의원에 의해 발의된 의안은 소관 상임위원회로 회부된다. 현재 상임위원회(Standing Committees)가 하원에 21개[207], 상원에 15개[208] 설치되어 있다. 양원의 공동위원회는 4개가 있다.[209] 특별위원회는 그 수가 변화할 수 있지만, 현재 4개가 있다.

3) 소위원회에 회부

상임위원회는 심사하기로 결정된 법안을 소위원회에 회부하여 심도있게 심사하도록 한다. 소위원회는 법안의 사본을 관련 부처에 보내 법안에 대한 정부의 의견을 제출하도록 한다. 소위원회는 이해관계인의 의견을 청취하고 관련 정보를 수집하기 위해 청문회를 개최한다. 소위원회는 심사보고하기로 결정한 의안에 대한 축조심사를 하고 수정안을 마련한다.[210]

4) 심의·표결

위원회가 하원 또는 상원에 상정하기로 결정하면 위원회보고서를 작성한다. 위원

---

207) 이에 관해서는 http://house.gov./committees/ 미국 하원에는 21개의 상임위원회가 운영되고 있다. 농업(Agriculture)위원회, 세출(Appropriations)위원회, 국방(Armed Services)위원회, 예산(Budget)위원회, 교육 인력(Education and the Workforce)위원회, 에너지 상업(Energy and Commerce)위원회, 윤리(Ethics)위원회, 금융서비스(Financial Services)위원회, 외교(Foreign Affairs)위원회, 국토안보(Homeland Security)위원회, 의회행정(House Administration)위원헉, 사법(Judiciary)위원회, 천연자원(Natural Resources)위원회, 감시 및 정부개혁(Oversight and Government Reform)위원회, 규칙(Rules)위원회, 과학 우주 및 기술(Science, Space, and Technology)위원회, 소기업(Small Business)위원회, 교통인프라(Transportation and Infrastructure)위원회, 재향군인(Veterans' Affairs)위원회, 수단과 방법(Ways and Means)위원회, 정보(Intelligence)위원회가 있다.

208) 이에 관해서는 http://www.senate.gov/pagelayout/commit tees/d_three_sections_with_teasers/ committees_home.htm 미국 상원은 15개의 상임위원회가 운영되고 있다. 농업영양임업(Agriculture, Nutrition, and Forestry)위원회, 세출(Appropriations)위원회, 국방(Armed Services)위원회, 은행주택도시(Banking, Housing, and Urban Affairs)위원회, 예산(Budget)위원회, 상업과학교통(Commerce, Science, and Transportation)위원회, 에너지천연자원(Energy and Natural Resources)위원회, 환경공공자금(Environment and Public Works Finance)위원회, 외교(Foreign Relations)위원회, 건강교육노동연금(Health, Education, Labor, and Pensions)위원회, 국토보안공무(Homeland Security and Governmental Affairs)위원회, 사법(Judiciary)위원회, 규칙행정(Rules and Administration)위원회, 소기업기업가정신(Small Business and Entrepreneurship)위원회, 재향군인(Veterans' Affairs)위원회가 있다.

209) 이에는 Joint Committee on Printing, Joint Committee on Taxation, Joint Committee on the Library, Joint Economic Committee가 있다.

210) 임재주, 미국의회론, 한울 아카데미, 2013, 190면.

회의 결정이 되면 위원회보고서는 하원 또는 상원 본회의에 전달된다. 하원에서는 본회의를 전원위원회로 전환하는 조치가 취해져서 전원위원회에서 법안의 심의가 끝나면 전원위원회 종료와 동시에 본회의가 개시되어 전원위원회의 심의결과를 보고받는 후, 본회의에서 해당 법안에 대한 최종 표결을 한다. 반면 상원에서는 전원위원회가 없기 때문에 소관 위원회에서 상원으로 위원회보고서를 올리면 상원 본회의에서 법안에 대해 심의를 거친 후 표결을 한다. 하원에서 발의되어 통과된 법안은 상원으로 송부하고, 상원에서 발의되어 통과된 법안은 하원으로 송부된다.[211]

5) 청문회제도

청문회제도는 의회의 입법이나 조사활동과정에 이해관계 있는 자를 직접 참여시킴으로써 광범위한 정보를 수집하고 일반국민의 정확한 여론을 반영시킴과 동시에 국민들의 알권리를 충족시켜 줌으로써 입법과정에 대한 이해와 관심을 증진시키는 기능을 수행한다.

6) 수정단계

청문회가 종료되면 법률안을 검토·심의하는 소위원회의 수정(Mark-up session)단계에 들어간다. 소위원회는 법률안을 원안대로 하거나, 수정의견이나 거부의견을 붙이거나 또는 아무런 의견 없이 위원회에 보고한다. 위원회의 수정단계에서 법률안의 수정이 완료되면 위원회는 본회의에 송부할 법률안에 대하여 표결(위원회 소속 의원의 과반수 찬성을 요함)을 한다.

(3) 위원회의 보고

위원회에서 심의·의결된 법률안은 위원회 보고서와 함께 본회의에 송부된다. 이 보고서는 인쇄되어 모든 의원에게 배부되는데, 의원들에게 법률안에 찬성할 것인가 반대할 것인가를 결정하기 위한 정보를 제공하는 역할을 한다.

(4) 본회의의 심의

본회의의 심사과정에 있어서 상원과 하원은 각각 독자적인 토론규칙이 있다. 일반적으로 하원의 규칙은 엄하고 다수파에 유리한 데 반하여, 상원의 규칙은 느슨하며 소수파에게도 토론의 기회를 넓게 제공한다.

---

211) 임재주, 미국의회론, 한울 아카데미, 2013, 191면.

연방의회의 만장일치에 의한 법안 심의가 가능하다. 이 경우 만장일치란 의사정족수 이상의 참석의원 만장일치이다. 또한 연방의회 본회의에서 법안이 즉각적인 심의를 받도록 하는 '우선 안건'(privileged matter)제도가 있다.212)

1) 하원에서의 심의

위원회를 통과한 모든 법안은 규칙위원회가 그 내용의 중요성이나 공공성 및 예산의 수반 여부, 논쟁의 여지 등을 고려하여 다음과 같은 다섯 가지로 분류하여 하원에서 각각 그 의사일정을 마련하게 된다.

【5가지 법안의 의사일정】213)

Union Calendar	행정부의 예산지출 또는 조세와 같은 비중 있는 법안
House Calendar	일반결의안과 공동결의안을 포함한 비(非)세출 관련 법안과 헌법수정안
Private Calendar	이민청구, 행정부에 대한 소송 같은 사적(私的) 법안
Corrections Calendar	비(非)쟁점 법안들
Discharge Calendar	위원회에서 심의를 마쳤지만 더 이상 추가 심의가 필요 없는 것으로 판명된 법안들

2) 하원에서 법안 심의를 촉진시키는 절차

① 전원일치(unanimous consent) : 통상적인 절차를 벗어나는 합법적인 근거가 필요한데, 의사정족수 이상으로 출석의원의 전원일치를 요한다. ② 의정규칙 적용정지 동의 : 논쟁의 여지없는 법안이나 결의안을 재촉하기 위해 사용하는데, 출석의원 2/3이상의 찬성을 얻어야 한다. ③ 특별 규칙의 채택 : 참석의원의 과반수의 찬성을 요한다. 예를 들면, 법안 1회독을 생략하는 것을 말한다. ④ 즉각적인 법안 심의가 있다.

3) 본회의의 전원위원회 전환

하원에서 의사일정을 촉진시키는 데 가장 큰 역할을 한다. 전원위원회는 명칭이 위원회(committee)로 되어 있지만 위원회가 아니라, 본회의의 변형 형태이다. 하

212) 김영희, 미국의 입법과정, 한국학술정보, 2007, 97면.

213) 송의달, 세계를 움직이는 미국 의회, 한울 아카데미, 2000. 4, 100-101면.

원의원 전원이 위원이 되는 위원회이다. 전원위원회가 신속한 의사진행에 큰 역할을 할 수 있는 것은 본래 하원의원 전원은 435명이지만, 전원위원회의 정족수가 100명에 불과하므로 하원의 의사정족수인 과반수(218명)를 채우지 않고서도 의사 진행이 가능하기 때문이다.

4) 전원위원회에서 본회의로 환원

전원위원회에서 심의가 끝나면 전원위원회의 폐회와 본회의로의 보고의 동의를 하게 된다.

5) 하원 본회의 심의 통과

본회의에 원 법안과 모든 수정안이 같이 보고되면, 본회의는 그 법안을 통과시킬지 여부를 결정해야 한다.

6) 상원에서의 심의

상원은 하원과 달리 그 심의 및 의결의 방법과 절차가 비교적 비공식적이며 비정형적이다. 본회의의 의사일정도 하원의 경우처럼 복잡하게 분류되지 않고, 당지도부나 위원장들 또는 의원들 간에도 권한이 비교적 평등하게 배분되어 있다. 상원에서도 법률안 심의는 일차적으로 소관 상임위원회에서 이루어지며 그 다음 본회의에서 심의가 있게 된다. 일반적으로 상원에서의 법률안 심의는 만장일치에 의한 요구로 시작된다. 그리고 상원은 하원과는 달리 별도로 본회의를 전원위원회로 변경하지는 않는다. 찬반토론은 생략되며 바로 수정절차에 들어가게 되고, 수정절차가 완료되면 만장일치에 의해 결정되지 않는 한 최종표결을 한다.

7) 상원의 의사일정 목록

Senate Calendar (=Calendar of Business)	상원의 입법기능과 관련한 의사일정목록
Executive Calendar	조약의 체결, 비준에 관한동의, 연방법원 판사의 임명 등

8) 상원 본회의의 심의와 통과

상원의 경우에는 본회의만 있을 뿐, 하원처럼 본회의의 변형형태인 전원위원회 같은 것은 없다. 상원의 경우에는 원칙적으로는 무제한의 토론과 무제한의 법안 수정 제안이 가능하다는 것이 큰 특징이다. 상원의 경우 의사진행을 위해서는 전원일치를 많이 사용하고 있지만 막상 법안 자체의 통과를 위해서는 단순 다수결을 요구하는 것이 보통이다.

9) 양원합동위원회(Conference Committee)의 조정

상원에서 확정된 법률안은 다시 하원에 회부되는데, 이 때 상원에서 수정한 내용이 경미한 것이면 하원에서도 이를 받아 주어 본회의에서 재가결하지만, 중요한 내용일 경우 상원에 대하여 양원합동위원회의 개최를 요구하게 된다. 양원합동위원회에서는 양원에서 온 의원들이 서로 협의하게 되는데 협의를 마친 후 그 협의결과를 보고서에 채택할 것인지의 여부는 표결로써 결정한다. 여기서 성안된 보고서는 각 원의 본회의에 부의되고 이 단계에서는 이의가 있어도 수정할 수 없으며 오직 전체로서 가부(可否)를 결정할 뿐이다.

10) 양원의 수정

하원의 법안이 상원에 송부된 경우, 상원은 세입법안뿐만 아니라 모든 법안에 대한 수정권을 지닌다. 상원은 이에 대해 다른 법안에서와 마찬가지로 수정안을 발의하거나 수정을 가하여 동의할 수 있다(연방헌법 제1조 제7항 제1호). 반면 하원의 법안이 상원에서 아무런 수정 없이 통과되면 하원의장은 법안에 대해 하원의 동의가 있는 것으로 선언하고 대통령의 승인과 서명 절차로 이동한다. 상원의 법안이 하원에서 아무런 수정 없이 통과되면 상원의장은 법안에 대해 상원의 동의가 있는 것으로 선언하고 대통령의 승인과 서명 절차로 이동한다.

하원에서 송부되어 온 법안에 대해 상원이 수정을 한 경우, 상원에서 수정 의결 내용을 설명한 문서를 첨부하여 당해 법안을 하원으로 돌려보낸다. 이 경우 상원의 수정에 중대한 문제가 없는 경우에는 당해 법안을 심의한 상임위원회 위원장은 상원의 수정안을 하원이 만장일치로 승인하도록 요청할 수 있다. 하원 사무총장이 법안 제목과 상원의 수정안을 본회의에서 낭독하고, 이의가 없으면 수정안을 동의한 것으로 본다. 그 이후 당해 법안은 대통령에게 송부하기 위해 등록된다.

반면, 상원의 수정에 중대한 문제가 있는 경우(상원의 수정안에 동의하지 않는 경우)에는 하원이 상원과 함께 "양원합동위원회" 구성을 요청할 수 있다. 양원합동위원회 구성에 동의가 성립하면 하원의장은 양원합동위원회에 출석할 하원의 교섭위원을 임명한다. 양원합동위원회 위원 수는 7명이지만, 중요법안의 경우 7명 이상일 수도 있다. 양원합동위원회는 합의를 이루어 보고서를 작성하고 양원에 보고서를 송부한다. 이 보고서는 어느 원에서든 '우선 안건'으로 다루어진다. 양원은 양원합동위원회의 보고서를 심의하여 채택한다.

(5) 표 결

의사정족수는 특별한 규정이 없는 한, 연방헌법 제1조 제5항 제1호에 의하여 각 원은 재적의원 과반수의 출석으로 충족된다.

표결 방법으로는 의원명부표결(기록표결; recorded vote), 구두표결(voice vote), 기립표결(division vote)이 있다. 의원명부표결(기록표결)은 의원이 자신의 이름이 호명되면 '예'(yea) 또는 '아니요'(nay) 아니면 '기권'(present)이라 대답한다. 구두표결은 어느 안건의 표결에 있어서 출석한 의원들이 동시에 '예' 또는 '아니요'로 대답하면 사회자가 그 대답하는 목소리를 듣고 가·부를 결정한다. 구두표결로 찬반 결정이 어려운 경우, 기립표결이 실시된다. 찬성자와 반대자를 차례로 기립시켜 찬성의원의 수를 계산하고 이어서 반대의원의 수를 계산하여 그 결과를 발표한다. 그러나 상원에서는 기립 대신에 거수하여 결정하며 구체적인 수를 밝히지 않고 어느 쪽이 우세한지만을 선포한다.[214)]

(6) 법률안의 이송과 공시

최종적으로 양원의 본회의에서 가결된 법률안은 정서(engrossment)와 등록(enrollment) 절차를 거친 후 양원의 의장이 서명하여 대통령에게 이송된다. 이송된 법률안에 대하여 관리예산처(OMB)는 각 관계기관에게 그 기관의 견해와 대통령이 취해야 할 조치에 대한 건의를 제출받는다. 이렇게 관계기관들로부터 의견들이 접수되면 관리예산처(OMB)는 법률안에 대한 종합적인 검토서를 작성하여 대통령의 의사결정에 참고가 되게 한다.

(7) 대통령의 서명 또는 법률안 거부권

미국 의회, 즉 상원과 하원을 통과한 법안은 각 원(院)의 서기에 의해 등록되어 서기장의 확인을 받은 후, 하원의장과 상원의장의 서명을 받아 대통령에게 송부된다. 대통령은 송부된 법안에 10일 이내에 서명하여야 하며, 이 기간 내에 서명하지 않으면 동 법안은 법률로서의 효력이 자동적으로 발생하게 된다. 대통령이 법률안에 서명을 함으로써 법률안은 법률로서 확정되며 대통령이 서명한 날에 성립된다. 확정된 법률안의 원본은 대통령으로부터 연방정부의 문서관리소장에게

---

214) 임재주, 미국의회론, 한울 아카데미, 2013, 184면.

보내져 발간하게 된다.

미국 대통령은 모든 법안에 대하여 거부권(veto)의 행사가 가능하다. 다만 법안의 일부는 찬성하고 일부는 거부하는 부분 거부권은 행사할 수 없다. 대통령이 법안에 반대하는 경우에는 법안에 이의서를 첨부하여, 발의한 의원에게 환부(還付)하고, 환부를 받은 의원이 속한 원(院)은 대통령의 이의를 의사록에 수록한 후 본회의 표결에 회부한다. 표결이 2/3 이상의 찬성을 얻으면 이의서와 함께 다른 원(院)에 회부하고, 타원에서 재심 결과 역시 2/3 이상의 찬성을 얻으면 대통령의 거부권은 무효화되고 대통령의 서명 없이도 이 법안은 법률로서 확정된다. 이때 양원의 표결은 호명표결 방식으로 행해지며, 찬·반 투표자의 성명이 의사록에 기재된다.

(8) 공포 및 효력발생

연방법률은 특별한 규정이 없으면 성립과 동시에 효력을 발하는 것이 원칙이다. 새로 확정된 법률은 연방기록관리소(The Federal Registar)에 이송되어 원본으로서 보관되고, 관리번호가 부여된다. 확정된 법률은 "Slip Law," "Statutes at Large" 및 "U.S. Code"라는 3가지 매체에 순차적으로 수록되는데, 이러한 출판물들은 법률 성립의 결정적 증거가 된다.

【미국 연방의회의 입법절차】

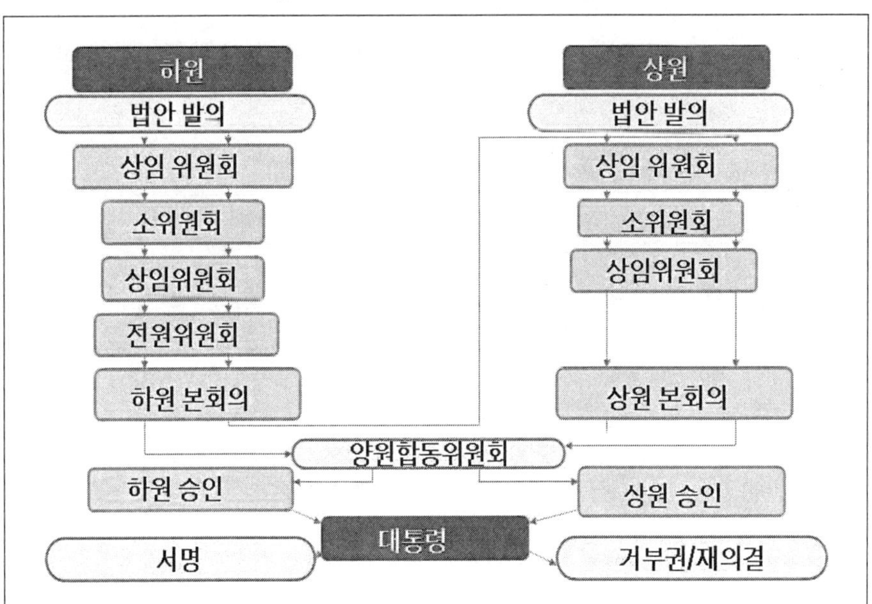

제 4 장 독일의 기본법과 국가조직

제 1 절 독일 기본법의 형성

Ⅰ. 독일 기본법의 성립과정

1. 독일 기본법의 제정

1945년 포츠담선언의 수락으로 독일은 영국, 미국, 프랑스, 소련의 공동점령 하에 들어갔다. 바이마르 공화국의 붕괴, 나치의 출현과 전쟁의 패배로 독일은 붕괴되었다. 1945년 6월 5일 점령 4개국의 점령군 총사령관이 '베를린선언'을 발표하였다. 이 선언에서 어떠한 중앙정부도 독일에 존재할 수 없음을 확인하고, 점령 4개국이 "독일통치의 최고권력을 가진다."는 뜻을 선언했다. 그리고 당초 관리정책을 추진해가는 단계에서 의견일치를 보았지만 독일의 기본적 정치체제의 실현을 둘러싸고 소련이 주장하는 사회주의적 독일의 통일국가체제와 영국, 미국, 프랑스가 주장하는 자유주의적 독일의 지방분권적 연방국가체제가 대립했다. 이 대립이 결국 1948년 6월의 서구 6개국의 런던협정, 소비에트 산하 8개국에 의한 바르샤바 외상회담을 계기로 독일은 둘로 분열시키고, 1949년 5월 23일 '서독헌법'과 1949년 5월 30일 '동독헌법'이 제정되었다.[215] '독일연방공화국기본법'이라고 불리는 서독헌법은 잠정헌법의 성격을 지녔다. 이는 단지 점령하에서 만들어진 헌법이라는 것만이 아니라, 동서독의 분단을 일단 승인하고 동서독이 장래 통일되어야 할 것이라는 점을 의식해서 그 통일까지 효력을 지니는 잠정헌법의 성격을 지닌 것이다. 그러나 서독헌법이 이와 같은 잠정헌법이었다고 해도 그 내용은 정치기구의 잠정적인 조직만을 정한 것이 아니고, 사회적 법치국가의 원리 및 기본권까지 구체적 규정을 둔 항구성을 지닌 것이었다.

---

215) 이에 관한 자세한 내용은 Karlheinz Niclauß, Der Weg zum Grundgesetz, UTB, Schöningh, 1998 참조.

독일 기본법은 각 주에도 직접적인 효력을 미쳤다. 따라서 기본법 제28조 1항에 의거하여 각 주의 헌법질서는 공화적·민주적 및 사회적 법치국가의 제 원칙에 부합하여야 한다(동질성 조항). 그리고 연방법과 주법이 모순되는 경우 독일 기본법 제31조에 따라 연방법은 주법에 우선한다(연방법 우위조항)는 규정을 두었다.

2. 독일통일과 기본법의 제정

동서독의 급격한 긴장완화 속에서 1989년 11월 9일 동·서 베를린장벽이 붕괴하고, 이어서 독일통일의 실현가능성은 급속하게 높아졌다. 1990년 1월 15일 라이프지히(Leipzig)에서 데모가 이어졌다. 1990년 3월 동독에서 자유선거가 실시되었고, 8월 31일 양독은 역사적인 통일조약에 서명하였다. 1990년 9월 12일에는 양독일과 미국, 영국, 프랑스, 소련 간의 협정인 일명 『2+4회의』가 있었다. 1990년 10월 3일에 서독 기본법 제23조에 의거하여 동독이 서독에 편입되어 통일이 실현되었다.

그럼으로써 구 동·서 베를린과 구 동독지역에 새로 만들어진 5개 주에 종래 모든 주를 포함하여 16개 주로 구성되어 독일연방공화국이 되었다. 통일방식은 서독기본법의 적용범위가 전지역에 미치도록 하는 방식이 채택되었다. 이에 의해서 동독헌법은 그 역사적 사명을 마쳤다. 그리고 1990년 10월 4일에는 베를린의 구 제국의회에서 통일의회가 소집되어 새로운 독일이 탄생하게 되었다.

Ⅱ. 독일 헌법구조에서 국민의 정치적 의사형성

모든 국가권력은 국민에서 유래한다. 국민의 "선거와 투표"의 결정에 의해 국가권력의 내용이 정해지고, 입법부·집행부 및 사법부의 개별적 기관을 통해 국가권력이 행사된다. 그러나 독일의 경우 국민에 의해서 선출된 국가권력은 국민에 기속되지 않고 국민과 독립된 기관이 되고, 국가권력은 국민의 정치적 의사를 형성하도록 하기 위해 '자유민주적 기본질서'[216]를 헌법에 규정하였다.

첫째, 선거는 국민의 정치적 의사의 형성작용이다. 국민에 의한 정치적 의사형성은 의회의 선거를 통해 행해진다. 선거는 자유로운 선거일 때에만 민주적 정당성이 부여될 수 있는 것이고, 모든 국민이 평등하게 선거권을 가지고 각 표가 동

216) 독일 기본법 제18조 및 독일 기본법 제21조 제2항.

등한 가치를 가질 때만 선거권의 평등이 이루어진다. 독일 기본법에서는 선거권을 보통, 직접, 자유, 평등, 비밀 선거원칙에 의해 보장하고 있다. 구체적으로 4년 임기의 연방의회의원은 연방의회의원 정족수의 1/2인 299명은 지역구 선거를 통해, 나머지 1/2인 299명은 비례대표제에 의해 선출된다.[217)]

둘째, 매우 한정적이지만, 국민에 의한 직접적 정치적 의사형성으로서의 투표행위가 보장된다. 독일 본 기본법에서는 바이마르 헌법의 경우와 달리, 일반적인 국민표결제도나 국민청원제도는 인정하지 않고, '연방 영역의 재편성'의 경우[218)]에 한정하여 국민표결과 국민청원이 인정되고 있다.

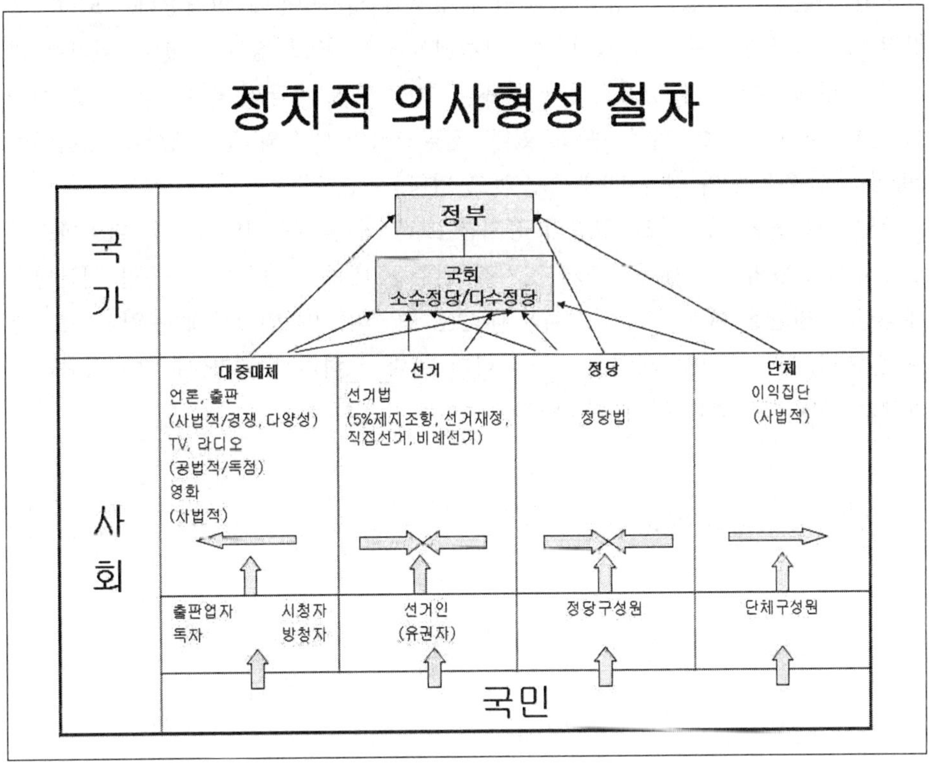

217) Schreiber, Novellierung des Bundestagswahlrechts, NJW 1985, S. 1433 (1436 f.); Schreiber, Novellierungen des Wahlrechts zum Deutschen Bundestag – Das 15. und 16. Gesetz zur Änderung des Bundeswahlgesetzes vom 27. 4. 2001 NVwZ 2002, S. 1 (7); Konzak, ZfP 2000, S. 239 ff.

218) 독일 기본법 제29조 제2항 "연방영역의 재편성조치는 **국민표결**에 의한 확인을 요하는 연방법률에 의하여야 한다."; 독일 기본법 제29조 제4항 "… 연방의회선거권자 10분의 1이 이러한 지역을 단일한 지방소속으로 해 줄 것을 **국민청원**으로 요구하는 경우에는 …."

셋째, 선거와 투표 이외의 정치적 의사형성에 대한 보장이다. 이에는 의사표명의 자유 및 정당 및 단체의 보장이 있다. 특히 단체나 정당은 현대 헌정질서 하에서 민주적 의사형성을 위해 불가결한 요소이다. 왜냐하면 정치적인 원동력은 본래 개개의 국민으로부터 유래하지만, 이는 결집, 선별, 매개적 조정을 필요로 하기 때문에 그 원동력은 집단적인 결합을 통해서만 현실적인 성과가 얻어지고, 직접 개개인의 국민의 전문지식을 정치적 의사형성의 과정에 도입할 수 있기 때문이다. 이러한 단체나 정당의 중요한 의미는 독일기본법에 '정당'을 편입시킴으로써 명확해졌다.

독일 기본법 제21조는 "정당은 국민의 정치적 의사형성에 협력한다." 또한 "정당의 내부질서는 민주제의 제원칙에 합치해야만 한다"고 정하고 있다. 이러한 기본법 조항에 의거하여 정당결성의 자유와 그 정당의 자금의 출처, 용도 및 재산에 관한 공적 보고를 의무지우고 있다. 정당결성의 자유와 정당해산에 관하여는 "방어적 민주주의"의 사상[219]에 기초하고 있다.

독일 기본법은 바이마르 헌법의 붕괴를 교훈 삼아 제정되었다. 즉, 바이마르헌법에서는 연방의회와 대통령에게 정치적 권한을 대폭 인정했는데, 독일 기본법은 대통령의 권한을 제한하고 있다.[220] 내각은 연방의회와 밀접하게 관련된다고 할 수 있으나, 내각은 연방의회에 종속된다기 보다 오히려 의회가 내각에 종속되는 체제로 운영되고 있는 것이 현실이다.

---

219) 장영수, "방어적 민주주의－독일에서의 방어적 민주주의이론의 형성과 발전－", 한국공법학회 제18회 학술발표회, 한국공법학회, 1991. 5, 22-36면 참조. 민주주의의 이름으로 민주주의를 공격하고 말살하려는 헌법질서의 적(敵)을 효과적으로 방어하는 민주주의를 "방어적 민주주의"(abwehrhafte Demokratie)라 한다.

220) 이에 관한 자세한 것은 김도협, Bonn기본법상 연방대통령에 관한 제고찰, 「헌법학연구」 제10권 제4호, 2004. 12, 497면 이하 참조.

제2절 독일의 연방의회

Ⅰ. 독일 연방의회 개괄

1. 연방의회 일반론

독일 연방의회는 양원제를 채택하고 있다. 즉, 국민을 대표하는 '연방의회'와 연방제에서 주의 의사를 연방의 입법, 행정에 반영시키는 '연방참사원'이 있다. 연방의회는 보통, 직접, 자유, 평등 및 비밀선거로 선발된 의원으로 구성된 국민의 대표기관이다. 독일 연방의회는 독립된 국가의 최고기관이며, 연방의회에서 의장, 의장대리, 서기를 선출하며, '연방의회의사규칙'에 의하여 스스로 조직과 절차를 정한다. 연방의회의 위원회에는 상임위원회, 특별위원회, 조사위원회, 전문연구위원회 등이 있다.

연방의회의 의회기(議會期)는 제1차 집회로부터 시작하고, 새로운 연방의회의 집회로 종료한다. 반면, 회기(會期)는 연방의회가 의회기 중 회의를 개최하는 기간이다. 의회기 종료시 의회기 불계속원칙이 적용된다.

2. 연방의회와 선거

(1) 연방의회 선거제도의 개관

독일기본법에서는 모든 국가권력은 국민으로부터 형성됨을 명시하고 있다.[221] 모든 국가권력은 국민의 선거를 통해 선출·구성된 연방의회(Bundestag)에 의해 행사된다는 의미이다.[222] 연방의회는 선거로 선출된 의원들로 구성된 의회적 대의기관이다.[223]

---

221) Art. 20 Abs. 2 GG.

222) Vgl. H.-D. Horn, Über den Grundsatz der Gewaltenteilung in Deutschland und Europa, in: JÖR, 49 (2001), S. 287 (291); H. H. Klein, Aufgaben des Bundestages, in: HStR, Bd. 2, 2. Aufl. 1998, § 40 Rn. 1 f.; L. Kissler, Der Deutsche Bundestag, in: JÖR, 26 (1977), S. 39 (50, 57 f.).

223) Vgl. K. Stern, Das Staatsrecht der Bundesrepublik Deutschland, Bd. 2, 1980, S. 41; H.-D. Horn,

독일기본법 제38조에서는 과거 바이마르공화국 헌법과는 달리 연방의회의원의 선거에 관해서 보통·직접·자유·평등·비밀선거 등의 기본적인 대원칙만을 규정하고 있을 뿐, 선거제도에 관한 구체적인 사항에 대해서는 연방선거법에 위임하고 있다.[224] 구체적으로 독일연방선거법에 근거하여 상대다수대표제와 비례대표제, 저지규정, 의석배분방법 등을 중심으로 살펴보기로 한다.

현행 독일의 연방의회는 의원 총원이 598명으로 구성된다. 이 중 절반인 299명의 연방의회의원은 전국의 299개의 지역선거구에서 실시하는 인물을 중심으로 한 소선거구제 상대다수대표선거에 의해서 선출되고, 나머지 299명의 연방의회의원은 각 정당이 주 단위로 작성한 전국구 후보자 명단에 따라 선출된다.[225]

한편 연방참사원은 16개 주(州)에서 파견된 주(州)정부의 구성원으로 되어 있다. 연방의회의원의 선거에 관해서는 연방선거법에 포괄적 위임을 하고 있다.

각 정당은 우선 연방 전역에서 득표한 제2투표수에 비례해서 각 정당의 의석수가 결정된다.[226] 그리고 제1투표에 의해 그 지역선거구에서 얻은 의석수와 정당의 전체 의석수와의 연계를 통해 주정당의 의석수가 결정된다. 또한 각 정당의 당선자는 소선거구에서 당선한 자를 제외한, 정당의 주(州)명부의 상위자순으로 결정된다. 또한 독일 선거제도의 특징 중 하나로 군소정당의 난립을 방지한다는 취지에서 전 선거구에서 행해진 제2투표에서 적어도 5%의 득표를 얻은 정당, 또는 소선거구에서 3석 이상을 얻은 정당만이 의석을 배분받는 “이른바 5% 조항”(저지조항)이 있다.[227] 이 결과 군소정당의 의회진출이 어렵게 되었다.

Mehr Demokratie ohne Repräsentation? Wenn das Volk selbst entscheidet, in: Die politische Meinung, 2001. S. 59 (63); H. Maurer, Staatsrecht I, S. 406 f.; L. Kissler, Der Deutsche Bundestag, in: JÖR, 26 (1977), S. 39 (53 f.).

224) Vgl. W. Berg, Staatsrecht, 3. Aufl., 2001, Rn. 198.; R. Zippelius, Allgemeine Staatslehre, 12. Aufl., S. 191 ff.

225) § 1, 4, 5, 6 BWG.

226) 독일 연방선거법 제38조(Art. 38 BWahlG).

227) D. Grimm, Die politischen Parteien, in: Benda u. a. (Hrsg.), Handbuch des Verfassungsrechts, 1983, S. 319 ff., 335 ff.; v. Arnim, Staatslehre der Bundesrepublik Deutschland, 1984, S. 108 f., 110 f., 273 ff., 320 ff.; P. Kunig, Parteien, in: Isensee/Kirchhof (Hrsg.), Handbuch des Staatsrechts Bd. II, 1987, S. 132 ff.–그럼에도 불구하고 연방헌법재판소는 기회균등원칙에 관한 예외를 허용하였는데, 이는 “불가피한 사유”가 있을 경우이다. 연방헌법재판소는 5% 저지조항을 승인한다고 하면서 바이마르 공화국 시대에 경험한 바에 따라 정당체제가 산산히 파괴되어 의회의 기능을 마비시키고 정부형성에 장애를 일으킬 가능성에 대한 위험의 사유라고 한다(Grimm, Die politischen Parteien, S. 344 f.).

(2) 연방의회 선거제도의 특징 및 내용

1) 상대다수대표제 및 비례대표제

독일 기본법상 연방의회의 구성과 관련하여, 법정 의원총원은 598명[228]으로써 이중에서 절반인 299명은 전국의 299개의 지역선거구에서 실시하는 이른바 인물을 중심으로 한 소선거구제 상대다수대표선거에 의해서 선출되고, 나머지 동수인 299명의 연방의회의원은 각 정당이 주 단위로 작성한 전국구 후보자 명단에 따라 선출된다.[229] 즉, 현행 독일의 연방의회의원 선거는 인물을 중심으로 한 소선거구의 상대다수대표제와 함께, 정당을 중심으로 한 각각의 주(Land) 단위로 작성된 정당명부에 입각한 비례대표제(Verhältniswahl system)의 혼합적 선거제도이다. 따라서 독일 연방의회의원선거에 있어서 독일의 모든 선거권자는 본질적으로 1인 2표를 행사하게 된다.[230] 각 선거인은 2표의 투표권을 가지고, 제1표는 소선거구에서, 제2표는 각 정당이 정한 순서에 기재한 주(州)명부에 투표한다.

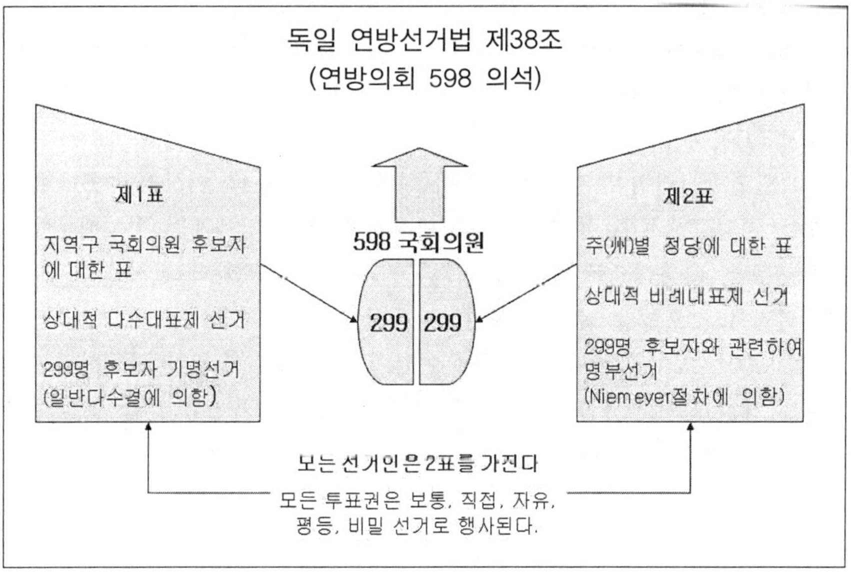

228) 그 동안 독일연방의원정수는 몇 차례의 변화가 있었다. 즉 1949년과 1953년 총선에서는 400명, 그리고 1956년과 1961년 및 1985년에는 494명, 그리고 통독이후인 1990년 이후에는 대폭 늘어난 656명을 그리고 2002년 이후 현재까지는 598명을 정수로 정하고 있다.

229) § 1, 4, 5, 6 BWG.

230) § 4 BWG.; vgl. W. Berg, Staatsrecht, Rn. 192 ff.; R. Zippelius, Allgemeine Staatslehre, S. 194 ff.

이와 같은 독일의 혼합식 선거제도는 결과적으로 소선거구제가 가지는 맹점인 사표문제를 보다 긍정적으로 해소할 수 있는 방안임과 동시에, 전문성을 가진 인물들의 의회진출의 기회를 높이는 데 긍정적인 기여를 한다고 볼 수 있다. 아울러 안정적이고 강력한 정당구조를 전제한 제도로서 궁극적으로는 특정 인물을 중심으로 한 이합집산의 가능성을 최소화할 수 있다.

2) 저지규정

전후 독일의 선거제도의 제1차적 목표는 의회내 정당의 난립을 방지하고 안정적인 정부를 구성하는 데 있었다. 이러한 목표를 달성하기 위한 법적 수단으로 규정한 것이 비례대표 의석배분에 있어서 연방차원의 5% 제한조건과 지역구 선거에서 3석 이상의 요건이다.

일반적으로 '저지규정'(Sperrklausel)이란, 의회에 진입하여 정당으로서의 최소한의 제 역할을 할 수 없다고 판단되는 이른바, 소수정당의 의회진입 자체를 저지하기 위한 것이다. 이와 같은 저지규정을 통하여 결과적으로는 의회 내의 소수정당의 난립을 사전에 방지함으로써 보다 더 안정적인 의회운영을 도모할 수 있다. 독일 연방선거법은 전국을 단위로 전체 유효투표의 5% 이상을 얻었거나 또는 지역구에서 적어도 3명 이상의 당선자를 낸 정당만을 비례대표의 의석배분에 참여할 수 있게 하고 있다.[231]

현행 독일연방선거법상 저지규정 역시 선거에서 일정 수 이상의 득표율을 올렸거나 또는 지역구에서 일정 수 이상의 당선자를 낸 정당에게만 의석배분에 참여하게 함으로써, 결과적으로 "군소정당"[232]의 난립을 억제함과 동시에 다수세력의 형성을 촉진시켜 오늘날 독일의 의원내각제의 안정과 성공에 크게 기여하였다고 볼 수 있다.[233] 그러나 이와 관련하여 기본법 제38조에 근거한 평등선거의 원칙과 기본법 제21조에 근거한 정당설립의 자유를 침해할 가능성이 클 뿐만 아니라, 궁극적으로는 비례대표제의 본질마저도 훼손할 수 있다는 등의 비판이 있다.

---

231) § 6 Abs. 6 BWG.

232) 1949년의 독일총선에는 무려 36개의 정당들이 등장했지만, 1990년에 선출된 연방의회에는 4개의 정당만이 연방의회에 진출했다. 이는 군소정당의 난립을 막기 위해 1953년에 도입되고 1957년에 강화된 소위 5% 조항 때문이다.

233) Vgl. H. Maurer, Staatsrecht I, S. 407.; K.-O. Zimmer, Nochmals: Zur verfassungsnaeheren Gestaltung der 5%-Klausel, in: DÖV, 1985, S. 101 (102).; M. Morlok, in: H. Dreier, GGK, Bd. 2, 1998, Art. 38 Rn. 104.; W. Schreiber, Kommentar zum BWG, § 6 Rn. 17 ff.

(3) 의석배분 방법

1) 의석배분

원칙적으로 각 정당이 차지하는 의석수는 유권자가 투표한 주 단위로 작성한 전국구 후보자 명단인 각 지방후보자명부에 행해진 투표수의 총계에 비례하여 정당에게 배분되는 총의석수에 의하여 결정되어진다.[234] 각 정당이 획득한 전국구후보자 투표에서의 유효투표수의 5%이상을 획득하거나 또는 지역선거구에서 최소 3명 이상의 당선자를 낸 정당만이 의석배분에서 참여지분권을 가질 수 있다.[235]

그리고 이와 같은 저지선을 넘은 각 정당에게는 1985년 3월 8일의 제7차 개정법률에 의거해 기존의 돈트(d'Hondt)식 계산방법이 아닌 해어/니마이어(Hare/Niemeyer)식 계산방법에 따라 의석배분이 행해지게 되었으며, 이로 인해 상대적으로 의석배분에 있어서의 비례성 역시 증가되었다고 할 수 있다.[236] 또한 이 해어/니마이어(Hare/Niemeyer)식 계산방법은 의석배분에 있어서 군소정당에 대해 상대적으로 유리한 측면이 있는 반면,[237] 이는 결과적으로 5% 저지규정으로 인해 군소정당의 원내진입의 불리함을 제한적이나마 보완하는 측면이 있다.

독일 연방의회의원선거의 의석배분방법을 구체적인 예를 들어 살펴보기로 한다. 구체적으로 유효투표수의 5% 이상을 획득하거나 또는 지역선거구에서 최소 3명 이상의 당선자를 낸 정당은 의석배분의 제한조건을 통과한 정당으로서 의석배분에 참여할 수 있게 된다.[238] 따라서 정당별 연방하원 의석수의 결정과 관련하여 A정당의 경우를 살펴보면, 전체 배분의석이 600석이고 A정당이 제2투표에서 15,000,000표를 획득하였으며, 당해 선거에서 전체 정당의 총득표수가 45,000,000표면 A정당은 199석(15,000,000/(45,000,000×600)=199)을 배정받게 된다.

그리고 다음으로 A정당의 주(Land)별 의석배분을 보면, 즉 A정당은 제1투표(Erststimme)인 소선거구 다수대표제를 통해 선출된 지역구 의석수를 제외한 나머

---

234) § 6 Abs. 2 BWG.

235) § 6 Abs. 6 BWG.

236) Vgl. W. Berg, Staatsrecht, Rn. 194.; R. Zippelius, Allgemeine Staatslehre, S. 196.

237) Vgl. D. Nohlen, Wahlrecht und Parteiensystem, 1986, S. 156 ff.

238) 여기서 의석배분의 기준이 되는 전체 의석총수는 저지규정을 통과하지 못한 소수정당이 지역구에서 이미 획득한 의석수를 제외한 수이다. 따라서 법정 총의석수가 600석일 경우 저지규정을 통과하지 못한 즉, 5%미만에 지역구에서 2석을 확보한 정당이 있을 경우 이 수를 제한 598석을 기준 전체의석으로 산정하여 계산하게 되는 것이다.

지 의석을 주(Land)별 정당명부의 순위에 따라 배정받게 되는데, 예를 들어 A정당이 N주(Land)의 제2투표에서 1,500,000표를 획득하였다면 1,500,000표/15,000,000표(A정당의 제2투표 총득표수)×199(A정당의 총 배정의석수)=19.9명이 된다. 그리고 여기서 A정당이 N주(Land)에서 소선거구 다수대표로 총 10명을 당선시켰다면 이 10명의 확정과 동시에 나머지 9명이 추가적으로 A정당의 정당명부를 통해 당선이 확정되게 되는 것이다.[239)]

이와 같은 연방의회 의석배분과 관련하여 염두해 두어야 할 것은 지난 2013년 9월 22일에 실시된 '연방의회 총선'에 의해 구성된 독일 연방의회의원의 총수는 630명으로 실제 법정의원수 598명보다 32석이 더 많았다.[240)] 이는 혼합식 비례대표제를 채택하고 있는 독일연방선거의 특수성에 기인한 것으로서 이른바, '초과의석'(Überhangmandate)[241)]이 발생했기 때문이다.

2) 비례대표 계산방식

비례대표 투표결과의 계산방식은 '쿼터방식'과 '제수방식'으로 구분할 수 있다. 제수방식에는 득표수와 의석수의 관계에 있어서 득표결과가 상응하게 전체의석수를 결정하는 돈트(d'Hondt)식과 생라그/쉐퍼스(Sainte-Laguë/Schepers)식이 있다. 그 반면, 쿼터방식에는 이른바 쿼터(득표수/총 유효득표수)로 계산하는 해어/니마이어(Hare/Niemeyer)식이 있다. 돈트(d'Hondt)식은 벨기에의 수학자인 Victor d'Hondt에 의해 창안된 계산방법으로서, 각각의 정당 득표수를 1, 2, 3 …의 제수로 순차적으로 나눈 다음 이들 각각의 몫을 구한 후, 그 몫의 수치가 큰 숫자부터 의석을 배분해 나가는 방법이다.

---

239) 물론 여기서의 계산은 편의상 정수부분만을 전제로 한 것이다. 따라서 Hare/Niemeyer 식 계산방법에 의거하여 나머지 잔여의석은 최대잔여제에 따라서 소수점 이하가 큰 순서대로 추가적으로 배분하게 되며, 소수점 이하가 동일할 경우에는 연방선거관리위원회의 추첨으로 최종 결정하게 된다.

240) http://www.wahlrecht.de/news/2013/bundestagswahl-2013.html#absolut

241) § 6 Abs. 5 BWG.; 예를 들어 특정주의 총 의석수가 100석일 경우에, A정당이 제2투표에서는 40%의 득표를 했음에도 불구하고 지역구에서 50석을 획득하였을 경우에는 의석배분원칙에 따를 경우에는 제2투표비율에 근거하여 총 40석의 의석을 할당받아야 하는데 이미 지역구에서 50석을 획득하였기 때문에 결과적으로는 10석의 초과의석이 발생하게 되는 것이다. 바로 이와 같은 이유로 1994년의 제13대와 1998년의 제14대 및 2002년의 제15대 연방의회총선에서도 각각 16석과 13석 및 5석의 초과의석이 발생하였다(vgl. H. Maurer, Staatsrecht I, S. 409 ff.; W. Berg, Staatsrecht, Rn. 195).

정 당	A 정당	B 정당	C 정당
득표수	6100	5000	900
1	6100 ①	5000 ②	900
2	3050 ③	2500 ④	450
3	2033 ⑤	1667 ⑥	300
4	1525 ⑦	1250 ⑧	225
5	1220 ⑨	1000	180
6	1017 ⑩	833	150
의석수	6	4	0

해어/니마이어식[242]은 영국의 해어(Thomas Hare)와 독일의 수학자 니마이어(Niemeyer)에 의해서 창안된 계산방법으로서, 각 정당의 득표수를 전체의석수로 곱한 숫자를 다시 선체 유효투표수로 나누어서 각 정당의 몫을 구한 후, 그 몫의 자연수에 해당하는 만큼 각 정당에게 의석을 배분하게 되며, 이 경우 만약에 남는 의석이 발생할 때에는 기존에 계산한 몫의 소수점 이하 숫자의 크기 순서에 따라 나머지의 의석을 순차적으로 배분하는 방법이다.

정 당	A 정당	B 정당	C 정당
득표수	6100	5000	900
(총의석수×특정 정당 득표수) ÷ (유효득표총수)	10×6,100 ÷ 12,000	10×5,000 ÷ 12,000	10×900 ÷ 12,000
	5.08	4.16	0.75
의석수	5	4	1

생라그/쉐퍼스(Sainte-Laguë/Schepers)식은 나눔제수방식에 의해 의석을 배분하는 방식으로, 각각의 정당 득표수를 0.5, 1.5, 2.5, … n-0.5의 제수로 순차적으로 나눈 다음 이들 각각의 몫을 구한 후, 그 몫의 수치가 큰 숫자부터 의석을 배분해

242) 해어/니마이어 방식은 투표수 배분을 통한 의석수 배분방식인 해어 방식과 수학적 비례계산법을 통한 의석배분방식인 니마이어 방식을 합친 것이다. 해어 방식과 니마이어 방식의 계산 결과가 동일하기 때문에 일반적으로 해어/니마이어 방식이라고 한다(Woyke, 1996, S. 36 ff.).

나가는 방식이다.

	A 정당	B 정당	C 정당
득표수	6,100	5,000	900
1	12,200 ①	10,000 ②	1,800 ⑦
2	4,067 ③	3,333 ④	600
3	2,440 ⑤	2,000 ⑥	360
4	1,743 ⑧	1,429 ⑨	257
5	1,356 ⑩	1,111	200
6	1,109	909	164
의석수	5	4	1

(4) 후보자 선출

독일 연방의회의원 선거에 있어서 후보자 선출과 관련하여 우선 지역선거구 후보자의 경우에는 연방의회의원의 임기가 시작된 후 32개월이 지난 이후에 결정하게 되며[243], 이와 같은 지역구후보자 결정과 관련한 대표회의 역시 연방의회의원의 임기가 시작된 이후 빨라도 29개월이 지난 이후에 구성하게 된다.[244] 그리고 이 경우 지역구 당원총회와 대표자회의에서 1명의 지역구 후보자를 결정하게 된다.[245] 물론 여기서의 후보자 결정을 위한 방식은 기본적으로 비밀투표에 의하며,[246] 동시에 중앙당 차원에서의 추천이나 선출은 배제된다.

그리고 연방선거법 제18조 제2항에 해당하는 정당, 즉 최근의 연방의회나 주의회 의원선거에서 지속적으로 최소한 5명 이상의 의원을 후보자추천을 통해 확보하지 못한 정당의 후보자 추천일 경우에는 당해 선거권자 200인 이상의 자필서명에 근거한 추천이 필요하다.[247]

다음으로 비례대표와 관련한 각 주별 정당후보자 명부는 당연히 개별정당에 의해 작성·제출되어진다.[248] 그리고 연방선거법 제18조 제2항에 해당하는 신생 내

243) § 21 Abs. 3 Satz 4 BWG.
244) § 21 Abs. 3 Satz 4 BWG.
245) § 18 Abs. 5, § 21 Abs. 1 BWG.
246) § 21 Abs. 3 Satz 1 BWG.
247) § 20 Abs. 2 BWG.
248) § 27 Abs. 1 Satz 1 BWG.

지 소수정당의 경우에는 추가적으로 최근 연방의회선거를 기준으로 한 당해 주 선거권자 총수의 1000분의 1이상, 선거권자 최고 2000명 이내의 서명을 첨부하여야 한다.[249] 바로 이와 같은 조건으로 인해 독일의 경우 사실상 선거시기에 새롭게 진출하려는 신생 소수정당들의 경우 선거에 참여하는 첫 관문이라고 할 수 있는 후보자선출 단계에서부터 상당한 제약을 받게 된다.

위와 같은 선거에 있어서의 입후보자 선출과 관련하여 독일 연방선거법은 특히 후보자에게 지역선거구와 정당명부에 따른 비례대표선거에 동시에 입후보하는 이른바 "중복입후보제"에 대한 제한을 두고 있지 않다. 따라서 지역구나 비례대표로 동시에 입후보한 경우에 어느 한쪽에서 낙선한 경우에도 다른 한쪽의 당선으로 의회에 진출할 수 있기 때문에 결과적으로 전문적이고 유능한 정치인의 정치적 사장을 예방할 수 있는 장점이 있다.

(5) 의원직 승계와 유지

독일 연방선거법상 연방의원으로 당선된 후보자가 사망하거나 당선수락을 거부할 경우 또는 당선 후에 연방의회에서의 제명 등 사고의 경우에는 그 의석은 당해 연방의회 선거 당시 그 정당의 주후보자명부로부터 다음 순위에 오른 후보자가 승계하게 된다.[250] 이는 결과적으로 재선거에 따른 정치적 불안정과 경제적 부담을 사전에 방지할 수 있다.

또한 독일의 경우 주별 정당명부에 따른 비례대표의원의 경우에도 일반적인 당적 이탈 내지 변경이 허용되기 때문에 이 경우에도 의원직 유지는 인정된다.[251]

Ⅱ. 독일 연방의회의 조직과 권한

1. 연방의회의 조직

연방의회의 대표는 의장이다. 의장과 부의장 선거는 연방의회 첫 회의에서 실시된다. 연방의회 의장은 제1원내 교섭단체 소속 의원 중에서 선출하는 것이 전통이다. 또한 관례적으로 부의장은 4명으로 한다.

---

249) § 27 Abs. 1 Satz 2 BWG.

250) § 48 Abs. 1 BWG.

251) Vgl. H. Konrad, Grundzüge des Verfassungsrechts der Bundesrepublik Deutschland, 1999, S. 256 f.

【독일 연방의회의 조직】

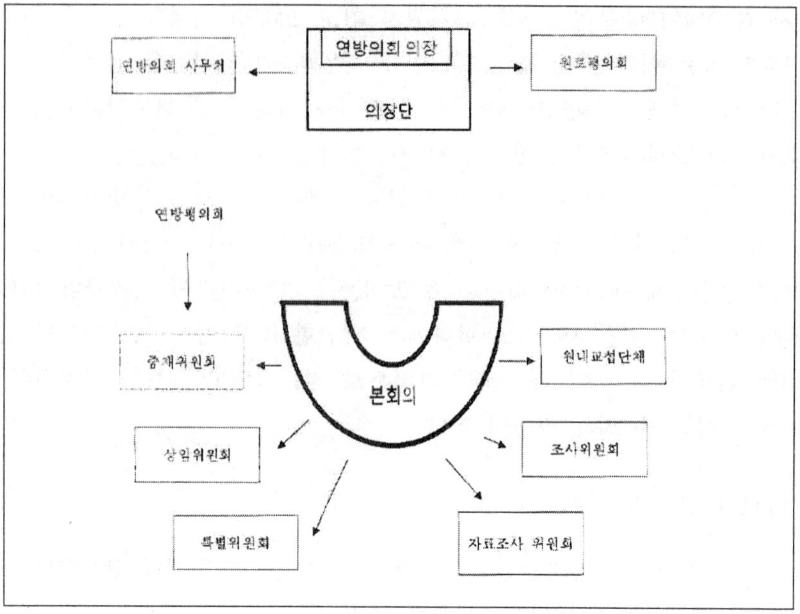

(1) 연방의회 의장

연방의회 의장의 지위는 의전 및 정치적 지위에서 뚜렷하게 나타난다. 연방의회 의장은 국가원수인 연방대통령과 연방참사원 의장 다음에 위치하는 의전 서열 제3위로 연방총리 보다 앞선다. 연방의회 의장은 연방정부 및 연방참사원이 제출하는 모든 법률안의 수신인이 된다. 입법권이 행정권보다 우선함을 보여주고 있다. 연방의회 의장은 연방의회의 수장이며 대외적으로 연방의회를 대표한다. 연방의회 의장단을 구성하는 의장과 4명의 부의장은 원칙적으로 4년의 임기가 보장되어 있다.

(2) 원로평의회

1) 원로평의회의 개념

원로평의회는 연방의회를 원활하게 하기 위해, 의장을 지원하는 기능을 하며 연방의회 의장단과 원내 교섭단체에 비례하여 선임된 24명의 의원으로 구성된다.

2) 원로평의회의 기능

원로평의회는 3가지 중요한 기능을 한다. 첫째, 연방의회의 업무계획과 본회의 의사일정을 확정짓는다. 어떤 사안을 언제, 어떠한 규모로 다룰 것인가를 정하는 협력기관으로써 오직 회원 전원의 만장일치로만 합의에 이를 수 있다. 그렇지만 때때로 갈등이 생기면 의사일정의 최종 결정권을 가진 본회의가 이를 결정한다.

둘째, 회기 초에 원내 교섭단체나 그룹 사이에서 의회 내 힘의 비례에 따라 위원회의 위원장과 부위원장의 배분에 관한 합의를 한다. 이 자리는 정치적 영향력을 행사할 수 있는 위치이기 때문에, 원내 교섭단체의 크기에 따라 정해진 순서대로 위원회를 차지하도록 하는 방법이 활용된다.

셋째, 의회의 권한이나 운영규정에 관련된 쟁점을 설명하고 가능한 한 조정을 한다. 무엇보다도 원로평의회는 본회의가 최종 결정기구로써 형식적 결정을 위하여 많은 시간을 소모하는 것을 예방해 주는 일종의 사전 조정수단인 동시에, 원내 교섭단체 사이는 물론 원내 교섭단체와 의장단 사이의 의사소통을 위한 중요한 통로이기도 하다.

(3) 상임위원회

상임위원회는 원칙적으로 원내 교섭단체의 규모의 비례하여 이루어지며 의원들이 어떤 전문분야에 참여할 것인가를 상호 합의한다.

【독일 제18대(2013~)연방의회의 22개 상임위원회

상임 위원회	소속 의원 수	상임 위원회	소속 의원 수
예산위원회	41	경제, 기술위원회	37
노동사회위원회	37	식량, 농업, 소비자보호위원회	34
외무위원회	37	보건위원회	37
교육, 과학, 연구, 기술위원회	34	청원위원회	26
유럽연합위원회	35	교통, 건설, 도시계발위원회	37
가정, 고령자, 여성, 청소년위원회	34	법사위원회	37
재무위원회	37	경제협력 및 발전위원회	24
문화, 매체위원회	24	관광위원회	18
환경, 자연보호, 핵안전위원회	34	선거, 면책, 국회법위원회	13
내무위원회	37	체육위원회	18
국방위원회	34	인간권과 인도적 지원위원회	18

제18대 의회(2013년 이후)에서는 전부 22개의 상임위원회를 두고 있다. 그 밖에 공동위원회(48), 조사위원회(기본법 제44조), 조정위원회(32) 등이 있다.

위원회의 회의는 여론을 의식하지 않고 효과적이고 전문적 심의가 이루어지도록 하기 위하여 비공개로 한다. 하지만 제한 조치는 실제로는 별 의미를 가지지 못한다. 왜냐하면, 원칙적으로 모든 의원들이 위원회에 방청객의 자격으로 참가하며, 연방참사원 의원이나 정부 요원도 위원회에 참석할 수 있기 때문이다. 또한 투명성에 대한 요구와 본회의에 부담을 줄이기 위해 위원회 회의를 공개하는 경우가 증가하였다. 외무위원회, 국방위원회, 그리고 내무위원회는 안보에 관한 문제를 심의하는 경우 예외적으로 비공개 회의가 인정된다. 이러한 상임 위원회는 정위원과 부위원만 참석이 가능하다.

(4) 교섭단체와 정당

1) 교섭단체

의회의 일부분인 원내 교섭단체는 하나의 당 또는 유사한 당들의 소속 의원들에 의해 형성된다. 연방의회의 운영규칙에 따르면 전체 의석수의 5% 이상(최소한 34명)으로 구성된 정당은 하나의 교섭단체를 구성할 수 있다. 이러한 제한조건은 정당이 의회에 진출하기 위한 필수적 요건인 득표율 5%에 상응하는 것이다. 교섭단체는 각 정당에 속한 의원들로 구성되지만, 각 정당의 일부가 아니라 연방의회의 하부조직이다.[252] 교섭단체는 연방의회의 의사결정에 앞서 정치적 의견의 소통과 체계화를 위해 필수적인 기구이다.[253] 교섭단체는 연방의회 의원들로 구성된 권리능력 없는 결사체이나, 소송을 제기할 수 있고 피소될 수도 있다(연방의원법 제46조 제1항, 제2항). 그러나 교섭단체는 국가기관이 아니어서 공권력을 행사할 수는 없다.[254]

교섭단체는 운영위원회와 상임위원회의 구성 및 상임위원장 배정에 그 크기에 비례하게 관여한다. 교섭단체는 국정과 관련된 현안이 문제되는 경우 의회 내에서 현안에 대한 질의를 할 수 있다. 또한 교섭단체는 연방예산으로부터 재정적 지원을 받을 수 있다.

---

252) H. Maurer, Staatsrecht I, 6. Aufl., 2010, § 13. Der Bundestag Rn. 105.

253) H. Maurer, Staatsrecht I, 6. Aufl., 2010, § 13. Der Bundestag Rn. 105.

254) 김진곤, 교섭단체의 법적 지위와 그 구성의 최저기준의 정합성 여부, 헌법학연구 제19권 제3호, 2013. 9, 364면.

2) 정 당

정당조직의 최상위에는 지도력과 조정력을 발휘해야 하는 대표위원(원내총무)과 부대표(부총무) 그리고 일반적으로 대지도부와 소지도부를 두고 있다.

① 기민당/기사당 연합[255]

1명의 대표와 8명의 부대표, 5명의 운영위원과 법률고문으로 이루어졌다. 부대표 중 7명은 의회 각 전문분야에 따른 과제를 갖는다.

② 사민당

1명의 대표와 6명의 부대표, 그리고 5명의 운영위원으로 조직되어 있다. 그 외에 30여명의 분야별 실무그룹의 대표들이 이에 속한다.

③ 연대 90

2명의 동등한 대표위원을 두고 있으며, 그 중 1명은 여성이며 운영위원 및 2명의 부대표와 함께 지도부를 구성한다. 확대 지도부에는 전문분야들 사이의 조정자들도 포함한다.

④ 자민당

1명의 대표위원, 3명의 부대표, 3명의 운영위원 등이 있다.

⑤ 민사당

1명의 대표위원, 2명의 부대표, 1명의 운영위원과 2명의 부위원, 그리고 1명의 여성정책위원으로 소규모 지도부를 구성하고 있다.

(5) 운영위원회

운영위원은 소속 원내 교섭단체 및 그룹과 전체 연방의회 사이의 내적 조정을 담당하기 때문에 일종의 관리기능을 수행한다. 이러한 기능은 원로평의회에게도 적용된다. 원로평의회 소속 위원들은 대개 소속 원내 교섭단체의 대변인들이다.

---

255) 연합 원내교섭단체는 바이에른 주를 제외한 전지역의 기민당 출신 의원과 바이에른 주 기사당 출신 의원들의 합체라는 점이 특이하다 또한 기사당 의원들은 특별 지위를 인정받는 지역그룹이다. 이 지역그룹은 고유의 대표위원을 갖고 있는데, 이 대표위원은 전체 원내교섭단체의 제1부 대표이기도 하다. 마찬가지로 기사당 소속 운영위원은 전체 원내교섭단체의 제1운영위원이 된다. 그 외에도 기사당 그룹은 2명의 부대표와 1명의 법률고문을 두고 있다. 기사당 소속 의원들은 전체 원내교섭단체 주간회의가 열리기 전에 자신들만의 모임을 따로 갖는다. 기사당 그룹은 7개의 분과를 두고 있다.

이들은 ① 내부활동 조정, ② 다른 의원 모임과 지속적 연결 유지, ③ 인사 및 운영규칙에 관련한 문제를 다룬다. ④ 중요한 토론이나 표결 시에 소속 의원들을 동원, ⑤ 의회 외부의 그룹들과 접촉하는 일 등 특정한 분야를 분담하고 있다.

(6) 전문분과

의회가 개별 전문분야별로 상임위원회를 두고 있는 것과 마찬가지로 원내 교섭단체나 그룹들은 다양한 주제별 분과를 구성하고 있다.

① 기민당/기사당 연합 19개의 전문분과를 두고 연방정부의 각 부처에 상응하는 형태를 띠고 있다. ② 사민당은 22개의 분과를 두고 있어 연방의회의 22개 상임위원회와 유사한 형태를 지니고 있다. ③ 연대 90과 자민당은 5개의 전문분과를 두고 있고, 민사당은 4개의 분과를 두고 있다. 그 외에 특수한 분야를 다루는 특별 분과도 있으며, 각 부처에 공통되는 주제를 다루는 특별 분과도 있다.

2. 연방의회의 권한

독일 기본법 제20조에는 "독일 연방공화국은 민주적 및 사회적 연방국가이다. 모든 국가 권력은 국민으로부터 나온다. 국가권력은 국민들의 선거와 투표, 그리고 입법, 행정, 사법기관을 통하여 행사된다."고 규정하고 있다.

3권 분립 속에서 독일 연방의회는 최고의 민주적 국가기관으로 위치하고 있다. 독일 연방의회는 국가기능과 의사형성에서 핵심적 역할을 수행하고 있다. 독일 연방의회는 보통, 직접, 자유, 평등, 비밀선거를 통하여 선출된 전체 국민의 대표들로 구성된다(기본법 제38조). 선거를 통하여 위탁된 국민의 의사를 실현하고 국민주권을 구현하기 위한 국가조직의 구성원리로서 대의제 민주주의를 채택하고 있다. 연방의회는 ① 법률 제정, ② 정부의 수장인 총리선출 등 독일연방공화국의 중추인 의회중심적 정부형태를 지니고 있다. 연방의회는 최고의 민주적 기관으로서 다양한 의견과 정치적 쟁점과 문제들을 토의·조정하는 공간으로서 "국민의 광장"이라고도 불린다.

(1) 입법권

연방의회는 입법권, 견제권 및 연방총리 선출권을 지니고 있다. 독일 기본법 제77조에는 "연방법은 연방의회에 의해 제정된다."고 규정되어 있다. 따라서 정부가 제정하는 법은 연방의회의 위임을 받아 "법의 내용, 목적, 그리고 범위에 따라야" 한다(기본법 제80조). 연방의회의 입법권에는 예산법이 포함되어 있다. 즉, 연방의 세입, 세출을 망라한 예산안이 연방의회가 제정한 법으로 확정된다. 예산법에 대한 의회의 의결 없이는 정부의 정책은 실현될 수 없다.

(2) 연방총리의 선거

연방의회의 핵심적이고 본질적인 특징 중 하나가 연방총리를 선출하는 권한이다. "연방총리는 연방대통령의 제청에 의해 연방의회에서 토의 없이 선출한다(기본법 제63조).

1) 총리 선출방식

연방의회에서 재적의원 과반수를 획득하면 연방총리로 선출되고, 그 후 연방대통령이 연방총리를 임명한다.

2) 총리의 해임

연방의회 절대 과반수의 찬성으로 새로운 수상을 선출하였을 때 해임될 수 있다(건설적 불신임제). 이렇게 선출된 연방총리는 장관의 임면권을 전적으로 가진다. 연방총리는 정부 여당의 의지와 기대를 반영하여 권한을 행사한다. 총리 선출에 대한 의회의 권한과 선출된 정부의 총리의 책임은 "견제와 균형"이라는 민주적 원칙에 의해 실현된다.

(3) 연방참사원과 협력

연방참사원은 연방기관으로서 주(州)들의 이해관계를 고려하여, 연방공화국을 구성하는 주(州)를 정치의 장으로 연결시키는 기능을 한다. 연방참사원도 연방의회와 함께 입법권을 지닌다. "균형과 견제"의 시스템은 연방의회와 연방참사원 사이의 관계에서도 적용된다.

(4) 연방대통령 선거에의 참여

연방의회는 국가원수인 연방대통령 선거에 참여한다. 독일 기본법 제54조에는 "연방대통령은 연방대의원 총회에서 토의 없이 선출된다. 연방 대의원 총회는 비례선거의 원칙에 따라 연방의회 의원과 주 의회에 의해 선출된 같은 수의 대표들로 구성된다."고 규정되어 있다. 국가원수인 연방대통령이 연방과 주로 이루어진 연방공화국을 대표한다는 의미이다.

(5) 국제적 협력

독일 기본법 제23조에는 "유럽 통합을 실현하기 위하여 독일 연방공화국은 유럽연합의 발전에 협력한다. 이에 따라 연방은 연방참사원의 동의를 얻어 제정된 법에 근거하여 주권을 이양할 수 있다."고 규정하고 있다. 연방참사원의 동의를 통해 주권이 국제적 협력관계에 놓여 있음을 명시하고 있다(유럽연합).

독일 기본법 제24조에는 "연방은 평화유지의 목적으로 상호 집단안보체제에 가입할 수 있으며, 나아가 평화롭고 지속적으로 유럽 및 세계 질서를 형성·유지하기 위하여 주권의 제한을 인정한다."고 규정하고 있다. 따라서 북대서양 방위조약기구(NATO)에 참여하며, 동시에 독일연방공화국은 국제화된 법규범의 실현에 참여한다는 뜻을 표명하고 있다.

3. 의정활동 형태

연방의회와 원내 교섭단체나 그룹은 여름 휴가와 성탄절 및 부활절 휴가를 제외하면 원칙적으로 2주 또는 3주에 걸친 회기 주간과 1주 또는 2주의 비회기 주간으로 구분된다. 회기는 전부 1년의 반에 해당된다.

원로평의회는 가능한 한 적어도 1년 전에 의회의 회기 주간이 언제인지를 확정한다. 또한 원로평의회는 회기 계획을 수립하는데, 이 경우 유럽평의회, 유럽연합, 북대서양조약기구 위원회의, 또는 국제의원연맹의 국제적 회합을 고려한다.

(1) 회기 주간의 일정

개별 회기 주간은 의원들이 지역구의 주말 모임에 참석할 수 있도록 배려하거나 가족과 주말을 보낼 수 있도록 하기 위해 짜여지는데, 특정한 방식으로 진행된다. 주간 의정활동과 의회 본회의로 초점이 맞추어진 회기 주간 일정은 원내 교섭단체나 그룹의 분과위원회와 전체 연방의회의 상임위원회가 어떠한 기능을 하는지 보여준다.

만약 원내 교섭단체나 그룹이 보통 주 초에 회합을 가진다면, 예정되어 있는 의회의 심의를 위하여 정치적 기본 노선을 마련해야 하기 때문이다. 주간 과제와 현안 과제에 대한 구체적 준비는 원내 교섭단체의 전문가들이 회합하는 분과위원회의 일이다. 분과위원회는 원내교섭단체나 그룹의 회합 이전에 모인다. 원내 교섭단체는 자신들의 정책을 추진할 방식을 찾아야 하고, 그 때문에 상임위원회와 본회의 이전에 회합하는 원내 교섭단체나 그룹의 회합을 준비하는 것이 분과위원회이다.

(2) 원내 교섭단체: 의회속의 의회

의회 내에서 동일한 정당 소속의 의원들은 원내 교섭단체를 형성한다. 정당 소속의 의원이 원내 교섭단체에 속하게 되면 하나의 그룹을 형성할 수 있다. 예컨대 기민당/기사당 연합의 원내 교섭단체 내에서 기사당 소속 의원들은 별도의 지역(바이에른 주) 중심 그룹을 구성할 수 있다. 그룹의 지위는 법안을 제출할 수 있으며, 그룹의 크기에 따라 발언시간을 확보하며, 그룹의 장은 법적으로 원내 교섭단체의 장(원내총무)과 동격으로 대우받으며, 의정활동을 위하여 요구되는 재정적·기술적·인적 지원을 받을 수 있다.

원내 교섭단체는 의사(議事)를 조직하고 조정한다. 또한 그 크기에 비례하여 의장단, 원로평의회, 그리고 위원회에 참여한다. 오로지 원내 교섭단체 또는 교섭단체와 같은 수의 의원들만이 법안을 제출하고, 대정부 질문을 할 수 있다. 이러한 규정은 개별의원들이 무차별 신청과 질의를 제기하여 의사를 마비시키는 것을 예방하기 위함이다. 그렇지만 모든 의원은 제한 없이 구두질의를 할 수 있는 권리를 가진다.

원내 교섭단체에 있어서 대표(원내총무)를 정점으로 하는 지도부에는 부대표(부총무)와 운영위원이 속한다. 원내 교섭단체 지도부(총무단)에 속하는 의원들은 영향력이 가장 크다. 여당 원내 교섭단체의 지도부는 원내 교섭단체와 정부의 정치적 의사형성을 조정한다. 제1야당 원내 교섭단체의 장은 연방의회에서 연방총리의 맞수이며, 흔히 야당의 총리후보이다. 운영위원의 의사일정을 원만하게 하기 위해 본회의 발언자를 조정한다. 원내 교섭단체는 분야별로 나누어져 그룹을 형성하여 법안을 심의하며 결정을 준비한다. 원내 교섭단체는 원칙적으로 전문분과의 제안을 받아들인다.

원내 교섭단체의 업무 일정은 기본적으로 본회의를 준비하는 과정이다. 원내 교섭단체의 실무 그룹이 구체적 준비를 담당하여 기본입장을 정리한다. 이렇기 때문에 전체 회의 전에 실무그룹의 회의가 열린다. 따라서 상임위원회와 본회의가 열리기 전에 원내 교섭단체의 회의가 열려 상임위원회와 본회의를 준비하는 방식으로 의회 의사일정이 정례화되어 있다.

원내 교섭단체는 때로 "의회 속의 의회"라고 불린다. 하나의 정당 내에서 다양한 방향과 의견이 존재한다는 뜻이다. 원내 교섭단체의 지도부는 소속 의원들이 선택한 노선을 구심점으로 하여 단결시키기 위하여 노력한다. 또한 원내 교섭단체의 지도부는 원내 교섭단체의 단결과 강제력, 이해관계의 내부조율 등을 위해 노력한다.

제 3 절　독일의 연방참사원

1. 연방참사원의 지위

연방참사원은 독일 기본법에 규정된 연방의 헌법기관이다.256) 연방참사원은 주의 이익을 연방에 대하여 대표하는 연방의 헌법기관으로서 주정부의 대표자들로 구성된다. 주들은 연방참사원을 통해 연방 영역에 영향을 미친다. 그러나 연방참사원이 주의 기관은 아니다.257)

2. 연방참사원의 구성

연방참사원은 주정부가 임명하고 해임하는 주정부의 구성원으로 이루어진다. 그들은 그 정부의 다른 구성원에 의해서 대리될 수 있다(기본법 제51조 제1항). 각 주는 최소한 3개의 의결권을 가지며, 200만 이상의 인구를 가진 주는 4개, 600만 이상의 인구를 가진 주는 5개, 700만 이상의 인구를 가진 주는 6개의 의결권을 갖는다(기본법 제51조 제2항). 각 주는 표수와 동수의 구성원을 파견할 수 있다. 주의 투표는 통일적으로 행사되고 출석한 구성원이나 그 대리인에 의해서만 행사될 수 있다(기본법 제51조 제3항).

연방참사원은 매년 그 의장을 선출한다(기본법 제52조 제1항). 연방참사원 의장은

256) BVerfGE 1, 299 (311); 8, 104 (120); 84, 304 (335); Reuter, Praxishandbuch Bundesrat, 2. Aufl. 2007, S. 39 f.

257) BVerfGE 1, 299 (311); 8, 104 (120); Th. Maunz, in: Maunz/Dürig, GG, Art. 50 Rn. 5.

연방참사원을 소집한다. 최소한 2개 주의 대표자나 연방정부의 요구가 있으면 의장은 연방참사원을 소집해야 한다(기본법 제52조 제2항). 연방참사원은 최소한 투표의 과반수로 의결한다. 연방참사원은 의사규칙을 제정한다. 그 심의는 공개되나 공개가 배제될 수도 있다(기본법 제52조 제3항). 유럽연합의 사무를 위하여 연방참사원은 유럽심의회를 구성할 수 있고 유럽심의회의 의결은 연방참사원의 결정으로서의 효력을 갖는다. 제51조 제2항 및 제3항 2문은 준용한다(기본법 제52조 제3항a). 주정부의 다른 구성원이나 수임자는 연방참사원의 위원회에 소속할 수 있다(기본법 제52조 제4항).

연방정부의 구성원은 연방참사원이나 그 위원회에 참가할 권리를 가지며 또한 요구가 있으면 참가할 의무를 진다. 연방정부의 구성원의 의견은 언제든지 청취되어야 한다. 연방참사원은 연방정부로부터 그 업무수행에 관하여 상시 보고를 받는다(기본법 제53조).

3. 연방참사원의 임무

(1) 입법에 있어서 협력

법률안은 연방정부, 연방의회 의원들 또는 연방참사원에 의해서 연방의회에 제출된다(기본법 제76조 제1항). 연방정부의 법률안은 우선 연방참사원에 이송되어야 한다. 연방참사원은 6주내에 이 법률안에 대하여 태도를 표명할 권한을 갖는다. 연방참사원이 중대한 이유로 인하여 특히 법률안의 범위를 고려하여 기간의 연장을 고려하는 경우 기간은 9주로 한다. 연방정부가 법률안을 연방참사원에 이송하는 경우에도 예외적으로 특별히 긴급을 요한다고 표시한 법률안일 때는 3주 후에 또는 연방참사원이 요구를 제출한 경우에는 6주 후에 연방참사원의 태도표명이 연방정부에 도달하지 않더라도 그 법률안을 연방의회에 이송할 수 있다. 연방정부는 연방참사원의 태도표명이 있으면 접수 후 지체없이 그것을 연방의회에 이송하여야 한다. 독일 기본법 제23조와 제24조에서 고권이양의 제안에 대하여는 태도 표명을 위한 기간은 9주로 하며, 4문은 적용하지 아니한다고 규정하고 있다(기본법 제76조 제2항).

연방참사원의 법률안은 연방정부를 통하여 6주 이내에 연방의회에 이송되어야 한다. 이때에 연방정부는 자신의 견해를 제시해야 한다. 연방정부가 중대한 이유로 인하여 특히 법률안의 범위를 고려하여 기간의 연장을 요구하는 경우에는 그 기간은 3주로 하며 연방정부가 3문에 관한 요구를 제출한 경우에는 6주로 한다. 이 기본법 개정안과 제23조 또는 제24조에 관한 고권이양의 제안에 대하여는 기간을 9주로 하며 4문은 적용하지 아니한다. 연방의회는 적당한 기간내에 심의하고 의결하여야 한다(기본법 제76조 제3항).

연방법률은 연방의회에 의해서 의결된다. 연방법률은 채택 후 지체 없이 연방의회 의장에 의해 연방참사원에 송부되어야 한다(기본법 제77조 제1항).

연방참사원은 의결된 법률안의 접수 후 3주내에 법률안의 합동심의를 위하여 연방의회와 연방참사원의 의원으로 구성되는 위원회가 소집되도록 요구할 수 있다. 이 위원회의 구성과 절차는 연방의회에 의해서 의결되고 연방참사원의 동의를 필요로 하는 의사규칙으로 정한다. 이 위원회에 파견된 연방참사원의 동의가 필요할 때에는 연방의회와 연방정부도 소집을 요구할 수 있다. 위원회가 의결된 법률의 변경을 제외하면 연방의회는 재의결해야 한다(기본법 제77조 제2항).

법률이 연방참사원의 동의를 요하는 한 제2항 1문에 관한 요구가 제출되지 않는 경우나, 양원협의절차가 법률의 수정의결을 제안하지 아니하고 종결된 경우에는 적당한 기간내에 동의를 의결하여야 한다(기본법 제77조 제2항a).

연방참사원의 동의를 필요로 하지 않는 법률인 경우에는 연방참사원은 제2항에 따른 절차가 종결되었을 때에는 연방의회에 의해 의결된 법률에 대해 2주내에 이의를 제기할 수 있다. 이의기간은 제2항 5문의 경우에는 연방의회에 의한 재의결의 접수와 동시에 시작되고 그 밖의 모든 경우에는 제2항에 규정된 위원회의 위원장이 동위원회에서의 절차가 완결되었다고 하는 보고의 접수와 동시에 시작된다(기본법 제77조 제3항).

전항의 이의가 연방참사원의 과반수투표로 의결되면 연방의회는 재적 과반수의 의결로 그것을 각하할 수 있다. 연방참사원이 최소한 그 투표의 3분의 2의 다수로 이의를 의결한 경우에는 연방의회에 의한 그 각하는 최소한 연방의회의원의 재적과반수를 포함한 3분의 2의 다수를 필요로 한다(기본법 제77조 제4항).

연방의회에 의해 의결된 법률은, 연방참사원이 동의할 때 제77조 제2항에 따른 요구를 하지 아니할 때, 제77조 제3항의 기한내에 이의를 제기하지 아니하거나 이의를 철회할 때 또는 이의가 연방의회에 의해 각하될 때에 성립한다(기본법 제78조).

(2) 행정에 있어서 협력

연방에 의해 위임된 주행정과 관련하여, 주가 연방의 위임에 따라 연방법률을 집행할 때에는 연방참사원의 동의를 필요로 하는 연방법률에 다른 규정이 없는 한 관청의 설치는 주의 재량사항이다(기본법 제85조 제1항). 연방정부는 연방참사원의 동의를 얻어 일반행정규칙을 제정할 수 있다(기본법 제85조 제2항).

(3) 국가기관의 구성에 관여 및 탄핵소추권

연방대통령은 연방헌법재판소 재판관의 1/2(8명)은 연방의회에서 선출한 자를, 나머지 1/2(8명)은 연방참사원에서 선출한 자를 연방헌법재판소 재판관으로 임명한다(기본법 제94조 제1항 및 연방헌법재판소법 제5조 제1항). 연방헌법재판소 재판관은 연방참사원 3분의 2의 다수의 찬성으로 선출된다.

연방의회나 연방참사원은 기본법 또는 그 밖의 연방법률의 고의적 침해를 이유로 연방대통령을 연방헌법재판소에 탄핵소추할 수 있다. 탄핵소추는 최소한 연방의회 재적의원의 4분의 1 또는 연방참사원의 4분의 1로 발의되어야 한다. 탄핵소추의 의결은 연방의회 재적의원의 3분의 2 또는 연방참사원의 3분의 2의 다수를 필요로 한다. 탄핵소추는 소추기관의 수임자에 의해서 행해진다(기본법 제61조 제1항).

(4) 유럽연합 사무의 협력

주는 연방참사원을 통해 연방의 입법과 행정과 함께 유럽연합의 사무에 협력한다(기본법 제50조).

유럽연합을 실현시키기 위하여 독일연방공화국은 민주적·법치국가적·사회적 및 연방주의적 제원리와 함께 보충성의 원칙에 구속되며, 기본법에 실질적으로 대응하는 기본권보장에 필적하는 유럽연합의 발전을 위해 노력한다. 이를 위하여 연방은 연방참사원의 동의를 얻은 법률에 의해서 고권을 이양할 수 있다. 기본법이 그 내용상의 변경 또는 보충되거나 변경 또는 보충될 가능성이 있는 유럽연합의 창설과 그 조약에 따른 근거의 변경이 있으면 기본법 제79조 제2항 및 제3항이 적용된다(기본법 제23조 제1항). 연방의회는 유럽연합에 관계되는 사항에 협력하고 주도 연방참사원을 통하여 이에 협력한다. 연방정부는 연방의회 및 연방참사원에 대해 포괄적으로 또한 가능한 한 신속하게 보고하여야 한다(기본법 제23조 제2항). 연방정부는 유럽연합의 입법행위에 협력하기에 앞서 연방의회에 태도결정의 기회를 준다. 연방정부 교섭에 즈음하여 연방의회의 태도결정을 고려한다. 상세한 내용은 법률로 정한다(기본법 제23조 제3항).

연방참사원은 연방의 의사형성에 대한 국내적 조치에 협력해야 하거나 또는 각 주가 국내적으로 권한을 가지고 있는 경우에 그 한도에서 연방의 의사형성에 참가하여야 한다(기본법 제23조 제4항). 연방이 전속적인 권한을 가지고 있는 영역에서 각 주가 영향을 미치는 경우 또는 기타 연방이 입법의 권리를 가지고 있는 경우에는 그 한도에서 연방정부는 연방참사원의 태도결정을 고려한다. 각 주의 입법권한, 그 행정기관의 설치 또는 그 행정절차가 중요한 사항에 관계되어 있는 때에는 그 한도에서 연방의 의사형성에 즈음하여 연방참사원의 견해가 권위있는 것으로 고려된다. 이 경우에 연방전체의 국가적 책임이 유지되어야 한다. 연방의 세출증가 또는 세입감소로 될 가능성이 있는 사항에 관하여는 연방정부의 동의를 필요로 한다(기본법 제23조 제5항). 각 주의 전속적인 입법권이 중요한 사항으로 되는 경우에는 유럽연합의 구성원으로서의 독일연방공화국에 귀속하고 있는 제권리의 주장은 연방으로부터 연방참사원이 지명하는 각 州의 대표에 이양되어야 한다. 이들의 권리의 주장은 연방정부의 참가와 또한 연방정부와의 의견조정을 통하여 성립되며, 이에 즈음하여 연방전체의 국가적 책임이 유지되어야 한다(기본법 제23조 제6항).

제 5 장 독일의 연방대통령 및 연방정부

제 1 절 독일 연방대통령의 지위와 권한

Ⅰ. 독일 연방대통령의 선출방법

독일 연방대통령을 선출하는 기관은 "대통령선거인단"이다. 연방대통령은 대통령선거인단의 투표에 의해 간선된다(기본법 제54조 제1항 제1문).

대통령선거인단은 연방의회의원 전원과 그와 같은 수의 각 주에서 선출된 구성원들로 구성된다(기본법 제54조 제3항). 대통령선거인단을 연방의회의원 뿐만 아니라 같은 수의 구성원을 각 주에서 선출하도록 함으로써 한편으로는 연방대통령을, 연방수상과는 달리 특정한 국가기관에만 책임을 지는 기관이 아니라, '헌법의 수호자'[258]로서 통합기능을 수행하는 기관으로 만들었다.[259] 다른 한편으로는 이러한 선거인단의 구성방식을 통해 연방국가 안에서 연방대통령의 정당성이 연방뿐만 아니라 각 주에 의해서도 부여할 수 있도록 고려했다.[260]

연방의회의원 전원(598명)과 그와 동수의 각 주의회에서 선출된 구성원(598명)으로 조직된 대통령선거인단(1196명)[261]에서 토론 없이[262] 비밀로 5년 임기[263]의 연방대통령을 선출한다.[264] 대통령선거는 대통령선거인단 총수의 과반수 득표를 얻

---

258) E. Menzel, Ermessensfreiheit des Bundespräsidenten bei der Ernennung der Bundesminister?, DÖV 1965, S. 581 (590).

259) U. Fink, in: v. Mangoldt·Klein·Starck, Bonner Grundstsetz Band 2, Art. 54, Rn. 2.

260) Nierhaus, M., in: Sachs, Grundgesetz, Art. 54. Rn. 20: R. Herzog, in: Maunz/Dürig, GG, Art. 54, Rn. 14 ff.; 김경제, 독일 연방대통령의 헌법상의 지위와 권한(上), 사법행정, 2002. 1, 27면.

261) BWahlG § 1.

262) 독일 기본법 제54조 1항 1문.

263) 독일 기본법 제54조 2항 1문.

264) 독일 기본법 제54조 1항, 2항, 3항 참조.

어야 한다. 제1차 투표와 제2차 투표에서 과반수를 얻은 대통령후보자가 없을 경우에는 제3차 투표를 하는데, 제3차 투표에서는 상대적 다수결에 의하여 최다득표를 얻은 후보자가 대통령으로 선출된다(기본법 제54조 제6항).[265] 대통령의 임기는 5년이며 1차에 한하여 연임할 수 있다(기본법 제54조 제2항). 이와 같은 간접선거의 채택은 대통령과 의회를 대립관계로 상정하지 않고, 연방의회가 연방대통령 선거를 통해 통제하는 시스템으로 만들었다.

Ⅱ. 독일 기본법상 연방대통령의 지위

1. 최고의 연방기관이자 헌법기관

독일 기본법상 연방대통령은 독립된 최고의 연방기관 중 하나이다.[266] 연방대통령은 연방의회, 연방참사원, 연방의회와 연방참사원의 합동위원회, 연방정부, 연방헌법재판소와 동렬로서 최고의 기관이다.[267] 연방대통령은 다른 국가기관의 지시로부터 독립하여 존재하며, 어떠한 감독도 받지 않는다.[268] 연방대통령의 헌법적 지위와 그 권한은 본질적으로 헌법 그 자체로부터 근원하기 때문에[269] 연방대통령은 헌법기관이다. 연방대통령은 그 권한을 행사함에 있어 기본법 제1조 제3항과 제20조 제3항에 따라 헌법에 기속된다.[270]

2. 국가원수

연방대통령은 국가원수로서의 지위를 갖는다.[271] 독일 기본법상 연방대통령의

---

265) 독일 기본법 제54조 6항 참조.

266) U. Fink, in: v. Mangoldt/Klein/Starck, Bonner Grundstsetz, Band 2. Art. 54 Rn. 4: Hans-Uwe Erichsen, Der Bundespräsident, Jura 1985, S. 374.

267) U. Fink, in; v. Mangoldt/Klein/Starck, Bonner Grundstsetz, Band 2. Art. 54 Rn. 4.

268) Chr. Degenhart, Staatsrecht I, S. 221; P. Badura, Staatsrecht, 3. Aufl., S. 498.

269) Th. Maunz, in: Maunz-Dürig-Herzog-Scholz, Art. 54 Rn. 7: K. Stern, Das Staatsrecht, Band Ⅱ, S. 201-102; Otto Kimminich, Das Staatsoberhaupt in der parlamentarischen Demokratie, VVDStRI, 1967, S. 83; Franz Knöpfle, Das Amt des Bundespräsidenten in der Bundesrepubrik Deutschland, DVBI. 1966, 715 ff.; U. Fink, in: v. Mangoldt/Klein/Starck, Bonner Grundstsetz, Band 2, Art. 54 Rn. 4.

270) 김경제, 독일 연방대통령의 헌법상의 지위와 권한(上), 사법행정, 2002. 1, 29면.

271) K. Stern, Das Staatsrecht, Band Ⅱ, S. 200; Schmidt-Bleibureu/Klein, GG, Art 54, Rn. 1; R. Herzog, in: Maunz/Dürig, GG, Art. 54 Rn. 3 ff.: v. Mangoldt/Klein, GG, 2. Aufl. V. Vorbemerkungen Ⅲ; U.

국가원수로서의 지위는 대내적·대외적인 측면에서 그 근거를 찾을 수 있다. 독일 기본법 제59조 제1항에 의하면, "연방대통령은 국제법상 독일 연방을 대표한다."고 규정하고 있다. 국제법적 조약과 관련하여, 연방대통령은 직권으로 국제조약을 체결할 권능을 가진 국가원수이다. 또한 연방대통령은 외교관 또는 대사를 임면한다.

대내적으로 연방대통령은 법률의 제정과정에서 법률의 진정 성립을 최종적으로 담보하고 공포하며(기본법 제82조 제1항) 정부구성원, 연방공무원과 연방법관, 장교와 하사관을 임명하고 파면하며(기본법 제63조 제2항 2문, 제4항 2문, 3문, 기본법 제64조 제1문, 기본법 제60조 제1항), 또한 연방을 위하여 사면권을 행사한다(기본법 제60조 제2항).[272]

대외적으로 연방대통령은 국가를 대표하고, 대내적으로 국민의 통일성과 전체성을 상징하는 국가기관이다. 의원내각제 국가에서 국가원수로서의 책무는 다른 국가기관의 행위에 대한 단순한 형식적인 집행자와 대표로 인정된다는 점에서[273] 독일 기본법 제정자들은 의식적으로 국가원수로서의 연방대통령을 염두에 두고 기본법을 제정하였다. 따라서 연방대통령에게 국가원수로서의 지위가 인정된다.[274]

3. 통합기능을 수행하는 상징적 국가기관

연방대통령은 국민통합적 기능을 수행한다.[275] 연방대통령은 유일한 한 개인으로 구성된 국가기관으로서 국가를 인격화하고 이를 통하여 국가와 대통령의 일체성을 이끌어내기에 적합한 기관이다.[276] 이러한 통합적 작용은 일반적으로 받아들여지는 공통의 가치기반이 극히 적고 또한 그 가치가 항상 변화하는 현대 민주주의의 다원적 사회에서 특히 중요한 의미를 갖는다.[277]

통합기능의 상징적 주체로서 연방대통령은 통합적 효과를 제고하기 위하여 선

Fink, in: v. Mangoldt/Klein/Starck, Bonner Grundgesetz, Band 2. Art. 54. Rn. 12; Jörg Lücke, in: Sachs, GG, C. H. Beck, 1999, Art. 82. Rn. 2.

272) 김경제, 독일 연방대통령의 헌법상의 지위와 권한(上), 사법행정, 2002. 1, 30면.

273) U. Fink, in: v. Mangoldt/Klein/Starck, Bonner Grundgesetz, Band 2. Art. 54 Rn. 13; F. Knöpfle, Das Amt des Bundespräsidenten in der Bundesrepublik Deutschland, DVBI. 1966, 713 ff.

274) 김경제, 독일 연방대통령의 헌법상의 지위와 권한(上), 사법행정, 2002. 1, 30면.

275) R. Herzog, in: Maunz/Dürig, GG, Art. 54 Rn. 99; K. Schlaich, in: Isensee/Kirchhof (Hrsg), HStR, Band Ⅱ, § 49 Rn. 53 ff.

276) R. Smend, Staatsrechtliche Abhandlungen, S. 475 ff.; K. Stern, Das Staatsrecht, Band Ⅱ, S. 218; U. Fink, in: v. Mangoldt/Klein/Starck, Bonner Grundgesetz, Band 2. Art. 54 Rn. 14.

277) U. Fink, in: v. Mangoldt/Klein/Starck, Bonner Grundgesetz, Band 2. Art. 54. Rn. 15.

출과정에서부터 전체국민과의 연계성을 강화시키기 위한 노력이 기울여졌다. 이를 위하여 선거인단의 구성을 연방의회의 구성원과 함께 동수의 각 주에서 선출된 자들로 구성하도록 하고 있고 또한 기본법 상으로 연방대통령은 정부나 입법기관에 속할 수 없을 뿐만 아니라 재임중 영리적 활동을 할 수 없으며(기본법 제55조), 취임에 앞서 전체국민에 봉사한다는 내용의 선서를 한다(기본법 제56조).[278]

통합기능을 효과적으로 수행할 수 있도록 하기 위해서 독일 기본법은 연방대통령에게 독립적인 권한, 즉 연방수상이나 장관의 부서 없이도 행사할 수 있는 권한을 부여하고 있다. 기본법 제68조 제1항에 따르면 연방수상은 의회에 자신에 대한 신임을 물을 수 있도록 하고 있는데 이때 그 신임투표에서 연방의회 재적의원 과반수 이상의 동의를 얻지 못한 경우 연방수상은 연방대통령에게 연방의회의 해산을 제안할 수 있지만 이 경우 연방대통령에게는 제한적이나마 의회의 해산여부에 대하여 독립적인 결정의 여지가 인정된다.[279] 또한 기본법 제63조 제4항 3문에 따라 수상으로 선출된 자가 재적의원 과반수의 동의를 얻지 못한 경우에는 연방의회에 안정된 정치적 기반을 가진 정부가 존재할 수 없는 상황이 발생하므로 연방대통령은 독립적 결정으로 선출된 자를 수상으로 임명하거나 아니면 의회를 해산할 수 있도록 하고 있다. 기본법 제81조에 따라 연방수상이 어느 특정한 법률안과 관련하여 의회에 신임의 여부를 회부하였으나 재적의원 과반수의 동의를 얻지 못한 경우, 또는 긴급을 요하는 법률로 명시된 법률안이 의회에서 부결되었을 때, 연방대통령은 연방정부의 신청이 있는 경우 입법비상사태를 선언할 수 있다.[280]

4. 중립적 국가기관

연방대통령은 중립적 국가기관이다.[281] 연방대통령은 연방 정부나 주 정부 또는 연방의회 어디에도 속할 수 없다.[282] 이러한 중립적 지위로 인하여 연방대통

278) 김경제, 독일 연방대통령의 헌법상의 지위와 권한(上), 사법행정, 2002. 1, 30면.

279) BVerfGE 62, 1 (50 f.); R. Herzog, in: Maunz/Dürig, GG, Art. 36, Rn. 40; Martin Oldiges, in: Sachs, Grundgesetz, Art. 63 Rn. 31.

280) BVerfGE 62, 1 (35); U. Fink, in: v. Mangoldt/Klein/Starck, Bonner Grundgesetz, Band 2. Art. 58. Rn. 51; M. Olidiges, in: Sachs, Grundgesetz, Art. 68. Rn. 32 ff.; 김경제, 독일 연방대통령의 헌법상의 지위와 권한(上), 사법행정, 2002. 1, 31면.

281) E. Menzel, DÖV 1965, S. 581 (590); U. Fink, in: v. Mangoldt/Klein/Starck, Bonner Grundgesetz, Band 2. Art. 54. Rn. 6 f.

령은 중립적 위치에서 중요한 정치문제와 상황에서 영향력을 행사한다. 연방대통령은 초당파적 성격을 지니면서, 정치 일선에 직접 가담하지 않으면서 연설, 인터뷰, 대담 등을 통해 국민과 여론의 관심을 환기시키며 이를 통해 사실상 정치적 영향력을 행사할 수 있다. 연방대통령은 직접적·정당적·의회적 및 헌법적 책임으로부터 자유로우며, 따라서 연방대통령에 대한 불신임은 제기될 수 없다.[283)]

Ⅲ. 독일 연방대통령의 헌법적 권한

독일 연방대통령의 권한은 그 지위가 형식적, 의례적이어서 프랑스 대통령이 지니는 것과 같은 내각의 총사퇴요구, 수상파면, 긴급명령권 등 중요한 정치적 권한은 삭제되고, 독일 연방대통령에게는 국가원수가 통상 가지고 있는 권한(예컨대, 법률에 대한 최종적인 인증, 연방공무원 임면 등) 이외에 연방수상임명권, 입법긴급상태 선포권,[284)] 예외적인 연방의회해산권 등 연방의회에 대해 어느 정도의 견제적 권한이 부여되어 있는데 지나지 않는다. 예를 들면, 연방의회해산권에 관한 대통령의 권한은 연방대통령이 제청한 연방수상 후보자가 연방의회의 제3차 투표에서 최다득표로 선출되었으나, 수상당선자가 연방의회의 재적의원 과반수의 찬성을 받지 못한 경우[285)] 및 수상이 요구한 신임투표가 연방의회 과반수의 지지를 얻지 못한 경우에 행사된다. 전자(前者)의 경우, 대통령이 연방의회를 해산하는 경우는 이 선거가 있은 때로부터 7일 이내에 연방의회헤산권을 행사하여야 한다.[286)] 또한 후자(後者)의 경우, 의회해산결정은 신임투표가 이루어진 후 21일 이내에 행사되어야 한다.[287)] 대통령의 해산권은 수상이 충분한 임명조건을 충족하지 못한다든가 또는 내각이 완전한 신임을 얻고 있지 못한 때에 행사되는 것이다. 연방대통령은 단지 형식적·의례적 권한을 지닐 뿐만 아니라, 조정적 작용을 하는 권한도 지니고 있다.

---

282) 독일 기본법 제55조 제1항.

283) H. Dohr, Staatsbürgerkunde für Polizeibeamte, Hilden 1992, S. 303; 김도협, Bonn기본법상 연방대통령에 관한 제고찰, 「헌법학연구」 제10권 제4호, 2004. 12, 502-503면.

284) 독일 기본법 제81조 참조.

285) 독일 기본법 제63조 3항, 4항 참조.

286) 독일 기본법 제63조 4항 참조.

287) 독일 기본법 제68조 1항 참조.

1. 입법에 관한 권한

(1) 연방의회 소집요구권

독일 기본법 제39조 제3항 제3문에 의하면, 연방의회의 의장은 연방수상, 연방의회 의원 1/3 그리고 연방대통령의 소집요구가 있으면 의회를 소집하도록 규정하고 있다. 즉, 연방대통령은 연방의회의 소집을 요구할 수 있다. 이러한 연방대통령의 연방의회 소집요구권은 국회자율권과 모순된다.

독일 기본법에서 연방대통령에게 예외적으로 연방의회 소집요구권을 부여한 것은 연방대통령이 통합의 주체이고,[288] 위기 상황에서 정치적 억제기능[289]을 수행한다는 점에서 그 이유를 찾을 수 있다.[290]

(2) 연방의회 불신임권

기본법 제68조 제1항에서 정해진 의회해산의 전제조건에 따르면 연방수상은 자신이 의회에 제기한 신임의 투표가 연방의회에서 부결된 경우에만 연방대통령에게 의회해산을 제청할 수 있다. 표결은 연방의회에서 신임의 문제가 제기된 후 48시간 이내에는 이루어질 수 없으며(기본법 제68조 제2항), 이 숙고기간 또는 교섭을 위한 정지기간 안에 연방수상은 자신의 청구를 철회할 수 있다.[291] 수상의 신임문제의 청구와 후임자의 선출을 통한 연방수상에 대한 불신임의 청구가 동시에 이루어진 경우에는, 의회에서 지지를 받는 안정된 정부의 수립이 의회해산보다 우선적 가치를 기지며, 또 이를 인정하는 것이 기본법의 이념과 부합하는 것이기 때문에 연방수상에 대한 불신임의 청구가 우선한다.[292]

신임의 문제는 의회에서 재적의원 과반수의 동의를 필요로 한다. 이것이 이루어지지 않았다고 하는 것은 형식적으로 수상이 더 이상 의회에서 연방의회의원 재적의원 과반수 이상의 지지기반을 가지지 못하고 있다는 것을 의미할 뿐이고

---

288) K. Schlaich, in: Isenss/Kirchhof (Hrsg), HStR, Band Ⅱ, § 49, Rn. 53 ff.

289) Schlaich, K., in: Isensee/Kirchhof (Hrsg), HStR, Band Ⅱ, § 49, Rn. 58.

290) H. H. Klein, in: Maunz/Dürig, GG, Art. 39, Rn. 76; 김경제, 독일 연방대통령의 헌법상의 지위와 권한(中), 사법행정, 2002. 2, 27면.

291) H.-P. Schneider, in: Alternativkommentare, Art. 68 Rn. 9.

292) U. Mager, in: v. Münch/Kunig, Grundgesetz, Band 2, Art. 68 Rn. 33; M. Oldiges, in: Sachs, Grundgesetz, Art. 68 Rn. 30.

그것이 곧바로 수상이 퇴임해야 한다는 것을 의미하지는 않는다.[293] 연방수상은 의회에서 신임이 부결된 경우에도 소수의 지지를 받는 수상으로써 계속 통치해 나갈 수 있다. 아울러 신임의 문제가 의회에서 부결됨으로써 연방수상에게는 이제부터 다음 단계로의 이전을 위한 여러 가지의 가능성이 주어지게 된다. 즉 기본법 제69조에 따라 자진 사퇴하여 새로운 수상을 선출하도록 계기를 만들어 주거나 또는 연방대통령에게 의회해산을 제청하거나 정부의 제청으로 연방대통령에게 입법비상사태를 선포하게 하거나 또는 재차 신임을 물을 수 있게 된다.

(3) 연방의회 해산권

연방수상 후보로 제청된 자가 연방의회 재적의원 과반수의 표를 얻지 못한 경우 연방대통령은 수상으로 제청된 자를 수상으로 임명할 것인지 아니면 의회를 해산할 것인지에 대한 결정권을 갖는다(기본법 제63조 제4항 제3문).[294] 연방대통령은 독립적 입장에서 단기적으로 상대다수의 지지를 받는 수상후보를 수상으로 임명할 것인지 또는 의회해산을 통하여 장기적으로 의회에서 새로운 세력관계를 형성하여 절대다수의 지지를 받는 안정된 정부의 구성을 의도할 것인지에 관하여 주도적으로 판단한다.[295] 어떤 판단을 하던 간에 그 판단은 행정법상 재량의 원칙이 적용되는 행정처분이 아니고 안정된 다수의 형성이 불가능한 상황에서 내려지는 정치적 결정이다.[296]

연방대통령은 연방의회를 해산할 것인가 여부를 연방의회에서 수상후보에 대한 투표가 끝난 후 7일 이내에 결정해야 한다(기본법 제63조 제4항 제3문). 이 기한을 넘기면 연방대통령은 의회해산권을 행사할 수 없고 선출된 후보를 수상으로 임명하여야 한다.[297] 연방의회해산의 의사표시는 의회에 도달함으로써 효력이 발생한다.[298] 의회의 해산명령으로 연방의회는 즉시 해산되지만, 연방의회의 의원의 권리와 의무는 자동적으로 상실되지 않는다.[299]

293) H.-P. Schneider, in: Alternativkommentare, Art. 68 Rn. 10.

294) R. Herzog, in: Maunz/Dürig, GG, Art. 63 Rn. 40; M. Olidiges, in: Sachs, Grundgesetz, Art. 63 Rn. 13.

295) H.-P. Schneider, in: Alternativkomentare, Band 2, Art. 63 Rn. 11.

296) BVerfGE 62, 1 (51); H.-P. Schneider, in: Alternativkomentare, Band 2, Art. 63 Rn. 11; K. Stern, Das Staatsrecht, Band Ⅱ, S. 253 f.; U. Fink, in: v. Mangoldt/Klein/Starck, Bonner Grundgesetz, Band 2. Art. 54 Rn. 16; 김경제, 독일 연방대통령의 헌법상의 지위와 권한(中), 사법행정, 2002. 2, 29면.

297) M. Olidiges, in: Sachs, Grundgesetz, Art. 63 Rn. 32.

298) K. Stern, Das Staatsrecht, Band Ⅱ, S. 73.

299) 김경제, 독일 연방대통령의 헌법상의 지위와 권한(中), 사법행정, 2002. 2, 30면.

연방의회의 해산은 기본법 제68조에 의해 연방대통령이 명령함으로써 이루어질 수 있다. 연방대통령이 연방의회를 해산하거나 또는 의회해산을 거부할 것인가의 결정권은 연방대통령에게 인정되는 정치적 결정권으로써[300] 기본법 제68조의 전제조건이 충족되었을 때만 허용되는 재량행위이다.[301]

신임을 요구하는 연방수상의 동의가 연방의회 재적의원의 과반수의 찬성을 얻지 못하면 연방대통령은 연방수상의 제청으로 21일 내에 연방의회를 해산시킬 수 있다(기본법 제68조 제1항). 형식적 요건으로서 연방수상의 신임문제에 대한 의회에 동의신청, 48시간의 숙고기간의 준수, 의회에서의 표결, 부결 등의 전제조건들을 충족하고 있는지, 그리고 실질적 요건으로서 현재의 정치상황이 의회의 해산을 통하지 않고는 극복할 수 없는 정치적 불안정 상태에 있는지를 심사하여야 한다.[302]

(4) 입법비상사태 선포권

국가긴급사태는 국가의 존립 또는 공공의 안녕과 질서에 대하여 헌법이 규정하고 있는 통상의 수단으로서는 제거할 수 없는, 헌법 외부적 생활영역에서 가해지는 모든 중대한 위협이 있는 경우를 말한다.[303] 이에 반해, 헌법장애(Verfassungströung)는 외부적 영향에 의한 국가생활 및 헌법생활에 대한 위협이 아니라 헌법기관 자기 자신이나 또는 다른 기관이 자기 자신에 내재하는 이유 때문에 헌법규정에 의하여 특정한 국가업무를 수행하도록 규정된 최고국가기관으로서 자기에게 부여된 기능을 수행할 수 없게 되고 따라서 활동능력을 상실할 때 발생하는 헌법상의 이상상황을 말한다.[304] 이러한 헌법장애의 원인은 긴급결정에 대한 책임의 결여, 정당간의 협력의사의 결여, 그리고 입법기관 상호간의 단절 등에서 올 수 있다.[305]

연방정부가 의회에 제출한 신임의 문제가 부결되고 "긴급"으로 표기된 법률안이 연방의회에서 부결된 경우와 연방수상이 자신에 대한 신임과 연계시킨 법률안

---

300) BVerfGE 62, 1 (35).

301) BVerfGE 62, 1 (35); M. Oldiges, in: Sachs Grundgesetz, Art. 68, Rn. 32; V. Epping, in: v. Mangoldt/Klein/Starck, Bonner Grundstsetz, Art. 68. Rn. 34 f.

302) H.-P. Schneider, in: Alternativkommentare, Art. 68 Rn. 13: M. Oldiges, in: Sachs, Grundgesetz, Art. 68 Rn. 33.

303) K. Hesse, Grundzüge, 20 Aufl. Rn. 720. 그 예로 Hesse는 전쟁과 내란, 국제정치 및 국제경제의 긴밀성 속에서 초래될 수 있는 예외상황 특히 중대한 급부배려의 위기 등을 제시하고 있다.

304) H.-P. Schneider, Kabinettsfrage und Gesetzgebungsnotstand nach dem Bonner Grundgesetz, VVDStRL, Band 8, 1950, S. 34; K. Hesse, Grundzüge, 20 Aufl., Rn. 721.

305) K. Stern, Das Staatsrecht, Band Ⅱ, S. 1370.

이 연방의회에서 부결된 경우에 연방정부는 연방대통령에게 입법비상사태 선포를 요청할 수 있다.

연방대통령이 입법비상사태 선포를 하였음에도 불구하고 연방의회가 그 법률안을 재차 부결한 때, 가결은 하였으나 연방정부가 수용할 수 없을 정도로 수정 통과시켰을 때, 연방의회가 법률안을 4주 이상 재의결하지 않을 때 그 법률안은 연방참사원이 동의를 얻어 법률로서 효력을 발생한다.[306)]

특정한 연방수상의 임기 중 연방의회가 부결한 모든 법률안도 입법비상사태의 최초의 선포 후 6개월의 기간내에 의결될 수 있다. 입법비상사태의 최초의 선포 후 6개월의 경과 후에는 동일한 연방수상의 임기 중에는 재차의 입법긴급사태의 선포는 허용되지 아니한다.[307)]

2. 집행에 관한 권한

(1) 연방수상의 임명권과 연방장관의 임면권

독일 기본법 제63조 제1항에 의하면, 연방수상은 연방대통령의 제청으로 연방의회에 의해서 토의 없이 선출된다. 즉, 연방대통령은 연방수상 후보자를 추천하는 권한이 있다.

연방대통령은 기본법 제63조 제2에 따라 연방의회에서 재적의원 과반수의 표를 획득한 자를 수상으로 임명해야 한다. 연방의회에서 재적의원 과반수의 동의를 얻은 후보가 없는 경우에는 제2차 투표에서 단순과반수의 동의를 얻은 자 또는 제3차 투표에서 최다득표를 얻은 자를 수상으로 임명하던가 아니면 연방의회를 해산할 수 있다.

연방장관은 연방수상의 제청으로 연방대통령이 임면한다(기본법 제64조 제1항). 연방대통령은 그 제청이 규정에 맞게 이루어진 경우에는 제청된 자를 임명해야 하며[308)] 정치적 재량권에서 근거하는 거부권은 연방대통령에게 주어지지 않는다.[309)] 연방장관의 임명은 연방수상의 부서를 요하며 임명장을 수여함으로써 이루어진다.[310)]

---

306) 독일 기본법 제81조 제2항.

307) 독일 기본법 제81조 제3항.

308) M. Oldiges, in: Sachs, Grundgesetz, Art. 64 Rn. 19.

309) R. Herzog, in: Maunz/Dürig, GG, Art. 64 Rn. 14; Karl-Ulrich Meyn, in: v. Münch/Kunig, Grundgesetz, Band 2, Art. 64 Rn. 3.

연방장관의 직무의 종결은 새로운 연방의회의 집회나 연방수상의 직무의 종결과 함께 이루어진다. 또한 연방장관은 연방수상의 제청으로 연방대통령에 의하여 해임될 수 있다(기본법 제64조 제1항). 연방수상이나 연방장관이 직무가 종결되었음에도 불구하고 후임자가 임명되지 않은 경우에는 기본법 제69조 제3항에 의해 연방대통령은 후임자가 임명될 때까지 종전의 수상과 장관이 직무를 계속할 것을 요청할 의무가 있다.[311)]

(2) 연방공무원, 장교 및 하사관 임면권

연방대통령은 법률에 다른 규정이 없는 한 연방법관, 연방공무원, 장교 및 하사관을 임면한다(기본법 제60조 제1항). 기본법 제60조 제1항에서 말하는 임명은 연방공무원법 제6조 제1항에서 말하는 임명을 필요로 하는 모든 경우를 말하며 해임 역시도 광의로 해석한다.[312)]

연방대통령은 연방을 위해 개별적인 경우에 사면권을 행사할 수 있다(기본법 제60조 제2항). 따라서 연방대통령은 개별적인 경우에 사면권을 행사할 수 있기 때문에, 일반사면은 불가하다고 할 것이다.[313)]

(3) 국제법상의 대표권

연방대통령은 국제법상 독일 연방을 대표한다(기본법 제59조 제1항 제1문). 연방대통령은 연방의 이름으로 조약을 체결하고 외교사절을 신임하고 접수한다(기본법 제59조 제1항 제2, 3문). 연방대통령의 국제법상 대표권의 행사는 국가원수로서의 형식적·관례적인 권한이라 할 수 있으나, 연방대통령의 국가상징적인 지위에서 매우 중요한 의미를 가진다.[314)]

외교정책에 관한 실질적인 권한은 연방수상에게 부여되어 있으므로(기본법 제65

---

310) M. Schröder, in: v. Mangoldt/Klein/Starck, Bonner Grundgesetz, Band 3, Art. 64 Rn. 30: M. Oldiges, in: Sachs, Grundgesetz, Art. 64 Art. 17.

311) K. Stern, Das Staatsrecht, Band Ⅱ, S. 256; M. Schröder, in: Isensee/Kirchhof (Hrsg), HStR, Bd Ⅱ, § 51 Rn. 45; H.-P. Schneider, in: Alternativkommentare, Band 2, Art. 69 Rn. 8; U. Mager, in: v. Münch/Kunig, Grundgesetz, Band 2, Art. 69 Rn. 21; 김경제, 독일 연방대통령의 헌법상의 지위와 권한(下), 사법행정, 2002. 3, 19면.

312) Udo Fink, in: v. Mangoldt/Klein/Starck, Bonner Grundstsetz, Band 2, Art. 60 Rn. 13 f.

313) R. Herzog, in: Maunz/Dürig, GG, Art. 60 Rn. 32.

314) K. Stern, Das Staatsrecht, Band Ⅱ, S. 256; 김도협, Bonn기본법상 연방대통령에 관한 제고찰, 「헌법학연구」 제10권 제4호, 2004. 12, 512-513면.

조 제1문) 연방대통령은 독자적인 외교정책결정권이 없다.

(4) 긴급방위사태확인의 공포권

긴급방위사태란 연방영역이 무력으로 공격을 받거나 이러한 공격에 직접적으로 위협되고 있는 경우를 말한다(기본법 제115a조 제1항 제1문). 공격은 연방영역에 향해져야 하며, 연방영역은 국제법상 독일의 영토로 확인된 영역을 말한다. 따라서 통치권력에 대한 공격은 이에 해당되지 않는다.[315] 또한 공격은 외부로부터의 공격이어야 하기 때문에 국내에서 발생한 무장폭동에 대해서는 긴급방위사태를 확인할 수 없다.[316] 공격의 위협은 직접적으로 존재하여야 하며 공격이 시간적으로 임박했을 것을 요한다.[317]

이러한 경우 연방정부는 연방의회에 긴급방위사태의 확인을 청구할 수 있다(기본법 제115a조 제1항 제2문). 긴급방위사태 확인청구는 연방정부만이 신청할 수 있으며 연방정부규칙 제24조 제2항에 따라 참석한 정부구성원의 과반수로 결의한다. 이 확인은 기본법상 유일하게 국민으로부터 선거를 통하여 정당성이 인정되는 국가기관인 연방의회가 행한다.[318] 확인의 형식은 연방의회의 의결의 형식을 통해서 행하며 이때 필요한 의결정족수는 연방의회 재적의원 과반수를 포함하는 연방의회 의원 2/3의 동의를 필요로 하며(기본법 제115a조 제1항 제2문) 사전에 연방참의회의 동의를 요한다. 연방참사원은 재적의원 투표수의 과반수로 의결한다(기본법 제52조 제3항 제1문).[319]

상황이 즉각적인 행동을 불가피하게 요구하고, 극복할 수 없는 장애 때문에 연방의회가 직시에 집회하기 어렵거나 연방의회가 의결불능인 때에는 공동위원회[320]가 그 구성원의 과반수를 포함하는, 투표가 이루어진 2/3의 다수로 의결한다(기본법 제115a조 제2항).

연방참사원의 동의를 얻어 연방의회에 의하여 의결된 긴급방위사태의 확인은

---

315) G. Robbers, in: Sachs, Grundgesetz, Art. 115 a, Rn. 2; Rainer Grote, in: v. Mangoldt/Klein/Starck, Bonner Grundgesetz, Band 3, Art. 115 a, Rn. 34.

316) R. Herzog, in: Maunz/Dürig, GG. Art. 115 a, Rn. 23.

317) G. Robers, in: Sachs, Grundgesetz, Art. 115 a, Rn. 7; R. Grote, in: v. Mangoldt/Klein/Starck, Bonner Grundgesetz, Band 3, Art. 115 a, Rn. 44.

318) R. Grote, in: v. Mangoldt/Klein/Starck, Bonner Grundgesetz, Band 3, Art. 115 a, Rn. 51.

319) 김경제, 독일 연방대통령의 헌법상의 지위와 권한(下), 사법행정, 2002. 3, 20면.

320) 여기서 말하는 공동위원회는 기본법 제53 a조에 규정되어 있는 위원회로서 그 구성원의 2/3는 연방의회 의원으로 그리고 1/3은 연방참사원 의원으로 구성된다.

연방대통령에 의하여 공포되며 공포는 연방법률공보를 통해서 이루어진다(기본법 제115a조 제3항). 연방대통령은 의회가 의결한 긴급방위사태의 확인을 연방수상이나 그를 대리하는 연방장관의 부서가 이루어진 후에 인증하고 공포한다. 공포는 또한 연방영역이 무력으로 공격받았음에도 불구하고 긴급방위사태를 확인하는 기관이 그 확인을 할 수 없을 때에는 공격이 시작된 때에 긴급방위사태의 확인이 이루어 진 것으로 그리고 공포된 것으로 간주한다(기본법 제115a조 제4항 제1문). 연방대통령은 사정이 허락하는 한 긴급방위사태의 시점을 공포하여야 한다(기본법 제115a조 제4항 제2문).

긴급방위사태의 확인이 공포된 후 연방대통령은 긴급방위사태의 존재와 긴급방위사태의 공포를 국제법적으로 선언할 수 있다(기본법 제115a조 제5항). 이 선언을 하기에 앞서 연방의회의 동의, 연방의회가 동의할 수 없는 상황에서는 공동위원회의 동의를 얻어야 한다.

3. 사법에 관한 권한

(1) 연방법관 및 연방헌법재판소 재판관 임명권

연방대통령은 연방법관을 임면한다(기본법 제60조 제1항). 연방법관의 범위는 연방법원의 모든 구성원을 포함한다.[321] 기본법 제95조의 최고연방법원의 구성원, 즉 연방재정법원, 연방노동법원, 연방사회법원의 법관뿐만 아니라 기본법 제96조에서 규정하고 있는 그 밖의 연방법원, 연방특허법원, 연방군사법원, 연방징계법원의 법관이 포함된다.

연방헌법재판소의 재판관에 대해서도 일반적인 견해는 기본법 제60조 제1항에서 말하는 법관에 포함되는 것으로 본다.[322] 또한 헌법재판소법 제10조는 연방헌법재판소의 재판관은 연방대통령에 의하여 임명됨을 규정하고 있다. 연방대통령은 연방헌법재판소 재판관의 절반은 연방의회에서 선출한 자를, 나머지 절반은 연방참사원에서 선출한 자를 연방헌법재판소 재판관으로 임명하며(기본법 제94조 제1항 및 연방헌법재판소법 제5조 제1항) 연방헌법재판소 재판관은 연방대통령에 의하여 그 퇴직이 이루어진다(연방헌법재판소법 제12조).

---

321) Udo Fink, in: v. Mangoldt/Klein/Starck, Bonner Grundgesetz, Band 2, Art. 60. Rn. 6.

322) R. Herzog, in: Maunz/Dürig, GG, Art. 60, Rn. 11: M. Nierhaus, in: Sachs, Grundgesetz, Art. 60 Rn. 4.

(2) 사면권

일반적으로 사면은 합법적으로 내려진 형사판결을 폐지하거나 또는 전부 내지 일부를 변경시키거나 형의 집행을 정지시키는 모든 조치를 말한다.[323] 사면은 형사재판과의 상관개념 속에서 형법적 결정의 엄정성과 불합리성을 완화시키기 위하여 고안되었다.[324] 따라서 사면권은 이미 확정된 형벌, 부가형, 개선조치 등을 완화시키거나 변형 및 그 집행을 부분적 또는 전체적으로 정지시키는 방법으로 행사되며 형법적 책임 그 자체를 변경시키는 것은 아니다. 사면권은 전통적으로 국가원수에 의하여 행사되었다.[325]

기본법 제60조 제2항에 따라 연방대통령은 개별적인 경우에 연방에 대하여 사면권을 행사하도록 되어 있으므로, 연방대통령은 일반사면은 행사할 수 없다.[326] 또한 사면권의 행사로 진행중인 형사재판절차에 영향을 끼칠 수 없다.[327]

4. 연방대통령의 특권

(1) 불체포특권

연방대통령은 연방의회의 의원과 같은 불체포특권을 갖는다(기본법 제60조 제4항). 특히 기본법 제60조 제4항이 연방대통령의 불체포특권에 관하여 연방의회 의원의 불체포특권에 관한 기본법 제2항에서 제4항까지의 규정을 따르도록 규정하고 있는 바, 이것은 연방의회의원과 연방대통령은 불체포특권과 관련하여 인정되는 법적인 바탕이 같다는 것, 서로 수행하는 직무는 다르지만 불체포특권을 인성하여야 할 필요성은 동일하다는 것을 표현한 것이다.[328] 이 불체포특권은 대통령에 대한 탄핵절차에는 적용되지 않는다.[329]

---

323) BVerfGE 25, 352 (358); Ulfried Hemmrich, in: v. Münch/Kunig, Grundgesetz, Band 2, Art. 60 Rn. 17; M. Nierhaus, in: Sachs, Grundgesetz, Art. 60 Rn. 11.

324) BVerfGE 25, 352 (360).

325) Chr. Michisch, Die Gnade im Rechtsstaat, 1996, S. 49 ff.

326) R. Herzog, in: Maunz/Dürig, GG, Art. 60 Rn. 32; U. Hemmrich, in: v. Münch/Kunig, Grundgesetz, Band 2, Art. 60 Rn. 17: M. Nierhaus, in: Sachs, Grundgesetz, Art. 60 Rn. 13.

327) R. Herzog, in: Maunz/Dürig, GG, Art. 60 Rn. 32; U. Hemmrich, in: v. Münch/Kunig, Grundgesetz, Band 2, Art. 60 Rn. 18; M. Nierhaus, in: Sachs, Grundgesetz, Art. 60 Rn. 13.

328) R. Herzog, in: Maunz/Dürig, GG, Art. 60 Rn. 32; U. Hemmrich, in: v. Münch/Kunig, Grundgesetz, Band 2, Art. 60 Rn. 17; M. Nierhaus, in: Sachs, Grundgesetz, Art. 60 Rn. 13.

연방대통령에게 인정되는 불체포특권은 연방의회의원의 불체포특권과 동일한 원리가 적용되므로 연방의회의 동의로 대통령에 대한 불체포특권을 박탈할 수 있다. 체포에 동의할 것인가의 여부에 대해서는 연방의회가 재량으로 결정하며,[330] 불체포특권이 직무에 관련하여 인정되는 것이지 직무집행자에 맞추어 인정되는 것이 아니기 때문에 대통령 개인의 이해관계에 의하여 불체포특권의 박탈 여부가 영향을 받지도 않는다.[331]

(2) 면책특권

연방대통령에게는 연방의회의원에게 인정되는 면책특권은 인정되지 않는다. 연방대통령은 보통 연방의회에 출석할 의무가 없으며 따라서 연방대통령에게는 의회에서 연방의회 의원의 질문에 답변하는 것 그리고 여기에서 자신의 의사를 피력하는 것을 보장하여야 할 필요가 없기 때문이다.[332] 또한 중립적인 기관으로서 연방대통령은 연방의회의 의원과는 달리 가급적 정치적 사안에 개입하지 않는 방법으로 직무해야 하고 다른 정치인의 권리를 침해할 가능성이 거의 없기 때문이다.[333]

Ⅳ. 수상과 연방의회와의 관계

바이마르헌법하의 대통령권한에 비하면 대통령의 권한이 상당히 약화되었는데 그에 비해서 수상의 지위와 권한은 강화되었다.

첫째, 연방수상은 대통령의 제안에 기초해서 연방의회에서 선발된다. 만약 대통령이 제안한 자가 선출되지 못했을 때는 연방의회는 14일 이내에 그 재적의원의 과반수로 수상을 선거할 수 있다.[334] 그러나 이 14일 이내에 선거가 행해지지 않

329) R. Herzog, in: Maunz/Dürig, GG, Art. 60 Rn. 60; U. Hemmrich, in: v. Münch/Kunig, Grundgesetz, Band 2, Art. 60 Rn. 27; I. Pernice, in: Dreier, Band Ⅱ, Art. 60 Rn. 33.

330) U. Hemmrich, in: v. Münch/Kunig, Grundgesetz, Band 2, Art. 60 Rn. 28; I. Rernice, Dreier, Band Ⅱ, Art. 60 Rn. 32; K. Schlaich, § 49 Die Funktionen des Bundespräsidenten im Verfassungsgefüge, in: Isensee/Kirchhof (Hrsg.), HStR, Band Ⅱ, Rn. 49.

331) R. Herzog, in: Maunz/Dürig, GG, Art. 60 Rn. 58; U. Hemmrich, in: v. Münch/Kunig, Grundgesetz, Band 2, Art. 60 Rn. 28.

332) M. Nierhaus, in: Sachs Grundgesetz, Art. 60, Rn. 17; U. Fink, in: v. Mangoldt/Klein/Starck, Bonner Grundgesetz, Band 2, Art. 60 Rn. 39.

333) R. Herzog, in: Maunz/Dürig, GG, Art. 60 Rn. 61.

334) 독일 기본법 제63조 제3항 참조.

았을 때는 직접 새로운 선거가 행해진다. 이 경우 당선자가 과반수의 지지를 얻은 때는 대통령은 이를 임명해야만 한다. 또 과반수를 얻지 못했을 때는 연방대통령은 7일 이내에 임명하든가 또는 연방의회를 해산하지 않으면 안된다.335) 수상의 선출기반을 연방의회에 두면서 군소정당의 난립에 의해서 내각의 성립이 곤란하게 된 때, 이러한 상황을 선거를 통해 해결하도록 했던 것이다.

둘째, 연방의회는 그 의원의 과반수를 가지고 연방수상의 후임자를 선거하고 또 대통령에게 연방수상을 해임할 것을 요구함으로써만 연방수상의 불신임을 가결할 수 있다. 대통령은 이 요구에 따라서 선거된 자를 임명하지 않으면 안된다. 그러나 불신임안의 가결은 통상적인 의사절차와는 다른 엄격한 조건이 부여되어 있다. 예를 들면 의원이 그 밖의 수단, 즉 질문이나 질의 더 나아가서는 국정조사권을 이용해서 내각을 추궁한다고 해도 수상이나 각료를 수세로 몰고 가는 것뿐이지 기본적인 해결은 되지 않는다. 그러한 의미에서 수상에 대한 건설적 불신임 규정336)은 내각의 안정을 강하게 보호하기 위한 제도라 할 것이다.

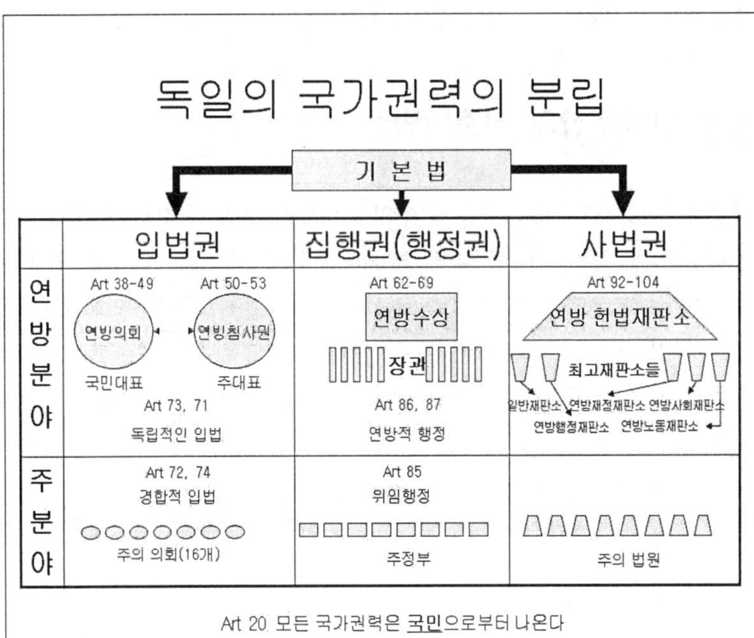

335) 독일 기본법 第63조 第4항 참조.

336) 독일 기본법 第67조 참조.

셋째, 수상은 “정책지침”을 결정하고, 의회에 대해서 책임을 지는 것으로 되어 있다. 이러한 규정은 수상의 광범한 권한행사를 보장하는 데, 특히 수상이 “정책지침”을 통해 특정한 행동을 각료에게 요구할 수 있는 것이다. 이것은 내각에 있어서 수상의 우월적 지위를 의미한다. 이는 동시에 “정책지침”에 관한 책임을 수상이 부담하는 것을 의미한다. 따라서 의회에 의한 불신임의 대상은 내각이 아니라, 수상이라고 일컬어지는 것도 당연하다. 그런데 수상을 중심으로 한 내각이 구체적으로 “정책지침”을 집행하는데 있어서 그 구체화 권한에는 내각의 법률안 제출권이 포함되어 있다.

제 2 절 연방정부의 구성과 연방수상

독일의 내각은 연방수상과 연방장관으로 구성된다. 독일연방공화국의 수상은 독일의 정치적 지도자이자 독일의 행정수반이다.

Ⅰ. 독일 연방수상의 선출방법

독일 기본법 제63조[337]에는 연방수상의 선출에 관해 규정되어 있다. 연방수상의 선출방법으로는 차기 연방수상을 연방대통령의 추천을 통하여 연방의회에서 토의 없이 재적의원 과반수의 찬성을 얻으면 선출된다. 제1차 투표에서 대통령의 추천을 받은 수상 후보가 재적의원 과반수의 득표를 얻지 못한 경우, 수상선출에 대한 주도권은 연방의회로 넘어간다.[338] 연방대통령은 더 이상 연방수상후보를

337) 독일 기본법 제63조 【연방수상의 선출】
① 연방수상은 연방대통령의 제청으로 연방의회에 의해서 토의 없이 선출된다.
② 연방의회 재적의원의 과반수의 표를 획득한 자가 선출된다. 선출된 자는 연방대통령에 의해서 임명된다.
③ 제청된 자가 선출되지 않은 때에는 연방의회는 투표 후 14일 이내에 재적의원의 과반수로써 연방수상을 선출할 수 있다.
④ 선출이 이 기한 내에 이루어지지 않은 때에는 지체 없이 새로운 투표가 실시되고 최다득표자가 선출된다. 선출된 자가 연방의회 재적의원의 과반수의 표를 획득한 때에는 연방대통령은 선거후 7일내에 그를 임명해야 한다. 선출된 자가 이 과반수를 획득하지 못한 때에는 연방대통령은 7일내에 그를 임명하거나 연방의회를 해산해야 한다.

338) R. Herzog, in: Maunz/Dürig, GG, Art. 63, Rn. 31; M. Schröder, in: Isensee/Kirchhof (Hrsg), HStR, Band Ⅱ, 1987, § 51 Rn. 17.

추천할 수 없으며[339] 의회의 자기권한과 의무로 연방수상을 선출한다. 연방수상 후보 추천은 의회 재적의원 1/4이나 또는 적어도 의회 재적의원 1/4를 가진 정파에 의하여 이루어지며(연방의회 규칙 제4조 제2항) 제2차 투표는 제1차 투표가 이루어진 후 14일 이내에 실시된다(기본법 제63조 제3항). 제2차 투표에서 수상후보로 제청된 자가 당시의 연방의회의원 과반수 이상의 동의를 얻은 경우에는 그를 수상으로 선출한다(기본법 제63조 제3항).

연방수상의 선출이 이 기간 내에 이루어지지 않은 경우에는 지체 없이 제3차 투표가 실시된다(기본법 제63조 제4항). 연방의회의 의장은 새로운 투표를 위하여 의회를 소집할 의무가 있다.[340] 후보가 새로이 추천되면, 토론 없이 투표가 이루어진다. 제3차 투표에서는 수상후보 중 최다득표자가 수상으로 선출된다(기본법 제63조 제4항 제1문).

제2차·제3차 투표를 통하여 선출된 후보가 연방의회 재적의원 과반수의 득표를 얻은 경우 연방대통령은 그 후보를 7일 이내에 연방수상으로 임명하여야 한다. 선출된 자가 이 과반수를 얻지 못한 때에는 연방대통령은 7일 이내에 그를 임명하거나 연방의회를 해산하여야 한다(기본법 제63조 제4항 제3문).

제1단계

차기 연방수상을 연방대통령의 추천을 통하여 연방의회에서 토의 없이 선출하는 경우(관례적으로 다수당의 대표자를 연방수상후보자로 추천함) 수상후보자가 연방의회에서 재적의원 과반수의 찬성을 얻으면 연방대통령은 그를 차기 연방수상으로 임명하여야 한다.

제2단계

연방대통령이 추천한 수상후보자가 연방의회에서 재적의원 과반수의 찬성을 얻지 못하면, 연방수상의 선출절차는 연방의회의 영역으로 넘어간다. 이 경우 연방의회는 14일 이내에 다시 그 재적의원 과반수의 찬성을 얻어 차기 연방수상을 선출할 수 있다.

제3단계

연방의회가 14일 이내에 그 재적의원 과반수의 찬성으로 차기 연방수상을 선출

339) H.-P. Schneider, in: Alternativkommentare, Band 2, Art. 63 Rn. 7; M. Schröder, in: Isensee/Kirchhof (Hrsg), HStR, Band Ⅱ, § 51 Rn. 18.

340) R. Herzog, in: Maunz/Dürig, GG, Art. 63 Rn. 38; M. Schröder, in: Isensee/Kirchhof (Hrsg), HStR, Band Ⅱ, § 51 Rn. 21; M. Olidiges, in: Sachs, Grundgesetz, Art. 63 Rn. 30.

하지 못하였을 경우, 연방의회는 재적의원 과반수가 아닌, 최다득표만으로 차기 연방수상을 선출한다.

(1) 수상후보자가 연방의회에서 재적의원 과반수의 찬성을 얻었을 경우, 연방대통령은 수상 당선자를 7일 이내에 연방수상으로 임명하여야 한다.

(2) 차기 수상당선자가 연방의회에서 재적의원 과반수의 찬성을 얻지 못하고, 단지 최다득표로 선출된 경우에는 연방대통령은 7일 이내에 수상당선자를 차기 연방수상으로 임명하거나 연방의회를 해산할 수 있는 선택권을 지닌다.

Ⅱ. 독일 연방수상의 지위와 권한

연방수상의 지위는 연방내각의 제1인자, 집행업무의 총괄자 및 조정자, 비상시 국군통수권자이다. 연방수상의 권한으로는 ① 조각권(組閣權), ② 정책지침결정권(기본법 제65조), ③ 신임투표요청권(기본법 제68조), ④ 권한대행자 임명권, ⑤ 연방수상의 의회해산제청권 등이 있다.

독일 연방수상은 강력한 헌법적 제도를 통하여 연방대통령과 연방의회에 대해 압도적으로 우위에 있다. 연방수상의 강력한 지위는 독일의 수상민주주의를 발전시켰으며 독일 정치체제의 안정에 기여하게 되었다. 연방수상 권한의 제도적 강화는 바이마르 공화국의 실패가 권력제도의 실패에 기인한다는 경험에서 각인되었다. 독일 연방수상의 압도적이고 주도적인 권력은 기본법 제64조, 제65조, 제67조, 제68조에 명시되어 있다. 이러한 제도적 장치들을 통해 대통령은 전반적으로 권력을 상실하였으며 연방의회 역시 연방수상 권력에 대한 견제에 있어서 상당히 제한된 권력을 가질 뿐이다. 독일 연방수상은 제도적으로 다음과 같은 권한을 가진다.

1. 각료임명권(기본법 제64조)

각료임명권은 내각을 구성하는 권한이다. 의원내각제에서는 내각의 구성은 '수상'의 권한이다. 연방장관은 연방수상의 제청으로 연방대통령이 임명하고 해임한다. 즉, 연방수상은 연방대통령에 대해 연방장관에 대한 '임명제청권'과 해임건의권'을 지닌다. 독일 기본법은 장관에 대한 임명과 해임의 권력을 연방수상에게만 부여함으로써 연방수상 권한을 강화하였다. 또한 연방수상은 연방장관의 수 및 연방장관의 직무영역의 확정 및 한계도 결정할 수 있는 막강한 권한을 지니고 있다.

2. 정책지침결정권(기본법 第65조)

연방수상은 정치적 노선을 결정하며 이에 대한 책임을 갖는다. 독일 기본법은 통치의 3가지 원칙으로 수상원칙, 영역원칙, 집단원칙을 규정하고 있는데, 수상원칙은 수상이 전반적 노선을 결정한다는 원칙이며, 영역원칙은 해당 분야 장관이 각 영역에서 자율적이고 독립적인 책임을 갖는다는 원칙이다. 집단원칙은 내각이 중요한 사안들을 공동으로 결정한다는 원칙을 말한다. 그러나 장관의 각 영역에서의 자율적이고 독립적인 책임은 수상이 제시하는 정치적 노선의 틀 안에서 이루어진다. 또한 연방수상은 장관에 대한 임명권과 해임권을 통하여 절대적인 권력을 행사하며 이를 통하여 내각을 통일적이고 기능적으로 운영할 수 있다.

3. 건설적 신임투표(기본법 第67조)

독일의 정부 형태는 "총리 민주주의(Kanzlerdemokratie)"로 표현되기도 한다. 연방수상은 내각 구성원 중 유일하게 의회에서 선출되는 구성원이며, 연방수상만이 의회에 대해 내각을 대표하고 책임을 진다. 연방의회는 "건설적 불신임 결의"의 형태로 내각에 대한 연방수상의 책임을 물을 수 있다. 그러나 야당이 단지 정부를 거부하고 연방수상의 실각을 꾀하는 것을 막기 위해 기본법상으로 연방의회는 연방수상을 불신임할 경우 후임자를 선출하도록 되어 있다. 지금까지 건설적 불신임 결의를 통한 연방수상의 실각은 두 번 시도되었는데 한 번만 이루어졌다. 1982년 10월에 당시 연방수상인 슈미트(Helmut Schmidt)에 대한 의회의 불신임으로 콜(Helmut Kohl)이 새로운 연방수상으로 선출되었다. 각 장관에 대한 불신임 결의는 독일 기본법에 정해져 있지 않다.

연방의회 재적과반수의 찬성으로 후임 수상을 선출하는 형식을 통하여 수상에 대한 불신임을 표명하는 이른 바 "건설저 불신임"제도가 있다. 수상불신임안이 재적과반수의 동의를 얻지 못할 경우, 대통령은 수상의 제안에 따라 20일 이내에 연방의회를 해산할 수 있다. 연방의회의 불신임 결의시 연방대통령은 연방수상을 해임한다. 이때 연방정부의 장관들도 동시에 해임된다. 이러한 건설적 불신임 제도는 집권당이 의회에서 가까스로 과반수 의석을 유지하고 있는 경우에 야당이 어떤 확고한 대안도 없이 정부의 정책에 사사건건 반대하여 연방정부를 위기에 몰고 가는 것을 방지하기 위해 만들어 졌으며, 결과적으로 독일의 건설적 불신임제도는 연방정부의 안정화에 기여한다.

4. 신임투표요청권(기본법 제68조)

연방수상은 자신의 신임에 대하여 연방의회에 신임투표를 요청할 수 있는 권한을 지니고 있다. 평상시에는 이러한 요청권을 행사하지 않지만 결정적인 정치적 타결책을 찾거나 중요한 정책을 수행하려고 할 경우에는 자기의 신임을 내걸고 투표를 요청을 할 수 있다. 이러한 요청권은 연방수상의 연방의회에 대한 강력한 정치적 압력수단이 된다. 불신임결의가 시행되기 이전에 신임투표요청권을 행사함으로써 연방의회의 수상에 대한 불신임권을 사전에 통제하는 것이 가능하다. 연방의회의 연방수상에 대한 연방수상 불신임권을 사전에 통제할 수 있는 것이 신임투표요청권이다.

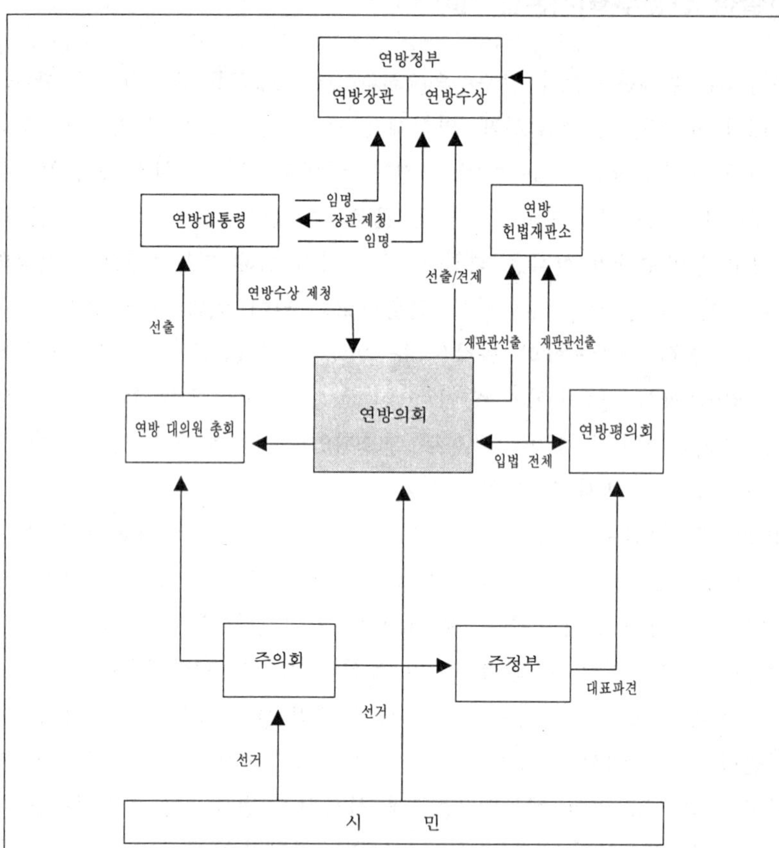

제 6 장 미국의 사법제도와 사법심사제

제 1 절 미국의 사법부와 사법심사제

Ⅰ. 미국의 사법부

미국은 연방국가이기에 연방법원(Federal Courts)과 주법원(State Courts)의 2원적 구조로 되어 있다. 연방법원과 주법원은 원칙적으로 서로 대등하고 독립적이나, 실질적으로는 상하관계이다. 연방법원은 1개의 『연방대법원』과 13개의 『연방고등(항소)법원』 및 94개의 『연방지방법원』으로 구성되어 있다. 연방법원의 관할사항은 7가지의 사건(cases)과 분쟁(controversies)이다.

1. 연방법원

연방법원은 헌법에 반하는 연방의회입법이나 연방행정입법을 사법심사할 권리를 지닌다. 연방대법원의 상고관할권과 관련하여 연방의회는 연방대법원에 관할권을 부여하거나 박탈할 수 있는 권한이 있다. 그러나 이러한 권한에는 내재적 제한과 외재적 제한이 존재한다. 연방법원은 순수한 주법문제는 관여하지 않으며, 주법문제는 주대법원이 최고법원으로서 기능한다. 연방법원에는 연방대법원, 연방고등법원, 연방지방법원이 있다. 또한 연방특별법원으로는 연방조세법원, 연방청구법원, 연방국제통상법원, 연방파산법원 등이 있다.

(1) 연방지방법원

연방지방법원은 연방법원 관할권에 속하는 모든 민·형사 사건을 관할하는 제1심 법원이다. 연방지방법원의 관할로는 첫째, "이적시민간 사건"(diversity case)이다. 다른 유형의 사건과 달리, 이 사건은 당사자의 시민적(citizenship)을 기준으로 하고,

주법률상의 권리청구(claims)를 포함하고 있다. 그럼에도 이 사건의 관할을 연방법원에 부여한 것은 자기 주의 시민만을 유리하게 취급할 수 있는 가능성을 배제하여 소송당사자 사이의 공평을 확보하기 위한 것이다. 연방법원의 사건 수 중 이 유형의 사건이 상당 부분을 차지하고 있다. 이적시민간 사건에 해당하려면, 소송가액이 75,000달러 이상의 사건이어야 한다. 둘째, 연방법하에서 발생하는 "연방문제"(Federal question)에 관한 사건, 셋째, 연방정부와 연방정부의 기관이 당사자인 사건, 넷째, 해사 및 해상관할에 관한 사건(Maritime case) 등도 연방지방법원 관할에 포함된다.

(2) 연방고등법원

연방고등법원은 연방사건을 관할하는 제2심 법원이다. 미국 전국을 11개의 구역(Circuit)으로 구분하고, 추가로 워싱턴 D. C. 구역을 더하여 12개의 구역에 1개씩의 연방고등법원을 두고 있다. 연방고등법원은 3명의 판사가 재판부(Panel)를 구성하여 재판한다. 중요 사건의 경우 재판부 판사의 과반수가 찬성하면 소속법관 전원이 참여하는 전원합의체(court in banc)로 진행된다. 연방고등법원과 동급이나 연방특별법원의 항소심을 관할하는 '연방항소법원'이 있다.[341]

(3) 연방대법원

미국 연방의 최고법원이다. 연방대법원은 수도인 워싱턴 D. C.에 위치하고 있으며, 1명의 연방대법원장과 8명의 연방대법관으로 구성되어 있다. 연방대법원은 제1심 재판관할권(original jurisdiction)과 상소관할권(appellate jurisdiction)을 가진다.

Marbury v. Madison (1803) 사건을 통하여, 연방대법원은 연방헌법에 명문규정이 없음에도 불구하고 헌법에 반하는 법률을 무효화할 수 있는 권한을 가지게 되었다. 또한 연방대법원은 사건이송명령(Certiorari)을 할 수 있다. 이는 하급심의 판결에 대해 연방대법원이 사법심사여부에 관한 재량권을 지님을 의미한다. 사법심사의 헌법적 한계로서의 수정헌법 제11조에 규정된 주의 주권면책은 주와 주의 기관에 한정되나, 주권면책의 포기도 가능하다. 또한 수정헌법 제11조의 규정은 연방의회의 권한에 의해 제한된다. 사법심사의 정책적 한계로서 합헌성 추정과 사법적 자제 등이 있다.

---

341) 이수형, 미국법 오해와 이해, 나남출판, 2006, 218면.

【미국 연방대법원】

2. 주법원

주지방법원은 주의 제1심 법원이다 주고등법원은 주의 제2심 법원이나. 그 명칭은 대부분 Court of Appeals로 부른다. 주대법원은 대체로 Supreme Court라고 부르며, 9명의 대법관으로 구성된다. 그 밖에 주특별법원이 있다. 주특별법원은 주지방법원과 동급의 또는 하위의 급이다. 특별한 유형의 사건을 전담하는 전문법원이다. 예를 들면, 치안판사법원은 경미한 형사사건이나 가사사건, 소송가액이 200달러 미만인 일반 민사사건을 다룬다. 그 밖에 카운티법원(County Court) 내지 시법원(Municipal Court)이 있다.

Ⅱ. 미국의 사법심사제

1803년 마샬(Marshall) 판결 이후 확립된 미국의 위헌심사제는 구체적 소송을 전제로 하여, 그것을 심리하는 법원이 적용법령의 헌법적합성을 심사하는 구조로 되어 있어 구체적·전제적·부수적인 심사제라고 일컬어진다.

이러한 위헌심사제의 담당자인 법원에 관해서 헌법은 "합중국의 사법권은 연방대법원 및 연방의회가 수시로 제정·설치하는 하급법원에 속한다."고 규정하고, "판사는 그 행태가 선량하면 그 직을 계속 가진다."고 하여 법관독립의 원칙을 규정하고 있다(제3조 제1항). 현재 연방법원에는 연방대법원 하에 연방상소법원(appeal court)과 지방법원(district court)이 설치되어 있다(민·형사재판만이 아니라 대륙법계에서의 행정사건도 사법부에서 일원적으로 관할한다). 연방법원의 법관선임은 상원의 승인을 얻어 대통령이 임명하고, 종신의 신분을 가지며 탄핵에 의해서만 파면된다. 70세가 되면 퇴직하고 종신토록 봉급의 전액을 받을 권리가 부여되어 있다. 부수적 심사제이므로 연방대법원만이 위헌심사권을 가지는 것은 아니지만, 위헌심사제 운용에 관해서는 연방대법원이 결정적인 역할을 담당하고 있다. 따라서 연방대법원장 및 8인의 대법관임명은 미국헌법의 운용상 가장 중요한 일에 속한다. 상원도 그 승인권을 행사함에 있어 대통령이 제안한 후보자를 모든 면에서 신중한 검토를 거치기 때문에, 1980년에는 레이건대통령이 제안한 2인의 임명과 관련한 인사문제가 2번에 걸쳐 부결되었던 적이 있다. 연방대법원의 판결은 의견표시제가 채택되어 있고, 법원의 판결(opinion of the court) 이외에 각각의 대법관이 동조의견(concurring opinion)이나 반대의견(dissenting opinion)을 전개하는 것이 일반적이다.

Ⅲ. 1803년 Marbury v. Madison 판결 및 사법심사제의 확립

1. 사건개요

미국의 위헌심사제는 헌법상 명문규정에 의해서 부여된 것은 아니다. 헌법제정회의에서 심의 전후에 이 문제가 논의된 적은 있었다. 이는 Federalist paper[342)]에 다음과 같이 적혀 있다.

“헌법의 명백한 취지에 반하는 모든 행위를 무효로 선언하는 것은 법원의 의무로 해야만 한다. 그렇지 않으면 개개인의 권리나 특권의 유보는 존재하지 않는 것이 되어 버릴 것이다. … 행위를 하는 근거가 되는 위임의 취지에 반하는 수임자의 모든 행위는 무효라고 하는 원리는 모든 것을 지배하는 가장 명백한 원리이다. 그러므로 헌법에 위반하는 입법부의 행위는 유효하다고 할 수 없다. 그것을 부정하는 것은 대리인이 본인보다 우월하고, 하인이 주인 위에 있으며 국민대표가 국민보다 우위에 서는 것을 인정하는 것이 될 것이다. … 법의 해석은 법원의 고유하고 특수한 영역이다. … 때문에 입법부에 의해서 정립된 개개의 법률뿐만 아니

342) 합중국헌법이 기초되고, 제7편의 규정에 따라 각 주의 승인을 얻어야 할 즈음에 승인반대파를 설득할 목적으로 뉴욕의 신문에 발표된 총 85편의 논문을 말한다. 이것은 헌법의 승인을 얻는데 큰 공헌을 했을 뿐만 아니라 헌법기초자의 생각을 알 수 있는 중요한 사료가 되고 있는데, 논문은 모두 publius가 필명으로 게재되어 있지만 실재로는 Madison, Hamilton, Jay 3인이 분담집필했다고 한다.

라 헌법의 의미를 확정하는 것도 법원의 권한에 속한다. 만약 양자 사이에 차이가 나타나면 상위의 구속력 및 효력을 가지는 쪽에 우선권이 부여되어야 할 것이다."

미국의 제2대 대통령인 존 아담스(John Adams)는 자신의 주요한 정치적 라이벌인 토마스 제퍼슨(Thomas Jefferson)에 의해 1800년 재선에 실패하였다. 이는 연방파의 아담스(John Adams)가 조금이라도 자신들의 세력을 만회할 목적으로 1801년 연방파의 후원으로 의회에서 2개의 법률(순회재판소법과 콜롬비아 특별구법)을 채택한 것이 원인이 되었다. 이 법률은 아담스(John Adams)가 법관들을 임명하는 것을 가능케 하였고 국무장관 마샬(Marshall)을 포함해 59명의 연방판사를 충성스러운 연방파 인사로 임명하여 사법부를 구성할 수 있게 하였다. 아담스는 대통령 임기만료 2주전에 국무장관인 마샬(Marshall)을 연방대법원장으로 임명하여 겸직하도록 하는 한편, 급진적이고 과격한 공화당을 견제할 보루로 삼을 수 있었던 것이다. 연방대법원장을 겸임하는 국무장관인 마샬(Marshall)은 새로 임명된 법관들에게 임명장을 전달하는 역할을 담당하여야 했다. 그러나 신임 대통령 제퍼슨(Thomas Jefferson)이 취임하기 전일인 1801년 3월 3일 자정까지 새로 임명된 법관들에게 임명장을 전달하는 작업을 하였으나, 대통령 취임을 위한 마지막 준비와 시간의 압박 때문에 마샬(Marshall)은 임명상 17개를 교부하지 못했다. 마샬(Marshall)은 자신의 후임자로서 새 국무장관인 매디슨(James Madison)이 임명장 교부를 하도록 업무를 남겨두었다. 신임 대통령 제퍼슨(Th. Jefferson)과 매디슨(J. Madison)은 교부되지 않은 임명장을 발견했고, 제퍼슨(Th. Jefferson) 대통령은 "지명은 아담스(John Adams)에 의해 남발되고 난 후 임명되지 않고 있는 동안 무효화된 것을 알았다. 한 보고서에 의하면 임명장은 직무실의 다른 휴지와 함께 처분되었다"고 한다.343)

연방대법원을 비롯해서 법원이 법률에 대한 위헌심사권한을 가짐을 명백히 한 것은 1803년 2월 24일 판결에 의해서이다. 1800년의 대통령선거에서 전직대통령 아담스에 속한 연방파(Federalist)가 공화파(Republican)인 제퍼슨에게 패하고, 연방파의 국무장관 마샬(Marshall)을 연방대법원장에 임명함과 동시에 아담스의 임기만기에 즈음해서 다수의 연방파들을 대법관에 임명했는데, 그 중 몇 명은 제퍼슨이 대통령으로 취임할 때까지 임명장을 교부 받지 못했고, 새로운 국무장관 메디슨은 이들의 임명장교부를 보류시켰다. 그 중 한사람인 마버리가 매디슨을 피고로 임명장교부를 강제하는 직무집행영장(writ of mandamus)의 발급을 요구하는 소송을 제기했던 것이다.

---

343) Charls S. Hyneman, The Supreme Court on Trial (New York: Atherton Press, 1963), p.75.

임명장을 받지 못한 윌리암 마버리(William Marbury)와 3명의 동료[344]는 아담스 행정부의 법무장관이었던 찰스 리(Charles Lee)를 소송대리인으로 선임하였고, 리(Lee)는 법원조직법(Judiciary Act) 제13조에서 최고의 승산을 찾았다. 연방사법부를 구성하는 기본법률인 1789년 법원조직법 제13조는 직무집행령장(writs of mandamus), 즉 공식적이고 강제적인 의무를 수행하도록 한 공직자 명령서 발부권에 관한 제1심관할권을 연방대법원에 부여하고 있었다. 1803년 Marbury v. Madison사건은 마샬(Marshall) 대법원장이 주재하는 대법원 관할까지 이르렀다. 마샬(Marshall)은 즉시 매디슨(Madison)에게 임명장이 왜 교부되지 않았는지 사유를 제시하도록 하였다. 이를 통해 대법원장 마샬(Marshall)은 마음대로 할 수 없는 선택의 기로에 직면하게 되었다. 제퍼슨(Jefferson)의 지시에 따라 행동한 매디슨(Madison)의 임명장 교부 거부에도 불구하고, 연방파의 최후의 보루이며 사법부의 수장인 마샬(Marshall) 대법원장이 임명장을 수여하는 직무집행영장을 발부한다하더라도 제퍼슨(Thomas Jefferson)이 무시해 버린다면 연방대법원은 무력해질 것이다. 반대로 임명장을 수여하기를 거부한다면 제퍼슨(Thomas Jefferson)이 승리할 것이다. 어려운 선택에 직면한 마샬(Marshall)은 교묘하게 양자택일을 해야 했다. 이를 가리켜 인디아나주 상원의원 비버리지(Albert J. Beveridge)는 자신의 자서전에서 "헌법을 제정했을 때처럼 과감하고 계획에 있어서 쿠데타처럼 용감함"[345]으로 묘사했다. 마샬(Marshall) 대법원장은 제퍼슨(Thomas Jefferson) 대통령을 자극하지도 않으면서 사법부의 권위도 유지하는 제3의 대안을 발견하게 되었다. 마샬은 법원조직법 제13조가 헌법 제3조 2항 2절에 위반된다는 것을 발견하였던 것이다. 동 헌법규정에는 대사·공사·영사가 관계된 사건에서는 연방대법원이 원심심관할권을 가지지만, 그 이외의 사건에서는 상소심만이 인정되도록 규정하고 있었다. 마샬(Marshall)이 법원조직법 제13조를 위헌으로 선언할 수 있었던 이유는 관할권은 헌법개정에 의해서만 변경될 수 있는 것인데도, 연방의회가 연방대법원에 원심관할권을 부여하도록 법률에 규정했기 때문이다. 마샬(Marshall) 대법원장은 다음과 같이 설명했다.

"헌법에 위반하는 법령은 무효이다. 법이 무엇인가를 선언하는 것이 사법부의 권한이자 의무이다. 특정한 사건에 법령을 적용하는 자는 필연적으로 그 법령을 해석하지 않으면 안된다. 헌법에 위반하는 법령은 무효이다. …… 다른 부는 물론 법원도 헌법에 기속된다".[346]

---

344) Denis Ramsey, William Harper, Robert Townshend Hooe.

345) The Life of John Marshall (Boston: Houghton Mifflin Co., 1919), Vols. I ,p.323 and Vols. III, p.142.

2. 판결내용

연방대법원은 매디슨이 원고에게 임명장을 교부치 않았던 것은 위헌이라고 하면서도, 원고의 청구를 기각했다. 그 이유는 공무원에 대해 직무집행영장을 발부할 권한을 연방대법원에 주었던 1789년의 법원조직법의 규정이 연방헌법 제3조에 위반한다고 보았기 때문이다. 이 판결은 "헌법이 그것에 반하는 입법행위를 제한할 수 있는가, 또는 의회가 통상의 법률에 의해서 헌법을 변경할 수 있는가 라는 점은 너무 명백해서 논쟁의 여지가 없는 문제이다. 이 양자택일시 중간의 영역은 존재할 수 없다. 헌법은 통상의 절차에 의해 변경할 수 없는 최고의 법인가 또는 통상의 입법행위와 동등한 것이고 다른 제정법과 마찬가지로 의회에서 임의로 변경할 수 있는가 2가지 중 하나이다. 만약 전자가 진실이라면 위헌의 의회제정법은 법이 아니다. 후자가 진실이라면 성문헌법은 성질상 제한할 수 없는 권능을 제한하려고 것이다."

"무엇이 법인가를 말하는 것이 명백히 사법부의 권한이고 임무이다. 개개의 사건에 규칙을 적용하려는 자는 당연히 그 규칙을 해석해야만 한다. 2가지 법이 서로 충돌하는 경우에는 법원은 각각의 효력에 관해서 결정해야만 한다. … 만약 법원이 헌법을 존중해야만 하고, 헌법이 입법의회의 통상의 법률에 우월하다고 하면 법률과 헌법이 모두 적용되는 사건에 관해서는 법률이 아니라 헌법이 적용되어야만 한다."라고 판시하였다.

그리고 연방대법원은 이를 뒷받침하는 논거로, 미국 합중국의 사법권이 연방헌법하에서 발생하는 모든 사건에 미치는 조항, 법관이 선시로써 헌법을 수호할 의무에 관한 조항, 헌법 및 여기에 준거해서 제정된 미합중국 법률을 국가의 최고법으로 하는 우월성조항을 제시하였다.

원고(마버리(William Marbury)와 3명의 동료)에 대한 임명행위는 상원의 승인, 대통령의 서명, 그리고 국무장관의 날인에 의해 이미 완료됐고 교부행위의 완료는 재량의 여지가 없는 단순한 사무적 절차에 불과하다고 보아, 원고는 직무집행령장을 발부를 요구할 법적 권리가 있다고 판시했다. 즉 연방대법원은 원고인 마버리에게 일부패소와 일부승소를 내린 결과, 마버리와 3명의 동료에게는 실익이 없는 판결이 되었던 것이다.

---

346) Marbury v. Madison, 1 Cranch137 (1803).

중요한 것은 Marbury v. Madison 사건을 통해, 민주적 정당성이 희박한 연방대법원이 국민의 직접적인 민주적 정당성을 갖는 연방의회가 제정한 법률을 헌법에 반한다는 이유로 무효화시킬 특권이 허용되었다. 미국의 위헌법률심사제가 헌법상 명문규정이 없음에도 가능해졌고, 후에 제도화되고 발전되었음은 경이로운 일이다.

Ⅳ. 미국 연방대법원의 권한

1. 연방법원의 사법권과 재판관할권

연방헌법 제3조 제1항은 연방사법권(judicial power)을 1개의 연방대법원과 그 밖에 연방의회가 설립하는 연방하급법원들에게 부여하고 있다. "미합중국의 사법권은 한 개의 연방대법원과 연방의회가 수시로 규정하여 설치할 수 있는 하급법원들에 속한다."(Article Ⅲ. Section 1). 따라서 연방대법원을 제외한 연방법원의 조직형성권은 전적으로 연방의회에 속하고, 이에 근거하여 연방의회는 1789년 최초의 법원조직법(Judiciary Act) 이래 수차례의 개정을 통해 연방법원의 조직과 권한을 확대하여 오고 있다. 현재 연방법원의 구조는 3단계로 되어 있다. 사실심으로서 91개의 연방지방법원(district court)과 기타 조세나 특허 등의 사실심리를 위한 특별연방법원들(Tax Court, Court of Federal Claims, Court of International Trade)이 있다. 연방법률(28 U.S.C. §133)은 91개의 각 지역구(District)에 할당되는 법관수(총 581명)를 명시해 놓고 있는데, 2명부터 많게는 28명에 이르는 지역구도 있다. 연방지방법원의 재판은 원칙적으로 1인의 판사에 의하여 행하여지지만(28 U.S.C. §132(c)), 직접 법률의 위헌여부를 다투는 사건을 심리하는 경우, 3인의 법관으로 이루어지는 비상설의 연방지방법원 합의부(three-judge court)가 예외적으로 구성되는 경우가 있다. 이들 1심 법원 위에 법률심으로서 12개의 연방항소법원(U.S. Court of Appeal)과 1개의 전국관할항소법원(Court of Appeals for the Federal Circuit)이 있다. 전국을 12개의 순회구(circuit)로 나누어 1개의 순회구에 1개의연방항소법원이 설치되어 있고, 1개의 순회구는 3개 이상의 주를 관할구역으로 하며, 콜롬비아 특별구는 하나의 순회구를 구성한다. 그 정식명칭은 예컨대 "the United States Court of Appeals for the Sixth Circuit"이 된다. 각 항소법원은 크기에 따라 6인 내지 28인의 법관으로 구성되는데, 재판은 3인으로 구성된 합의부에서 행한다.

구체적으로 연방사법권의 내용 중 가장 중요한 것은 법률을 위헌 선언할 수 있는 권한(power of judicial review)이며, 또한 주법원의 판결을 심사할 수 있는 권한 및 주법원의 판결이 연방헌법과 연방법률에 저촉되는 경우, 이를 파기할 수 있는 권한이다. 아울러 연방사법권에는 사실심 재판(trial)을 할 수 있는 권한, 종국적이고 구속력 있는 판결을 선고할 권한, 연방하급심의 판결 및 행정위원회의 재결(adjudication)을 심사할 수 있는 상소관할권(appellate jurisdiction)이 포함된다.[347] 그밖에 연방법원은 의회제정법과 형평법이 부여하는 다양한 구제명령(remedies)을 발할 수 있는 권한, 법원의 명령위반에 대해 법원모욕죄(contempt)로 처벌할 수 있는 권한,[348] 소송절차에 관한 규칙제정권,[349] 다양한 종류의 심리조사관을 임명할 권한,[350] 그리고 심지어 어떤 변호사에게 소송수행을 허용할 것인지를 결정하는 권한[351] 등의 부수적 권한을 가진다.[352]

그러나 연방법원의 이러한 사법권(judicial power)은 모든 사건과 분쟁에 미치는 것은 아니다. 연방법원의 재판관할권(jurisdiction)은 사물관할 및 토지관할에 있어서 제한적이다. 즉, 연방헌법 제3조 제2항 1호는 연방법원의 재판관할권을 다음의 7가지 유형의 사건과 분쟁(case and controversies)에 한정시키고 있다. 즉, ① 연방헌법과 연방법령, 그리고 이들의 수권에 의하여 체결되었거나 또는 체결될 조약에 근거하여 발생하는 보통법 및 형평법상의 모든 사건(Cases)[353] ② 대사와 그 밖의 외교사절 및 영사에 관한 모든 사건(Cases) ③ 해사 및 해상관할에 관한 모든 사건(Cases) ④ 미합중국이 한쪽 당사자인 분쟁(Controversies) ⑤ 주정부가 당사자인 분쟁(Controversies)[354] ⑥ 다른 주의 시민들 사이 또는 주의 시민과 외국 시민 사이의 분쟁(Controversies)[355] ⑦ 같은 주의 시민 사이에 다른 주로부터 양도된 토지에

---

347) 연방행정위원회의 재결에 대한 상소관할권은 연방항소법원이 행한다.

348) Robinson, Ex parte, 86 U.S. (19 Wall.) 505 (1874).

349) Washington-Southern Co. v. Baltimore Co., 263 U.S. 629 (1924).

350) Peterson, Ex parte, 253 U.S. 300 (1920).

351) Garland, Ex parte, 71 U.S (4 Wall.) 333 (1867).

352) 한편 연방대법원은 자신에게는 연방하급심법원에 대한 감독권(supervisory power)이 있으며, 자신과 연방하급심법원은 법원공무원을 비롯하여 소송절차에 참여하는 당사자, 증인 및 배심원을 감독할 권한이 있다고 판시하였다. McDonald v. Pless, 238 U.S. 264 (1915).

353) 이들 사건에 대한 연방법원의 관할을 보통 "연방문제관할권"(federal question jurisdiction)이라고 부르고, 이 관할권에 의해 심리되는 사건을 "연방사건"(federal cases)이라고 한다.

354) 1795년에 비준된 연방헌법 증보 제11조는 다른 주의 시민 또는 외국의 시민이 주를 상대로 제기하는 보통법 및 형평법상의 모든 소송에서 연방법원의 재판관할권을 배제시켰다.

355) 이들 분쟁에 대한 연방법원의 관할을 가리켜 이른바 "이적시민간 관할권"(diversity jurisdiction)이라고 부른다. 다른 유형의 사건과 달리, 이 사건은 당사자의 시민적(citizenship)을 기준으로 하고, 주법률상의 권리청구(claims)를 포함하고 있다. 그럼에도 이 사건의 관할을 연방법원에 부여한 것

대한 권리에 관하여 발생하는 분쟁(Controversies)이 이에 해당한다. 따라서 순수한 주법문제는 연방법원이 관여하지 않는다.

이에 따라 연방법원은 일정한 쟁점에 대한 관할권과 당사자에 대한 관할권을 중복적으로 행사할 수 있다. 예컨대, 어떤 분쟁의 쟁점이 연방헌법, 연방법령, 그리고 조약에 관한 해석문제인 경우, 그 분쟁의 당사자에 관계없이 연방법원이 그 분쟁에 대해 사법권을 행사할 수 있다. 마찬가지로 분쟁의 일방 당사자가 대사 또는 다른 주의 시민들인 경우, 당해 분쟁의 쟁점과 관계없이 그 분쟁에 대해 연방법원이 사법권을 행사할 수 있다. 요컨대, 연방대법원을 비롯한 연방법원의 사법권은 연방헌법 제3조 제2항에 열거된 7가지 유형의 사건과 분쟁에 한정된다.

그밖에도 연방법원의 재판관할권은 연방의회에 의하여 제한될 수 있다. 미국의 사법사(司法史)에서, 연방법원은 연방의회가 구체적인 재판관할권을 부여하지 않는 한 사법권을 행사하지 못하는 것으로 오랫동안 인정되어 오고 있다.[356] 즉, 연방의회는 연방법원의 재판관할권을 통제할 수 있는데, 연방의회는 어떤 종류의 재판관할권을 연방법원에게 부여할 것인지, 나아가 전속관할권(exclusive jurisdiction)을 부여할 것인지에 대해서도 자유로이 결정할 수 있다. 예컨대, 저작권법과 특허법 사건은 전적으로 연방법원의 전속관할로 하고 있다. 연방법원의 전속관할이 아닌 경우에는, 원고는 연방사건을 주법원에 제기할 수 있다. 현재 연방법률집 제28권(법원조직 및 절차편) 제85장(제1330조-1368조)은 연방지방법원의 재판관할권을 상세히 열거하고 있다.[357]

2. 연방대법원의 재판관할권

미국 연방헌법 제3조 제2항 제2단은 연방대법원의 재판관할권에 관하여 "대사와 그 밖의 외교사절 및 영사에 관한 모든 사건과 주가 한쪽 당사자인 사건은 연

은 자기 주의 시민만을 유리하게 취급할 수 있는 가능성을 배제하여 소송당사자 사이의 공평을 확보하기 위한 것이다. 그러나 연방법원은 이들 사건을 재판함에 있어서 그들 자신의 법인 연방보통법(federal common law)에 근거해서는 안 되고 적용가능한 주법(주의회법률과 주법원의 보통법)에 따라 재판하여야 한다. 이 원칙은 1938년 연방대법원의 판결(Erie Railroad v. Tompkins, 304 U.S. 64)에 의하여 확립되었기 때문에 일반적으로 Erie rule이라고 부른다. 요컨대, 연방법원은 이적시민과 관할권을 행사하면서, 연방헌법이나 연방법률에 의하여 허용되지 않는 한, 주의 보통법을 무시하지 못한다. 현재 연방법원의 사건수 중 이 유형의 사건이 상당 부분을 차지하고 있다. 다만, 이에 해당하려면 소송가액이 75,000달러 이상이어야 한다.

356) Jethro K. Lieberman, The Evolving Constitution (Random House, 1992), p. 284.

357) 28 U.S.C. §§1330~1368.

방대법원이 제1심의 재판관할권(original jurisdiction)을 가진다. 그 이외의 모든 사건에 있어서는, 의회가 정하는 예외를 제외하고, 그 법률문제와 사실문제에 대하여 상고관할권(appellate jurisdiction)을 가진다."고 규정하고 있다.

(1) 제1심관할권

연방대법원이 행사하는 제1심관할권은 연방헌법에 의하여 직접 연방대법원에 부여된 것이기 때문에 그 행사에 대해 연방의회의 승인 여부와 관계없이 이들 사건을 재판할 수 있으며, 다만 제1심관할권은 연방헌법 제3조에 열거된 사항에 한정된다. 일찍이 1803년 연방대법원은 Marbury v. Madison 판결에서 이 점을 그 판결의 핵심적인 이유로서 제시하였다.[358]

제1심 관할에 속하는 사건은 연방대법원의 전체 관할사건 중 극히 일부분을 차지한다.[359] 더구나 연방대법원은 가끔 이들 사건을 연방지방법원에 돌려보냄으로써 자신의 제1심관할권을 상소관할권으로 변경시키기도 한다. 또한 연방대법원이 제1심 관할사건을 일단 받아들이는 경우에도 제출된 변론준비서면에만 의존하지 않고, 심리보조판사(master)[360]를 특별히 임명하여 증언을 청취하는 등 사실인정절차를 수행하게 하고 권고안을 작성·제출하게 한다. 그런 다음 변호인으로부터 의견을 들은 후 그 권고안을 받아들일 것인지, 수정할 것인지, 아니면 거부할 것인지를 결정한다. 결국 이렇게 해서 연방대법원은 제1심관할권을 행사하는 경우에도 실제로는 상고심으로서 재판을 수행한다고 하겠다.

(2) 상고관할권

제1심 관할사건을 제외하고, 연방법원의 관할에 속하는 모든 사건에 대하여 연방대법원은 하급심의 연방법원 또는 주대법원의 재판을 심리할 수 있는 상고관할권을 가진다. 그러나 연방대법원의 이 상고관할권은 연방의회에 의하여 제한될 수 있다. 연방의회의 이러한 권한은 연방헌법 제3조 제1항과 제2항 제2단에 그 헌법적 근거를 두고 있다. 제3조 제1항은 연방하급법원을 설립할 것인지에 대해

---

358) '연방의회는 연방대법원이 사실심으로서(as a trial court) 심사할 수 있는 사건의 종류를 확대하거나 축소할 수 없다.' 5 U.S. 137, 174 (1803).

359) Stephen L. Wasby, The Supreme Court in the Federal Judicial System 2nd ed.(CBS College Publishing, 1984), p. 56: 200여년의 역사에서 단지 약 150건 정도에 불과하다.

360) 법원에 의하여 임명되는 심리보조판사로서 연방민사소송규칙(Federal Rules of Civil Procedure) 제53조에 근거를 두고 있다. 통상 연방판사 중 선임판사를 지명한다.

연방의회에게 완전한 재량권을 부여하고 있기 때문에, 연방의회는 연방하급법원을 설치하는 경우에도 그 사물관할을 제한할 수 있는 것으로 이해되고 있다. 연방대법원은 이 견해를 오래 전인 1812년에 명시적으로 인정하였으며,[361] 19세기 중반에도 인정하였고,[362] 1966년에도 이 점을 다시 확인하고 있다.[363] 이에 따라 연방하급법원의 사물관할이 제한되는 만큼 연방대법원의 상고관할권은 축소될 수밖에 없는 것이다.

또한 연방헌법 제3조 제2항 제2단은 명시적으로 연방대법원의 상고관할권을 제한할 수 있도록 하고 있다("다만, 상고관할권은 연방의회가 정하는 예외와 규율에 따른다."). 이에 따라 연방대법원도, 상고관할권이 연방법률에 의하여 부여되지 않는 한 연방대법원은 상고사건을 심리할 수 없다고 판시한 바 있다.[364]

1925년까지 연방대법원의 민사사건에 대한 상고관할권은 소송가액에 의하여 제한을 받았으며, 19세기 동안에는 연방형사사건에 대해서도 일반적인 상고관할권을 갖지 못하였고, 주법원의 재판에 대해서도 제한적으로만 상고관할권을 행사할 수 있었다. 물론 지금은 이러한 제한은 없어진 상태이다. 이와 관련해서 미국에서는 오랫동안 '연방대법원의 상고관할권을 통제할 수 있는 연방의회의 권한범위가 어디까지인가'를 놓고 많은 논의와 판례가 축적되어 오고 있다.[365]

제 2 절 미국의 사법심사(Judicial Review)

미국헌법을 살펴보는 과정에서 우선적으로 사법심사권 행사를 다루어 본다. 그러나 연방법원이 정부행위의 합헌성에 대한 심사를 하기 위한 전제로 연방법원은 재판권, 즉 사건을 심리할 수 있는 권한을 가져야 한다. 연방법원이 형식적인 재

---

361) U.S. v. Hudson & Goodwin, 11 U.S. 32 (1812).

362) Cary v. Curtis, 44 U.S. 236 (1845).

363) South Carolina v. Katzenbach, 383 U.S. 301 (1966).

364) Ex parte McCardle, 73 U.S. 318 (1867).

365) 이에 관한 상세는, Ronald D. Rotunda & John E. Nowak, Treatise on Constitutional Law I (West Publi. Co., 1992), pp. 121-140 참조. 미국의 이러한 논의는 우리의 경우에 헌법재판소의 재판관할권과 입법권의 관계에 관한 문제에 시사하는 바가 있다고 하겠다. 특히, 헌법 제111조 제1항 제5호의 "법률이 정하는 헌법소원에 관한 심판" 규정과 관련해서 재판소원을 배제한 헌법재판소법 제68조 제1항에 대한 헌법적 판단에 있어서 그러하다.

판권을 가지고 있는 경우에도 사법심사의 최종적 결정에는 여러 원칙과 정책상 제한이 존재한다. 따라서 연방법원의 사법심사권을 포함하여 재판권에 대하여 고찰하고, 연방법원의 사법권 행사에 대한 헌법적 한계와 정책적 한계를 살펴본다.

I. 사법심사의 정립

1. "사법심사"의 정의

사법심사는 법원이 헌법에 반하는 정부의 행위를 무효화시킬 수 있는 권한을 가진다는 원칙이다. "법이 무엇이냐를 선언하는 것이 사법부의 특권이자 의무라는 것은 명백하다."366)

2. 연방행위에 대한 사법심사

주법원이나 연방법원은 헌법에 반하는 연방의회입법이나 연방행정입법을 무효화시키거나 사법심사를 할 권리를 가지고 있다. 비록 연방의회에 대한 사법심사권은 오래전부터 형성되어 왔고 거의 사용되지 않고 있었지만, 현재 이 권한은 행정행위에까지 명백히 확대되었다.

(1) 연방입법행위에 대한 사법심사

Marbury v. Madison (1803) 사건에서 연방대법원은 1789년 법원조직법 제13조를 위헌이라고 판시하였다. 마샬(Marshall) 대법원장은 법원조직법 제13조가 연방헌법 제3조 제2항 2호상의 한계를 일탈하여 위헌이라고 판시하였고, 이는 연방대법원의 제1심 재판권을 확대하는 계기가 되었다. 연방헌법이 국민대표권을 연방정부에 위임하였기 때문에 연방헌법에 반하는 의회제정법은 무효이다. 연방헌법 제6조의 우월성 조항에 의거하여 연방헌법은 일반 연방법이나 주법보다 우위에 있다.

연방헌법은 명시적으로 사법심사에 대한 명문적인 근거를 두고 있지 않다. 그러나 연방헌법 제3조는 사법권을 헌법상 발생하는 사건에까지 확대하였다. 마샬(Marshall) 대법원장은 법이 무엇인가를 선언하는 것이 사법부의 의무라고 판단하고, 의회제정법의 합헌성이 의문시될 때, 연방대법원은 주헌법이나 주법률의 합헌

366) Marbury v. Madison (1803).

성을 심사해야 한다고 보았다. 이에 따르면, 연방헌법상 절차에 의해 제정된 연방법만이 연방헌법 제6조가 의미하는 국가의 최상위법이다.

법의 합헌성에 대한 사법심사가 행해져야 한다는 마샬(Marshall) 대법원장의 견해는 비판의 여지가 있다. 왜냐하면, 연방대법원은 국민이 선출한 기관인 의회의 판단이 헌법적 의미에서 연방법원을 구속한다고 판시한다. 또한 성문헌법을 가진 많은 나라에서조차도 의회제정법에 대한 사법심사를 허용하지 않는다. 헌법해석이 문리해석이나 보통법상 판결 등과 사법적 기능이 질적으로 유사한지 아니면 상이한지에 대해 생각해 보아야 한다.

Marbury v. Madison 사건의 판결은 연방법원의 재판권을 다루는 연방의회 입법에 제한되거나 의회제정법에 사법심사가 행해질 필요성이 있는 사건만을 대상으로 하였으나, Cooper v. Aaron 사건의 판결은 연방법원이 헌법해석에 있어서 우위에 있다는 명제를 대표하게 되었다. 그리고 연방법원 헌법해석 우위 원칙은 이후로 미국헌법체계에 있어서 영원하고 필수불가결한 특성이 되었다.[367)]

(2) 연방집행작용에 대한 사법심사

사법심사원칙은 또한 집행작용에도 적용된다. 연방법원들은 집행작용에 대한 해명을 위해 행정공무원을 소환하고 집행작용의 합헌성을 사법심사할 수 있다.

Marbury 사건에서 연방대법원은 행정부가 법적인 재량이나 헌법적 재량을 지니고 있는 곳에서는 사법심사가 배제된다고 판시하였다. 그러나 사법심사의 적합성 여부를 결정하는 것은 집행행위의 성질이지 공무원의 직무가 아니다. 그러므로 '직무집행영장'은 행정상 재량이 없는 의무 수행이 요구되는 행정공무원에게 발부될 수 있다.

미국 대통령은 헌법을 수호할 것을 맹세하지만, 합헌성에 대한 대통령의 결정은 최종적인 것이 아니다. 연방법원은 헌법의 해석에 있어서 우위를 지닌다.

3. 주(州) 행위에 대한 사법심사

미국연방헌법 제6조에 규정된 우월성 조항은 "주 헌법이나 주 법률 중 미국 연방헌법에 반하는 규정이 있을지라도 주 공무원을 기속한다"고 규정하고 있다. 따라서 연방법원은 주 법령이나 주 공무원의 행위를 심사할 수 있다.

---

367) Cooper v. Aaron (1958).

주 법원이 연방헌법적 문제들을 판단할 때, 연방대법원은 주 법원의 판결에 대해 연방헌법 제3조 제2항에 의거하여 상고재판권이 있다. 상고재판권의 중요한 원칙적 근거로 연방헌법상 해석의 통일성이 요구된다는 점을 들 수 있다.

Ⅱ. 사법권(司法權)의 법원(法源): 연방헌법 제3조상 재판권

연방헌법 제3조에 의하면, 헌법적 문제와 관련한 사건을 포함하여 "사건과 쟁송"을 관장하는 "사법권(司法權)"은 연방대법원과 연방의회가 법률로 설립할 수 있는 하급법원에게 부여된다. 연방대법원, 연방항소법원 그리고 연방지방법원은 이러한 권한에 의해 창설되었다. 사법권은 위헌적인 연방이나 주의 행위를 심사하고 무효화할 수 있는 권한을 지니는 것으로 해석되었다.

1. 연방사법권의 정의

연방헌법 제3조 제2항은 연방헌법 제3조상의 연방법원의 주요 재판권을 정의하고 있다. 만약 어느 사건이 연방헌법 제3조 제2항에서 규정하고 있는 "사건과 쟁송"의 하나에 해당되지 않는다면, 연방헌법 제3조의 연방법원은 재판권이 없음을 이유로 그 사건을 각하해야만 한다. 연방헌법 제3조가 연방사법권의 법원(法源)인 반면, 연방사법권의 행사는 대개 연방의회의 입법에 의존한다.

(1) 연방헌법 제3조와 연방헌법 제1조의 법원(法院)들

미국 연방대법원은 연방헌법에 의해 특별히 규정된 유일한 연방법원이다. 다른 연방법원들을 설치하는 것이 필요한지 여부는 연방의회가 결정하도록 남겨진 문제이다. 1789년 법원조직법에서 연방의회는 연방항소법원과 주간(州間)항소법원을 창설하였다.

연방헌법 제3조의 연방법원들은 연방의회 입법에 의해 설치된 법원(法院)이나 연방헌법 제1조상 법원들(예를 들면, 군사법원, 콜롬비아 특별구 법원)과는 구별된다. 연방헌법 제1조상 연방의회의 입법에 의해 설치되는 연방법원들은 연방헌법 제3조에 한정된 재판권만을 지니지 않으며, 연방헌법 제1조상 법관은 연방헌법 제3조에 의해 부여된 임기와 보수의 보장을 향유할 수 없다. 연방헌법 제3조상 법관의 독립은 재판의 독립과 보수의 감액을 방지함으로써 보장되어진다.

(2) 물적 재판권

연방헌법 제3조상 연방법원들은 한정된 재판권을 가진다. 연방헌법 제3조상 연방법원들은 연방헌법 제3조 2항에 규정된 “사건과 쟁송”에 대해서만 심리하고 결정할 수 있다. 연방헌법 제3조상 재판권의 중요한 범주는 미국 연방헌법과 법률, 그리고 조약에 의해 발생하는 사건이다. 예를 들면 연방사건의 재판권 그리고 다양한 재판권을 가진 다른 주의 시민들 간의 사건들이다. 만약 소송이 위에 언급한 범주에 해당되지 않는다면 연방헌법 제3조상 연방법원은 물적 재판권을 상실하고 그 사건을 각하해야 한다.

(3) 연방의회의 통제

연방사법권의 법원(法源)은 연방헌법 제3조인 반면, 그 행사되는 범위는 일반적으로 연방의회에 의해 결정된다. 이는 특히 연방의회의 입법으로 설치되는 하급법원의 경우에도 동일하다. 그러나 연방의회는 연방헌법 제3조의 연방법원이 연방헌법 제3조상의 한계를 초월하는 기능을 행사하거나 재판권을 가지도록 권한을 부여할 수 없고,[368] 특별한 방식으로 소송을 판단하는 규율을 제정할 수 없다.[369]

2. 연방대법원의 재판권

연방헌법 제3조에 의해 연방대법원에 부여되는 사법권은 “제1심 재판권”과 “상고재판권”의 2가지 방법으로 행사될 수 있다.

(1) 제1심재판권(고유재판권)

연방의회는 대사나 영사 또는 주(州)가 한쪽 당사자가 되는 사건에 대한 제1심재판권을 연방헌법 제3조에 의해 연방대법원에 부여하였다. 이는 제1심재판권 배분에 의해서 연방헌법 제3조에 규정된 사건들(cases)은 연방대법원에 소를 제기해야 한다는 것을 의미한다. 연방의회는 연방헌법 제3조에 특정된 이러한 사건들(cases) 이외에는 제1심재판권을 연방대법원에 부여할 수 없다.

---

368) Marbury v. Madison (1803).

369) United States v. Klein (1872).

(2) 상고재판권: 재판권을 부여하고 박탈할 수 있는 연방의회의 권한

연방헌법 제3조 제2항은 연방사법권이 적용되는 모든 사건에서 연방대법원은 상고재판권을 가진다고 규정하고 있다. 그러나 이러한 상고재판권은 연방의회가 제정한 규율에 종속된다. 연방의회는 연방대법원에게 상고재판권을 부여하여야 한다. 그리고 연방의회는 연방대법원의 상고재판권으로부터 특정 권한을 박탈할 수도 있다. 여기서 연방의회가 재판권을 부여하지 않는 것은 묵시적 예외로 간주되어진다. 이러한 재판권의 박탈이 얼마나 광범위할 수 있는가는 논의의 문제가 될 수 있다.

1) 필수적 기능: 내재적 제한

연방헌법 제3조 제2항은 연방의회에게 연방대법원의 상고재판권을 박탈할 수 있는 권한을 부여한 반면, 연방의회의 권한은 헌법적 한계에 종속되어진다. 연방대법원이 연방법의 통일성과 우월성을 유지하는 본질적인 역할을 수행하는 것을 저해하는 연방법률은 권력분립원칙을 침해할 수 있다고 헌법해석자들에 의해 논의되었다.

2) 권리와 자유: 외재적 제한

연방대법원의 사법심사권을 박탈하는 연방의회의 법률은 헌법상 보장된 권리와 자유(예를 들면, 수정헌법 제5조의 적법절차)를 침해할 수 있다. 몇몇 사건에 있어 특별한 사법적 구제의 박탈이 헌법상 권리(예를 들면, 학교비분리명령을 실행하기 위한 버스통학조치)의 사법적 보호를 방해하고, 그럼으로써 헌법상 보장된 권리를 침해하는 것으로 판시된 바 있다.

(3) 재량 심사

1) 사건이송명령(Certiorari)

몇몇 소수의 예외를 제외하고, 하급심 판결에 대한 연방대법원의 사법심사는 재량이 있다. 사건이송명령은 패소한 당사자가 사건이송명령서를 연방대법원에 신청하면, 4인의 대법관이 그 사건을 결정으로 사법심사할 것을 찬성할 때 인정된다(4인 원칙). 사건이송명령 신청의 기각은 본안의 관한 결정이 아니다.

2) 사법심사를 위한 근거

a) 연방대법원규칙은 사건이송명령이 단지 특별하고 중요한 이유로만으로 인정될 것이고, 사건이송명령을 인정할 것인지 여부에 대한 결정을 통제하는 고려적 성격이 있다고 규정하고 있다. 그러나 연방대법원규칙은 명확히 규정되어 있지 않다.

b) 법원간 재판권 쟁송

사건이송명령은 다른 주(州)의 대법원간이나 주고등법원과 연방고등법원간의 쟁송이 있을 때 인정된다.

c) 새로운 연방문제

사건이송명령의 행사는 가끔 현실로 나타나는 새로운 연방문제가 나타날 수 있거나 중요한 연방문제가 잘못 결정될 수 있다는 사실을 나타낸다.

Ⅲ. 사법심사에 대한 헌법적 한계와 정책적 한계

비록 어느 사건이 연방헌법 제3조상 연방헌법의 형식적 재판권내에 있다고 판단될지라도 연방법원은 그 사건이 본안판단에 도달하리라는 확신을 할 수 없다. 연방법원이 인용결정을 회피할 수 있는 것은 연방헌법과 사법자제의 원칙 등 수많은 한계가 있기 때문이다. 이러한 헌법조문상 인정된 원칙이나 사법적으로 정형화된 원칙들은 사법심사권의 적정한 행사라는 정당화에 대한 관심을 표명한다. 예를 들면 연방대법원은 헌법적 권리와 의무가 사법적으로 정의되고 적절한 구제책으로 정형화될 수 있는가를 요구한다.

1. 헌법적 한계

(1) 수정헌법 제11조

수정헌법 제11조는 연방헌법 제3조에 의하여 부여된 사법권은 다른 주(州)나 다른 국가의 시민이 주(州)를 상대로 하는 소송에는 적용되지 않는다고 규정하고 있다. 뿐만 아니라, 수정헌법 제11조의 해석상 자신의 주민이 주(州)에 대해 소송하는 것도 금지된다.[370] 수정헌법 제11조는 비록 그 소송이 연방대법원에 제1심 재판권이 아니더라도 연방법과 관련한 문제가 주법원에 제기되었다면, 연방대법원이 이를 심사할 수 있도록 하고 있다. 연방법의 통일성의 유지를 위해서는 연방대법원이 헌법상 주법원의 판결들을 사법심사하는 것이 필요하다.[371)]

1) 주(州)의 주권면책

수정헌법 제11조는 주(州)들과 주의 기관들에게 한정하여 주권면책을 부여한다. 시(市), 군(郡), 지방교육위원회, 또는 다른 지방기관을 대상으로 하는 소송을 금지하는 것은 아니다.[372)]

2) 포 기

주의 주권면책은 연방행정절차에 동의하지 않는 주(州)에 대한 소송을 금지한다.[373)] 만약 주의 주권면책 포기가 법령에 의해 규정되거나 또는 명백히 내재된 경우, 주(州)는 의식적으로 수정헌법 제11조의 면책을 포기할 수 있다. 그러나 주의 주권면책 포기는 연방정부가 지원한 기금에 의해 형성된 프로그램에 참가했다는 이유만으로 단순히 도출될 수 없다.[374)] 연방대법원은 “다른 어떤 합리적인 의미의 여지가 없을 정도로 법문상에서 확실히 추론되는 경우나 가장 명확한 용어에 의해 표현된 경우에만, 주는 수정헌법 제11조의 주권면책을 포기할 수 있다.”고 한다.[375)] 주(州)가 연방법원에 소송을 제기할 때, 수정헌법 제11조의 주권면책은 포기된다.[376)]

3) 연방의회의 제한

주(州)를 상대로 하는 소송을 금지하는 수정헌법 제11조는 사법적 구제가 가능하도록 권한을 부여하는 수정헌법 제14조 제5항의 연방의회 권한에 의해 적용이 제한된다.[377)] 그러나 수정헌법 제11조의 주에 대한 소송금지를 해제하려는 연방의회의 의도와 주(州)에 대한 구제 권한을 부여하려는 연방의회의 의도는 법령의 규정에서 명확하게 규정되어야만 한다.[378)] 더욱이 수정헌법 제11조의 헌법상 장

370) Hans v. Louisiana (1890).

371) McKesson Corp. v. Division of Alcoholic Bev. and Tobacco, Fla. (1990).

372) Lake County Estates, Inc. v. Tahoe Regional Planning Agency (1979).

373) Federal Maritime Commission v. South Carolina State Ports Authority (2002).

374) Atascadero State Hospital v. Scanlon (1985).

375) Port Authority Trans-Hudson Corp. v. Feeney (1990).

376) Lapides v. Board of Regents of the University System of Georgia (2002).

377) Fitzpatrick v. Bitzer (1976).

애에도 불구하고, 주가 연방헌법 제3조상 연방법원에 주를 상대로 한 소를 제기하도록 하는 연방의회의 권한은 수정헌법 제14조 제5항에 근거한 법률에 의해 제한될 수 있다. 예를 들면, Seminole Tribe of Florida v. Florida (1996) 사건에서 5 대 4로 인디언 부족에 대한 연방의회의 통상조항권에 근거하여 연방법원에 주를 상대로 특정한 소송을 제기할 권한을 부여하는 법률은 수정헌법 제11조를 위반한다고 판시했다.

4) 위헌적인 공무원의 행위

주공무원의 위헌적인 행위에 대한 소송은 주(州)에 대한 소송이 아니기에 수정헌법 제11조에 의한 제한이 되지 않는다.[379] 예를 들면 수정헌법 제11조는 켄트(Kent) 주(州) 학생의 사망을 초래한 공무원의 위헌적인 행위에 대해 주공무원을 대상으로 한 소송을 금지하지 않는다.[380] 주(州)가 법원의 명령을 수행하는 데 재정지원이 필요하다는 사실은 수정헌법 제11조상 제한을 침해하지 않는다.[381] 그러나 수정헌법 제11조는 공무원의 행위가 단지 주법을 위반하는 경우 주공무원에 대한 소송을 금지한다. 이러한 경우에는 연방사법심사는 연방법의 우월성을 확신시키는 데 필요하지 않다.[382]

(2) 사건과 쟁송(Case and Controversy)

연방헌법 제3조에 의해 부여된 연방사법권은 특별히 규정된 "사건과 쟁송"으로 제한된다. 여기서 사건과 쟁송은 사법적으로 해결능력이 있는 양당사자 대립구조와 내용이 있을 것, 그리고 이러한 사법적인 결정이 권력분립의 원칙을 침해하지 않을 것을 요구한다. 만약 이러한 조건이 충족되지 않는다면 연방법원의 재판관할권은 상실된다.

1) 권고적 의견(Advisory Opinions) 제시 불가

연방법원은 행정부와의 조화가 요구됨에도 불구하고 "우호적으로" 비대립적인 절차에 있어서 헌법적인 문제에 대한 권고적 의견을 제시하지 못한다.

---

378) Atascadero State Hospital v. Scanlon (1985).

379) Ex parte Young (1908).

380) Scheuer v. Rhodes (1974).

381) Milliken v. Bradley (1977).

382) Pennhurst State School & Hospital v. Halderman (1984).

2) 선언적 판결

연방법원은 자주 손해 구제나 금지명령 구제를 제공하기 보다는 법적 결과가 소송당사자의 처리에 적용되도록 결정할 것을 요구한다. 그러한 선언적 판결은 법원이 판결할 수 있는 진정한 쟁송이 제공되도록 충분히 구체적이라면 권고적 의견이 아니다.

2. 정책적 한계(사법적 자제)

(1) 헌법심사의 원칙

1) 입법에 영향을 미치는 헌법문제를 판단할 필요성이 생기기 이전일 경우(사건의 미성숙성), 2) 처분에 대한 다른 대안이 있을 경우(보충성), 3) 법령의 구조가 헌법적 문제를 회피할 수 있을 가능성이 있을 경우(합헌적 법률해석), 4) 판결이 적용될 정확한 사실이 필요한 것보다 더 광의의 조건인 경우(사건의 구체성이 없을 때)에는 입법에 영향을 주는 헌법심사는 되지 않을 것이다.[383]

(2) 합헌성 추정

위에서 언급한 몇 가지의 원칙은 헌법적 구조에서 오랫동안 지속된 갈등에서 예시되어진 것이다. 헌법적 근거를 회피하는 입법은 심사하는 연방법원에 의한 합헌성 추정과 조화되어야 한다.

(3) 사법적 자제

연방법원은 사법심사가 가능한 한 전통적으로 사법심사를 회피해 왔다. 이는 ① 기능상 미묘함, ② 잠재적인 파급효과, ③ 법원의 판단의 최종성, ④ 권력분립원칙, ⑤ 사법적 절차의 본질적인 한계를 근거로 든다. 연방법원은 사법심사권의 행사에 있어 "엄격한 필요성"(Strict necessity) 원칙을 준수하고 있다.

(4) 연방의회의 역할

연방의회는 직접적으로 사법심사에 대한 연방헌법 제3조의 재판권에는 기속되지만, 정책적 한계에 따른 제한은 연방의회의 입법에 의해 극복될 수 있다.

---

383) Ashwander v. TVA (1936).

Ⅳ. 사법심사를 제한하는 특별한 원칙

사건과 쟁송에 있어 필요한 요구사항과 정책적 고려에 기초하여 연방대법원이 본안판단을 회피하게 되는 몇 가지 특별한 원칙이 존재한다. 이러한 원칙들은 누가 헌법소송을 제기할 수 있는가, 언제 헌법소송이 제기될 것인가, 헌법소송으로 제기될 수 있는 객체는 무엇인가와 관련된 것들이다.

1. 원고적격에 대한 제한 – 누가 헌법소송을 제기할 수 있는가?

(1) 헌법상 원고적격

1) 일반적인 기준들

연방헌법 제3조의 사건과 쟁송으로부터 '당사자적격'(standing)이라는 소송요건이 필요하다. 당사자적격이란 (1) 사건에서 문제되는 법률이 위헌이고, (2) 그 법률의 집행으로 인해 직접적인 손해를 입었거나 입을 우려가 현저하며, (3) 당사자가 입었거나 입을 우려가 있는 손해가 불특정 다수가 입게 되는 일반적 손해가 아님을 당사자가 입증해야 한다.[384)]

연방헌법 제3조의 사건과 쟁송은 원심이나 항소심에서 헌법적 문제를 제기하려는 일방이 "현재 문제가 되는 것을 첨예하게 만드는 구체적인 대립을 확실히 하기 위하여 쟁송의 결과로 '개인적 이익'이 있음을 증명해 보일 것을 요구한다."[385)]

원고가 (1) 사실상의 손해, (2) 상당인과관계에 있는 정부행위에 의해 유발된 손해라는 것을 주장한다면, 원고는 '개인적 이익'을 갖는다. (3) 보상가능성의 중점은 소송당사자에게 있지, 소송사건에 있지 않다. 주장된 손해가 충분한지, 그리고 필요한 인과관계가 존재하는지를 결정하는 것은 매우 주관적이고 가치가 개입된 판단이 흔히 포함되어 있다.

a) "사실상의 손해"

원고적격의 문제는 흔히 그 법적 주장에 달려있는 것이 아니라, 실제적인 손해

---

384) Frothingham v. Mellon, 262 U.S. 447, 488 (1923); 강승식, 미국 연방대법원의 권한과 그 한계, 헌법학연구 제10권 제4호, 2004. 12, 550면.

385) Baker v. Carr (1962).

의 존재에 달려 있다. 그 초점은 사실상의 손해에 있지, 법적 주장이 아니다. 그 손해는 경제적, 심미적, 환경적 손해, 또는 통합된 사회에서 살 수 있는 능력과 같은 무형의 손해일 수도 있다. 연방대법원은 '사실상의 손해'는 "(a) 구체적이고 특정화된 (b) 추측이나 가정적인 것이 아니고, 현실적이고 절박하며 법적으로 보호되는 이익에 대한 침해"라고 판시해 왔다.[386] 이익은 광범위하게 공유되고 있는 반면, 원고는 여전히 개인적인 이익을 입증해야만 한다. 원고들은 각각의 소송을 위한 원고적격 요건을 충족해야만 한다.[387]

b) 인과관계 - "상당히 개연가능한"

연방헌법 제3조상 사건과 쟁송은 역시 원고가 정부의 행위와 주장된 손해 사이에 "기소가능한 인과관계"를 밝힐 것을 필요로 한다.[388] 원고들은 그 손해가 제소된 정부행위에 의하여 "상당히 개연가능한" 것이라는 것을 입증하여야 한다. 나아가 원고들은 만일 연방법원이 요구된 사법적 구제를 보장한다면 그 손해가 원상회복될 것이라는 것을 증명해야만 한다. 최근에는 인과관계의 요구에 대한 사법적 적용에 있어서 '행정부의 정책선택에 대한 사법적 개입의 위험'과 같은 권력분립문제가 강조되고 있다.[389]

c) 구제가능성

연방헌법 제3조는 원고가 그 손해에 대해 요구하는 구제책에 의해 구제될 것이라는 불확실성과는 달리, 구제가능성이 있다는 것을 입증할 것을 요구한다. 구제가능성 요건은 자주 인과관계의 측면으로 취급되어진다.

2) 납세자 적격과 시민 적격(Taxpayer and Citizen Standing)

a) 연방납세자 적격

일반적으로 연방재정의 지출에 있어 연방납세자의 이익은, 그 같은 지출에 대하여 소송을 제기할 수 있는 연방사법권을 발생시킬 기반을 제공하기에 너무나 가변적이고 요원하며 애매한 것이다. 연방법률이 연방헌법 제1조 8항에 의거해 연방의회에 위임된 연방조세부과와 지출권한을 침해한 것이라는 것을 입증하는 것은 납세자가 연방법원에 소를 제기할 수 있는 연방납세자 적격의 근거로 불충분하다.[390]

---

386) Lujan v. Defenders of Wildlife (1992).

387) Los Angeles v. Lyons (1983).

388) Warth v. Seldin (1975).

389) Allen v. Wright (1984).

예외로서 만일 연방납세자가 2가지 요건을 충족할 수 있다면 연방납세자의 지위는 연방헌법 제3조상의 원고적격의 근거가 된다. (1) 납세자는 연방의회의 연방헌법 제1조 8항상 조세부과와 지출의 권한행사에 대해 제소해야만 한다. (2) 연방법률이 조세와 지출에 관한 권한과 관련하여 특정한 헌법적 제한을 위반한 것이라 주장해야 한다.[391] Flast 사건에서 납세자는 연방의회의 종교계 학교를 지원하는데 국고의 지출은 수정헌법 제1조상 국교부인조항과 자유로운 종교활동조항에 위반된다는 이유로 연방세출법이 위헌이라는 소송을 제기했다. Flast 판결에서 위의 2가지 요건들이 확인되었다. 오늘날에는 시민적격 사건들의 경우에, 몇몇의 다른 헌법적 청구들이 Flast 심사기준을 충족하지 못할 가능성이 높다.

b) 주납세자 적격

주납세자는 선의의 재정적 손해와 같은 주 재정의 직접적이고 실질적인 지출을 증명하면 원고적격을 지닌다.[392] 연방법과 관련하여 상반된 주법원의 판결로 직접적, 특정적, 구체적 손해를 입은 당사자는 연방법원에 심사를 요청할 원고적격을 갖는다.[393]

c) 시민 적격

적어도 소송을 인정할 의회 입법이 부재한 상태에서, 시민은 정부 행위를 위헌적인 것으로 제소할 충분한 개인적 이익이 결여되어 있다. 시민의 이익은 일반적으로 시민이 가지는 일반적인 "추상적 손해"와 "일반화된 고충"으로 판단된다. 개개의 판사들이 시민적격에 대한 장애를 사법자제의 신중한 원칙이라고 주장한 반면, 연방대법원은 시민적격에 대한 장애를 연방헌법 제3조에 의한 장애로 판단했다.

3) 법령상 적격

"원고가 입법이 부재한 상태에서 사법적으로 인지할 수 없는 손해를 입고 있는 경우조차도" 연방의회는 법률에 의해 법적 이익을 창조할 수 있다.[394] 예를 들어 연방법률의 집행에 의해 연방의회는 "손해를 입은 사람들"에게 소송을 제기할 권한을 부여할 수 있다. 연방의회는 또한 "이전에 존재하지 않았던" 사건이나 쟁송

---

390) Frothingham v. Mellon (1923) (연방납세자는 수정헌법 제5조상의 적법절차조항을 위반하여 주에게 보조금을 제공하는 연방법률에 대한 위헌소송이기에 납세자적격이 없다.)

391) Flast v. Cohen (1968).

392) Doremus v. Board of Educ. (1952).

393) ASARCO Inc. v. Kadish (1989).

394) Warth v. Seldin (1975).

을 발생시킬 인과관계를 명확하게 규정할 수 있다.[395] 그러나 연방의회는 연방헌법 제3조상의 '사실상 손해'와 '인과관계'를 무시할 수는 없다.

(2) 간접적 원고적격(Prudential Standing)

1) 제3자 당사자적격

소송 제기자는 제3자의 권리를 발생시킬 원고적격이 결여되어 있다. 이 원칙은 ㉠ 헌법적 권리에 대한 불필요한 소송제기의 방지 요구와 ㉡ 제3자가 헌법소송을 하지 않을 가능성, 그리고 ㉢ 제3자는 자기 권리의 최상의 변호자라는 믿음에 기초하고 있다.

제3자 적격이론은 연방헌법 제3조상 요구에서 도출되는 것이 아니라, 사법자제 원칙에서 도출된다. 그러므로 제3자 적격 원칙을 지지하는 고려들은 특정한 사건에서 충돌하는 가치들보다 중요하다. 나아가, 연방의회는 연방헌법 제3조상 조건을 충족하고, 간접적 원고적격 원칙에 의해 제한되지 않는 경우라면, 청구취지를 보장해 줄 수 있다.

2) 단체 적격

단체는 자신이 제소된 행위에 의해 개인적 손해를 전혀 받지 않았을 때에도 단체의 구성원이 이를 주장한다면, 당사자적격을 가진다. 이 때 다음의 3가지 요구를 충족시켜야만 한다. (1) 단체의 구성원들이 자신의 권리에 있어 소송할 당사자적격을 가진다. (2) 단체가 보호받고자 하는 이익이 그 단체의 목적과 일치한다. (3) 주장되지도 않고 청구된 보상이 소송에서 개개의 구성원들의 참가를 필요로 하지 않는다.[396]

2. 시간적 재판권 – 언제 헌법소송이 제기될 것인가?

(1) 쟁송성 결여(Mootness)

당사자에 의하여 제기된 법적인 사건에 대한 연방법원의 판결이 소송제기 이후의 변화로 인하여 본래 얻으려고 하는 결과형성에 더 이상 불필요하게 될 때, 그

---

395) Lujan v. Defenders of Wildlife (1992).

396) Hunt v. Washington State Apple Adv. Comm'n (1977).

사건은 쟁송성이 결여되었다고 한다. 연방법원은 쟁송성이 결여된 사건에 대해 판결권이 없다. 이 원칙은 사건과 쟁송이 있어야 한다는 연방헌법 제3조의 요구로부터 유래한다.

쟁송성 결여란 소송개시시점에는 당사자적격을 갖춘 당사자가 사실관계나 법령의 변화로 인해 소송결과에 대한 이해관계를 상실한 경우 법원은 이러한 사건을 쟁송성 결여를 이유로 각하해야 한다는 것이다.397)

연방대법원은 심사를 기다리는 동안 쟁송성이 결여된 사건을 판결절차에서 고려하지 않을 수 있는 반면, 연방대법원은 여전히 재판에서 요구되는 절차를 밟음으로써 사건을 해결할 수도 있다.398)

예외로서 자발적 중지, 부수적 결과, 반복적 문제가 있다.

1) 자발적 중지(Voluntary Cessation) : 불법행위가 반복될 수 있다는 타당한 기대가 존재하는 곳에서 쟁송성이 있다.

2) 부수적 결과(Collateral Consequences) : 만약 소송 당사자에게 상반된 영향을 갖는, 예를 들어 징역형을 마친 후의 범죄의 유죄판결에 대한 이의신청과 같은 미해결의 중요한 부수적 결과들이 남아 있다면 소송은 쟁송성이 있다.

3) 반복적 문제(Repetitious Issues) : 헌법적 소송은 '반복적으로 제기될 가능성은 있으나 사법심사를 회피하고 있을 때' 쟁송성이 상실되지 않는다. 만약 소송이 단체소송으로 진행된다면 그 단체의 어떠한 구성원에 대하여도 '반복적으로 제기될 가능성은 있으나, 사법심사를 회피하고 있을 때'는 쟁송성은 상실되지 않는다. 제소된 불법행위가 다시 발생할 수 있는 '정당한 가능성'이 존재하여야만 한다.

(2) 사건의 성숙성, 비성숙성 및 추상성

헌법문제 판단의 선행조건은 추상적이 아닌, 구체적인 법적 소송의 결정을 위한 실제 사건이 존재해야 한다. 사건의 성숙성이란 사건에서 나타난 당사자간의 분쟁이 아직 진행중이거나 유동적인 경우에 법원은 이러한 사건의 미성숙을 이유로 각하해야 한다는 것이다. 소송이 성숙되기 위해서는 권리침해나 권리침해의 급박한 위험이 존재해야 한다. 나아가 연방법원은 단계상 너무 미성숙한 사건에 대하여 판결할 수 없다.

397) E. Chemerinsky, Constitutional Law, pp. 112-114.

398) U.S. Bancorp Mortagage Co. v. Bonner Mall Partnership (1994) (화해로 인한 쟁송성의 상실은 심사 중에 있는 판결의 무효를 정당화하지 못한다. 즉, 판결은 무효이다.)

성숙성 요건은 일반적으로 연방헌법 제3조상 사건과 쟁송에 있어서 필수적이다. 그러나 이는 거의 무의식적으로 헌법소송의 시간적 재판권에 기초한 사법적 자제의 신중한 원칙과 조화되고 있다.

재판권이 형식적으로 존재한다고 할지라도, 연방법원은 때로는 소송이 시기상조이고 추상적이라고 하여 각하할 수 있다. 이러한 처분은 "사법심사권이 기초가 되고 있는 헌법문제를 명확하고 구체적인 형태로" 제공하는 사건결정에 필요할 때에만 사용될 수 있다는 사법적 자제라는 고려를 반영한 것이다.[399)]

헌법사건이 사법적 판단이 내려질 수 있을 만큼 충분히 성숙하였는지를 결정할 때, 쟁송을 부각시킬 아직 발생하지 않은 중요한 사건이 있는지, 사건의 내용이 분명히 밝혀졌는지 아니면 불확실성이 남아 있는지 그리고 임박한 정부행위, 예를 들어 법률의 시행이 발생할 수 있는 실제적 기대가 있는지 고려해야 한다.

(3) 재량적 자제(Discretionary Abstention)

1) 불명확성(Vagueness)

주법이 재량의 여지가 없도록 명확하게 해석될 수 있나면, 연방법원은 중요한 헌법적 문제가 포함되어 있을지라도 판결하지 말아야만 한다. 이 원칙은 주법원과의 불필요한 마찰을 피하고 불필요한 헌법판결을 피하고자 하는 의도에 기초하고 있다. 주법이 명확하게 규정되어 있으나, 재량의 여지가 있는 해석이 가능하면 사법심사의 자제는 부적당하다.

2) 계쟁중인 주의 소송절차

악의의 해악이 입증되지 못했을 때, 비록 주법이 모호하고 수정헌법 제1조상의 권리들을 과도하게 침해한다고 추정될지라도, 주의 형사소추가 계속되고 있다면 연방법원은 소송에서 '선언적 구제' 또는 '금지명령적 구제'의 청구를 자제하여야만 한다.[400)]

Younger v. Harris의 원칙은 주의 형사소송절차와 유사한 민사소송절차, 예를 들면 포르노 극장을 폐쇄하는 주의 공중생활방해법의 시행금지에까지 확장되어졌다.[401)]

계쟁중인 소송절차가 없는 경우, 계쟁중인 주법원의 소송절차가 존재하지 않는

399) Socialist Labor Party v. Gilligan (1972).

400) Younger v. Harris (1971).

401) Huffman v. Pursue, Ltd. (1975).

경우, 비록 악의의 해악을 입증하지 못하더라도 주법이 애매하고 수정헌법 제1조상 권리들을 과도하게 침해한다는 추정에 대하여 연방법원이 선언적 구제나 금지명령적 구제를 자제할 필요가 없다.[402]

3. 물적 재판권 - 헌법소송을 제시할 수 있는 객체는 무엇인가?

(1) 정치적 문제(Political Question) 원칙

정치적 문제(Political Question)란 정치적 사항의 사건을 법원이 다루지 않는다는 것이고, 따라서 정치적 문제는 사법심사에 적합하지 않다는 것이다. 어떤 문제가 정치적이라고 정의함에 있어 연방대법원은 Baker v. Carr (1962) 사건에서 전통적이고 기능적이며 사법자제적 고려를 반영한 기준을 제시했다. 연방대법원은 일반적으로 정치적 문제 원칙의 적용을 공권력에 관한 사건보다 연방법원의 역할에 관련된 사건으로 제한했으나, 정치적 문제 원칙은 헌법적 사건에 일반적으로 적용될 수 있는 것으로 제시하고 있다.

1) 전통적 원칙

소송사건이 연방헌법에 의하여 다른 정부 결정권자에게 위임되었다면 연방법원은 그것을 정치적 문제로 다룰 것이다. 그러나 소송사건이 헌법적으로 어떤 국가기관에게 맡겨질 것인가의 여부 그 자체는 재판상의 문제이다. 또한 자유재량이 행사되는 방법만을 연방법원이 심사하는 것은 부적당하다.

2) 기능적인 고려사항

연방대법원이 판단하기를, 사법부가 정치적 문제를 해결할 수단과 능력이 결여되었다면, 그 문제는 "정치적"이라고 할 수 있을 것이다. 예를 들어, 외무에 관한 소송사건 같은 문제를 해결하기 위해 사법적으로 발견할 기준과 다룰 기준의 결여는 그 문제를 정치적으로 만든다.

3) 사법 자제적 고려사항

헌법소송 사건은 사법권의 적절한 사용과 관련된 사법자제적 또는 정책적 고려때문에 정치적이라고 할 수 있을 것이다. 예를 들어 사법자제적 이유로 관련이

---

402) Steffel v. Thompson (1974) (선언적 구제); Wooley v. Maynard (1977) (금지명령적 구제).

있다고 기술한 Baker v. Carr (1962) 사건이 있다. 즉 "사법심사에 부적합한 자유재량에 대한 정책결정이 없이 판단하는 것은 불가능하다. 또는 정당한 행정부에 대한 존중을 결여하면서, 법원이 독자적으로 결정하는 것은 불가능하다. 이미 이루어진 정치적 결정을 의심의 여지없이 고수할 특별한 필요성이 있다. 또는 특정한 문제에 관한 여러 기관들의 다양한 결정으로 인하여 혼란의 가능성이 있다."

(2) 적절하고 독립적인 주의 입장

1) 실체적 규율

주법원의 판결이 적절하고 독자적인 주의 입장에 기초하여 명백하고 분명하게 "명료한 진술"을 포함하고 있다면, 연방대법원은 주법원이 연방헌법문제를 잘못 결정할 수 있다고 하더라도 재판권을 가지지 않을 것이다.[403] 이러한 기준하에서 만약 주법원의 결정이 명확히 주법률에 의존하고 있다면, 주법원은 연방대법원의 이행판결에 기속될 필요가 없다. 이는 "연방법의 통일성을 유지하는" 한편, 또한 주법원이 연방의 간섭 없이 주법을 발전시킬 것을 허용하고 있다. 연방대법원은 연방헌법의 최종적인 심판자로 남아있어야 하나, 주들은 "경험직인 실험실"로서 기여할 수 있다.[404]

2) 절차적 규율

소송당사자가 공정하고 합리적인 주의 절차규칙을 고수하지 못하는 것은 연방대법원이 주법원으로부터 제기된 상고를 기각하는 결과를 가져올 수 있다. 그러한 것은 판결을 위한 적절하고 독자적인 주의 입장을 보장할 수 있다. 그러나 주절차법은 실질적인 주의 이익을 촉진하여야만 하고 불필요하게 연방헌법문제의 결정을 손상하지 말아야 한다.

Ⅴ. 사법적극주의와 사법소극주의를 둘러싼 문제

19세기 중엽 미국을 방문한 토크빌(Alexis de Tocqueville)은 미국의 사법권에 관해 다음과 같이 쓰고 있다.

---

403) Michigan v. Long (1983).

404) Arizona v. Evans (1995).

"미국에서 외국인이 이해하기 가장 어려운 것은 사법조직이다. 요컨대 법관의 권위가 받아들여지지 않는 정치적 상황은 없는 것이고, 따라서 당연히 미국에서는 법관이 제1순위의 정치권력의 하나가 되고 있는 것이다. 법원의 구조를 검토해 보면 일면 법관은 사법적인 권능 밖에 갖지 못한다. 외국인의 눈에는 법관이라는 직업은 아주 우연하게만 공적 사항에 관여하지 못하는 것을 볼 수 있다. 그런데 이러한 우연히 매일 행해지는 것이다" 그 후 연방대법원은 남북전쟁 후 흑인의 평등문제에 관해서는 "분리된 평등"으로 만족하면서 다른 한편 경제적 자유의 옹호에 관해서는 적극적이었다. 그와 같은 경향은 20세기에 들어서면서 강해져, 유년노동의 금지입법 등 노동조건규제입법을 체계적으로 위헌으로 함으로써(예컨대 1918 Hammer v. Dagenhart), 매우 보수적인 기능을 수행하였고, "9인의 노인의 지배"가 선거에서 표명된 민의에 우선하는 것이 허용되는가 하는 여론이 강해짐으로써, 1930년대에는 뉴딜입법위헌판결을 둘러싸고 루즈벨트 정권과 정면으로 대결하게 되었다.

그와 같은 사법적극주의의 경험에 대한 반성에서 "사법의 자제"가 홈즈, 브랜다이즈, 스톤 등 자유주의성향의 대법관들에 의해서 주창되게 된다. 1936년 1월 6일 판결(U.S. v. Butler)에서 스톤의 반대의견이 법원은 법률이 현명한지 여부를 심사하는 것이 아니라 "현명하지 않은 법률을 법령체계에서 제외함에는 투표와 민주정의 과정에 호소해야 한다."고 주장한 것은 잘 알려져 있고, 1937년 이후 연방대법원은 많든 적든 "사법의 자제"의 관점을 근거로 하게 된다. 그런데 한마디로 "자제"라고 해도 그 속에는 2가지 다른 경향이 내포되어 있다. 전술한 스톤은 1938년 4월 25일 판결(U.S. v. Carolene Products Co.)에서 정신적 자유나 소수자의 권리를 제한·침해하는 입법, "바람직하지 않은 법률의 폐지를 위해서 통상 기대할 수 있는 정치과정을 제약하는 법률"에 관해서는 경제적 자유를 규제하는 입법보다도 보다 엄중한 사법심사가 이루어져야 한다고 하여 이른바 이중의 기준(double standard)이라는 견해를 표시했다. 공립학교학생에의 국기경례의 강제를 위헌이라고 한 1943년 6월 14일 판결(West Virginia States Board of Education v. Barnette)에서 반대의견을 쓴 프랭크퍼터 대법관의 경우는 보다 일반적인 자제론에 속한다. 프랭크퍼터 대법관은 그 후에도 같은 입장을 반복해서 표명하는데, 그 중요 논거는 연방대법원의 권력은 "본래적으로 과두제적"이고, "비민주적 기관의 권력은 엄격한 자제하에서 행사되는 것이 중요하고, 민주주의를 사법의 후견에 두는 것은 민주적 책임을 배양함에 가장 바람직하지 못한 방법"이기 때문이다.

제2차 대전 후 냉전하에서 스미스법을 비롯한 각종 치안입법에 대해 법원은 "사법의 자제"의 입장을 고수했는데, 1953-69년의 이른바 워렌 대법원 시대에 들어서면서 연방대법원은 재차 사법적극주의를 내세우게 된다. 그것은 이전의 고전적 사법적극주의가 재산권옹호의 보수기능을 담당했던 것과는 반대로 그에 대한 "이중의 기준"적 입장에서의 "자제"론을 근거로 정신적 자유와 평등을 옹호하는 자유주의적인 역할을 적극적으로 수행했던 것이었다. 전술한 "분리된 평등"의 방식을 위헌으로 하여 인종평등을 철저화시킨 1954년 5월 17일 판결이나 테네시 주의회의 선거구정수배분의 불균형(Baker et al. v. Carr et al.)에 관해서 연방대법원이 심사권을 가진다고 하여 투표가치의 평등을 추구했던 일련의 판결의 시초가 되었던 1962년 3월 26일 판결은 그 대표적인 예이다. 사법의 적극주의와 소극주의를 둘러싼 문제가 다시 논의되었는데 정치적으로는 사법적극주의에 대한 비판이 이전은 "상당히 보수적이다"라고 하는 취지의 것이었음에 대해 "상당히 자유주의적이다"라고 하는 내용의 것이 되었다. 그리고 그와 같은 변화는 오늘날 사법적극주의의 논거에도 반영되고 있다. 전술한 것처럼 사법적극주의에 대한 비판의 최대의 실질적 표적은 민주적 기반을 갖지 못하는 법원이 선거에 의해서 구성되어 있는 정치부문을 통제하는 점에 향해져 있었던 것인데, 오늘날의 적극주의 측에서는 그 점에 답하길 다수결적 민주주의상에 대해 가치의 다원성을 기초로 한 민주주의상을 설정하고 그것을 회복불가능하게 하는 입법 기타 정치부문의 행위를 사법적으로 견제하는 것은 민주주의에 반하는 것이 아니라 그 전제를 회복하려고 하는 것이라고 하는 반론을 제기하고 있다. 그와 함께 사법적극주의는 정치부문의 기능이 정당이나 선거나 압력단체 등 현실의 정치과정의 실태에 따라서 보면 결코 단순히 "민주적"이라고 할 수 있는 것은 아니라는 점에도 주의를 환기시키는 것이고, 또한 워렌(Warren) 대법원에 이은 버거(Burger, 1969-86), 렌퀴스트(Rehnquist, 1986-2005) 양 대법원은 다양한 면에서 전임 코트의 사법적극주의에 궤도수정을 하고, 그렇다고 해서 단순히 워렌 대법원 이전으로 되돌아가고 있는 것은 아니었다고 해도, 레이건과 부시 공화당 정권하에서 고령판사의 임면 등으로 이전의 "자유주의"파 주도의 연방대법원이 구성이 크게 변화하고 있는 점에서 장래에 사법적극주의 또는 사법소극주의 경향이 될지 예단할 수 없다.

이렇게 해서 민주주의사회에서의 사법의 역할이라는 헌법론의 주요 테마를 둘러싸고, 다양한 소재를 가지고 논의가 이루어졌는데 중요한 것은 연방대법원은 스스로 필요하다고 생각한 때는 정치 영역이나 여론과의 마찰을 두려워하지 않고 자신의 입장을 밝히고 있다는 점이다. 하나의 예로서 국기소각사건의 경우를 들 수 있다. 국기를 모독하는 행위를 처벌하는 주법위반이 문제된 행위에 관해 연방대법원은 그와 같은 행위가 수정헌법 제1조가 보장하는 의사표현의 자유의 보호를 받는다고 판시했다.[405] 정치 영역은 그것에 강하게 반발하여 다음날 "매우 실망"했다는 결의를 상원이 가결(97 대 3)하고, 이어 그런 종류의 행위를 처벌하는 규정을 연방법률로 성립시켰다(1989. 10. 28). 이에 더불어 연방의회는 "합중국 및 주는 합중국국기를 물리적으로 모독하는 행위를 금지할 권능을 가진다."고 하는 규정을 헌법에 넣기 위한 헌법개정을 착수했는데 상원에서 과반수를 얻는데 그쳐(51 대 48), 헌법 제5조가 요구하는 3분의 2의 다수를 얻지 못해(10. 19) 개정은 좌절되었다. '여론'을 배경으로 한 정치부문의 이러한 반응에도 불구하고 연방대법원은 이전에 성립했던 연방법률을 정치적 데모에 적용시키는 한에서 위헌이라고 판단했다(U.S. v. Eichman[406] 1990. 6. 11). 이와 같이 정치부문은 사법권의 판단에 불

---

405) Texas v. G. L. Johnson : 1984년에 텍사스의 달라스에서 공화당원들의 전당대회가 열리고 있을 때 연재의 대통령을 차기 대통령후보로 재추대하는 공화당에 반대하는 일단의 시민들이 시위를 하던 중 시위대가 목표건물로부터 국기를 내렸으며, 그것을 받아든 피고인(피신청인)이 국기에 석유를 뿌리고 불을 붙이며 반정부구호를 외쳤던 바, 피고인은 국기모독죄로 기소되어 유죄판결을 받았다. 이에 피고인은 연방상고법원에 항소하여 국기모독죄를 규정한 법률은 수정헌법 제1조가 보장하는 언론의 자유를 침해한다고 주장하였으며, 연방상고법원도 피고인이 국기소각을 통하여 의사표현을 했다는 것은 인정되지만 공공의 평화를 보장하고 국가적 통일을 도모하기 위하여 제정된 국기모독죄에 의하여 제한될 수 있다고 판결하였다. 그러나 주형사공소법원은 연방상고법원의 견해를 받아들이지 않고 피고인에게 승소판결을 내렸다. 이에 대하여 연방대법원은 다음과 같이 판결하여 주형사법원의 판결을 확인하였다. 첫째 피고인이 국기를 소각한 것은 그 행위가 정치적 시위의 한 형태였고, 주가 인정하는 바와 같이 의사표현의 한 형태였다면 이는 수정헌법 제1조의 보호를 받아 마땅하고, 둘째 기록을 검토해 보건대 국기가 소각됨으로 인하여 아무런 평화가 깨진 것이 없고, 주위 사람들이 그러한 독특한 의사표현행위로부터 모욕감을 느꼈다는 것이 곧 평화의 상실과 연결된다고 할 수 없으며, 몇 가지 정치적 구호를 외쳤다고 해서 그것이 사람들을 크게 선동하여 주법률이 보호하려 하는 평화를 깨뜨렸다고 할 수 없는 바, 결국 국기소각에 의하여 국기모독죄가 보호하려 하는 평화가 심각히 깨뜨려진 바 없다 할 것이며, 셋째 국기모독죄가 국기의 외관을 보호하여 국기를 통한 국가적 통일을 도모하려 하는 것이라 할 때 이는 국기 자체를 모독하려는 것이 아니고 다른 의사표현을 위한 하나의 수단으로 사용한 경우에는 국가적 통일이라는 공공복리와는 관련이 없다고 보아야 한다. 본건에 관하여 케네디대법관은 찬성의견을, 렌퀴스트대법관과 스티븐스대법관은 각각 반대의견을 표명하였다.

406) 대법원의 Texas v. Johnson 판결 이후 연방의회는 국기보호법을 입법하여 국기모독에 형벌을 과하도록 하였다. 연방대법원판결의 내용은 국기를 소각한 자를 주법위반으로 유죄판결을 한 것은 수정헌법 제1조의 언론의 자유위반이라는 것이었다. 이리하여 연방의회는 국기보호법을 제정하게 된 것이다. 연방정부는 2 가지 사건을 제소하였는데, (1) 동 법률통과를 항의하여 국기를 불사른 사건, (2) 정부의 국내외정책을 비판해서 국기를 불사른 사건이었다. Columbia연방지방법원과 서부워싱턴연방지방법원에서 동법률이 위헌이라고 한데 대해 연방정부가 연방대법원에 상고하였다. 이에 대해 대법원은 위 판결을 확인하였다. 그것은 수정헌법 제1조 위반으로 (1) 피고인의 국기소각은 행위의 표현이며, (2) Texas v. Johnson사건의 판결이 수정헌법 제1조 하에서 보호되는 것인지

만족한 때는 정면에서 법적 수단을 동원해서 반격하고, 그에 대해서 연방대법원은 의원에서의 과반수가 스스로의 판단과 다른 의사표시를 하고 있는 경우에도 자신의 견해를 치우치지 않도록 하고 있다.

1973년의 유명한 판결(Roe v. Wade)에서 연방대법원은 임신중절을 할 것인지 여부를 결정할 여성의 권리를 헌법상의 프라이버시권으로 보았다. 이와 같은 "실체적 적법절차"의 논리구성은 법관이 위헌심사권을 행사함에 어디까지 자기 자신의 해석에 따를 수 있는가하는 논의를 정면에서 제기하게 하였다.

"해석주의"(Interpretivism)와 "비해석주의"(non-interpretivism) 또는 "원의주의"(originalism)과 "비원의주의"(non-originalism)의 대립이 그것이다. 해석주의 내지 원의주의는 헌법의 명시규정 또는 명시적이지는 않지만 문언 속에 포함되어 있는 것이 명확한 헌법규범만을 법관은 적용해야할 것이라고 하고, 비해석주의 내지 비원의주의는 말하자면 "원래의 의미"보다도 "현재의 의미"를 적용해야 한다고 주장하는 것이다.

이와 같은 헌법해석을 둘러싼 논의는 법의 해석이라는 것이 결코 일의적으로 판단할 수 있는 것은 아니라고 해도 정해(right answer)가 존재하는 것이고 그것을 찾아내는 것이 법관의 역할이라는 "정해테제"(드워킨)에 가깝게 접근한다. 나아가 헌법의 해석적용에 의해서 실현되어야 할 실실가치의 음미를 주제로 하는 "정의"론의 부활과 관련해서 법학·법조의 세계를 넘어 지식인의 논쟁에 화두를 던져주고 있다. 이러한 논쟁은 언제나 실천적인 관심과 효과에 연결되어 있다. 예를 들면, 드워킨의 "정해테제"도 지금까지 연방대법원의 주류였던 "자유주의"에서 "비해석주의적"인 제(諸) 판결을 옹호하는 것에 지나지 않고, 그것에 대해서 연방대법관으로 대통령에게 지명되어 상원의 승인을 받지 못했던 보크가 주장하는 "원의주의"는 법관의 역할을 감축시켜 지금까지의 연방대법원의 주류적 태도를 비판하려고 하는 것이었다.

재검토되어야 하며, (3) 동 법률은 과도하게 표현의 자유를 제한하며, (4) 따라서 동 법률은 정부의 이익이 수정헌법 제1조하의 권리를 제한할 수 있음을 잘 입증해 주지 않았고, (5) 국기소각에 반대하는 국민적 합의가 있다고 가정해도 수정한법 제1조 하의 언론의 자유가 더 중요하다는 것을 들고 있다.

Ⅵ. 사법심사제의 제 기술

1. 부수적 심사제의 구조와 그 기능변화

미국의 위헌심사제는 사건과 쟁송(cases and controversies)을 심리하는 일반법원이 적용하여야 할 법령조항의 헌법적합성을 심사하고, 위헌이면 그 조항의 적용을 거부하는 방식이다. 1803년의 마버리 대(對) 메디슨 판결 이래 이 제도는 원래 구체적 소송의 당사자인 사인의 주관적 권리를 사법적으로 보호한다는데 목적이 있는 것이라고 파악되고, 객관적인 헌법질서의 보호 그 자체를 직접 겨냥했던 것은 아니었다.

그 때문에 (1) 위헌판결의 효력도 어디까지나 위헌인 조항이 당해 사건에 적용되지 않는다는 의미에서 개별적이었고, 대세적·일반적 효력을 갖지 않았다.

(2) 소송요건도 사인의 법적 이익의 직접적인 침해가 필요하다고 하는 사건성의 관념이 전제되고 원칙적으로 그와 같은 구체적 사건 속에서 당사자 자신의 법적 이익에 직접적인 관계있는 것으로 제기되고 주장된 헌법문제만이 법원에 의해서 심사되고, 구체적 사건에 관한 판결주문을 도출하는데 어떠한 형태로든 필요할 때만 헌법판단을 한다는 생각이 원칙이었다.

그런데 최근 여러 면에서 사법심사제가 단순한 사권보호형에서 헌법질서보장형의 기능도 가지는 것으로 변화하고 있다고 하는 것이 지적되고 있다. 구체적 사건의 당사자가 될 수 있기 위한 사건성의 요건의 점이나, 성립한 구체적 소송 중에서 공격방어방법으로서 위헌의 쟁점을 제기할 적격요건의 점에서 일정한 완화의 경향이 보여지고, "위헌상태 하에서 놓여진 불특정다수인의 권리·자유의 보호라는 일종의 헌법재판적인 기능을 수행"하는 것으로 되고 있다고 지적되고 있다. 언론의 자유 등 "우월적 자유"를 규제하는 입법에 관해서는 당해 사건의 당사자에게 적용되는 한에서는 합헌이라고 해도 법률규정이 광범하고 막연하기 때문에 다른 상황에서 제3자에게 적용되면 위헌이 될 가능성이 증명되면 "문면상 무효"가 된다는 방식은 그 한 예에 해당한다. 또한 사인간에 있어서 인권규정의 효력을 위해서 법원이 많든 적든 적극적인 방향을 보여주고 있는 것은 사법심사제가 사인간의 사회관계에 있어서 헌법가치의 실현을 위해서 기능하고 있다는 점을 보여주는 것이라고 할 수 있다.

또 위헌판결의 효력에 관해서 원칙상은 개별적 효력설이 취해지고 있어도 실질적으로는 선례구속의 원칙 하에서 사실상 위헌인 법령의 효력은 정지되어 일반적 효력설을 취한 경우와 유사한 상황이 생겨나고 있다. 여기서 헌법판례의 구속력과 관련하여, 선례구속의 원칙에 입각한 판결의 중요한 이유(ratio decidendi)가 이후의 사건에 대해 법적 구속력을 가지는 것으로 되면서도 그 구속력은 다른 법영역의 경우에 비추어도 비교적 유연하게 해석되는 경향이 강하고, 실제로도 헌법판례의 변경은 자주 보여지는데, 그것은 헌법의 경우 경성헌법의 개정이 용이하지 않아 법원 스스로에 의한 판례변경에 의존하지 않을 수 없기 때문이라고 설명되고 있다. 그러나 그렇다고 해도 선례구속성의 원칙에 의해서 연방대법원의 헌법판단은 소송당사자를 초월해서 널리 적어도 사실상의 구속력을 발휘하는 것이다. 그러므로 이른바 장래효(prospective effect)판결의 방법(이미 선례가 있을 때는 판례의 불소급적 변경이라는 형태로 논해져왔다)에 따르면(Linkletter v. Walker[407], 1964), 판결에

407) 본 사건은 부당한 수색과 압수에 의하여 입수한 증거의 증거능력에 관한 그때까지의 판례를 번복하고 새로운 원칙을 선언한 Mapp v. Ohio(1961)사건이 소급하여 적용되는지 여부에 관한 중요한 사건이다. 연방법원은 수정헌법 제5조에서 “불합리한 수색과 체포에 대하여 인민의 신체·가택·서류 및 재산을 보호받을 권리를 침해할 수 없다”는 규정과 관련하여 부당한 수색으로 얻어진 증거는 증거능력이 없다는 증거능력배제원칙을 수립하여 부당한 수색에 의한 증거에 대하여 하나의 연방기준을 세우고 있었다. 그러나 이 원칙은 연방법원에서만 적용될 뿐 주법원에는 그대로 적용되는 것이 아니라고 하였다. 이것은 1949년 Wolf v. Colorado에서 대법원이 선언한 원칙이다. 그런데 1961년 Mapp사건에서 이 원칙을 변경하여 연방법원에서 통용되는 증거능력배제원칙이 수정헌법 제14조를 통해서 주법원에도 그대로 적용된다고 하여 Wolf사건의 선례를 변경하였다. 그런데 본 사건은 이 Mapp원칙이 대법원 판결 이후 행해진 부당한 수색에 대해서만 적용되는지 그렇지 않고 판결 이전에 이미 완결되어 현재 복역 중인 사건에도 적용되는 것인지에 관한 중요한 판결이다.
본 사건에 있어서 연방대법원은 Clark대법관이 연방대법원의 의견을 다음과 같이 말하면서 소급적용을 거부한 하급심판결을 지지하였다. Mapp원칙이 1961년에 선언되기 전에는 주법원에 적용을 부인하는 Wolf원칙이 주에 의해 적용되었다. 이리하여 주에서는 수법에 따라 재판이 진행되었는데 지금 Mapp원칙을 적용하게 되면 이때까지 정당한 절차에 의하여 복역중인 죄수가 새로운 재판을 받게 되어 주사법행정에 커다란 혼란이 일어날 것이다. 상당한 세월이 경과된 뒤에 Mapp원칙에 의하여 다시 재판을 하게 되면 증인의 행방불명, 증거의 소실 등으로 많은 죄인이 석방되는 상태가 야기될 것이다. 그러므로 신원칙을 소급하여 적용하느냐 하는 문제는 구체적으로 여러 가지 사정을 검토하여 신중히 고려되어야 할 문제이다. 물론 선례를 번복한 판결에 대하여 소급적용을 인정한 경우가 있기는 하다. 주는 빈곤자의 상소를 위하여 특별히 소송기록을 무료로 제공해 주어야 한다는 1956년의 Griffin사건판결이 1958년의 Ekkrige사건에서 소급적용되었고, 변호인 없는 형사재판을 무효라고 선언한 1963년의 Gideon사건판결이 Daughty v. Maxwell (1964)사건에서 소급적용을 인정하였고, 강제자백의 증거능력배제도 소급하여 적용한 예가 있다. 그러나 소송에서 원고들이 주장하는 것은 자기가 형벌을 받지 않기 위해서 또는 형벌에서 면제되기 위해서 구제를 요구하는 것이지 법률의 무효 자체를 요구하는 것이 소송목적은 아니다. 그러므로 어떤 경우에 신판례를 소급적용하느냐의 문제는 법원이 인권침해, 사법행정의 질서, 개인과 사회의 이익의 조절 등을 고려하여 구체적 사건에서 결정하여야 할 문제라고 한다. 본 사건은 주헌법과 주법률에 의하여 압수수색된 증거에 의하여 재판하여 야간절도죄로 6년전에 9년의 징역형을 선고받은 신청인의 경우에 1961년의 Mapp원칙을 지금 소급하여 적용할 수 없다고 하였다.

서 설시된 위헌판단의 효력이 그 구체적 쟁송의 당사자 이외의 제3자와의 관계에서는 맨 처음 발생시킨다는 장래효가 원칙인데, 그 당사자에게만은 소급시킨다고 하는 경우에는 그 자신의 사권보호와 적어도 동등하게 장래에 향한 헌법질서보호 기능에 역점이 놓여진다고 할 수 있다.

2. “정치적 문제”와 정치부문의 자율

미국의 사법심사제는 전술한 것처럼 순수한 사권보호형을 원칙으로 출발하면서 기능면에서는 상당한 정도 헌법질서보호형의 것으로서 역할을 수행하는 것으로 되어 있다. 원래 그와 같이 헌법판단을 구하기 위한 창구를 넓혀 판결의 효력을 소송당사자 이외의 사람에게 확대하는 법적·사실적 경향이 있다고 해서 그것이 바로 정치부문에의 사법적 통제를 내용적으로 강화한다고는 단정할 수 없고, 오히려 정치부문의 헌법실례에 대해 강력한 사법적 정당성을 부여하는 것으로서 기능하는 것도 있을 수 있다. 사법적극주의 또는 소극주의라는 말은 사법심사가 정치부문에 대립적 또는 추인적으로 사용되어지는 경우가 많은데, 그와 같은 의미에서의 사법소극주의는 법원의 창구를 적극적으로 확대하는 경향에서 추진될 수 있다는 점에 주의를 기울여야 할 것이다. 헌법판단 적극주의(또는 소극주의)는 반드시 헌법적 판단을 적극적으로(또는 소극적으로) 한다는 의미가 아니고, 헌법판단의 기회를 적극적으로 형성하면서 합헌판단을 적극적으로 행함으로써 정치부문의 헌법실례를 추인한다는 방법이 있기 때문이다. 그러므로 위헌판단 적극주의(또는 소극주의)는 반드시 인권보장적극(또는 소극)주의를 의미하지 않는다. 인권보장 적극주의(또는 소극주의)라고 해도 재산권보장이 문제인가, 또는 정신적 자유 내지 평등 더 나아가 사회적 권리가 문제인가에 따라서 초래되는 실천적 효과는 정반대일 것이다. 그와 같이 복잡한 상황 속에서 사법심사의 다양한 기술이 다양한 역할을 담당하면서 등장해 오고 있다.

Black, Douglas대법관의 반대의견
연방대법원은 입법을 하는 것이 아니라 헌법을 해석하는 기관이므로 위헌적 조치로 현재 복역중인 사람이 있다고 하면 이는 구제해줘야 한다는 것이다. 즉 소급효력이 있다는 것이다. 형이 확정된 후 25년에 신판례에 의하여 재심한 예도 있다고 주장하였다. Reck v. Pate (1961)사건은 부당한 강제자백으로 유죄판결을 받은 25년 전의 판결을 파기하고 재심하였고, 같은 강제자백으로 21년 전에 유죄판결을 받고 복역 중인 Fay v. Naia (1961)사건도 재심에 의해 원심판결을 파기한 예가 있다고 한다.

3. 정치 영역의 재량과 사법심사의 기준

정치 영역의 재량은 이전에는 종종 "정치적 문제"의 목록 속에 포함되었으나, 이는 본래 "정치적 문제"와는 이론적인 성질이 다르다. "정치적 문제"론은 위법 여부라는 실체 판단 그 자체를 삼가야 한다는 주장인데, "재량행위"론이면 어느 국가행위가 법이 인정하는 재량의 범위 안(적법)에 있는가 범위 밖(위법)에 있는가 하는 실체 판단을 대전제로 한 후에 재량의 범위 내에 있는 경우에는 재량권자인 정치부문의 판단을 존중한다는 구조로 되어 있기 때문이다. 따라서 재량행위론은 실체적인 판단에 포함된다는 의미에서 "정치적 문제"론보다도 헌법판단적극주의를 취하는 것이 되는데, 그렇다고 해서 정치부문에 엄격한 통제를 가하는 위헌판단적극주의를 의미하는 것은 아니고, 정치부문의 재량을 광범하게 인정하는 경우에는 오직 정치부문의 실례에 합헌성을 부여하여, 합헌판단 적극주의를 의미하는 것이 된다. 그런 것만으로 법원이 사법심사의 기준으로서 어떠한 것을 채용하는가가 크게 나뉘는 것이다.

사법소극주의의 측에서는 "명백성 원칙"하에서 법원은 의회가 "합리적인 의문의 여지가 없을 정도로 명백한" 오류를 범했을 때만 위헌이라고 할 수 있다고 주장한다. 또 자유를 제한함으로써 얻어지는 이익과 그것을 제한하지 않음으로써 얻어지는 이익을 비교형량해서 전자의 이익이 후자의 이익보다 클 때(또는 작을 때) 자유규제입법은 합헌(또는 위헌)이 된다고 하는 주장도 원래는 그와 같은 형량은 법원보다도 의회가 보다 잘 한다고 하는 사상과 결합해서 사법소극주의에 봉사하는 것이었다. 그것에 대해 "이중기준"설을 취한 견해는 그와 같은 적용범위를 경제적 자유에의 규제입법에 관한 사법심사에 한정하고, 정신적 자유 등 "우월적 자유"의 규제입법에 관한 심사의 기준을 위해서는 많든 적든 그것보다 엄격한 기준이 필요하다고 한다. 이러한 견해도 사법심사의 경우 이익형량을 하는 것 자체를 부정하는 것은 아니지만 정치부문에 의한 형량을 주인해 버리는 결과가 되는 것 같은 개별적 형량을 부인해서 무엇보다 엄격한 기준을 제시하려고 하는 것이다. 특히 표현의 자유를 제한하기 위해서는 그 표현행위에 의해서 "명백하고 현존하는 위험"이 발생하는 경우에 한한다는 입장, 자유의 제한은 목적에 비추어 필요최소한도여야만 하고 "보다 제한적이지 않은 다른 수단"이 있는 경우에는 그것을 넘는 규제는 용인되지 않는다는 입장, 표현활동 일반을 위축시킬 정도로 광범 또는 막연한 규제는 "과도하게 광범해서 무효" 내지 "막연하기 때문에 무효"가 되어야 한다는 입장 등이 있다. 이러한 것은 각각 내재적 문제점이 있고, 예를 들면 "명백하고 현존하는 위험"기준을 적용하면 무해하고 효과가 없는 언론만이 용인되는 결과가 되는 것은 아닌가 하는 점 등이 지적되고 있는데, 이는 각각의 모습에서 "우월적 자유"에 관해서 정치부문의 재량범위를 많든 적든 한정적으로 설정하려고 하는 주장이라고 할 수 있다.

사법심사에 있어서 법원이 "입법사실" 즉 법률의 필요성을 근거지우는 현실사회적 사실을 입법목적 및 그것을 달성하기 위한 수단의 양쪽 측면에서 모두 심사할 중요성이 주장되었다. 이에 의해서 법원은 법문에 기술된 입법목적에 만족하는 것은 아니고, "입법사실"을 여러 사회과학, 더 나아가서 자연과학의 성과를 근거로 명확하게 하여, 문제된 법률을 합헌인 것으로 하려는 사실적 근거가 있는지 여부를 결정함으로써 결론을 도출하는 것이다. 따라서 입법자의 판단을 단순히 추인하는 것이 아닌 그 재량의 범위 속에 있는지 여부에 관해서 사실에 따른 검토를 하는 것이 요구된다.

4. 기본적 인권과 사인간의 효력

사법적극주의와 소극주의의 태도의 차이는 사인간에 있어서 기본적 인권의 보장에 관하여, 법원이 어떤 역할을 담당해야 하는가 하는 문제를 둘러싸고 제기된다. 19세기에 제도화된 기본적 인권의 법제는 국가권력과 사인간의 긴장·대항관계 속에서 "국가로부터의 자유"를 확보하기 위한 것으로 정착했다. 이에 따르면 사인간의 관계는 사적 자치에 위임되고, 국가가 거기에 개입하는 것을 금지하는 것이야말로 기본적 인권의 사상에 충실한 것이었다. 그런데 20세기에 들어서 동등한 "사인"간의 사회관계에서 개인에 대해 지배적인 영향력을 행사하는 다양한 조직이 발달했다. 이렇게 해서 정치적 권력으로부터의 인권보장만이 아니라 사회적 권력으로부터의 인권보장이라는 과제가 강하게 의식되고, 종업원과 대기업·조합원과 노동조합 등의 관계에서 실질적인 인권가치가 침해당하는 것에 어떻게 대처해야 하는가가 사회적인 관심대상이 되었다. 일련의 노동법제는 지금까지 사적 자치에 맡겨졌던 노동자와 사용자의 관계에 국가가 입법으로 개입하는 것에 지나지 않지만, 자유권이나 평등권의 영역에서도 국가의 개입에 의해서 인권가치를 보호할 필요가 의식되고, 특별한 입법이 없는 경우에는 법원이 헌법을 어떤 형태로 원용해서 이를 실현할 것이 기대된다. 그러한 일반적인 경향에 더해서 미국의 경우는 특히 사인간의 관계에 있어서 인종차별이라는 큰 문제가 있고, 그 때문에 사회적 권력에 의한 인종차별을 억제해야 할 주 권력이 오히려 불평등을 조장하는 역할을 하는 경우가 적지 않다는 상황 때문에 연방대법원은 사인간의 관계에도 연방헌법의 평등원칙을 어떤 모습으로든 적용할 필요가 강해졌다.

이렇게 해서 사인간의 관계에 있어서 인권의 문제에 관한 사법개입을 가장 강하게 주장하는 측은 기업이나 노동조합 등 강력한 사적 권력을 가진 단체의 어떤 종류의 행위에는 "국가유사"(look like government)이론에 의해 헌법의 인권규정을 직접적용해야 한다고 주장한다. 이와 같은 직접적용설을 철저히 적용하지 않아도 어느 종류의 사적 행위를 다양한 해석기술로써 국가행위와 관련시켜 연방헌법의 구속하에 두는 이론구성이 판례 속에서 발달했다. 특히 연방법과 주법의 이중기준하에서 연방대법원이 수정헌법 제14조 위반을 묻는 형태로 연방법에 의한 구제를 위해서 사인의 행위를 주(state)의 행위와 관련시키는 설명이 행해지는 "주 행위"(State action)이론이라고 불리는 것이 그것이다.

그 때 "주 행위"(state action)의 설명으로는 첫째, 행위 그 자체의 성질에 착안한 설명이 있나. 예컨대 회사가 소유하는 "company town"의 길가에서 종교문서 배포와 관련한 사건에서 "company town"의 운영을 "본질적으로 공적 기능"이라고 한 판결(Marsh v. Alabame, 1946)이 있고, 이는 1960년대의 판례에서 그 범위가 확대되었다. 둘째, 사적 행위를 "주(state)"에 관련지움으로써 그것에 "주 행위(state action)"로서의 지위를 부여하는 방법이 있다. 그 관련지우는 방법에는 2가지가 있는데, 그 하나는 사적 행위가 초래되었을 때 그 시점에서 "주(state)"와 관련되어 있었다는 점을 보이는 방법이고(예를 들면 주(state)의 재산을 임대하여 레스토랑을 경영하고 있는 사인이 그 시설로 초래된 차별행위를 위헌), 다른 하나는 사인의 행위가 소송의 대상이 되고, 인권침해를 초래하는 것 같은 사인의 계약이 주(州) 재판소에 의해서 강제력을 부여받아 집행될 때 그 집행을 위헌이라고 하는 것이다.

5. 헌법판단의 회피와 한정합헌해석

최근 미국에서 사법적극주의가 주장됨에는 무엇보다도 "우월적 자유"를 중심으로 하는 인권을 보호하기 위함이라고 설명하고 있다. 그러므로 오늘날 사법적극주의는 내용별로 헌법판단을 적극적으로 내린다고 하는 것 자체를 주장하고 있는 것만은 아니라고 하고, 또 뉴딜기의 연방대법원처럼 오직 재산권을 보호하기 위해서 위헌판단적극주의에 철저화하는 것을 주장하고 있는 것만도 아니다. 사법적극주의도 "우월적 자유"를 확보한다는 목적에 반하지 않는 한 헌법판단 또는 위헌판단을 회피하는 기술이 종종 사용되게 된다. 이는 브랜다이스 룰 제4준칙 및 제7준칙으로 알려져 있다. 브랜다이스 룰 제4준칙 및 제7준칙은 1936년 2월 17일 연방대법원 판결(Ashwander v. TVA)의 보충의견에서 기술된 것인데 그 후 종종 연방대법원의 법정의견 속에 언급되고 있다.

제4준칙 : 법원은 헌법문제가 기록에 의해서 적절하게 제기되어도 만약 사건을 처리할 수 있는 다른 이유가 존재하는 경우에는 그 헌법문제에는 판단을 내리지 않는다. … 만약 사건이 하나는 헌법문제를 포함하고, 다른 하나는 법률해석 또는 일반적 법원칙의 문제를 포함하는 두 가지 이유 중 어느 쪽에 의해서도 해석할 수 있으면 법원은 후자만을 결정한다. …

제7준칙 : 연방의회의 법률효력이 문제된 경우 합헌성에 관해서 중대한 의문이 제기되어도 법원이 그 헌법문제를 피할 수 있는 법률해석이 가능한지 여부를 처음에 확인하는 것은 기본적인 원칙이다.

이 두 가지 논리는 각각 다르다. 제4준칙은 구체적 사건의 심리에 있어서 근거가 되는 논점이 복수인 경우에는 헌법문제를 포함시키지 않은 논점에 따라서 판결주문을 도출해야 한다는 것이고, 법률에 대한 헌법판단 그것을 회피하는 것이다. 그 경우 전형적으로는 헌법적합성이 다투어진 법률 그 자체의 해석을 하지 않고 전혀 다른 논점을 근거로 결론을 도출하게 된다. 이에 반하여, 제7준칙은 헌법적합성이 다투어지는 법률의 해석을 행하는 것을 대전제로 한 후에 그 적용이 문제가 된다. 그리고 그 법률의 헌법판단을 하지 않고 법률해석을 통하여 결론을 도출한다. 예컨대 법률이 정한 구성요건을 매우 엄격하게 해석함으로써 피고인을 무죄로 하는 경우가 여기에 포함될 수 있다. 이와 같은 경우는 어쨌든 "합헌성에 관한 중대한 의문"을 피할 뿐이어서 합헌·위헌 그 자체에는 관련되지 않는 것이므로 법률의 해석에 들어간다고 하는 점에서 제4준칙적용의 전형적인 사례와 다른데, 법률에 관한 헌법판단 그 자체를 회피한 점에서는 제4준칙을 적용한 경우와 같은 결과가 되고 있다. 그러나 제7준칙 적용의 또 하나의 경우로서 헌법적합성이 문제된 법률을 해석할 때 "법률에 관해서 두 가지 가능한 해석, 그 하나에 의하면 위헌이 되고 다른 하나에 의하면 유효가 되는 해석간에는 법률을 구제하는 것과 같은 해석을 채택한다."고 하는 경우가 있고, 이것은 법률의 의미를 합헌적으로 한정해석하는 것이므로 헌법판단 그 자체의 회피는 아니고, 위헌판단의 회피밖에 되지 않는 것이다. 이 경우 제7준칙은 헌법판단의 회피기술이 아닌 "보다 적절한 헌법판단의 방법"으로서 적용되는 것이다.

이러한 준칙은 1937년을 정점으로 대법원의 보수적 사법적극주의와 루즈벨트의 뉴딜정책이 격돌한 배경하에서 자유주의파의 브랜다이스에 의해서 제기되었다. 그것은 원래 사법소극주의측에서 제안되었는데, "우월적 자유"의 보장을 위한 사법적극주의와는 모순되지 않는 것으로 기능하고 있다. 원래 회피의 룰은 그 자체로서도 헌법판단 또는 위헌판단을 피한다고 할 수 있고, 개별적 사건의 법적 해결로서는 피고인무죄의 결론을 도출하는 등 소송당사자의 권리보호에 부합하는 것으로서 기능할 수 있는 것이라고 하고, 그것으로 중대한 이유가 있을 때는 이 룰을 적용하지 않고 헌법판단 더 나아가서는 위헌판단을 할 수 있는 점은 승인되고, 실제로도 연방대법원이 그와 같이 해서 인권보호의 목적을 달성한 판결을 도출하는 것이 가능하다. 또 특히 합헌적 한정해석의 기술은 그렇게 함으로써 법률을 헌법적합적인 범위로 끌어들인다고 해도, 법률의 "다시 씀"을 의미하는 것과 같은 한정해석은 허용의 한계를 넘었으므로 위헌판결을 해야 한다고 하고, 또 특히 "우월적 자유"를 규제하는 법률에 관해서는 한정해석을 하지 않으면 합헌이 되지 않는 규정은 그 존재 자체가 자유에 대해서 위축효과를 주기 때문에 "문면상 위헌"의 판단을 해야 한다고 하는 판례이론이 있다.

6. 법령의 일부위헌과 적용위헌

법령 특히 법률에 대한 사법심사는 신중해야만 한다는 고려에서 전항에서 기술한 한정합헌해석 이외에도 법률조항 그 자체를 전면적으로 위헌무효로 하는 것을 피하는 몇 가지 방법이 제시된다.

(1) 법률의 내용이 가분적인 경우, 어느 부분은 합헌이지만 다른 부분은 위헌이라는 것처럼 일부위헌이라고 판단하는 방법이다. 이 때 "이 부분이 본건에 적용되는 한에 있어서 위헌"이라고 하는 경우에는 실질상은 법령일부위헌이지만 형식상으로는 적용위헌의 한 형태가 된다.

(2) 어느 법률조항의 적용이 가분적인 경우, 어느 경우에 적용하면 합헌이지만 다른 경우에 적용하면 위헌이라고 하여 "이 경우에 적용되는 한에 있어서 위헌"이라고 판단하는 방법이 있다. 이 경우 법률조항이 가분적인지는 "만약 법률의

위헌적 부분 또는 위헌적 적용이 배제되면, 의회는 나머지 유효한 부분 또는 유효한 적용만으로는 만족하지 않을 개연성이 명백한지 여부, 요컨대 그것만을 유효한 법으로 존속시키려고 의도했는가 여부"가 판단기준이 된다. 법률규정의 의미를 분류해서 합헌적 한정해석을 하는 것이 불가능한 경우 적용될 사례의 모습을 구분하여 당해 사건에 적용되는 한 위헌이라는 유형의 적용위헌판결은 (2)의 전형적인 경우이다.

(3) 법률을 합헌적으로 한정해석해서 그 사건에 적용해야 했던 것으로 그렇게 하지 않고 법률을 적용한 경우 그와 같은 적용행위를 위헌으로 하는 판단방법이 있다.

(4) 법률 그 자체는 합헌으로 그 집행자에 의한 해석적용이 헌법상의 권리를 침해하는 경우에도 적용위헌의 판단이 내려진다. 원래 이와 같은 경우는 법률의 해석적용을 잘못한 위법한 처분이라는 차원에서 처리되는 경우도 많은데, 이는 헌법을 기준으로 하는 판단이 행해짐으로써 법률의 적용의 허용범위를 명확하게 한다.

부수적 사법심사제의 구조에서 보면 적용법령 그 자체를 위헌으로 함으로써 그 조항의 당해 사건에의 적용을 배제한다는 방법을 취하거나 아니면 법령의 조항 그 자체는 합헌이라고 하면서 그것이 당해 사건에 적용되는 한도에서 위헌이라는 방법을 취해도 예컨대 형사사건의 판결주문에서 피고인무죄라는 같은 결론을 도출할 수 있다. 따라서 사법의 역할의 한계를 유지하면서 소송당사자의 권리보호를 하려는 입장에 있어서 적용위헌의 판단방법은 유효하고 적절한 방법을 제공하는 것이라고 생각되고 있다. 여기에서도 "우월적 자유"의 중요성을 강조하는 견해에서는 언론·표현의 자유를 막연하고 지나치게 광범하게 규제하는 입법에 관해서 적용위헌의 방법에 따르는 것은 법률 그것이 전과 다름없이 언론·표현에에 대한 "위축 효과"를 미친다고 하여 "문면상 무효"의 방법으로 법령위헌의 판단을 내려야 한다고 주장한다.

제 3 절 미국헌법상 평등보호와 사법심사기준

Ⅰ. 서 론

미국헌법의 아버지들은 강력한 중앙정부의 권한은 국민의 권리를 침해할 수 있다는 생각하에 이를 방지하기 위하여 연방정부의 권한을 제한하고 개인의 자유를 보장하는 조항들을 규정하였다. 이것이 1791년 이른바 권리장전(the Bill of Rights)라 불리는 수정헌법 제10조까지를 이르는 것이다. 처음에 이러한 권리장전의 규정들은 연방정부의 권한을 제한하기 위한 것이었기 때문에, 각 주는 자신들의 주헌법을 통해 주민의 자유를 자의적으로 제한할 수 있었다. 그리하여 1868년에는 수정헌법 제14조[408]를 제정하여, 연방정부뿐만 아니라, 주정부의 모든 조치에 대하여 국민의 자유와 권리를 보장할 수 있게 되었다. 이러한 수정헌법 제14조는 적법절차조항(Due process clauses)으로 이 조항을 통하여 절차적[409]·실체적[410] 측면에서 기본권을 보장하고 있다.

그런데, 수정헌법 제14조의 평등보호규정은 주정부의 행위에 관한 규정이고 연방정부의 행위에 적용될 수는 없는 것이었다. 따라서 연방정부와 합중국 시민간의 관계에 대해서는 연방인권규정(수정헌법 제1조, 제9조)이 적용되고, 또한 수정헌법 제5조의 적법절차조항의 "자유"속에 평등보호를 내포하는 것으로 해석하여 적

408) 합중국에서 출생하거나 귀화하고, 미합중국의 관할권에 속하는 모든 사람은 합중국 및 그 거주하는 주의 시민이다. 어떠한 주도 합중국 시민의 특권과 면책권을 박탈하는 법률을 제정하거나 시행할 수 없다. 어떠한 주도 적법절차에 의하지 아니하고는 어떠한 사람으로부터도 생명, 자유 또는 재산을 박탈할 수 없으며, 그 관할권 내에 있는 어떠한 사람에 대해서도 법률에 의한 평등한 보호를 거부하지 못한다(수정헌법 제14조 제1항). 이 조항은 1886년에 Yick Wo v. Hopkins 사건 판결에서 연방대법원의 Matthews대법관이 법 아래서의 평등보호가 아니라 「평등한 법에 의한 보호의 서약(a pledge of the protection of laws)」이라고 해석한 이래, 평등보호는 평등한 법에 의해 다루어져야 하는 것으로 다루어져 왔다(서주실, "평등보호를 위한 사법심사 기준", 미국헌법연구 Ⅷ, 미국헌법학회, 1997, 2면).

409) 절차적 적법절차(Procedural Due Process)란 헌법이 절차적 적법절차조항에 의거해 형사범은 물론 자유권과 재산권에 대한 적절한 통고와 청문절차 없이는 권리의 침해를 금지하는 것이다. 이 때 절차적 적법절차 위반여부의 판단은 2단계 심사가 되어지는데, 제1단계는 자유권과 재산권의 침해여부에 대한 판단이고, 제2단계는 적절한 절차를 거쳤는가의 판단이다.

410) 실체적 적법절차(Substantive Due Process)에서 어떤 법률이 실체적 적법절차를 위반하였는지 여부를 판단하기 위해서는 대법원은 당해 법률에 대한 심사(Test)를 한다.

용하게 되었다. 1954년 Bolling v. Sharpe 판결[411]에서 Warren 대법원은 수정헌법 제14조의 평등보호조항의 구속력을 수정헌법 제5조의 적법절차조항에 접목시켜 양자를 결합적용케 함으로써 평등권 보호를 위하여 연방정부의 행위도 제한할 수 있다고 판시하였다.[412]

전통적인 평등보호의 심사기준인 합리성 심사기준과 이중심사기준(엄격심사와 최소한 합리성 심사), 새로운 평등보호의 심사기준인 중간심사기준 등이 있다.

Ⅱ. 평등보호의 사법심사기준의 발전과정

1. 서 설

미국 독립선언 및 각국의 헌법에는 인간은 자유롭고 평등하게 태어났다고 선언하고 있지만, 우리가 헌법상 이해하는 법 앞의 평등은 인간의 자연적 사실이나 속성·능력 등에 비추어 인간을 획일적으로 동일하게 다루는 절대적·기계적 평등이 아니라, 같은 것은 같게 다른 것은 다르게 처우하는 상대적·비례적 평등이 실질적으로 평등보호의 전제가 되는 평등관념으로 파악되고 있다.

마찬가지로 미국 대법원판례에서도 평등권이 절대적인 것이 아니며, 합리적 근거가 있으면 차별대우를 하여도 위헌이 아니라고 하는 입장을 보이고 있다. 그러나 무엇이 합리적인지에 관하여는 수정헌법 제14조의 제정 이래 사회의 변천, 사법관들의 가치관 또는 평등보호의 개념·의식 자체가 내포하고 있는 각종의 잠재적 가능성 등으로 인하여 그 동안 대법원은 수정헌법 제14조의 적용·해석에 관하여 다양한 판단기준을 형성해 왔다.

미국이 대법원은 판례를 통하여 평등보호의 다양한 심사기준을 거론하여 왔는데, 그 기준을 들자면, 합리적 근거에 의한 차별, 위헌에 의심이 가는 차별, 외견상 또는 거의 위헌의 의심이 가는 차별, 기본적 권익심사, 우선적 처우 등이 있다.[413]

---

411) Bolling v. Sharpe, 347 U. S. 497, 74 S.Ct. 693, 98 L.Ed. 884 (1954).

412) John E Nowak & Ronald D. Rotunda, Constitutional Law, 5th ed.(West Group, 1999), p. 362. 이에 동조하는 입장은 윤후정, “평등권”, 한국공법학회 (편), 「미국헌법과 한국헌법」, 대학출판사, 1990, 83면. 이에 반해 연방이 불평등한 차별대우를 하게 되면, 州에 불평등한 차별을 금지하여 국민의 평등권을 보장하려는 수정헌법 제14조 자체의 존립이 무의미하게 되어, 이것은 결과적으로 연방에 대한 금지규정도 된다고 하는 견해(문홍주, 기본적 인권연구, 해암사, 1994, 89면)도 있다.

413) Jerome A. Barron & C. Thomas Dienes, Constitutional Law, 4th ed, (West Publishing Co. St. Paul, Minn), 1995, p. 190.

2. 사법심사기준의 발전과정

수정헌법 제14조의 평등보호조항 제정 당시에는 미국 북부지역에는 흑인공포증이 만연하였고, 공화당은 노예폐지사상을 가지고 있었던 사실로 보아 수정헌법 제14조의 제정자들은 이 조항을 해방된 노예들의 정치적·사회적 평등의 헌장으로 의도한 것이 아니라, 1866년 민권법이 보호한 권리를 헌법화할 것을 의도한 것이었다.[414] 이러한 제정자들의 의도는 수정헌법 제14조가 채택된 지 5년 후에 제기된 Slaughter-House 사건[415]에서 나타났는데, 이 판결에서 대법원은 "평등보호조항은 불공정한 차별로부터 흑인을 보호하기 위하여 적용된다"고 판시하였다. 또한 Strauder 사건[416]에서는 흑인이 배심원이 될 자격을 부정한 주법을 평등보호조항에 근거하여 무효로 판시하였다. 이러한 평등보호조항에 의하여 보호되는 권리의 범위가 점차 확대되었는데, Santa Clara 사건[417]에서는 경제적인 문제에 확대하였고, Yick Wo 사건[418]에서는 "법 앞의 평등은 평등한 법의 보호를 의미한다." 고 판시하여, '법 앞의 평등'을 '법 자체의 평등'으로 보았다. 연방대법원이 평등보호조항을 본격적으로 확대적용한 사건은 Brown 사건[419]이다.

워렌(Warren) 대법원시대 이전의 '구(舊)평등권보호'에 있어서는 일반적으로 대법원은 최소한의 사법적 관여, 즉 사법자제론(사법소극주의)이 지배적이었으며, 대법원은 차별수단과 입법목적 사이에 엄격한 적합성이라든가, 목적과 수단 사이의 완전한 일치를 요구하지 아니하였으며 차별의 합리성에 초점을 두었다.[420]

워렌(Warren) 대법원시대에 연방대법원은 '이중기준에 의한 사법심사'를 개발하여 발전시켰다. 사회적·경제적 영역에 있어서의 차별문제에 대해서는 전통적인 합리성기준에 따라 심사하였으나, 그 법률이 위헌의 의심이 가는 기준에 따라 의도적으로 차별을 하거나, 기본적 권리에 대하여 과도하게 제한을 가하는 경우에

---

414) Michael J. Perry, Modern Equal Protection : A Conceptualization and Appraisal, 79 Colum. L. Rev. 1023, 1026 (1979); 김영환, 적극적 평등실현조치에 관한 연구, 영남대 박사학위논문, 1991. 2, 22면.

415) Slaughter-House Cases, 83 U.S. (16 Wall.) 36, 21 L.Ed.394(1873).

416) Strauder v. West Virginia, 100 U.S. 303 (1880).

417) Santa Clara County v. Southern Pacific R. R. Co., 118 U.S. 394, 396 (1886).

418) Yick Wo v. Hopkins, 118 U.S. 356, 369 (1886).

419) Brown v. Board of Education, 347 U.S. 483, 74 S.Ct. 686, 98 L.Ed. 873 (1954). 동 판결은 특정인종이 우열하다는 것을 전제로 한 주(州)의 행위는 불공정하다고 판시하였다.

420) G. Gunter, Constitutional Law, (11th ed., 1985), p. 587.

는 엄격심사를 실시하였다.[421] 이것을 워렌 대법원의 '신(新)평등보호'라 한다.

버거(Burger) 대법원에 이르러서는 1976년 Craig v. Boren (429 U.S. 190, 1976)판결에서 실질적 관계심사기준을 마련하여 '구평등보호'에 대한 판단기준보다는 좀 더 강도가 높지만 '신평등보호'의 엄격성보다는 완화된 기준을 제시하였다. 즉, Craig v. Boren 사건에서 다수의견은 "성에 의한 차별은 '중요한' 정부의 목적을 위한 것이어야 하며 그 목적의 달성과 '실질적으로 관련' 된 것이어야 한다."로서 그 기준은 목적과 수단에 관하여 '중간적' 인 것이라는 데 합의를 본 것이다. 즉, 엄격심사를 통과하기 위해서는 그 목적이 절실해야만 하고, 합리성심사에서는 '합법적'이면 되던 것이 중간심사에서는 '중요함'이 요구된다. 수단에 있어서도 역시 엄격심사에서는 '필수적'이어야 하고 합리성심사에서는 '합리적으로 관련이 있는' 것인데 반하여, 중간심사에서는 '실질적으로 관련된' 것임을 말하는 것이다.[422] 이러한 목적의 중요성과 수단의 실질적 관련성을 요구하는 평등심사기준을 '중간심사' 또는 '엄격한 합리성심사'라 할 수 있다.

또한 브렌낸(Brennan) 대법관과 마샬(Marshall) 대법관의 '3단계 방식'이 있는데, 첫째, 인종 및 성에 의한 차별은 절대적 차별금지의 분야이고, 둘째, 기본적 권익 분야인 형사, 투표, 기본적 수요물인 식료, 의류, 주택, 교육 등의 사안에 관하여서는 절박한 목적과 가장 엄격한 수단의 기준이 적용되어야 하며(다만, 최저한을 상회하는 재산권이나 헌법상 기타의 권리의 보호를 위해서는 적용되지 않는다), 셋째, 기타의 사항에 대하여서는 실질적 목적이 적용되어야 한다는 것이다. 현재 대법원의 다수의견은 이 견해를 거부하고 있다.

합리적인 차별에 있어서 그 목적과 수단 내지 방법과의 관계를 보다 정확하게 현실적으로 평등보호를 구현할 수 있게 하는 Tussman & tenBroek의 5가지 유형[423] 중 특히 과소포괄적 차별[424]과 과다포괄적 차별[425]은 미국에서도 70년대 후반부터 평등보호기준에 새로운 문제를 제기하고 있다.[426]

---

421) Jerome A. Barron & C. Thomas Dienes, op. cit., p. 190.

422) F. I. Michelman, "Foreword : Protecting the Poor through the Fourteenth Amendment", 83 Harv. L. Rev. 7 (1969).

423) Tussman & tenBroek는 완전합리적 차별, 완전불합리적 차별, 과소포괄적 차별, 과다포괄적 차별, 과다·과소포괄적 차별의 5가지로 나누고 있다. 입법적 구별의 특징을 Trait라 하고, 입법목적은 공공위해(Mischief)를 제거하거나 공공선(Public Good)을 구현하기 위한 것이다.

424) 입법적 차별이 입법목적에 비추어 동일한 처지에 있는 집단을 빠짐없이 모두 포함하지 못하는 것을 의미한다.

425) 입법적 차별이 그 입법목적에 비추어 동일한 처지에 있는 사람들만을 포함시키지 않고 동일한 처지에 있지 아니한 다른 집단까지 포함시킨 차별을 의미한다.

Ⅲ. 전통적인 평등보호를 위한 심사기준

1. 합리성 심사기준

수정헌법 제14조의 평등보호조항은 주가 법률을 시행하는 데 있어서 대상의 분류에 대하여 광범위한 재량을 가지는 것으로 해석되어 왔다. 합리적 기준이 있고 필요한 정부이익과 합리적으로 연관되어 있는 한, 법률상의 차별이 불평등한 결과를 가져온다고 해도 반드시 헌법상 평등보호조항에 위배되는 것은 아니다.[427]

합리성 심사기준은 1897년의 Gulf 사건[428]에서 연방대법원이 「차별한다는 것은 어느 정도 합리적인 근거, 즉 의도하는 차별의 목적과 정당하고 적절한 관련이 있는 어느 정도의 차별이 있어야 하며, 단순한 자의적인 차별이어서는 안된다」고 판시한 것을 비롯하여, 1911년의 Lindsley 사건[429]에서도 차별한다는 것에 대하여 「아주 자의적인 것이 아니라 상당한 합리적인 근거에 입각하여야 한다」는 것을 재확인하였으나, 합리적 차별기준은 1920년의 Royster Guano Co v. Virginia 사건[430]의 판결에서 구체적으로 확립되었다.

이 사건에서 연방대법원은「차별은 자의적인 것이 아니라 합리적이어야 하며, 그 차별은 동일한 여건아래 있는 모든 사람들이 똑같이 처우될 수 있게끔, 입법목적에 대하여 정당하고 실질적인 관련이 있는 차이에 어느 정도 근거가 있어야 한다」고 판시하였다. 여기서 연방대법원은 첫째로 차별이 자의적인 것이 아니라 합리적인 근거가 있어야 한다는 것을 전술한 두 사건의 판결에서와 같이 인정하고, 둘째로 그 차별은 '입법목적'에 정당하고 '실질석인' 관련이 있는 차별에 근거를 두고 있어야 한다고 하면서, 처음으로 입법목적과의「실질적인 관련」을 강조하였으며, 셋째로 입법목적과 구체적 차별 사이에는 엄격한 관계, 즉 완전한 일치를 요구하지 않고, 다만 '상당한 정도의 합리적 근거'만을 요구하고 있다는 점에서 입법 자체에 상당한 유연성을 인정하고 있다. 그리고 평등보호위반을 이유로 한 소송에서는 원고가 '차별과 정부의 입법목적간에 합리적인 관련성이 없고 그 차

426) Tussman & tenBroek, "The Equal Protection of the Laws", 37 Calif. L. Rev. 341, 366 (1949).

427) Barron & Dienes, op. cit., p. 190.

428) Gulf, C&s. F. Ry v. Ellis, 165 U. S. 150 (1897).

429) Lindsley v. Natural Carbonic Gas Co., 220 U.S. 61 (1911).

430) Royster Guano Co. v. Virginia, 253 U.S. 412 (1920).

별이 자의적'임을 입증할 책임이 있다고 판시하였다.

요컨대, 합리성 기준이라 함은 연방의회가 제정한 법률이 추구하는 목적과 수단에 합리적인 연관성만 존재하면, 당해 법률의 합헌성이 인정된다는 원칙을 말한다. 연방대법원은 법률이 자의적이거나 일관성이 결여되지 아니한 경우에는 이러한 합리성 기준을 대부분 충족시키고 있는 것으로 보고 있다.[431]

그리고 합리적 차별 여부에 대한 판단은「(1) 차별의 근거, (2) 그 차별에 의하여 침해받는 권리의 본질, (3) 그 차별에 관하여 정부가 갖고 있는 이익」에 의하여 좌우된다.[432]

최근에 들어와서는 몇몇 사건에서 연방대법원은 이러한 합리성 심사기준에 대해 조금 더 엄격한 접근방법을 시도하는 것으로 보인다.[433] 기본적 권익과 관련되지 않는 복지연금[434], 재산권의 사용[435], 영업행위에 있어서는 현재도 연방대법원은 여전히 계속하여 전통적인 합리성 심사기준을 사용하고 있다.[436][437]

2. 이중심사기준

이중심사기준이란 사회적·경제적 영역에 있어서의 차별문제에 대해서는 전통적인 합리성기준에 따라 심사하여야 하나, 그 법률이 '위헌의 의심이 가는 기준'에 따라 의도적으로 차별을 하거나, 기본적 권리에 대하여 과도하게 제한을 가하는 경우에는 엄격심사를 실시해야 한다는 것을 말한다.[438]

이중심사기준의 근거로는 사회적, 경제적 기본권이 갖는 기본권의 중요성, 일정

431) 이상윤, 영미법, 박영사, 1997, 191면.

432) Jerome A. Barron & C. Thomas Dienes, Constitutional Law, 4th ed, (West Publishing Co. St. Paul, Minn, 1995), p. 190.

433) Barron & Dienes, op. cit., p. 192.

434) Lyng v. Castillo, 477 U.S. 635, 106 S.Ct. 2727, 91 L.Ed. 2d 527 (1986); Bowen v. Gilliard, 483 U.S. 587, 107 S.Ct. 3008, 97 L.Ed. 485 (1987).

435) Hodel v. Indiana, 452 U.S. 314, 101 S.Ct. 2376, 69 L.Ed. 2d 40 (1981).

436) John E Nowak & Ronald D. Rotunda, Constitutional Law, 5th ed.(West Group, 1999), p. 607.

437) Allegheny Coal Company v. Webster County, W. Va., 488 U.S. 336 (1989) (부동산과세기준에 차별을 둔 것은 평등보호조항에 위반된다) 과세평가시, 최근 구입한 부동산에 대해서는 최근 구입한 가격을 기준으로 평가하면서, 최근에 팔린 적 없는 부동산에 대해서는 최소한의 조정만을 한 경우, 이것은 수정헌법 제14조를 위반한 것이다. 정부가 시장가격을 기준으로 실질적인 과세를 하려는 목적을 가지고 있다고 하더라도 유사한 상황에 있는 다른 납세자를 평등하게 대우할 수 있는 합리적인 수단을 강구하여야만 한다.

438) Jerome A. Barron & C. Thomas Dienes, op. cit., p. 190.

한 기본권의 헌법직접적 침해금지의 명시, 사법부의 전문성이 거론되고 있다.439)

(1) 엄격심사(Strict Scrutiny)

엄격심사는 어떠한 차별이 기본적 권익(fundamental right)에 영향을 주거나 위헌에 의심이 가는 차별(suspect classification)기준에 기초를 둔 경우에 입법목적과 차별하는 수단간에 합리적인 관련성이 있으면 되는 것이 아니라, 그 차별수단이 절박한 정부이익을 달성하기 위한 목적에 반드시 필요한 경우이어야 합헌으로 되는 것이다.

엄격심사는 "위헌에 의심이 가는 차별"(suspect classification)에 해당하는 사항과 기본적 권익(fundamental right)에 해당하는 사항에 대하여 실시된다. 엄격심사를 할 때에 차별이 정부의 절박한 이익(compelling interest)을 위한 것이라는 입증책임은 정부에게 있고 보통의 합헌성 추정은 여기에 적용되지 않는다.440)

1) 위헌에 의심이 가는 차별(suspect classification)

위헌에 의심이 가는 차별이라는 것은 어떤 특성(이를테면 인종·혈통·국적·재산 등)을 이유로 차변한 입법은 입법 그 사체에 대하여 일단 위헌의 의심이 가는 차별이라는 것이다. 이러한 차별은 입증의 필요도 없이 그 자체가 위헌에 의심이 가는 차별이라는 것이다. 이 위헌에 의심이 가는 차별의 기준은 1944년의 Korematsu 사건441)의 판결에서 연방대법원의 Black 대법관이 "한 인종의 시민적 권리를 박탈하는 모든 입법적 제한은 그 자체가 위헌에 의심이 가는(suspect)인 것이며, 그러한 차별이 인종적인 적대감에서가 아니라, 불가피한 공공필요에 따른 것인가에 대한 결정을 가장 엄격한(most rigid) 심사에서 다루어져야 한다."고 주장442)한데서 비롯된 것이다. 이 Korematsu 판결에서는 인종차별에 따른 조치, 즉 격리수용을 전시에서의 중대한 목적달성을 위한 불가피한 차별이라 하여 그 차별을 인용하였으나, 한 인종의 시민적 권리를 박탈하는 인종차별 자체는 외견상 바로 위헌이라고 의심할 만한 차별로 보았다. 인종차별을 용인되는 차별로 받아늘이기 위해서는 가장 엄격한 심사를 거쳐서 결정되어야 한다는 점이 강조되었다는데, 이는 인종차별은 외견

---

439) Henry J. Abraham, Feedom and the Court, 5th ed., Oxford Univ., 1988, pp. 28~34.

440) Jerome A. Barron & C. Thomas Dienes, op. cit., p. 194.

441) Korematsu v. U. S., 323 U. S. 214 (1944).

442) Emerson·Haber·Dorsen, Political and Civil Rights in the United States, Vol. Ⅱ, 4th ed.(Boston·Little, Brown, 1979), p. 64.

상 일단 위헌이라고 의심할 만한 차별로 볼 수 있다는 위헌에 의심이 가는 차별기준의 새로운 제시로 볼 수 있다.

2) 기본적 권익(fundamental right)

기본적 권익에는 '헌법상 명시적으로 보장되어 있는 기본권'과 '헌법상의 특별한 보호를 규정하고 있는 권익'을 말한다. 특정 법률이 개인의 평등권을 제한 또는 침해하고 있는지의 여부에 대한 판단기준으로서 연방대법원은 ① 법률에 의하여 차별대우를 받고 있는 개인이 어느 집단(group)에 속하는 지 여부, ② 법률에 의하여 차별적으로 적용되는 기본권이 기본적 권익(fundamental right)에 해당되는지의 여부에 따라 상이한 기준을 적용하고 있다. 즉, 정부의 법률 또는 정책이 개인의 기본권 중 기본적 권익(Fundamental right)에 대하여 차별대우를 하는 경우에는 엄격심사가 적용되나, 비기본적 기본권(non-fundamental right)에 대해서는 합리성 심사가 적용된다.

이러한 기본적 권익에 대한 차별의 방법으로는 기본권 향유능력에 차별을 두는 입법과, 사람에 따라 권리행사와 향유정도에 차이를 두는 입법을 들 수 있는데, 전자의 차별입법의 대상이 되는 기본적 권익으로는 자유, 재산 또는 복지혜택권, 주간통행권과 같은 권익이 포함되며, 후자의 차별입법의 대상으로는 투표권, 형사사건의 항소권, 내밀적인 개인의 선택권 등이 있다. 특히 생활권적 기본권이 헌법에서 명문으로 규정되어 있지 않은 미국의 경우, 여기의 기본적 권익에는 사회복지·교육 등에 관한 권익 등이 포함될 수 있을 것이다.

이러한 기본권 권익에는 선거권, 형사재판상의 권리, 거주이전의 자유, Privacy권, 복지수당을 받을 권리, 의료보호를 받을 권리, 혼인할 권리[443], 정치적 결사의 자유 등이 있다.

3) 인종 및 고유국적(race and national origin)에 대한 차별

인종이나 고유국적에 대한 차별입법은 합헌이 될 가능성이 거의 없다. 이러한 입법은 일단 악의적인 것으로 추정되고 무거운 입증책임이 주어진다. 그리고 엄격심사의 적용을 받는다.

① 인종분리(racial segregation)

특정의 소수인종을 고의로 분리·차별하는 법률 또는 정책은 평등보호 위반으

---

443) Loving v. Virginia., 388 U. S. 1 (1967) 인종간의 결혼을 금지한 주법(州法)은 위헌이라고 판시하였다.

로 위헌이 된다. 연방대법원 판례로는, 국공립학교에서 특정 인종에게만 입학을 허가하거나, 허가하지 아니하는 것은 평등보호 위반이다.444) 또한 이혼한 백인 생모에게 어린 아이의 양육권을 부여할지의 여부를 결정하는 경우에 당해 생모의 재혼 여부와 재혼 상대방의 인종을 고려하는 것은 평등보호 위반이다.445) 표면상으로도 차별적인 주(州)의 인종상호간 결혼금지법률은 평등보호를 위반하는 것이다. 그러한 차별을 정당화시킬만한 목적이 없다면, 그 차별은 위헌이다.446)

② 소수인종 우대(Benign Discrimination)

특정 소수인종이 과거에 차별대우를 받아온 것을 시정하기 위하여 이들을 우대하는 법률을 제정한 경우, 이러한 법률은 엄격심사기준을 충족시켜야 한다.

연방대법원 판례로는, 대학에서 학생들의 다양성을 확보하기 위해 입학허가시 인종이나 민족을 고려하는 것은 백인에게 지나치게 편중된 학생비율을 바로잡고자 하는 것이므로 평등권의 침해가 아니다.447) 그러나 정부가 건설 공사를 발주하는 경우 특정 소수인종이 경영하는 건설회사에 전체 공사의 일정 부분을 발주하도록 하는 정책은 특정 소수인종에 대한 과거의 차별대우를 치유하고자 하는 정부의 목적 달성에 절실히 필요한 것은 아니므로 위헌이다.448)

③ 고유국적

현재는 미국 국적을 갖고 있으나 자신 또는 선대조상이 외국인이었다는 것을 이유로 연방의회의 법률이 다른 미국인과 차별대우를 하는 경우 엄격심사를 받는다.

연방대법원 판례로는, 조상이 멕시코인이기 때문에 배심원 자격을 부여하지 않은 것은 위헌이다.449) 그러나 제2차 세계대전 중 태평양연안에 거주하고 있는 일본계 미국인에게 다른 지역으로의 강제이주를 명령한 것은 국가안선유지에 절실히 필요한 조치로서 엄격한 심사기준을 충족하므로 합헌이다.450)

4) 엄격심사의 문제점

엄격심사의 가장 큰 문제점은 '경직성'이다. 이러한 경지성으로 인하여 법원은

---

444) Brown v. Board of Education, 347 U. S. 483(1954).

445) Palmore v. Sidoti, 466 U. S. 429 (1984).

446) Barron & Dienes, op. cit., p. 196.

447) Regents of University of California v. Bakke, 438 U.S. 265(1978).

448) City of Richmond v. J.A. Croson Co., 109 S. Ct. 706 (1989).

449) Hernandez v. Texas, 347 U.S. 475 (1954).

450) Korematsu v. U. S., 323 U. S. 214 (1944).

"위헌에 의심이 가는 차별"에 해당하는 사항과 "기본적 권익"에 해당하는 사항을 제외하고는 다른 영역에 있어서 엄격심사가 불가능하다. 또한 '위헌에 의심이 가는' 또는 '절박한'(compelling)이라는 불확정개념을 통한 헌법상 형량심사과정(Balancing Process)은 법원에게 과도한 부담을 주고 있다. 특히, "기본적 권익"이라는 것에 대한 특정은 계속적인 헌법상 문제를 불러일으키고 있다. 즉, 기본권 권익에 대한 축소 내지 확장은 헌법상 명시적 또는 묵시적으로 보장하는 것에 국한되어야 하는가? 라는 문제를 불러일으키고 있다.

(2) 최소한의 합리성 심사(Minimum rationality test)

최소한의 합리성 심사는 정부가 달성하려는 목적과 그 입법적인 차별수단이 어느 정도의 합리성만을 가지면 된다는 심사기준이다. 이 경우 입법에 대한 재량을 넓게 인정하게 된다. 이 심사기준은 그 차별의 목적은 입법부나 행정부에서 이를 정당화하면 수용하고, 그 수단이 입법목적과 합리적인 관련(rational relationship)이 있는가를 검토하게 된다.[451] 이 심사기준에 있어서 합리성의 판단은 입법부나 행정부가 의도하는 목적과 차별이 어느 정도의 합리성을 가지고 있느냐의 여부로 판단된다.[452] 그러나 그 차별하는 수단이 목적에 합치할 것까지 요구하지는 않는다.

이러한 최소한의 합리성 심사는 이중심사기준(two-tier standards)을 적용하여 기본적 권익(fundamental right)에 영향을 주거나 위헌에 의심이 가는 차별(suspect classification)에 해당하는 사안에서는 '엄격심사'기준을 적용하고, 경제분야 등에 있어서는 '최소한의 합리성심사'기준을 적용한다.

최소한의 합리성 심사기준에 의한 최초의 판례로는 Warren 대법원 시대에 Plessy v. Ferguson 사건[453]을 들 수 있다. 그 밖에 Railway Express Agency Inc. v. People of State of New York 사건[454], New York State Club Ass'n, Inc. v. City of New York 사건[455], Wayte v. United States 사건[456], Bowen v. Gilliard 사건[457] 등

---

451) John E Nowak & Ronald D. Rotunda, op. cit., p. 362, p. 601.

452) H. T. Laurence, The American Constitutional Law, N. Y., 1978, p. 995.

453) Plessy v. Ferguson, 163 U.S. 537, 16 S.Ct. 1138, 41 L.Ed. 256 (1896). 대법원은 이 사건에서 흑인과 백인으로 분리된 철도차량에 탑승하도록 규정한 Louisiana 주법에 관하여 공공선(general good)의 촉진을 의도하고 공공의 안녕과 공공질서를 유지하기 위한 법률로 보아 수정헌법 제14조에 위배되지 않는다고 했다.

454) Railway Express Agency v. New York, 336 U.S. 106, 69 S.Ct. 463, 93 L.Ed. 533 (1949).

455) New York State Club Ass'n, Inc. v. City of New York, 487 U.S. 1, 108 S.Ct. 2225, 101 L.Ed.2d 1 (1988).

456) Wayte v. United States, 470 U.S. 598, 105 S.Ct. 1524, 84 L.Ed.2d 547 (1985).

에서 최소한의 합리성 심사기준을 적용했다. 이 최소한의 합리성 심사기준에 의하면, 차별입법을 용이하게 정당화함으로써 심사가 공허화될 위험이 있다고 지적받고 있다.458)

Ⅳ. 새로운 평등보호를 위한 심사기준

1. 중간심사(Intermediate test)

중간심사는 Warren 대법원의 이중기준이론459)의 결함을 보완하기 위해 성립된 것으로 엄격심사를 하면 위헌이 되고, 합리성 심사를 하면 합헌이 되는 결과를 인식하면서부터 형성되기 시작했다. 이중심사기준의 이론적 결함으로는 그 경직성과 엄격심사에 있어 '위헌의 의심이 가는 차별'과 '기본적 권익'의 결정이 주관적이라는 것이다. Burger 대법원은 평등보호사건에 있어서 이러한 경직성의 문제를 어떻게 해결할 것인가의 궁리 끝에 "중간심사"(Intermediate test)를 채택하게 되었다. 이 심사기준을 '엄격한 합리성 심사'(Strict rationality test) 또는 중간적 엄격심사(Intermediate scrutiny test)라고도 한다.460)

최근 연방대법원은 평등보호 위반의 문제를 몇몇 분야에서 중간심사기준을 가지고 그 차별이 중요한 정부목적을 달성하는 데 실질적으로 연관되는지에 대하여 심사했다. 평등보호에 있어서 이러한 중간심사는 성차별과 혼인외의 자에 대한 차별에 적용되어 왔다.461)

이 중간심사 또는 엄격한 합리성심사는 1976년의 Craig v. Boren 사건462)에서 정

---

457) Bowen v. Gilliard, 483 U.S. 587, 107 S.Ct. 3008, 97 L.Ed.2d 485 (1987).

458) G. Gunter, Constitutional Law, (11th ed., 1985), p. 588; Gunter 교수에 의하면, 이 심사기준은 "이론상으로는 최소한의 심사가 있지만, 사실상으로는 아무런 심사가 되지 않는 기준"이라고 하였다(Gunter, In Search of Evolving Doctrine on a Changing Court : A Model for a Never Equal Protection, 86 Harvard L. Rev. 1 (1972)).

459) 이중심사기준이란 정신적 자유의 우월적 지위를 인정하여 경제적 자유의 합리성 심사보다는 정신적 자유를 규제하는 법률에 대하여는 엄격한 심사를 요구하는 이론이다.

460) G. Gunter, op. cit., p. 596.

461) Barron & Dienes, op. cit., p. 205.

462) Craig v. Boren, 429 U. S. 190 (1976). 음주운전과 교통사고 방지의 목적에도 불구하고, 이 법령은 위헌으로 판결되었다. 이는 정형화(Stereotyping)를 촉진하는 목적으로 성(성)을 이유로 하는 차별은 정당화될 수 없고, 남녀의 경제적 지위, 남녀의 특성에 관한 지나치게 광범위한 일반화에 기초한 차별은 평등보호조항위반이라고 판시하였다.

립된 것인데, Warren 대법원 시대의 심사기준보다는 좀 더 완화된 기준이 되고 있다. 이 사건은 Oklahoma 주의 소년보호법규에서 음주운전과 교통사고를 방지한다는 목적으로 맥주를 남자는 21세, 여자는 18세 이하에게 판매할 수 없다고 규정한 것이 성차별로서 문제된 것이었다. 이 사건의 판결에서 Brennan 대법관은 첫째, 성차별이 합리성을 가지기 위해서는 '중요한' 정부목적의 실현에 기여하여야 하고, 또한 그러한 목적을 실현하는데 실질적으로 관련되어 있어야 하고, 둘째로 그러한 성차별과 주의 중요한 목적실현과의 사이에 실질적인 관련이 있다는 것을 입증할 수 없으면, 그 주법은 위헌이라고 판결하였다.463) 즉, 중간심사기준은 입법목적의 중요성과 그 목적과 차별수단과의 실질적 적합성을 그 특징으로 한다.464)

2. 적용영역

(1) 성차별

오늘날 대법원은 성차별의 심사에 있어서 중간심사기준을 적용한다. 중간심사기준에 따르면, 여성 또는 남성에 적대적인 중대한 차별은 "중요한 정부목적에 봉사해야 하며 이런 목표 달성에 실질적으로 관련되어야 한다."465) 대부분의 중간심사기준을 적용한 판례에서도 연방대법원은 중요한 정부목적을 사용했고, 그 차별이 그 목적에 실질적으로 연관될 것을 요구했다. 일반적으로 차별 수단들이 정부목적에 실질적으로 관련되지 않았기 때문에 위헌으로 판시되었다.466)

연방대법원은 Orr 사건에서, 이혼 후 부양료지급의무를 남성에게만 부여하고, 여성에게는 부여하지 않는 알라마바 주법은 평등보호조항에 위반된다고 판결했다. 재정적 필요에 관한 개별심리가 이미 있었기 때문에 성에 따라서 판단할 수 있는 것은 아니다. 이 법률은 어떤 보상 목적의 달성을 위해 엄격하게 규정된 것이 아니라고 판시하였다.467)

또한 Hogan 사건에서, 주립 간호학교에 여성만 입학을 허가하는 것은 평등보호 위반이다. 이러한 차별은, 주(州)는 보상적이라고 주장했지만, 사실은 간호의 전형

463) Lockhart · Kamisar · Choper · Shiffscin, Constitutional Law, 6th ed.(St. Paul. West Publishing Co., 1986), pp. 1290~1292.

464) H. T. Laurence, The American Constitutional Law, New York, 1978, p. 1085.

465) Craig v. Boren(1976).

466) Barron & Dienes, op. cit., p. 205.

467) Orr v. Orr, 440 U.S. 268 (1979).

을 여성의 전문직으로 굳히는 일이다. 여성들이 간호직에 있어서는 차별을 당한 적이 없기 때문에, 따로 보상이란 말은 성립하지 않는다. 보상은 정부의 실제 목적이 아니다. 교육의 다양성 촉진이 중요한 정부 이익이긴 하지만, 선택의 기회가 남성에게는 전혀 없고, 오직 여성에게만 주어진 관계로 그 법률은 그 목적에 실질적으로 부합하지 않는다고 판시하였다.[468)]

그리고 Rostker 사건에서, 남성만을 징병하는 연방법은 이러한 차별이 병력양성의 필요성에 관하여는 성별이라는 것이 같게 다루어질 수 없다는 점을 반영하기 때문에, 수정헌법 제5조상의 평등보호조항을 위반한 것이 아니다. 국가방위와 군비라는 문제에서는, 많은 재량이 의회에 주어져야 한다. 여성이 전투요원에 투입될 수 없는 까닭에, 징병대상에서 여성을 제외시키는 것은 전투력 향상이라는 의회의 "중요한 정부이익"(important governmental interest)에 "밀접하게 관련"(closely related)되어 있다고 판시하였다.[469)]

(2) 혼인외의 자에 대한 차별(illegitimacy classification)

혼인외의 자에 대한 차별은 많은 위헌의 의심이 가는 특성을 지니고 있다. 그러한 특성의 예로는 이러한 차별이 자녀의 보호와 양육의 범위를 넘는 권한에 근거한다는 점과 만연되어 있는 차별이라는 점, 혼인외의 자는 정치적으로 고립된 소수라는 점 등이 있다. 연방대법원은 자녀의 적출성에 근거한 차별을 다룸에 있어서 병존적인 입장에 있다. 즉, 오늘날 연방대법원은 중간심사기준을 사용한다.

연방대법원은 Weber 사건에서, 부친의 사망에 의해 자식들이 근로자사망보상금을 받는 경우 혼인외의 자와 혼인중의 자를 차별하는 법률은 위헌이라고 판시하였다.[470)] 이는 주정부가 남녀간의 혼인외 부정한 관계를 방지하려는 목적을 설정하고, 이를 혼인외의 자와 혼인중의 자 사이의 차별을 통하여 달성하고자 하는 것은 위헌이라는 것이다. 또한 Trimble 사건에서, 혼인에 의한 자에게는 유산 상속을 허용하나, 혼인외의 자에게는 유산상속을 금지하는 주상속법은 위헌이라고 판시하였다.[471)]

그리고 Lalli 사건에서 혼인외의 자는 부가 생존하는 동안, 관할권을 가진 법원이 부성을 확인하기만 한다면, 유언없이도 상속할 수 있다고 규정하고 있는 주법

---

468) Mississippi University for Women v. Hogan, 458 U.S. 718 (1982).

469) Rostker v. Goldberg, 453 U.S. 57 (1981).

470) Weber v. Aetna Casualty & Surety Co., 406 U.S. 164 (1972).

471) Trimble v. Gordon, 430 U.S. 762 (1977).

은 합헌이다. 혼인외의 자에 기초한 부담은 부의 사망시 재산의 정당하고 적절한 배분을 산정함에 있어 중요한 정부이익을 증대시킨다. 즉, 이 법은 부성을 확립하는 어려운 책무를 돕고 있다고 판시하였다.472)

Mills 사건에서 부양을 받을 목적으로 친부를 확인하기 위한 친부확인소송은, 자녀가 생후 1년 이내에 또는 소송이 금지되기 전에 제기되어야 한다고 규정하고 있는 텍사스 법은 평등보호조항을 위반하고 있다. 주는 부정하거나 기만적인 청구의 기소를 방지할 정당한 이익을 가지지만, 1년이라는 비현실적으로 짧은 기간은 이러한 이익과 실질적인 관련은 없다고 판시하였다.

Clark 사건에서 6년이라는 제한규정은 혼인외의 자를 위해 청구하기 위한 합리적인 기회를 제공하지는 않는다. 연방대법원은 이 법규가 본질적으로 부정하거나 기만적인 청구를 방지하기 위한 주이익에 실질적으로 관련되지 않았기에, 평등보호조항을 위반하였다고 판시하였다.473)

3. 중간심사의 문제점

이러한 중간심사기준에 의하게 되면, 성에 근거한 적극적 평등실현조치의 법률은 중간심사를 받게 되는데, 그에 반해 인종에 근거한 적극적 평등실현조치의 법률에는 엄격심사를 받게 된다. 이러한 결과는 소수인종에게 유리한 법률보다 여성에게 유리한 법률을 제정하기가 더 쉽게 되기에, 기존의 심사체계에 부합하지 않게 되는 문제가 있다.

Ⅴ. 소 결

미국헌법에서의 평등보호는 처음에는 사법소극주의로 일관하다가, Warren 대법원 시대 이후 적극주의(Judicial Activism)로 돌아서서 합리성 기준과 이중심사기준을 발전시켜 평등보호를 강화시켜 나갔고, 이후 Burger 대법원 시대에는 중간심사를 만들어 내어 다양한 각도에서 평등보호를 기할 수 있었다. 보호의 대상도 흑인에 대한 차별의 철폐로부터 출발하여 소수민족·성·외국인·연령·재산·혼인외의 자에게까지 보호의 범위를 넓혔으며 보호되는 기본권의 종류에 따라서도 다른 기준을 적용하고 있다.

472) Lalli v. Lalli, 439 U.S. 259 (1978).

473) Clark v. Jeter, 486 U.S. 456, 461, 108 S.Ct. 1910 1914, 100 L.Ed. 2d 465 (1988).

우리에게 있어서 형식적 평등의 문제는 법률상으로 해결되었지만, 실질적 평등의 문제는 아직 미결의 상태로 남아있다. 이러한 형식적인 법의 평등만으로는 실질적인 평등의 실현이 불가능하기에 이를 위한 이론적 근거가 필요한데, 이것이 바로 적극적 평등실현조치(Affirmative Action)이다. 이러한 여러 가지 문제는 비단 국가권력에 의해서만 이루어지는 것이 아니라, 사인에 의해서 이루어지는 것이 더 많다고 보여진다.

합리성 기준의 경우 국회가 제정한 법률이 추구하는 목적과 수단에 합리적인 연관성만 존재하면 당해 법률의 합헌성이 인정되기에, 대법원이나 헌법재판소는 법률이 자의적이거나 일관성이 결여되지 아니한 경우에는 이러한 합리성 기준을 대부분 충족하는 것으로 보고 있다. 어떠한 경우 헌법재판소가 합리성 심사 기준(자의금지의 원칙)에 의하는지를 설정할 필요가 있다. 합리성 심사기준에서의 차별의 심사기준은 "정당한 입법목적을 달성하기 위한 적정한 수단이 함께 이루어졌는지 여부"로 결정한다고 한다. 그러나 이는 매우 불확정하고 추상적인 기준이다. 이러한 학설의 기준은 사법부에 광범위한 재량을 허용함으로써 자의적인 판단을 가능하게 할 수 있기 때문이다.

제 4 절 미국헌법상 표현의 자유의 원리

Ⅰ. 서 론

미국 연방대법원이 표현에 영향을 주는 법령을 심사하는 방법과 태도를 살펴본다. 미국 연방대법원이 자유로운 표현을 침해하는 것으로 추정되는 법과 관련하여, 주(州)정부나 연방(聯邦)정부의 이익과 표현의 이익을 형량하는데 사용하는 주요한 기술들을 살펴본다.

연방대법원은 수정헌법 제1조를 주정부와 지방정부에 모두 병합적용할 수 있도록 하기 위해 수정헌법 제14조를 사용해왔다.[474] 따라서 수정헌법 제1조상 자유의 적용범위는 연방정부의 행위뿐만 아니라, 지방이나 주정부의 행위로부터 개인을 보호하는 것이다.[475]

---

474) John E. Nowak/Ronald D. Rotunda의 "Constitutional Law"(7th ed., 2004), § 11.6 참조.

1791년 수정헌법 제1조를 미국 국민들이 인준할 때에 미광(微光)에 불과하였으나, 현대에 있어서 수정헌법 제1조의 위력과 복합성은 매우 대단하다.[476] 실제로 미국 연방대법원은 20세기의 초반기가 끝나갈 때까지 표현의 자유를 적극적으로 보장하지 못했다.[477] 20세기가 좀 더 흐른 중반기에도 연방대법원은 표현을 제한하는 정부의 행위에 대한 사법심사의 기준을 정립하지 못했다. 20세기 후반기가 지난 후에야 연방대법원은 자신들이 사용할 표현행위를 제한하는 정부의 능력을 분석하는 기본적 골격을 개발하였다.[478]

연방대법원은 종종 법령이 너무 광범위하고 매우 모호하면 법령에 대한 엄격한 심사에 착수하게 된다. 명백하게 규정된 법령은 특정행위를 유효하게 제한할 수 있는 반면, 특정 법령의 치명적인 흠결은 표현의 자유를 심각하게 침해할 수 있다. 더욱이 만약 표현을 제한하는 것으로 추정되는 법령이 덜 제한적인 수단에 의해 정당한 목적을 달성할 수 있다면, 법관은 독립적으로 판단할 수 있다.

미국 연방대법원이 구체적 사건에서 표현의 특정한 형태나 범주를 심사하는 방법을 주로 고찰하기로 한다. 구체적으로 정부 전복적 표현(subversive speech); 음란한 표현(obscene speech); 방송매체와 전통적 인쇄매체의 표현; 비방적 표현(libelous speech); 결사권(associational rights)에 영향을 주는 표현; 투쟁적 언사(fighting words); 적대적 청중앞에서의 표현; 상징적 표현(symbolic speech); 공정한 재판과 부정폭로 보도와 관련하여 뉴스취재와 보도에 영향을 주는 표현에 대한 제한; 집회의 권리와 청원권과 관련된 표현에 관해서 살펴본다.

특히, 이러한 범주는 속속들이 규명된 것은 아니고, 확실히 빈틈없이 완벽하지도 않다. 그러나 이러한 범주는 연방대법원이 자주 다양한 표현형태에 대한 제한의 허용범위를 위한 차별적인 심사를 발달시킨 것이다. 표현의 특정한 형태의 적절한 이익, 특히 정치적 표현은 이익형량이 되어지기 때문에 예상될 수 있는 심사방법에 있어서의 차별은 다른 형태의 표현(예를 들면, 음란한 표현)상 이익과 차이가 있다. 더욱이 표현에 있어 주장되는 제한을 심사하는 기술은 의식적이든 무

475) 몇몇 상황에서 私人이나 회사와 같은 私法人은 수정헌법 제1조와 수정헌법 제14조에 의거하여 이러한 주체의 행위를 제한하기 위한 "주행위"(state action)로 보기에 충분하다(Chapter 12 State Action 참조).

476) Ronald D. Rotunda, Bicentennial Lessons from the Constitutional Convention of 1787, 21 Suffolk U. L. Rev. 589 (1987).

477) John Nowak, The "Sixty Something" Anniversary of the Bill of Rights, 1991 U. Ill. L. Rev. 445 참조.

478) Ronald D. Rotunda, Original Intent, The View of the Framers, and the Role of the Ratifiers, 41 Vanderbilt L. Rev. 507 (1988).

의식적이든 각각의 범주에 따라 상이하게 적용될 수 있다.

Ⅱ. 역사적 배경

표현의 자유는 서양 민주주의 이론의 뛰어난 권리 즉, 개인의 자유의 시금석(試金石)의 하나로 인식되어졌다.479) 카도조(Cardozo) 대법관은 이를 "거의 모든 다른 형태의 표현에 필수적 조건, 즉 모체(母體)"라고 묘사했다.480) 그러나, 이러한 민주주의 이론의 적용결과는 더 신랄한 공적 논쟁을 불러일으켰다. 홈즈(Holmes) 대법관이 기술한 바대로 "…… 우리에게 동조하는 사람들을 위한 자유로운 사고(思考)가 아니라, 우리를 싫어하는 생각을 위한 자유이다 ……".481) 그리고 그것은 민주주의 이론이 가장 지속적인 가치를 지니게 한다. 여기서 수정헌법 제1조의 법문에 의해 생각해왔던 표현의 자유 시스템에 대한 이해의 어려움과 중요성을 강조했던 토마스 에머슨(Emerson) 교수의 지혜를 쉽게 느낄 수 있다.

"표현의 자유이론은 세밀하고 심지어 복잡한 이론이다. 표현의 자유이론은 보통시민에게 자연스럽게 다가오는 것이 아니라, 학습이 필요하다. 표현의 자유이론은 각 세대를 위하여 뿐만 아니라, 각각의 새로운 상황을 위해서도 다시 표현되고 되풀이되어야 한다."482)

1. 영국의 역사적 배경

(1) 서 론

정치적 권위는 종교적 권위로부터 그 정당성이 추론되고 그 종교적 권위의 진실은 신의 계시에 의해 결정된다. 그러므로 논쟁은 정부와 교회에서 무오류의 대리인을 통해 신에 의해 해결되었다. 이러한 종교적 권위를 반대하는 것은 불법일 뿐만 아니라 저주받는 것을 뜻했다. 종교적 권위에 대한 반대자는 영적인 필요가

479) Dunagin v. City of Oxford, 489 F. Supp. 763, 769 (N.D.Miss1980), reversed on other grounds 701 F.2d 335 (5th Cir.1983) (per curiam); Knights of the Ku Klux Klan v. Arkansas State Highway & Transportation Dept., 807 F.Supp. 1427, 1433 (W.D.Ark.1992).

480) Palko v. Connecticut, 302 U.S. 319, 327, 58 S.Ct. 149, 152, 82 L.Ed. 288 (1937).

481) United States v. Schwimmer, 279 U.S. 644, 654-55, 49 S.Ct. 448, 451, 73 L.Ed. 889 (1929) (dissenting opinion).

482) Thomas Emerson, Toward A General Theory of the First Amendment, 72 Yale L.J. 877, 894 (1963). Van Alstyne, A. Graphic Review of the Free Speech Clause, 70 Calif.L.Rev. 107 (1982) 참조.

없는 것과 같이 정부가 정치에 민감할 때 참을 필요가 없게 된다. 신권이 정부로 이전되면 정부가 국민에게 요구하는 의무(주로 세금, 병역)를 효과적으로 획득하려면 정부에 대한 여론은 질서를 유지해야 한다는 것은 필수적이다.[483)]

영국에서는 이러한 상황이 왕과 의회 사이의 우월성에 대한 계속된 쟁투뿐만 아니라 영국과 로마교회 사이의 분열에 의해 악화되었다. 그래서 독립선언 전 3세기에 왕은 왕위에 적대적인 사상의 탄압을 명했다. 사상탄압을 하기 위한 2가지 주요한 방법은 '문서선동죄'(Seditious Libel)원리와 '표현의 허가와 제한'이었다.[484)]

(2) 문서선동죄

국가나 공무원을 비난하는 성명서를 공표하는 것은 문서선동죄로 간주되었다. 국왕재판소에서 발달되었고, 보통법법원에서 사용된 행위이론(Theory of the action)은 국민의 비판이 미치지 못했다. 그러므로 정부에 비판적인 여론의 공표는 형사상 폭행죄를 구성했다. 진리라고 생각하는 것에는 문서로서 정부에 대해 비방하는 것은 포함되지 아니하였다.[485)]

어떤 사람이 정부에 대한 비방을 공표하려는 의도만 있으면, 그는 자신과 관련된 사람과 함께 과실이 인정되는 것만으로 반란행위에 대한 의사를 증명할 필요없이 불법적으로 행동한 것으로 평가된다.[486)] 이러한 공소는 활발히 행해졌고, 결국 의회는 유무죄에 대한 일반적 평결로 몰아갈 수 있는 배심원에게 유죄의 판결을 하도록 전환한 1972년 폭스 문서명예훼손법(Fox's Libel Act)[487)]을 제정하였다. 더 이상 판사는 비방의 공표에 대한 증명만으로 피고의 유죄를 배심원에게 인정하도록 지시할 수 없었다. 폭스 문서명예훼손법 제정후 영국에서 선동죄의 기소는 부끄러운 일로 계속되었다. 그러나 폭스 문서명예훼손법은 여전히 보호수단으로 기능했다.[488)]

---

483) Lord Holt in Rex v. Tuchin, Holt 424 (1704) 참조.

484) 추정적인 반역죄(Constructive Treason). 1 H. Taylor, The Origin and Growth of the English Constitution 511 (1898); 3 H. Taylor, The Origin and Growth of the English Constitution 250-51 (1911); C. D. Bowen, The Lion and the Throne: The Life and Times of Sir Edward Coke: 1552-1634 (1956), at 200-203 참조.

485) Prosser and Keeton, Handbook of the Law of Torts 771-73 (5th ed. 1984); 2 J. S. Stephen, A. History of the Criminal Law of England 381 (London 1883); L. Levy, Judgments: Essays on American Constitutional History 119 (1972); Z. Chafee, Free Speech in the United States 500 (1941).

486) Z. Chafee, Free Speech in the United States 19 (1941). Mayton, Seditious Libel and the Lost Guarantee of a Freedom of Expression, 84 Colum.L.Rev. 91 (1984).

487) 32 Geo. 3, c. 60 (1792). J. S. Stephen, A History of the Criminal Law of England 340-49 (1882).

(3) 사전제한(Prior Restraints)

1694년까지 영국작가들의 저술의 공표에 따른 처벌은 허가(許可)제도와 병행하고 있었다. 출판하려는 모든 저작은 출판前에 허가되어야 했다. 허가 없이는 합법적인 출판이 될 수 없었다. "표현의 자유를 위한 투쟁은 주로 허가권자의 권한이라는 측면으로 집중되었다."[489)]

스토리(Story) 대법관은 그의 헌법주해서에서 간결하게 검열의 역사를 요약하고 있다.

검열 후 인쇄하는 방식은 단지 한 국가의 문제로 간주되었는데, 이는 다른 국가에서와 마찬가지로 영국에서도 그러했고, 왕실의 강압을 받기 쉬웠다. 이러한 방식은 왕의 칙령, 금지영장, 특권헌장, 허가에 의해 영국에서 규율되었고, 마침내 왕실재판소의 판결에 의해서도 규율되었다. 그리고 왕실재판소는 사전에 정당한 허가권자에 의해 허가되어 사용하는 인쇄기와 압축기의 수를 제한했고 새로운 출판을 금했다. 1641년 이러한 적절치 않은 관할권의 파탄으로 찰스 Ⅰ세의 장기의회는 왕실재판소가 원심적 허가권을 가진 것으로 인정되었다. 찰스 Ⅰ세가 사형된 후 공화제기간 동안 왕실재판소는 허가권의 목적으로 규칙을 발했고, 1637년에 주로 왕실재판소 판결을 근거로 평결하였다. 찰스 Ⅱ세의 복귀 후, 그러한 類의 법령은 의회의 규칙으로부터 약간의 변경을 가한 채 통과되고 모방되었다. 그 법령은 1679년 폐지되었고, 1688년 혁명후 몇 년 동안 개정되어 계속되었다. 많은 시도들이 정부에 의해 실시되었으나, 1694년 폐지되고 그 이래로 다시 부활되지 않았던 것은 의회가 강하게 반대했기 때문이다.[490)]

2. 식민지인 미국의 역사적 배경

비록 신대륙에 유럽의 초기 이민이 만연된 것은 억압된 종교정치로부터 자유롭기 위한 것이었으나, 식민지 사회에서 의사소통의 자유화 경향은 볼 수가 없었다. "식민지 미국은 폐쇄되고 고립된 영토로 산재되어 있는 개방된 사회였고, 사람들은 일반적으로 안전과 위안을 가지는 동신자(同信者)와 함께 정착할 수 있었고 직

488) Z. Chafee, Free Speech in the United States 23, 35 (1941).

489) Lovell v. Griffin, 303 U.S. 444, 451, 58 S.Ct. 666, 669, 82 L.Ed. 949 (1938), opinion conformed 57 Ga.App. 901, 197 S.E. 347 (1938).

490) 2. J. Story, Commentaries on the Constitution of the United States, § 1882 (5th ed. 1891).

권남용을 행사할 수 있었다."[491]

(1) 존 피터 젠거(John Peter Zenger) 재판

영국에서 검열의 사용의 감소는 분명 미국독립전쟁 전에 미국의 검열이 사라지는데 기여하였다. 그러나 문서선동죄 원리는 대서양의 양쪽(영국과 미국)에 완전히 유효했다. 비록 뉴욕 출판업자 존 피터 젠거(John Peter Zenger)가 식민지에서 선동죄로 마지막으로 1735년 기소가 되었지만, 그 후에 수년 동안 그 기소의 위협은 중단되지 않았다.[492]

젠거의 재판은 미국에서 자유로운 표현의 이름으로 행해진 첫 번째 유명한 판결이다. 젠거는 식민지 의회를 싫어하는 뉴욕주지사 코스비(Cosby)의 정치를 비판하는 기사를 출판했다. 탁월한 변호사인 앤드류 해밀턴(Andrew Hamilton)으로 구성된 피고측은 그 범죄에 대한 적정한 변호가 있어야 한다는 주장에 초점을 두었다. 해밀턴은 배심원단에 의해 유죄가 인정된다면 국왕의 식민지에 대한 간섭이 매우 불쾌한 것을 근거로 자신의 의뢰인이 무죄임을 변호해야 한다고 생각했다. 여기서 해밀턴이 내세운 입장은 표현의 자유에 대한 명백한 자유주의자 이론은 아니고, '여론'에 따라 기사를 출판하는 표현의 권리일 뿐이다.

대법원은 해밀턴의 주장을 기각했으나, 해밀턴은 배심원들이 선동법을 고려하지 않고 무죄의 평결을 내리도록 설득하는데 성공했다.[493]

(2) 식민지 의회의 관행

일반국민에 의해 선출된 의회는 의회정치를 비판하는 출판업자에 대해 약식모욕재판을 통해 다소 가혹한 처벌을 부과했다. 정부를 비판하며 표현할 자유는 이론적으로는 소중히 여겨졌으나, 실제상 그 시대의 정치와 관련된 소송은 교묘하게 조작되었다.[494]

비록 자유로운 표현의 문제는 전반적으로 독립전쟁에 대한 일반적 논쟁과 관련되었고, 헌법이 기초된 시대에서 보통법의 관점은 1765년 처음 출판된 블랙스톤(Blackstone)의 주석서에 표현된 것을 일반적으로 인정한 것이었다. 그 당시 검열

491) J. Roche, American Liberty: An Examination of the "Tradition" of Freedom, in Shadow and Substance: Essays on the Theory and Structure of Politics 11 (1964).

492) Z. Chafee, Free Speech in the United States 21 (1941).

493) Lord Campbell's Act, 6 & 7 Vict. (1843), c. 96 참조.

494) L. Levy, Judgments: Essays on American Constitutional History 125-34 (1972) 참조.

관행은 쇠퇴되었다는 것을 기억해야 하나, 선동법은 여전히 존속했다.[495] 블랙스톤(Blackstone) 대법관이 지적한 대로, 그 당시에 주요한 초점은 사전제한(prior restraint)의 금지였다.

"표현의 자유는 진실로 자유주의 국가의 본질에 필수적이다. 그러나 이는 출판에 있어 사전제한이 없음에 있지, 출판한 후 형사상 책임으로부터 자유로움에 있지 않다. 자유로운 모든 사람은 대중 앞에서 자신이 원하는 어떠한 의견이든 개진할 권리를 확실히 가진다. 이를 금하는 것은 표현의 자유를 말살하는 것이다. 그러나 그가 부적절하거나 타인을 해하거나 불법적인 것을 출판하면 그는 자신의 만용의 결과를 달게 받아야만 할 것이다."[496]

Ⅲ. 수정헌법 제1조의 제정

연방헌법 헌법기초자들은 자신들이 예상한 정부는 헌법에 열거된 범위내에서만 권한을 가지기 때문에, 헌법적으로 자유로운 표현의 원칙을 침해하는 법을 제정할 수 없다는 믿음을 확실히 유지하였고, 표현의 자유의 일반원칙을 시지하는 규정을 헌법초안에 포함시킬 필요를 느끼지 못했다. 그러나 국민은 정부의 간섭으로부터 개인의 권리를 보장하는 명료한 표현을 요구했다. 이러한 국민의 요구는 1791년 권리장전(Bill of Rights)의 채택에서 최고조에 달하였다. 그래서 수정헌법 제1조는 다음과 같다.

연방의회는 종교를 설립하거나 자유로운 종교행사를 금지하는 법률을 제정할 수 없다. 또한 언론, 출판의 자유나 국민이 평화롭게 집회할 수 있는 권리 및 고충사항의 구제를 위하여 정부에게 청원할 수 있는 권리를 제한하는 법률을 제정할 수 없다.

수정헌법 제1조의 의미에 관해 연방하원에서의 논쟁으로부터 얻을 수 있는 바는 거의 없고, 비준에 있어서 상원이나 주들의 논쟁에 대한 기록에서도 추출할 수 있는 정보는 거의 없다.[497] 아마 그들은 특수성을 가지고 논의하는 것은 피해야 한다는 매디슨(J. Madison)의 격언을 따르고 있다. 그러나 수정헌법 제1조의 해

495) 2 T. S. May, Constitutional History of England 9n (2d ed. 1912).

496) Commentaries on the Laws of England, Book IV pp. 151-152 (T. Cooley ed., Chicago: 2d ed., rev. ed. 1872).

497) Constitution of the United States: Analysis & Interpretation, 92d Cong., 2d Sess., Senate Document 92-82 (1973), at p. 936.

석은 매디슨이 예상했던 대로 그리 단순하게 입증되지 않았다.[498] 비록 최근 몇 년동안 수정헌법 제1조의 의미가 헌법보장의 확대에 따라 법률보다는 역사적인 관점에 있지만, 헌법기초자들의 수정헌법 제1조의 의도에 대한 의문이 계속적으로 발생하고 있다.

채피(Zachariah Chafee) 교수가 주장하는 바는, 블랙스톤(Blackstone)에 의해 설명되어진 자유로운 표현을 제한할 수 있다는 법적인 견해는 미국에 있어 현실의 대중적 의사가 무제한으로 공적인 일을 토론할 권리가 있다는 것에 의해 보충되어졌다.

그래서 수정헌법 제1조는 미국에서 검열의 모든 자취를 제거하고 문서선동죄의 생존가능성을 말살하는 이중의 목적을 달성하고자 의도되었다. 검열의 관행이 수정헌법 제1조를 초안잡기 전에 사라졌기 때문에, 채피(Chafee) 교수는 오로지 비존재의 관행에 대한 금지로서만 의도될 수는 없다고 주장한다. 채피(Chafee) 교수의 견해에 의하면 젠거(Zenger) 재판은 식민지 미국에서 문서선동죄에 대한 합헌성 부정뿐만 아니라 자유로운 표현원칙이라는 식민지인들이 품고 있던 믿음의 표현이라고 주장한다.[499]

그러나 레오나르드 레비(Leonard Levy) 교수는 표현의 자유에의 명백한 자유주의적 접근방법이 깊이 간직된 원리라는 생각은 단지 "감상적인 환상"이라는 것을 이 당시의 역사적 연구는 입증할 것이라고 주장하였다. 문서선동죄를 폐지하도록 영향을 줄 식민지 개척자들의 전통은 없었고, 식민지 개척자들의 행동은 독립전쟁 기간동안에 자유로운 표현이 독립투쟁에 우호적 여론을 제시하는 사람에게만 허용되었다고 지적했다.[500]

1. 외국인법과 선동법

수정헌법 제1조에 관한 헌법기초자들의 견해가 무엇이었든간에, 그 헌법조문의 더 정확한 해석은 1798년의 외국인법과 선동법을 둘러싼 논쟁에 의해 확실하게 인식될 수 있었다.[501] 외국인법상 대통령은 "대통령이 미국의 평화와 안전에 위태롭다고 판단할 때"[502] 미국에 있는 모든 외국인에게 출국을 명할 수 있었다.

498) 1 Annals of Congress, 738 (August 15, 1789).

499) Z. Chafee, Free Speech in the United States (1941) at 19-21.

500) L. Levy, Legacy of Suppression: Freedom of Speech and Press in Early American History, ch. 2 (1960).

501) J. Smith, Freedom's Fetters-The Alien and Sedition Laws and American Civil Liberties (1956).

502) 1 Stat. at Large 570.

그러한 대통령의 명령은 외국인에게 미국을 떠나거나 행방을 감추도록 하는 결과를 초래했다.

선동법은 "그릇되고 비방적이며 해악적인 글 또는 명예훼손적 의도로 또는 모욕적이나 악평적 의도로 미국 정부나 의회양원 또는 대통령에 대한 저술을 출판하는 것"을 금지했다.[503] 선동법에는 항변권이 있었고, 배심원은 당해법원의 지시하에 선동법과 사실관계를 평결할 권리를 가지고 있었다. 영국은 비록 배심원의 평결이 1790년대에는 허락되었지만,[504] 1843년까지 항변권이 확립되지 못한 점과 비교하면,[505] 선동법은 그 당시에는 사실상 매우 자유로운 법이었다. 사실 선동법은 제퍼슨 민주공화당의 정당원들을 겨냥하여 아담스의 연방당 정부에 의해 채택되었다. 제퍼슨 선거에 대한 공화당의 계속되는 보복에도 불구하고,[506] 정치적 동기로 기소된 것에 대한 민주공화당의 공격과 자유로운 표현의 결과적 제한은 수정헌법 제1조의 현대적 이론을 위한 기초를 제공했다. 비록 이러한 법률이 연방대법원에서 수정헌법 제1조하에 사법심사를 견디어 내고 살아남을 필요는 없지만, 외국인법과 선동법은 자유로운 표현의 위헌적 제한의 표본으로 남았다. 이에 대해 브레난(Brennan) 대법관은 표현하기를 "수정헌법 제1조의 중심적 의미 중 국가적 의도를 구체화시킨 것이 선동법이었다."라고 했다.[507]

비록 선동법이 연방대법원에서 심사되지 않았지만, 선동법의 정당성에 대한 비판은 역사적으로 법원에서 승리했다. 선동법이 위헌이기 때문에 선동법으로 기소되어 부과된 벌금은 의회의 법률에 의해 반환되었다. 1836년 2월 4일에 상원에 상정한 칼혼(Calhoun)은 선동법이 무효임은 현재 누구도 의심하지 않는 일이라고 보았다. 제퍼슨(Thomas Jefferson)대통령은 선동법하에서 유죄판결을 선고받은 사람들을 시면했다. 또한 내법원 판사들도 선동법을 무효라고 생각했었다. 이러한 견해들은 선동법이 정부나 공무원을 비판하는 것을 제한하기에 수정헌법 제1조와 모순된다는 폭넓은 여론을 반영한 것이다.[508]

---

503) 1 Stat. at Large 596.

504) Fox's Libel Act, 32 Geo. 3, c. 60 (1792).

505) 6 & 7 Vict. c. 96 (1843) (Lord Campbell's Act); 2 J. S. Stephen, A. History of the Criminal Law of England 383 (London 1883).

506) L. Levy, Jefferson & Civil Liberties-The Darker Side 58-59 (1963).

507) New York Times Co. v. Sullivan, 376 U.S. 254, 273, 84 S.Ct. 710, 722, 11 L.Ed.2d 686 (1964), motion denied 376 U.S. 967, 84 S.Ct. 1130, 12 L.Ed.2d 83 (1964).

508) New York Times Co. v. Sullivan, 376 U.S. 254, 273, 84 S.Ct. 710, 723-24, 11 L.Ed.2d 686 (1964), motion denied 376 U.S. 967, 84 S.Ct. 1130, 12 L.Ed.2d 83 (1964).

2. 표현의 가치와 수정헌법 제1조의 기능

수정헌법 제1조의 범위를 평가하기 위해 헌법기초자들의 의도에만 의존하는 것은 다음의 몇 가지 이유에서 불충분한 것이다.

첫째, 수정헌법 제1조에 관해서는 다양한 해석가능성이 존재하나, 헌법기초자들의 의도를 파악하는 도구로는 부정확하다. 둘째, 더 중요한 것은 헌법기초자들의 의도에만 의존하는 것은 수정헌법 제1조의 동태적인 성질을 무시하고 헌법의 기능을 좁은 시야로 보는 것이다.509) 예를 들면, 홈즈(Holmes) 대법관은 "수정헌법 제1조상 자유로운 표현 보장의 주요한 목적은 계속적으로 처벌을 방치하고 있는 다른 정부에 의해 관행화되어 왔던 출판에 대한 모든 사전제한을 해제하는 것이고, 따라서 정부는 공공복리에 반한다고 사료되는 것에 대해 그에 상당하는 처벌을 하지 않는 것이다."라고 생각했다.510) 뿐만 아니라 홈즈 대법관은 주장하기를 "전에 채택한 법규정을 변함없이 간직할 헌법상 권리는 없다."는 것이다.511)

(1) 존 밀턴(John Milton)

자유로운 표현의 체계를 위한 최초의 정당성은 무지로 인한 인간 오류를 막는데 그 가치가 있다고 오랫동안 주장되었다. 자유로운 표현의 자유의 가장 설득력 있는 논거 중의 하나인 위 주장은 영국 검열법에 대한 존 밀턴(John Milton)의 투쟁으로부터 기인한다. 밀턴의 소책자인 아레오파지티카(Areopagitica)에서 밀턴은 다음과 같이 서술하고 있다.

비록 이론의 방향이 이 세상에서 자유롭게 방치되더라도 우리는 허가나 검열에 의해 진리의 힘을 불법적으로 의심하고 있다. 진리와 허위는 논쟁하라.512) 진리를 아는 누구나 자유롭고 개방된 논쟁에서 이기게 될 것이다.

(2) 존 스튜어트 밀(John Stuart Mill)

존 스튜어트 밀은 사상의 자유로운 교류로부터 나오는 공공선(public good)의 인

---

509) 예를 들면, Paul Brest, Process of Constitutional Decision-making, ch. 2 (1975).

510) Patterson v. Colorado, 205 U.S. 454, 462, 27 S.Ct. 556, 558, 51 L.Ed. 879 (1907).

511) Patterson v. Colorado, 205 U.S. 454, 461, 27 S.Ct. 556, 557, 51 L.Ed. 879 (1907).

512) J. Milton, Areopagitica, A Speech for the Liberty of Unlicensed Printing to the Parliament of England (1644).

식을 가지고 1859년 자신의 수필집 "自由에 대하여"(On Liberty)에서 존 밀턴(John Milton)의 논거를 설명했다.

첫째, 우리가 확실히 아는 어떤 의견에 대해 침묵하도록 하게 하려면 진실하라. 이를 부정하는 것은 우리들에게 오류가 없다는 것이 추정되는 것이다.

둘째, 비록 이러한 침묵된 의견이 틀렸을 지라도, 이러한 의견에는 진리의 일부를 담고 있는 것이다. 그리고 어떤 주제에 대한 일반적 의견이 결코 완전한 진리일 수 없기 때문에, 나머지 진리부분은 공급되어질 수 있는 가망성이 존재하는 것은 반대의견의 충돌에 의해서 일뿐이다.

셋째, 용인된 의견이 올바르지 않을 뿐만 아니라 완전한 진리일 수 없다. 받아들여진 의견이 시련을 겪고 활발히 논쟁되지 않는다면 그 의견을 수용하는 대부분의 사람들에 의해 합리적 근거에 대한 이해 없이 선입관을 지닐 수 있을 것이다.

넷째, 그 이론의 의미 그 자체가 상실되거나 약화되는 위험에 있을 것이다. ......[513]

(3) 홈즈(Holmes)와 사상(思想)의 자유시장

위의 주장들은 홈즈 대법관의 자유로운 표현의 이론인 "사상의 자유시장"이론을 이론적으로 강하게 뒷받침한다.[514] "사상의 자유시장"이론은 어떤 사상의 진리는 경쟁하는 사상들의 자유시장에서만 결정될 수 있기 때문에 수정헌법 제1조는 사상에 대한 정부의 억압을 금지하는 것을 전제로 한다.

(4) 개인적 자아실현

자유로운 표현의 중요한 기능 중 하나는 사회복리에 대한 개인적 기여의 잠재성을 고양시키고, 개인적 자아실현을 위한 가능성을 확대시키는 것이라 주장된다.[515] 또 다른 기능은 첫 번째 기능의 결과로 사회의 자기지배의 건재가 각 개인들이 기여함에 의해 유지된다는 것이다.[516]

---

513) J. S. Mill, On Liberty (1859), Ch. II.

514) Abrams v. United States, 250 U.S. 616, 630, 40 S.Ct. 17, 22, 63 L.Ed. 1173 (1919).

515) Redish, The Value of Free Speech, 130 U.Penn.L.Rev. 591, 593 (1982) 참조.

516) T. Emerson, The System of Freedom of Expression (1970); Bollinger, Free Speech and Intellectual Values, 92 Yale L.J. 438 (1983) 참조.

(5) 정부에 대한 견제

우리가 표현의 자유를 제한하는 권한을 정부에게 부여한다면, 우리는 위험한 비탈길이 있는 편도를 택하는 것이 될 것이다. 특히 정부의 본질적 경향이 인기없는 사상과 정부에 대한 비평을 억압하는 방향으로 옮겨가는 것이다. 자유로운 출판, 표현 그리고 집회의 중심적 가치는 공무원들에 의한 직권남용을 견제하는 데 있다.[517] 그러한 추상적인 분야에 있어 한계를 설정하는 것은 항상 어렵다. 비록 사람들이 불법적인 표현과 합법적인 표현을 구분할 수 있을지라도, 합법적인 표현의 진정한 보호를 위하여 모든 표현을 보호하는 것이 여전히 필요할 것이다.[518]

(6) 사회의 안전판으로서의 자유로운 표현

정부가 표현을 억압하지 않아야 하는 이유 중의 하나는 자유로운 표현이 정부의 안전판이 되기 때문이다. 법을 집행하는 기독교인들은 기독교를 탄압하지 않아야 한다는 것을 고대 로마인들이 터득한 바와 같이, 현대의 정부는 어떤 화제에 관하여 사람들이 토론하는 것을 금하는 것은 결국 공공의 안전을 좌절시키는 것이라는 것을 인식해야 한다.

자유로운 토론을 금하는 것은 순교자만을 창출할 뿐이다. 표현을 이유로 사람들을 처벌하는 것은 표현을 좌절시키지 않는다. 이렇게 하는 것은 비밀스럽게 만들 뿐이고 공모를 장려할 뿐이다. 공공질서를 위해서 자유로운 표현은 적(敵)이 아니라, 동맹국(同盟國)이다.

브랜다이스(Brandeis) 대법관은 Whitney v. California 사건[519]의 보충의견에서 다음과 같이 경고했다.

우리의 독립을 획득한 사람들이 인식하고 있었던 바는, 질서란 질서를 위반하는 것에 대한 처벌의 위하를 통해서만 보장될 수 없다는 것이다. 처벌을 통한 위하는 생각, 희망, 상상을 낙담시키는 위험한 것이다. 처벌을 통한 위하는 억압을 양육하고 억압은 증오를, 증오는 안정된 정부를 위협한다. 정부 안정의 길은 생각하고 있던 불만에 대해 자유롭게 대화하고, 제안된 개선책에 대해 대화할 수 있는 기회가

---

517) Blai, The Checking Value in First Amendment Theory, 1977 A.B. Foundation Res.J. 521; Wellington, On Freedom of Expression, 88 Yale L.J. 1105 (1979); Coleman, A Free Press: The Need to Ensure an Unfettered Check on Democratic Government Between Elections, 59 Tulane L.Rev. 243 (1984).

518) Robert Bork, Neutral Principles and Some First Amendment Problems, 47 Ind.L.J. 1 (1971).

519) 274 U.S. 357, 47 S.Ct. 641, 71 L.Ed. 1095 (1927).

있어야 한다. 중대한 권리침해에 대한 위하는 자유로운 표현과 집회의 억압을 정당화할 수 없다. 남자들은 마녀를 두려워했고 그래서 여자들을 화형시켰다.[520)]

Ⅳ. 이익형량론 대(對) 절대적 보호론

1. 자유로운 표현을 위한 우월적 지위

U.S. v. Carolene Products Co. 사건[521)]에서 연방대법원은 경제적 활동을 규제하는 행정부의 활동에 대해 사법적 자제에 따라 "치환유"(탈지유에 식물성지방을 첨가한 것)를 규율하는 의회의 권한을 지지했다.

스톤(Stone) 대법관이 판결문 중 유명한 각주 제4번 중에서 지적한 바는 특정한 권리들이 민주적 절차에 있어서 더욱 적극적인 사법적 보호를 받는다는 것이다.

최초의 수정헌법 10개 조항들이 수정헌법 제14조를 채택하는 것으로 판단할 때에는 특수한 금지조항으로 생각되는 것처럼, 입법이 헌법의 특수한 금지조항에 직면하는 것으로 보일 때는 합헌적 추정의 범위가 보다 좁아지게 될 것이다.

바람직하지 못한 입법을 폐지시키리라고 일반적으로 기대할 수 있는 정치과정을 제한하는 입법은 수정헌법 제14조의 일반적 금지조항하에서 대부분의 다른 유형의 입법보다 더욱 정밀한 사법심사를 해야 하는지 여부를 현재 고려할 필요는 없다.[522)]

몇 년 후에 연방대법원은 이러한 견해를 주장할 때 다음의 견해를 더욱 명확하게 했다. "출판의 자유, 언론의 자유, 종교의 자유는 우월적 지위에 있다."[523)]

스톤 대법관의 각주 제4번에서 주장한 '우월적 지위'는 단순한 주장에 그치지 않고, 강력한 이론적 근거가 되었다. 정치적 과정의 산물인 경제적 입법과는 달리, 언론은 그 자체가 입법과정의 일부분이다. 표현의 제한은 민주적 과정을 변질시키고 입법을 존중하는 근간을 훼손시킨다. 표현의 제한은 토론으로부터 유발되는 비평으로부터 현 정부를 고립시키기 때문에, 정부는 사회적 프로그램에 있어서 미봉책을 쓰게 된다. 이러한 표현의 자유에 대한 제한이라는 본질적 경향은

---

520) 274 U.S. at 375-76, 47 S.Ct. at 648, 71 L.Ed. at 1106.

521) 304 U.S. 144, 58 S.Ct. 778, 82 L.Ed. 1234 (1938).

522) 304 U.S. at 152-53 n. 4, 58 S.Ct. at 783-84 n. 4 (1938). See, 4 R. Rotunda & J. Nowak, Treatise on Constitutional Law: Substance and Procedure § 23.5(a)(2d ed. 1992).

523) Murdock v. Pennsylvania, 319 U.S. 105, 115, 63 S.Ct. 870, 876, 87 L.Ed. 1292 (1943).

수정헌법 제1조의 개방된 토론의 가치와 충돌한다. 그래서 사법부는 일시적 다수의 의사에 반하여 이러한 가치를 보호하는데 더 적극적일 필요가 있다.

2. 프랑크퍼터 대법관과 자유로운 표현의 우월적 지위

프랑크퍼터 대법관은 우월적 지위라는 용어를 사용하는 것을 다음과 같은 이유에서 강하게 비판했다. 왜냐하면 의사소통을 해치는 법은 추정적으로 무효화된다는 의미를 함축하기 때문이다.[524) 그러한 비판은 확립된 사법적 원리에 근거한 공격이라기보다는 사법적 원리의 공인되지 않은 확장에 의한 경고로 생각될 수 있다.

프랑크퍼터 대법관의 '우월적 지위'라는 용어에 대한 날카로운 공격이 있은 이래로, 그 용어는 사용이 회피되었으나 그 실체는 여전히 남아있다. 수정헌법 제1조의 특혜적 대우는 소송이 제기된 법률의 사법심사에서 대법원에 의해 사용되는 다양한 사법도구에 의해 좋은 예가 되었다. 연방대법원은 표현에 대한 제한을 사법심사함에 있어서 좁은 범위에서 합헌성추정과 수정헌법 제1조를 제한하는 것을 무효로 하는 엄격한 법률해석, 한정된 사전제한, 당사자적격의 일반적 요건의 완화, 정부의 기능에 대해 표현의 자유의 활성화를 위한 절차적 적법절차의 더 높은 기준설정을 하였다.[525)

3. 표현의 자유는 절대적인가?

수정헌법 제1조는 "연방의회는 … 표현의 자유를 제한하는 법률을 제정할 수 없다." 이러한 엄격한 용어는 "부당한 수색과 체포"에 대해 금지하는 수정헌법 제14조와 비교해서 강조되고 있다. 만약 자유로운 표현이 절대적 권리라면, 이 권리는 절대적인 용어로 표현되지 않는 헌법의 다른 권리와 비교하여 우월적 지위에 있게 된다. 절대적 권리는 이익형량을 받지 않게 되기 때문이다.

블랙(Black) 대법관과 더글라스(Douglas) 대법관[526)은 표현의 자유의 절대주의적 관점을 주장한다. 그러나 연방대법원의 다수는 절대주의적 관점을 채택하지 않고 있다.

할란(Harlan) 대법관은 이익형량의 관점을 자주 지지해왔다. 할란(Harlan) 대법관

---

524) Kovacs v. Cooper, 336 U.S. 77, 90, 69 S.Ct. 448, 455, 93 L.Ed. 513 (1949).

525) Mckay, The Preference for Freedom, 34 N.Y.U.L.Rev. 1182, 1184 (1959).

526) Konigsberg v. State Bar of California, 366 U.S. 36, 56, 81 S.Ct. 997, 1010, 6 L.Ed.2d 105 (1961).

의 이익형량의 접근방법은 수정헌법 제1조의 법문과 일치한다는 것이다. 제한으로부터 절대적으로 보호되는 것은 "표현"이지, 오직 "자유로운 표현"만이 아니다.[527] 할란(Harlan) 대법관이 주장하기를, 이익형량의 결과는 법원리를 실현하는 것이다. 자유로운 표현의 체계에서 이해되는 수정헌법 제1조의 가치는 표현의 자유에 대한 제한이 존재하는지 여부가 중요한 요인이 된다.

연방대법원에서 표현의 자유는 절대적으로 보호되어야 한다는 입장도 있고, 표현의 자유도 이익형량되어야 한다는 입장도 있다. 마이클존(Meiklejohn) 교수가 언급했듯이 수정헌법 제1조는 표현의 제한을 금지하기 위한 것이 아니라, "표현의 자유"를 제한하는 것을 금지하기 위한 것이다. "수정헌법 제1조는 자의적인 수다(talkativeness)를 보장하기 위한 것이 아니다."[528]

V. 내용에 근거한 규제와 내용 중립적 규제

1. 내용에 근거한 규제

표현에 대해 내용에 근거한 규제는 2가지 유형으로 구분할 수 있다. 첫째, 국가는 표현의 내용을 이유로 일정한 형태의 표현을 전면적으로 금지할 수 있다. 둘째, 국가는 특정한 시간 또는 장소에서 특정한 형태의 표현이 그 환경에 역효과를 발생시킨다는 이유로 그러한 표현을 규제할 수 있다.

내용을 이유로 한 특정한 형태의 표현행위를 전적으로 금지하는 국가행위는 엄격한 사법심사를 받을 가능성이 높다.[529] 미국 연방대법원이 판시하고 있듯이, 엄격한 사법심사에 의하면 내용을 이유로 하여 표현을 전적으로 금지하는 경우, 정부가 절박한 정부이익을 위해 명확하게 규정한 것이라는 입증을 하지 못한다면, 특정한 형태의 표현에 대한 정당한 금지로 인정될 수 없게 된다.

특정한 표현이 표현의 자유에 해당하는지 아니면 음란에 해당하는지를 구별하는 때에도 표현의 내용에 근거한 규제는 미국 수정헌법 제1조가 심사기준으로 활용된다. 미국 연방대법원이 사용하고 있는 내용에 근거한 규제는 내용 중립적 규제보다 더 엄격한 심사기준이 된다. 내용에 근거한 규제에 의하면, 전달하려는 메

---

527) A. Meiklejohn, Free Speech and Its Relation to Self Government (1948) p. 19.

528) A. Meiklejohn, Free Speech and Its Relation to Self Government (1948) at. 26.

529) Geoffrey R. Stone, Content Regulation and the First Amendment, 25 Wm. & Mary L. Rev. 189 (1983), p. 193.

시지를 이유로 의사표현이 제한되는 경우이다. 기밀 정보의 공개를 금지하는 법, 나치스의 어금꺾쇠 십자 기장(卍)을 게양하는 것을 금지하는 법 등은 내용에 근거한 규제의 한 예이다.

미국 연방대법원은 내용에 근거한 규제 심사에 있어서, 첫 번째 단계에서는 제한되는 표현이 수정헌법 제1조상 낮은 가치를 지닌 표현이라면, 한정된 헌법적 보호가치를 지니는 것으로 본다.[530] 이러한 "낮은 가치이론"은 Chaplinsky v. New Hampshire 사건에서 처음으로 등장하였다. 이 사건에서 미국 연방대법원은 "특정되어 명확하게 한정된 일정한 표현들은 사상을 개진하는 본질적 부분을 담고 있지 않고, 그러한 표현들에 의해 달성되는 이익은 진리의 수단으로서 질서 및 도덕이라는 사회적 이익에 비해 미미하다"라고 판시하였다.[531] 미국 연방대법원은 일정한 부류의 표현이 헌법상 낮은 가치의 표현이라고 판단되면, 이러한 분류 방식을 사용하여 적용한다.[532] 수정헌법 제1조상 모든 의사표현은 보호된다는 가정 하에 미국 연방대법원은 사법심사를 착수하지만, 특정한 부류의 표현이 수정헌법 제1조상의 근본적 목적을 충분히 증진하지 못한다고 판단되면 비보호영역으로 분류한다.[533]

두 번째 단계에서는 그 표현이 제한될 수 있는 정밀한 환경을 정의함으로써 형량이라는 방식을 사용한다.[534] 낮은 가치를 지닌 표현들간에 형량에 있어서 미국 연방대법원은 "표현의 상대적 가치" 및 "높은 가치의 표현이 부적절하게 위축될 위험" 등을 고려한다.[535] 미국 연방대법원은 낮은 가치를 지닌 표현에 대한 심사에 있어서 2단계 심사기준이라는 특별한 법칙을 고안해 냈다. 낮은 가치를 지닌 표현을 규제하기 위한 기준들이 필요하지만, 높은 가치를 지닌 표현을 규제하기 위한 기준들은 더욱 엄격한 요건을 충족하여야 한다. 미국 연방대법원은 높은 가치를 지닌 표현을 심사함에 있어서 내용 중립적 규제에 대해 적용되는 이익형량 기준을 사용하지 않는다. 그 대신에 표현의 자유를 보호하기 위해 시간, 장소, 방법 규제라는 심사기준을 사용한다.[536] 실제로, 높은 가치를 지닌 표현에 대한 내

530) Geoffrey R. Stone, Content Regulation and the First Amendment, 25 Wm. & Mary L. Rev. 189 (1983), p. 194.

531) Chaplinsky v. New Hampshire, 315 U.S. 568, 571-572 (1942).

532) Geoffrey R. Stone, supra note, at 194.

533) Id.

534) Geoffrey R. Stone, id, at 195.

535) Id.

536) Geoffrey R. Stone, id, at 196.

용에 근거한 규제에 대한 합헌성을 판단함에 있어서, 미국 연방대법원은 높은 가치를 지닌 표현에 대한 절대적 보호 방식을 사용한다. 또한 미국 연방대법원은 낮은 가치를 지닌 표현에 대한 심사를 제외하고 내용에 근거한 규제를 거의 무효화하였다.537)

정부가 다음과 같은 특정한 형태의 범주에 속하는 표현을 규제할 경우에, 연방대법원은 일반적인 규제에 대한 사법심사와 다른 기준을 적용한다. 예를 들면, 미국 연방대법원은 표현내용이 (1) 화자(話者)가 조직폭력단에게 폭력을 가하는 행동을 하도록 긴급한 불법행위를 선동하는 표현,538) (2) 반사적인 폭력반응을 유발시키는 표현(이른바 "투쟁적 언사") 또는 "협박",539) (3) 음란(미국 연방대법원은 대중 잡지가 자주 '외설'로서 묘사하는 것을 제외하도록 좁게 정의한다), (4) 아동 외설(아동의 사진이나 필름 포함한 제한된 범주의 표현), (5) 특정한 형태의 명예훼손적 표현, (6) 특정한 형태의 상업적 표현, 서비스나 상품의 판매와 관련된 본래 오도된 표현 또는 법률상 성차별을 금지하는데 남성근로자만의 모집을 위한 광고와 같은 불법적 행위에 관련된 제안540)을 정부가 금지하면서 명확하고 한정된 법규율을 통해 처벌하는 경우, 이러한 표현들에 대한 내용에 근거한 규제는 허용되어 왔다.

정부가 이러한 범주와 관련 없이 내용에 기초하여 표현행위를 처벌한다면, 정부는 그러한 규제가 절박한 정부이익을 증진하기 위해 명확하게 규정되었다는 가중된 입증책임을 지게 된다.541)

---

537) Id.

538) Ronald D. Rotunda, The Warren Court and Freedom of the Press, in The Warren Court: A 25 Year Retrospective 85 (Bernard Schwartz, ed., Oxford University Press 1996); Ronald D. Rotunda, *Pravo na svobody slova v voennoe vremiz v knostitutsii SShA: istoki i evoliutsiia*, Pravo I Zakonodatel'stvo, 2003, No. 2, c. 63-65; *The Right of Freedom of Speech in Wartime In the Constitution of the USA: Sources And Evolution*, Law and Legislation, 2003, No. 2, pp. 63-65.

539) Ronald D. Rotunda, A Brief Comment on Politically Incorrect Speech in the Wake of R.A.V., 47 So. Methodist U. L. Rev. 9 (1993).

540) Ronald D. Rotunda, The Constitutional Future of the Bill of Rights: A Closer Look at Commercial Speech and State Aid to Religiously Affiliated Schools, 65 N. Car. L. Rev. 917 (1987); Ronald D. Rotunda, Lawyer Advertising and the Philosophical Origins of the Commercial Speech Doctrine, 36 U. Richmond L. Rev. 91 (2002)(Allen Chair Symposium of 2001).

541) 예를 들면 Simon & Schuester, Inc. v. Members of the New York State Crime Victims Board, 502 U.S. 112 S.Ct. 501, 116 L.Ed.2d 476 (1991); Cohen v. California, 403 U.S. 15, 91 S.Ct. 1780, 29 L.Ed.2d 284 (1971).

2. 내용 중립적 규제

미국 연방대법원은 내용 중립적 규제를 적용하는 영역을 7가지 범주로 구분하고 있다.[542] 구체적으로 ① 내용 중립적 규제는 수정헌법 제1조상의 중요사항과 관련되지 않는다.[543] ② 내용 중립적 규제가 합리적이라면 합헌이다.[544] ③ 내용 중립적 규제가 실질적인 정부이익에 기여하도록 규정되었고 의사소통의 대안적 방법을 비합리적으로 제한하지 않는다면 합헌이다.[545] ④ 내용 중립적 규제가 정부의 헌법적 권한내이고 중요하거나 실질적인 정부이익을 증진하고 있으며, 그 정부이익이 표현의 자유를 억압하는데 관련되지 않았고 그 규제가 정부이익의 촉진에 필수적인 것보다 더 크지 않으면 합헌이다.[546] ⑤ 내용 중립적 규제가 부차적인 문제를 고려하고 규제를 찬성하는 새로운 근거의 충실성을 판단하는 '까다롭게 어려운 작업'에 대한 연방대법원의 재결에 좌우되는 경우 합헌이다.[547] ⑥ 내용 중립적 규제가 수정헌법 제1조상의 이익에 기여하도록 명확히 규정됨에 의해 충분히 강력하고 종속적인 이익에 기여한다면 합헌이다.[548] ⑦ 내용 중립적 규제가 절박한 정부이익에 필요하고 그러한 정부이익을 위해 명확하게 규정되어 있다면 합헌이다.[549]

미국 연방대법원은 정부가 표현의 내용과 관계없이 규제할 경우 그러한 표현에 대해서는 합리적인 시간, 장소, 방법상의 규제를 할 수 있다고 판시하고 있다. 예를 들면, 정부는 시위행진에 대한 합리적인 제한을 할 수 있다. 동일한 장소에서

---

542) G. R. Stone, Content-neutral Restrictions, 54 U. Chi. L. Rev. 46, 49.

543) Arcara v. Cloud Books, Inc., 106 S.Ct. 3172, 3178 (1986).

544) U. S. Postal Service v. Greenburgh Civic Assns., 453 U.S. 114, 131 n.7 (1981); United States v. Grace, 461 U.S. 171, 178 (1983).

545) City of Renton v. Playtime Theatres, Inc., 106 S.Ct. 925, 928 (1986); Clark v. Community for Creative Non-Violence, 468 U.S. 288, 308 (1984); Perry Education Ass'n v. Perry Local Educators' Ass'n, 460 U.S. 37, 45 (1983); Heffron v. Int'l Soc. for Krishna Consc., 452 U.S. 640, 647-648 (1981).

546) United States v. O'Brien, 391 U.S. 367, 377 (1968); United States v. Albertini, 472 U.S. 675, 687 (1985); Wayte v. United States, 470 U.S. 598, 611 (1985); Members of the City Council v. Taxpayers for Vincent, 466 U.S. 789, 805 (1984).

547) Schneider v. State, 308 U.S. 147, 161 (1939); Anderson v. Celebrezze, 460 U.S. 780, 789 (1983); Schad v. Mount Ephraim, 452 U.S. 61, 71 (1981).

548) Schaumburg v. Citizens for a Better Environ, 444 U.S. 620, 636-637 (1980); Buckley v. Valeo, 424 U.S. 1, 25 (1976).

549) Globe Newspaper Co. v. Superior Court, 457 U.S. 596, 607 (1982); Roberts v. United States Jaycees, 468 U.S. 609, 623 (1984).

동일한 시간대에 2개의 시위행진은 있을 수 없다. 그러나 정부는 시위행진의 내용이나 메시지를 이유로 반전(反戰) 시위행진을 금지할 수는 없다.

법률의 규제가 표현의 내용과 관련이 없는 경우, 특정한 표현에 대해 시간, 장소, 방법의 법적 규제를 할 수 있다.550) 표현에 대해 시간, 장소, 방법의 법적 규제는 '중간적 심사기준'에 해당된다. 이 중간적 심사기준은 합리성 심사기준 보다 법률에 더 세밀한 접근을 하나, 엄격심사(절박한 이익 심사)기준 보다는 덜 엄격한 심사기준이다. 예를 들면, 어떤 사람이 새벽 2시에 사설병원 근처의 사유지 주차장에 침입하여 자신의 생각을 표현하고 설명하기 위해 휴대용 확성기를 사용한다고 가정해 보자. 이 경우 헌법상 표현의 자유와 관련하여 법률에서 특정 시간(새벽 2시), 특정 장소(병원 근처의 사유지), 특정 방법(병원 환자들에게 해로운 방식의 확성기 사용)의 표현을 규제하고 있다면, 이는 내용 중립적 취지를 담은 규제이다.

시간, 장소, 방법의 규제는 우리 사회에서 표현의 총량을 제한하는 부수적 효과를 낳는다. 그러나 시간, 장소, 방법의 규제는 우리 사회의 질서를 유지하기 위해 일정 정도 필요하다. 그 이유는 시간, 장소, 방법의 규제는 어떤 특정한 메시지를 억압하기 위해 고안된 것이 아니기 때문이다. 따라서 사법심사의 가장 엄격한 심사기준이 사용되지도 않고, 시간, 장소, 방법의 규제는 정부의 절박한 이익을 위해 명확하게 규정될 필요도 없다.

표현에 대한 시간, 장소, 방법의 규제가 정부의 절박한 이익 심사를 받지 않는다고 하더라도, 미국 연방대법원은 어떤 법률의 합헌성과 관련하여 정부의 규제가 시간, 장소, 방법상의 규제라는 주장을 무비판적으로 수용하지는 않는다. 적법절차와 평등보호 사건에서 법률의 규제가 어떤 기본적 권리를 제한하는 경우가 아니거나 특별한 차별에 해당되지 않았을 때, 연방대법원은 정당한 이익에 합리적으로 관련되어 있는 한도에서 그 법을 인정하였다. 만약 미국 연방대법원이 '합리성 심사기준'하에서 모든 시간, 장소, 방법의 규제를 승인하게 된다면, 정부가 우리 사회에서 표현의 총량을 심히 억압할 수 있을 것이다. 그 이유는 연방대법원은 시간, 장소, 방법의 규제에 있어서 '중간적 심사기준'(단순한 합리성 심사기준과 절박한 이익 심사기준 사이의 중간기준)을 채택하고 있기 때문이다. 이 중간적 심사기준 방식은 연방대법원이 단순한 합리성 심사기준의 접근보다는 법률에 더 세

550) 예를 들면, 법률에 의해 시위행진에 대한 합리적인 제한으로써, 동일한 거리에서 동일한 시간에 2개의 시위행진에 대해서는 하나의 시위행진을 제한할 수 있다. 그러나 법률로 특정한 내용을 담고 있는 시위행진이라는 이유로 제한한다면, 이는 시위행진의 내용이나 메시지에 대한 제한이기에 시위행진을 금지할 수 없게 된다.

밀한 접근을 하나, 절박한 이익 심사기준에 의해 심사받는 법률을 심사하는 엄격한 심사기준에까지는 이르지 않는다.

내용 중립적 규제는 전달하려는 메시지와 무관하게 의사표현을 제한한다.551) 병원 근처에서 소음을 금지하는 법, 주거지역에 광고판 설치를 금지하는 법, 시위나 집회를 위한 행정비용을 부과하는 법, 공공장소에서 전단 배포를 금지하는 법 등이 내용 중립적 규제의 예들이다. 이러한 내용 중립적 규제는 표현하는 사람이 무엇을 실제적으로 표현하고자 하는 것을 이유로 한 표현 규제가 아니다. 병원 근처에서 소음을 유발하는 표현을 규제하는 것은 내용과 무관하게 규제하는 것이다. 일정한 시위에 가담한 모든 사람들은 정당인지 여부와 관계없이 일정한 비용을 지불하도록 규정한 법적 규제는 내용과 무관한 규제이다.552) 표현의 자유와 관련하여, 내용 중립적 규제 영역에서 활용되는 이익형량 심사기준은 충돌하는 양 이익간의 갈등에 있어서 민감한 반응을 보이게 된다. 즉 이익형량 심사기준은 진리의 추구 또는 헌법상 다른 가치를 고려하지 않고 표현의 자유의 제한을 통한 정당한 국가적·사회적 이익을 보호하게 된다.553)

미국 연방대법원이 시간, 장소, 방법 사건에서 사용하는 '중간적 심사기준'은 3부문 심사와 관련된다. 표현의 시간, 장소, 방법의 규제가 인정되기 위해서는 그 법률의 규정이 표현을 억압하기 위한 것과 무관한 중요한 정부이익을 촉진하기 위한 것으로서 명확하게 규정되어야 한다. 이른바 상징적 표현 사건554)에서 최초로 발전된 내용중립적 규제 원칙은 다음과 같은 3부문 심사가 이루어진다. 표현에 대한 시간, 장소, 방법의 규제가 수정헌법 제1조상의 합헌성을 인정받기 위해서는 (1) 내용중립적이어야 하고, (2) 중요한 정부이익을 위해 명확하게 규정되어야 하고, (3) 의사소통의 충분한 대안적 매체가 열려있어야 한다.555)

시간, 장소, 방법의 법적 규제시 가장 유의할 사항은 법률이 문면상 및 적용상 모두 내용 중립적이어야 한다는 조건이다. 내용에 관하여 중립적이지 않는 법률은 시간, 장소, 방법의 규제로서도 인정될 수 없다. 내용 중립적이지 않은 법률은 엄격심사에 의해 견딜 수 있을 때에만 정당한 법률이 될 것이다.

551) Geoffrey R. Stone, Content Regulation and the First Amendment, 25 Wm. & Mary L. Rev. 189 (1983), p. 189.

552) Geoffrey R. Stone, id, pp. 189-190.

553) Geoffrey R. Stone, id, p. 193.

554) United States v. O'Brien, 391 U.S. 367, 88 S.Ct. 1673, 20 L.Ed.2d 672 (1968).

555) 예를 들면, Ward v. Rock Against Racism, 491 U.S. 781, 109 S.Ct. 2746, 105 L.Ed.2d 661 (1989).

몇몇 사례에서 이 점을 증명할 수 있다. 어느 도시법이 4평방피트 이상인 1인 가족 주택의 정원 앞에서 모든 표시를 금지하였다고 가정해 보자. 그러한 법률은 내용중립적이고 의사소통의 충분한 대안적 방법이 열려있는 중요한 정부이익에 기여하기 위해 명확하게 규정되어 있는지에 좌우되는 유효한 시간, 장소, 방법의 법률일 수도 있고 그렇지 않을 수도 있다. 다른 말로 표현하면, 그 법률이 내용중립적이라면, 사법심사의 중간적 심사기준을 견디어내야만 할 것이다.

또한 그 도시법이 사유지 주택의 정원 앞에서 표시가 "음란"한 소재를 포함하는 모든 표시를 금지하였다고 가정해 보자. 문면상 그리고 적용상 그 도시법은 미국 연방대법원이 정의내리는 음란의 정의를 충족하는 문자나 그림을 지닌 표시만 금지하고 있다면, 그 도시법은 비록 내용중립적이 아니더라도 유효할 것이다. 미국 연방대법원은 "음란"은 표현에 해당되지 않고, 주는 음란을 금지할 수 있다고 판시해왔다. 그 도시법이 연방대법원에 의해 "음란"이라고 판단되는 표현의 범주만을 처벌한다면, 그 도시법은 자명하게도 절박한 정부이익을 위해 명확하게 규정된 것이다.

예를 들면, 판매(for sale)의 표시를 금지하는 어느 도시법을 예로 들어 보자. 연방대법원은 개인주택에서 모든 판매표시를 금지하는 도시법을 무효라고 판단하였다.[556] 이 도시법은 표시되는 메시지의 내용에 기초하여 표시를 금지하기에, 내용중립적이 아닌 내용에 근거한 것이다. 내용에 근거한 도시법이 합헌이 되기 위해서 정부는 그 도시법이 표현의 금지목록상 한정된 목록에 해당되거나 그 도시법을 절박한 정부이익을 위해 명확하게 규정하여야만 한다. 그러나 주택소유자가 자신의 주택을 판매한다고 진실로 주장할 때, 이는 오해를 유발하지 않아야 하고 정부가 금지할 수 있는 상업적 표현의 유형이 아니어야 한다. 판매하려는 주택의 올바른 정보를 금지하는 것은 절박한 정부이익을 증진하기 위해 명확히 규정된 것이 아니기 때문이다.[557]

3. 내용에 근거한 규제와 관점에 근거한 규제

내용에 근거한 정부의 규제는 관점에 근거한 정부의 규제와는 다르다. 정부에 의한 특정한 범주의 표현을 처벌하는 것은 개인이 정부의 관점과 다른 관점을 견

---

556) Ladue v. Gilleo, 521 U.S. 43, 114 S.Ct. 2038, 129 L.Ed.2d 36 (1994). § 16.31 참조.

557) Ronald D. Rotunda, The Commercial Speech Doctrine in the Supreme Court, 1976 U. Ill. L. Forum 1080 (1976).

지하기 때문에 정부가 개인을 처벌하는 것을 허용한다는 의미는 아니다. 수정헌법 제1조상의 법조문은 신념의 자유라는 생각과 함께 연관되어 있다. 신념의 자유 또는 사상의 자유는 수정헌법 제1조상에 명백히 언급되어 있지 않지만, 신념의 자유 또는 사상의 자유는 수정헌법 제1조상 법조문 중에 핵심적인 가치이다.

내용에 근거한 모든 처벌이 관점에 근거한 처벌을 포함하지 않는다. 그러나 관점에 근거한 모든 처벌은 내용에 근거한 처벌을 포함한다. 예를 들면, 모든 음란한 영화를 금지하는 법률은 내용에 근거한 것이다. 그러나 대통령을 풍자하는 음란한 영화를 금지하는 법률은 내용에 근거하기도 하고 관점에 근거하기도 한 법률이다. 유사하게 만약 음란한 영화를 금지하는 법률이 정부의 전쟁행위를 비판하는 그래픽에 의한 성적 장면이 나오는 영화에 대해서만 금지한다면, 이는 관점에 근거한 차별에 해당될 것이다. 달리 표현하자면, 이러한 법률은 음란의 범주로서 이를 처벌하지 않겠지만, 오히려 정부의 관점과는 반대되는 반전(反戰)메시지라는 관점으로서 이를 처벌할 수 있다.

Ⅵ. 과도한 광범성 원리

표현의 자유의 문제를 살펴보는데 있어 중요한 2가지 이론은 "과도한 광범성"과 "막연함에 대한 금지"이다. 설사 주가 그 지배하는 영역에 대한 통치권을 가지고 있을 지라도, 표현의 자유보장의 중요성 때문에, 주가 추구하는 목적을 수행하기 위해 보호되는 자유를 부적절하게 제한할 경우 과도한 광범성 원리를 사용해야만 한다.[558] 여기서 "과도한 광범성 원리"와 "막연하기 때문에 무효의 원리"를 살펴본다.

1. 컨즈 대(對) 뉴욕 사건(Kunz v. New York)

침례파 목사인 컨즈(Karl Kunz)는 허가 없이 종교적 집회를 개최하는 것을 금지하는 조례를 위반한 것을 이유로 유죄판결을 받았다. 뉴욕항소법원은 유죄를 인정했으나,[559] 연방대법원은 번복했다.[560]

558) Cantwell v. Connecticut, 310 U.S. 296, 304, 60 S.Ct. 900, 903, 84 L.Ed. 1213 (1940); Local 189 International Union of Police Associations v. Barrett, 524 F.Supp. 760, 765 (N.D.Ga.1981).

559) People v. Kunz, 300 N.Y. 273, 90 N.E.2d 455 (1949).

560) 340 U.S. 290, 71 S.Ct. 312, 95 L.Ed. 280 (1951).

연방대법원의 다수견해는 헌법적으로 보호되는 표현에 포함되는지를 고려하지 않았다고 판시했다. 반면 명확하게 규정된 조례규정은 컨즈(Kunz)의 집회허가를 거부하는데 사용되었지만, 과도하게 광범위한 조례규정은 수정헌법 제1조의 기준 하에서 받아들여지지 않았다.

2. 검열법, 금지법, 구제법의 비교

과도하게 광범위한 법률은 과도한 광범성 원리(the overbreadth doctrine)의 논점에 따라 검열법, 금지법, 구제법의 3가지 형태로 구별할 수 있다.

검열법(즉, 형사 신디칼리즘법과 같은 검열적 성격의 법)은 공적 관계상 문제를 옹호하는 것에 대하여 그 제한을 추구한다.[561] 연방대법원은 판시하기를, 검열법에서의 광범위성은 표현행위나 결사를 침해하는 선동법과 같은 금지법의 광범위성보다 더 엄격히 다룬다. 금지법은 표현적이고 결사적 행동을 침해한다. 그러나 "중립적인 관점의 경향을 보이는 이러한 방식"은 금지법을 옹호하게 된다.[562] 연방대법원은 구제법의 광범위성보다 금지법의 광범위성을 더 엄격히 판단하는 데, 이런 방식은 수정헌법 제1조상에 들어있는 가치들을 증진시키려는 목적 때문에 수정헌법 제1조상의 행위들을 최대한 보장해준다.[563] 예를 들어 구제법에는 로비, 캠페인, 기부행위, 노동조합선거를 규제하는 법을 포함한다. 이러한 분석에 꼭 들어맞는 Broadrick 사건에서 거론된 법으로 구제법이 이에 해당된다. 이 법은 주(州) 고용인의 정파적 정치활동을 규제하는 것이었다.[564]

3. 과도한 광범위성과 상업적 표현

상업적 표현에 과도한 광범위성 원리가 적용되는 범위가 어느 정도인가는 명확하지 않다. Ohralik v. Ohio State Bar 사건[565]에서 주 최고법원은 수감된 자들에 대한 선전을 이유로 한 오아이오 주의 변호사 징계를 지지했다. 다수의견은 그

---

561) 예를 들면, Brandenburg v. Ohio, 395 U.S. 444, 89 S.Ct. 1827, 23 L.Ed.2d 430 (1969); Herdon v. Lowry, 301 U.S. 242, 57 S.Ct. 732, 81 L.Ed. 1066 (1937); De Jonge v. Oregon, 299 U.S. 353, 57 S.Ct. 255, 81 L.Ed. 278 (1937).

562) Note, The First Amendment Overbreadth Doctrine, 83 Harv.L.Rev. 844, 918 (1970).

563) Note, The First Amendment Overbreadth Doctrine, 83 Harv.L.Rev. 844, 920 (1970).

564) Broadrick v. Oklahoma, 413 U.S. at 603, n. 1, 93 S.Ct. at 2911-12, n. 1 (1973).

565) 436 U.S. 447, 98 S.Ct. 1912, 56 L.Ed.2d 444 (1978).

같은 수감자에 대한 선전은 상업적 표현이며, 이러한 표현은 "비상업적 표현이 규제받는 것과 같지 않고 따라서 과도한 광범위성 원리가 제공하는 추가적 보호가 적용되지 않는다."고 언급했다.[566] 그리고 "설사 상업적 표현을 한 자가 과도한 광범위성 원리를 이용한다고 하더라도 Broadrick v. Oklahoma 사건[567]에서 요구했던 것을 반드시 검토해야만 할 것이다"라고 밝혔다. Ohralik 사건과 In re Primus 사건[568]에서는 사실상 과도한 광범위성 원리를 적용하지 않았다. 그러나 이 사건에서 대법원은 변호사의 권유행위를 상업적 표현으로 보지 않았다.

그렇지만 만일 그 표현이 상업적 표현(商業的 表現)으로 판정된다면 과도한 광범위성 원리에 따른 분석은 적용될 수 없을 것이다. "상업적 표현의 특수한 성격과 이러한 표현에 대한 수정헌법 제1조상의 비교적 최근의 보호조치 때문에 합법적 규제이익을 위한 경제법률에 대하여 행해지는 수정헌법 제1조와 관련된 소송들은 주의 깊게 판결해야 한다."[569]

다시 말하면, 잘못된 상업적 관행을 저지하기 위해 만들어진 상업적 표현에 대한 규제를 무효화하기 위하여 연방대법원이 과도한 광범위성의 분석을 이용하지 않는다 하더라도, 합리적 정부의 이익을 위해 필요한 정도를 넘지 않는 방식으로 상업적 표현을 규제하도록 대법원은 정부에 요구할 것이다.[570]

4. 과도한 광범위성과 당사자적격

연방대법원이 표현에 대하여 위헌적인 과도한 광범위한 규제를 하고 있는 법률이 무효화되어야 한다는 주장을 검토할 경우에 당사자 적격과 수정헌법 제1조의 문제를 혼동하기가 쉽다.

심사대상인 법률이 과도한 광범성 원리에 해당하는가를 판단하는 재판관들은 종종 법정에 선 개인들에게 수정헌법 제1조를 근거로 당사자적격이 흠결되었다고 주장해왔다. 그러나 당사자적격이나 과도한 광범위성 원리문제를 거론하는 것은 정확하지 않다.

---

566) 436 U.S. at 462-63, 98 S.Ct. at 1912-22.

567) 413 U.S. 601, 615, 93 S.Ct. 2908, 2917-18, 37 L.Ed.2d 830 (1973).

568) 436 U.S. 412, 98 S.Ct. 1893, 56 L.Ed.2d 417 (1978).

569) Friedman v. Rogers, 440 U.S. 1, 11 n. 9, 99 S.Ct. 887, 894 n. 9, 59 L.Ed.2d 100 (1979).

570) Central Hudson Gas & Elec. Corp. v. Public Serv. Commission, 447 U.S. 557, 571, 100 S.Ct. 2343, 65 L.Ed.2d 341 (1980).

나아가 연방대법원이 과도하게 광범위한가 여부로 해당 법률을 검토할 때, 그 당해 개인은 그 법률이 너무 포괄적이어서 보호되는 표현이나 보호되지 않는 표현 모두를 규율한다면, 우리 사회의 누구도 그 법률에 따른 처벌에 수긍하지 않을 것이라는 사실을 인식해야만 한다.[571] 만일 연방대법원이 그 법률이 너무 포괄적이어서 사람들로 하여금 보호되는 표현을 사용하지 못하도록 하고 있다든지, 정치적 반대자들에게 자의적으로 사용되는 것으로 판단되면 그 법률은 과도하게 광범위한 것으로 판단될 것이다. 만일 연방대법원이 그 법률이 합헌적으로 보호받는 표현을 사용하지 못하도록 방해한다던지, 반대자들을 처벌하기 위한 선별적인 수단으로 사용될 일이 거의 없다고 판단되면, 그 법은 유지되고 사안별로 적용되도록 허용될 것이다.[572]

사람들은 수많은 대법원의 결정을 이해하기 위하여 법률의 광범위성에 대한 실체적인 수정헌법 제1조의 판결 및 사법절차나 당사자적격의 문제를 구별할 수 있어야만 한다. 이 문제는 Secretary of State v. Joseph H. Munson Co., Inc. 사건[573]에서 제시해 주었다.

5. Secretary of State v. Joseph H. Munson Inc. 사건

연방대법원은 Munson Co., Inc. 사건에서 자선비용의 모금한계를 25%로 정한 법률을 심사했다. 직업적으로 이익을 남기는 기금모금자(이 사람은 이익과는 관계없는 모금 조직들과 계약을 맺었다)는 이 법률을 위헌으로 제소했다. 이 기금모금자는 정기적으로 권유를 통해 모아진 기금의 25%가 넘는 액수를 청구했었다. 정부의 행정담당자는 그 같은 권유행위를 통한 수익의 25%가 넘는 액수를 받거나 이에 대한 계약을 맺음으로써 법률상의 기소를 피할 수 없는 기금모금자에게 법률을 적용할 책임이 있었다.

Joseph H. Munson Co. 사건의 재판부는 "자선단체가 사용한 비용을 제한한다고 하는 것은 그들이 기부권유를 위한 필요와 정보의 분배를 위해 돈을 쓸 수 있는 수정헌법 제1조상의 권리를 직접적으로 제한하는 것"이라는 선판례들을 바탕으로

571) Judge Barker, citing Treatise in, Indiana Voluntary Firemen's Association, Inc. v. Pearson, 700 F.Supp. 421, 434 (S.D.Ind.1988) 참조.

572) 적용의 경우(As Applied) : 어느 법규정이 표현의 자유를 위헌적으로 제한하지 않기 때문에 표면상 유효한 규정인데, 이 규정이 특정한 사건에 적용의 경우(As Applied) 심사되어질 수 있다.

573) 467 U.S. 947, 104 S.Ct. 2839, 81 L.Ed.2d 786 (1984).

그 법률을 무효화시켰다. 이 법률은 비영리 단체가 행하는 부정한 모금으로부터 대중을 보호할 정부의 이익을 증진시키도록 명확히 규정되지 않고 있었다.574)

첫 번째, 연방대법원은 판결을 위하여 충분히 성숙된 사건(case)이나 쟁송(controversy)이 존재하는지의 여부를 결정해야만 한다. 왜냐하면 모금회사들이 소송으로 인해 위협받고 그 사건은 주 법원들이 완전히 판결을 다 내렸기 때문에 실제적인 쟁송(controversy)이 존재한다는 것은 의심의 여지가 없었다.

두 번째, 연방대법원은 기금모금회사들이, 자신의 권유행위 비용으로 모금액의 25% 이상을 사용하기를 바라는, 자선에 관한 수정헌법 제1조상의 주장을 하도록 허용할 것인지를 결정해야만 한다. 엄밀하게 말하면, 이는 수정헌법 제1조상의 과도한 광범위성 문제가 아니라 실제로는 제3자 적격의 문제이다.575) 다수의견은 그 제3자가 연방헌법 제3조를 만족시킬 만큼 충분한 실제상의 피해를 입고 있는지, 절차상의 문제에서 적절하게 쟁점을 드러내는 것이 기대되는 지에 대하여 심리하도록 연방대법원에 요구할 수 있다는 전제하에서 모금자가 제3자 적격을 보유한다고 결정을 내렸다. 연방대법원은 수정헌법 제1조가 소송문제가 된 상황에서는 기본적으로 소송자의 이익이 아닌, 사회의 이익을 위하여 다른 사람의 언론에 대한 제한을 상대로 위헌소송을 제기하도록 제3자 적격을 허용해야만 했다. 이는 법정에 서지 않은 다른 사람들의 수정헌법상의 권리가 위축되지 않도록 방지하는 것이었다. 광범위성 원리는 수정헌법 제1조의 위반문제나 당사자적격의 문제와 분리되어 인식되어야 하나, 불행히도 연방대법원은 이 재판을 과도한 광범위성의 문제의 일부로 부정확하게 취급했다.

Joseph H. Munson Co. 사건의 세 번째 문제는 모금비용을 제한하는 이 법률이 부분적으로 삭제되어야 하는 지 아니면 언론활동을 제한한다는 이유로 완전히 무효가 되어야 하는지 여부이다. 만일 이 법률이 문언상 유지된다면, 법원들은 각 사건들마다 모금비용의 제한이 직업적 모금자에게 지불되는 비용에 대한 합법적 제한인지, 아니면 자신의 견해를 유포하기 위해 자선조직의 능력을 제한하는 규제인지를 조사해야만 할 것이다. 다수의견은 이러한 제한이 사기행각을 방지하기 위한 정부의 실체적인 이익과 정확하게 관련되지 않는다고 판단했다. 왜냐하면 자선행사를 알리는데 사용되는 모금비용이 많아진다고 하는 것이 사기행위를 방

574) The Court struck a similar statute in Village of Schaumburg v. Citizens for a Better Environment, 444 U.S. 620, 100 S.Ct. 826, 63 L.Ed.2d 73 (1980).

575) R. Rotunda & J. Nowak, Treatise on Constitutional Law: Substance and Procedure § 2.13(f)(3) (2d ed.1992) 참조.

지하는데 그다지 필수적이지 않기 때문이다.

연방대법원은 이 문제를 법률의 일부를 삭제하는 것이 아니라 법정에 선 특정 개인이나 조직의 행위가 합헌적인지 여부를 결정하는 것으로 인식했었다. 그러나 이 사건에서는 다른 문제가 논의됨 없이, 다수의견은 그 법률은 실질적으로 광범위한 것이라는 판단이었다. 비록 많은 모금비용이 든 몇몇 단체들이 수정헌법 제1조상의 활동과는 전혀 관련 없다고 하더라도 그 법률은 정보제공을 포함한 보호받는 수정헌법 제1조상의 활동이 들어있는 모든 자선적 모금행위를 직접적으로 제한하도록 작용하게 된다.

반대의견을 표명하는 대법관들은 이 법률이 부분적으로 삭제되어서는 안된다고 판단했다. 왜냐하면 이 법률은 단지 직업적인 모금자에게 지불되거나 기타 다른 행정적 비용으로 사용될 수 있는 모금과정상 수령된 돈의 퍼센트를 제한하는 것으로 보았기 때문이다. 또한 다수의견이 자선행위에 대한 정보를 배포하는 것과 같이 진정한 수정헌법 제1조상의 행위를 기반으로 모금행위에서 수령된 돈에 대하여 추가적인 비용이 지불되기를 바라지만 25% 이하로 자신의 행정적 비용을 유지하는 자선단체에 이 법률이 적용되는 것을 무효화한 반면, 소수의견은 이 법률을 문언상 지지했다.

다수의견과 소수의견의 차이는 이 법률이 광범위하기 때문에 문언상 삭제되어야 할 것인지, 아니면 사안별로 적용되어야 하는 것인지에 관한 것이지, 개인이 수정헌법 제1조상의 문제를 제기할 적격을 가지고 있는 지와는 전혀 상관없는 것이었다.

Ⅶ. 막연하기 때문에 무효의 원리

과도한 광범위성 원리와 밀접하게 연관된 것은 '막연하기 때문에 무효의 원리'이다. 언론활동을 규제하는 법률의 막연성 문제는 광범위성과 같은 근거를 가지고 있으므로, 연방대법원은 흔히 이 양자(兩者)를 함께 언급한다.[576)]

1. 막연함과 형법의 일반성

막연하기 때문에 무효의 원리는 단지 언론자유나 다른 기본권을 규제하려는 것

576) 예를 들면, Dombrowski v. Pfister, 380 U.S. 479, 486, 85 S.Ct. 1116, 1120-21, 14 L.Ed.2d 22 (1965).

만이 아니라, 모든 형법에도 적용된다. 이러한 종류의 법들은 일반인들에게 자신의 행위가 범죄가 되기 전에, 어떤 활동이 범죄로 되는지에 관하여 명확한 자료를 제공해 주어야만 한다.[577)]

2. 막연함과 수정헌법 제1조

표현의 자유, 집회·결사의 자유 등과 같은 기본적인 헌법상 권리를 제한하는 법을 심사할 경우, 이같은 제한이 막연하지 않다는 것을 보장하기 위해 몇 가지 근거가 요구된다. 첫째, 법률에서 어떠한 행위가 범죄가 되는 지를 사람들에게 정확히 알려주는 것은 범죄와 기본적인 헌법상 권리를 구성하는 행위를 구별할 경우 매우 중요하다. 어떠한 법이 기본적 권리와 관계되어 있으나 그 범위가 막연하다면, 이는 "테러로 인한 공포효과"를 가져와 사람들로 하여금 헌법적으로 보호되는 표현행위를 하지 못하게 만든다. 다시 말하면 재산의 이용과 관련된 불명확한 법은 특별한 헌법적 의미를 부여함 없이 오로지 위축효과만을 가져올 것이다.

둘째, 더욱 중요한 것으로 막연하기 때문에 무효의 원리는 정부관계법을 시행하는 경우에는 명확한 기준을 제공할 수 있다. 이와 같은 명확한 기준이 없다면 법을 적용하는 공무원은 선별적 기준으로 법을 적용할 재량권을 가지게 된다. 이러한 재량권은 법이 표현의 자유와 같은 기본적 권리를 제한하는 경우 매우 위험하게 된다.[578)]

셋째, 수정헌법 제1조는 숨 쉴 여지(breathing space)를 필요로 하므로, 관용적인 정부의 규제는 "명확한 특정성"을 지니고 규정해야 한다.[579)] 이같이 명확하고 특정된 법률은 어떠한 언론활동이 규제되어야만 하는 지에 대한 의회의 숙고된 판단이 반영된 것이다.[580)]

넷째, 수정헌법 제1조 영역에서, 포괄적이고 부정확한 적용이 가능한 형사법의 존재를 허용하게 되는 특별한 위험이 존재한다. 수정헌법 제1조상 표현의 자유는 "우리사회에서 아주 귀중한 만큼이나 민감하고 침해되기 쉽다."[581)] 결국 막연하기

577) 예를 들면, Colautti v. Franklin, 439 U.S. 379, 99 S.Ct. 675, 58 L.Ed.2d 596 (1979).

578) Kolender v. Lawson, 461 U.S. 352, 103 S.Ct. 1855, 75 L.Ed.2d 903 (1983).

579) NAACP v. Button, 371 U.S. 415, 433, 83 S.Ct. 328, 338, 9 L.Ed.2d 405 (1963), citing Cantwell v. Connecticut, 310 U.S. 296, 311, 60 S.Ct. 900, 906, 84 L.Ed. 1213 (1940).

580) cf. NAACP v. Button, 371 U.S. 415, 432-33, 83 S.Ct. 328, 337-38, 9 L.Ed.2d 405 (1963).

581) NAACP v. Button, 371 U.S. 415, 433, 83 S.Ct. 328, 338, 9 L.Ed.2d 405 (1963).

때문에 무효의 원리는 너무 막연해서, 보호되는 언론이 규제에 포함되거나 처벌될 수 있는 표현의 성격에 대한 명백한 기준 없이 개인을 내버려두는 등의 표현을 제한하는 법률을 엄격히 금지시킨다.582)

3. 막연성과 국기(國旗)오용금지법

막연하기 때문에 무효의 원리가 적용되는 예를 보여주는 사례가 Smith v. Goguen 사건583)이다. 이 사건에서 피상소인은 자신의 바지 엉덩이 부분에 작은 미국국기를 재봉해 다닌 것을 이유로 국기오용금지법 위반으로 유죄판결을 받았다. 이 법에는 성조기를 공개적으로 훼손하거나 짓밟거나 모욕적으로 다루는 개인은 형사적 책임을 져야 했다. 연방대법원은 수정헌법 제14조의 적법절차조항에 의거해 이 법의 내용이 막연하기 때문에 무효라고 판결했다.

포웰(Powell) 대법관은 막연하기 때문에 무효의 원리를 다음과 같이 설명했다.

"적절한 주의나 경고의 개념을 구체화해 보면 자의적인 법집행을 방지하기 위하여 사실상의 법집행자나 판단자가 사용할 합리적이고 명확한 기준을 지닌 법이 필요하다. 법률의 문리적 범위가 수정헌법 제1조에 의해 보호되는 표현에 이를 수 있는 정도라면, 막연하기 때문에 무효의 원리는 다른 부분보다 더 엄격한 정도의 특정화를 요구한다."

국기오용금지법은 국기를 어떻게 다루는 것이 범죄가 되고 또 되지 않는가에 대한 명확한 규정이 없기 때문에 모호하다. 더욱이, 이 법률은 어떤 경고나 주의를 제공해 주지 못했는데, 국기에 대한 모욕적인 사용이라는 기준은 너무나 애매모호해서 경찰관, 판사, 배심원들이 어떤 행위가 모욕적인 것인가를 자신이 가진 호불호(好·不好)에 따라 결정할 수 있다. 모욕적인 사용에 대한 확인할 수 있는 기준이 부족하다는 것은 적법절차조항을 위반하는 것이다.

포웰 대법관은 무엇이 국기모욕을 구성하는 가에 대해 경찰이나 법정에 그같이 폭넓은 재량을 부여할 아무런 합리적 이유도 없다고 결론을 내렸다. 국기에 대한 도덕은 세대에 따라 변해가는 것이라고 언급하면서 어떤 행위가 위법한 것인가를 법률은 명확히 특정해야 할 필요가 있다고 했다.

582) State v. Princess Cinema of Milwaukee, Inc., 96 Wis.2d 646, 292 N.W.2d 807, 813 (1980); Levine v. United States District Court, 764 F.2d 590, 599 (9th Cir.1985).

583) 415 U.S. 566, 94 S.Ct. 1242, 39 L.Ed.2d 605 (1974).

Ⅷ. 가장 덜 제한적인 수단의 심사

입법의 목적이 실질적인 정부이익에 따른 합법적인 것이라고 하더라도 결과적으로 법률이 좀 더 명확히 규정될 수 있는 것이라면 기본적인 개인의 자유를 제한할 정도의 광범위한 수단을 사용할 수는 없다. "법률적 침해의 범위는 동일한 목적을 달성하기 위하여 좀 더 완화된 수단이 있는 가의 측면에서 검토되어야 한다."[584) 연방대법원은 법률이 언론자유에 대하여 가장 덜 제한적인 수단을 이용하도록 요구하고 있다. 주간(州間)통상에 영향을 미치는 주(州)규제와 같은 비(非)언론적인 영역에도 가장 덜 제한적인 원리는 역시 적용되어 왔지만,[585) 사실 언론자유의 영역에서 특히 중요하다.

Shelton v. Tucker 사건[586)은 최소규제의 원리를 보여주는 중요한 사례다. 이 사건에서 알칸사스주(州) 교사는 주법(州法)에 의해 자신이 최근 가입하거나 활동했던 모든 단체의 명단을 매년 보관, 제출하도록 요구받았다. 원고인 셀톤(Shelton)과 그 외의 다른 사람들은 명단확인서 제출을 거부했고 자신의 교사계약을 갱신하지 않았다. 재판의 결과 그는 공산당원이나 폭력에 의한 정부의 전복을 지지하는 어떤 단체의 소속원도 아니었다. 그러나 그는 전미유색인종지위향상협회(NAACP)의 멤버였고 재판부는 명단확인서에서 그 정보를 확인하였다.

연방대법원은 주(州)가 교사에 대한 적합성이나 적절함을 조사할 이익이 있다는데 동의했다. 그러나 알칸사스의 법률은 이러한 합법적 목적을 넘어서는 것이었다. 이 법에 의한 자료의 축적은 비밀이 유지된 것도 아니고 공적인 노출이 허용되기도 하며, 공개적 단체에 속했다는 이유로 학교감독자에게 제재를 당할 위험도 있었다. 더욱이 주의 공개요구는 완전히 제한된 것도 아니었다. 이 법의 무제한적이고 무차별적인 포괄성은 교사의 적합성이나 적절함에 대한 주의 합법적 심사를 정당화하는 것 이상이어서,[587) 위헌이 되었다.

---

584) Shelton v. Tucker, 346 U.S. 479, 488, 81 S.Ct. 247, 252, 5 L.Ed.2d 231 (1960).

585) 예를 들면, Dean Milk Co. v. Madison, 340 U.S. 349, 71 S.Ct. 295, 95 L.Ed. 329 (1951).

586) 346 U.S. 479, 81 S.Ct. 247, 5 L.Ed.2d 231 (1960).

587) Shelton v. Tucker, 346 U.S. 479, 490, 81 S.Ct. 247, 253, 5 L.Ed.2d 231 (1960).

Ⅸ. 명백하고 현존하는 위험의 원칙

표현의 자유 제한이론으로서 또는 제한의 한계로서 대표적 이론이 "명백하고 현존하는 위험의 원칙"인데, 미국 연방대법원 판례를 통해 발전된 명백하고 현존하는 위험의 원칙을 살펴보겠다.[588)]

1. "명백하고 현존하는 위험" 심사기준의 기원과 전개

(1) 등장 배경

수정헌법 제1조가 인준된 이후부터 제1차 세계대전 직전까지 미국연방대법원은 표현의 자유문제에 대해 좀처럼 자신의 견해를 표명하지 않았다. 1798년 외국인법과 치안방해법[589)]의 의회 가결을 제외하고 연방의회는 자유로운 언론, 집회 또는 출판을 제한하는 법률을 제정할 수 없다는 수정헌법 제1조의 규정대로 순종해 왔다.[590)] 그러나 제1차 세계대전에 참전한 미국이 여론에 의한 저항에 부딪혔을 때, 연방의회는 수정헌법 제1조에 대한 접근방식에 변화를 가져왔다. 제1차 세계대전 동안 사회주의자, 볼세비스트, 무정부주의자, 혁명주의자 등의 "적색 공포"(Red Scare)가 존재한 것이 그 원인이었다.

연방의회는 국내의 정치적 불안에 대응하여 1917년 간첩행위방지법(Espionage Act)[591)]과 1918년 치안방해법(Sedition Act)[592)]을 가결하였다. 그 분위기가 자유로운 표현 보장의 확장적인 이해에 기여하지 못할 시점에, 이러한 법률은 연방대법원이 수정헌법 제1조에 접근하는 기준을 발전시킬 수 있는 기회를 제공하였다.

처음으로 공산주의자들과 급진과격주의자들을 향해 팔머(Palmer)공습을 목격한 때인, 1919년 연방대법원은 자유로운 표현문제와 관련된 2개의 중요한 판결

588) 명백하고 현존하는 위험의 원칙에 관한 내용은 이부하, "미국헌법상 명백하고 현존하는 위험 원칙", 헌법학연구 제12집 제2호, 2006. 6, 173면 이하 참조.

589) 1798년 6월 25일의 외국인법, 1798년 7월 14일의 치안방해법.

590) 제1차 세계대전 이전의 역사에 관해서는 Anderson, The Formative Period of First Amendment Theory, 1870-1915, 24 Am.J.Legal Hist. 56 (1980); Loenard Levy, Legacy of Suppression (1960); William Mayton, Seditious Libel and the Lost Guarantee of a Freedom of Expression, 84 Colum.L.Rev. 91 (1984); David Rabban, The Emergence of Modern First Amendment Doctrine, 50 U.Chi.L.Rev. 1205 (1983).

591) 1917년 6월 15일의 방첩법, ch. 30, 40 Stat. 217,

592) 1918년 5월 16일의 치안방해법, ch. 75, 40 Stat. 553,

Schenck v. United States[593] 와 Abrams v. United States[594]을 선고하였다. 이 사건들에서 연방대법원은 처음으로 "명백하고 현존하는 위험" 이론을 언급하였다.

(2) 셍크 사건(The Schenck Case)

셍크(Schenck) 사건에서 연방대법원은 1917년의 간첩행위방지법(Espionage Act) 위반의 공모에 대해 상고인에 대해 유죄판결을 선고하였다. 상고인은 '징병'은 최악의 형태의 폭정이고, 월가(Wall Street)의 선택받은 소수를 위한 '인간성을 역행하는 가장 잔인한 악'이며, 수정헌법 제13조의 위반이라고 주장하며 징병대상자들에게 전단을 우송하였다.[595] 정부의 주장에 의하면, 이러한 전단은 징병의 방해를 금지하는 간첩행위방지법에 의해 금지되는 것이다.

연방대법원을 대표하여 판결문을 작성한 홈즈(Holmes) 대법관은 국가안전에 대한 중대하고 즉각적인 위협을 방지하는 데 필요한 한도에서 표현의 자유에 대한 제한을 지지했고 유죄판결을 선고하였다.

자유로운 표현의 가장 설득력있는 보호는 고의로 극장 안에서 불이야! 라고 외치며 혼란을 야기하는 사람을 보호하지는 않는다. 심지어 폭력의 영향력을 가진 발언에 대한 금지명령으로부터도 보호하지 않는다. … 모든 사례에 있어서 문제는 사용된 용어가 연방의회가 방지할 권리가 있는 실질적 해악(substantive evils)을 초래할 명백하고 현존하는 위험(a clear and present danger)을 발생시키는 그러한 성질의 것이며 그리고 그러한 상황에서 사용되었는가 여부이다. 이것은 접근성과 정도(proximity and degree)의 문제이다.[596]

홈즈(Holmes) 대법관은 수정헌법 제1조상 보호는 전쟁시에는 전쟁에 전력을 다하는 것을 방해하는 표현의 보호로 확장해서는 안된다고 결론지었다.[597]

Abrams v. United States 사건[598]에서 상고인들은 러시아의 새로운 공산주의 정부를 진압하려는 노력에 미국의 관여를 비판하는 팜플렛을 배포하였는데, 반대의견을 내세운 홈즈(Holmes) 대법관은 명백하고 현존하는 위험의 심사기준을 덧붙여 설

---

593) 249 U.S. 47, 39 S.Ct. 247, 63 L.Ed. 470 (1919).

594) 250 U.S. 616, 40 S.Ct. 17, 63 L.Ed. 1173 (1919).

595) 249 U.S. at 49-51, 39 S.Ct. at 247-49.

596) 249 U.S. at 52, 39 S.Ct. at 249.

597) 셍크 사건을 기술한 일주일 후 홈즈 대법관은 비슷한 사건에서 유죄판결을 선고하면서 2개의 다른 견해를 기술했다. Frohwerk v. United States, 249 U.S. 204, 39 S.Ct. 249, 63 L.Ed. 561 (1919).

598) 250 U.S. 616, 624, 40 S.Ct. 17, 20, 63 L.Ed. 1173 (1919).

명하였다. 연방정부는 "전쟁수행에 있어서 미국에 장애를 주거나 방해하려는 의도를 가지고"[599] 전쟁노력에 저항하고 전쟁물자생산의 감축을 독려하는 표현을 금지하는 개정된 간첩행위방지법 위반의 공모자인 상고인에 대해 유죄를 주장하였다.

아브람스(Abrams) 사건의 다수의견은 셍크(Schenck) 사건에서 기초되어진 홈즈(Holmes)에 의해 주장된 명백하고 현존하는 위험 심사기준에 영향을 받지 않았다. 상고인에 의한 표현의 "해로운 경향"(bad tendency) 때문에 대법원의 다수의견은 비록 피고인의 형량이 20년이었지만 이를 인정하였다.[600] 해로운 경향 심사기준하에서는 해로운 결과를 초래할 경향이 있는 형태의 표현이라면 그러한 표현은 금지될 수 있었다.

홈즈 대법관은 미국 비판적인 팜플렛이 독일에서 미국의 전쟁노력을 실질적으로 방해한다고 가정하는 어이없는 상황을 논증하면서 유죄판결을 선언한 연방대법원을 비판하였다. 홈즈 대법관은 유죄판결을 파기해야 했어야 했으나, 법구조상 문제상 헌법적 문제를 고려하는 방향으로 생각을 바꾸었다.

홈즈 대법관은 주장하기를, 정부는 "직접적인 해악이나 의도를 지닌 명백하고 현존하는 위험을 초래할 경우에만 표현의 자유를 제한할 수 있다 … 연방의회는 결코 국가의 사상을 변경하려는 모든 노력을 금지시킬 수 없다"고 하였다.[601] 홈즈 대법관이 인정한대로, 표현의 자유를 규율하는 법률이 정부를 위해서는 반대의견을 진압하는 것이 효과적인 방법일 수도 있을 것이나,-궁극적인 선(善)은 사상의 자유로운 교류에 의해 더 효과적으로 도달될 수 있다.-진리에 대한 최선의 심사는 시장의 경쟁 속에서 사상이 스스로를 수용시키는 힘에 있다.[602]

홈즈 대법관은 비인기적 사상의 지나친 탄압에 대해 경고하였다.

정부가 국가를 구하기 위해 즉각적인 통제가 필요하다는 적법하고 절박한 법률의 목적으로 즉각적인 개입을 하겠다는 것을 견제하지 않는다면, 우리는 죽도록 몹시 싫어하는 사상의 표현을 억제하려는 시도들에 대해 부단히 경계하고 있어야만 한다.[603]

아브람스(Abrams) 사건에서 홈즈 대법관은 상고인이 수정헌법 제1조상의 권리를 행사한 이유로 부당하게 유죄판결을 받았다고 결론지었다.

---

599) 1917년 6월 15일 방첩법, ch. 30, 40 Stat. 217, 개정 1918년 3월 16일, 40 Stat. 553.

600) 250 U.S. at 629, 40 S.Ct. at 21-22.

601) 250 U.S. at 628, 40 S.Ct. at 21.

602) 250 U.S. at 630, 40 S.Ct. at 22.

603) 250 U.S. at 630, 40 S.Ct. at 22.

(3) 지틀로 판결(The Gitlow Decision)

연방대법원은 해로운 경향(bad tendency) 심사기준을 계속적으로 사용하였고, 피고인을 보호하기 위해 명백하고 현존하는 위험 심사기준을 적용하는 것을 계속하여 꺼렸다. Gitlow v. New York 사건[604]의 피고인들은 정부전복을 위한 폭력의 주창을 금지하는 뉴욕 주의 "범죄 무정부주의법"(criminal anarchy statute)위반으로 유죄판결을 받았다. 피고인들은 정치적 파업을 독려하는 급진적 성명서를 발간했고 배포하였다. 그 성명서를 받는 개인에게 어떠한 영향을 주었는지 증거는 없었다.

지틀로(Gitlow)는 "명백하고 현존하는 위험" 심사기준을 적용할 수 없다는 판단하에 무정부주의 범죄법으로 유죄판결을 받았다. 연방대법원은 법문상 어떠한 제한을 포함하지 않고 법규정이 특정한 행위를 금지하는 경우에만 "명백하고 현존하는 위험" 심사기준이 원용되어야 한다고 주장했다. 이러한 사건에서 정부는 피고인의 발언이 법률상 금지되는 결과를 초래했다는 것을 입증해야 하나, 연방대법원은 법률상 이미 지틀로의 발언들이 법규정을 위반한 것으로 예정되었다고 판시하였다. 특정한 발언이 실질적 해악을 유발할 가능성이 있다는 정부의 결정은 숙고되지 못한 결과였고, 정부는 법률상의 합리적인 근거가 있다는 것만 입증하면 되었다. 이는 특정한 용어가 "명백하고 현존하는 위험"을 유발하든 유발하지 않든 무관한 것이었다.[605]

홈즈 대법관과 브랜다이스 대법관은 이에 반대하면서, "명백하고 현존하는 위험" 심사기준이 적정하게 적용되었다면, 정치적 개혁을 선동하는 상고인의 지루한 전단(성명서)은 실질적인 위험이 없다는 것이 명백했을 것이라고 판시하였다. 홈즈 대법관은 덧붙여 판시하기를, 만약 성명서가 정부의 안정을 급박하게 위협한다면, 진압의 필요성이 있을 수 있다. 그러나 급박한 위험이 없다면 상고인은 수정헌법 제1상의 권리를 행사할 권한이 있다고 결론지었다.

(4) 휘트니 판결(The Whitney Decision)

1) 휘트니 판결에서 다수의견

2년 후인 1927년 "명백하고 현존하는 위험" 심사기준은 다시 그 모습을 나타냈

---

604) 268 U.S. 652, 45 S.Ct. 625, 69 L.Ed. 1138 (1925).

605) 268 U.S. at. 671, 45 S.Ct. at 632.

다. 그런데, 이 시기에 이 심사기준은 의견의 일치를 보였다. Whitney v. California 사건[606]은 캘리포니아 공산노동당의 창당을 지원함에 의해 캘리포니아주 범죄 신디칼리즘법을 위반한 것으로, 연방대법원은 휘트니(Whitney) 부인을 유죄판결하였다. 그 법률은 '범죄 신디칼리즘'을 "정치적 또는 경제적 변화를 가져오기 위하여 무력이나 폭력에 의한 범죄, 사보타지 … 또는 불법한 행위를 교사, 지원, 선동하는 주의"로 정의하고 있었다.

휘트니(Whitney) 부인은 주장하기를 창당집회를 할 때, 자신은 오직 민주적 절차를 통한 정치적 개혁을 주장했으나, 집회참석자의 다수가 폭력과 테러에 의한 변화를 지지했다는 것이다. 그녀는 불법적 목적을 모르고 공산당을 지지했다고 말했다. 그녀는 주(州)가 그 집회에 그녀가 단지 참석했다는 것을 이유로 자신에게 유죄판결을 하였고 이는 결과적으로 적법절차를 거치지 않고 자신의 자유를 박탈한 것이라고 주장하였다.[607] 그러나 연방대법원은 배심이 그 집회에 그녀의 참석에 관한 사실문제를 인정하였고, 공산당의 통일적 행위가 주의 복리를 위협했으며, 휘트니(Whitney) 부인은 그 조직의 일원이었다는 이유로 유죄판결을 확인하였다.

2) 휘트니 판결에서 브랜다이스의 동조의견

이 시기에 홈즈 대법관이 아닌, 브랜다이스 대법관이 동조의견을 기술하였다. 홈즈 대법관은 이 의견에 가담하였다. 브랜다이스 대법관의 의견은 "의견일치"(concurrence)라는 명칭이 붙어있지만, 그 의견의 내용은 반대의견처럼 해석된다. 브랜다이스 대법관은 연방대법원이 지틀로(Gitlow) 사건에서 법률의 제정이 "명백하고 현존하는 위험" 심사기준을 배제한다는 견해에 대해 반박하였다. "법률의 제정은 그 법률의 유효성에 있어 필수적인 사실들을 만들어낼 수 없다."[608]고 브랜다이스 대법관은 주장하였다.

브랜다이스 대법관은 명백하고 현존하는 위험 심사기준을 정당화하고 상세히 설명하기 시작하였다. 브랜다이스 대법관은 "주(州)는 일반적으로 대다수의 시민이 잘못되고 나쁜 결과를 가져올 것이라 믿는 사회적, 경제적, 정치적 원리의 전파를 금지할 권한이 없다."[609]고 주장했다. 그는 헌법기초자들은 "자유를 목적이

606) 274 U.S. 357, 47 S.Ct. 641, 71 L.Ed. 1095 (1927).

607) 274 U.S. at. 363-67, 47 S.Ct. at. 644-45.

608) 274 U.S. at. 374, 47 S.Ct. at. 648 (브랜다이스의 동조의견). Nathanson, "The Philosophy of Mr. Justice Brandeis and Civil Liberties Today", in R. Rotunda, ed., Six Justices on Civil Rights 161-71 (Oceana Publications, Inc. 1983).

자 수단으로 평가했다고 설명했고, 헌법기초자들은 자유를 자유의 해결열쇠가 되는 행복과 용기의 해결열쇠로서 생각했다"[610]고 주장했다. 또한 자유로운 표현은 그 자체가 본래 그리고 자연히 유익이 된다고 주장했다.

또한 브랜다이스 대법관은 공공질서는 자유로운 표현에 의해 보장된다고 하면서, "억제는 증오를 낳고, … 증오는 안정된 정부를 위협한다 … 안전의 길은 생각하는 불만과 제안된 시정책을 자유롭게 토론할 기회를 제공하는 데 있다 …"[611]고 주장하였다.

특히 브랜다이스 대법관은 주(州)가 선동(incitement)을 설명할 필요성이 있다고 강조했다.

그러나 아무리 도덕적으로 비난할만한 법위반의 주장이라도 선동에까지 미치지 않는 주장이고 그 주장이 즉시 행동으로 나타났다고 볼만한 여지가 없다면 자유로운 표현을 거부할 정당성은 없다. 표현으로부터 나오는 위험은 우려되는 해악의 발생이 매우 임박하여서 충분한 토론의 기회가 주어지기 전에 그 해악이 발생할 경우가 아니면, 명백하고 현존하는 위험으로 간주할 수 없다.[612]

브랜다이스 대법관은 자유로운 표현과 집회의 권리가 침해되는 상황에서 피고인은 명백하고 현존하는 위험이 실제적으로 존재하지 않았다고 주장함으로써 표현을 억제하는 상황과 대항할 수 있을 것이라고 주장한다. 브랜다이스 대법관은 휘트니(Whitney) 부인이 어떠한 심각한 해악이라는 명백하고 현존하는 위험이 집회행위로부터 발생하지 않았기 때문에 자신의 유죄판결은 무효라고 주장했어야 한다고 말했다. 그러나 휘트니(Whitney) 부인은 유죄에 대한 이의제기를 하지 않았고 따라서 브랜다이스 대법관은 "명백하고 현존하는 위험"의 문제를 제기할 수 없었다고 말했다.[613]

절차상의 문제 때문에 브랜다이스 대법관은 다수의견에 동조하였다. 그의 동조의견은 전적으로 반대의견이었으나, 제한된 절차상의 이유로 단지 유죄판결을 지지하는 명목상의 것이었다.

결국 사려깊지 못한 표현이 즉각적인 행동을 유발한다면 이는 수정헌법 제1조상 보호에서 제외되게 된다. 실질적 문제는 전단(성명서)이나 표현자가 설득력 있

609) 274 U.S. at. 374, 47 S.Ct. at. 648.
610) 274 U.S. at. 375, 47 S.Ct. at. 648.
611) 274 U.S. at. 375, 47 S.Ct. at. 648.
612) 274 U.S. at. 376-77, 47 S.Ct. at. 648-49.
613) 274 U.S. at. 379, 47 S.Ct. at. 649.

는지 지루한지 또는 흥미로운지 단조로운지 여부가 아니다. 그 대신에 표현의 내용이 선동을 발생시킬 가능성이 있는지가 중요한 기준이 된다.

(5) 헌든 사건(The Herndon Case)

이 시기의 몇몇 사건 이후에 연방대법원은 표현의 주장에 대한 유죄판결을 파기하였다. 그러나 이것은 명백하고 현존하는 위험의 원칙에 의거한 것이 아니었다.[614] 마침내 Herndon v. Lowry 사건[615]에서 5 對 4의 결정으로 연방대법원은 사실상 지틀로(Gitlow) 심사기준을 거부하며, 정부전복의 선동 시도를 금지한 법률위반에 대한 유죄판결을 파기하였다. 연방대법원은 주는 위험한 경향이 있다는 것만으로 표현을 제한할 수 없다고 판시하였다. 비록 제한된 성격의 표현이라도 국가가 자유로운 표현의 권리를 제한할 권한은 "조직화된 정부에 대한 위험성의 합리적 우려가 있어야만 정당화될 수 있다."[616]

이러한 원칙을 사용한 직후 연방대법원은 명백하고 현존하는 위험 원칙의 적용을 확장하기 시작하였다. 몇 년 동안 "명백하고 현존하는 위험" 심사기준은 수많은 사건에서 사용되었다. 그러나 이 원칙은 치안방해(sedition)에는 적용되지 않았다.[617] 가장 의미 있고 오늘날에도 명백하고 현존하는 위험이 적용되는 유형의 표현은 법정모욕의 일련의 사건이다. 법정모욕 사건 이외에 연방대법원은 정부가 다양한 형태의 표현을 제한할 때 판단할 다양한 심사기준을 발전시켰다.[618]

(6) 법정모욕사건에 명백하고 현존하는 위험 심사기준의 적용

법정모욕 사건과 관련하여 전통적으로 연방대법원은 구두로 또는 문서로 법정에 대한 비판은 법원행정을 방해하고, 이러한 법정에 대한 비판은 헌법적으로 보호되지 않는다고 판시해왔다.[619] 그러나 법정모욕 사건인 Bridges v. California 사

614) Fiske v. Kansas, 274 U.S. 380, 47 S.Ct. 655, 71 L.Ed. 1108 (1927).

615) 301 U.S. 242, 57 S.Ct. 732, 81 L.Ed. 1066 (1937). Cf. De Jonge v. Oregon, 299 U.S. 353, 57 S.Ct. 255, 81 L.Ed. 278 (1937).

616) 301 U.S. at 258, 57 S.Ct. at 257.

617) Thornhill v. Alabama, 310 U.S. 88, 60 S.Ct. 736, 84 L.Ed. 1093 (1940) (평화적 피켓팅); Cantwell v. Connecticut, 310 U.S. 296, 308, 60 S.Ct. 900, 905, 84 L.Ed. 1213 (1940) (폭동의 명백하고 현존하는 위험을 처벌하는 주의 권한); West Virginia State Board of Education v. Barnette, 319 U.S. 624, 63 S.Ct. 1178, 87 L.Ed. 1628 (1943) (국기에 대한 경례); Terminiello v. Chicago, 337 U.S. 1, 4-5, 69 S.Ct. 894, 895-96, 93 L.Ed. 1131 (1949) (치안방해).

618) Redish, Advocacy of Unlawful Conduct and the First Amendment: In Defense of Clear and Present Danger, 70 Calif.L.Rev. 1159 (1982).

건[620]에서 다수의견을 대표하여 판시한 블랙(Black) 대법관은 "실질적 해악이 극도로 심각하고, 급박성의 정도가 극히 높은 경우 재판비판발언은 처벌할 수 있다"고 말하면서 "명백하고 현존하는 위험" 심사기준을 적용하였다.[621] 계류중인 소송절차를 비판하는 상고인의 진술은 블랙(Black) 대법관이 논증한 것처럼, 자유로운 표현을 축소시키는 "실질적 해악"(substantive evil)을 유발할 가능성이 없었다.[622] Nebraska Press Association v. Stuart 사건[623]에서 대법원은 명백하고 현존하는 위험이라는 용어를 사용하였고, 편파적인 공판전 자료를 보도하는 것을 처벌하는 법원의 보도금지명령을 파기하였다.

연방대법원은 정부가 법정모욕 사건이외의 표현, 예를 들면 음란이나 명예훼손 등의 다양한 형태의 표현을 제한할 때, 상충하는 이익들을 형량하는 다양한 심사기준을 사용하였다.

2. "명백하고 현존하는 위험" 심사기준의 수정

1950년대 초반에 연방대법원은 홈즈와 브랜다이스의 "명백하고 현존하는 위험" 원칙의 유효성을 재심사하기로 결정하였다. 냉전의 도래와 매카시 선풍과 함께 표현의 자유, 특히 정부비판적 표현이나 국가안보를 위협하는 표현은 심각하게 제한되었다. 그 시대의 분위기는 이러한 표현 문제에 관해 행정부와 직접적인 대결을 회피하려고 한 대법원이 자신의 판결에 반영하고 있다.

(1) 데니스 판결(The Dennis Decision)

연방정부는 미국 공산당을 조직하기로 공모한 혐의로 스미스 법(Smith Act) 위반이 문제된 Dennis v. United States 사건[624]에서 피고들에게 유죄를 선언하였다. 그 공산당의 목적은 추정컨대 무력과 폭력에 의해 현존하는 정부를 전복하려는 것이었다.

연방대법원은 어떠한 다수의견을 내지 못한 채 판결하였다. 본인과 다른 3인의

619) Toledo Newspaper Co. v. United States, 247 U.S. 402, 38 S.Ct. 560, 62 L.Ed. 1186 (1918).
620) 314 U.S. 252, 62 S.Ct. 190, 86 L.Ed. 192 (1941).
621) 314 U.S. at 263, 62 S.Ct. at 194.
622) 314 U.S. at 270, 278, 62 S.Ct. at 197.
623) 427 U.S. 539, 562-63, 96 S.Ct. 2791, 2804-05, 49 L.Ed.2d 683 (1976).
624) 341 U.S. 494, 71 S.Ct. 857, 95 L.Ed. 1137 (1951).

대법관을 대표하여 기술한 빈슨(Vinson) 대법원장은 연방의회는 표현을 제한하는 법률을 공포할 권한을 지니고 있다고 지적하였다. 빈슨(Vinson) 대법원장이 생각한 연방대법원이 판단해야 할 문제는 연방의회가 자유로운 표현을 제한하기 위해 사용하는 수단이 수정헌법 제1조의 보장과 모순되는 것인지 여부였다. 빈슨(Vinson)은 이 문제는 "명백하고 현존하는 위험" 심사기준을 사용함으로써 가장 효과적으로 해결될 것이라 생각했다.625) 그러나 빈슨(Vinson)이 생각하는 심사기준은 홈즈와 브랜다이스의 "명백하고 현존하는 위험" 원칙은 결코 아니었다.

빈슨(Vinson)이 재공식화한 명백하고 현존하는 위험 심사기준은 2단계로 이루어져 있다. 첫째, 연방정부는 표현을 제한할 실질적인 이익을 입증해야 한다. 연방의회는 정부전복의 폭력을 방지할 실질적인 이익을 지녀야 한다. 둘째, 정부는 입법에 있어서 제한되는 표현이나 행위가 "명백하고 현존하는 위험"에 해당한다는 것을 입증해야만 한다.

정부가 특정한 조치를 취하기 전에 정부는 정부전복이 실행되려고 할 때까지 기다려야만 한다는 것을 의미하지 않는다. … 정부가 정부전복을 겨냥한 어떤 단체가 그 단체의 소속원들에게 사상을 주입시킨다는 것을 알고 있다면, … 정부의 조치는 필요하다 … 폭력에 의한 정부전복의 시도가 비록 혁명가들의 수나 힘의 부족 때문에 애당초부터 실현가능성이 없는 것이라도 의회가 이를 방지할 충분한 해악이 된다.626)

정부전복과 같은 보다 극단적인 위험을 주장하는 표현은 그 위험성이 보다 덜할 지라도 금지될 수 있다. 빈슨(Vinson) 대법원장은 성공가능성은 위험이 명백하고 현존한지를 판단하는 기초가 되어야 한다는 견해는 더 이상 현실적이지 않다고 주장했다.

빈슨(Vinson) 대법원장은 이 원칙을 해석하는 하급심의 핸드(Learned Hand) 법원장의 견해를 인용하였다.

각각의 사건에서 법원은 실현의 불가능성에 의해 무시되는 "해악"의 중대성 여부를 심사해야 한다. 위험을 피하기 위해 필요한 정도로 자유로운 표현을 침해하는 것은 정당화된다.627)

즉, 주장하는 행위의 중대성이 크면 클수록, 정부 개입을 정당화할 수 있는 명

---

625) 341 U.S. at 501-05, 71 S.Ct. at 863-65.

626) 341 U.S. at 509, 71 S.Ct. at 867.

627) 341 U.S. at 510, 71 S.Ct. at 868.

백하고 현존하는 위험은 적어진다. 혁명의 주장은 실제로 중대하여, 그 위험이 명백하거나 현존할 필요가 없다. 다시 말하면, 명백하고 현존하는 위험의 심사기준은 자유로운 표현에 있어서 상충하는 이익에 대한 위험의 중대성을 평가하는 가장된 이익형량 심사기준이 되었다.

상고인들의 혁명 주장의 공모는 비록 그 주장이 단지 공모과정에 있었을 지라도 "명백하고 현존하는" 위험이 되었다.

이는 위험을 발생시키는 공모가 존재한다. … 만약 반항의 요인들이 현존한다면, 우리는 기폭제가 더해질 때까지 기다리도록 정부를 묶어 둘 수 없다.[628)]

명백하고 현존하는 위험의 빈슨(Vinson)과 핸드(Hand)의 재공식은 실제에 있어서 급진적인 정치적 주장은 거의 보호를 받을 수 없다는 것을 의미한다. 왜냐하면 이러한 주장은 항상 국가의 위협처럼 판단되어질 것이고 따라서 가장 중대하게 발생할 수 있는 해악이 될 것이다. "이것은 솔직히 현대적 스타일로 장식된 '막연한 해로운 경향'(the remote bad tendency) 심사기준이다."[629)]

전통적인 범죄공모법 하에서 정부는 몇몇 공공연한 행위로 협력된 범죄모의를 매번 기소할 수 있었다. 그러한 기소에만 전형적인 공모의 요건들을 입증하는 부담을 정부에 부과하였다. 이 경우는 "정부전복이 실행되려고 한다는 것"을 입증할 필요가 없었다.[630)] 그러나 주장에 근거한 공모는 전형적인 공모 사건에 해당되지 않는다. 왜냐하면 주장은 자유로운 표현에 해당하기 때문이다. 데니스(Dennis) 사건에서 증명된 정부의 의도는 경향과 개연성에 대한 상대적으로 완화된 입증책임만 지려는 계획이었다.

프랑크퍼터(Frankfurter) 대법관은 상고기각결정에 동조하였다. 프랑크퍼터(Frankfurter) 대법관은 매우 강직하게 "명백하고 현존하는 위험" 심사기준을 비판했다.

국가안전의 이익뿐만 아니라 민주주의 사회에서 자유로운 표현의 요구는 사법절차의 범위안에서 상충하는 이익간의 공정하고 비공식적인 비교형량에 의해 더 잘 충족될 수 있다.[631)]

프랑크퍼터(Frankfurter) 대법관은 지틀로(Gitlow) 사건에서 자신은 유죄판결을 확인하지는 않았을 것이라고 말했다. 왜냐하면 그 때의 상황이 심각한 중대성을 정

628) 341 U.S. at 511, 71 S.Ct. at 868.

629) Shapiro, Freedom of Speech: The Supreme Court and Judicial Review 65 (1966).

630) Nathanson, The Communist Trial and the Clear-and-Present-Danger Test, 63 Harv.L.Rev. 1167, 1172-73 (1950).

631) 341 U.S. at 524-25, 71 S.Ct. at 875 (프랑크퍼터(Frankfurter) 대법관의 동조의견).

당화하지 못했을 것이라고 한다. 그러나 그는 1951년 정부가 당면한 데니스(Dennis) 사건에서의 공모는 국가질서와 안전에 실질적인 위협이 존재했다라는 입법적 판단을 정당화하였다. 프랑크퍼터(Frankfurter) 대법관은 표현을 제한하는 법률의 합헌성을 판단하는 데 있어서 현재의 명백하고 현존하는 위험 원리의 대체수단으로서 "이익형량" 심사기준을 수용할 것을 주장하였다. 그는 모든 세대가 사전제한을 침해하는 해악을 생각할 수 있는 해악으로 판단한 반면, 국가질서와 안전을 공격하는 해악을 심각한 해악으로 인식하지 못했다고 주장했다.

(2) 예이츠 판결(The Yates Decision)

Yates v. United States 사건[632]은 데니스(Dennis) 사건에서 재공식화된 명백하고 현존하는 위험 원칙으로부터 후퇴하였다. 예이츠(Yates)와 다른 공산당원들은 "폭력에 의해 연방정부전복의 필요성을 주장하고 교육하며" 이러한 혁명을 수행하는 공산당을 조직하려는 공모에 대해 스미스법(Smith Act) 위반으로 유죄판결을 받았다.[633] 연방대법원은 재판부가 데니스(Dennis) 선례를 부정확하게 해석했었다고 판시하였다.

연방대법원의 할랜(Harlan) 대법관은 연방지방법원이 "데니스(Dennis)사건에서 명백히 '추상적인 원리의 주장'과 '행동의 주장'간의 전통적인 구분을 망각하였다"[634]고 보았다. 데니스(Dennis) 판결에 근거하면서 재판부는 그 법률이 실제적으로 폭력적 개혁을 선동하는 주장과 강제적인 정부전복의 단지 추상적인 원리만이 아닌 행동을 금지한다는 것을 배심원에게 설명하려 하지 않았다.[635] 연방의회가 연방대법원이 판시한 "행동과 분리되는 원리에 초점을 둔 것이 아니라, 강제적인 정부전복을 위한 구체적인 행동의 주장과 교육에 초점을 둔 스미스법(Smith Act)을 의도했다"는 것은 입법과정으로부터 명백하다.[636]

할랜(Harlan) 대법관은 진술하기를, 데니스(Dennis) 판결의 핵심은 만약 단체의 교육 및 준비가 그 폭력적 행동이나 개혁을 발생시킬 수 있을 것이라는 단체의 상황, 규모, 실행에 근거하여 믿을만한 합리성이 있다면, 즉각적이거나 미래적인 폭력행동을 위한 단체의 교육 및 준비는 헌법적으로 보호되지 않는다는 것이었다.

---

632) 354 U.S. 298, 77 S.Ct. 1064, 1 L.Ed.2d 1356 (1957).

633) 18 U.S.C.A. §§ 371, 2385.

634) 354 U.S. at 315-18, 77 S.Ct. at 1075-77.

635) 354 U.S. at 312-13, 77 S.Ct. at 1073-74.

636) 354 U.S. at 319-20, 77 S.Ct. at 1077.

데니스(Dennis)는 다소간의 미래시점을 목표로 선동적 주장을 한 공모로 관련된 것이 아니라, 오히려 미래에 폭력적 행동의 착수를 현재 주장한 공모로 인해 관련된 것이었다. 이는 "상황"이 "가능"할 때까지 연기될 수 있는 주장이 아니라, 행동이었다.637)

할랜(Harlan) 대법관은 상고인의 진술은 철학(원리)을 주장한 것이지, 행동을 선동하지는 않았다고 결론지었다. 실질적인 행동이나 행동가능성의 입증 없이 연방대법원은 유죄판결을 확인하지는 않았을 것이다.638)

(3) 스케일스 판결(The Scales Decision)

Scales v. United States 사건639)에서 연방대법원은 스미스법(Smith Act)의 회원조항 위반에 대한 상고인의 유죄판결을 확인하였다.640) 원심법원은 상고인들이 "가능한 한 신속하게 상황이 가능할 경우" 폭력적 개혁과 정부전복을 주장했고, 자신들의 교육이 불법이라는 것을 인식하고 있었던 적극적인 공산당원이라고 판시하였다.

할랜(Harlan) 대법관은 대법원의 의견을 개진하면서 회원조항의 해석은 "단지 그들의 결사와 찬성에 기초해서만 개개인에게 유죄"641)를 선고하지 않았다고 지적하면서 하급법원의 판결을 지지하였다. 할랜(Harlan) 대법관은 설시하기를, 해석상 스미스법은 유죄의 인식과 의도를 지닌 "적극적인" 회원에게만 적용되도록 해석되어지고, 반대로 해석하면 그러한 범행수행의 지원에 있어 어떤 중요한 행동이나 헌신을 수반하지 않은 이른바 범죄계획만 지니고 찬성의 표현만으로 간주되어질 수 있는 경우에는 유죄판결을 방지하려 것이다.642)

비록 Scales 사건의 재판기록이 즉각적인 폭력의 주장임을 증명하지 못했지만, 예이츠(Yates)와 데니스(Dennis) 판결의 한정적 조건을 충족하면서 폭력적 정부전복에 대한 미래의 행동을 위한 현재의 주장이라는 입증을 하였다.

폭력적 정부전복을 위한 미래의 행동을 위한 현재의 주장이 그러한 목적의 즉각적 행동을 주장하는 것과 마찬가지로 법률상 및 헌법상 조건을 충족한다는 것은 데니스(Dennis) 및 예이츠(Yates) 판결에서 명백하게 의심할 바 없게 되었다. …

---

637) 354 U.S. at 324, 77 S.Ct. at 1079-80.

638) 예이츠(Yates) 사건은 5명 피고들의 유죄선고를 파기하였고, 나머지 9명에게는 재심명령을 하였다.

639) 367 U.S. 203, 81 S.Ct. 1469, 6 L.Ed.2d 782 (1961).

640) 18 U.S.C.A. § 2385.

641) 367 U.S. at 220, 81 S.Ct. at. 1481-82.

642) 367 U.S. at 228, 81 S.Ct. at. 1486.

이러한 재판기록은 즉각적인 정부전복을 위한 주장을 입증할 수 없기 때문에 불충분하다고 생각할 수 없다.[643)]

상고인들의 폭력적 개혁주장은 미래의 개혁행동을 위한 지침이 되기를 의도한 것이었고, 결과적으로 스미스법(Smith Act)을 위반하였다. 재판기록이 적어도 미래의 행동을 위한 주장을 입증하지 못했다면, 연방대법원은 공산주의당원들의 기소를 각하했어야 했다.[644)]

더글라스(Douglas) 대법관은 이러한 전반적 이론에 대해 반대하였다. 그는 적색공포(Red Scare)를 의식하지 않았다. 그는 "범죄의 본질은 … 오직 신념"이고, 그 신념은 "수정헌법 제1조상 권리의 전통적 개념에서 명확히 탈피"하였다고 주장하였다.[645)]

(4) 결 어

데니스(Dennis)와 예이츠(Yates) 판결 이후, 연방대법원은 대부분에 있어서 "명백하고 현존하는 위험" 원칙은 받아들여지지 않았다.[646)] 홈즈(Holmes)에 의해 정의된 "명백하고 현존하는 위험" 원칙은 자유로운 표현에 대한 정부의 침해를 제한하기 위해 실행가능한 심사기준으로서 받아들여지지 않았다. 그 당시의 사람들에게 있어서 공산주의 정권의 냉전 위협은 실질적으로 가능한 것이었다. 수정헌법 제1조상의 보호가 부정되기 전에 표현으로부터 유발된 위험은 급박한 위험이어야만 한다는 요건은 공산주의를 두려워하며 사는 사람들에게는 불안한 것이었다.[647)] 따라서 결과적으로 "명백하고 현존하는 위험" 원칙은 "이익형량"의 심사기준으로 대체되었다.

3. 브란덴버그 사건에서 심사기준의 전개

홈즈와 브랜다이스의 "명백하고 현존하는 위험" 원칙은 연방대법원이 비인기적 사상의 주장을 보호하는 데 초점을 두었던 1960년대 후반 내내 발전하였다. 홈즈

---

643) 367 U.S. at 251, 81 S.Ct. at. 1497.

644) 예를 들면, Noto v. United States, 367 U.S. 290, 81 S.Ct. 1517, 6 L.Ed.2d 836 (1961).

645) 367 U.S. at 262-65, 81 S.Ct. at. 1503-04.

646) Brennan, The Supreme Court and the Meiklejohn Interpretation of the First Amendment, 79 Harv.L.Rev. 1, 8 (1965).

647) Emerson, Toward a General Theory of the First Amendment, 72 Yale L.J. 877, 911 (1963).

와 브랜다이스의 "명백하고 현존하는 위험" 원칙의 변화는 특히 1960년대 후반에 판결한 3 사건(Bond v. Floyd,[648] Watts v. United States,[649] Brandenburg v. Ohio[650])에서 명확히 나타났다.

(1) 줄리안 본드 사건(The Julian Bond Case)

Bond v. Floyd 사건[651]에서 조지아주 의회의원들은 정식으로 당선된 대표자(주의원 줄리안 본드)의 선출권에 대해 소송으로 다투었다. 본드(Bond)는 미국의 베트남전쟁에 개입과 징병법 시행을 비판하면서 공식적으로 학생비폭력협력위원회(SNCC)에 의해 발행된 성명서를 지지한다고 표현하였다. 조지아 주의회는 본드(Bond)가 선의(善意)로 헌법을 준수하겠다는 의무선서를 할 수 있었는지를 판단하기 위한 특별청문회를 실시하였다. 청문회에서 본드(Bond)는 공직선서를 기꺼이 할 수 있다고 주장하였다. 본드(Bond)는 자신들의 징병카드를 불태운 사람들을 지지하나, 그는 자신의 징병카드를 소각하지도 않았고 다른 사람이 징병카드를 소각하도록 조언하지도 않았다고 증언하였다.[652] 조지아 주의회는 본드(Bond)가 선서하거나 취임하도록 강제하지 않았다.

연방대법원은 조지아 주의회가 본드(Bond)의 자유로운 표현권을 침해했다고 판시하였다. 워렌(Warren) 대법원장은 설시하기를, 비록 공직선서가 헌법적으로 유효하더라도 이 공직선서요건이 의회의 다수에게 헌법충성선서에 있어서 정당하게 선출된 의원의 진실성에 대한 이의제기권한을 부여하지는 않았다고 하였다. 그러한 권한은 다수의 견해와 상이한 의원의 반대의견을 억제하는데 사용되어질 수 있다.[653]

워렌(Warren) 대법원장은 연방법하에서 본드(Bond)에게 유죄판결하는 것은 위헌이 될 수 있다고 판단했다. 왜냐하면 본드(Bond)는 실제로 사람들에게 법을 위반하도록 선동한 것이 아니라, 징병에 대한 법적 대안을 주장했던 것이 명백했으므로, 본드(Bond)의 진술은 징병에 대한 불법적 거부의 발언으로 해석될 수 없었기 때문이다.

---

648) 385 U.S. 116, 87 S.Ct. 339, 17 L.Ed.2d 235 (1966).
649) 394 U.S. 705, 89 S.Ct. 1399, 22 L.Ed.2d 664 (1969).
650) 395 U.S. 444, 89 S.Ct. 1827, 23 L.Ed.2d 430 (1969).
651) 385 U.S. 116, 87 S.Ct. 339, 17 L.Ed.2d 235 (1966).
652) 385 U.S. at 123-24, 87 S.Ct. at 343-44.
653) 385 U.S. at 132, 87 S.Ct. at 347-48.

(2) 왓츠 판결(The Watts Decision)

변화된 "명백하고 현존하는 위험" 원칙의 흔적은 Watts v. United States 사건[654]에 명백히 남아있다. 연방대법원의 전원재판부 판결에서 "대통령에 대한 신체적 해악을 끼치려고 또는 살해하려고 고의로 또한 자발적으로 … 위협"하는 것을 금지하는 법률을 위반한 상고인에 대한 유죄판결을 파기하였다. 워싱턴에서의 공공집회 기간동안 왓츠(Watts)는 다음과 같이 말하면서 자신의 예정된 징병신체검사에 불응하겠다고 진술하였다.

만약 그들이 나에게 집총하게 한다면 내가 발사하기를 원하는 첫 번째 사람은 나의 관점에서 보면 L.B.J.(린든 B 존슨 대통령)이다. 그들은 나에게 나의 흑인형제들을 죽이도록 하려하고 있지 않다.[655]

문언상 그 법률은 합헌으로 판결되었다. 국가는 명백히 대통령을 보호할 정당한 이익을 가지고 있다. 그러나 특정한 형태의 순수한 표현을 범죄화하는 법률은 수정헌법 제1조를 고려하여 해석하여야 한다. "무엇이 위협인지는 … 보호되는 표현이 무엇인지와 구별되어져야만 한다."[656]

연방대법원은 왓츠(Watts)의 발언은 "정치적 과장"이었지, 진실한 위협은 아니었다고 판시하였다. 그 상황에서 대법원의 판단으로는 청취자들이 왓츠의 발언에 비웃었던 상황적 성격상 그 발언이 단지 정치적 신념의 표현으로서 해석될 수 있다고 보았다. 표현의 상황이 글자 그대로 폭력의 선동(incitement)이 되었다면, 연방대법원의 판결은 달라졌을 것이다. 그 상황에서 선동의 위험은 없었다.

본드(Bond) 사건에 있어서 중요한 판단은 상고인이 불법적인 행동을 선동(incitement)한 것이 아니라, 정부에 대한 단순한 불만을 표현했다는 사실이었다. 이러한 구별은 브랜다이스 대법관이 Whitney v. California 사건[657]에서 자신의 동조의견에서 주장한 것과 동일한 구별기준에 근거한 것처럼 보인다. 왓츠(Watts) 사건에서도 역시 그 진술이 대통령에게 명백히 급박한 위협을 주지 않는다고 연방대법원이 결론지었을 때, 상고인의 유죄판결은 파기되었다.

---

654) 394 U.S. 705, 89 S.Ct. 1399, 22 L.Ed.2d 664 (1969).

655) 394 U.S. at 706, 89 S.Ct. at 1401.

656) 394 U.S. at 707, 89 S.Ct. at 1401.

657) 274 U.S. 357, 372-80, 47 S.Ct. 641, 647-50, 71 L.Ed. 1095 (1927).

(3) 브란덴버그 심사기준(The Brandenburg Test)

Brandenburg v. Ohio[658]사건은 최상의 전원재판부의 의견이었고, 대단히 중요한 의미를 가지는 판결이 되었다. 워렌(Warren) 대법원은 "명백하고 현존하는 위험" 원칙을 논증하면서 그 영향을 받았다. 그러나 브란덴버그(Brandenburg) 사건은 자유로운 표현의 보호가 명확하게 존재한다고 확인하는 문맥이나 강조에 있어서 예전의 원칙과 결정적인 차이를 지니고 있다.

브란덴버그(Brandenburg) 판결은 휘트니(Whitney) 판결[659]을 판례변경하였으나, 의미심장하게도 "명백하고 현존하는 위험"의 심사기준을 명백히 언급하고 있지 않다. 그러나 브란덴버그(Brandenburg) 판결은 "해로운 경향"과 "이익형량"이 널리 압도하고 있던 시대에 이를 거부하고 새로운 심사기준을 채택하였다.

브란덴버그(Brandenburg)는 오하이오(Ohio)주 범죄 신디칼리즘법을 위반한 Ku Klux Klan의 지도자로서 연방대법원은 그에 대한 유죄판결을 파기하였다. 항소인은 폭력을 통해 정치적 개혁을 주장함으로써 그리고 범죄 신디칼리즘을 교육하기 위해 형성된 집단을 결성시킴으로써 유죄판결을 받았다. 항소인과 동일시되는 어떤 사람이 KKK지부 집회에 참석한 것으로 텔레비전 뉴스는 각색되었다. 그 뉴스가 집회에서 제작되는 동안, 추정컨대 브란덴버그(Brandenburg)를 포함한 KKK지부의 회원들은 의사당으로 행진할 단체계획을 논의하였다.

연방대법원은 오하이오(Ohio)주법과 유사한 캘리포니아(California) 범죄 신디칼리즘법을 휘트니(Whitney) 판결에서 합헌으로 판시하였다. 그러나 이후의 판결에서 휘트니(Whitney) 판결은 번복되었다. 연방대법원은 어떤 주장이 사람들에게 급박한 행동을 하도록 선동하지 않는 한, 폭력의 주장은 수정헌법 제1조에 의해 보호받는다고 판시하였다. 문제해결의 관건은 "선동"(incitement)이다. 화자(話者)가 생각없이 한 표현이나 즉각적인 불법적 행동의 사용시에, 화자(話者)는 처음한 표현의 실수를 교정할 사상의 시장에서 더 많은 다른 표현에 의존할 수 없게 된다. 즉, 결코 교정할 충분한 시간이 주어지지 않게 된다. 이러한 표현은 논쟁이 아닌, 선동이나 생각 없는 행동을 유발하게 된다.

범죄 신디칼리즘법은 불법적 행동의 결과를 방지할 중요한 이익을 가진다. 그 상황은 사람이 군집된 영화관에서 거짓으로 불이야! 라고 외치는 사람으로 비유

658) 395 U.S. 444, 89 S.Ct. 1827, 23 L.Ed.2d 430 (1969).

659) 274 U.S. 357, 47 S.Ct. 641, 71 L.Ed. 1095 (1927).

되어진다. 이 사건에서 논리적인 논쟁을 위한 시간적 여유는 없다. 따라서 브란덴버그(Brandenburg) 사건에서 주(州)는 (1) 화자(話者)가 주관적으로 선동을 의도했고, (2) 그 상황에서 발언이 즉각적이고 불법적인 행동을 일으킬 가능성이 존재했으며, (3) 화자(話者)에 의해 사용된 발언이 객관적으로 자극을 하였고 선동으로 작용했다는 것을 입증하여야 한다. 화자(話者)에 의해 사용된 객관적 발언에 중점을 둔, 심사기준의 3번째 조건은 Hess v. Indiana 사건[660]으로부터 도출되었다.

브란덴버그(Brandenburg) 사건에서 불법적 행동을 주장하는 표현을 제한하는 법을 판단하는 새로운 심사기준을 채택하였다. "폭력의 사용 또는 법위반의 주장이 직접적으로 즉각적인 불법행동의 선동 내지 야기를 겨냥하고 있고 선동 내지 야기할 가능성이 있는 경우를 제외하고는 주가 불법적 행동의 주장을 금지할 수 없다."[661] 추상적인 원리를 단지 교육하는 것은 폭력적 행동에서 단체를 지도하는 것과 동일하지 않다. 더욱이 그 법률은 명확히 규정되었어야 하며, 만약 '원리의 주장'과 '행동의 주장'을 구분하지 못했다면, 이는 수정헌법 제1조상의 자유를 박탈한 것이다.

오하이오(Ohio)주법에 정의된 '범죄 신디칼리즘'은 브란덴버그(Brandenburg) 심사기준을 충족할 수 없다. 그 법률은 범죄 신디칼리즘을 전파할 의도를 지닌 폭력적 정치개혁의 지도 또는 범죄 신디칼리즘을 주장하는 단체의 집회를 금지하였다. 항소심에서는 '선동'과 '주장'을 구별하려고 했던 어떠한 시도도 없었다. 따라서 오하이오(Ohio) 주법은 수정헌법 제1조와 제14조를 위반하였다. 단지 Ku Klux Klan이 원리를 주장하는 것과 자신들의 신념을 주장하기 위해 Klan 지부 회원들이 집회를 개최하는 것을 처벌하는 법은 위헌이 된다.

더글라스(Douglas) 대법관은 중요한 단서를 두면서 별도의 동조의견을 제시하였다. 그는 주장하기를 이 사건 어디에서도 수정헌법 제1조상의 권리와 관련하여 "명백하고 현존하는 위험"의 심사기준을 사용할 여지가 없다. 또한 그는 "명백하고 현존하는 위험"의 심사기준은 현존하는 정부를 비판하는 표현을 헌법적으로 보호하기를 거부하려면 쉽게 조작될 수 있다면서 명백하고 현존하는 위험의 심사기준에 회의적이었다.[662]

브란덴버그(Brandenburg)의 새로운 원칙은 강한 주장에 대한 넓고 새로운 보호를

---

660) 414 U.S. 105, 94 S.Ct. 326, 38 L.Ed.2d 303 (1973).

661) 395 U.S. at 447, 89 S.Ct. at 1829.

662) 395 U.S. at 450-52, 89 S.Ct. at 1831-32.

제공한다. 이 원칙의 중요한 초점은 화자(話者)의 선동적 발언에 있다. 즉, 표현이 즉각적이고 생각없는 불법적 행동의 야기를 겨냥한 것뿐만 아니라, 실제로 그 상황이 성공할 가능성이 있는 목적을 조성한 입증요구가 추가된, 객관적 발언에 초점이 있다.663)

(4) 헤스 대 인디아나 사건(Hess v. Indiana)

워렌(Warren) 대법원 이후 결정인 Hess v. Indiana 사건664)은 연방대법원이 브란덴버그(Brandenburg) 사건에서 제시한 심사기준을 신중하고 엄밀하게 적용하였다는 것을 보여준다. 헤스(Hess)는 반전시위중 "우리는 나중에 거리를 다시 점거할 것이다"라고 외쳤을 때, 무질서한 행위를 이유로 체포되어 유죄판결을 받았다. 2명의 증인은 헤스가 경찰에 의해 정리된 거리로 들어가는 시위자들을 권고하는 것처럼 보이지 않았고, 헤스는 군중에 직면해 있었고, 헤스의 목소리는 컸지만 그의 목소리는 다른 시위자들의 목소리보다 크지 않았다고 증언하였다.665) 인디아나(Indiana) 주대법원은 실제로 그 발언은 그 이상의 폭동행위를 선동할 의도를 지녔고 그러한 결과를 야기할 가능성이 있었다는 원심법원의 판결을 지지하였다.

연방대법원은 전원일치로 유죄판결을 파기하면서 판시하기를,

좋게 보면 … 그 발언은 현재의 온건한 행동을 위한 권고로서 인식될 수 있다. 반대로 나쁘게 보면 불특정 장래의 시기에 불법적 행동의 주장 이상은 아니다. 이것은 헤스(Hess)의 표현을 주가 처벌하기에 충분하지 않다는 것이다. 이러한 판결하에서 자유로운 언론과 자유로운 출판의 헌법적 보장은 폭력의 사용 또는 법위반의 주장이 직접적으로 즉각적인 불법행동의 선동 내지 야기를 겨냥하고 있고 선동 내지 야기할 가능성이 있는 경우를 제외하고는 주가 그러한 주장을 금지할 수 없다.666)

연방대법원은 헤스(Hess)의 표현이 "어떤 사람이나 단체를 겨냥한 것이 아니었기" 때문에 헤스(Hess)는 즉각적인 무질서를 야기하는 행동을 주장하지 않았고, 따라서 헤스(Hess)의 발언은 무질서한 행위 규정을 위반하지 않았다고 결론지었다.667)

---

663) Gunther, Learned Hand and the Origins of Modern First Amendment Doctrine: Some Fragments of History, 27 Stan.L.Rev. 719 (1975).

664) 414 U.S. 105, 94 S.Ct. 326, 38 L.Ed.2d 303 (1973).

665) 414 U.S. at 106-07, 94 S.Ct. at 327-28.

666) 414 U.S. at 108, 94 S.Ct. at 328.

667) 414 U.S. at 108-109, 94 S.Ct. at 328-29.

원래의 "명백하고 현존하는 위험" 심사기준보다 더 강경하게 표현되고 엄격하게 적용되는 심사기준인 새로운 브란덴버그(Brandenburg) 심사기준은 범죄적 행동을 주장하는 표현이 헌법적으로 처벌될 수 있을 때 판단을 위한 현재의 적절한 기준이 된다. 선동 그리고 즉각적이고 생각 없는 불법적 행동, 또한 화자(話者)의 객관적 발언을 강조하면서 브란덴버그 심사는 수정헌법 제1조 보장의 효과적인 기준을 제공하게 된다.

4. 최근의 동향

현재까지 적용되고 있는 브란덴버그(Brandenburg) 심사기준은 표현이 불법적 행동의 가능성뿐만 아니라, 표현이 객관적으로 선동으로 작용했다는 폭력의 근접성을 요구하고 있다. 따라서 행동을 주장하지 않는, 원리의 주장은 처벌할 수 없게 되어 정치적 반대의견을 허용함으로써 표현의 자유를 광범위하게 보장하게 된다.

미국에서는 "명백하고 현존하는 위험" 원칙은 대체로 특정한 사건의 특별한 사실에 의존한다.[668] 주로 정치적 폭력의 주장, 범죄 신디칼리즘, 법정모욕사건에 국한하여 적용된다. 구체적으로 예를 들면, 반전에 대한 형사기소사건,[669] 폭력이나 무력에 의한 정부전복의 선동사건,[670] 법정모욕사건,[671] 피켓팅사건,[672] 교도소 수감자의 신문 등의 접근권 규율사건, 범죄에 대한 교사사건, 평온위반이나 무질서한 행동사건 등이다. 또한 "명백하고 현존하는 위험" 원칙은 명예훼손사건[673]이나, 주간통상의 국가규제[674]의 합헌성심사에는 적용되지 않으며, 표현의 자유의 사전제한(prior restraint)을 정당화하는데 사용될 수 없다.[675]

---

668) Brown v. State of La., 383 U.S. 131, 86 S.Ct. 719, 15 L.Ed.2d 637 (1966); Feiner v. New York, 340 U.S. 315, 71 S.Ct. 303, 95 L.Ed. 295 (1951).

669) Schaefer v. U.S., 251 U.S. 466, 40 S.Ct. 259, 64 L.Ed. 360 (1920); Schenck v. U.S., 249 U.S. 47, 39 S.Ct. 247, 63 L.Ed. 470 (1919); Chicago Tribune Co. v. N.L.R.B., 965 F.2d 244, 140 L.R.R.M. (BNA) 2516, 121 Lab. Cas. (CCH) 10194 (7th Cir. 1992).

670) Scales v. U.S., 367 U.S. 203, 81 S.Ct. 1469, 6 L.Ed.2d 782 (1961).

671) Carroll v. Jaques Admiralty Law Firm, P.C., 110 F.3d 290 (5th Cir. 1997).

672) Thornhill v. State of Alabama, 310 U.S. 88, 60 S.Ct. 736, 84 L.Ed. 1093 (1940).

673) Beauharnais v. People of State of Ill., 343 U.S. 250, 72 S.Ct. 725, 96 L.Ed. 919 (1952).

674) Schindler v. U.S., 221 F.2d 743 (9th Cir. 1955).

675) Iranian Muslim Organization v. City of San Antonio, 615 S.W.2d 202 (Tex. 1981).

제 7 장 독일의 연방헌법재판소

제 1 절 연방헌법재판소의 구성, 지위 및 권한

Ⅰ. 독일 연방헌법재판소의 특징, 재판관 선출 및 재판소의 구성

1. 독일 연방헌법재판소의 특징

칼스루에(Karlsruhe)에 소재하는 연방헌법재판소는 독일연방공화국을 위하여 기본법의 준수를 감시하는 것을 임무로 삼고 있다. 1951년 창설 이래 헌법재판소는 자유민주주의적 기본질서의 권위와 효력을 확보하는데 기여해 왔고 특히 기본권의 실현을 위해 매진해 왔다. 모든 국가기관은 기본법을 준수할 의무를 지는데, 이에 관하여 분쟁이 생기면 연방헌법재판소에 제소할 수 있다. 그 결정은 최종적이고 불가쟁력을 가지며 다른 모든 국가기관들을 구속한다.

연방헌법재판소의 재판은 정치적 효과를 가진다. 이는 연방헌법재판소가 어떠한 법률을 위헌으로 선언하는 경우에 특히 분명하게 나타난다. 연방헌법재판소는 자신이 원하든 원하지 않든 그 권한을 행사함에 있어 헌법이라는 법의 해석과 적용에 관해 최종적인 결정을 내려야 하며 따라서 어쩔 수 없이 정치와 법의 접점을 건드리게 되고, 그런 까닭에 연방헌법재판소의 재판은 적어도 잠재적으로는 언제나 정치적 영향력을 미칠 수 있다.[676] 그러나 헌법재판소는 정치적 기관이 아니며 재판은 기본법에 의해서만 이루어진다. 정치적 합목적성의 문제는 재판소에게 어떤 의미도 가질 수 없다. 연방헌법재판소는 헌법의 수호자이지 결코 정치적 활동의 주체가 아니다.[677] 재판소는 정치적 결정의 여지가 주어진 경우에도

676) Michael Brenner(변무웅역), "독일의 헌법재판권과 그 정치적 합의"(Die Verfassungsgerichtsbarkeit und ihre politischen Implikationen in Deutschland), 『공법연구』 제 33집 제4호, 2005, 28; Limbach, Jutta, Das Bundesverfassungsgericht als politischer Machtfaktor, 1995, S. 14-15.

그 헌법적 범위와 한계만을 결정할 뿐이다. 헌법재판소가 행사하는 국가권력의 제한은 법치국가의 징표로 받아들여지고 있다. 이와 같이 정치적 기관이 아니라 사법에 속하면서도 정치적 영향을 미치게 되는 헌법재판소의 기능과 관련하여 독일연방헌법재판소 역시 입법의 고유영역을 침해하였다거나 초의회(Überparlament), 대체입법자 또는 초정부(Überregierung)로 기능하고 있다는 비난을 받았고 헌법재판소가 법을 적용하는 게 아니라 아예 법을 제정하는 식으로 활동한다는 비판도 제기되었으나, 그 사법적 성격만은 확고히 인정되고 있다고 한다.678)

2. 재판관의 자격 및 재판관의 선출

(1) 재판관의 자격

연방헌법재판소 재판관은 연방헌법재판소법 제3조에 의거하여 40세 이상의 자로서 법관의 자격을 갖추어야 한다(기본법 제94조 제1항 제1문; 연방헌재법 제2조 제3항). 연방헌법재판소 재판관의 임기는 12년이다. 연방헌재 재판관의 정년은 68세이다. 독립성 보장을 위해 중임은 금지되어 있다(연방헌재법 제4조).

독일 기본법과 연방헌법재판소법의 심의과정에서 연방헌법재판소 재판관직에 비법조인을 임명할 수 있게 하려는 시도가 있었다. 비법조적 요소를 통해 정치적인 것에 대한 특별한 감각, 기본법에 의해 규율되는 새로운 정치질서의 정신에 대한 특별한 감각을 헌법재판소의 재판에 반영하려는 것이었다. 독일 기본법에는 연방헌법재판소 재판관의 본질적 직무에 관해 규정해 놓고 있지 않음에도 불구하고, 결국 연방헌법재판소법에 의해 직업재판관만으로 구성되는 "순수 법률가재판소" 모델이 채택되었다.

(2) 연방헌법재판소의 구성 및 재판관의 선출

연방헌법재판소는 소장(Präsident)과 부소장(Vizenpräsident) 각 1인씩을 포함한 16명의 헌법재판관으로 구성된다. 그 중 8명은 연방하원(Bundestag)에서 선출되며 나머지 8명은 연방참사원(Bundesrat)에서 각각 3분의 2의 다수의 찬성으로 선출된다.

16인의 헌법재판관들 중 각원 3인씩 6인의 헌법재판관들은 연방의 최고법원들, 즉 연방대법원, 연방행정법원, 연방재정법원, 연방노동법원, 연방사회법원의 대법

---

677) Michael Brenner(변무웅역), "독일의 헌법재판권과 그 정치적 합의", 27면.

678) 이에 관해서는 Michael Brenner, 앞의 글, 26면 및 36면을 참조.

관들 중에서 선출되도록 되어 있다(§ 2 ③ BVerfGG). 나머지 각원 각각의 5인의 헌법재판관들, 모두 10인의 헌법재판관들은 그 외 학계 등의 인사들 중에서 선출된다. 연방하원과 연방참사원은 헌법재판관을 2회 선출하게 되는데, 각각 한번은 연방법관들 중 2인의 헌법재판관과 그 밖의 2인의 헌법재판관을, 다른 한번은 연방대법관 중 1인의 헌법재판관과 그 밖에 3인의 헌법재판관을 선출하게 되므로, 결국 각각 재판부당 8인의 재판관들을 연방하원과 연방참사원이 각각 반씩 선출하게 되는 셈이다.

연방헌법재판소 헌법재판관을 의회에서 선출하도록 한 것은 민주적 정당성 확보와 관련이 있다는 것이 정설이다. 연방하원은 국민으로부터 직접 선출된다는 의미에서 민주적 정당성을 가지고 헌법재판관을 선출하며, 연방참사원은 연방제 하에서 각 주를 대표한다는 점에서 실질적으로 연방제에 있어 헌법재판관 선출의 민주적 정당성을 확보한다는 의미를 가진다.[679] 연방하원과 연방참사원에서 선출된 재판관들의 임명권은 연방대통령에게 있지만(§ 10 BVerfGG), 이는 실질적 임명권이 아니어서 헌법재판의 독립성 보장에는 아무런 지장이 없다는 것이 중론이다.

연방참사원 및 연방하원에서 헌법재판관 선출은 연방법무부(Bundesministerium der Justiz)에서 제출한 후보명부에 대한 의결에 따라 이루어진다. 후보명부는 두 가지인데 하나는 헌법재판관 자격을 보유하는 모든 연방최고법원 법관들이 명단이 등재되어 있는 것이고 다른 하나는 그 밖의 재판관후보 명부로서 연방하원의 교섭단체, 연방행정부, 주행정부들에 의해 법학교수, 일반법관, 국회의원, 공무원 등을 대상으로 추천된 후보명단이 등재된 명부이다(§ 8 ①,② BVerfGG). 이 후보명단에 대한 의결을 통해 헌법재판관들이 선출된다.

연방하원과 연방참사원에서의 헌법재판관 선출절차는 서로 상이하게 되어 있다. 즉, 연방하원에서의 헌법재판관 선출은 간접선거에 의하며, 12인의 의원으로 구성되는 헌법재판관선출위원회(원내교섭단체 비율에 근거한 돈트(d'Hondt) 방식의 비례대표제 원칙에 따라 입법기 동안을 임기로 12인을 선출)에서 재적위원 3분의 2 이상(8인 이상)의 찬성으로 선출하며(§ 6 BVerfGG), 연방참사원에서의 선출은 투표수의 3분의 2 이상 찬성으로 선출하도록 되어 있다(§ 8 ①,② BVerfGG).

이와 같이 연방하원은 헌법재판관 선출위원회 구성방식으로 돈트(d'Hondt) 방식을 사용하고 있어 소수정당에게 다소 상대적으로 불리하다는 지적도 없지 않았으

679) K. Schlaich/S. Korioth, Das Bundesverfassungsgericht, 5. Aufl., 2001, Rn. 41; H. Maurer, Staatsrecht Ⅰ, 3. Aufl., 2003, 68; K. Stern, Das Staatsrecht der Bundesrepublik Deutschland, Bd. 2. 1980, 359.

나,[680] 헌법재판관 선출에 있어 민주적 정당성 확보에 기여한 것으로 평가되고 있다. 이 위원회에서 재적위원 3분의 2 이상의 찬성으로 8인의 헌법재판관을 선출하게 된다. 연방참사원에서는 연방하원에서와는 달리 직접선거로 헌법재판관을 선출하지만 투표수의 3분의 2 이상의 찬성에 의해 선출하도록 하고 있어 선출방식은 다를지라도 3분의 2라는 정족수 원칙은 동일하다고 볼 수 있다. 이와 같이 연방의회에서 3분의 2라는 가중된 의결정족수로 헌법재판관을 선출하도록 한 것은 단순 다수나 과반수에 의할 경우 그로 인한 다수당의 독식 가능성을 막기 위한 것으로서, 헌법재판관 선출과정에서 정치적 영향력을 배제 또는 최소화함으로써 헌법재판관의 정치적 독립성을 확보하려는데 취지를 둔 것으로 이해되고 있다.[681] 그러나 이러한 제도취지가 실제 헌정현실에서 제대로 발휘되지 못하고 있다는 지적이 나오고 있다. 정당, 정파간 정치적 타협으로 인해 헌법재판관 선출이 정치적 성향을 띠게 된다는 것이다. 이러한 헌법재판관 선출이 정치적 성향을 띠는 것은 사실이며 어느 정도 불가피하기도 하지만, 연방의회에서의 재판관 선출과정에서 극단적이거나 너무 현저한 견해를 가진 인물에 대해서는 거부하는 관행이 정착되어 있고, 헌법재판관의 독립성이 잘 보장되어 있다는 점에서 크게 우려할 만한 문제는 아니라고 평가되고 있다.[682]

독일 연방헌법재판관의 선출에 대한 법적 근거로서 독일기본법은 기본적인 사항만을 규정하고 있다. 독일 기본법 제94조 제1항에서 "연방헌법재판소는 연방법관과 그 밖의 구성원으로 조직되고, 연방헌법재판소의 구성원은 연방의회 및 연방참사원에 의하여 각 반수씩 선출하며, 연방헌법재판소의 구성원은 연방의회, 연방참사원, 연방정부 및 이에 상응하는 주의 기관에 소속할 수 없다."라고만 규정하고 있다. 그 밖의 선출절차와 선출방법에 대한 상세한 내용은 기본법 제94조 제2항에서 연방법률에 위임하고 있다. 연방헌법재판소가 최고법원이므로 연방헌법재판소 재판관의 자격과 임명절차는 연방법원의 법관의 자격과 임명절차보다 더 엄격하다. 즉, 연방헌법재판소의 재판관은 40세 이상이어야 하고(연방헌재법 제3조 제1항), 연방하원에서 선출되는 8인의 헌법재판관은 연방의회의원 중 12인으로 구성된 선거위원 중 8인 이상의 찬성으로(연방헌재법 제6조), 연방참사원에서 선출

680) K. Geck, Wahl und Status der Bundesverfassungsgerichter, in: HStR, Bd. 2. 1. Aufl. 1987, § 55 Rn. 7.

681) K. Schlaich/S. Korioth, Das Bundesverfassungsgericht, 5. Aufl., 2001, Rn. 41.

682) 예를 들면, M. Fromont, Préwentation de la Cour constitutionnelle fédérale d'Allemagne, Chiers du Conseil constitutionnel n° 15, 2003, http://www.consel-constitutionnel.fr/conseil-constitutionnel/root/bank_mm/pdf /pdf_cahiers/cccc15.pdf, p.163을 참조.

되는 8인의 재판관은 연방참사원의 2/3 이상의 찬성을 얻도록 하고 있는 반면, 연방법원의 법관은 35세 이상이면 되고[683] 법관선출위원회에서도 단순다수결로 가능하도록 했다(법관선출법 제12조 제1항). 독일 통설[684]에 의하면 만 40세의 최소연령규정은 법관선출법 제8조에 따른 후보자추천명부 작성시에 충족되어야 한다. 연방헌법재판소 각 재판부의 재판관 중 3인은 연방최고법원의 법관 중에서 선출하여야 하는데, 연방최고법원에서 적어도 3년 이상 근무한 법관만이 피선거자격을 가진다(법관선출법 제2조 제3항). 각 재판부마다 최소한 3명의 연방최고법관을 선출하도록 의무지우고 있는 것은 연방법관이 지닌 고유한 특별한 경험과 그와 관련되는 지식 그리고 각 재판부에서의 그들의 능력을 활용하려는 데에 있다.[685] 그렇다고 각 재판부의 구성원이 모두 연방법관으로 구성될 수 없는 것은 기본법 제94조 제1항 1문이 연방헌법재판소는 연방법관 이외에 "그 밖의 구성원"으로 조직된다고 규정하고 있기 때문이다. 또한 독일 연방헌법재판소의 경우 48인의 헌법연구관이 재직하고 있다.[686]

3. 연방헌법재판소의 구성

독일 연방헌법재판소는 모든 다른 헌법기관으로부터 독립한 연방의 재판소이다. 연방헌법재판소는 2개의 부로 나뉘어져 있고, 각 부는 각각 8인의 재판관으로 구성되어 있다. 독일의 경우, 연방헌법재판관의 선출에 대한 법적 근거로서 독일 기본법은 기본적인 사항만을 규정하고 있다. 독일 기본법 제94조 제1항에서 "연방헌법재판소는 연방법관과 그 밖의 구성원으로 조직되며, 연방헌법재판소의 구성원은 연방의회 및 연방참사원에 의하여 각 반수씩 선출하며, 연방헌법재판소의 구성원은 연방의회, 연방참사원, 연방정부 및 이에 상응하는 주의 기관에 소속할 수 없다"고만 규정하고 있다. 그 밖의 선출절차와 선출방법에 대한 상세한 내용은 기본법 제94조 제2항에서 연방법률에 위임하고 있다. 연방참사원에 의한 재판관의 선출은 의원이 직접선거함에 반해서 연방의회에서 임명되는 재판관은 연방의회에서 비례대표의 방식으로 선거된 12명의 연방의원으로 된 선거인위원회에

683) 법원조직법(GVG) 제125조 제2항, 행정재판소법(VwGO) 제15조 제3항, 노동재판소법(ArbGG) 제42조 제2항, 사회재판소법(SGG) 제38조 제2항, 재정재판소법(FGO) 제14조 제2항.

684) Th. Maunz, in: Maunz/Schmidt-Bleibtreu/Klein/Ulsamer, BVerfGG, § 3 Rn. 2; W. Geiger, BVerfGG, § 3 Anm. la; W. K. Geck, Wahl und Amtsrecht der Bundesverfassungsrichter, S. 15.

685) Vgl. BVerfGE 65, 152 (157).

686) 이에 관하여는 이부하, "헌법재판소의 업무부담경감", 「법조」 통권605호, 2007. 2, 9-10면 참조.

의해 선거된다. 재판관의 임기는 12년이고, 재선은 허용되지 않는다. 연방헌법재판소가 최고법원이므로 연방헌법재판소 재판관의 자격과 임명절차는 연방법원의 법관의 자격과 임명절차보다 더 엄격하다. 즉, 연방헌법재판소의 재판관은 40세 이상이어야 하고[687], 연방하원에서 선출되는 8인의 헌법재판관은 연방의회의원 중 12인으로 구성된 선거위원 중 8인 이상의 찬성으로[688], 연방참사원에서 선출되는 8인의 재판관은 연방참사원의 2/3 이상의 찬성을 얻도록 하고 있다.

통설[689]에 의하면 만40세의 최소연령규정은 법 제8조에 따른 후보자추천명부 작성시에 충족되어야 한다. 연방헌법재판소 각 재판부의 재판관 중 3인은 연방최고법원의 법관 중에서 선출하여야 하는데, 연방최고법원에서 적어도 3년 이상 근무한 법관만이 피선자격을 가진다.[690] 각 재판부마다 최소한 3명의 연방최고법관을 선출하도록 의무지우고 있는 것은 연방법관에게서 고유한 특별한 경험과 그와 관련되는 지식 그리고 각 재판부에서의 그들의 능력을 활용하려는 데에 있다.[691] 그렇다고 각 재판부의 구성원이 모두 연방법관으로 구성될 수 없는 것은 기본법 제94조 제1항 1문이 연방헌법재판소는 연방법관 이외에 "그 밖의 구성원"으로 조직된다고 규정하고 있기 때문이다. 또한 연방헌법재판소에는 48인의 헌법연구관이 재직하고 있다.

헌법재판소의 재판은 통상 한 재판부 또는 지정재판부를 통해 이루어진다. 헌법재판소는 각 8인의 재판관으로 구성되는 제1재판부(Der Erste Senat)와 제2재판부(Der Zweite Senat)로 구성된다(§ 2 BVerGG). 연방헌법재판소 소장은 제1재판부의 재판장이 되며, 부소장은 제2재판부의 재판장이 된다. 헌법소원 및 규범통제에 대한 권한은 두 재판부에 분배되어 있다. 그 밖의 모든 절차에 대해서는 전적으로 제2재판부가 결정하도록 되어 있다.

헌법재판소의 재판부로는 전원합의체(Plenum), 제1재판부와 제2재판부, 그리고 양 재판부에 3인의 재판관으로 설치되는 복수의 지정재판부(Kammer)가 있다. 3인의 재판관으로 구성된 지정재판부는 심판청구가 명백히 이유가 있다고 인정할 경우에는 헌법소원을 인용하는 결정을 할 수 있고, 부적법 각하결정도 할 수 있다.

687) 연방헌법재판소법 제3조 제1항 참조.

688) 연방헌법재판소법 제6조 참조.

689) Th. Maunz, in: Maunz/Schmidt-Bleibtreu/Klein/Ulsamer, BVerfGG, § 3 Rn. 2; W. Geiger, BVerfGG, § 3 Anm. la; W. K. Geck, Wahl und Amtsrecht der Bundesverfassungsrichter, S. 15.

690) 연방헌법재판소법 제2조 제3항 참조.

691) Vgl. BVerfGE 65, 152 (157).

또한 지정재판부는 헌법소원심판에 부적합한 경우 헌법소원심판에 회부하지 않을 수 있다(심판불회피결정). 독일은 헌법소원의 약 97%가 지정재판부에 의해 해결되며[692], 지정재판부의 결정은 형식적인 기판력이 발생한다.[693] 이러한 지정재판부의 심판불회부결정에 대하여는 이유제시의무를 면제해주고 있다. 물론 중요한 의미를 지닌 절차에 대해서는 언제나 양 재판부가 심리·결정한다.

4. 재판부의 관할

제1재판부와 제2재판부의 관할은 연방헌법재판소법 제14조에서 정하는 다음과 같은 기준에 따라 배분된다.

첫째, 제1재판부는 규범통제절차(연방법률 또는 州법률의 기타 연방법률과의 합치여부 심판, 연방법률 또는 州법률의 기본법과의 합치여부 또는 州법률의 연방법률과의 합치여부가 재판의 전제가 될 경우 법원의 제청에 의한 심판)와 헌법소원(지방자치단체의 헌법소원과 선거법 분야 헌법소원 제외)의 심리를 관장한다(BVerfGG § 14 ①).

둘째, 제2재판부는 기본권실효심판, 정당의 위헌여부에 대한 심판, 선거심사, 탄핵심판, 기관쟁의, 연방국가 쟁송, 국제법규가 연방법률의 구성부분인지 여부 및 그 국제법규가 개인에 대해 직접 권리와 의무를 발생시키는지 여부에 관한 의문이 있는 경우 법원의 제청에 따라 행하는 심판, 법률이 연방법률로서 효력을 지속하는지에 대해 이견이 있는 경우 이에 대한 심판, 그 밖에 제1재판부에 속하지 않는 규범통제절차와 헌법소원심판의 심리를 관장한다(BVerfGG § 14 ②).

셋째, 한 주 내에서의 헌법쟁송으로서 그에 대한 결정이 주 법률에 의해 연방헌법재판소의 소관으로 지정되어 있는 경우(기본법 제99조)와 기본법의 해석에 있어 한 주의 헌법재판소가 연방헌법재판소 또는 다른 주 헌법재판소의 결정과 다른 결정을 하고자 하는 경우, 당해 헌법재판소의 제청에 따라 행하는 심판(기본법 제100조 제3항)에 관해서는 앞의 두 재판부의 관할배분 기준에 따라 재판관할을 정한다(BVerfGG § 14 ③).

넷째, 헌법재판소 전원합의체는 어느 한 재판부에게 지속적인 업무부담의 과중으로 말미암아 불가피하다고 인정하는 경우에는 다음 년도 초부터 효력을 가지는, 양 재판부의 재판관할 배분을 위의 기준과 다르게 조정하는 결정(Beschluss)을

---

692) Graf Vitzthum, Das Vorprüfungsverfahren für Verfassungsbeschwerden, in: FS für Bachof, 1984, S. 293 ff.(303).

693) Klaus Schlaich/Stefan Korioth, Das Bundesverfassungsgericht, Rn. 257.

발할 수 있다.[694] 이 결정은 재판의 변론 또는 평의가 행하여지지 않은 계속 중인 절차에도 적용된다(BVerfGG § 14 ④).

다섯째, 어느 절차가 어느 재판부의 관할에 속하는지 분명하지 않은 경우에는 연방헌법재판소 소장과 부소장, 그리고 양 재판부에서 각각 2명씩 연도별 1년 임기로 임명되는 4명의 헌법재판관들로 구성된 위원회에서 그 관할을 결정한다. 가부동수인 경우에는 소장이 최종적으로 결정한다(BVerfGG § 14 ⑤).

헌법재판소의 재판은 통상 일반대중들에게는 각 재판부가 행하는 절차로 인식된다. 이들 두 재판부들만 구술심리를 실시할 수 있기 때문이다. 그러나 재판업무의 대부분이 지정재판부를 통해 처리되고 있는 실정이다. 1951년에서 2006년까지 두 재판부에서 처리한 사건은 총 6,783건인데 비해, 지정재판부들이 처리한 사건은 133,831건에 달하며, 그 밖에 1,789건의 가명령(einstweilige Anordnung) 발급신청 사건이 처리된 것으로 나타나고 있다. 이처럼 지정재판부들이 재판부의 재판부담을 현저히 완화시켜 주고 있는데 이는 날로 가중되는 재판부담을 고려할 때 필요한 일이기도 하다. 헌법소원의 경우 현재 연간 약 6,000건이 연방헌법재판소에 접수되고 있다.[695]

연방헌법재판소의 헌법재판관 16명으로 구성되는 전원합의체는 어느 한 재판부가 다른 재판부의 법적 견해를 벗어나고자 할 때 재판을 한다. 독일연방헌법재판소법 제16조 제1항은 "한 재판부가 법적 문제에 관하여 다른 재판부의 결정에 포함된 법적 견해를 따르지 않고자 할 경우에는, 연방헌법재판소 전원합의체가 이에 관하여 재판한다."고 규정하고 있다. 전원합의체가 결정을 내리기 위해서는 각 재판부에게 소속 재판관의 3분의 2이상이 출석하여야 한다(BVerfGG § 16 ②).

전원합의체는 그 밖에 조직, 사법행정에 관한 업무를 처리한다. 연방헌법재판소는 전원합의체 결정으로 내부규칙인 '사무규칙'(Geschäftsordnung)을 정한다. 연방헌법재판소법의 범위 내에서 양 재판부의 관할을 조정하는 결정을 하는데 이 결정은 연차적으로 하되 연도 개시 전에 미리 하도록 되어 있다.

---

694) 이제까지 이 조항에 의한 결정은 두 차례 있었다. 즉, 연방헌법재판소 전원합의체는 2007년 12월 4일 연방헌법재판소법 제14조 제4항에 의한 1993년 11월 15일의 관할배분기준에 관한 전원합의체 결정을 개정하는 결정을 발한 바 있다(http://www.bundesverfassungsgericht.de/organisation/plunum-gv_2007.html).

695) http://www.bundesverfassungsgericht.de/organisation/organisation.html.

Ⅱ. 독일 연방헌법재판소의 지위와 권한

1. 연방헌법재판소의 지위

독일기본법은 사법(Rechtsprechung)에 관한 제9장에서 연방헌법재판소와 연방법원, 주법원을 함께 나열하면서 연방헌법재판소도 이들과 함께 사법권을 행사하는 하나의 법원임을 분명히 하고 있다. 즉 기본법 제92조는 “사법권은 법관이 담당한다. 사법권은 연방헌법재판소, 기본법에 규정된 연방법원들, 그리고 각 주들의 법원에 의해 행사된다.”고 규정하고 있고, 제93조에서 연방헌법재판소의 권한을, 제94조에서 연방헌법재판소의 구성과 절차를 각각 규정하고 있다. 제95조에서는 연방최고법원에 대하여 “연방은 일반, 행정, 재정, 노동재판 및 사회재판의 영역에 있어 최고법원으로 연방대법원(Bundesgerichtshof), 연방행정법원(Bundesverwaltungsgericht), 연방재정법원(Bundesfinanzhof), 연방노동법원(Bundesarbeitsgericht), 그리고 연방사회법원(Bundessozialgericht)을 둔다.”고 규정하고 있다.

헌법재판소를 사법부의 일부로 규정하고 헌법재판관 자격을 법관자격 있는 자로 하고 있는 독일연방헌법재판소는 보다 헌법재판의 사법작용적 성격에 비중을 둔다면, 헌법재판소를 일반법원이나 행정재판소와 별도로 규정하고 헌법재판관 자격을 반드시 법관자격 있는 자로 한정하지 않는 오스트리아의 경우는 독일에 비해 상대적으로 헌법재판의 특성을 보다 중시한 예라고 한다.[696]

독일 기본법은 연방헌법재판소를 사법작용을 담당하는 법원의 하나로 열거하고 있고(기본법 제92조 제1항), 연방헌법재판소법도 제1조 제1항에서 “헌법재판소는 모든 다른 헌법기관들에 대하여 자주적이고 독립적인 연방의 법원”이라고 규정하고 있다. 그리하여 헌법재판소가 진정한 의미의 법원으로서 사법부에 속한다는 것은 학계나 실무계를 막론하고 이의 없이 받아들여지고 있다. 그러나 연방헌법재판소는 스스로를 다른 연방최고법원과는 다른 헌법적 지위를 가진 ‘하나의 최고헌법기관’으로 보고 있다.[697] 연방헌법재판소는 헌법재판관의 지위, 재판의 대상과 판결의 효력에 있어서의 차이, 헌법수호자로서의 지위 등에서 일반법원의 법관과는 다른 특수성을 가지고 있고, 행정의 독립성, 독자의 예산, 연방대통령, 연방하원,

696) 헌법재판소, 현행헌법상 헌법재판제도의 문제점과 개선방안, 2005, 11, 14-15면.
697) BVerfGE 6, 300 (304), 7, 1 (14); 36, 175 (213); 60, 175 (213).

연방참사원 등과 동등한 지위 등이 인정되고 있어 법원인 동시에 최고헌법기관으로서의 지위를 가진다고 할 수 있다.[698]

반면, 연방헌법재판소는 기본법 제92조가 명시하고 있듯이 연방최고법원의 하나일 뿐, 기능상 입법권을 행사하는 것도 아니고, 제4의 국가작용도 아니며, 헌법분야 연방최고(전문)법원의 하나라는 데 유의할 필요가 있다.[699] 연방헌법재판소의 법적 지위와 관련하여 기본법이 각종 법원간의 서열을 규정하고 있지는 않지만, 다른 연방최고법원들과 기본적으로 동등한 지위를 가진다는 것이 연방헌법재판소의 견해이기도 하다.[700] 결국 연방헌법재판소는 일반법원의 최고상급법원이 아니라 관할을 달리하는 별개의 사법기관으로서 연방최고법원들 중의 하나면서 또 그들과 상호 수평적 관계에서 연방최고법원을 구성하는 연방최고법원이라고 볼 수 있다.[701]

연방헌법재판소가 "연방대법원"[702]으로서 역할을 담당함으로써 일반법원의 업무를 연방헌법재판소가 인수받는 것은 헌법재판소의 업무부담의 관점에서 불리한 일이다. "특수한 헌법"(spezifisches Verfassungsrecht)[703]이라는 기준으로 연방헌법재판소의 통제를 축소하는 공식은 민사사건에 있어서 법원에 과도한 제소를 억제시킬 수 없었다.[704] 연방헌법재판소와 일반법원간 사법업무의 기능적 배분이 이루어져야 한다는 것이 학계의 대세이다. 연방헌법재판소의 취지와는 달리, 연방헌법재판소는 일반법률의 해석을 더 심도 있게 간섭하고 있고, 특히 민법의 세밀한 규정까지 간섭하고 있다.[705]

---

698) Th. Maunz, in: Maunz/Schmidt-Bleibtreu/Klein/Ulsamer, Bundesvesfassungsgerichtsgesetz, Art. 1 Rn. 3, 4; Bötchter/ Umbach, in: Umbach/Clemens, Bundesverfassungsgerichts-gesetz, Art. 1 Rn. 1 ff.; K. Stern, Das Staatsrecht der Bundesrepublik Deutschland, Band 2, 1980, S. 330 ff.; G. Roellecke, Aufgabe und Stellung des Bundesverfassungsgerichts im Verfassungsgefüge, in: Isensee/Kirchhof (Hrsg.), Handbuch des Staatsrecht, Band 2, 1987, S. 668 ff.

699) 크라인(이종영 역), "독일 헌법재판과 일반재판의 관계", 「공법연구」 제24집 제1호, 83면.

700) BVerfGE 12, 326/337.

701) Philip Kunig, Verfassungsrecht und einfaches Recht-Verfassungsgerichtsbarkeit und Fachgerichtsbarkeit, Veröfent-lichungen der Vereinigung der Deutschen Staatsrechtslehrer Bundesverfassungsgericht und Rechtsprechung ("Fachgerichte"), Peter Badura/Horst Dreier(Hrsg.), Festschrift 50 Jahre Bundesverfassungsgericht Bd. 1, Mohr Siebeck, 2001, S. 76.

702) U. Diederichsen, AcP 198 (1998), S. 171 (218 ff.); V. Schmidt, Konstitutionalisierung des Zivilrechts?, S. 45 ff.

703) Vgl. BVerfGE 68, 361 (372).

704) J. Berkemann, DVBl. 1996, S. 1028 (1031).

705) 이에 관한 사례로는 BVerfG, NJW 1995, S. 1480 (1481); BVerfG, NJW 1994, S. 995 (996).

2. 연방헌법재판소의 권한

연방헌법재판소는 독일의 헌법사를 통하여 그리고 다른 나라의 제도와 비교해 보더라도 유례를 찾아볼 수 없을 정도로 광범위한 권한을 가지고 있다.706) 연방헌법재판소는 연방 수준에서의 헌법재판에 관한 권한, 조직·인사, 운영 등에 관한 사법행정권, 독자적인 예산편성권 등의 권한을 가진다. 헌법재판에 관한 권한은 다시 규범통제, 정당의 위헌여부 심판, 탄핵심판, 기관쟁송에 대한 심판, 연방국가적 쟁송에 대한 심판, 헌법소원심판, 기본권실효에 관한 심판으로 나뉜다.

한편 헌법재판에 관한 한, 연방헌법재판소가 다음에 보는 바와 같은 권한들을 전속적으로 행사하지만, 연방헌법재판소만이 유일한 재판기관이라고는 할 수 없으며, 일반법원들도 실질적 헌법재판을 한다. 법원의 관할범위 안에서 헌법침해에 대해 권리를 보호해 주는 것은 모든 법원에게 주어진 최우선적 과제의 하나라는 점은 연방헌법재판소 스스로가 확인한 바 있다.707)

독일 기본법 제93조(연방헌법재판소 권한)에는 독일 연방헌법재판소의 권한으로 다음 사항을 연방헌법재판소가 결정하도록 규정하고 있다. 기본법 제93조 제1항에서는 연방최고기관의 권리와 의무의 범위 또는 기본법이나 연방최고기관의 업무규칙에 의해서 고유의 권리를 갖는 그 밖의 관계자의 권리와 의무의 범위에 관한 분쟁을 동기로 하는 기본법의 해석(1호), 연방정부, 주정부 또는 연방의회 재적의원 3분의 1의 신청에 따라 기본법과 연방법, 주법과의 형식적·실질적 부합성에 관한 또는 그 밖의 연방법과 주법의 양립성에 관한 견해차이나 의문이 있는 경우(2호), 연방참의원, 주정부 또는 주의회의 신청에 의해서 법률이 제72조 제2항의 요건을 충족하고 있는지의 여부에 관한 견해 대립이 있는 경우(2a), 특히 주에 의한 연방법의 집행과 연방감독권의 행사에 있어서 연방과 주의 권리와 의무에 관한 견해차이나 의문이 있는 경우(3호), 다른 구제수단이 없는 경우 연방과 주간, 주상호간, 또는 주 내부간의 그 밖의 공법적 쟁의(4호), 누구나 공권력에 의해서 기본권 또는 제20조 제4항, 제33조, 제38조, 제101조, 제103조 및 제104조에 규정된 권리가 침해되었다는 것을 제기할 수 있는 헌법소원(4a), 제28조의 자치행정권이 법률에 의해 침해되었거나 주 헌법재판소에 소원이 제기될 수 없는 경우로서 주에 의해 침해되

706) 슐라이히(정태호 역), 「독일헌법재판론」, 미리, 2001, 28면.

707) BVerfGE 47, 144 (145).

었음을 이유로 지방자치단체와 지방자치단체조합이 제기하는 헌법소원(4b), 기타 기본법이 규정한 경우(5호)이다. 기본법 제93조 제2항에서는 "연방헌법재판소는 그 밖에 연방법률에 의해 배정된 권한을 행사한다."고 규정하고 있다.

연방헌법재판소의 권한은 확정적으로 규정되어 있는 것은 아니지만 다음과 같은 권한이 있다. 첫째, 연방국가적 쟁송이다. 연방헌법재판소는 연방과 주 사이 또는 주 상호간에 있어서 연방 및 주의 권리 및 의무에 관한 '견해차이'를 대상으로 하는 헌법상의 쟁송을 결정한다.[708]

둘째, 추상적 규범통제이다. 연방헌법재판소는 연방법 또는 주법이 기본법과 형식상 및 실질상 일치하는지 여부, 또는 주법이 그 밖의 연방법과 형식상 및 실질상 일치하는지 여부에 관한 견해의 차이 또는 의문이 존재하는 경우에는 연방정부, 주정부 또는 연방의회의원의 3분의 1의 신청에 기초해서 결정을 내릴 권한을 가진다.[709]

셋째, 구체적 규범통제이다. 연방헌법재판소는 개별사건의 결정을 임무로 하는 모든 재판소는 헌법 및 법률에 구속되기 때문에 그 사건의 결정에 관계하는 법규범이 유효한지 여부를 심사할 의무를 가진다. 그러나 개별사건을 다루는 재판소는 그 법률을 헌법위반이라고 판단해도 직접 심사할 수 없는 그 절차를 중지해서 연방의 헌법재판소에 이송해서 판단을 구하는 것이다.[710]

넷째, 헌법소원(Verfassungsbeschwerde)심판이다. 기본법에서는 공권력에 의해서 그 기본권 또는 일정한 헌법상의 권리가 침해된 경우 개개인은 연방헌법재판소에 헌법소원을 제기할 수 있다고 규정하고 있다. 단지 이 헌법소원은 다른 쟁송수단이 허용되어 있는 때는 어떤 작위 또는 부작위에 의해서 헌법의 규정이 침해되었는지 여부를 확인하고, 법률의 효력이 문제된 경우에는 그 무효를 선언하는 것으로 하고 있다.[711]

다섯째, 정당해산심판이다. 정당의 목적 또는 그 당원의 행동에 비추어 자유롭고 민주적인 기본질서를 침해 또는 폐지하고 또는 독일연방공화국의 존립을 위태롭게 하는 것은 이를 위헌으로 한다.[712] 위헌의 문제에 관해서는 연방헌법재판소가 이것을 결정한다.[713] 이 결정이 있으면 그 정당은 해산되고 소속의원을 의석

---

708) 독일 기본법 제93조 제1항 제1호, 기본법 제93조 제1항 제4호 등 참조.

709) 독일 기본법 제93조 제1항 제2호 참조.

710) 독일 기본법 제100조 제1항 참조.

711) 독일 기본법 제93조 제1항 제4호a 참조.

712) 독일 기본법 제21조 제2항 참조.

을 상실, 더 나아가 재산을 몰수당하는 경우도 있다. 여기에 관한 제소권자는 연방의회, 연방참사원 및 연방정부이고, 그 정당조직이 있는 주에만 있는 경우는 주정부가 제소권을 가진다.[714] 그밖에 기본법은 연방대통령탄핵[715], 법관탄핵[716], 연방의회에 의한 선거심사에 대한 항고 등의 사항에 관한 권한[717], 기본권실효권한[718]을 연방헌법재판소에 부여하고 있다.

Ⅲ. 독일의 헌법충성제도

독일의 역사적 경험을 통해 기본법에 반영된 방어적 민주주의의 결과로서의 '헌법충실'제도의 내용 및 문제점을 중심으로 살펴보고, 헌법충실제도가 독일의 연방헌법재판소를 통해 재판국가화 되는 경향을 조명하고자 한다.

1. 역사적 과정에서 본 독일 사법부의 변화

몽테스키외(Montesquieu)의 견지에서 '사법부'가 "법을 말하는 입"이라는 의미는 시민법국가라는 대륙적 전통에 있어서 법조계의 자화상을 함축하는 2가지 생각을 지니고 있다. 첫째, 법원은 법규정에 기속되어 엄격하게 법을 적용해야 하고, 실정법을 해석하고 적용할 때 법원은 전적으로 독립성을 지녀야 한다는 것이다.[719] 그러므로 대륙법문화는 법규정을 법관이 정치에 권위를 주는 규범체로 여기고, 법관은 법과대학에서의 직업적 훈련과 장기간 법관임기를 보장받음으로써 독립성이 보장된다고 여긴다. 판사직에 대한 일반신거와 득표를 위한 일정한 선거운동은 유럽판사의 시각에서는 정치적 의존으로 판단되어 지지될 수 없는 것이었다. 둘째, 법원의 지위는 "정치적 결정"에 의해 고려되는 권한영역 밖의 일이라 생각했다. 판례법(case law)은 이념적으로 무엇이 법인가를 구체화하는 것에 지나지 않거나 적어도 묵시적으로 입법자의 의도로 인식되어졌다. 이러한 독일식 권력분립

713) 독일 기본법 제21조 제3항 참조.

714) 독일 기본법 제21조 제2항 제2문 참조.

715) 독일 기본법 제61조 참조.

716) 독일 기본법 제98조 제2항, 제5항 참조.

717) 독일 기본법 제41조 제2항 참조.

718) 독일 기본법 제18조 참조.

719) Charles de Montesquieu, De l'esprit des lois, 1748, Edited by David Wallace Carrithers, The Spirit of Laws, Univ. of California Press, Berkeley, California, 1977, p. 211.

개념에서는 민주주의는 판례법에 선행하고 민주주의가 판례법에 포함되지 않았다.

몽테스키외는 영국헌법을 해석하면서, 유럽대륙 국왕에 종속하는 법원의 의존성을 설명하며 법원의 독립성을 비판하였다. 프랑스 혁명전에 사법부는 절대권력의 종속물로 여겨졌다. 그래서 몽테스키외는 국왕이라는 절대권력을 통제하는데 법원이 유용할 수 있다는 사고는 현실적으로 혁명적이며 불가능하다고 생각하였다. 그럼에도 불구하고 몽테스키외의 18세기 계몽주의 철학에 의거하여 법규범이 정치권력 위에 존재해야 한다는 명제는 19세기에 성문화되었던 제도적 권력분립을 위한 기초가 되었다. 정치적 의존성과 직업적 독립성간의 안정된 균형은 하나의 법문화에서 다른 법문화로 여러 번 변화되었다. 정치적 의존성과 전문적 독립성간의 긴장은 유럽 법문화의 역사를 통하여 생생하게 남아있다. 19세기 초까지 '법'은 '지역적이고 신분에 근거한' 사법권의 혼합체였다. 예를 들어 특정인이 도시시민인지, 길드의 구성원인지, 젠트리(gentry)[720]인지 여부가 중요한 기준이었다. 18세기 동안 독일왕국은 물론 프러시아와 오스트리아는 실체법의 정교한 성문화를 시도했으나, 인류평등주의적이고 개인주의적인 가치를 기초로 한 성문의 통일법을 제정한 것은 프랑스 혁명 이후부터였다. 이러한 성문화는 보통법과 대조적으로 실체법규정뿐만 아니라 절차법 및 조직법규정의 체계도 입법화했음을 의미한다. 부르주아는 혁명 후 유럽에 있어서 자유주의 국가의 특징으로 여겨지는 사법적 독립성을 위한 법적 보장을 확립하기 위해서 대륙에 있어서 성문법을 사용했다.

나폴레옹 법전에서 의미하는 보편주의는 국가의 성문화에 의해 대체되었다. 1815년 비엔나 회의 이후 유럽은 국가재건의 시대로 들어섰다. 본래의 전통에 따라서 법규정을 개정하는 것은 국가정체성 형성을 위해 중요한 이슈가 되었다. 성문화의 시스템, 법원과 다른 법기관간의 구조, 그리고 다수의 절차법은 혁명 후 프랑스법의 기초가 되었다. 독일의 식민지 지배는 오스트리아와 독일의 법이 동유럽에까지 전수되는 기회가 되었다. 동유럽의 국가들이 민족국가로 형성될 때, 독일어로 말하였고 러시아의 국경선상의 신흥국가들은 몇몇 실체법규정들을 변경하기는 하였으나, 전반적으로 성문법 구조를 유지했다. 독일 지역에 1871년 25개 주권국가가 통일된 제국을 이루었을 때, 통일적인 성문화는 1871년 형법, 1877년 형사절차법과 민사절차법, 1896년 민법, 1897년 상법의 법분야에서 이루어졌다.[721]

---

720) 영국에서 중세 후기에 생긴 중산적(中産的) 토지소유자층을 말한다. 향신(鄕紳)이라 번역되기도 한다. 본래는 '가문이 좋은 사람들'이라는 뜻이며, 넓은 의미로는 귀족을 포함한 좋은 가문의 사람들을 지칭해서 쓰이나, 신분적으로 귀족 아래이고, 요먼리의 상위계층으로서 가문의 문장(紋章) 사용이 허용된 사람들을 지칭한다. 또한 본래의 지주가 그 중심을 이루었으나, 도시인이나 그 밖의 사람으로서 토지를 매입해서 지주가 된 사람도 포함하였다.

19세기 성문화운동은 정치적 간섭으로부터 자유를 획득하여 '법의 지배'(rule of law)를 확립하였으나, 성문화운동이 곧바로 사법부가 민주주의적 또는 인류평등주의적 가치에 뿌리박고 있다는 것을 의미하지는 않았다. 독일에 있어서 법무장관은 주(州)시험을 통해 모든 법학교육을 감독하고, 검사와 판사의 임용과 경력을 통제하였다. 법관이라는 직위는 경력상 전생애에 있어서 출세의 징표로 간주되었으며, 변호사와 사법부간의 유동성은 일반적인 현상이 아니었다. 예를 들면, 1869년 노예해방선언에도 불구하고 유대인은 1918년 제국 말엽까지 사법부를 포함해서 공무원이 되거나 승진하고자 할 때 차별대우를 받았었다. 여성들은 1922년까지 주공무원으로서 신분취득이 인정되지 않았다. 바이마르 공화국은 그러한 장벽을 제거했으나, 대부분 판사들의 비민주적 태도는 없어지지 않았다.722)

민주주의적 이념과 법의 지배의 상호관계에 대한 인식은 1920년대 동안 법학자와 법조계 가운데 서서히 기반을 잡아갔다. 제국법원 1백주년에 즈음하여 발행한 6권의 보고서는 민주주의에 대해 우호적 법학자와 반민주주의적 법학자의 양극단화를 반영하고 있었다. 그것은 한편으로는 국가의 권위주의적 사상을 표현하는 것이었고, 다른 한편으로는 "경제적 민주주의"(economic democracy)의 사회주의적 개념을 의미하는 것이었다.723) 나치(Nazis)가 1933년 정권을 잡았을 때, 법조계가 겪고 있었던 민주주의의 완만한 적응과정은 종말을 맺게 되었다. 제3제국의 제정법은 대권에 의해 변경되거나 대체되기도 하였다. 이러한 국가를 일반적으로 "처분국가"724)라 부른다. 나치(Nazis)는 정적(政敵)을 파멸시키고 비(非)아리안(non-Aryan)이라 생각되는 모든 사람들을 집단학살(genocide)할 것을 포함하는 전체주의적 규범을 합법화하는데 법원을 이용했다. 비록 라이프니치 제국법원은 국가사회당과 비밀경찰로부터의 직접적인 정치적 간섭에 대해 어느 정도의 사법적 독립성을 유지하려고 했지만, 1934년 이래로 민중법원(Volksgerichtshof)에서 최고반역죄로 명명되어진 정치범들에 관한 재판관할권은 양보해야 했다. 라이프니치 제국법원은 12년간의 나치(Nazis) 체제하에서 '법의 지배 원직'을 '정지의 우위'에 계속적으로 양도하였다. 그 동안 법의 본질은 변형을 겪는 반면, 법의 지배와 사법조직의 구조는 형식적으로 유지되었다.725)

---

721) Erhard Blankenburg, Political Regimes and the Law in Germany, in: H. Jacob et al., Courts, Law, and Politics in Comparative Perspective, 1996, p. 251.

722) Erhard Blankenburg, p. 251.

723) O. Schreiber (Hrsg.), Die Reichsgerichtspraxis im deutschen Rechtsleben, Berlin, de Gruyter, 1929 참조.

724) Ernst Fraenkel, The Dual State, New York: Octagon Books, 1941 참조.

나치(Nazis) 정권의 몰락이후 사법기구는 전체주의 이전의 전통으로 되돌아갔다. 바이마르 공화국시대에 존재했던 기본적 법규는 그대로 존재하는 반면, 나치(Nazis) 시대의 민족주의적 입법은 무효화되었고, 제국법원 판사가 만든 수많은 판례법은 정화되어야 했다. "법의 지배의 연속성"이라는 측면에서 살아남았던 그 때까지 현존했던 규범은 유효한 법으로서 존치되었고, '민족주의적'으로 판단되었던 규범들은 진정한 법의 원칙으로부터 이탈한 것으로 판단되어 무효화되었다. 2차 대전 후 승리한 연합국은 그들 자신의 법률적 기구를 설립하는데 전력을 기울였다. 소련의 지배하에 있는 구 동독에서는 강력한 배심제 요소를 도입하였고, 정치기관에 의한 선거를 통해 司法인사를 임명하였으며, 법조계에 프롤레타리아 단체를 구성하고, 검사와 법원에게 정치적 지침을 제공하였다. 구 서독에서는 헌법재판을 위해 독립된 법원인 연방헌법재판소를 도입하였는데, 이 제도로 인해 독일 사법부는 위대한 사법적 자치제를 이룩하고 발전하였으며, 결국에는 연방헌법재판소가 정치영역에도 관여하게 되었다.

구 동독공산주의 체제는 법조계의 탈나치화에 우선적인 관심을 두었다. 세계 2차 대전 이후에 구 동독은 나치당원으로 추정되는 사람들을 기소하려고 특별법원을 설치·운영하였고, 후에 베를린에 있는 동독최고법원은 전(前) 나치인들을 추방하는 기능을 인수인계 받았다. 스탈린시대의 정신에 충실한 탈나치화는 서독을 비난하고 동독의 체제를 합당화하기 위해 수많은 전시재판으로 사용되었다. 구 동독은 전(前) 나치인을 추방하는 과정에서 나치(Nazis) 범죄에 관여했음을 입증하지 않고서도 법원으로부터 부르주아 구성원을 추방하였다. 때때로 사회주의자와 공산주의자들이 법조인의 자격을 충분히 갖추지 못하고서도 프롤레타리아의 배경을 기반으로 하여 검사, 판사, 변호사로 임용되기도 하였다. 제도적 개혁은 1950년대와 1960년대를 통해 점차적으로 이루어졌다. 소비에트제도는 2가지 전략을 가지고서 대륙적 전통을 대신하였다. 사법부에 강한 배심제적 요소를 도입함으로써 민주화를 시도함과 동시에 국가의 기소권을 통해 중앙조정역할을 확립함으로써 대륙적 제도를 소비에트제도로 대체하였다. 그러나 냉전이 종결된 이후 사회주의적 사법제도는 1990년대 동안 서구주의 모델에 의해 다시 대체되었다.

이러한 독일의 역사를 통해 인식할 수 있는 교훈은 정치는 항상 법원과 법을 결정지었으나, '사법적 독립성'이라는 흐름은 정치적 운명에 있어 반복되는 변화속에서 저변으로 스며들었다는 것이다. 구 서독연방대법원(Bundesgerichtshof)이 지

---

725) Bernd Rüthers, Die unbegrenzte Auslegung, Tübingen, Mohr, 1968 참조.

난 50년간 지지해 온 '동일성 이론'(thoery of continuity)은 변화하는 체제에서 '법의 지배'라는 사고 때문에 형성된 '정체성의 위기'를 맞게 되었다. 법치국가는 현재의 정치적 가치위에 있는 '원칙들'에 기초한다고 가정하면, 민사와 형사사건에 있어서 독일의 연방대법원은 1879년 이래로 동일성을 주장하고 있다.[726] 현재의 법원이 정의로운 법의 전통으로 여겨지지 않는 인종주의적 또는 파시스트적 사상에 기초하여 판결하지 않는 한, 나치시대 동안 제국법원의 판결은 현재의 독일에서도 유효하게 된다.

냉전의 종언은 문제를 단순화시켰다. 동독과 과거의 공산주의 국가들에 있어서 사회주의적 이념과 제도는 역사의 한 장으로 흘러갔다. 서독의 법의 지배 이념에 의해 사회주의적 이념과 제도는 불법(Unrecht)의 실례가 되었다. 또한 심지어 혁명시대의 이상주의적 공산주의자들도 공산주의 국가에서의 법이 정치적 억압과 비밀적 감시를 위해 사용되었다는 것을 부정하지 않았다. 공산주의자들은 잘못된 현실에 대한 정의로운 법의 이념을 고려했으나, 그들에게 있어서도 '서양국가에 의한 정치적 지배'는 '정의로운 법'이라는 이념보다 우월했다.

2. 독일의 헌법충실제도

독일의 분단으로 인한 공산주의 체제의 경험과 나치 정권의 역사적 경험으로부터 역사적으로 단절된 정치적 및 법적 정체성을 회복하고, 이에 대한 반성으로 헌법에 가치기속성을 담고자하는 취지가 반영되었다. 이것이 방어적 민주주의 사상이다. 이는 구체적으로 헌법충실과 밀접한 관련을 지니며 발전과 역경을 거쳐 왔다. 방어적 민주주의와 마찬가지로 헌법충실도 기본권제한을 확장하는 역할을 수행하기도 하였다.

(1) 방어적 민주주의 사상

본(Bonn) 기본법의 최대특징은 헌법을 "헌법의 적"(Verfassungsfeind)으로부터 방어하기 위해서 공권력만이 아니라 국민 개인에게 헌법상의 기본가치인 "자유민주적 기본질서"를 방위할 의무를 부과하고, 이를 사법적(司法的) 보장에 의해서 확보하

---

726) 이러한 '동일성 이론'에 관하여는 T. Würtenberger, Zur Legitimität des Grundgesetzes in historischer Perspektive, in: W. Brugger (Hrsg.), Legitimation des Grundgesetzes aus Sicht von Rechtsphilosophie und Gesellschaftstheorie, 1996, S. 21 ff.; M. Stolleis, Geschichte des Sozialrechts in Deutschland, UTB, Lucius & Lucius, 2003, S. 209 ff.

려는 제도를 만들었다는 것이다.

독일은 정당의 지위와 관련하여 독일 기본법 제21조에 정당결성의 자유에 관해서는 "방어적 민주주의"의 사상[727]에 기초하고 있으며, 이에 위반시는 정당해산제도(기본법 제21조 2항)[728]를 갖추고 있다. 또한 방어적 민주주의 사상은 개인의 기본권 남용에 의한 '기본권상실선언제도'(기본법 제18조)에 있어서 공무원·법관·군인 등의 근무관계에 관한 법률의 해석에 있어서 그 기준이 되고 있다. 이러한 방어적 민주주의의 규범적 특징을 지배하는 중요한 기준은 '자유민주적 기본질서'이다. 따라서 자유민주적 기본질서가 여러 기본권 행사에 있어서 헌법적 행위의 한계를 이루고 있다. 구체적으로는 기본법 제10조 제2항[729], 제11조 제2항[730], 제87a조 제4항[731], 제91조 제1항[732] 등에서 '자유민주적 기본질서'를 규정하고 있다.

이러한 방어적 민주주의는 민주주의의 다원적 개방성에 대하여 가치기속성이라는 본질적인 한계를 설정하는 의미를 지닌다. 방어적 민주주의 사상에 기초한 어떠한 국가적 제한은 일단 비례성원칙을 준수하여야만 합헌이 될 수 있다. 민주주의의 생명력은 공권력의 강력한 실현에 의한 기본권보장이라기 보다는, 기본권을

727) 장영수, "방어적 민주주의－독일에서의 방어적 민주주의이론의 형성과 발전－", 한국공법학회 제18회 학술발표회, 한국공법학회, 1991. 5, 22-36면 참조. 민주주의의 이름으로 민주주의를 공격하고 말살하려는 헌법질서의 적(敵)을 효과적으로 방어하는 민주주의를 "방어적 민주주의"(abwehrhafte Demokratie)라 한다.

728) 독일 기본법 제21조 제2항은 "그 목적이나 추종자의 행태에 있어 자유민주적 기본질서를 침해 또는 폐지하려 하거나 또는 독일연방공화국의 존립을 위태롭게 하려는 정당은 위헌이다. 위헌성의 문제에 관하여는 연방헌법재판소가 결정한다."

729) 독일 기본법 제10조 제2항은 "그 제한은 오로지 법률에 근거하여서만 행해질 수 있다. 그 제한이 자유민주적 기본질서나 연방 또는 어느 지방의 존립이나 안전의 보호에 도움이 될 때에는 그 제한을 관계자에게 통지하지 않는다는 것과 쟁송수단 대신 의회가 임명하는 기관과 보조기관으로 하여금 심사하게 하는 것을 법률이 정할 수 있다."

730) 독일 기본법 제11조 제2항은 "이 권리는 충분한 생활근거가 없고 이로 말미암아 일반에게 특별한 부담을 지우는 경우나, 연방 또는 어느 지방의 존립이나 자유민주적 기본질서를 위협하는 위험의 방지를 위하여, 전염병의 위험이나 자연재해 또는 특별히 중대한 사고를 극복하기 위하여, 소년을 방치로부터 보호하기 위하여, 또는 범죄행위의 예방을 위하여 필요한 경우 법률에 의해서만 또는 법률에 근거하여서만 제한될 수 있다."

731) 독일 기본법 제87a조 제4항은 "연방 또는 지방의 존립이나 자유민주적 기본질서를 위협하는 위험의 방지를 위하여 연방정부는 제91조 제2항의 요건이 존재하고 경찰력과 연방국경수비대만으로 불충분한 경우에는 민간인·민간재산을 보호하기 위하여 또한 조직되어 군사적으로 무장된 폭도들과 투쟁하는 경찰과 연방국경수비대를 지원하기 위하여 군대를 투입할 수 있다. 군대의 투입은 연방의회나 연방참사원의 요구가 있으면 중지하여야 한다."

732) 독일 기본법 제91조 제1항은 "연방 또는 지방의 존립이나 자유민주적 기본질서를 위협하는 위험의 방지를 위하여 지방은 다른 지방의 경찰력과 다른 행정청 및 연방국경수비대의 전력과 시설을 요청할 수 있다."

제한하는 경우에 그 국가행위에 대한 정당하고 합리적인 헌법적 논거를 제시할 수 있어야 하기 때문이다.

(2) 독일의 헌법충실제도 연혁

독일에 있어서 "급진적", "극단주의적", "국가적대적", "헌법적대적" 문제는 매우 오래된 문제이다. 이 문제의 근본에는 국가의 엄격한 테스트를 전제로 한다. 국가가 헌법의 "적"(Feind)이라고 판단되는 자를 국가 자신의 내부의 적으로서 어떻게 취급할 것인지, 또한 국가가 관용을 베풀 것인지 아니면 냉혹하게 처벌할 것인지 여부는 어떤 성문화된 헌법원칙보다도 특정 국가의 공동체를 특징짓는 중요한 징표가 된다.

독일 기본법의 발효 직후, 역사적으로 "탈나치화", "재교육", "제131차 의회"로 해결된 것으로 간주되던 '급진주의'가 다시 나타났다. 1949년 가을 니더작센 주(州)에 의외로 크나큰 군집을 이루어 신나치주의당인 사회주의 제국당(SRP)이 창당되었다. 그 당시 정치적 콘센스(Konsens)를 지니는 일반적 견해는 1950년 9월 19일의 연방정부의 결정과 "방어적 민주주의"라는 첫 번째 법적 결과였다. 이러한 급진주의 관련 법률의 제정·공포는 모든 공무원들에게 전체 행동에 있어서 민주적 기본질서를 신봉하도록 의무지웠다. 자유민주적 기본질서에 반하는 단체에 참여하거나 그러한 경향을 지닌 자는 중대한 의무위반을 범하게 되었다. 이러한 분위기는 사회주의 제국당(SRP)과 독일 공산당(KPD)에 대한 정당해산심판청구와 이를 지지하는 연방헌법재판소의 해산판결에 이르렀다.[733] '헌법충실'의 문제에 대한 정치적 콘센스(Konsens)는 헌법보호 원칙의 형태로 나타나는 주와 연방의 공무원법기본법률 해당 규정에 영향을 미쳐 규정되게 되었다.[734]

1972년에 연방수상과 각주 수상은 공동결정에서 "공직지원자가 헌법적대적인 목적을 추구하는 단체에 가입되어 있는 경우에는 자유민주적 기본질서를 충실히 옹호하는지 여부에 관해 의문이 존재한다. 이러한 의문은 원칙적으로 채용신청의 거부를 정당화시킨다."고 결정하였다. 1974년 신분조회를 통해 실체적인 문제의 본질을 덮으려고 했던 연방정부와 연방참사원의 법률안[735]이 폐기되었으나, 실제로 1973년에서 1975년의 2년 반에 걸쳐 46만 명이 심사대상이 되고, 5,700명이 문

733) Vgl. BVerfGE 2, 1 ff.; BVerfGE 5, 85 ff.

734) 대표적으로 § 7 I Nr. 2 BBG.

735) 이 법률안의 법규정 및 비판에 대해서는 *Schick*, ZBR, 1975, S. 1 ff.

제있는 것으로 기록되고 467명이 공직에서 추방되는 결과를 낳았다. 연방헌법재판소도 “헌법적대적인 목적을 추구하는 정당에의 참가 내지 가입도 공직후보자의 인성평가에 중요한 일부를 구성할 수 있다”고 하는 판단을 내렸다.[736)]

1976년 2월 연방참사원에서 “과격주의자”를 공직에서 배제하는 법률안이 부결되어 대내외의 주목을 받았는데, 이는 과격주의자를 공직에서 배제하기 위해서는 “헌법위반의 목적을 추구하는 정당”의 소속이라는 요건만으로 충분하다는 것에 대해 기독교민주당(CDU)과 기독교사회당(CSU)이 반대했기 때문이었다. 그에 반해, 1976년 5월 19일 연방정부(사회민주당과 자유민주당)는 “헌법충실” 심사절차로서 연방공무원에 대해 공직채용의 조건으로 8개 항목으로 적성심사를 규정하려고 시도하였다.[737)] 이와 관련한 헌법충실의 의미에 관한 정치적 토론은 상호간의 적개심으로 얼룩지게 되었다.

이 당시 독일 연방헌법재판소는 기본법 제21조 제2항의 해석을 통해 기본법제정자들이 “방어적 민주주의”를 의도했다는 결론을 도출한다.[738)] 사회주의 제국당판결과 공산당판결에서 연방헌법재판소는 방어적 민주주의 내지 기본법의 가치기속성을 단호하게, 그러나 또한 매우 조심스럽게 관철시키려 하였다. 민주주의의 방어적 성격은 현존하는 헌법질서의 보호를 일방적으로 강조함으로써가 아니라, 민주적 다원성의 요청에 따라 필요 최소한으로 제한됨으로써 정당화될 수 있음을 인정하였다. 따라서 기본법 제21조 제2항을 적용하기 위한 구성요건은 매우 엄격하게 요구되었고[739)], 이런 구성요건이 갖추어진 경우에 정당의 해산과 이에 수반되는 조치들은 매우 폭넓고 강력하게 인정되었다.[740)] 그 후 독일 연방헌법재판소의 급진주의자 판결[741)] 이후에 이른바 공직취임금지라는 새로운 문제[742)]로서 방어적 민주주의의 적용범위가 확대되었다.

---

736) BVerfGE 39, 334 ff.

737) 이에 관한 자세한 사항은 *Fromme*, FAZ v. 28. 1. 1982, S. 9.

738) BVerfGE 5, 85(139)

739) BVerfGE 2, 1(14, 21 f.); 5, 85(140 ff.)

740) BVerfGE 2, 1(71 ff.); 5, 85(191 ff.)

741) BVerfGE 39, 334 ff. 이에 관한 자세한 논의는 이종수, 헌법충실원칙에 관한 독일연방헌법재판소의 해석론과 그 비판－특히 급진주의자결정을 중심으로－, 헌법판례연구 〔2〕, 2000, 89면 이하 참조.

742) 이 문제는 무엇보다도 독일공산당(KPD: Kommunistische Partei Deutschland)의 후신이라고 할 수 있는 독일공산당(DKP: Deutsche Kommunistische Partei)의 당원들의 당직취임을 막는 법률 또는 처분들과 더불어 제기되었다. 연방정부는 독일공산당(DKP) 자체를 위헌정당으로서 연방헌법재판소에 그 해산을 제소하는 대신에 그 당원들의 공직취임을 제한함으로써 실질적인 규제의 효과를 얻으려고 하였던 것이다.

(3) 독일 기본법상 헌법충실제도와 그 문제점

헌법충실(Verfassungstreue)743)과 관련한 구체적 기본법규정으로는 기본법 제33조 제2항에 규정된 '적성'(Eignung)과 관련하여 기본법 제33조 제4항의 근무관계와 충실관계에 있는 공무원에게 요구되는 헌법충실과 기본법 제5조 제3항 2문744)의 교수의 자유와 관련된 헌법충실 요구745) 및 기본법 제9조 제2항746)의 결사의 자유와 관련된 헌법충실 요구와 기본법 제18조747)의 기본권실효제도가 있다. 또한 정당에 관해서는 제21조 제2항748)에서 위헌정당선언과 관련하여 연방헌법재판소가 결정한다는 규정을 두었다.

본(Bonn) 기본법이 취한 일련의 "헌법충실"749) 제도는 확실히 나치즘을 체험했던 것에 근거한 것이었다. 나치가 '결사의 자유'에 의해서 보장되고 또한 '표현의 자유'를 100% 이용하면서 바이마르헌법의 민주주의와 자유 그 자체를 부정하고, 공공연하게 활동하고 합법적으로 정권을 장악한 것이었다. 또한 '학문의 자유'와 '대학의 자치의 보호'하에서 바이마르 헌법에 대한 최대의 버팀목인 대학교단이 나치정권을 뒷받침한 것이었다. 그와 같은 체험에서 민주주의와 자유에 대한 "드로이목마"의 교훈을 얻고, 그러한 전철을 되풀이하지 않기 위해서 민주제에 대한 공격에 대항해서 자신을 보호하는 '방어적 민주주의'750)를 고려하게 된 것이었다.

그러나 다른 한편으로 "자유민주적 기본질서"를 내용으로 하는 헌법이 자기방어

743) 헌법충실에서 '충실'(Treue)의 개념은 라틴어의 fidelitas에서 유래하는 것으로, 상호간에 양당사자간에 의무지워진 관계성을 나타내는 용어나(H.-W. Laubinger, Die Treuepflicht des Beamten im Wandel der Zeiten, in: Festschrift für Carl Hermann Ule, S. 92).

744) 기본법 제5조 제3항 2문 "교수의 자유는 헌법에 대한 충성을 면제하지 않는다."

745) Battis, in: Sachs, GG, 3. Aufl., Art. 33 Rn. 32; Kunig, in: v. Münch/Kunig, GG Bd. 2, 5. Aufl., Art. 33 Rn. 34.

746) 기본법 제9조 제2항 "그 목적이나 활동이 형법에 위반되거나 헌법질서 또는 국제이해의 사상에 반하는 단체는 금지된다."

747) 기본법 제18조 "의사표명의 자유, 특히 출판의 자유, 교수의 자유, 집회의 자유, 단체결성의 자유, 편지, 우편 및 전기통신의 비밀, 소유권, 또는 비호권을 자유민주적 기본질서를 공격하기 위해서 남용하는 자는 이러한 기본권을 상실한다. 상실과 그 정도는 연방헌법재판소에 의해서 정해진다."

748) 기본법 제21조 제2항 "정당에 그 목적 또는 당원의 행위가 자유민주적 기본질서를 침해 또는 배제하고 또는 독일연방공화국의 존립을 위태롭게 하는 것을 목적으로 하는 정당은 위헌이다."

749) 헌법충실(Verfassungstreue)은 그 용어상 일반적인 '충성의무'와 구별된다. 충성(Loyalität)의무는 충실의무보다 약한 유형으로서 공무원이 헌법에 대하여는 '충실의무'를 지니는 반면, 정부에 대하여는 단지 '충성의무'만을 부담하고 있다(BVerwGE 39, 334 (LS. 7); 47, 330 (336)).

750) Vgl. K. Mannheim, Diagnosis of our Time, 1943, S. 4 ff.

를 위해서 자유를 제한함으로써 심각한 모순을 내포하게 되었다. '교수의 자유'를 둘러싼 문제에 관해서는 본기본법의 제정회의에서도 찬반의견이 분분하였다. '교수의 자유'에 관한 충실조항은 사회민주당 의원의 발안으로 삽입되었는데, 법학자의 의견서 등에서 학문의 자유나 사상의 자유를 침해한다는 반대론이 제기되어 위원회 단계에서는 기독교민주당(CDU)의 제안으로 1표차로 삭제된 후, 새롭게 본회의에서 34 대 31로 부활되는 과정을 겪었다.[751] 그 이외의 조항에 관해서는 기본법 제정과정에서 거의 이론없이 지지되었는데, 헌법제정의 성격상 '학문의 자유'의 경우와 같은 문제를 포함하고 있다. 왜냐하면 자유는 항상 남용 가능성을 내포하고 있고, 그 남용을 봉쇄하게 되면, 자유 그 자체의 본질을 부정하는 결과가 될 우려가 있기 때문이다. 절대로 남용될 수 없는 자유는 자유가 아니라는 문제가 존재하게 된다. 국가의 가치중립성을 전제로 한, 사상과 언론의 자유경쟁의 결과와 신뢰위에서 자유주의가 기초지워지는 것이라는 점에서 "헌법충실"제도는 국가에 의한 기본가치 정립의 대전환을 의미하게 된다. 더욱이 자유와 민주주의가 충분히 확립되어 있지 않은 사회라면 어느 정도 "자유의 적에게는 자유를 주지 않는다"는 방법을 취해서 자기방어를 할 필요가 있고, 그러한 사회야말로 무엇이 "자유의 적"인가를 자의적으로 판정함으로써 자유가 사멸할 위험성도 큰 것이다.[752]

이와 같은 중대한 문제점을 지니는 "헌법충실"의 사상과 제도가 독일에서 전형적인 모습이라고 여겨졌던 것은 자체 내에서 생겨난 나치(Nazis) 체험에 관한 당연한 반응의 반영임과 동시에 분단국가로서 동서대립하에서 체제방위의 필요가 보다 중요한 과제였기 때문이었다.

(4) 헌법충실제도의 확보수단으로서 헌법재판제도

본(Bonn) 기본법의 최대의 특징을 이루는 "헌법충실"제도 속에서 연방헌법재판소는 헌법충실제도를 유지하는데 상당히 중요한 역할을 수행하고 있다. 기본권실효절차(제18조), 위헌정당의 선언(제21조 제2항) 등 사인 내지 사인의 정치적 조직체에의 헌법적 제재는 연방헌법재판소의 특징적 역할이고, 법률에 대한 위헌심사 및 헌법소원이라는 중요한 권한에서도 그와 같은 연방헌법재판소의 기본성격이 반영되어 있다.

그런데 이러한 연방헌법재판소의 역할 수행은 헌법을 방위하기 위해서 "헌법의

751) JöR (n.F. 1) 1951, 90 (320).

752) 이에 관한 논쟁에 관해서는 Schick, ZBR 1975, S. 1 ff.

적"에게 제재를 가함으로써 반헌법적인 가치를 공권적으로 부정하는 방법으로 "헌법충실"을 확보하려는 것이라 할 수 있다. 그에 반해 헌법적인 가치를 공권적으로 사인간의 관계에까지 적극적으로 실현해 가려는 취지로서 "헌법충실"을 확보하는 것은 문제가 될 수 있다. 기본권이 과거에는 전통적으로 오로지 공권력과 사인사이의 관계에서만 고려되어 왔었음에 반하여, 오늘날에는 '사적 자치'에 맡겨져 왔던 사인간의 관계에 있어서도 기본권의 효력이 미쳐야 한다는 "기본권의 제3자적 효력(기본권의 대사인적 효력)" 문제[753]는 헌법충실의 측면에서도 중요한 의미를 가진다고 이해할 수 있다. 확실히 독일 연방헌법재판소는 그 문제에 관해서 단적으로 '직접효력설'을 채택하고 있지 않다. 즉, 연방헌법재판소의 견해에 의하면, 기본권에는 객관적인 가치질서가 체화되어 있고, 이는 헌법상 근본결정으로서 사법(私法)을 포함하여 모든 법분야에 타당하다는 것을 전제하고, 민사재판의 법관은 사법(私法) 해석에 있어서 기본권의 효력을 오인하여 판결하게 되면, 그 판결은 기본권을 침해한 것이 된다고 판시하였다.[754] 사적 자치원칙을 기초로 하여 '사법(私法)질서'와 '헌법질서'의 2원성의 구조를 취하면서 기본권의 대사인효에 있어서는 '간접효력설'을 취하고 있다.[755] 이는 일정한 한도에서 사인간(私人間) 관계에 있어서 헌법충성을 '자유의 강제'로서 실현하는 기능을 수행하고 있다.

이렇게 반(反)헌법적 가치의 부인과 헌법적 가치의 관철이라는 양측면에서 독일 연방헌법재판소는 사적(私的) 관계에 있어서도 헌법적 가치를 유지하는 역할을 담당하고 있다. 독일 기본법은 연방헌법재판소의 활동을 3권분립 원칙하에서 입법·행정과 함께 "재판"이라는 범주로 파악하면서도 그 "재판"개념을 전통적인 "사법"개념보다도 넓게 설정하였다.[756] 그리고 연방헌법재판소는 자신의 임무를 주관적인 권리구제에 봉사하는 것에만 국한하는 것이 아니라, "헌법의 객관적인 질서보장"에도 기여하는 것으로 해석하고 있다.[757] 이렇듯 연방헌법재판소의 역할 확대를 통해 헌법충실을 더욱 확장시킬 수 있었던 것이다.

753) 이에 관한 기본적인 논문으로는 W. Leisner, Grundrechte und Privatrecht, 1960, S. 306 ff.; C. W. Canaris, Grundrechte und Privatrecht, AcP 1994, S. 201 ff.; W. Rüfner, Drittwirkung der Grundrechte, in: Gedächtnisschrift für Wolfgang Martens, 1987, S. 215 ff.; G. Hermes, Grundrechtsschutz durch Privatrecht auf neuer Grundlage?, NJW 1990, S. 1764 ff.

754) BVerfGE 7, 198 (205); 28, 243 (261); 35, 79 (114 ff.).

755) C. D. Classen, Die Drittwirkung der Grundrechte in der Rechtsprechung des Bundesverfassungsgerichts, AöR 122, 1997, S. 65 ff.

756) Vgl. BVerfGE 11, 330; BVerfGE 63, 1 (21 f.). H. Brinckmann, Das entscheidungserhebliche Gesetz, Berlin 1970, S. 88; Leibholz/Rupprecht, BVerfGG, § 80 Rn. 19.

757) BVerfGE 2, 213 (217); 42, 90 (91); 72, 51 (62).

3. 헌법재판과 재판국가화 경향

실제로 독일 연방헌법재판소는 위헌심사권의 행사시 그 판단내용이나 판단방법에서 적극적인 작용을 하고 있다. 기본법 제21조 제2항에 기초해서 연방헌법재판소가 이른바 네오 나치즘정당인 "사회주의국가당"(SRP)[758], 독일공산당(KPD)[759]을 위헌이라고 판시한 바 있다. 공산당 위헌판결에서는 연방헌법재판소는 저항권의 문제와 관련해 공산당이 주장하는 "인민의 저항"이 저항권행사에 해당하지 않는다고 판시하였다. 이 판결에서 판시하는 저항권은 "보수적인 의미에서 즉 법질서의 유지 내지 회복을 위해서만" 사용되는 것이고, 연방헌법재판소가 저항권행사의 해당여부를 공권적으로 판단하는 것이므로 실정법상의 제도의 사상적 연원이 어디에 있는가는 별론으로 하고, 저항권 자체는 실정법상의 존재 여부로만 다루어졌다.[760]

또한 독일 연방헌법재판소는 정당이나 주권력 뿐만 아니라, 연방권력에 대해서도 위헌판단을 내리고 있다. 연방헌법재판소는 연방의 정당정책과 관련하여 정당에의 기부금액을 일정한도까지 소득세의 과세대상에서 제외한 소득세법에 대해 고소득자가 저소득자보다도 정치적 의사형성에 큰 영향력을 가지는 것이 되어 법 앞의 평등에 위반된다고 하여 위헌판결[761]을 하였다. 또한 연방이 소유하는 방송사의 설립에 대해 라디오, 텔레비전을 포함하여 문화현상은 독일 기본법에서 별도의 정함이 없으므로 주의 권한에 속하고, 연방에 의한 방송사의 설립은 연방과 주사이의 우호의무에 반한다고 한 판결[762]을 하였다. 이 판결은 동시에 기본법 제5조의 "방송의 자유"의 해석과 관련하여 연방 내지 주가 직접으로 방송시설을 지배하는 것은 위헌이라고 하고, 위 법률이 합헌이기 위해서는 국가의 간섭을 받지 않고 또는 한정적인 감독에만 따르는 공법인이 설립되어야만 하고, 이는 정치적·사회적 집단의 대표자에 의해서 구성되는 합의제기관으로 운영되어야만 한다고 판시하였다.[763]

---

758) Vgl. BVerfGE 2, 1 ff.

759) Vgl. BVerfGE 5, 85 ff.

760) 그 후 1968년 추가된 기본법 제20조 제4항(Notstandsgesetze 1968 (BGBl. I, 709))에 의해서 저항권은 명문상 실정법에 편입되었다.

761) BVerfGE 8, 51 ff.

762) BVerfGE 12, 205 ff.

763) 이에 관한 자세한 내용은 독일연방헌법재판소, 전정환·변무웅(역), 독일방송헌법판례, 한울 아카데미, 2002, 13면 이하 참조.

그런데 위헌심사권의 행사와 관련하여 연방헌법재판소는 다양한 형태의 법형성을 하고 있다. "헌법제정자를 구속하는 초실정적인 법"을 원용해서 헌법규정의 상위에 일정한 규범이 존재함을 상정함으로써 헌법재판소의 가치판단을 수용하는 방법과 같은 형태가 있다. 일반적으로 법실증주의적 해석태도와 관련하여 법형성을 시인하는 법사고의 경향하에서 심사대상인 규범은 물론 심사기준인 헌법규범의 의미 확정에 있어서 헌법재판소가 수행하는 역할이 보다 증대되고 있다.

또한 "합헌적 법률해석"이라고 불리는 법기술이 사용되는데, 이것은 법률을 위헌무효라고 판단하는 것을 피하도록 하는 한에서는 확실히 헌법재판소의 자제라는 의미를 가지고, 법해석의 방법으로서 합헌적 법률해석을 하는 경우 법률의 객관적 의미를 본질적으로 변경해서는 안된다는 한계가 있다고 설명된다.[764] 그러나 실제로는 합헌적 법률해석의 기술은 심사대상이 된 법률의 원래 의미에 기초해서 헌법재판관이 생각하는 헌법가치에 적합한 의미를 보충하는 역할을 하게 된다. 또한 규범에 대한 위헌판단과 규범에 대한 존치간의 선택 권한을 입법자가 아닌 '연방헌법재판소'가 독점하는 방법이며, 헌법재판소가 그 규범에 대해 위헌판단을 하지 않음으로써 입법자가 여러 가지 규범에 대한 형성의 자유를 박탈당하게 된다. 이러한 합헌적 법률해석은 헌법과 법률이 불합치하는 범위에서 부분적으로 그 법률의 적용을 인정하는 비공인된 '법관법'(Richterrecht)의 한 종류라 할 수 있다.

비록 아무리 정교하고 훌륭하게 되어진 입법일지라도 입법자가 추구했던 입법목적을 헌법재판소가 법률의 해석 및 적용시에 무시한다면 이를 방지할 방법이 없어지게 된다. 그러므로 입법자가 지신의 목적을 달성하려면, 헌법재판소와 각종 법원이 입법에 대한 존중에 그 사활을 걸 수밖에 없다. 사법부의 입법에 대한 존중의 헌법적 근거로는 독일 기본법 제20조 3항[765]의 '사법권에 대한 입법권의 우위'에서 구할 수 있다.

이렇듯 연방헌법재판소의 판결이 지니는 권위는 대단하다. 연방헌법재판소는 권력을 가지고 중대한 의미가 있는 해석론적 문제에 대해 재판한다. 비록 모든 분야의 법을 알아야 하는 연방헌법재판소의 어려움이 매우 크고 연방헌법재판소가 만들어내는 많은 공식들에 대한 온갖 전문적인 비판에도 불구하고, 연방의 최고법원들을 비롯한 여타의 재판을 담당하는 전문화된 법원들은 거의 대부분 또한

---

764) 이에 관한 전반적인 설명으로는 H. Bogs, Die verfassungskonforme Auslegung von Gesetzen, 1966; K. A. Bettermann, Die verfassungskonforme Auslegung, Grenzen und Gefahren, 1986 참조.

765) 독일 기본법 제20조 제3항 "입법은 헌법질서에 기속되고, 집행과 사법은 법률과 법에 기속된다."

예외없이 연방헌법재판소의 결정에 복종한다.766) 이로 인해 연방헌법재판소는 항상 "최종적인 판단의 위험"767)에 노출되어 있다.

연방헌법재판소는 통제하는 법원으로서 또한 통제기준인 "헌법"에서 유래하는 법원으로서 그 권위를 가진다. 헌법이 전에는 누리지 못했고 또한 특히 기본권과 관련하여 연방헌법재판소의 판례가 없었다면 누리지 못할 위상을 연방헌법재판소가 현실화하였다.768) 1996년 이슨제(J. Isensee)가 언급했던 것처럼, 오늘날 연방헌법재판소는 "법에 기초를 둔 공화국건설의 종석(宗石)"769)이라 할 수 있다.

이렇듯 굉장한 판결의 권위를 지닌 연방헌법재판소가 헌법충실과 관련하여 확장된 해석을 할 경우 국가의 정체성을 뒤흔들만한 위험성이 나타날 수 있다.

4. 소 결

발전된 독일의 법치국가는 전체주의로의 탈선으로 낙마한 경험이 있기 때문에, 우리에게는 역사적 전철의 반영에서 그리고 시민법 문화의 관점에서 가장 훌륭히 분석되어질 수 있는 장점을 지니고 있다. 독일 기본법이 취한 일련의 '헌법충실' 제도는 확실히 나치즘을 체험했던 것에 근거한 것이었다. 본(Bonn) 기본법의 최대 특징은 헌법을 '헌법의 적'으로부터 방위하기 위해서 공권력뿐만 아니라 국민 개인에게 헌법상의 기본가치인 "자유민주적 기본질서"를 방위할 의무를 부과하고, 이를 사법적(司法的) 보장에 의해서 확보하려는 제도를 만들었다는 것이었다. 이러한 방어적 민주주의는 '헌법충실'과 관련한 구체적 기본법규정을 통해 보장될 수 있었다. 결국 헌법충실제도는 반헌법적 가치와 기본권간의 충돌을 야기할 수 있는 민감한 영역이다.

독일 연방헌법재판소를 정점으로 "재판"부문은 이전의 고전적 권력분립의 관념속에서 "사법권"에 매우 한정적인 지위와 역할을 부여했던 것과는 정반대로 기본법의 구조속에서 결정적으로 중요한 존재가 되고 있다. 과거에 칼 슈미트(Carl

766) Vgl. Detlef Merten, Die Rechtsprechung des Bundesverwaltungsgerichts auf dem Prüfstand des Bundesverfassungsgerichts, DVBl. 1978, S. 562ff.; Chr. Pestalozza, Die Verwaltungsgerichtsbarkeit im Grenzbereich zur Verfassungsgerichtsbarkeit, NJW 1978, S. 1782ff.; R. Wahl, Der Vorrang der Verfassung und die Selbständigkeit des Gesetzesrechts, NVwZ 1984, S. 408.

767) Vgl. O. Depenheuer, Auf dem Weg in dieUnfehlbarkeit?, in: B. Ziemske u.a. (Hrsg.), Staatsphilosophie und Rechtspolitik, FS für Martin Kriele, München 1997, S. 495.

768) K. Schlaich/S. Korioth, Das Bundesverfassungsgericht, 5. Aufl., 2001, Rn. 538.

769) Josef Isensee, Bundesverfassungsgericht quo vadis?, JZ 1996, S. 1085 (1093).

Schmitt)는 국가의 통치기구 속에서 세 개의 권력이 어떤 지위와 역할을 가지는가에 관해서 "입법국가" "행정국가" "재판국가"라는 세 가지 유형을 거론하고 있다. 19세기형 고전적 입헌주의에 있어서 "입법국가"는 오늘날 쇠퇴하고 "행정국가" 또는 "사법(司法)국가"로 나아가는 경향이다. 독일의 경우 한편으로는 "행정국가"적인 경향도 강하게 나타나지만, 그보다도 "재판국가"적 경향이 강력하게 진행되고 있으며, 특히 "헌법충실"제도의 실효성 확보를 통해 재판국가의 역할이 수행되고 있다고 보여진다.

제 2 절 연방헌법재판소의 관할권과 절차

Ⅰ. 독일 연방헌법재판소의 관할과 일반 심판절차

1. 독일 연방헌법재판소의 관할

연방헌법재판소의 구성, 권한에 관한 원칙은 기본법 제9장 "재판" 속에 정해져 있다. 즉 기본법은 권력분립기구 위에서 입법권, 행정권과 함께 제3의 "재판할 권능"의 지위를 부여하고 있다.

이는 첫째로 전통적인 가장 협의의 사법개념이 민사·형사의 재판만을 가리킨다고 하면 기본법은 행성사건의 재판에 추가해서 헌법사건의 재판을 포괄한 광의의 "재판"개념을 입법·행정과 함께 3권의 하나로 구성했다고 하는 것을 의미한다.

따라서 이는 둘째로 기본법은 정치적 기관에 위헌심사권을 맡기지 않고 연방헌법재판소를 명확하게 재판소로서 지위를 부여했다는 것을 의미한다. 바이마르시대에 논해진 "헌법의 옹호자"의 역할은 본기본법에서는 대통령 기타 정치적 기관이 아닌 명실공히 재판소로서의 성격을 가진 연방헌법재판소에 맡겨진 것이다.

연방헌법재판소의 재판절차에 관해서는 연방헌법재판소법에 정해져 있다. 구두변론을 거친 판결(Urteil)로 이루어짐이 원칙이지만, 당사자가 구두변론을 포기한 경우 또는 별도의 규정이 있는 경우에는 구두변론에 기초하지 않은 결정(Beschluss)로 행해지고, 실제로는 그 예가 많다.

2. 독일 연방헌법재판소의 일반 심판절차

(1) 심판절차 일반

연방헌법재판소는 심판청구가 있을 때 비로소 그 재판을 개시한다. 뒤에 설명하는 일련의 절차유형들이 어떤 경우에 연방헌법재판소의 제소할 수 있는지를 말해 준다. 세부적인 절차는 기본법과 연방헌법재판소법에 의해 규율되고 있다.

연방헌법재판소의 각 재판부는 6인 이상의 재판관이 출석하여야 의결할 수 있고, 법률에 다른 규정이 없는 한, 재판부 소속 재판관 과반수 찬성으로 결정한다. 단, 기본권실효 심판, 정당의 위헌여부 심판, 탄핵심판에서 피청구인에게 불리한 결정을 하기 위해서는 재판부 소속 재판관 전원의 3분의 2 이상의 찬성으로 결정하며, 가부동수인 경우에는 위헌을 선고할 수 없도록 되어 있다(§ 15 ④, § 13 Nr. 1, 2, 4, 9 BVerfGG).

각 재판부가 법적 문제에 관하여 다른 재판부의 재판에 포함된 법해석과 견해를 달리 할 경우 전원합의체가 이에 대해 결정한다. 전원합의체는 각 재판부 재판관의 3분의 2이상이 참석하여 결정한다.

재판의 심리는 특별한 규정이 없는 한 구술변론에 기초하여 재판하는 것이 원칙이다. 다만, 모든 당사자들이 구두변론을 명시적으로 포기한 경우에는 예외이다(§ 25 ① BVerfGG). 구술변론에 근거한 재판은 '판결'(Urteil)로, 그렇지 않은 재판은 '결정'(Beschluβ)으로 종결한다(§ 25 ② BVerfGG). 일부결정과 중간결정은 허용되며, 연방헌법재판소의 결정은 "국민의 이름으로"("im Namen des Volkes") 선고한다(§ 25 ③, ④ BVerfGG). 재판이나 그 이유에 대하여 반대의견을 주장한 재판관은 이를 소수의견으로 표시할 수 있으며 소수의견은 재판의 판결서에 첨부된다.

연방헌법재판소법 제63조는 '연방대통령, 연방하원, 연방참사원, 연방정부 및 기본법 또는 연방하원과 연방참사원의 사무규칙에 의해 고유한 권리를 부여받은 이들 기관의 부분만의 청구인과 피청구인이 될 수 있다'고 규정하고 있다. 이에 따라 연방대통령, 연방하원, 연방참사원, 연방정부 이외에 헌법이나 다른 법령에 의해 독자적인 권한을 부여받은 연방하원의장, 연방참사원의장, 연방하원의원, 연방수상, 연방장관, 원내교섭단체, 연방양원합동위원회, 공동위원회와 같은 부분기관도 당사자로서의 지위를 가진다.

연방헌법재판소의 절차는 무상이 원칙이나(§ 34 ① BVerfGG), 예외적으로 연방헌법재판소는 헌법소원 또는 기본법 제41조 제2항에 따른 소원의 제기를 권리남용으로 인정하거나 가명령 발급을 남용하여 신청하였다고 인정하는 때에는 2,600유로 이하의 수수료를 부과할 수 있다(§ 34 ② BVerfGG). 수수료의 징수에 관해서는 연방예산법 제59조 제1항을 준용한다(§ 34 ③ BVerfGG).

연방헌법재판소는 기본권 실효 심판청구(§ 13 Nr. 4, 9 BVerfGG), 연방대통령 또는 법관에 대한 탄핵심판 제소(§§ 13 Nr. 4, 9 BVerfGG)가 이유 없다고 판명된 경우에는, 그 심판청구의 상대방 또는 피소자에게 방어비용을 포함한 필요한 비용지출을 보상해 주도록 하는 한편(§ 34a ① BVerfGG), 헌법소원이 이유 있는 것으로 인용될 경우 심판청구인에게는 필요한 비용지출을 전부 또는 일부 보상해 주도록 하고 있다(§ 34a ② BVerfGG). 그 밖의 경우 연방헌법재판소는 비용지출의 전부 또는 일부 보상을 명할 수 있다.

연방헌법재판소는 또한 그 결정으로 누가 그 결정을 집행할지를 정할 수 있고, 개개의 사건에 있어 그 집행방법을 규율할 수 있다(§ 35 BVerfGG).

연방헌법재판소법은 "이 법률에서 달리 정함이 없는 한 재판의 공개, 법정경찰, 재판상 공용어, 심리 및 의결에 관하여 법원조직법(Gerichts verfassungsgesetzes) 제14장 내지 제16장의 규정들을 준용한다."고 규정하고 있다(§ 17). 이에 따라 "판결과 결정의 선고를 포함하여 사실심 법원에서의 심리는 공개되어야 한다."는 법원조직법 제169조 제1문과 같은 규정들이 연방헌법재판소에서의 절차에 대해서도 준용되게 된다. 나만, 연빙헌법재판소법 스스로가 명시적으로 그와 다른 특별규정을 두는 경우에는 그에 따른다. 가령 연방헌법재판소법에서 법원조직법 제169조 제2문의 규정과 달리 그 내용의 공개적 시연 또는 공표를 위한 음성 및 TV 방송의 촬영과 음성 및 녹화는 1. 구술심리에서는 연방헌법재판소가 당사자들의 출석을 확인할 때까지, 그리고 2. 결정을 공개적으로 선고하는 경우에 허용된다고 규정하는 한편, 당사자 또는 제3자의 보호가치 있는 이익과 절차의 질서 있는 진행을 확보하기 위하여 연방헌법재판소는 제1항에 따른 촬영이나 중계방송을 전부 또는 부분적으로 배제하거나 부관을 붙여 그 준수와 연계시킬 수 있다고 규정하고 있다(§ 17a BVerfGG).

변호사 강제주의 채택 여부와 관련하여 연방헌법재판소법은 제22조에서 다음과 같은 규정을 두고 있다. 먼저, 당사자들은 절차진행과정 언제라도 변호사 또는 독일 대학의 법학교수에게 소송을 대리하게 할 수 있다; 단, 연방헌법재판소에서의 구술심리에서는 반드시 그와 같은 방식, 즉 변호사나 독일 대학의 법학교수로 하여금 소송을 대리하게 하여야 한다. 헌법상 또는 그 사무규칙상 고유한 권리를 부여받은 입법권을 가진 단체들이나 그 부분조직들은 또한 그 구성원들로 하여금 소송을 대리하게 할 수 있다. 연방, 각 주와 그 헌법기관들은 그 외에도 소속 공무원들로 하여금, 그들이 법관자격을 가지고 있거나 예정된 국가시험에 의거하여 고위행정직의 자격을 취득한 경우, 소송을 대리하게 할 수 있다(§ 22 ① BVerfGG).

소송위임은 서면으로 하여야 하며 특정 절차를 명시적으로 지정하여야 한다(§ 22 ② BVerfGG). 후견인 지정이 신청된 경우에는 연방헌법재판소의 모든 통지들을 그에게 송부하여야 한다(§ 22 ③ BVerfGG).

연방헌법재판소법 제17조는 헌법재판관의 제척사유로 1. 당해 사건의 당사자이거나 당사자였던 자 또는 그 당사자와 혼인하거나 하였던 자, 동성 반려관계(Lebenspartnerschaft)에 있거나 있었던 자, 직계존속비속관계에 있거나 인척관계에 있는 자 또는 방계 3촌의 친족관계에 있거나 2촌 인척관계에 있는 자, 또는 2. 그와 동일한 사건에 직무상 또는 직업상 이미 관여했던 자는 그 재판관직의 수행에서 배제된다고 규정하고 있다. 또한 법 제19조에서는 재판관에 대한 기피와 그 사유, 회피와 그 사유를 각각 규정하고 있다.

연방헌법재판소에서의 심리방식에 관한 한, 일률적으로 당사자주의 또는 직권주의 중 어느 하나가 중심이라고 말하기는 어렵고,[770] 연방헌법재판소법이 형사소송법의 규정을 준용하는 경우와 민사소송법의 규정을 준용하는 경우에 따라 각각 그 한도 내에서 직권주의와 처분권주의가 지배하게 된다.

증인 및 감정인에 대한 신문에 대해서는 연방헌법재판소법 제13조 제1호, 제2호, 제4호 및 제9호에 의한 절차, 즉 기본권실효 심판, 정당의 위헌여부 심판, 연방대통령과 법관에 대한 탄핵심판에 대해서는 형사소송법의 규정들을 준용하며, 그 밖의 경우에는 민사소송법 규정들을 준용하도록 하고 있다(§ 28 ① BVerfGG). 증인 또는 감정인이 그 상급자의 승인을 받아야만 신문을 받을 수 있는 경우, 그러한 승인은 연방과 주의 복리를 위해 필요한 때에만 거부할 수 있다. 증인이나 감정인은 연방헌법재판소가 소속 재판관 3분의 2의 다수로 진술승인의 거부가 이유 없다고 선언하는 경우에는 묵비의무를 근거로 진술을 거부할 수 없다(§ 28 ② BVerfGG).

---

770) 연방헌법재판소 스스로가 소송법상의 절차원리를 분명히 인식하지 못하거나 심지어 혼동하는 경우가 많다는 비판을 받고 있다. 가령 Ernst Friesenhahn, Die Verfassungsgerichtsbarkeit in der Bundesrepublik Deutschland, 1993, S. 98 f.; Gerhard Wolf, Allhemeine Prozeβ grundsätze im Verfahren vor dem Bundesverfassungsgericht, DVBI. 1966, S. 884 ff.(S. 887 ff.) 등을 참조.

심판기관과 관련하여 연방헌법재판소법은 제30조 제1항에서 '결정의 선고 기일은 구술심리에서 통지하거나 심리종결 후 확정할 수 있으며, 후자의 경우 그 사실을 당사자들에게 지체 없이 통지하여야 한다.'고 규정하고 있다. 구술심리 종결부터 결정 선고가 있기까지 3월이 넘어서는 아니 된다. 기일은 연방헌법재판소의 결정으로 변경될 수 있다.

Ⅱ. 독일 연방헌법재판소의 주요한 심판절차 및 그 내용

1. 심판절차의 종류

연방헌법재판소가 관할하는 심판절차로 위헌법률심사, 위헌정당해산심판, 권한쟁의, 헌법소원, 선거소송 등으로 나누어 살펴보기로 한다.

2. 위헌법률심판

(1) 추상적 규범통제

1) 기본법 제93조 제1항 제2호의 추상적 규범통제

기본법은 제93조 제1항 제2호에서 연방헌법재판소는 "연방정부, 주정부 또는 연방하원의원 재적의원 3분의 1 이상의 신청으로 연방법 또는 주법이 기본법에 형식적·실질적으로 합치하는지 또는 주법이 그 밖의 연방법이 일치하는지에 관한 이견이나 의문이 있는 경우", 이에 관하여 결정한다고 규정하고 있다. 기본법 제93조 제1항 제2호의 추상적 규범통제는 연방헌법재판소법 제76조는 "기본법 제93조 제1항 제2호에 의한 연방정부, 주정부 또는 연방하원의원 재적의원 3분의 1의 청구는 다음과 같은 경우에만 허용된다. 청구인이 연방법 또는 주법을 1. 기본법 또는 그 밖의 연방법과의 형식적 또는 실질적 불합치를 이유로 무효라고 판단하는 경우, 또는 2. 법원, 행정청 또는 연방이나 주의 한 기관이 그 법이 기본법 또는 그 밖의 연방법과 불합치하는 것으로 보아 적용하지 아니한 후, 유효라고 판단하는 경우에만 추상적 규범통제를 신청할 수 있다고 규정한다.

기본법 제93조 제1항 제2호에 따른 추상적 규범통제는 주관적 권리를 다투는 주관적 권리보호절차가 아니라, 법규범이 상위법, 즉 헌법이나 연방법에 합치하는

지를 해명하기 위한 객관적인 절차이다. 추상적 규범통제의 목적은 헌법을 수호하고 연방국가적 권한 질서를 수호하는데 있기 때문이다. 추상적 규범통제는 연방정부, 주정부 또는 연방하원의원 3분의 1이라는 정치적 기관의 청구에 의하여 개시되지만, 대심적 절차가 아니라 규범의 유효여부 확인을 위한 객관적 절차이므로,[771] 청구인이 법규범이 상위법에 합치하는지 여부의 해명에 관한 법적 이익이나 정치적 이익을 가지더라도 그것이 심판청구를 위한 적법요건은 아니다. 그 경우 청구인은 당사자가 아니라 헌법질서 또는 연방법질서의 보증인(Garant)으로서 또는 감시자로서의 지위를 가진다. 따라서 청구인이 청구를 취하하더라도 절차속행의 이익이 있는 한 본안판단을 할 수 있다.[772]

2) 1994년 신설된 기본법 제93조 제1항 제2a호의 추상적 규범통제

1994년 신설된 기본법 제93조 제1항 제2a호에서는 "연방참사원, 주 정부 또는 주 의회의 신청에 따라 법률이 기본법 제72조 제2항의 요건을 충족시키고 있는지 여부에 관한 이견이 있는 경우" 이에 관하여 결정한다고 규정하고 있다. 기본법 제93조 제1항 제2a호에 의한 심판절차는 규범 그 자체가 아니라 '규범이 헌법상 요건을 충족시키고 있는지 여부'를 심판대상으로 삼고 있으나, 새로운 유형의 절차가 아니라 추상적 규범통제의 일종으로서, 기본법 제72조 제2항에서 정하고 있는 '연방법률에 의한 규율의 필요' 여부를 사법적으로 통제하기 위한 것으로 이해된다.

또한 연방헌법재판소는 연방참사원, 주 정부 또는 주 의회의 신청에 따라 기본법 제72조 제4항의 경우 기본법 제72조 제2항에 따른 연방법률에 의한 규율의 필요가 더 이상 없는지 여부, 또는 기본법 125a 제2항 제1문의 경우 연방법을 더 이상 발할 수 없게 되었는지 여부에 관하여 재판한다(기본법 제93조 제2항).

3) 기본법 제100조 제3항의 이견제청절차(Divergenzvorlage)

기본법 제100조 제3항은 "주 헌법재판소가 기본법의 해석에 있어 연방헌법재판소의 재판 또는 다른 주의 헌법재판소의 재판과 견해를 달리 하고자 할 때에는 주의 헌법재판소는 연방헌법재판소의 결정을 구해야 한다."고 규정하고 있다.

이견제청절차(Divergenzvorlage)는 기본법 제100조 제1항의 법률의 위헌여부에 관

---

771) 이에 관하여 상세한 것은 헌법재판소, 현행헌법상 헌법재판제도의 문제점과 개선방안, 2005. 11, 222-223면 참조.

772) BVerfGE 25, 308 (309).

한 법관의 위헌제청과 마찬가지로, 주 헌법재판소가 당해 재판에서 문제되는 헌법규범의 해석에 관하여 당해 재판을 하기 전에 연방헌법재판소에 제청함으로써 개시되는 일종의 중간소송의 성격을 가진다. 기본법 제100조 제3항에서 주 헌법재판소에 제청의무를 부과하는 목적은, 헌법의 해석에 관하여 연방헌법재판소와는 다른 견해를 가지고 있는 주 헌법재판소로 하여금 당해 재판을 하기 전에 연방헌법재판소의 심판절차를 거치게 함으로써 헌법의 해석에 관한 견해차를 조정하고자 하는 것이다. 이견제청절차는 헌법해석과 법적용의 통일성 유지에 기여하고, 나아가 주 헌법재판소의 제청을 계기로 연방헌법재판소로 하여금 헌법해석에 관한 자신의 견해를 다시 한 번 돌아보는 기회를 부여한다는 점에서 의미가 있다.[773)]

기본법 제100조 제3항에서 말하는 '재판'이란 예외적으로 주문뿐 아니라 이유, 즉 연방헌법재판소 재판의 중요이유를 구성하는 요소도 포함된다. 중요이유를 포함해야만, 헌법해석에 관한 견해의 분열 방지라는 위 심판절차의 목적을 달성할 수 있다. 위 이견제청절차에서 제청의무는 법관의 위헌제청의무와 마찬가지로 재판의 전제성이 인정되는 경우에만 성립한다. 주 헌법재판소가 헌법의 해석에 대하여 제청을 하면, 연방헌법재판소는 '법적 문제', 즉 헌법의 해석에 관하여 재판을 한다(§ 85 ③ BVerfGG). 연방헌법재판소의 결정은 제청기관인 주 헌법재판소를 구속하며, 주 헌법재판소는 연방헌법재판소의 기본권해석에 관한 견해를 기초로 하여 당해 사건을 재판해야 한다.

주 헌법재판소는 최종심으로서 확정적인 판결을 내리기 때문에 연방헌법재판소가 심사 등 개입할 여지가 없다. 따라서 이견제청절차는 주 헌법재판소에 의한 헌법해석의 동일성을 확보하는 유일한 수단이 된다.

4) 추상적 규범통제의 절차

추상적 규범통제에서는, 구체적 규범통제의 경우와 달라 청구를 하는 기관들이 심사대상을 상당히 자유롭게 확정할 수 있고, 연방헌법재판소의 심사범위는 청구인이 정하는 청구의 범위에 의하여 결정되며, 이러한 의미에서 구체적인 법적용으로부터 추상화된 포괄적인 심사를 하게 된다.

법규범에 대한 위헌의 의심이나 헌법적 하자는 정부나 의회의 다수파에 의해서가 아니라 의회의 의결에서 압도당한 의회의 소수파나 야당에 의하여 주장된다. 즉, 심판청구는 정당정치 또는 연방국가의 관점에서 야당이나 야당이 집권한 주

773) Vgl. K. Schlaich, Das Bundesverfassungsgericht, 5. Aufl., 2001, Rn. 172 ff.

정부에 의하여 이루어지는 경우가 많다. 여당과 야당의 합의에 의하여 의회에서 의결한 법률에 대하여 추상적 규범통제의 심판이 청구되는 경우는 사실상 없고, 이러한 법규범은 다른 심판절차에 의하여 연방헌법재판소의 심판을 받게 된다. 통상 구체적 규범통제의 사건수가 추상적 규범통제보다 현저히 많은데, 이는 법관의 위헌제청은 권한이자 의무이지만, 추상적 규범통제의 심판청구는 단지 권한이라는 점에 기인한다.[774)]

5) 추상적 규범통제의 적법요건

① 청구인능력

추상적 규범통제를 청구할 수 있는 자는 연방정부, 주정부 및 재적 3분의 1 이상의 연방하원의원이다. 원내교섭단체나 정당은 청구인능력이 없다. 연방하원 내의 야당은 비록 직접 심판청구를 할 수는 없으나, 야당에 속한 연방하원의원 3분의 1의 청구 또는 야당이 집권한 주의 정부를 통하여 간접적으로 심판청구를 할 수 있다. 따라서 정치적으로 본다면, 심판청구에 의하여 의회의 다수파와 소수파 또는 여당과 야당이 서로 대립하게 되는 것이다. 1994년에 추가된 기본법 제93조 제1항 제2호의a에 의하여 '법률이 기본법 제72조 제2항의 요건(연방법률에 의한 규율의 필요)을 충족하는지의 여부에 관하여 이견이 있는 경우', 연방참사원과 주의회도 청구인능력이 있다.

② 심사대상

추상적 규범통제의 심사대상은 연방법과 주법이다. 헌법규범을 포함하여, 예산법률, 조약에 대한 동의법률 등 연방과 주의 법률, 법규명령과 규칙, 조례를 망라한다.

③ 청구의 적법성

청구권자 중 어느 하나의 기관에게 법규범의 유효여부에 관한 이견이나 의문이 생긴 경우, 심판청구는 적법하다. 즉, 법규범이 상위법과 합치하는지 여부에 관하여 다른 견해가 주장되거나 또는 불확실성이 발생하는 것으로 족하다. 청구권자 스스로에게 견해의 차이나 의문이 발생할 필요는 없다. 그에 관한 견해차나 의문이 다른 곳에서 발생하였고, 이로 인하여 심판청구를 해야 할 구체적인 계기가 주어졌다면, 이로써 충분하다.[775)]

---

774) Vgl. Pestalozza, Verfassungsprozeβ echt, 1991, S. 121.

심판청구를 위해 청구인의 주관적인 권리보호의 필요는 요구되지 않는다. 규범의 유효여부를 해명하고자 하는 객관적 이익이 존재하면 심판청구는 적법하다.[776] 일반적으로 심판청구와 더불어 해명의 이익이 존재하는 것으로 간주된다. 규범이 폐지되었다 하더라도, 가령 그 실질적인 규범내용이 신법에 수용됨으로써 계속 법률효과를 발휘하고 있다면, 폐지된 규범의 합헌여부를 규명해야 할 이익을 인정할 수 있다.[777]

④ 심사기준

기본법 제93조 제1항 제2호에서 명시하고 있는 바와 같이, 연방법이 심판대상인 경우에는 기본법만이 심사기준이 된다. 연방법률의 경우 전적으로 기본법을 기준으로 심사하여야 하는 것은 당연하다. 법률 하위의 연방법, 즉 연방의 법규명령과 규칙의 경우에도 기본법만이 심사기준이 되기 때문에, 포괄위임의 금지를 규정하는 기본법 제80조에 대한 위반여부만이 판단의 대상이 되며, 법률 하위의 연방법에 대한 심사범위는 단지 하위법률이 법률의 수권에 따른 것인지 및 그 수권의 한계를 준수하였는지 여부에 제한된다.

기본법과 연방헌법재판소법에 있어 법규명령이나 규칙은 기본법 제100조 제1항에 따라 연방헌법재판소 관할로 되어 있는 위헌법률심판절차에서의 제청대상이 아니다. 따라서 법규명령과 규칙의 위헌여부에 대해서는 일반법원의 법관이 재판을 하면서 부수적으로 심사할 수 있으며, 위헌이라 판단하는 경우 그 적용을 하지 않을 수 있고 위헌적 행정처분은 취소할 수 있다. 기본법에는 우리 헌법 제107조 제2항과 같은 규정이 없다. 따라서 명령과 규칙, 처분의 위헌여부에 대하여 연방헌법재판소의 심판이 배제되지는 않는다. 이러한 법원의 재판에 대해서는 헌법소원이 인정된다. 또한 당연히 명령이나 규칙이나 처분도 헌법소원의 대상이 된다.[778]

주법이 심판대상인 경우에는 법률 하위의 연방법규범을 포함하여 연방법 전체를 기준으로 하여 심사한다.

조약에 대한 동의법률은 연방헌법재판소의 판례에 의하여 예외적으로 연방대통령의 서명과 공포 이전에 추상적 규범통제를 통하여 다툴 수 있도록 함으로써, 의회의 의결 후, 조약법률의 공포 이전에 이루어지는 사전적 규범통제가 가능하다.[779]

---

775) Vgl. Benda/Klein, Verfassungsprozeβecht, 2. Aufl., 2001, Rn. 729 f.

776) BVerfGE 88, 203 (334).

777) BVerfGE 97, 198 (213 f.).

778) Dieter C. Umbach/Thomas Clemens, Bundesverfassungsgerichtsgesetz, 1992, S. 1170.

(2) 구체적 규범통제

연방헌법재판소는 기본법 제100조에 제1항에 따라 구체적 규범통제를 한다. 즉, 법원이 재판의 전제가 된 어떤 법률이 위헌이라고 판단되는 경우에는, 해당 절차를 중지함이 원칙이나, 해당 주의 헌법 위배여부가 문제될 때에는 그 헌법쟁송을 관할하는 해당 주의 법원이 재판을 속행할 수 있다. 기본법 위배여부가 문제될 때에는 연방헌법재판소의 결정을 받아 그에 따라 재판을 속행한다. 주법이 기본법을 위반했는지 여부 또는 주 법률이 연방법률에 불합치하는지 여부에 관해서도 같다. 구체적 규범통제는 당해 소송의 해결을 위한 중간소송으로서의 성격을 가지고 있기 때문에, 심사대상이 전적으로 당해 소송에 의하여 결정되고, 이로써 헌법재판소는 당해 소송의 해결을 위하여 꼭 필요한 범위 내에서만 규범의 위헌여부에 관하여 판단을 하게 된다.

연방헌법재판소는 제100조 제2항에 따라 국제법규가 연방법률의 구성부분인지 여부 및 그 국제법규가 개인에 대해 직접 권리와 의무를 발생시키는지 여부에 관하여 의문이 있는 경우에 법원의 제청에 의하여 심판한다.

(3) 위헌결정의 효력

연방헌법재판소의 결정은 연방 및 란트의 헌법상 기관과 함께 모든 재판소 및 관청을 구속한다. 또한 연방헌법재판소의 권한인 "추상적 규범의 심사", "구체적인 규범의 심사", "헌법소원의 심사" 및 결정은 "법률로서의 효력"을 가지는 것으로 하고, 그 결정은 원칙적으로 소급적 효력을 가지는 것으로 하고 있다. 법률에 의해 독일 연방헌법재판소 결정에 강력한 효력이 부여되어 있다.

연방헌법재판소법(BVerfGG) 제31조 제1항에 의하면 독일연방헌법재판소의 결정은 모든 법원과 행정청뿐만 아니라, 연방과 지방의 모든 헌법기관들을 기속한다(기속력). 이러한 포괄적인 구속력은 다른 법원의 결정의 구속력과는 본질적으로 다르다.[780] 나아가서 연방헌법재판소법 제31조 제2항 제1문에 따르면 무효결정(연방헌법재판소법 제13조 제6, 11, 12, 14호 그리고 경우에 따라서는 제13조 8a호)을 포함하여 법률의 헌법 합치 또는 불합치에 대한 결정은 '법률적 효력'[781]을 가진다.

---

779) Vgl. BVerfGE 36, 1; Benda/Klein, Verfassungsprozeβecht, 2. Aufl., 2001, Rn. 726.

780) K. Schlaich, Das Bundesverfassungsgericht, 5. Aufl., 2001, Rn. 439.

781) 헌법재판소법 제31조 제1항의 구속력은 제2항의 법률적 효력과 비교해 볼 때, 구속력은 법률적

3. 탄핵심판

독일의 탄핵제도는 상징적 국가원수인 연방대통령과 법관만을 대상으로 한다(기본법 제62조 및 제98조 제2항). 연방헌법재판소는 대통령이 기본법 또는 기타 연방법률을 고의적으로 위배하였는지 여부를 확인함으로써 유죄판결 또는 무죄판결을 내리게 된다.

연방헌법재판소법은 유죄판결을 내리는 경우 '연방대통령의 해직을 선고할 수 있다'라고 규정함으로써(기본법 제61조 제2항, 연방헌법재판소법 제56조 제2항), 유죄판단이 반드시 파면결정으로 이어지지는 않도록 하고 있다. 그 결과 상황에 따라서는 연방헌법재판소가 유죄판단을 내리면서도 파면결정을 하지 않음으로써 대통령으로 하여금 정치적·도의적 책임에 스스로 대처하도록 만드는 경우도 예상할 수 있다. 탄핵사유의 유무 판정과 파면결정을 분리하여 이를 탄력 있게 운용할 수 있는 여지를 남겨 두고 있는 대표적인 입법례이다.

한편 법관에 대한 탄핵심판절차는 사법부가 담당한다. 연방법관이 직무상 또는 직무 이외에서 기본법의 기본원칙이나 란트의 헌법합치적 질서를 위배한 경우, 연방의회의 소추에 의하여 연방헌법재판소가 재판관 3분의 2 이상의 찬성으로 다른 직으로의 전보·전직을 명할 수 있고, 고의적인 위반의 경우에는 파면을 명할 수 있다(기본법 제98조 제2항). 여기서 탄핵의 대상이 되는 법관은 어디까지나 이미 사법권력을 행사하고 있는 연방 및 주 법관에 한하며, 그중에서도 특히 일반공직근무법에 따라 해직되기 어려운 법관, 즉 종신직법관이거나 임기 동안 신분이 보장된 법관에 국한된다.[782] 탄핵 대상에 연방헌법재판소재판관도 당연히 포함될 것인가에 관하여는 논란이 있다. 연방헌법재판소의 헌법재판관이 연방법관의 자격을 보유하고(기본법 제94조 제1항 제1문 및 연방헌법재판소법 제3조 제2항), 12년이라는 비교적 상기간의 임기가 보장된다는 점에서 당연히 탄핵의 대상이 되는 것으로 보는 것이 지배적이지만, 탄핵의 대상에서 제외된다고 보는 견해도 있다.[783]

효력보다는 그 효력의 강도가 약한 것임을 알 수 있다(Th. Maunz/H. Bethge, in: Maunz/Schmidt-Bleibtreu/Klein/ Ulsamer, BVerfGG, 1998, § 31 Rn. 28). 그러나 Schlaich는 헌법재판소결정의 권위와 그 구속력과 법률적 효력의 근거를 단순히 법률적 규정의 결과로서 도출되는 것이 아니라, 헌법 그 자체로부터 나오는 법률에 대한 헌법의 우위, 즉 다른 국가기관의 헌법해석에 대한 헌법재판소의 우위에서 나오는 것으로 이해한다면, 제1항의 구속력과 제2항의 법률적 효력의 명백한 차이는 인정될 수 없다고 한다(K. Schlaich, Das Bundesverfassungsgericht, Rn. 440 f., 464).

782) Maunz, Art. 98 Rn. 19; K. Schlaich, Das Bundesver-fassungsgericht, S. 154.

이로 인하여 연방헌법재판소 재판관이 파면을 당하면 재판관직에 근거한 모든 청구권을 상실하게 된다.

독일의 경우, 대통령의 탄핵재판과는 달리 법관에 대한 탄핵재판에 대하여는 재심절차가 마련되어 있다(§ 61 BVerfGG). 이 재심은 오직 유죄선고를 받은 자의 이익을 위하여서만 신청될 수 있다. 신청권자는 본인이거나 그의 사후에는 배우자 또는 형사소송법 제359조 9와 제364조 4의 요건하의 혈족이다. 재심의 신청에는 재심의 법률적 근거 및 증거자료가 명기되어야 한다. 이 신청으로 말미암아 기존의 판결의 효력은 방해받지 아니 한다. 이 신청의 허가에 관하여 연방헌법재판소는 구술변론 없이 결정한다. 재심신청이 인용된 이후에 진행된 새로운 본안심리에서는 종전의 판결을 유지하거나 감경처분 또는 무죄를 선고할 수 있다.

4. 위헌정당해산심판

기본법 제21조 제2항은 “목적이나 추종자의 행태에 있어 자유민주적 기본질서를 침해 또는 제거하고자 하거나 또는 독일연방공화국의 존립을 위태롭게 하고자 하는 정당은 위헌이다. 위헌 여부에 관하여는 연방헌법재판소가 결정한다.”고 규정하고 있다. 이는 우리 헌법 제8조 제4항의 모델이라 할 수 있다.

연방선거법은 위헌정당 해산시 의원직을 상실한다는 명문의 규정을 두고 있다(동법 제46조 제1항 제5호, 제47조). 이러한 조항이 만들어진 배경이 된 것은 사회주의제국당(SRP)과 독일공산당(KDP)에 대한 해산판결이었다.

연방헌법재판소는 사회주의제국당(SRP)과 독일공산당(KDP)에 대한 해산판결에서, 타율적 정당해산제도는 정치적 의사형성과정에서 위헌정당의 이념 자체를 배제하자는 것인데 만약 그 정당의 실질적 대변자라 할 수 있는 국회의원이 국회에 계속 남아 그 정당의 이념을 대변하고 표결을 통해 이를 실천한다면 이러한 목적 자체는 달성할 수 없다는 점, 그리고 이러한 정당해선조항의 해석이 자유위임규정의 고유한 의미를 상실하게 하지는 않는데 그 이유는 위헌정당 소속의 의원은 국민 전체의 대표가 될 수 없기 때문이라는 점 등을 판단근거로 제시하였다. 그리하여 독일연방헌법재판소는 “정당의 위헌성이 확인되면 당해 정당의 소속의원의 연방의회·주의회 의원직은 상실된다.”, “의원직상실로 이미 행한 의회에서의 의결의 효력에는 영향이 없다.”고 판시한 바 있다.

---

783) Schmidt-Bleibtreu/Klein, Art. 98 Rn. 2.

5. 권한쟁의심판

연방헌법재판소는 기본법 제93조 제1항 제3호·제4호, 연방헌법재판소법 제13조 제7호·제8호에 따라 연방과 주, 주 상호간의 분쟁 내지 권한쟁의에 대하여 심판하도록 하고 있다. 기본법 제93조 제1항 제1호는 심판의 대상으로 연방최고기관의 권리와 의무의 범위에 관한 분쟁만이 아니라 기본법이나 연방최고기관의 권리와 의무의 범위에 관한 분쟁만이 아니라 기본법이나 연방최고기관의 권리와 의무의 범위에 관한 분쟁까지 포함시키고 있다. 연방헌법재판소법 제63조 역시 그에 상응하여 연방최고기관들을 연거한 다음, '이들 기관의 부분'이라는 문구를 두어 소위 '부분기관'의 근거를 마련해 둠으로써 당사자의 범위를 신축성 있게 넓힐 수 있는 여지를 남기고 있다. 사실 연방헌법재판소는 이러한 '그 밖의 당사자들'과 '부분기관'의 개념을 활용해서 권한쟁의 당사자의 범위를 조정하여 왔다. 그래서 연방하원의 원내교섭단체, 분과위원회, 연방하원 의장, 연방하원 의원, 연방참사원 의장, 연방정부의 장관 등이 이러한 부분기관으로서 당사자능력을 인정받을 수 있었다.[784] 정당 역시 일찍부터 당사자능력이 인정되어 왔는데,[785] 이는 기본법이나 연방최고기관의 사무규칙에 따라 고유의 권리를 부여 받은 '그 밖의 당사자들'의 범주의 속한다고 볼 수 있다.

권한쟁의는 국가기관 상호간에 쟁송으로서, 다툼의 대상이 되는 권한은 기본법에 의하여 부여된 것에 한한다(§ 64 BVerfGG). 연방헌법재판소법 제64조는 '피청구인의 처분 또는 부작위가 청구인이나 청구인이 속한 기관에게 기본법이 위임한 권리나 의무를 침해하였거나 직접적으로 위태롭게 하였다고 청구인이 주장하는 때에만, 그 심판청구가 허용된다'(§ 64 ① BVerfGG)고 규정하는 한편, "심판청구에는, 이의가 제기된 피청구인의 처분 또는 부작위에 의하여 침해된 기본법의 조문이 특정되어 있어야 한다."(§ 64 ② BVerfGG)고 규정한다.

일반법률이나 사무규칙 같은 법령에 근거를 둔 권한은 이에 해당하지 않으며, 권한쟁의를 통해 해명할 수도 없다. 즉 국가기관 상호간의 권한쟁의는 청구기관과 피청구기관이 헌법적 관계에 있고, 이에 근거를 둔 권리와 의무가 침해되었을 때에 비로소 성립한다. 이와 같이 권한쟁의를 통해 다툴 수 있는 권리·권한을 헌법

---

784) C. Pestalozza, Verfassungsprozeβecht, 2. Aufl., Müchen: C.H.Beck.

785) BVerfGE 1, 208; 4, 27; 6, 84 등

에 의하여 부여된 것으로 한정한 이유는 권한쟁의의 목적이 단순히 국가기관 상호간의 권한침해를 바로 잡거나 방지하는 데에만 있는 것이 아니고, 이러한 심판과정을 통하여 헌법을 해석하고 그 의미내용을 밝히는 데 있다고 보기 때문이다.[786]

6. 헌법소원

연방헌법재판소는 기본법 제93조 제1항 제4호a에 따라 '공권력에 의해 자신의 기본권이나 기본법 제20조 제4항, 제33조, 제38조, 제101조, 103조 및 제104조에 규정된 권리를 침해당하였다는 이유로 제기하는 헌법소원'을 심판한다.

연방헌법재판소법 제90조 제1항도 "모든 국민은 공권력에 의해 자신의 기본권 또는 기본법 제20조 제4항, 제33조, 제38조, 제101조, 제103조 및 제104조에 규정된 권리를 침해당했음을 이유로 연방헌법재판소에 헌법소원을 제기할 수 있다."는 내용상 동일한 규정을 두고 있다.

또 다른 헌법소원 유형은 기본법 제28조의 지방자치행정권이 법률(연방 또는 주의 법률과 법규명령)에 의해 침해되었거나 주 헌법재판소에 소원을 제기할 수 없는 경우 주에 의해 침해되었음을 이유로 지방자치단체와 지방자치단체조합이 제기하는 헌법소원이다.

헌법소원은 그 청구대상을 '공권력'(öffentliche Gewalt)으로 한다. 헌법소원의 대상이 되는 공권력에는 입법권, 집행권, 사법권 모두가 포함된다. 연방헌법재판소는 모든 형태의 고권적 행위가 헌법소원의 대상이 되는 공권력에 포함된다고 보는 것이 헌법소원제도의 기능에 적합하다고 판결한 바 있다.[787]

연방헌법재판소의 통계에 따르면 1951. 9. 7. ~ 2008. 12. 31. 사이에 연방헌법재판소에 접수된 심판청구는 총 175,880건인데, 그 중 169,592건(96.42%)이 헌법소원이었다. 연방헌법재판소가 처리한 총 173,23건 중 헌법소원은 167,049건(96.43%)이었는데, 헌법소원은 대부분이 각하되었고, 단지 그 중 2.5%인 4,094건만이 인용된 것으로 나타났다.[788] 이러한 근소한 수치에도 불구하고 헌법소원은 매우 중요

786) 이에 관한 판결로 BVerfGE 2, 143 (151 f.); 27, 152 (157); 73, 1 (30 f.) 등을 참조. "(권한쟁의) 절차상 청구인과 피청구인은 상호간에 헌법적 관계를 가지고 있어야 하고, 이 관계에서부터 양자간에 쟁점이 되는 권리와 의무가 나오는 것이다. … 선거비용 보상자금을 관리하고 정당의 회계보고를 심사하는 (연방회의의장의) 권리와 의무는 기본법이나 독일연방의회의 사무규칙에서 나오는 것이 아니고 정당법으로부터 나오는 것이다. 이에 관한 쟁송은 권한쟁의로는 처리될 수 없다."(BVerfGE73, 1 (30 f.))

787) BVerfGE 4, 27 (30).

한 권리구제수단이다. 헌법소원을 인용하는 결정은 개별사건을 넘어서는 광범위한 파급효과를 가질 수 있다.

한편, 헌법소원은 법원의 재판을 대상으로 한 것이 많다. 법원의 재판에 대한 헌법소원 심판청구는 1991. 1. 1. ~ 2004. 12. 31.간 63,957건이 접수되었고 그 중 인용건수는 1,799건으로 인용률이 2.8%에 달하며 특히 연방최고법원, 연방행정법원 등 연방법원의 재판에 대해서 11,200건 청구가 있었고 그 중 244건이 인용되어 인용률 2.2%를 기록한 것으로 나타났다.

재판에 대한 헌법소원과 관련하여, 기본권 침해가 문제되는 재판에는 첫째, 헌법상 보장된 절차적 권리(특히 법원에서의 청문권 침해), 둘째, 위헌적인 법률을 적용한 경우, 셋째, 법률의 해석 및 적용에 있어서 기본권을 침해한 경우, 넷째, 자의적인 재판절차의 경우 등이다.[789] 재판소원의 특징은 헌법소원의 대상이 되는 공권력이 사법작용이라는 작위라는 점이며, 재판소원의 청구요건으로서 헌법소원의 보충성이 요구된다.

연방헌법재판소법 제90조에서는 헌법소원의 심판대상, 요건, 절차를 규정하고 있다. 연방헌법재판소법 제90조 제2항에서는 '보충성의 원칙' 내지 '권리구제절차 소진의 원칙'을 규정하고 있다. 연방헌법재판소가 판시한 바와 같이[790] 보충성 원칙의 원래 목적은 관할권이 있는 심급을 통해 소원사항을 적법하게 사전심사하도록 보장하고, 이를 통해 헌법재판소의 업무를 경감하고, 헌법수호라는 고유 임무에 전념할 수 있도록 하는 데 있다. 그런 점에서 헌법재판소와 다른 권리 구제기관의 업무분담의 취지도 포함하고 있다.

독일 연방헌법재판소에 제기된 헌법소송 중에서 재판소원이 차지하는 비중은 2008년부터 2012년까지 평균적으로 약 90%에 이른다. 기본권 침해 여부가 문제되는 재판에 대한 헌법소원으로서 그 유형은 크게 4가지로 나눌 수 있다. 첫째, 헌법상 보장된 절차적 권리(특히, 법원에서의 청문권)가 침해된 경우, 둘째, 위헌적인 법률을 적용한 경우, 셋째, 법원이 법률의 해석 및 적용에 있어 기본권을 침해한 경우, 넷째, 자의적인 재판절차의 경우이다.[791]

독일의 경우 1951년부터 연방헌법재판소가 설립되어 활동하면서 재판소원이 활성화되고 기본권의 이중성과 기본권의 방사효로 인하여 모든 법질서의 헌법화 경

788) 이에 관해서는 http://www.bundesverfassungsgericht.de/ organisation/statistik_2008.html를 참조.

789) E. Benda/E. Klein, Verfassungsprozessrecht, Rn. 658.

790) BVerfGE 4, 193 (198).

791) E. Benda/E. Klein, Verfassungsprozessrecht, Rn. 658.

향이 지배하였다. 현대 독일 공법의 가장 큰 이슈는 '과잉헌법화'이다. 이러한 결과 모든 법질서를 헌법상 기본권이 미침으로 인하여 재판소원의 심사범위를 제한해야 한다는 견해들이 등장하게 된 것이다. 재판소원의 심사범위를 한정하기 위해 다양한 공식과 이론들이 등장하였다. Heck 공식, Mephisto 공식, Schumann 공식, 침해진지성이론 등 여러 가지 주장들이 있다.

(1) Heck 공식

특별한 헌법(spezipische Verfassung) 침해 공식이라 부르기도 한다. 독일 연방헌법재판소는 법원의 재판이 청구인의 기본권을 직접 침해한 경우에만 심사한다. 즉, 법원이 법률해석을 잘못하여 객관적으로 잘못된 재판을 한 경우만으로는 특별히 헌법을 침해한 것으로 볼 수 없고, 그 잘못된 재판을 함에 있어서 기본권을 고려하지 않고 기본권 보호를 하지 않은 경우에만 헌법상 기본권을 침해한 재판이 된다. 특히 기본권 보호영역에 대한 그릇된 인식에 기인한 재판의 경우 특별히 헌법을 침해한 것으로 볼 수 있다.

(2) Mephisto 공식

기본권을 등불로 삼아 해석되어야 할 일반법의 적용이 문제되는 경우 연방헌법재판소는 법원에 의해 이루어지는 법익형량을 다음과 같이 심사해야만 한다. ① 기본권 관련적 형량이 문제되는지를 법원이 인식하고 있는지 여부, ② 법원의 판결이 기본권의 의미와 보호영역에 관해 근본적으로 잘못된 견해에 입각하고 있는지 여부이다.

이는 연방헌법재판소가 일반법원의 형량심사에 대하여 독일 기본법 제3조 제1항에 근거하는 자의금지의 한계를 유월하였는지 여부만 심사하는데 한정하고자 함이었다. 이를 Mephisto 공식이라 한다.

(3) Schumann 공식

법원이 구체적인 사건에서 단순히 법률규정을 해석·적용한 것이 아니라, 법률규정을 보완·형성하는 자신의 기준을 세워 재판한 경우, 이는 일반적인 법률해석이 아니라 이른바 법관법(Richterrecht)을 성립시킨 것이다. 따라서 법관이 형성한 법은 입법권자가 형성한 법과 동일하게 헌법재판의 대상이 된다. 법관법의 내용도 기본권을 존중하는 방향으로 제정되어야 하는데 이에 대해서는 재판소원으로 통제하게 된다.

(4) 침해진지성(Eingriffsintensität) 이론

재판소원의 심사범위를 지나치게 경직적으로 획정하기 보다는 개별 사례의 내용에 따라 유동적인 기준을 적용하는 것이 필요하다는 입장이다. 이러한 유동적인 기준을 정립함에 있어서 기본권침해의 진지성이 중요한 판단기준이 되어야 한다는 것이다.

법원이 구체적인 사건에서 기본권의 의미와 보호영역에 대한 그릇된 인식에 의해 재판을 한 경우 당사자의 기본권침해의 정도에 따라 상이한 통제가 행해져야 한다는 것이다. 즉, 기본권침해가 심하면 심할수록 더욱 엄격한 통제를 받을 수밖에 없다. 결국 당사자의 기본권침해가 매우 큰 경우에는 연방헌법재판소가 법원의 가치판단을 대체할 권한을 지닌다는 것이다.

7. 선거소원

기본법은 제41조 제1항에서 '선거의 심사는 연방하원의 전권사항이다. 또한 연방하원은 연방하원의원의 자격상실여부를 결정한다'고 규정하는 한편, 같은 조 제2항에서는 '연방하원의 의결에 대하여 연방헌법재판소에 소원을 제기하는 것이 허용된다.'고 규정하여 선거소원의 가능성을 명문화하였다. 연방헌법재판소는 단지 연방하원선거의 유효여부와 그 선거에서의 당선여부에 관한 연방하원의 의결에 대해서만 심판한다(기본법 제41조 제2항).

독일에서는 오랜 전통에 따라 연방하원선거의 적법성에 관한 심사(Wahlprüfung)는 연방하원의 전권사항으로 간주된다. 기본법 제41조 제1항은 바로 그러한 배경에서 나온 것이다. 기본법은 이 전통을 이어 받아 연방하원에 의한 일차적인 선거심사와 연방하원의 의결에 대한 연방헌법재판소의 선거소원이라는 2단계 절차를 채택한 것이다.

기본법 제41조 제3항의 위임에 따라, 연방헌법재판소법 제48조는 소원청구권자의 범위를 정하고 있다. 즉, "선거의 효력 또는 연방하원 의원자격의 상실여부에 관한 연방하원의 의결에 대한 소원은 의원자격이 다투어지고 있는 의원, 또는 연방하원에 의하여 자신의 이의가 기각된 선거권자로서 100인 이상의 선거권자의 지지를 받고 있는 자, 교섭단체 또는 법정의원수의 10분의 1 이상을 가진 연방하원 소수파가 연방하원의 의결로부터 1월 내에 연방헌법재판소에 제기할 수 있으며, 소원의 이유는 이 기한 내에 제출하여야 한다."고 규정하고 있다.

연방헌법재판소에서의 소원절차는 선거권의 침해를 주장하는 유권자의 주관적 권리보호를 위한 절차가 아니라, 객관적 절차이다. 선거소원절차의 목적은 오로지 연방하원의 합법적 구성을 보장하고자 하는데 있다. 유권자의 주관적 권리가 침해되었다 하더라도, 그로 인하여 연방하원의 합법적 구성이 영향을 받지 않는다면 선거소원은 기각될 것이다. 선거소원절차의 심판대상은 문제된 선거가 현행법과 합치하는지 여부, 즉 선거의 유효여부 그 자체이다. 연방헌법재판소는 부수적 규범통제의 형식으로 또한 선거의 기초가 된 선거법이 헌법과 합치하는지 여부도 심사한다.

8. 기본권실효심판

연방헌법재판소는 기본법 제18조에 따라 기본권실효에 관하여 심판한다. 기본법 제18조는 다음과 같이 규정하고 있다. "의견표명의 자유, 특히 출판의 자유(제5조 제1항), 교수의 자유(제5조 제3항), 집회의 자유(제8조), 결사의 자유(제9조), 서신·우편·전신의 비밀(제10조), 재산권(제14조) 또는 망명자비호권(제16의a)을 자유민주적 기본질서를 공격하기 위하여 남용하는 자는 이러한 기본권을 상실한다. 상실여부 및 그 정도는 연방헌법재판소에 의하여 선고된다."

기본권실효제도란 자유민주적 질서를 파괴할 목적으로 기본권을 악용하는 경우, 헌법재판에 의하여 특정인의 헌법상 보장된 특정기본권을 일정기간 실효시킴으로써 민주주의의 적으로부터 헌법의 기본질서를 수호하기 위한 방어적 민주주의의 한 수단이다. 방어적 민주주의이론이 바이마르공화국 당시 지배적이었던 가치상대주의에 바탕을 둔 가치중립적 민주주의로 말미암아 나치의 폭력적 지배를 가져왔다는 역사적 반성이라는 독일의 특수상황에서 비롯된 것처럼, 방어적 민주주의 실현을 위한 수단으로서 기본권실효제도 역시 독일 외의 나라에서는 거의 찾아볼 수 없는 독특한 헌법재판제도라 할 수 있다.[792] 기본권 실효제도는 개개인의 기본권주체를 그 대상으로 하고 있다. 기본권실효제도는 헌법재판절차에 의하지 아니하고는 기본권이 실효될 수 없다는 측면에서 기본권이 실효되는 당사자의 기본권을 보호하고, 다른 한편으로는 기본권을 악용하는 사람의 기본권을 실

792) Vgl. A. Weber, Der Generalbericht, in: Starck/Weber, Verfassungsgerichtsbarkeit im Westeuropa, Bd.1, 1986, S. 98.

효시킴으로써 다른 국민의 기본권을 보호한다는 이중적 기능을 가진다.

연방헌법재판소는 연방하원·연방정부 또는 주정부의 청구에 의하여 기본권의 실효여부에 관하여 재판한다(§ 36 BVerfGG). 연방헌법재판소는 어떠한 기본권이 얼마동안 실효되는지를 확정한다(§ 39 ① BVerfGG). 같은 법 제39조 제2항에 의하면 연방헌법재판소는 선거권과 피선거권도 박탈할 수 있다.

기본권실효제도는 헌법재판의 실제에 있어 거의 사문화된 제도라고 해도 무방하다. 연방헌법재판소가 활동을 개시한 1951년 이래 2001년까지 단지 4건의 사건만이 접수되었고, 이 사건들 또한 연방헌법재판소법 제37조에 의하여 거쳐야 하는 사전심사절차에서 '이유가 불충분한 것으로' 각하되었다.[793] 기본권실효제도가 헌법재판절차로서 아무런 역할을 하지 못한 것은 무엇보다도 자유민주적 기본질서를 수호하는 과제가 주로 법률, 특히 형법상의 국가보호규정에 의하여 충분히 이행되고 있기 때문이다. 독일의 기본권실효제도는 장래에도 헌법재판에 있어서도 그다지 큰 의미가 없을 것으로 전망된다.

793) Vgl. Benda/Klein, Verfassungsprozeβ echt, 2001, S. 1144 f.

제 8 장 현대의 헌법과제 - 인권보장 -

제 1 절 인권사상의 생성과 사상적 배경

1. 인권사상의 생성

인권이라고 하는 것은 신분제도가 해체되고 근대사회가 출현하면서 개인은 인간으로서의 일반적인 권리를 가진다는 사상에 대응하는 법제도의 하나로 성립되었다. 이러한 의미에서 인권은 역사적 산물이다. 근대 입헌주의 헌법에 있어서 기본적 인권 사상의 핵심은 인간은 생래적이고 고유하며 불가침적인 권리를 갖고 있다는 것이다. 여기서 생래적인 권리는 국가이전에 자연법에 기초하며, 권력에 의해 박탈되지 않기에, 문자 그대로 기본적 권리(fundamental rights, Grundrechte, droits fondamentaux)라는 개념이다. 이러한 인권의 이념은 근대에 있어서 개인주의의 확립에 따른 사상적 기반을 두고 있으며, 개인이 주체화되어 가는 시민사회의 형성의 현실적인 기반으로 대두되었다. 또한 인권은 자유에 대한 갈구를 통한 정치투쟁에 의하여 비로소 실정헌법에 규범화되었다. 이처럼 인권의 규범화는 그것만으로 인권보장이 자동적으로 달성되지 않고, 인권의 실현을 위한 적극적인 노력이 필수적이다.

인권은 근대 입헌주의의 확립기에서는 신분제 붕괴로 인해 개인이 국가에 대응되는 존재로 등장하면서 개인에게 '국가로부터의 자유'를 확보하는 것이었음에 반해, 현대에서는 인권이 국가의 적극적인 역할을 기대하는 사회권을 포함하는 것으로 발전하면서 자유권조차 '국가로부터의 자유'를 의미하는 것이 아니라 '사회에 있어서 자유'가 문제되었다는 점, 이러한 '자유국가'에서 '사회국가'로의 변화에 따라 인권체계의 내용도 변화하고 있다는 점에서 인권을 역사적 산물 내지 존재라고 하지 않을 수 없다.

또한 인권보장을 위한 법기술적 방법도 근대 입헌주의하에서는 행정권의 침해에 대해 의회제정법을 통해서 어떻게 보장할 것인가가 문제되었지만 현대에는 의회의 침해에 대해 헌법을 통해서 어떻게 보장할 것인가가 문제되고 있다는 변화를 보이고 있고, 인권을 국제적으로 보장하기 위한 제도들도 등장함으로써, 인권이 역사적 산물로서 고정불변의 관념이 아니라 부단히 변화발전하는 관념임을 알 수 있다.

일반적으로 인권 특히 사상 및 그것의 표현의 자유를 핵심으로 하는 정신적 자유는 근대 입헌주의의 중핵으로서 '인류보편의 원리'로서 평가를 받고 있다. 그러나 인권이라는 보편적 가치가 오히려 그러한 이념과 모순되는 지배, 예컨대 사회주의입장에서 노동자의 소외문제가, 제3세계의 입장에서 식민지지배의 문제가 도출되는 것을 감춰주는 역할을 해왔다는 점이 지적되고 있다.

최근에는 인권의 문제와 관련하여, 인권은 남성의 권리에 한정된 것이고 오히려 여성의 권리는 배제되었다는 문제점을 비판하면서 페미니즘과 같이 인권이라는 이름하에 오히려 인권 향유를 배제당했던 사람들로부터 비판이 제기되고 있다. 이러한 법제도적·문화적 해결책이 마련되지 않는다면 인권은 '보편적 권리'로 인식될 수 없는 상황이다.

오늘날 세계화·국제화·지구촌화(Glocalization)이라는 이름 아래 국제사회에서 인권의 보편성의 추구가 중요한 과제로 등장하고 있다. 이러한 등장의 배경으로 첫째, 미국과 같은 인권보장이 잘 되어 있다고 인식되고 있는 나라에서 조차 성별, 인종, 빈부의 차에 따른 인권차별이 자행되고 있음을 볼 때 인권의 보편성이라는 원칙을 실현하는 것이 쉽지 않고, 둘째, 그와 같은 원칙을 실현했는가 하는 것을 판단하는 잣대가 서구의 가치를 기준으로 하는 '문화제국주의'에 빠지는 것은 아닌가 하는 비판이 제기되고 있기 때문이다.

일반적으로 인권이란 인간이 인간이기 때문에 당연히 갖는 것으로 생각되는 기본적 권리라고 이해한다. 이러한 인권은 넓은 의미로 사용할 때 시민권(civil rights), 정치권(political rights), 사회권(social rights)을 포함하는 것 또는 프랑스법계에서 이야기하는 제1세대 인권(자유권)에서 제2세대 인권(사회권), 제3세대 인권(연대권 및 환경권이나 평화에의 권리 등 새로운 인권)을 포함하는 것이라고 할 수 있다.

2. 인권의 사상적·역사적 배경

입헌주의와 인권보장의 사상적 연원은 멀리 고대와 중세에서도 찾아볼 수 있다. 그러나 근대적 의미의 인권사상은 중세의 암흑세계에 대항하여 나온 문예부흥과 종교개혁에서 비롯되었다. 즉, 중세사회에 있어서 비합리적인 교권(敎權)의 지배 – 종교의 국가에 대한 무조건적인 우위와 신민에 대한 절대적 지배 – 하에서 개성의 가치에 대한 자각과 교회의 권위에 대한 도전에 의해서 근대사회는 막을 올리게 되었다. 인간의 존엄성을 실현하기 위해 자유와 평등을 권리로서 주장하게 되었는데, 그 과제는 종교적으로는 '신(神)으로부터의 인간의 해방'이었고, 사회적으로는 '봉건적인 신분제도의 타파'이었다.

인권사상의 확립에 결정적인 영향을 미친 것은 '인본주의'(humanism)와 '자연법'(natural law) 사상이었다. 인권개념은 계몽주의적 자연법론과 사회계약설 등 근대적인 천부인권사상에 근거를 두고 있다. 이러한 사상을 대표하는 사람이 바로 존 로크(John Locke)이다. 로크는 국가성립 이전의 자연상태에서 인간은 누구나 생명·자유·재산을 내용으로 하는 고유한 천부인권을 가지고 있으며 이러한 자연권을 보장하기 위하여 인민상호간에 체결된 계약이 사회계약이라고 보았고, 이를 유지하기 위해서 국가가 필요하다고 보는 권력분립론을 주장하였다. 이러한 근대계몽주의사상은 후세의 인권선언에 중대한 영향을 주면서 오늘날과 같은 인권세계가 확립되는 이론적 기초가 되었다. 로크(Locke)는 인간이란 자연상태에서 무제한의 자유를 누리며, 생명·신체·재산에 대한 생래적인 권리를 가진다고 하여 이른바 '천부인권'사상을 제창하였다. 그런데 자연상태에 있어서는 '만인에 대한 만인의 투쟁'을 유발하고 약육강식의 원칙이 지배하여 궁극적으로는 이와 같은 인권을 누릴 수 없기 때문에 '사회계약' 내지 '국가계약'을 체결하여 정부를 수립하고 이를 보장하도록 하였다. 그런데 정부가 이와 같은 자연권을 취해·박탈하게 되는 때에는 국민들은 이에 '불복종 내지 저항'할 권리를 가지고 있으며, 따라서 그 정부를 전복하고 신정부를 수립할 권리와 책임이 있다고 하였다. 이 사상은 미국 여러 주(州)의 권리장전과 미국독립선언에 결정적인 영향을 미쳤다.

프랑스의 인권선언과 권리장전은 로크(Locke)의 자연법사상과 함께 루소(Rousseau)의 사회계약론과 몽테스키외(Montesquieu)의 권력분립론의 영향을 받았다. 루소에 있어서 국가는 사회계약(社會契約)에 기초를 두고 있으며, 이에 의해 국가권력은 국민의 '일반의사'(general will)에 따라 행사되고 개인은 이 의사에 복종하여야 한다. 그런데 그에 있어서 개인의 권리는 모두 사회에 양도했기 때문에 자유란 '국가에의 참여에 의한 자유' 즉, 국가에 있어서의 자유(freedom in state)를 의미하였다. 이에 대하여 몽테스키외(Montesquieu)는 권력분립의 원리를 적용함으로써 통치과정 그 자체에서 자유의 관념을 도출하였다. 그는 국가권력에 대한 불신(不信)에서 출발하여 권력의 분산과 상호간의 견제를 통해서만 보장될 수 있다고 보고, 자유를 '국가로부터의 자유'(freedom from state)로 규정하였다.

근대의 시민혁명과 인권선언에 가장 큰 영향을 미친 정치적 이데올로기는 '자유주의'(liberalism)이었다. 시민계급은, 일시적인 시민혁명에 의하든 또는 점진적인 정치투쟁에 의하든 간에, 자유주의의 깃발아래 구체제와 싸워 승리함으로써 주권을 쟁취하고 인권(人權)을 보장받게 되었다. 인권은 결코 대가없이 주어진 것이 아니라 이를 억압하는 지배계층과의 투쟁의 결과로써 획득한 것이다. 불합리한 압제로부터 해방되어 인간으로서 기본권을 누릴 수 있었던 것은 그 역사적 조건들이 성숙되었기 때문이었다. 그 결과 근대국가는 이와 같은 인권의 보장을 최고의 국가적 목표로 설정하고 이를 문서화하게 되었다. 비록 그 역사적 성격에 있어서 특수성을 발견할 수 있지만, 오늘날에는 인권보장의 보편성이 강조되고 있다.

제 2 절 각국의 인권보장의 과정

인권사상은 각국의 역사적 조건과 문화적 환경 및 국민들의 헌법의식에 따라 달리 전개되어 오면서 시민계급(또는 제3계급)이 절대군주와의 정치적 투쟁에서 승리함에 따라 근대 입헌주의 국가는 권리장전을 헌법에서 선언·보장하게 되었다.

1. 영국에서의 인권보장

영국에서는 일찍이 1215년의 대헌장(Magna Carta)에서 의회의 동의 없는 과세의 금지와 일정한 신체의 자유를 선언하기 시작하였다. 그러나 이것은 군주와 등족간의 약정서로써 기껏해야 등족의 특권을 확인하는 '봉건적 자유'(feudal liberties)를 의미하였다. 영국민들의 자유는 이와 같은 대헌장의 해석을 통해서 점진적으로 발전되어 왔고, 특히 Coke의 법의 지배 사상에 의해 인권사상은 성숙되었다.

17세기에 와서 비로소 근대적 입헌주의와 인권보장은 확립되기에 이르렀다. 즉, 1628년의 권리청원(Petition of Rights)은 대헌장에 선언된 등족의 자유를 '모든 영국민의 자유'로 확대하기 시작하였고, 1647년의 인민협정(Agreement of the People)은 종교와 양심의 자유, 병역강제로부터의 자유, 법 앞에 평등 등을 추가·보장하였으며, 1679년의 인신보호법(Habeas Corpus Act)은 영장 없는 체포·구금의 금지와 구속적부심제도를 채택하여 신체의 자유의 보장을 강화하였다.

1688년의 명예혁명의 결과 채택된 1689년의 권리장전(Bill of Rights)은 영국헌정사에 있어서 인권투쟁의 결산을 의미하는 것으로 일정한 신체의 자유, 정신적 자유와 함께 청원권, (의회 내에서의) 언론의 자유, 의원 선거권 등이 널리 보장되었으며, 1689년의 관용법(Toleration Act)[794]은 종교의 자유를 폭넓게 인정하였다. 권리장전은 새로운 권리목록을 추가하였다기 보다는 기존의 영국민들의 권리를 재확인하는 성격을 가지고 있었다. 이와 같은 인권보장이 사상적으로는 로크(Locke)를 비롯한 자연법사상에 의해서, 사회적으로는 절대군주에 대한 의회의 승리의 결과로 확립되었다. 이들 권리장전은 후대에게 기본권 보장의 선례를 남겼으며, 미국과 유럽 등 대륙으로 건너가 근대적 인권보장, 즉 권리선언과 권리장전에 결정적인 영향을 미쳤다.

2. 미국에서의 인권보장

영국의 식민지로 있을 당시에는 미국인들은 '영국인으로서의 권리', 즉, 영국민과 같은 자유와 권리를 보장하도록 요구하였으나, 독립전쟁과 함께 자연법사상의 영향을 받아 천부불가양의 자연권인 '인간으로서의 권리'를 주장하기 시작하였다. 근대적인 인권선언은 1776년의 버지니아권리장전과 미국독립선언에서 비롯되었다. 전자(前者)는 자연권으로서 전통적인 신체의 자유, 언론·출판의 자유, 종교·양심의 자유와 함께 새로운 행복추구권, 생명·자유·재산에 관한 권리 및 저항권 등을 규정하고 있었다. 후자(後者)는 구체적인 인권목록을 제시하지는 않았지만, 인간의 평등과 천부인권, 생명·자유·행복추구권과 저항권을 선언하고 있었다. 그러나 이와 같은 인권이 헌법에 의해 보장되기 시작한 것은 1776년의 펜실바니아 헌법을 비롯한 각 주의 헌법이 채택된 때부터이었다. 각 주(州)헌법은 그 내용에 있어서 다소간에 차이는 있었으나 반드시 권리장전을 채택하였으며, 이는 근대 입헌주의적 헌법의 모형이 되었다.

1787년에 채택된 미국의 연방헌법에는 원래 권리장전이 포함되어 있지 않았다. 이러한 권리장전의 결여가 연방정부에 의한 인권침해의 위험성을 가지고 있으므로 급진파들은 주정부의 인준과정에서 권리장전의 채택을 요구하였다. 그 결과

794) 이는 신교(新敎)의 자유를 규정하는 것을 주목적으로 하였기 때문에 흔히 '신교(新敎)자유령'이라고 부른다.

1791년에 수정 10개조가 권리장전으로 채택되었는데, 종교의 자유, 언론의 자유, 신체의 자유, 특히 적법절차의 보장, 사유재산제의 보장, 주거의 안전 등을 보장하였다. 그 후 남북전쟁(1861-1865)의 결과로 ① 노예제도의 폐지(수정 제13조), ② 흑백간의 평등 보장(수정 제14조), ③ 흑인에 대한 참정권의 보장(수정 제15조)이 인권목록에 추가되었으며, 1920년에는 여성참정권이 인정되었다(수정 제19조).

미국에 있어서의 권리선언과 인권보장이야말로 헌법상 기본권의 보장-인권의 헌법적 수용-의 효시를 이루었다. 미국이 이와 같이 권리장전을 채택하게 된 배경을 보면, ① 종교의 자유를 추구해 온 청교도적 전통, ② 시민계급의 자유를 주창해 온 자유주의적 영향과 ③ 로크(Locke)를 위시한 당대의 자연법사상 등이 중요한 영향을 미쳤던 것이다.[795] 오늘날에 있어서도 이와 같은 사상은 헌법의 해석·발전에 그대로 적용되고 있다.

3. 프랑스에서의 인권보장

1789년의 프랑스혁명을 통해 프랑스는 절대군주제의 구체제(ancien régime)를 붕괴시키고 국민주권의 원리에 입각한 근대국가를 수립하였다. 그 결과로서 나온 '인간과 시민의 권리선언'은 자연법사상의 영향과 구체제에 대한 투쟁의 산물을 의미한다. 여기에서 천부인권으로서의 자유와 평등을 전제로 하고 신체의 자유, 재산권의 보장, 종교의 자유, 표현의 자유 등을 자연권의 일환으로 선언하였다. 이 인권선언이 미국의 인권선언과 권리장전의 직접적인 영향을 받았는지 여부에 관하여는 견해가 나뉘고 있지만, 2년 후에 채택된 프랑스 1791년의 헌법에서 그대로 수용되었고 그 후 유럽대륙의 여러 나라에 있어서 권리장전의 '원형'이 되었다. 이 후 혁명기의 와중에서 채택된 1793년의 두 헌법에는 집회의 권리, 청원권, 교육에 관한 권리 등이 추가·선언되었으나, 1795년의 헌법은 대중집회, 집단적 청원, 무장소요 등의 금지규정을 두어 인권의 한계를 설정하였다.

그런데 나폴레옹의 등장과 함께 민주주의에 대한 반동적 시대가 도래하였다. 1799년의 헌법은 '인간과 시민의 권리'에 관한 원칙적 규정을 삭제하였으며, 나폴레옹의 몰락 후 1814년과 1830년에는 흠정헌법이 채택되기에 이르렀다. 그 결과 인권보장의 성격은 변질되어 '인간과 시민의 권리'가 아니라 '프랑스인의 권리'로

795) 미국에서 인권이 잘 보장될 수 있었던 여건들에 관하여는 윤명선, "The Characteristics of American Liberty: Factors of Making Individual Liberties Unique in the World", 경희대학교 논문집 제19권, 1990, 47-61면 참조.

규정되었다.

1848년 2월 혁명의 결과 채택된 제2공화국 헌법에서 기본권의 성격과 내용이 회복되는 한편, 단결의 자유, 교육의 자유 등의 사회권이 보장되기 시작하였다.[796] 1875년의 제3공화국 헌법도 인권선언을 당연한 것으로 받아들였고, 1946년의 제4공화국 헌법은 1789년의 인권선언을 재확인하였다. 프랑스에 있어서 권리장전은 곧 프랑스 헌정사를 대변하는 것으로 시행착오의 과정을 거쳐 오늘에 이르고 있다. 1958년의 제5공화국 헌법도 권리장전을 별도로 두지 않고 있으나, 1789년의 인권선언을 프랑스인의 권리장전으로 수용·보장하고 있다.

4. 독일에서의 인권보장

정치적 후진국가였던 독일은 절대군주정이 계속되어 인권을 헌법에서 수용하는 데에는 오랜 시간이 걸렸으며, 그것도 외세의 영향을 받아 비로소 규정되었다. 즉, 1807년에 나폴레옹의 지배하에서 채택된 베스트팔렌(Westfallen)왕국 헌법이 최초로 평등권과 종교의 자유 등을 규정하였고, 그 다음해에 제정된 바이어른(Bayern)헌법은 신체의 자유, 신앙의 자유, 재산권의 보장, 표현의 자유 등의 전통적인 기본권을 규정하게 되었다. 그러나 권리장전이 본격적으로 규정된 것은 1849년의 프랑크푸르트(Frankfurt)헌법으로서 '독일국민의 기본권'이라는 장에서 60개 조항에 이르는 상세한 기본권을 포함하고 있었으나, 정치적 이유로 인해 시행되지 못하였다.

정치적 변화기에 채택된 헌법들은 기본권 보장에 소극적인 태도를 보였다. 1850년의 프로이센(Preußen)헌법도 법 앞에 평등, 신체의 자유, 종교와 학문의 자유 등을 규정하였으나, 실제로는 잘 보장되지 아니하였다. 나아가 1871년의 비스마르크(Bismarck)헌법은, 각 주(Land)의 헌법이 인권조항을 두고 있다는 이유에서 기본권에 관한 장을 두지 않고 입법사항과 관련하여 포괄적인 규정을 두고 있었다.

독일에 있어서 헌법이 보장하는 인권의 성격은 어디까지나 국법에 의해 부여되는 '독일국민의 기본권'으로 규정되었다. 즉, 인간의 권리가 아닌 국민의 권리이며, 그 내용은 헌법에 열거된 것에 국한되었다. 그리고 법실증주의가 지배하게 됨에 따라 기본권은 자연권과는 이질적인 '헌법상의 권리'로 해석되었다. 1919년의 바이마르 헌법에 의해 비로소 자유권이 천부인권으로 규정되기에 이르렀고, 경제

796) 여기에 사회권은 사회주의의 영향을 받아 보장된 것이 아니라 프랑스혁명의 한 이념인 '박애'(博愛) 정신의 산물이었다.

적 · 사회적 약자의 보호를 위한 생존권이 등장하게 되었다. 그리고 나치즘하에서 인권이 유린된 쓰라린 경험 때문에 1949년의 독일기본법은 기본권의 자연권성과 국가의 보호의무를 특히 강조하였다.

제 3 절 인권의 특징 및 인권보장의 3대 조건

1. 인권의 특징과 인권과 기본권의 구별

인권의 올바른 이해는 기본권과 기본권의 역사적 뿌리인 인권과의 관계가 분명히 정리되어야만 가능할 것이다. 인권은 시간적인 면에서 영구불변의 효력을 지니나, 기본권의 효력은 시간적으로나 장소적으로 제한되어 있으며, 기본권은 보편적인 효력을 갖는 인권에 이념적 기반을 두지만, 기본권은 헌법에 규정된 국민의 권리라고 정의할 수 있다. 이처럼 형식적 의미의 기본권이 인권과 개념범위가 반드시 일치하지 않는다. 또한 기본권의 효력근거는 실정헌법이고 인권의 효력근거는 학설에 따라 다르지만 사회적 실효성이나 자연법 또는 사회적 도덕규범에서 찾을 수 있다. 따라서 기본권과 인권은 그 적용영역과 효력근거에 차이가 있고 구별되어야 한다.[797)]

인권의 특징으로는 크게 3가지를 들고 있다. 첫째, "인권의 절대성", 둘째, "인권의 보편성", 셋째, "자유권과 사회권의 이분법"이다.

첫째, 인권의 절대성이란 인권은 절대적인 가치로서 그 자체가 목적이라는 것이다. 즉, 수단이 아니라 목적이므로 절대적인 가치를 지닌다.

둘째, 인권의 보편성[798)]이란 동서고금을 막론하고 초국가적, 초인종적, 초시간적으로 동일한 내용을 담고 있다는 것(보편타당하다는 것)을 의미한다. 또한 인권의 보편성은 만인에 대한 권리보장으로 이해되기도 한다. 이러한 보편성을 지닌 인권 중 국가법 질서에 구체적·현실적으로 편입되어 국민의 권리로서 보장되는 기본적 권리를 '기본권'이라 한다. 기본권은 인권의 '최소한'(Mindestmaß)으로 명명된

797) 이부하, "기본적 인권으로서 생명권", 「인권이론과 실천」 제1호, 영남대학교 인권교육연구센터, 2007. 4, 1면.

798) 인권의 보편성에 관한 철학적 논증으로는 양천수, 「인권이론과 실천」 제1호, 영남대학교 인권교육연구센터, 2007. 4, 23면 이하 참조.

다. 이는 보편성을 갖는 인권이 최대한 보장될 수는 없지만, 인권 중에 핵심적이고 필요최소한의 수준 이상은 국가가 기본권으로서 보장해야 한다는 의미이다. 그러나 문제는 보편성을 갖는 인권의 범위가 불명확하다는 데 있다. 또한, 일반적으로 인정하는 인권의 범위를 넘어서서 기본권으로 보장하는 헌법도 있고, 그 반대로 최소한의 인권조차도 실정 헌법상 보장하지 않는 국가도 있다. 여기서 알 수 있듯이 인권과 기본권의 관계는 어느 쪽에 포함될 수 없는 상이성을 지니며, 각 국가의 헌법과 현실에 관련하여 다양하게 이해되고 있다. 그러나 중요한 점은 인권과 기본권은 인권의 실현이라는 공통목적을 지니며 상호영향을 주며 발전하고 있다는 것이다.

인권의 보편성과 관련하여, 인권은 이론적이고 이상적인 권리가 아니라, 법적이고 정치적인 문제라는 인식을 가져야 한다. 인권이 도덕이나 이론상의 권리로 존재하는 경우 인권은 실효성이 적은 권리로 남게 된다. 인권이 보편적이고 동서고금을 막론하고 타당하며 동일한 내용을 담고 있으면 이상적이겠지만, 인권은 법적 언어로 규정화되어야 하고, 현실 정치에 의해 인권의 보장이 전제되어야 한다. 따라서 인권의 보편성은 이론적으로 이상적이지만 현실성을 갖기는 힘들다. 또한 인권의 보편성을 인정하기 위해서는 인권이 시간과 공간이라는 변수와 무관하게 동일한 내용과 효력을 지녀야 한다. 그러나 인권법의 역사가 증명하듯이 인권은 동일하며 변하지 않는 내용을 지니는 것이 아니라, 계속적으로 변화하며 그 내용이 확장되고 있다.[799] 오늘날 현대 사회에서 새롭게 등장하고 있는 문화다원주의(文化多元主義)에 따르면, 각 공동체는 각자 자기만의 문화를 자율적으로 생산한다. 이 문화들은 대부분 서로 상이할 뿐만 아니라, 때로는 서로 충돌하기도 한다. 인권 역시 문화의 한 내용에 속하게 된다. 문화다원주의가 가속화되고 있는 작금에 인권의 보편성은 와해되고 있다. 또한 인권의 내용은 고정된 것이 아니라, 시간과 공간이라는 변수에 의존하여 가변적인 성격을 지닌 것이라 할 수 있다. 즉 인권은 한편으로는 시간에 따라 그 내용이 달라질 수 있고, 다른 한편으로는 공간에 따라 그 내용이 달라질 수 있다.[800]

또한 인권의 특징으로서 보편성은 이념적으로 강조되지만, 현실에서는 인권의 역사적 제약성에 의해 이를 실현하기 어렵다는 점이다. 예를 들면, 미국의 독립선언이나 미국 각주의 권리장전 및 프랑스 인권선언의 제정과정을 보면, 각각의 인

---

799) 양천수, "다문화적 인권의 가능성", 「법과정책연구」 제11집 제2호, 2011. 6, 142면 이하 참조.

800) 양천수, "동아시아 인권레짐의 가능성", 제8회 동아시아 법철학회 발제문, 2012. 3, 32면 이하 참조.

권의 내용은 당시의 정치적·경제적·문화적 특징을 반영한 것이지만, 역사적으로 명문화된 규정과 현실은 현저한 격차가 나타난다. 즉, 인권의 「외형과 본질」의 교묘한 구분을 해야 한다. 인권의 외형에서는, 「모든 인간의 평등」을 말하지만, 현실에서는 노예제도가 허용되고 있었다. 프랑스 혁명의 결과를 살펴보더라도 프랑스의 특색을 반영하여 ① 형이상학적 경향(인간사회에 공통의 보편적 원리), ② 개인주의적 경향, ③ 시민계급중심의 경향이 규정되어 있다.

셋째, 자유권과 사회권의 이분법이다. 자유권과 사회권으로 이분하여 권리를 구분하고 구체화하는 것을 의미한다.

위에서 언급한 인권의 3가지 특징은 다음과 같은 점에서 비판할 수 있다. 먼저, 인권의 절대성과 관련하여, 인권은 그 자체가 목적이 되는 가치가 아니라 다른 상위의 목적을 위한 수단으로서 기능한다고 보아야 한다. 인권이나 민주주의 등이 그 자체가 목적이 되어서는 안되고 인간은 스스로가 목적이 되며 다른 수단을 통해 인간다운 삶의 향유나 인간의 존엄을 이루기 위한 것이라 할 수 있다.

또한 자유권과 사회권의 이분법과 관련하여, 이러한 이분법은 국가와 사회가 완전히 단절 내지 분리되는 것을 전제한다는 문제가 있다. 이는 자유권 중심적인 이론체계에서 사회권의 보장을 적절히 또는 충실히 하지 못함을 항변하기 위한 이론구성에 다름이 아니다. 인권을 침해하는 주체로서의 국가를 상정하는 것은 현대의국가의 역할을 제대로 이해하지 못하는 것이다. 이제 국가는 인권이나 기본권을 침해할 수도 있지만, 역으로 인권이나 기본권을 보장하고 지원해주는 담당자로서 국가가 대두된 지는 이미 오래된 일이다.

2. 인권보장(人權保障)의 3대 조건

인류역사에 비추어, 특히 미국에 있어서, 인권 실현의 조건들을 추상적으로 추출한다면 역사적 조건, 문화적 환경과 국민들의 헌법의식 등으로 집약될 수 있다.[801)]

(1) 역사적 조건

근대사회에 있어서 인권보장은 시민혁명의 산물로써 집약될 수 있다. 즉, 인권

801) 이와 같은 인권보장의 요인들에 관하여는 윤명선, "미국식 기본권보장의 한 모형," 미국헌법연구 제8호, 1997. 265-310면; 윤명선, "Human Rights and History (Ⅰ): A Model of Securing Constitutional Eights in the U.S.A.", 경희대학교 논문집, 제18집, 1989, 113-142면; 윤명선, "Human Rights and History (Ⅱ)", 경희법학(경희법학연구소), 제24권 제1호, 1989, 135-188면 참조.

은 '역사적 조건'(historical condition)에 의해서 생성되며, 그 당시의 정치적 역학관계를 반영하는 것이다. 당시의 시민계급은 계몽주의 사상의 배경하에 자연법 사상과 사회계약 이론을 사상적 무기로 하여 인권의 쟁취를 위한 투쟁을 전개하였다. 로크(Locke)의 신앙고백, 루소(Rousseau)의 사회계약론과 몽테스키외(Montesquieu)의 권력분립론은 미국에 건너가 독립선언, 각 주의 인권선언과 헌법 및 연방헌법에서 구현되었으며, 대륙에서는 프랑스의 인권선언과 헌법에서 개화되었다. 당시에 주장된 인권유형은 종교의 자유, 재산권의 보장, 인권의 평등, 정치적 자유 등으로서 시민계급의 이익을 반영하는 것이었다.

인권의 영역은 개인주의와 자본주의의 배경하에서 민주주의와 템포를 같이 하면서 확대·발전되어 갔다. 그러나 자본주의의 파행적 발전은 새로운 사회계급인 제4계급–근로계급–의 등장을 초래하였다. 국가와 사회가 '예정조화(豫定調和)'의 기틀 위에서 자연발생적으로 균형 있게 발전해 갈 것이라는 예언은 빗나가고 말았다. 인간을 추상적으로만 파악하고 형식적 자유와 평등을 요구하던 인간관은 이를 구체적 실존으로 파악하여 실질적 평등과 사회정의의 구현을 새로운 이념으로 채택하기에 이르렀다. 그 결과 바이마르 헌법 이래 생존권이 헌법상 기본권의 구조에 편입되게 되었다. 여기에 한 사회의 경제관계가 인권의 전개·발전에 중요한 작용을 하고 있음을 간취할 수 있다.

인권의 역사적·문화적 「상대성」을 강조하는 것은, 인권론에 있어서 어떠한 의미를 가지는가? 이는 인권이 역사적으로 고정적·정지적인 것은 아니고, 역사의 파도 속에서 끊임없이 발전되고 유동화하고 있다는 것이다. 인권의 내용은 미래를 향해 열려 있는 것이다. 그러므로 '인권의 인플레이션'이라고 하는 가치하락을 방지하기 위해 역사적·문화적 상대성에 근거하여 인권은 끊임없이 발전하는 것이라는 것을 전제로 인권의 이념에 관해 검토·고찰하는 것이 필요하다.

(2) 문화적 환경

인권은 문화적 산물로서 그 내용은 문화와 밀접한 관계를 가지고 발전해 가는 것이다. 현대국가에 있어서 인권문제는 새로운 국면에 접어들었다. 모든 국가는 복지국가에의 길을 걷고 있기 때문에 사회정의의 구현과 국민경제의 발전을 위한 정책의 채택으로 국민의 자율권의 범위는 협소하게 되고 고전적인 자유권, 특히 경제적 자유권은 그만큼 제약을 받고 있다. 나아가 위기정부가 예외가 아니라 원칙이 되고 있는 이른바 방위국가에서는 평화적 생존권이란 새로운 인권이 주장되기에 이르렀다. 법치주의에 대한 예외적 상황의 항구화로 인해 인권보장은 제약되고 있다.

오늘날 과학·기술의 발달은 새로운 인권의 필요성을 증대시키고 있다. 즉, 공업화의 부산물인 공해와 환경파괴는 환경권의 중요성을 증대시켰으며, 대기업의 독과점으로 인해 소비자의 보호 필요성이 절실하게 되어 소비자의 권리가 중요시되고 있다. 또한 대중매체와 컴퓨터의 발달에 따른 사생활의 비밀보장과 생명공학의 발달에 의한 인간의 존엄권 등이 새로운 인권목록에 수록되고 있다. 인권은 이론상에 머무르는 것이 아니고 그것이 존립하는 문화적·사회적 환경 속에서 형성·발전되는 것이다. 여기에서 인권은 '문화적 환경'에 따라 그 내용과 유형을 달리하고 있음을 알 수 있다.

(3) 국민의 헌법의식(憲法意識)

제2차 세계대전 이후 신생국가들은 예외 없이 '국가의 상징'으로 성문헌법을 채택하고 있으며, 여기에서 기본적 인권을 상세하게 규정하는 것이 유행처럼 되었다. 그러나 각국의 헌정사를 돌이켜 볼 때 인권선언은 결코 문제의 해결이 아니라 '문제의 진술'에 불과한 것이다. 성문헌법이나 권리장전에서 기본적 인권을 선언하는 것만으로는 그 실효성을 기대할 수 없으므로 이를 실현하기 위한 제도적 장치가 강구되지 않으면 안된다. 그리고 인권을 현실적으로 향유하기 위해서는 무엇보다도 주권자인 국민의 '헌법의식'(constitutional consciousness)이 성숙되어 통치과정에 적극적으로 투입·반영되지 않으면 안된다.

통치권이 기본권기속의 원칙을 준수하여야 하지만, 이를 감시하고 통제하는 것은 국민들의 헌법의식인 것이다. 루소(Rousseau)가 간파한 것처럼, 헌법 또는 자유는 국민의 '마음' 속에 살아있지 않으면 안된다. 따라서 국민은 그에 상응하는 만큼의 헌법밖에 가질 수 없다고 한다. 자의적인 권력행사로부터 개인의 자유와 권리를 수호하기 위한 최후의 보루가 바로 국민들의 헌법의식이다. 즉, 국민들의 '헌법에의 의지'가 바로 기본권을 보장하는 원동력인 것이다.

제 4 절 인권보장의 현대적 전개

자유주의, 개인주의와 자본주의 사상하에서 보장되어 온 인권 및 기본권이 20세기에 들어오면서 국가성격의 변화, 전체주의의 경험과 양차 세계대전의 결과로 인하여 인권선언의 국제화를 초래하게 됨으로써 인권보장은 그 구조적 변질을 초래하였다.

1. 인권보장의 사회화와 사회주의적 인권

근대헌법에 있어서 인권보장은 곧 자유권의 보장을 의미하였으며, 그 인권은 '국가로부터의 자유'를 실현하는 데 목적이 있었다. 그 경제적 기초인 자본주의는 사유재산제도와 계약의 자유라는 '경제적 자유'의 틀 속에서 발전하였다. 그러나 자본주의의 파행적 발전은 빈곤과 실업을 유발하였고 그 자체의 체제로는 스스로 생존의 문제를 해결할 수 없는 근로계급(이른바 제4계급)이 등장하게 되었다. 그리하여 이들의 생존문제를 해결하기 위한 생존권(내지 사회권)이 헌법상 새로운 인권목록으로 보장되기에 이르렀고, 국가의 성격은 '사회국가'(Sozialstaat)로서 변질되게 되었다.

(1) 바이마르 헌법

일반적으로 1919년의 바이마르 헌법에서 최초로 생존권 내지 사회권이 보장되기 시작하였으며, 제2차 세계대전 이후 모든 헌법은 이와 같은 사회국가의 원리를 강화하고 있다.802) 바이마르헌법은 소유권의 절대성을 제한하고 일정한 의무를 부과하면서 그 행사는 공공복리에 적합하도록 하였다(제153조 3항). 또한 근로기회의 배려와 함께 근로자의 단결권과 경영상 발언권을 보장하였으며(제159조·제165조), 보상을 조건으로 하는 사기업의 사회화도 규정하고 있었다(제156조 1항). 이들 규정은 사회정의의 실현을 위해 한편으로는 기본권의 보장형식으로, 또 한편으로는 경제질서의 수정방식으로 '헌법공학'의 기술을 사용하였다.

802) 허 영 교수는 이에 대하여 자유권의 의미와 기능도 생활권적 시각에서 이해하려는 경향이 점점 늘어나게 되었다고 하며, 이를 '자유권의 생활권화현상'이라고 말한다(허 영, 「한국헌법론」, 2011, 213면).

(2) 사회주의 국가에서의 헌법

이에 대하여 사회주의 국가에 있어서는 사회혁명을 통해 근로계급의 빵의 문제를 해결하고자 하였다. 1918년의 러시아헌법은 생산수단의 국유화와 국가에 의한 통제경제에 기초를 둔 사회주의 이데올로기를 내걸고 기본권을 선언하였다. 1936년의 스탈린헌법과 1977년의 브레즈네프헌법은 그들의 이론에 따라 합리화시켰다. 그 밖에 공산권 국가들은 초기에는 인민민주주의 헌법을, 다음에는 사회주의 헌법을 표방하면서 기본권의 보장을 표방하고 있다. 그러나 이들은 어디까지나 '장식적 헌법'에 불과하며, 인권목록이 현실적으로는 보장되지 않았다.

2. 인권보장의 자연권성과 제도화

제2차 세계대전 후 특히 독일, 이태리, 일본 등 전체주의를 경험한 나라에 있어서는 자연법사상이 부활되었다. 독일의 경우를 보면, 1919년의 바이마르 헌법하에서 법실증주의의 절대적 영향 때문에 입헌민주주의는 붕괴되고 1인 전체주의적 독재하에서 개인의 기본권은 말살되었다. 그리하여 나치즘의 반인도적 독재에 대한 반성과 전체주의에의 길을 합리화시켜 준 법실증주의에 대한 비판에 입각하여 패전 후의 독일은 자연법 사상을 재수용하게 되었다. 1946년의 프랑스헌법, 같은 해의 일본헌법과 1948년의 이태리헌법이 인간의 존엄성과 기본권의 불가침을 규정하였다. 특히 1949년의 독일기본법은 "인간의 존엄성은 불가침이다. 이를 존중하고 보호하는 것은 모든 국가권력의 책무이다"(제1조 1항)라고 규정하여 기본권의 자연권성을 명문으로 인정하고 있다.

오늘날 자연법이론을 동원하여 기본권의 보장과 실현을 도모한다고 하더라도 근대국가의 인권사상으로 돌아갈 수는 없다. 자연권이론은 현대헌법에 있어서도 기본권 보장의 이념적 기초를 이루고 있지만, 그 구체적인 내용은 현대적 감각에 알맞게 설정되지 않으면 안된다. 즉, 실질적 평등의 실현을 위한 사회국가의 원리, 자유와 질서, 권리와 의무, 개체와 전체의 조화를 위한 공존·공영의 원리 등과 조화를 이루어야 한다.

그러나 인권보장은 이론만으로 이루어지는 것은 아니며, 그 보장을 위해서는 제도적 장치가 마련되지 않으면 안된다. 현대헌법은 인권보장을 위해 선언적 보장, 사회적 보장, 법적 보장 등 다양한 보장방법을 규정하고 있다. 그 중에서도 가장 중요한 제도가 헌법재판제도로서 제2차 세계대전 후의 헌법은, 그 담당기관이 통상법원이든 헌법재판소 내지 헌법평의회(헌법위원회)이든 간에, 이를 채택하여 인권보장을 실현하려고 하고 있다. 또한 인권보장의 최후의 보루는 국민들의 헌법의식이므로 '깨어있는 국민'(alert people)이 필수적 조건이며, 최후의 비상수단으로서 저항권이 부여되어 있다.

3. 인권보장의 구체화와 국제화

초기의 인권선언과 권리장전은 그 내용이 추상적이고 그 보장수단도 확립되어 있지 않았다. 그러나 급변하는 사회변화에 적응하기 위해서 인권목록도 구체화·다변화될 것이 요망되었다. 생존권 내지 사회권의 보장은 이러한 요구에 따른 것이며, 자유권의 내용이 상세하게 규정되었을 뿐만 아니라 민주화에 따른 참정권의 확대와 인권보장의 제도화를 위한 청구권의 신장이 이를 반증해 주고 있다. 특히 제2차 세계대전 이후에 채택된 신생국가들의 헌법은 기본권의 목록을 상세하게 규정하고 있다.

(1) 2차 대전 이후 인권보장의 구체화

제2차 세계대전 후 인권보장의 문제는 한 나라에 국한되는 것이 아니라 인류 공통의 과제라는 인식에서 국제화되는 경향을 보여 주었다. 물론 그 이전에도 기본권에 관한 조약으로 노예매매의 금지, 부녀·아동매매의 금지, 난민보호, 노동자의 지위향상 등에 관한 것이 있었고, 1929년에 국제법학회는 국제인권선언을 가결하기도 하였다. 그러나 인권보장의 국제화가 본격적으로 시작된 것은 1945년의 국제연합헌장을 채택한 때부터이었다. 1948년의 세계인권선언은, 비록 법적 구속력은 없지만, 전통적인 기본권과 함께 새로운 인권들, 즉 망명자비호청구권, 국제적 평등보장청구권, 정보수집의 자유 등을 상세하게 규정하였다. 이와 같은 인권선언의 실효성을 확보하기 위해 1966년 12월 16일 국제연합 제21차 총회에서 국제인권규약(International Covernant on Human Rights)을 채택하게 되었는데, 이 규약은 '경제적·사회적 및 문화적 권리에 관한 규약'(A 규약)과 '시민적 및 정치적 권리에 관한 규약'(B 규약)으로 구성되어 있다.[803][804][805]

---

803) 'A규약'은 1976년 1월 3일에, 'B규약'은 동년 3월 23일에 각기 발효되었다. 우리나라는 1985년 10월 4일에 A규약에는 유보조항 없이 가입하였으며, 1990년 3월에 B규약에는 국내법과 저촉되는 4개항 – 비상사태하의 인권보장, 18세 미만의 사형금지, 피구속자가 사법기관에 신속하게 회부될

(2) 인권보장을 위한 지역적 협정

기본권의 보장을 위한 지역적 협정이 이들과는 별도로 체결되고 있다. 1949년에 유럽공동체이사회의 구성과 함께 체결되고 1950년 9월에 발효된 '유럽인권규약'은 세계인권선언의 내용을 조약의 형식으로 채택하였고, 그 실효성을 확보하기 위해 인권재판소를 설치한 데 그 특징이 있다. 1961년에는 '유럽사회헌장'을 채택하여 사회적 기본권의 보장에도 노력하고 있다. 이와 같은 지역적 협정은 다른 지역으로 확산되었는데, 1969년에 체결된 '전미(全美)인권협정'은 이를 모방하고 있다.

4. 정보사회에서 정보인권

현대사회는 과학과 기술, 특히 정보통신기술의 획기적인 발전으로 정보가 지배하는 이른바 '정보사회'가 되었다. 인류의 역사는 노동이 지배하던 농경사회에서 자본이 지배하는 산업사회로 발전하였으며, 현재는 자본이 지배하는 산업사회로부터 정보가 지배하는 '정보사회'에로 이행하고 있다. 컴퓨터의 개발로 대량의 정보수집·집적·처리·유통 등이 가능하게 됨에 따라 개인정보가 국가기관 뿐만 아니라, 사설정보기관에 의해 모두 입력·관리됨으로써 오웰(Owell)의 '1984년'이 현실화되었으며, 새로운 정보는 상품화 내지 생산수단화되어 산업구조의 모형을 변화시키고 있다. 이와 같은 정보통신혁명은 현대적 인권상황에 큰 영향을 미친다. 정보사회가 도래하면 생산과 관리의 효율성 제고, 새로운 상품개발과 소비, 그로 인한 산업구조의 조정과 참여민주주의의 확대 등이 이루어지고 있다. 그러나 이러한 사회적 환경하에서는 대량실업과 노동의 비인간화, 정보의 독점과 조작가능성, 사생활의 침해와 사회적 불평등의 심화, 나아가 국제적 종속관계의 등장 등의 폐단이 노출되어 인권문제는 새로운 국면을 맞이하고 있다.

권리, 혼인 중 또는 그 해소시의 남녀평등 - 을 유보하고 가입, 동년 7월 11일에 발효되었다.

804) 그 밖에도 국제적 차원의 인권선언들로는 1965년의 '모든 형태의 인종차별 배제에 관한 선언', 1967년의 '여성차별철폐에 관한 선언', 1972년의 '인간환경선언', 1973년의 '고문폐지를 위한 국제앰네스티선언' 등이 있다.

805) 오늘날 국제무대에서는 새로운 유형의 인권으로서 이른바 '제3세대 인권론'이 논의되고 있다. UNESCO의 전문가들은 시민적·정치적 권리를 '제1세대 인권'이라 하고 경제적·사회적·문화적 인권을 '제2세대 인권'이라 하면서 이른바 '연대권'(solidarity rights)을 '제3세대 인권'이라 부른다. 학자들간에 그 내용에 약간의 차이는 있지만, ① 개발권, ② 평화적 생존권, ③ 환경권, ④ 의견교환권, ⑤ 서로 다를 수 있는 권리, ⑥ 인류공동환경으로부터 이익을 얻을 권리 등이 이에 포함된다.

(1) 정보인권의 의의

"정보인권"(human rights to information)이란 "개개인의 정보가 수집·가공·유통·활용되는 과정과 그 결과로 인하여 얻어진 정보가치에 따라 인간의 존엄성이 훼손되지 않고 이를 통해 삶의 조건이 개선될 수 있도록 하는 최소한의 권리"[806] 또는 "헌법상 정보질서를 구현하기 위하여 '정보의 자유'(공적 정보의 자유)와 '정보 프라이버시'(사적 정보의 자유)를 통해 국민 개개인이 정보유통에 대한 통제력을 지니게 되는 권리"[807]라고 정의할 수 있다.

(2) 정보인권의 구체적 내용

정보인권에 관한 사항 중 최근에 문제가 되는 것으로는 온라인상에서의 표현의 자유와 정보 프라이버시권의 문제이다. 온라인상에서의 표현의 자유와 관련하여 인터넷상에서 유통되는 불건전한 정보를 규제하기 위하여 「정보통신망법」의 '불온통신'(이후에 '불법통신'으로 명칭을 변경)을 방송통신심의위원회가 통신심의하는 제도가 문제된다. 이는 국가기관에 의한 인터넷상 표현물에 대한 내용규제로 판단된다. 따라서 불법정보에 대한 심의권 또는 시정요구권을 민간자율심의기구에 이양하는 내용의 법률 개정이 필요하다. 이는 인터넷상 표현물에 대한 자율규제라는 취지에 부합한다.

"인터넷 실명제" 내지 "본인확인제"가 정보인권과 관련하여 법적으로 문제되었다. 「정보통신망법」 제44조의5 제1항 제2호에서 인터넷게시판을 설치·운영하는 정보통신서비스 제공자에게 본인확인조치의무를 부과하였다. 이에 관하여 우리나라 헌법재판소는 정보통신망법상 본인확인제는 인터넷게시판 이용자의 표현의 자유를 사전에 제한하여 의사표현 자체를 위축시키고 그 결과 헌법에서 보호하는 표현까지 억제함으로써 민주주의의 근간을 이루는 자유로운 여론 형성을 방해하는 것으로서 비례의 원칙에 위배되어 익명표현의 자유를 침해한다고 판시하였다.[808]

또한 공익을 해할 목적으로 전기통신설비에 의하여 공연히 허위의 통신을 한 자를 형사 처벌하는 「전기통신기본법」 제47조 제1항이 죄형법정주의의 명확성원

806) 이민영, "정보인권의 법적 의의와 좌표", 정보인권의 법적 보장과 그 구체화 공동학술세미나, 국가인권위원회, 2010. 12.

807) 이인호, "정보인권의 개념과 헌법적 보장체계", 국가인권위원회, 2009.

808) 헌재 2012. 8. 23. 2010헌마47, 252(병합).

칙 위반되는지 여부가 헌법재판소에서 헌법소원심판되었다.[809] 헌법재판소는 "이 사건 법률조항은 "공익을 해할 목적"의 허위의 통신을 금지하는바, 여기서의 "공익"은 형벌조항의 구성요건으로서 구체적인 표지를 정하고 있는 것이 아니라, 헌법상 기본권 제한에 필요한 최소한의 요건 또는 헌법상 언론·출판의 자유의 한계를 그대로 법률에 옮겨 놓은 것에 불과할 정도로 그 의미가 불명확하고 추상적이다. … 이 사건 법률조항은 수범자인 국민에 대하여 일반적으로 허용되는 '허위의 통신' 가운데 어떤 목적의 통신이 금지되는 것인지 고지하여 주지 못하고 있으므로 표현의 자유에서 요구하는 명확성의 요청 및 죄형법정주의의 명확성원칙에 위배하여 헌법에 위반된다."고 판시하였다.

이와 더불어 정보인권 분야 중 정보 프라이버시권 침해 문제도 심각하다. 공공기관의 CCTV로 인한 인권 침해 문제가 발생하고 있다. CCTV는 방범, 교통단속, 시설관리 등을 위하여 설치·운영되어 공익적으로 활용되는 순기능도 있지만, 프라이버시권 침해가 법적으로 문제되고 있다. 특히 구금시설의 CCTV는 재생 및 무제한 복사가 가능하고 타인에게 제공되거나 유출할 수 있다는 점, 특정 신체부위를 정밀하게 촬영할 수 있고 촬영된 내용을 편집할 수 있는 점, 24시간 연속으로 수용자의 모든 행동을 감시하고 동태적인 삶의 흐름이 정보의 형태로 녹화될 수 있다는 점 등 수용자 개인의 사생활이 과도하게 침해될 수 있다. 따라서 범죄예방 및 범죄수사를 위한 필요에서 설치된 CCTV 설치·운영과 관련된 공공기관의 CCTV 설치·운영에 관한 법적 기준이 마련되어야 한다.

정보 프라이버시권 침해에 핵심에 서 있는 문제는 공권력에 의한 생체정보의 수집이다. 생체정보란 지문, 홍채, 유전자 등 개인의 고유한 신체적 고유성과 동일성을 나타내는 정보를 말한다. 지문정보와 관련하여 우리나라 헌법재판소는 주민등록법 제17조의8 및 주민등록법시행령 제33조 제2항에 의한 별지 제30호 서식 중 열 손가락의 회전지문과 평면지문을 날인하도록 한 부분과 경찰청장이 청구인들의 주민등록증발급신청서에 날인되어 있는 지문정보를 보관·전산화하고 이를 범죄수사목적에 이용하는 행위의 각 위헌 여부를 판단하였다. 헌법재판소는 "주민등록법 제17조의8 제2항 본문은 주민등록증의 수록사항의 하나로 지문을 규정하고 있을 뿐 '오른손 엄지손가락 지문'이라고 특정한 바가 없으며, 주민등록법시행령 제33조 제2항에서는 주민등록법 제17조의8 제5항의 위임규정에 근거하여 주민등록증발급신청서의 서식을 정하면서 보다 정확한 신원확인이 가능하도록 하기

---

809) 헌재 2010. 12. 28, 2008헌바157.

위하여 열 손가락의 지문을 날인하도록 하고 있는 것이므로, 이를 두고 법률에 근거가 없는 것으로서 법률유보의 원칙에 위배되는 것으로 볼 수는 없다. 또한 이 사건 지문날인제도가 과잉금지의 원칙에 위배하여 개인정보자기결정권을 침해하였다고 볼 수 없다.“고 판시하였다.810)

(3) 정보인권과 관련한 과제

정보사회에 있어서는 국가 또는 사설정보기관이 데이터 베이스(data base)를 구축·운영하게 되는데, 개인정보의 유출로 인해 사생활의 비밀이 침해될 수 있으며, 국가안전보장을 위해 국가기밀의 보호가 요망되고 있다. 인터넷이나 사이버 공간상에서 이루어지는 정보는 표현의 자유의 신장 못지않게 그 폐단을 규제할 장치가 요구되고 있다. 국민의 입장에서는 그 정보에의 접근권이 보장되어야 하며, 또한 정보의 독점과 조작을 방지할 수 있는 제도적 장치가 필요하다. 정보인권차원에서 법제도적으로 해결해야 할 과제들이 많은데, 이는 새로운 인권의 패러다임을 요구하고 있다.

제 5 절 인권의 내용으로서 개별 기본권

1. 자유권

(1) 자유권의 역사적 성격

근대 입헌주의에 있어서 국민의 권리는 ‘자연적이고 불가양이며 신성한 인권’(1789년 인권선언)과 ‘귀족 및 서민의 옛날부터 전해오는 권리와 자유’(1689년 권리장전)로 나눌 수 있다. 그러나 후자의 권리는 권력을 나누어 가지고 있는 주체간의 신분적 특권관계를 바탕으로 성립했던 중세입헌주의의 의미에 있어서 전통적인 권리, 즉 1215년의 권리장전을 확인하는 것이었다. 따라서 권리장전이 채택된 시기는 근대사회에 있어서의 권리의 구조와는 전혀 다르고, 바야흐로 권력을 집중시켰던 국가와 개인과의 대항관계를 전제로 하면서 국가권력의 불개입 = 국가로부터의

810) 헌재 2005. 5. 26, 99헌마513.

자유라는 요구를 인간일반의 권리로서 구성했던 것에 불과하다. 인권으로서의 근대적 자유가 성립하기 위해서는 인간일반이라는 관념 그 자체의 성립이 필요했고, 그것을 위해서는 절대왕정에 의한 '평등한 부자유'의 강요라는 모습에서 중세적 자유의 기반이었던 신분제적 권력구조를 파괴시키는 것이 필요했던 것이다.

중세에 기원을 두는 자유와 근대적 자유의 관계를 살펴보는 데는 대학의 자치가 좋은 예라고 할 수 있다. 오늘날 대학의 자치는 학문의 자유라는 인권을 보장하기 위한 제도로 인식되고 있지만, 연혁적으로 보면 학문의 자유보다 대학의 자치가 선행되어 있었다. 중세유럽사회에 있어서 대학은 프랑스의 파리 대학의 경우처럼 교사 및 학생의 동업조합으로 만들어졌고, 경찰권·재판권·과세권·자주입법권을 가진 하나의 권력주체였다. 이러한 대학은 '국가 속의 국가'로서의 지위를 부여받음으로써 로마교황 및 신성로마황제와 더불어 중세의 3대 권력주체로 등장했고, 특히 교황과 직접 연결되어 있었기 때문에 왕권은 물론 교회에 대해 강력한 특권과 독립성을 부여받았다. 따라서 대학의 자치는 현실 사회에서 매우 강력한 힘을 가지고 있었음에 반해 학문에 대해서는 강경 내지 강력한 탄압을 받고 있었다. 이러한 상황에서 개인주의원리에 기초한 인권선언을 표방한 프랑스혁명은 신분제 타파를 이루기 위해 국가와 시민 개인 사이에 존재했던 특권계급인 중간단체의 부정을 전제로 할 수밖에 없었기 때문에 대학 그 자체는 일단 해체되었었다. 그 후 나폴레옹 1세에 의해서 대학이 재건되었지만 근대적 의미에 있어서의 대학의 자치는 제3공화제에 들어서면서 근대적인 시민적 자유일반을 전제로 한 제도 및 관행으로서 확립되었다.

이에 대해 근대 독일에서는 프랑스와는 달리 위로부터의 혁명을 통한 외견적 입헌주의가 도입됨으로써 시민적 자유가 전반적으로 제약당했던 상황이었음에도 불구하고 대학의 학문활동에 관해서만은 검열면제의 특권을 부여받는 등 적극적으로 대학을 육성하려는 분위기 속에서 대학의 자치가 광범하게 허용되고 있었다. 이러한 상황은 17세기 말부터 18세기에 걸쳐 독일제국의 계몽전제군주들에 의해서 종교의 구속에서 자연과학과 철학을 해방하는 '대학의 자유'가 추진되었고, 특히 19세기 초 나폴레옹 전쟁 후 프로이센국왕이 '힘으로 상실된 것은 학문에 의해 회복'해야 한다는 명분하에 베를린대학의 자치를 확보해 줌으로써 프로이센헌법, 바이마르헌법, 본(Bonn)헌법에 이르기까지 학문의 자유와 대학의 자치가 헌법상 특별히 명문화되는 전통이 형성되었다.

자유권에 관해서는 이상과 같이 중세적 특권과 근대적 인권의 대비를 통해서 나타나는 역사적 성격을 가진다는 점이 중요한데, 그것에 더해서 근대 입헌주의의 확립기에 대응하는 논리구조를 가지는 '국가로부터의 자유'와 시민혁명기에 대응하는 '국가에 의한 자유의 강제'를 대비한 경우의 역사적 성격의 차이라는 점도 매우 중요하다. 특히 결사의 자유문제는 근대적 자유가 인권으로 성립했다는 의미를 명확히 해 주는 것이라는 점에서 매우 중요하다. 인권이 신분적 중간단체로부터 해방된 인간일반의 권리로서 성립하기 위해서는 결사의 자유를 보장하는 것이 필요한 것이 아니라 오히려 결사로부터의 자유를 국가권력에 요구할 수밖에 없다는 점이다. 이를 가장 전형적으로 보여주었던 프랑스의 경우 1789년 인권선언의 권리목록에서 결사의 자유가 거론되지 않았던 점에서도 잘 나타나 있다. 그것은 특권계급이라고 할 수 있는 중간단체를 해체하여 자유로운 개인의 결합체로서의 근대사회를 만들기 위해서는 결사의 금지야말로 시민혁명기의 중요한 과제였기 때문이다. 이 시기를 지나게 되면 자유로운 개인의 성립을 전제로 한 결사의 자유가 국가로부터의 자유로서 요구되는 것이다. 이러한 점에 비추어 볼 때 결사의 자유는 원래 개인의 자유를 보장하기 위한 결사로부터의 자유에서 결사의 용인, 더 나아가 결사에 내한 적극적 지위부여의 과정을 거치면서 등장했다.

경제적 자유에 관해서는 산업혁명을 거치면서 산업자본이 형성되어 자유방임주의의 사회관계가 기본적으로 성립을 마친 경우 사회관계에 대한 국가의 불간섭을 원칙으로 하는 '국가로부터의 자유'＝'형식적 자유'가 법제도상 확립됨에 대해, 그와 같은 자유방임주의의 사회관계라는 토대를 만들기 위해서는 국가가 개입해서 '국가에 의한 자유의 강제'＝'실질적 자유'를 추진하는 것이 필요했다는 것을 의미하고 있다. 영업의 자유와 독점 및 단결의 금지를 둘러싼 문제가 그러하다. 시민혁명기의 과제 중의 하나였던 영업의 자유는 '반독점형'＝'실질적 자유'이고, 그것은 초기독점을 국가법에 의해서 해체하고 자유경쟁의 토대를 거기에 설정하려는 것이며 '아래로부터의 혁명'의 요구를 반영한 것이었다. 그러나 그에 반해서 산업혁명을 거친 근대 입헌주의의 확립단계에서의 영업의 자유는 국가로부터의 자유이고, '독점방임형'＝'형식적 자유'일 수밖에 없다.

이와 같이 사인의 활동의 자유를 보장하는 국가로부터의 자유라는 형식적으로 고려된 자유권개념이 근대 입헌주의의 원리로서 정착하지만 현대에 들어서면 영업의 자유와 관련한 독점방임형의 자유의 성립을 일단 전제로 한 후에 그 자유를 제약함으로써 독점을 규제하여 실질적인 자유의 회복을 꾀하게 된다. 그러나 단결에 관해서는 그 반면 노동조합에 의한 노동력거래의 독점을 보다 강하게 보장하기 위해 단결권이 보장됨으로써 현대 헌법하에서는 영업에 관한 반독점입법과 노동력거래에 관한 단결 즉 독점보장입법이 동시에 추구되게 된다.

또한 현대 헌법에서는 '국가로부터의 인권'에 추가해서 '사회에 있어서 인권'이 문제되고 있다. 사인간의 노동관계에서 설정되는 근로에 관한 기본권이 그러한 성질의 것이다. 따라서 자유권에 관해서도 대사인적 효력 내지 제3자적 효력이 문제되고 있다.

현대 헌법에서 자유권의 성격과 관련한 변화중 하나는 근대 헌법 확립기에는 오직 사인의 정신활동에 대한 국가의 개입금지를 내용으로 하는 정신적 자유의 모습에 일정한 변화가 나타난다는 점이다.

첫째, 국가의 개입금지를 위해서 오직 국가의 부작위만이 요구되는 것은 아니고 어떤 제도가 마련될 것을 요구한다. '알권리'의 확보를 위한 정보공개제도가 그 한 예이다.

둘째, 인간의 정신활동을 영위함에 있어서 필요한 실질적 수단이 사회적 강자에 의해서 장악되어 버렸다는 점에 대해 그와 같은 수단의 제공을 국가에 요구하는 현상이 나타나고 있다.

표현의 자유의 실질화를 표방하면서 나타난 대중매체에 대한 국가의 적극적·소극적(과세우대 등)인 원조가 그것이다. 또한 정당활동의 자유의 실질화를 위한 정당활동 특히 선거활동에 대한 원조(공영선거제) 등이 그것이다. 이러한 것들은 국가에 의한 직접적인 실질적 수단의 제공인데, 액세스(access)권의 주장과 같이 언론의 자유시장의 형해화를 방지하기 위하여 실질적인 언론의 자유경쟁의 회복을 표방하면서 국가의 개입에 의해서 그 자체를 국가에 귀속시키지는 않지만 언론미디어에 실질적인 표현수단을 강요하는 형태도 이러한 한 모습이다.

(2) 자유권의 여러 유형과의 관련성

근대 입헌주의가 확립되는 시기의 인권체계는 일반적으로 정신적 자유, 신체의 자유, 정신적 자유 및 평등권으로 나누어 설명되었는데, 이러한 것들은 상호 어떤 이론적 관련성을 가지고 있는가? 또한 '국가로부터의 자유'를 핵심으로 하는 인권체계가 특정한 역사적 단계에 이르러서는 실정법질서 속에 편입된 것은 어떠한 이유에서일까? 또한 근대자본주의사회구조와 가장 직접적인 관련을 가지는 경제적 자유가 다른 제 자유나 평등에 대해 어떠한 기초를 제공하는가?

근대 시민혁명기에 있어서는 '자기 자신에게 고유한 것' 즉 소유로서 생명·자유·재산이 포괄해서 통일적인 관련성을 가지는 것으로 되어 있었고, 이러한 관련성은 '노동에 근거한 소유'라는 관념을 매개로 하는 것으로 파악되었다. 그런데 '노동에 근거한 소유'는 자기 자신의 노동력을 개개인에게 있어서 고유한 것으로서 소유하는 것을 전제로 하는 것이다. 그리고 이러한 관념이 산업혁명을 거치면서 확립된 근대자본주의하에서 중요한 의미를 가지게 된다.

근대자본주의가 고대나 중세의 영리활동과 구별되는 가장 중요한 기준이 되는 것은 인격적 구속으로부터 자유임과 동시에 생산수단으로부터 분리된 노동자의 성립, 즉 노동력의 상품화라고 할 수 있다. 이를 통해서 근대자본주의사회에서는 신체 그 자체를 제외한 노동력을 포함하여 모든 재화가 상품으로서 교환될 수 있는 성격을 가지게 되었다. 이에 의해서 원칙적으로 모든 재화는 완전하고 배타적인 지배권이 성립하고 이를 바탕으로 하는 사회관계는 상품교환을 법적으로 매개하는 계약에 근거하게 된다. 따라서 신성불가침이라고 간주된 소유권과 계약의 자유라는 법적 구조에 의해서 자유방임주의의 경제형태가 보장될 수 있는 토대가 되었다. 이와 같은 논리는 프랑스 혁명시 시에예스의 인권선언초안에도 나타나 있다 즉 모든 프랑스인은 그 신체의 유일한 소유권자이다. 자기의 신체를 매매하는 것을 제외하고 노동과 시간에 계약을 맺는 것은 가능하다. 시원적 소유권은 양도할 수 없다고 하였다.

그와 같은 경제적 자유의 모습은 다른 자유나 평등과 어떤 관련을 가지고 있는가. 우선 개인은 생산수단을 갖지 못해도 '그 신체의 유일한 소유자'이므로 자기 자신의 노동력의 소유자로서 상품교환의 당사자가 되고, 그에 대응해서 원칙적으로 모두가 법적 주체가 될 수 있게 됨을 인정하는 것이 된다. 이렇게 함으로써 법 앞의 평등과 신체의 자유(신체구속이나 형벌에 과한 법정주의, 무죄추정의 원칙 등)가 확립될 수 있다. 이 점은 근대사회 이전에 생산수단을 전혀 소유하지 못하고 반대로 소유의 객체가 됨에 불과했던 노예나 생산수단을 어느 정도 소유하지만 그것이 불완전했던 농노가 법적 주체로서 불안전한 지위에 있었던 점에 비추어 대조적인 것이라고 할 수 있다.

다음으로 모든 인간이 자기 자신의 상품(최소한 자신의 노동력)을 자유시장에 등장시켜 다른 상품과 우열을 다툴 수 있는 가능성을 보장받고, 그와 같은 가능성이 우연이 아니라 체계적으로 확보될 것이 요구되며 그와 같은 요청에 부응하기 위해서 사회에서 국가권력의 역할이 한정될 것이 요구된다. 이렇게 해서 사상의 자유시장에서의 경쟁가능성을 가지는 정신적 자유의 지위가 부여되고, 그럼으로써 오늘날 소수(이단)가 다수(정통)가 될 수 있는 가능성이 모든 사람에게 부여되어야만 한다.

이와 같은 시각에서 볼 때 근대자본주의 사회구조에서 가장 직접적인 관련성을 가지는 경제적 자유를 기초로 평등, 신체의 자유, 정신적 자유가 연관되어 있는 것이다. 그러므로 경제적 자유의 영역에 대해 보다 철저한 자유방임주의가 표방되는 국가라면 어느 정도 다른 영역에서의 자유 및 평등보장도 보다 실질적인 것이 되고 그 점에서 자유주의적 입헌주의와 외견적 입헌주의의 차이가 나타나게 된다. 그리고 입헌주의원칙이 널리 세계 각국에 퍼지고, 많은 국가가 헌법을 가지게 되면서 경제적 자유, 신체의 자유, 평등 및 정신적 자유의 구조적 관련성이 상실되어 감으로써 경제적 자유가 현대적 수정을 받게 되었다고 해도 자본주의사회의 구조의 기틀을 이루는 것으로 어떤 헌법에서도 공통적으로 보장되고 있는 것을 볼 수 있다. 또한 양적으로 고찰하면 자본주의형헌법의 권리체계에 있어서 불가결한 것은 경제적 자유이고, 정신적 자유는 부차적인 것으로 인식되게 되는데, 근대 입헌주의가 확립되는 시기에 등장한 인권체계가 역사상 가지고 있는 특성에 착안하면 정신적 자유의 보장정도가 곧 입헌주의의 진정성 여부를 가늠하는 척도가 되는 것이다.

2. 사회권

(1) 사회권의 역사적 성격

근대 입헌주의가 확립되는 시기에 자유방임주의의 토대를 이루는 '국가로부터의 자유'로서 성립한 자유권 중 경제적 자유는 현대헌법에 들어서면서 종래 신성불가침이라고 파악하였던 소유권을 비롯한 재산권에의 '공공복리'에 의한 제약을 받게 된다. 이러한 현상의 원형으로 이야기되는 것이 바이마르헌법이고, 제2차 대전 이후 세계 각국의 헌법에서 이러한 경향이 일반화된다. 그러나 양차대전 기간 중에도 이미 헌법조항상은 아니지만 미국의 뉴딜정책과 같이 법률 기타의 방법으로 사회경제활동에 있어서 국가불간섭의 원칙에서 국가의 적극적 개입으로의 전환움직임이 나타났었다.

원래 경제적 자유에 대한 제약은 시민혁명기에 있어서 소유권의 '신성불가침'이 요청되었다고는 해도 자유경쟁의 토대를 만들기 위해 국가에 의한 간섭이 행해졌었고, 이 시기에는 자유경쟁이야말로 '공공복리'라고 생각했다고 할 수 있을 것이다.

그러나 '국가에 의한 자유의 강제'라는 단계를 지나 '국가로부터의 자유'가 확립하는 단계가 되면 자유경쟁의 결과 실질적 불평등이 발생하더라도 그것의 방임이 요청되고, 그러한 방임이야말로 인류의 진보를 약속하는 것이라고 파악됨으로써 불평등을 조종할 수 있는 일체의 원리가 부정될 수밖에 없게 되어 '공공복리'라는 관념 자체가 소멸한다. 물론 이러한 자유방임주의단계에서도 소유권은 결코 초역사적인 존재가 아니라 근대사회에서 수행해야 할 특정한 역사적 역할을 담당하는 것이라고 보았기 때문에 '자유란 자의가 아니다'라는 표현에서 보여지듯이 소유권의 권리내재적 한계는 승인되고 있었다.

소유권의 내재적 제약을 승인하였다고 해도 거기에는 '공공복리'라는 실질적 공평성을 확보한다는 것이 부정되어 있었기 때문에 현대헌법에 있어서 실질적 공평의 확보를 표방하면서 등장하는 '공공복리'에 의한 권리제한의 견해와는 역사적 성격에 있어서의 차이가 있음을 긍정해야만 한다.

뿐만 아니라 경제적 자유에의 제약과 사회경제적 조항(사회권, 사회적 기본권, 생존권적 기본권)이 등장하게 된 시상적 배경에는 사회주의사상의 영향에 기인하고 있다는 점을 상기해야만 한다. 또 이러한 요소를 헌법상 최초로 도입한 바이마르 헌법도 러시아에서 사회주의혁명의 강한 충격적 외압의 결과 성립한 것이라는 점이 그것을 반영하는 것이다. 그러나 현대헌법에서 이러한 요소가 등장하고 일반화하였다는 의미는 확실히 사회주의혁명을 부정하고 자본주의사회의 기본구조를 유지하면서 사회화를 가져온다는 것에 있었던 것이다. 바이마르 헌법 자체도 당시 목전에 닥쳤던 독일사회주의혁명을 자본주의를 전제로 한 사회화로 해소하려고 했던 것이었다. 그러한 의미에서 현대자본주의헌법에서 사회경제적 조항은 사회주의헌법과는 명백히 다른 역사적 성격을 가지는 것이다.

(2) 사회권의 여러 유형과 기능

경제적 자유에 대한 사회적 관념에 바탕을 둔 현대적 제약의 원형은 바이마르 헌법의 재산권조항[811](153조: 소유권의 보장과 공용수용), 특히 이른바 사회화조

811) 바이마르 헌법 제153조 ① 소유권은 헌법에 의하여 보장된다. ② 공용징수는 공공의 복리를 위하여 또 법률의 근거에 기하여서만 이를 할 수 있다. 공용징수는 독일국의 법률에 정한 것 있는 경우를 제외하고는 상당한 보상으로써 하여야 한다. 보상금액에 대하여 쟁의가 있는 경우를 제외하고는 통상재판소에 출소할 수 있도록 하여야 한다. 주, 공공단체 및 공익상의 단체에 대하여 국가가 공용징수를 하는 경우에는 언제나 보상을 하여야 한다. ③ 소유권은 의무를 포함한다. 소유

항[812](156조: 사기업의 공유화, 공공경제의 원칙)에서 찾아볼 수 있다. 이러한 경향은 양차대전 당시 미국의 뉴딜정책을 매개로 해서 제2차 대전 후 서방제국은 물론 더 나아가서는 세계 각국에 일반적으로 계수되어 복지국가(Welfare State), 사회국가 등 다양한 이름으로 적극적인 국가 모습을 뒷받침하는 것이 되었다.

국가로부터의 자유 중 경제적 자유에 대한 제약방법을 살펴보면, 하나는 미국과 같이 국가가 사적 독점금지법과 그 적용 제외대상을 조종함으로써 독점형성의 메카니즘 자체를 장악하는 방식이 있다. '자유경쟁의 회복'이라는 실질적 자유주의의 이념이 바탕에 깔려 있는 것이다.

다른 하나는 제2차 대전 후 유럽 제국에서와 같이 기간산업의 공유화나 경제계획의 강화 등 독점적 사업의 관리에 국가가 개입하는 것으로 이 경우는 '독점 내지 과점의 사회화'라는 민주주의적 이념이 표방되고 있는 것이다.

경제의 민주주의화를 확보할 수 있는 방법은 1920-30년대의 세계공황을 겪으면서 이미 현대자본주의의 자율조정기능이 상실되었음을 확인하고, 더 나아가 제2차 대전 후 경제부흥과 재편성을 하는 과정에서 사적 자본에 의한 자주적 재건이 불가능함에 따라 국민의 조세부담에 의한 기간산업의 보호와 경제의 계획화가 불가피했다는 점에서 공유화나 경제계획에 의할 수밖에 없음을 확인했다. 그래서 공유화나 경제계획이 현대자본주의의 하나의 구조적 중심요소를 이루는 것이 되고 있다. 최근에는 공해와 환경파괴를 억제하기 위해서 경제적 자유에의 제한이 행해지는 것은 그 직접적 피해자인 주민의 '인간다운 생존'을 확보하기 위한 필요에 있지만 동시에 그와 같은 조치를 하지 않으면 자원과 생태계의 파괴가 중단 없이 진행되어서 생산활동과 체제질서 그 자체에 중대한 장해가 발생하기 때문이다.

경제법영역에서 경제적 자유에 대한 제약이라는 것 이면(裏面)에는 사회적 권리의 등장이 있고, 생존보장영역·노동법영역·문화적 영역에 걸쳐 다양한 권리의 등장이 존재한다. 이러한 권리의 등장도 또한 바이마르 헌법을 원형으로 하여 제2차 대전 후 각국의 헌법에서 일반화되게 된다.

권의 행사는 동시에 공공의 복리에 적합하여야 한다.

812) 바이마르 헌법 제156조 ① 독일국은 법률에 의하여 공용징수에 관한 규정을 준용하여 사회적이 되기에 적당한 사적인 경제적 기업을 보상을 주고 공유로 할 수 있다. ② 독일국은 공공경제의 목적을 위하여 긴급한 필요가 있는 경우에는 법률에 의하여 자치의 기초에 입각한 경제적인 기업 및 단체를 결합시켜 모든 국민 중 생산계급의 협력을 확보하고 노동고용자 및 피용자로 하여금 그 관리에 참여시키며, 또 경제적 화물의 생산, 제조, 분배, 소비, 가격과 수출입을 공공경제의 원칙에 따라 규율할 수 있다. ③ 생산조합 및 신용조합과 그 연합은 그 청구에 의하여 그 조직의 특색을 고려하여 이를 공공경제의 일부로 할 수 있다.

생존보장영역에 관해 살펴보면, 사회보험과 공적 부조의 제도화가 생존권이라는 이름하에 이루어지고, 그 중심적 지위를 자치하고 있다. 이것이 실정법상 규정되기까지에는 이를 추구하는 운동이 계속되어야만 했고, 인도주의적 요구에 따른 것이라는 측면과 자본에 의해서 부득이하게 된 양보라는 측면을 가지지만, 다른 한편에서는 자본주의에서 불가피하게 파생되는 위험요소를 억제한다는 정치적 기능, 노동력보전 국내시장유지의 요청에 부응한다는 경제적 기능도 있다. 그 밖에 사회보험제도의 경우에는 국가자본의 조달이라는 기능도 수행한다. 그러므로 생존보장영역에서 사회권은 오늘날에 현대자본주의 자체에서 필수적인 것으로서 편입되어 있다.

공해나 환경파괴에 대항하기 위한 경제적 자유에의 제약이 오늘날 '인간다운 생존'의 확보에 있어서 가장 중요한 문제이고, 장기적으로 보면 생산활동과 체제질서의 유지에 있어서도 필요한 것이 되고 있다. 최근에는 이를 '환경권'이라는 국민의 생존보장적 권리로서 구성하는 경향이 있다.

노동법적 영역에서도 특히 단결권, 단체교섭권, 단체행동권 이외에 근로자의 경영참기나 경제계획에의 참기제도기 중요하게 대두되고 있다. 이러한 것들은 장기간의 노동운동의 성과로서 획득된 것이지만, 그 반면 노동운동이나 근로자조직 등을 매개로 한 노동자 정당을 국가법의 테두리 안에 편입시켜 통제해가는 측면을 가지고 있다. 다만, 노동법적 영역에서는 계급으로서의 노동운동이 권리 주장의 주체가 되기 때문에 다양한 권리나 제도는 그 계급적 요구를 따르도록 기능할 가능성이 그만큼 크고, 이를 자본주의체제의 구조 속에 포섭하는 것만이 능사는 아니라는 점에서는 이런 종류의 사회권은 초기에는 제한되고 억압되었다.

마지막으로 문화법적 영역에서는 교육을 받을 권리 이외에 학문·예술활동이나 문화재에 대한 국가의 보호가 국민의 권리로서 인정되고 있다. 현행 헌법도 경제적 자유에 관해서 공공복리에 의한 기본권 제한가능성을 명시하고 있고, 생존보장적 영역, 문화적 영역, 노동법적 영역에 걸쳐 사회권을 규정하고 있다. 우리나라는 국가주도형의 자본주의로서 발전했기 때문에 재산권의 제약이 자연스럽게 받아들여졌다고 할 수 있다. 그러나 실질적 자유경쟁의 회복을 표방하는 독과점금지법이 취해지고 있다고 할 수 있고, 자유경쟁을 선(善)이라고 하는 사고의 전통이 없기 때문에 독과점금지법이 표방하는 독점규제형의 자유는 자유경쟁이라는 이름하에서 단순한 독점방임형의 자유는 아니지만, 국가에 의해 독점기업을 보호하는 기업국가적 체제를 띠고 있다.

제 6 절 국가의 기본권보호의무

1. 기본권보호의무의 구성요건

'기본권보호의무'란 헌법에 의하여 보호되는 기본권적 법익에 대해 사인인 제3자에 의한 위법한 가해나 가해의 위험으로부터 보호해야 하는 국가의 의무를 말한다. 따라서 기본권보호의무가 발생하기 위해서는 ① 헌법에 의해 보호되는 기본권적 법익에 대해 ② 사인인 제3자가 ③ 위법한 가해나 가해의 위험[813]을 주는 경우여야 한다.

(1) 헌법상 기본권적 법익

독일 연방헌법재판소 판례에 의하면, 가해의 대상은 자유권적 보호법익에 국한된다.[814] 예를 들면, 생명,[815] 건강,[816] 재산권,[817] 인간의 존엄,[818] 신체의 자유,[819] 직업의 자유,[820] 단체행동권[821] 등이다. 기본권보호의무는 특히 인간의 존엄과 가치, 생명 및 신체의 완전성에 국한하여 논의되어야 할 실익이 있다. 기본권보호의무는 사인의 가해 또는 가해의 위험으로부터 기존의 법익을 보호하려는 것이기에 사회적 기본권의 법익은 그 대상에서 제외된다. 사회적 기본권은 생존에 필요한 재화의 정의로운 분배를 통한 자유의 보장을 목표로 하기 때문이다.[822] 또한 사회적 기본권의 구조와 목적을 고려할 때, 사회적 기본권에는 기본

---

813) 위험(Gefahr)는 사태의 진행을 저지하지 아니하면 법익에 대한 손상이 발생한 충분한 개연성이 있는, 법적으로 허용되지 않는 상태를 말하고, 위해(Risiko)는 개연성의 고저나 불법성을 막론하고 법익손상의 대한 모든 가능성을 뜻한다.

814) J. Isensee, HdbStR V, 2000, § 111 Rn. 93; Robbers, Sicherheit als Menschenrecht, S. 186 ff.; Groß, JZ 1999, S. 326 (330); P. Unruh, Zur Dogmatik der grundrechtlichen Schutzpflichten, 1996, S. 75.

815) BVerfGE 39, 1 (42 ff.); 88, 203 ff.

816) BVerfGE 56, 54 (73); 79, 174 (201 f.); 85, 191 (212).

817) BVerfGE 49, 89 (143); BVerfG, 1 BvR 80/95 vom 26. 7. 2005.

818) BVerfGE 64, 261 (275).

819) BVerfGE 49, 304 (319 f.).

820) BVerfGE 81, 242 (243).

821) BVerfGE 84, 212 (226 f.).

권보호의무가 발생하기에 부적합하다. 기본권보호의무는 가해자(사인)-국가-피해자(사인)이라는 3각 관계를 전제로 함에 반하여, 사회적 기본권은 사인과 국가라는 양면관계의 구조를 지니고 있다.[823)]

(2) 사인인 제3자의 가해

가해자(사인인 제3자)가 피해자인 다른 사인의 기본권적 법익에 가해를 주거나 가해할 위험이 있는 경우 국가의 기본권보호의무가 발동하게 된다.[824)] 사인인 가해자, 사인인 피해자 및 기본권보호의무를 부담하는 국가라는 기본권보호의무의 3각 관계가 형성된다.[825)] 이 상황에서 국가는 한편으로는 가해자의 가해로부터 피해자의 자유 영역을 보호해 주어야 하고, 다른 한편으로는 국가의 보호행위로 인해 가해자의 자유 영역을 과도하지 않게 제한해야 한다.[826)]

사인에 의한 가해가 아닌 자연재해, 외교적 보호, 국가나 외국의 공권력에 의한 침해 등은 기본권보호의무에서 말하는 가해자의 가해가 될 수 없다.[827)] 이는 기본권 주체인 사인의 법적 책임과는 상관없는 피해가 발생했기 때문이다. 또한 국가가 자연재해에 대하여 방제책을 마련하여야 하는 의무는 우리 헌법 제34조 제6항의 재해예방의무에 해당하지, 기본권보호의무는 아니기 때문이다. 외국의 공권력의 의한 침해는 기본권보호의무와 관련 없으며 우리 헌법이 보장하는 영역에 해당할 수 없다.

논의의 대상으로는, 자살이나 고도의 위험이 내재된 스포츠로 인한 위험 등 사인 스스로 자초한 가해는 국가-행위자라는 2각 관계를 구성하기에 기본권보호의무의 구성요건에서 제외된다는 견해가 있다.[828)] 그러나 개인이 자기 스스로 독자

---

822) 허완중, "기본적 인권을 확인하고 보장할 국가의 의무", 「저스티스」 통권 제115호, 한국법학원 2010. 2, 88면.

823) 정태호, 앞의 논문, 87면; 이부하, "생명에 대한 기본권보호의무와 과소보호금지원칙", 「동아법학」 제62호, 동아대학교 법학연구소, 2014. 2, 4면.

824) P. Unruh, Zur Dogmatik der grundrechtlichen Schutz-pflichten, Berlin 1996, S. 25 f.; J. Isensee, HdbStR V, 2000, § 111 Rn. 62.

825) J. Isensee, HdbStR V, 2000, § 111 Rn. 112.

826) 이부하, 「동아법학」 제62호, 4면.

827) J. Isensee, HdbStR V, 2000, § 111 Rn. 79, 89, 120 ff. (가해의 대상(객체)은 자유권적 기본권의 모든 보호법익이다. 예를 들면, 생명, 재산, 개인의 자유 등이다. 또한 천재지변과 기본권주체의 법적 책임영역밖에 있는 불가피한 사건들은 기본권보호의무와 관계없다); H. H. Klein, DVBl. 1994, S. 489, 490; Hermes, Das Grundrecht auf Schutz von Leben und Gesundheit, S. 74, 231; Merten, in: GS Burmeister, nach Fn. 15 und 65.

828) J. Isensee, HdbStR V, 2000, § 111 Rn. 89.

적인 결정을 할 수 없는 상황에서 불가피하게 자살을 택한 경우, 이러한 기본권 보호 밖에 처한 국민의 기본권을 보호하지 않는 국가는 보호의무 위반을 하게 되는 것이다. 따라서 이러한 경우에도 기본권보호의무가 발동되어야 한다.[829] 경우에 따라서는 자기 스스로 유발한 가해에 대해서도 기본권보호의무가 발동되어야 할 것이다.[830]

(3) 위법한 가해나 가해의 위험

기본권보호의무가 발생하려면 기본권적 법익이 위법한 '가해'[831]를 받았거나 가해될 위험이 존재해야 한다.

1) 위법한 가해

기본권보호의무에서 '가해'는 기본권적 법익에 대한 위법적 제약을 말하고, 이 경우 '제약'은 기본권적 보호법익에 대한 불리한 작용을 의미한다.[832] 사인인 사인이 다른 사인에 대해 위법한 가해를 가한 경우 국가는 기본권보호의무를 부담한다.[833] 이 경우의 가해는 현재의 가해 또는 급박한 가해를 말한다. 기본권적 법익에 대한 가해가 있다고 하여 바로 기본권보호의무가 발생하는 것은 아니고 이러한 가해가 위법한 경우여야 한다. 가해행위의 위법성에 대한 판단기준은 법률이 아니라, '헌법의 우위'에 따라 '헌법'을 기준으로 하여야 한다.[834] 기본권보호의무가 발생하려면 사인에 의한 타인의 기본권적 법익에 대한 위법한 가해가 있어야 한다. 따라서 정당행위인 경우에는 기본권보호의무가 문제되지 않는다. 또한 원인제공자만이 가해의 직접적인 당사자가 되지 않는 경우도 있다. 예를 들면 복수의 원인제공자의 공동행위로 인하여 시간적, 공간적으로 거리가 있는 가해의 경우에도 국가에게는 기본권보호의무가 있는 것이다.

---

829) 서경석, 앞의 논문, 408면.

830) Di Fabio, in: Maunz/Dürig, GG, Art. 2 II, Rn. 48; G. Robbers, Sicherheit als Menschenrecht, 1987, S. 220 ff.; 이부하, "헌법영역에서의 기본권보호의무", 「공법학연구」 제8권 제3호, 한국비교공법학회, 2007. 8, 133면.

831) 기본권의 '침해'(Eingriff)는 국가가 국민의 기본권을 정당하지 아니한 제약을 가하는 것으로 사용된다. 기본권보호의무에서 논의하는 사인이 타인의 기본권을 위법하게 가해하는 것이므로, 기본권의 '침해' 개념과 구별하여 '가해'(Beeinträchtigung)로 사용하기로 한다.

832) 정태호, 앞의 논문, 85면.

833) BVerfGE 39, 1 (42); 46, 160 (164); 49, 24 (53); 53, 30 (57); 56, 54 (73).

834) J. Isensee, HdbStR V, 2000, § 111 Rn. 99 ff.

여기서 말하는 가해는 기본권 주체(피해자)의 의사에 반하여 기본권 보호법익에 대한 상당한 가해이다. 가해자의 책임과 그 밖의 주관적인 요소는 불문한다. 그러나 단순히 경미한 가해는 이에 포함되지 않는다.835)

기본권보호의무의 발동은 가해자 행위의 목적성에 의존하지 않는다. 목적을 가진 가해뿐만 아니라, 비고의적이거나 가해자에 의해 예견되지 않은 (잠재적인) 피해에 대해서도 기본권보호의무는 발동된다.836) 왜냐하면, 기본권보호의무는 국가에 의한 가해자의 처벌에 중점이 있는 것이 아니라, 피해자의 자유 영역을 보호하는데 중점이 있기 때문이다. 사인의 고의나 과실이 없는 경우에도 사인의 피해가 존재하거나 피해의 위험이 있다면 기본권보호의무는 발동되어야 한다. 즉, 가해자인 사인이 목적하지 않는 가해가 발생한 경우에도 그 가해로 인해 피해자의 피해가 존재한다면 국가의 기본권보호의무는 발생한다.837)

2) 가해의 위험

국가의 기본권보호의무는 현재의 가해만이 아니라, 장래의 가해위험에 대한 방지도 지향하고 있다. 보호의무의 수범자(국가)와 원인제공자(제3자)가 동일하지 않기에 효과적인 보호를 위해서는 사전적 조치가 필요하다. 따라서 국가의 기본권보호의무를 발생시키는 가해는 현재의 가해뿐만 아니라 가해의 위험을 포함하는 예방적 개념이다.838) 기본권보호의무는 가해가 실제로 발생하는 경우뿐만 아니라 가해가 합리적으로 예상될 경우(즉, 가해의 객관적 위험이 존재할 경우)에도 발생할 수 있다. 따라서 국가는 기본권을 효과적으로 보호하기 위하여 위험에 대한 예방적 조치를 취할 필요가 있다.

가해나 가해의 위험이 존재하는 경우에, 위험원인 사인이 가해를 의도하였는지 또는 주관적으로 인식하였는지는 중요하지 않다. 그러나 기본권적 법익에 대한 가해나 가해의 위험이 위험원인 사인에게 귀속될 수 있어야 한다.839) 즉, 위험의 원인이 사인의 행위에 기인한 것이어야 한다. 위험의 정도 문제를 구성요건의 단계에서 검토한다면, 구성요건 단계에서 충돌하는 법익들 상호간 이익형량의 과정을

835) J. Isensee, HdbStR V, 2000, § 111 Rn. 89.

836) D. Murswiek, Zur Bedeutung der grundrechtlichen Schutzpflichten für den Umweltschutz, WiVerw 1986, S. 179 (186).

837) 허완중, 앞의 논문, 88면; 이부하, 「동아법학」 제62호, 6면.

838) G. Hermes, Das Grundrecht auf Schutz von Leben und Gesundheit, 1987, S. 226 f.; 이부하, 「공법학연구」 제8권 제3호, 134면.

839) 허완중, 앞의 논문, 88면.

거치게 된다. 이는 기본권보호의무의 범위와 한계에 관한 문제를 구성요건의 단계에서 판단함으로써 기본권보호의무의 적용범위를 축소시킬 가능성이 있다.[840]

2. 기본권보호의무의 심사기준으로서 과소보호금지원칙

(1) 과소보호금지원칙의 내용과 보호수준

1) 과소보호금지원칙의 내용

기본권보호의무를 수행함에 있어서 피해자인 국민의 기본권을 보호하기 위해 국가는 적절하고 효율적인 조치를 취해야 한다. 특히 입법자는 기본권보호의무의 이행과 관련하여 헌법이 요구하는 최소한 보장수준 이상을 준수해야 한다. 국가가 국민의 기본권보호를 위해 적절하고 효율적인 최소한 이상의 보호조치를 취했는가 여부를 헌법재판소가 심사하는데, 이러한 심사기준을 '과소보호금지원칙'[841]이라 한다.[842] 헌법은 개개의 기본권에 기초한 기본권규범으로 구성되어 있지만, 모든 개별적 상황에서 기본권의 보호수준을 구체적으로 규정하고 있지 않다. 과소보호금지원칙의 심사 초점은 입법자가 기본권보호의무를 얼마나 충실히 수행하였는가를 판단하는데 두어야 할 뿐만 아니라, 헌법이 입법자에게 기본권보호의무를 충실히 수행하도록 촉구하는데도 두어야 한다.

헌법상 기본권보호의무로부터 국가가 바로 가해자의 기본권 가해로부터 피해자인 사인에 대해 일정한 보호조치를 취할 국가의 의무가 발생하는 것은 아니다.[843] 즉, 국가가 국민의 기본권을 보장하기 위한 제반조치를 취할 의무가 부여되어 있다고 하더라도 언제나 헌법상 의무 위반이라고 할 수는 없다. 국가는 기본권보호의무를 이행하기 위한 보호대책을 강구함에 있어서 원칙적으로 사인에 의한 국민의 기본권에 대한 침해위험의 정도나 종류, 심각성, 발생의 빈도, 각종

---

840) 정태호, 앞의 논문, 86면; 이부하, 「동아법학」 제62호, 7면.

841) '과소보호금지'원칙은 과잉금지원칙과 비교되는 원칙으로 카나리스(Canaris) 교수에 의하여 처음으로 주장되었고(C.-W. Canaris, AcP 184 (1984), 202 ff.), 이슨제(J. Isensee, HdbStR V, 1992, § 111) 교수에 의하여 이 원칙이 정립되었다.

842) 헌법재판소 1997. 1. 16. 90헌마110 결정, 판례집 9-1, 90, 120~123; 헌법재판소 2008. 7. 31. 2004헌바81 결정, 판례집 20-2상, 91, 103~104; 헌법재판소 2011. 2. 24. 2009헌마94 결정, 판례집 23-1상, 143, 152.

843) J. Isensee, Das Grundrecht als Abwehrrecht und als staatliche Schutzpflicht, in: ders./P. Kirchhof (Hrsg.), HdbStR V, 2000, § 111 Rn. 151 ff.; 표명환, "입법자의 기본권보호의무와 헌법적 통제", 「헌법학연구」 제11권 제2호, 한국헌법학회, 2005. 6, 212면 이하.

대책의 효과뿐만 아니라 상충하는 보호법익과의 형량, 문화적·사회적·경제적·재정적 여건 등을 종합적으로 감안하여 기본권보호의무를 어떠한 수단을 통해 어떻게 이행할 것인가를 입법자의 입법을 통하여 비로소 구체화된다. 헌법은 기본권보호의무를 어떻게 수행할 지 여부에 대해 입법자에게 광범위한 형성의 자유를 부여하고 있다.

2) 과소보호금지원칙에서 보호수준

기본권보호의무의 구조, 즉 가해자-국가-피해자라는 삼각관계에서 잠재적인 가해자의 기본권행사를 보장해야 하기 때문에, 국가의 역할이 약화될 가능성이 있다.[844] 기본권보호의무는 헌법에서 바로 효력을 발휘하는 것이 아니라, 입법행위를 필요로 한다.[845] 이는 한편에서는 입법자의 형성의 자유가 작용하고,[846] 다른 한편에서는 국가적 개입보다 사회적 자기규율이 우선하게 된다.[847] 헌법에서 직접 기본권보호조치를 규정하고 있지 않다면, 입법자는 법률상 수단을 강구해야 할 의무를 진다.[848]

과소보호금지원칙은 과잉금지원칙과는 구별되는 '독립된 원칙'[849]이며, 그 독립성을 위한 구체적 기준을 제공하여야 한다. 과소보호금지원칙은 상대성을 지니고 있는데, 여기서 말하는 상대성이란 기본권보호의무에 의거하여 기본권보호의 최소수준 이상을 실현하기 위해서 충돌하는 기본권적 법익들을 고려해야 한다는 의미이다. 헌법상 기본권보호의무에 근거하여 법률상 구체화되는 기본권보호의 최소수준은 불가피하게 상대적일 수밖에 없다.[850] 특정 사인의 기본권 피해시에 국가의 기본권보호의무와 관련하여, 국가가 '절대적'인 보호를 수행할 수 없다는 의미이다. 즉, 기본권보호의무를 실현해야 하는 입법자는 과소보호금지원칙에 입각하여 충돌하는 사인 상호간의 기본권에 있어서 국가는 가해자의 기본권을 침해함에 의해 피해자의 기본권을 보호할 수밖에 없다.[851] 가해자의 기본권을 침해함에

844) J. Hager, JZ 1994, S. 373 (376, 381); J. Neuner, Privatrecht und Sozialstaat, S. 165.

845) C.-W. Canaris, Grundrechte und Privatrecht, S. 43; H. D. Jarass, AöR 110 (1985), S. 363 (384).

846) B. Weber-Dürler, VVDStRL 57 (1998), S. 57 (82).

847) C.-W. Canaris, Grundrechte und Privatrecht, S. 47.

848) BVerfGE 39, 1 (46 f.); 이부하, 「동아법학」 제62호, 9면.

849) 과소보호금지원칙의 독자성을 뒷받침하는 논문으로는 이부하, "비례성원칙과 과소보호금지원칙", 「헌법학연구」 제13권 제2호, 한국헌법학회, 2007. 6, 289~291면; 정혜영, "과소보호금지원칙에 관한 소고", 「강원법학」 제38권, 강원대학교 비교법학연구소2013. 2, 637면 이하.

850) 이부하, 「헌법학연구」 제13권 제2호, 291면.

의해 당해 기본권 피해자의 기본권을 보호하게 된다.[852]

과소보호금지원칙 심사에서 '가해자와 피해자' 관계에서 기본권보호에 집중하여 사법(司法)적 통제기준에만 중점을 두어서는 안되고, 관련 기본권의 '최소수준 이상'의 보호에 중점을 두어야 한다.[853] 기본권보호의무에서 요구하는 기본권보호조치의 수준은 단순히 최소한의 보호만 취하면 된다는 의미가 아니라, 최소한 과소보호의 기준을 넘는 '효율적'이고 '충분한'[854] 조치를 취하라는 의미이다.[855]

입법자의 기본권보호조치는 적절하고 효율적이고 충분해야 하지만, 헌법은 최대한의 보호를 하라고 명령하지는 않는다. 왜냐하면 기본권보호의 최대한의 요청은 계속적으로 더 많은 보호를 요구하게 되며,[856] 입법자가 최대한의 보호를 추구하게 되면, 입법자의 입법행위가 헌법재판소의 견해에 종속되는 결과에 이르기 때문이다.[857]

입법자의 형성의 자유는 당연히 무제한이 아니고, 과잉금지의 원칙에 의해 그 윤곽이 그어진다. 반면, 과소보호금지원칙은 입법자의 형성의 자유에 대한 하한을 설정해 준다.[858] 입법자의 기본권 상충 해결의 한계로서 과잉금지원칙이 활용된다면, 과소보호금지원칙은 기본권보호의무의 발견을 위한 수단으로 인식되어야 한다.[859] 과소보호금지원칙은 입법자에게 기본권 상충을 해결하는 보조 수단으로서 의미를 가진다.

기본권보호의무의 최소보호의 수준은 일의적으로 획정할 수 없다. 최소보호의 수준은 개별적 사건, 보호법익의 종류, 보호법익의 중요도, 위험의 정도 등을 고려하여 판단할 수 있다.[860] 그러나 첫째, 일반적으로 국가가 여태까지 전혀 어떠한 조치를 취하지 않거나 유효한 법적 상황에 의거한 어떤 조치를 취하지 않는 경우, 둘째, 제3자의 권리나 공익을 심히 침해함 없이 이미 존재하는 보호수단보

851) BVerfGE 88, 203 (254).
852) Vgl. BVerfGE 96, 56 (65).
853) W. Brohm, NJW 2001, S. 1 (9); 이부하, 「헌법학연구」 제13권 제2호, 292면.
854) BVerfGE 88, 203 (254).
855) 이부하, 「동아법학」 제62호, 10면.
856) Chr. Starck, Praxis der Verfassungsauslegung, 1994, S. 86 ff.
857) Ernst-Wolfgang Böckenförde, Grundrechte als Grundsatz-normen, Der Staat 29, 1990, S. 13, 29.
858) 이와 관련하여 비례성원칙과 과소보호금지원칙의 차이점은 이부하, 「헌법학연구」 제13권 제2호, 289면 이하 참조.
859) O. Seewald, VerwArch 88 (1997), S. 199 (205 ff.).
860) C.-W. Canaris, JuS 1989, S. 161 (163).

다도 더 개선된 보호수단이 존재하는 경우, 셋째, 유효한 법률에 의거하여 존재하는 보호법익의 장애 또는 위험에 대하여 사익과 공익을 비교형량할 때 수인할 수 없는 경우라면, 과소보호금지원칙을 위반하는 것이 된다.[861]

(2) 과소보호금지원칙의 구체적 심사기준과 적용

과소보호금지원칙의 구체적 심사기준을 살펴본다. 국가의 존립 목적인 국민의 기본권보호는 헌법 스스로 전제하고 헌법적으로 정당화되기 때문에, 목적의 정당성은 명문으로 규정하거나 심사의 기준으로 삼지 않아도 당연히 인정된다. 따라서 과소보호금지원칙에서 목적의 정당성은 별도로 심사할 필요가 없다.[862] 수단의 적절성, 수단의 효율성, 협의의 비례성으로 구분하여 심사한다.

1) 수단의 적절성

기본권보호의무의 이행을 위한 수단의 '적절성'은 국가의 보호조치가 가해되는 기본권을 보호하는데 적절한가 여부이다. 즉, 피해자의 기본권 보호를 위해 개선시킬 수 있는 적절한 수단인가 여부이다.[863] 수단의 적질싱을 판단힘에 있어서는 국가의 개별적 행위를 고려할 것이 아니라, 취해진 국가적 조치를 전체적으로 고려하여 판단해야 한다. 수단의 적절성은 상충하는 법익을 고려하여 적절한 보호를 달성할 수 있는 규범적 및 사실적 유형의 충분한 조치가 취해져야 함을 말한다. 이에는 사전적 보호 및 사후적 보호가 상호 결합된 보호관념이다.[864]

수단의 적절성 심사에 있어서, 유효한 법률에 의거하여 존재하는 보호법익의 장애 또는 위험에 대하여 사익과 공익을 비교형량할 때 수인할 수 없는 경우라면, 과소보호금지원칙을 위반하는 것이 된다.[865]

2) 수단의 효율성

과소보호금지원칙에서의 효율성 심사에서는 특정한 조치가 필수불가결하고 필요한 조치이었느냐를 심사한다. 즉, 기본권보호조치가 적절하다면, 제3자의 기본

---

861) Vgl. Brüning, JuS 2000, S. 955 (957); M. Möstl, DÖV 1998, S. 1029 (1038 f.); 이부하, 「헌법학연구」 제13권 제2호, 293면.

862) 같은 생각: 장영철, "과소보호금지원칙에 관한 연구", 「헌법학연구」 제14권 제1호, 한국헌법학회, 2008. 3, 120면; 허완중, 앞의 논문, 217면.

863) M. Möstl, DÖV 1998, S. 1029 (1038).

864) BVerfGE 88, 203 (203 f.); 이부하, 「동아법학」 제62호, 13면.

865) Vgl. Brüning, JuS 2000, S. 955 (957); M. Möstl, DÖV 1998, S. 1029 (1038 f.).

권이나 기타 공익에 큰 부담을 주지 않으면서 더욱 효율적으로 침해되는 기본권을 보호할 수 있는 다른 대안이 있는가를 심사한다. 효율성있는 수단은 피해자의 기본권보호를 위해 '효과적'이고 '충분한'[866] 보호를 제공하여야 한다. 따라서 국가가 선택한 수단이 비례의 원칙에 있어서 수단의 필요성을 충족한다 하더라도 과소보호금지원칙의 수단의 효율성을 충족하는 수단이라 할 수는 없다.[867]

수단의 효율성과 관련하여, 제3자의 권리나 공익을 심히 침해함이 없이 이미 존재하는 보호수단보다도 더 개선된 보호수단이 존재하는 경우라면, 과소보호금지원칙을 위반하는 것이 된다.[868]

3) 협의의 비례성

과소보호금지원칙에서의 협의의 비례성은 가해자의 기본권침해와 피해자의 기본권보호간의 형량을 의미한다. 양자간의 형량을 함에 있어 형량시 판단기준이 중요하다. 국가가 피해자에 대한 기본권보호의무를 이행하기 위한 한계로서 가해자의 기본권을 비례의 원칙에 반하도록 침해해서는 안된다는 한계가 설정된다. 국가가 효율적인 보호조치를 취하지 않으면서 오히려 과도하게 가해자의 기본권을 비례의 원칙에 위배하면서까지 침해해서는 안된다.[869]

---

866) BVerfGE 88, 203 (254, 261).

867) 이부하, 「동아법학」 제62호, 14면.

868) Vgl. Brüning, JuS 2000, S. 955 (957); M. Möstl, DÖV 1998, S. 1029 (1038 f.).

869) 이부하, 「동아법학」 제62호, 15면.

사항색인

이 부 하 (李富夏)

[저자 약력]

· 한양대 법과대학 법학사, 법학석사, 박사과정수료
· 독일 쾰른대학교 법학박사(Dr. iur)
· 변호사시험 출제위원(2회, 3회), 사법시험 출제위원, 입법고시 출제위원
· 한국공법학회, 한국헌법학회, 한국비교공법학회, 한국법정책학회 상임이사
· 영남대학교 법학전문대학원 교수(헌법학)

[주요 저서]

· 헌법학원론, 신론사, 2008
· 표현의 자유와 미국헌법(역서), 한국학술정보, 2007
· 현대 사회와 민사법의 구조변동(공저), 경인문화사, 2011

[주요 논문]

· 비례성원칙과 과소보호금지원칙, 헌법학연구, 2007
· 재산권의 존속보장과 재산권에 관한 법이론, 공법학연구, 2008
· 인간의 존엄 개념에 관한 헌법이론적 고찰, 성균관법학, 2014 외 90여 편

인권보장을 위한 **비교헌법론**

2014년 9월 1일 초판인쇄
2014년 9월 10일 초판발행

저 자 이 부 하
발 행 인 고 호 균
발 행 처 **법 영 사**

저자와의 협의하에 인지첩부를 생략함

135-835 서울시 강남구 대치동 611
전화 (501)8898(대) Fax (501)8895
등록 1987. 5. 11. 제3-125호(윤)
Homepage : www.bubyoungsa.co.kr
E-mail : bypuco@chol.com

※ 파본은 교환해 드립니다. 정가 **25,000원**

ISBN 978-89-7032-299-5